LE MOI ET L'INTÉRIORITÉ

DANS LA MÊME COLLECTION

TEXTES ET TRADITIONS

Collection dirigée par

Marie-Odile GOULET-CAZÉ   Richard GOULET   Philippe HOFFMANN

——————————— 17 ———————————

LE MOI ET L'INTÉRIORITÉ

Études réunies par

Gwenaëlle AUBRY et **Frédérique ILDEFONSE**

*Ouvrage publié avec le concours
du Centre national du livre*

PARIS
LIBRAIRIE PHILOSOPHIQUE J. VRIN
6, Place de la Sorbonne, Vᵉ

—

2008

TEXTES ET TRADITIONS

Couverture : Vase du peintre Douris
© *Bildarchiv Preußischer Kulturbesitz* (Staatliche Museen zu Berlin,
Antikersammlung. Kat./Inv.-Nr. : F2285)
Photographie : Johannes Laurentius

© *Librairie Philosophique J. VRIN,* 2008
ISSN 1630-5736
ISBN 978-2-7116-2166-8

www.vrin.fr

À la mémoire de Jean-Pierre Vernant

Les textes ici réunis sont issus pour la plupart de deux journées d'études, l'une sur le moi, l'autre sur l'intériorité, que nous avons organisées successivement le 4 juin 2004 et le 3 mars 2006 au Centre Jean Pépin (UPR 76 du CNRS), à Villejuif.

Qu'on s'accorde à reconnaître qu'il est impossible de projeter sur l'Antiquité grecque une théorie moderne de la subjectivité n'empêche pas, pour cette période, un jeu d'hésitations dans l'usage de concepts devenus monnaie courante à l'époque moderne comme le sujet, le moi, la personne, l'intériorité, l'individu, le soi. Les études ici rassemblées visent à évaluer la légitimité et la pertinence de deux de ces concepts usuels, le moi et l'intériorité, dans l'Antiquité grecque principalement.

De ce moi qui occupe d'abondance le champ littéraire et philosophique, on dit communément qu'il est absent de la pensée antique. Le premier objet de cet ouvrage est d'interroger, pour éventuellement la remettre en question, cette curieuse absence. Y a-t-il place, dans le champ antique, pour autre chose que le « soi », cet impersonnel dégagé des particularités biographiques qui excède l'individu tout en recelant son identité ? Dans quels concepts antiques est-on fondé à repérer, autrement distribués, les éléments du concept moderne de moi ? Quels sont ceux qui, à l'inverse, lui sont abusivement ralliés ? Plutôt qu'une place vide, ne trouve-t-on pas, chez les Anciens, un concept alternatif du moi, délié de l'unicité comme de l'intériorité ?

Le second objet de ce volume vient orienter le programme indiqué par Jean-Pierre Vernant d'une « histoire de l'intériorité et de l'unicité du moi » vers une histoire de l'intériorité, c'est-à-dire une histoire des problématisations de l'intérieur. Si l'organisation mentale et psychique des Grecs n'était pas orientée vers le dedans, mais vers le dehors, si l'introspection n'est pas une pratique de fait, comment est apparue l'alliance entre subjectivité et intérieur que nous présupposons le plus souvent ? Il importait alors d'illustrer combien cette problématisation de l'intérieur n'est pas exclusive et d'identifier comment les associations qui la composent peuvent être dénouées, au profit parfois d'un tout autre paysage conceptuel.

Gwenaëlle Aubry et Frédérique Ildefonse

PREMIÈRE PARTIE

INTRODUCTION

« Oui, mais cette effroyable quantité de Je et de Moi ! »

Stendhal, *Vie de Henry Brulard*

Dans un article intitulé « L'individu dans la cité »[1], Jean-Pierre Vernant propose une distinction entre trois sens de l'individu :

a) L'individu *stricto sensu ;* sa place, son rôle dans son ou ses groupes ; la valeur qui lui est reconnue ; la marge de manœuvre qui lui est laissée, sa relative autonomie par rapport à son encadrement institutionnel ;

b) Le sujet : quand l'individu, s'exprimant lui-même à la première personne, parlant en son propre nom, énonce certains traits qui font de lui un être singulier ;

c) Le moi, la personne : l'ensemble des pratiques et des attitudes psychologiques qui donnent au sujet une dimension d'intériorité et d'unicité, qui le constituent au-dedans de lui comme un être réel, original, unique, un individu singulier dont la nature authentique réside tout entière dans le secret de sa vie intérieure, au cœur d'une intimité à laquelle nul, en dehors de lui, ne peut avoir accès car elle se définit comme conscience de soi-même (p. 215-216).

À cette triplicité, Vernant fait correspondre des genres littéraires : à l'individu, la biographie ; au sujet, l'autobiographie ou les Mémoires ; au moi, les confessions et les journaux intimes « où la vie intérieure, la personne singulière du sujet, dans sa complexité et sa richesse psychologique, sa relative incommunicabilité, forment la matière de l'écrit » (p. 216)[2]. Or, souligne-t-il, les genres de la confession et du journal intime sont absents du monde grec. Et cette absence de fait est le signe d'une impossibilité de raison : « la chose est impensable »[3]. Impensable, elle donne pourtant à penser : car elle signale que le moi pourrait se donner autrement que dans la dimension de l'intime, du secret, de ce qui m'est propre dans la mesure même où il est inconnu ou caché à autrui. S'il associe dans sa définition le moi à l'intériorité, et de même à l'unicité, Vernant marque donc, dans le même temps, que cette liaison n'est pas nécessaire.

---

1. Dans *L'Individu, la mort, l'amour. Soi-même et l'autre en Grèce ancienne*, Paris, Gallimard, 1989, p. 211-232.

2. De cette démarche, on pourrait rapprocher celle de C. Gill dans *Personality in Greek Epic, Tragedy, and Philosophy : The Self in Dialogue*, Oxford, Oxford University Press, 1996 : Gill distingue en effet entre la biographie et l'historiographie grecques et romaines, et la biographie moderne, notamment d'inspiration psychanalytique, qui explore de l'intérieur un itinéraire individuel, dans le but d'en manifester la singularité. A cette distinction, Gill fait correspondre les notions de « character » et de « personality ».

3. « L'individu dans la cité », *art. cit.,* p. 216.

C'est en effet dans cette déliaison du moi et de l'intériorité, comme dans celle du moi et de l'unicité, que trouverait place un moi grec. De celui-ci, Vernant donne deux traits :

– d'abord, ce moi « n'est ni délimité ni unifié » ;

– ensuite, son expérience « est orientée vers le dehors, non vers le dedans » ; son rapport à soi est médié par les autres en lesquels il se reconnaît, par les actes et les œuvres qu'il accomplit, par ce qui, de l'extérieur, vient à sa conscience[4] :

> Le sujet est extraverti [...]. Sa conscience de soi n'est pas réflexive, repli sur soi, enferme-ment intérieur, face à face avec sa propre personne : elle est existentielle [...]. Ma conscience est toujours accrochée à l'extérieur [...]. Bernard Groethuysen résume ce statut de la personne antique [...] en disant que la conscience de soi est l'appréhension en soi d'un *il*, pas encore d'un *je*[5] (p. 224-226).

Outre la correspondance qu'elle suggère entre les différents plans de « l'indi-vidu » et certains genres littéraires, l'analyse de Vernant a ceci de singulier qu'ouvrant la possibilité d'une histoire du moi, elle autorise aussi à parler d'un moi grec. Elle ne se résout pas, comme d'autres, en un simple verdict d'absence. D'un tel verdict, on trouverait l'exemple chez Marcel Mauss : s'il se propose d'étudier la naissance de ce qu'il appelle une « catégorie », « encore flottante, délicate, précieuse, et à élaborer davantage », Mauss considère aussi qu'elle ne prend « forme précise » qu'avec Kant, puis Fichte, « qui répondit enfin que tout fait de conscience est un fait du "moi" »[6]. La définition qu'il donne du moi paraît cependant marquée par le cartésianisme, puisqu'il l'associe prioritairement à la connaissance de soi et à la conscience.

C'est d'une telle définition que procède, souvent, le verdict d'absence porté sur le moi grec. L'opération consiste à projeter sur la pensée antique, pour s'étonner ou se satisfaire de ne l'y pas trouver, un concept moderne du moi, celui de l'*ego* cartésien. Ce moi, nous l'appellerons un moi-sujet : soit (et selon une définition minimale du sujet qui n'est pas celle de Vernant[7]), le substrat

---

4. Vernant s'appuie ici sur différentes analyses : celles, notamment, de H. Fränkel, *Dichtung und Philosophie des frühen Griechentums*, Munich, Beck, 1962, B. Snell, *Die Entdeckung des Geistes*, Hambourg, Claassen und Goverts, 1946, p. 17-42 et J. Brunschwig, « Aristote et l'effet Perrichon », dans *La Passion de la raison. Hommage à Ferdinand Alquié*, Paris, PUF, 1983, p. 361-377. Brunschwig relève « les traces, dans la pensée grecque, d'une sorte de *cogito* paradoxal qui pourrait se formuler ainsi : je me vois [...] donc je suis ; et je suis là où je me vois : je *suis* cette projection de moi que je vois » (p. 375). Il conclut : « Pas plus que l'unité du moi, son identité à lui-même n'est une donnée immédiate » (p. 376).

5. B. Groethuysen, *Anthropologie philosophique*, Paris, Gallimard, 1980 (1952), p. 61.

6. M. Mauss, *Sociologie et anthropologie*, Paris, PUF, 1950, Vème partie, p. 331-362 : 333 et 361.

7. Cette définition du sujet, réflexif, à la première personne, apparaît surtout grammaticale et linguistique : la première personne, en grammaire, est définie comme « celle que caractérise

(substance) de la conscience de soi[8]. De ce moi-sujet, celui que désigne un « je » capable de se développer en un « (j'ai conscience que) je pense » et un « je suis (une chose qui pense) », on pourrait aussi retracer l'histoire, mais qui passerait par d'autres jalons[9]. La définition « anthropologique » proposée par Vernant (et que l'on pourrait, aussi, tirer de Foucault[10]) ouvre une autre voie, puisqu'elle n'associe pas le moi prioritairement à la subjectivité, mais à l'intériorité et à l'unicité. Être un moi, ce ne serait pas tant être assuré de sa réalité en l'immédiateté et en l'évidence de la conscience que constituer cette réalité au moyen de pratiques d'intimité et de singularité. Comme de Mauss, Vernant se distingue cependant de Foucault puisque sa définition du moi laisse place à un moi grec qui n'est « ni délimité ni unifié » et qui est « orienté vers le dehors »[11].

la déclaration à propos de soi-même» (Apollonius Dyscole, *Traité du pronom* 18, 19). Plus loin dans son article, Jean-Pierre Vernant, à propos du sujet lyrique, articulera sa conception du sujet à certains des traits qu'il assigne au moi (la confidence, l'intime…).

8. De cette définition minimale, et cartésienne, il faudrait distinguer la conception lockienne, qui dissocie la conscience, la pensée et l'identité de la substance : voir *Essai philosophique concernant l'entendement humain* II 27, 9-10.

9. Voir en particulier l'article «Sujet» dans Barbara Cassin (dir.), *Vocabulaire Européen des Philosophies*, Paris, Seuil/Robert, 2004, p. 1233-1253, ainsi que l'ouvrage récent dirigé par Olivier Boulnois, *Généalogies du sujet. De saint Anselme à Malebranche,* Paris, Vrin, 2007.

10. Voir plus loin l'étude de C. Mercier, «Ce que pourrait être une réponse foucaldienne à la question de la présence du moi dans l'Antiquité». On pourrait aussi penser à la définition proposée par Ch. Larmore, qui associe le moi à la notion d'authenticité, comprise comme un rapport à soi originaire, pré-réflexif, et pré-cognitif (voir Ch. Larmore, *Les Pratiques du moi*, Paris, PUF, 2004).

11. Des différents concepts du moi que nous cherchons ici à déterminer il faudrait encore distinguer le «Self» : le terme est plus vaste, puisqu'il englobe le «soi», c'est-à-dire l'identité impersonnelle et/ou essentielle. Mais à travers lui, c'est le plus souvent ce qu'on a appelé le «moi-je» qui est interrogé (aussi les critiques du «Self», chez Wittgenstein ou E. Anscombe par exemple, se confondent-elles avec celles de la première personne). La notion de «Self» met aussi en jeu le faisceau de concepts et de problèmes qu'articule la définition lockienne du sujet : conscience de soi, identité personnelle, substantialité… Ceux-ci sont au centre de l'étude récente de R. Sorabji, *Self. Ancient and Modern Insights about Individuality, Life and Death*, Oxford, Oxford University Press, 2006. Christopher Gill, auquel on doit de nombreuses études sur le «Self», adopte une autre voie : ce qui l'intéresse, ce n'est pas tant le sujet que la personne, conçue comme structure psychologique, ou psychophysique (voir notamment *The Structured Self in Hellenistic and Roman Thougt*, Oxford, Oxford University Press, 2006, introd. p. XIV). Les problèmes qu'il étudie sont cependant au cœur de ceux que nous associons au moi (voir plus loin son étude : «Le moi et la thérapie philosophique dans la pensée hellénistique et romaine»). On trouve chez Meyerson la même équivalence entre les concepts de moi et de personne (voir I. Meyerson [dir.]), *Problèmes de la personne*, Paris-La Haye, Éditions de l'EHESS, 1973, Préface, p. 8). Nous préférons pour notre part réserver le terme de personne non seulement à la substance individuelle et rationnelle (Boèce) mais à l'agent social et moral. Là encore, une histoire de la personne emprunterait un autre itinéraire que celle du moi, notamment l'analyse des termes *prosôpon* et *persona* et de leur devenir dans la théologie

À partir de là, la démarche que nous avons adoptée pourrait se caractériser de la façon suivante :

1. D'abord, plutôt que de projeter à rebours un concept moderne du moi (ce qu'on a appelé le moi-sujet, ou le moi-je) pour conclure à son absence, on s'est attaché à voir comment certains de ses éléments constitutifs sont présents dans la pensée antique, mais autrement distribués. C'est ainsi que Plotin (dont l'importance, dans cette histoire, est déterminante quoique souvent passée sous silence[12]) pose bien, à travers ce qu'il appelle le *hèmeis* ou le « nous », un sujet distinct de l'âme comme du soi (l'individu intelligible) et capable de s'appréhender lui-même, indépendamment de tout objet, par un acte réflexif. Sa conscience de soi, cependant, n'est pas connaissance de soi ; elle n'est pas l'attestation d'une identité, pas plus que la révélation d'une essence. À travers elle, le *hèmeis* s'éprouve plutôt dans son écart à la substance qui constitue son essence (l'âme séparée), et comme une multiplicité[13]. De la même façon, Gerard O'Daly montre, en analysant les différents discours du « je » chez saint Augustin, que ceux-ci ne s'unifient pas en un concept du moi. Le « *cogito* augustinien », la théorie de la mémoire, de l'amour de soi ou de la volonté, ne se résolvent pas en la position d'une intériorité singulière. La conscience augustinienne est avant tout une conscience morale, et les *Confessions* ne se donnent pas comme l'exploration d'une intimité, la révélation d'un secret, mais comme une « exposition au Bien ». Que l'*ego* augustinien ne soit pas un moi privé, intérieur, ni autarcique, c'est ce que manifeste encore la méditation sur l'amitié[14].

2. En même temps qu'à repérer l'émergence et la distribution singulière, dans la pensée antique, des éléments constitutifs du concept moderne de moi, on a cherché à distinguer celui-ci des concepts antiques auxquels il est parfois identifié. Michel Narcy montre ainsi comment le moi chez Platon n'est qu'un effet de traduction résultant de la diffusion d'une « vulgate kantienne » qui conduit à poser une équation problématique : moi (= sujet transcendantal) = âme. Or rien, chez Platon, n'autorise à identifier le moi à l'âme. Ce que les textes donnent à lire, c'est bien plutôt un partage entre l'individu concret, l'âme « prise » avec le corps, d'une part, et, d'autre part, l'âme-*daimôn* imper-

---

trinitaire (on pourra sur ce thème consulter l'étude récente de B. Meunier (dir.), *La Personne et le christianisme ancien*, Paris, Cerf, 2006).

12. Elle l'est tant par Vernant que par Foucault, ou encore par Ch. Taylor qui voit en Plotin un simple passeur entre Platon et Augustin (*Les Sources du moi. La formation de l'identité moderne*, trad. fr. Paris, Seuil, 1998, p. 173).

13. G. Aubry, « Un moi sans identité ? Le *hèmeis* plotinien », *infra*, p. 107-125.

14. G. O'Daly, « Le moi et l'autre dans les *Confessions* d'Augustin », *infra*, p. 151-164.

sonnelle[15]. À son tour, Frédérique Ildefonse montre comment la traduction de l'*idion hègemonikon* du stoïcisme impérial par le « moi propre » est abusive. Certes, l'*idion hègemonikon* est le lieu d'une unité, quelque chose comme « la "centrale" de l'âme ». Reste qu'« à l'intérieur, ce n'est pas moi que je trouve », mais le démon qui s'est établi en moi[16]. De l'exigence stoïcienne d'une subordination du souci du moi à la raison ordonnatrice du monde, Wilfried Kühn reconnaît en Plotin l'héritier. Cette exigence se traduit par une dissociation entre l'individualité et la connaissance de soi. Plotin, en effet, n'accorde celle-ci qu'au seul Intellect. De cette connaissance de soi qui est aussi identité à soi et constitution de soi, on peut analyser les caractéristiques et les modalités, qui marquent encore l'écart entre le soi plotinien et le moi[17].

3. Si le moi antique ne se donne ni comme une conscience assurée en la connaissance d'elle-même, ni comme une intériorité close, ni comme l'unité des contenus intérieurs, il reste encore, suivant la piste indiquée par Vernant, à en élucider la spécificité : à tenter de mieux comprendre ce qu'il en est de ce moi multiple, extime, et décentré. C'est à quoi s'emploie M. F. Burnyeat qui, en la tripartition platonicienne de l'âme, manifeste la vérité du moi comme incarné, comme animal social et, enfin, comme animal raisonnable capable d'un rapport à un bien ou une valeur objectifs[18]. Christopher Gill s'attache pour sa part à remettre en cause l'idée selon laquelle la pensée hellénistique et romaine marquerait un tournant vers une conception « subjective-individualiste » du moi. Il montre comment des thèmes dominants, comme celui de la thérapie de soi ou de la conversion à soi, des concepts comme celui de *prohairesis*, ou encore la théorie des quatre rôles (*personae*) chez Cicéron ou la formulation par Lucrèce du problème de l'identité personnelle, ne sont pas liés à l'émergence d'un moi subjectif et singulier, mais relèvent encore du schéma « objectif-participant », qui définit le moi en rapport avec un universel et/ou une communauté[19]. Enfin, prolongeant la perspective de Michel Foucault, Carine Mercier souligne que l'expérience de soi à quoi correspond le souci de soi n'est pas celle de « l'ouverture d'un espace intérieur, personnel et secret ». Le souci, là encore, ne porte pas sur un moi intime, autarcique et isolé, mais sur « le sujet comme

15. M. Narcy, « En quête du moi chez Platon », *infra*, p. 57-70.

16. F. Ildefonse, « L'*idion hègemonikon*, est-ce le moi ? », *infra*, p. 71-81.

17. W. Kühn, « Se connaître soi-même : la contribution de Plotin à la compréhension du moi », *infra*, p. 127-149.

18. M. F. Burnyeat, « La vérité de la tripartition », *infra*, p. 37-56.

19. C. Gill, « Le moi et la thérapie philosophique dans la pensée hellénistique et romaine », *infra*, p. 83-105.

élément du monde », pris avec lui dans un « écheveau de relations » dont la maîtrise seule peut lui apporter l'indépendance et la sérénité[20].

Interroger le moi antique, dès lors, c'est tenter de penser un rapport à soi qui n'en passe ni par une intériorité immédiate, ni par une unité donnée. Mais c'est aussi, et du même coup, remettre en cause l'évidence du « moi-je », la fiction philosophique d'un sujet-substance unitaire, assuré en l'intimité de sa conscience[21]. À ce « moi-je » il faudrait, peut-être, opposer un « moi-nous » : un moi pluriel, éclaté, qui intègre la multiplicité sans la constituer ni la rassembler mais, bien plutôt, comme ce qui est constitué par elle. Un « moi-jeu », donc, aussi bien : non pas tant un centre que l'espace d'un rapport – qui peut-être de conflit, d'ordonnancement, ou d'exclusion – entre une diversité. Autant que la multiplicité, ce « moi-nous » intègre l'extériorité, comme le moyen de son rapport à soi, ou encore comme le terme même assigné à celui-ci. Enfin, il laisse place à une altérité (sur laquelle on peut apposer les noms de soi, d'intellect, de raison, ou de démon), un excès qui est en lui sans être lui mais par rapport à quoi, pourtant, il se définit.

Une intriguante proximité apparaît alors entre ce « moi-nous » et des figures distinctes du (alternatives au) « moi-je » de la tradition philosophique, repérables dans la psychanalyse ou la littérature. Serge Tribolet propose ainsi un parallèle entre le *hèmeis* plotinien et le sujet lacanien, ce sujet « décomposé, morcelé » dont le plus intime lui est extérieur, réside dans le langage qui tout à la fois le précède et l'excède[22]. De cette division du sujet procède aussi celle du « je

20. C. Mercier, « Ce que pourrait être une réponse foucaldienne à la question de la présence du moi dans l'Antiquité », *infra*, p. 165-194.
21. C'est là l'un des fondements de la démarche de C. Gill : plutôt que de partir du concept moderne de « self » pour s'interroger sur sa présence dans la pensée grecque, prendre en compte les critiques qui lui ont été adressées et voir en quoi elles peuvent nous aider à comprendre les anciens – lire Aristote en même temps que Denett, ou Davidson en même temps que les Stoïciens (« Is there a concept of Person in Greek philosophy ? », dans S. Everson (édit.), *Companions to Ancient Thought,* 2 : *Psychology,* Cambridge, Cambridge University Press, 1991, p. 166-193).
22. « Le sujet lacanien pour lire Plotin », *infra*, p. 195-213. D'autres parallèles ont été faits, entre Platon et Freud : voir notamment A. W. Price, « Plato and Freud », dans C. Gill, *The Person and the Human Mind. Issues in Ancient and Modern Philosophy*, Oxford, Clarendon Press, 1990, p. 247-270. Par ailleurs, et du côté, cette fois, de la pathologie, on pourrait songer à des expériences de dépersonnalisation, d'éclatement ou de suspension du moi, comme celles que décrit, par exemple, le *Journal* d'Amiel : « Tu perds l'unité de vie, de force, d'action, l'unité du Moi. Tu es légion, division, analyse, réflexion, tu es synonymie, dialectique, de là ta faiblesse... ». Ou encore : « Je me sens anonyme, impersonnel, œil fixe comme un mort, l'esprit vague ou universel comme le néant ou l'absolu ; je suis en suspens, je suis comme n'étant pas... » (cité par R. Angelergues, « La dépersonnalisation », dans I. Meyerson [dir.], *Problèmes de la personne, op. cit.*, p. 437-450).

pense » et du « je suis », et la reformulation, par Lacan, du *cogito* cartésien : « Il ne s'agit pas de savoir si je parle de moi de façon conforme à ce que je suis, mais si, quand j'en parle, je suis le même que celui dont je parle »[23].

Mais il faudrait revenir, aussi, à ce dont nous sommes partis : à l'articulation proposée par Jean-Pierre Vernant entre les plans de l'individu et leur expression littéraire. Cette piste, Daniel Loayza la prolonge déjà en esquissant, à travers la littérature grecque d'Homère à Ménandre, une histoire de la solitude : de la venue à la parole d'un moi non seulement singulier mais en retrait, à distance de la communauté[24]. Associant le moi moderne aux genres du journal intime et des confessions, Vernant le caractérisait comme ce qui se dit et se constitue dans un retrait en soi qui est à la fois aveu et secret. Par là, il manifestait aussi une autre dimension du « moi-je », celle de l'intériorité, de l'intimité, et non de la seule subjectivité. À un regard contemporain, ce « moi-je » là apparaît plus pérenne que le « moi-je » cartésien, comme s'il était sorti indemne de toutes les critiques à l'autre adressées. Et de cela on peut en effet trouver témoignage dans la littérature. Lorsque le journal intime et la confession ont commencé d'envahir l'espace littéraire, dans la seconde moitié du XIXe siècle, Brunetière dénonçait déjà « le développement maladif et monstrueux du moi »[25]. Ce moi intime est ce qu'exhibe encore, à travers notamment une certaine pratique de l'autofiction, un courant important de la littérature française contemporaine. Les rapports constitutifs du moi grec sont en lui inversés : je ne suis plus mon œuvre, ce qui de moi se donne à voir à autrui, mais mon œuvre est ce que je suis. Or ce que je suis, essentiellement, c'est mon secret, ce dont le dire (l'aveu) tient toute sa valeur de ce qu'il devrait demeurer caché. De cette façon-là de dire le moi, la formule serait : je suis ce que je cache, et cela je le montre. Mais il est une autre forme de littérature du moi qui, loin d'en explorer l'intimité et l'unicité, en manifeste à l'inverse l'éclatement, la pluralité, le décentrement[26] : qui défait peu à peu

---

23. J. Lacan, « L'instance de la lettre dans l'inconscient », *Écrits*, p. 517.

24. D. Loayza, « Notes en marge d'une histoire de la solitude », *infra*, p. 17-36.

25. Voir S. Huber, *Littératures intimes. Les expressions du moi, de l'autobiographie à l'autofiction*, Paris, Armand Colin, 2003. Sur les littératures du moi (journal intime, autobiographie, autofiction), il faut évidemment citer les travaux de Ph. Lejeune, parmi lesquels *Je est un autre. L'autobiographie de la littérature aux médias*, Paris, Seuil, 1980 ; *Moi aussi*, Paris, Seuil, 1986. Voir encore Louis Marin, *L'Écriture de soi. Ignace de Loyola, Montaigne, Stendhal, Roland Barthes*, Paris, PUF, 1999.

26. On pourrait citer, et comparer, Proust et Musil, soit d'un côté la réflexion narrative d'une intériorité décomposée en moi multiples et successifs, de l'autre la conscience critique d'un individu sans moi (un homme sans qualités/ des qualités sans homme) : voir F. Godeau, *Les Désarrois du moi. À la Recherche du Temps Perdu de Marcel Proust et Der Mahn ohne Eigenschaften de Robert Musil*, Tübingen, Max Niemeyer Verlag, 1995, ainsi que J. Bouveresse, *Robert Musil. L'homme probable, le hasard, la moyenne et l'escargot de l'histoire*, Paris, Éditions de l'Éclat, 2004 (1993), p. 95.

l'unité, l'évidence, l'assurance du moi dans la quête d'un « je » qui peut aussi bien être un « il »[27] ou un « nous »[28]. Ce qui se révèle alors, ce n'est plus un moi sans intériorité, ce n'est pas non plus l'intimité du moi, mais c'est, bien plutôt, une intériorité sans moi[29] : une autre déliaison du moi et de l'intériorité qui, des Grecs à nous, marque la distance mais peut-être, aussi, la complicité.

27. Voir Ph. Forest, « Du roman d'avant-garde au roman vécu. A propos de quelques idées fausses concernant le retour du Je dans la littérature française », dans Ph. Forest et C. Gaugain, *Les romans du je*, Nantes, Éditions Pleins feux, 2001. Il faut, ici, citer Deleuze : « Écrire n'est pas raconter ses souvenirs et ses voyages, ses amours, ses deuils, ses rêves, ses fantasmes […]. La littérature suit la voie inverse, et ne se pose qu'en découvrant sous les apparentes personnes la puissance d'un impersonnel qui n'est nullement une généralité, mais une singularité au plus haut point […]. La littérature ne commence que lorsque naît en nous une troisième personne qui nous dessaisit du pouvoir de dire Je », *Critique et Clinique*, Paris, Minuit, 1993, p. 12-13.

28. Soit la composition des « moi » que le « je » contient, ou encore celle du « je » et du « il », ou encore celle du « je » et du « vous » : voir sur ce point les remarques de Michel Butor, « L'usage des pronoms personnels dans le roman », dans I. Meyerson (dir.), *Problèmes de la personne, op. cit.*, p. 281-291.

29. C'est en ces termes que Charles Taylor qualifie l'anti-subjectivisme (et, dans le cas d'Eliot, l'antiromantisme) de Pound, d'Eliot et de Rilke : « Le virage vers l'intérieur peut nous emporter au-delà du moi tel qu'on l'entend généralement », *Les Sources du moi, op. cit.*, p. 577.

DANIEL LOAYZA

NOTES EN MARGE D'UNE
HISTOIRE DE LA SOLITUDE

Quelques notes même rapides, une revue à peine ébauchée de quelques-unes des figures les plus marquantes d'une sorte d'histoire de la solitude, contribueraient peut-être à éclairer sous un autre jour l'histoire plus ambitieuse de la subjectivité ou de l'intériorité, ne serait-ce que pour la raison suivante. Historiquement, l'affirmation explicite d'un état de solitude, ou plutôt la possibilité d'une telle affirmation, a de bonnes chances d'être corrélative (on peut du moins en risquer l'hypothèse) de deux traits : d'une part la reconnaissance, plus ou moins nettement formulée, de l'existence d'une communauté de référence – commmunauté vis-à-vis de laquelle le sujet constate l'existence d'un écart (dont il importe peu ici qu'il soit assumé ou subi) ; d'autre part, celle de la singularité constitutive d'un tel écart, débouchant à terme sur l'expression consciemment recherchée d'un moi se comprenant et s'énonçant soi-même comme « individualité » ou « personnalité ». Bien entendu, une enquête portant sur un tel point, s'il fallait l'entreprendre sous forme approfondie, soulèverait quantité de questions préjudicielles : faut-il par exemple ne s'appuyer que sur des indices linguistiques (l'occurrence de mots tels que μόνος[1], ἔρημος[2], αὐτός[3], οἷος[4] *etc.*), ou certains traits implicites d'une situation suffiraient-ils à faire l'affaire – ainsi, en l'absence de tout terme du genre de ceux que nous venons de citer, serait-on encore fondé ou non à parler de la « solitude » d'Hésiode au moment où

---

1. Seul, unique, solitaire.
2. Solitaire, isolé, seul ; privé ou dépourvu de (en parlant d'un lieu : désert, déserté, vide).
3. Soi-même (d'où, dans certains emplois, seul).
4. Seul, unique ; isolé, séparé ; unique en son genre, sans égal. Voire οἰόθεν οἷος, « tout à fait seul », dont Chantraine signale (« La langue de *l'Iliade* », dans Paul Mazon, *Introduction à l'Iliade*, Paris, SBL, 1948, chap. IV, p. 112) que « le chant H [VI] de *l'Iliade* est le seul à employer <ce> tour, d'ailleurs archaïque, » aux v. 39 et 226. Dans les deux cas, ces mots s'appliquent à Hector, et la solitude dont il est question est celle du combat singulier qui va l'opposer à Ajax, fils de Télamon (c'est à l'issue de leur duel, interrompu par la nuit, qu'Hector fait présent à son adversaire de l'« épée à clous d'argent » avec laquelle il se suicidera, et qu'Ajax offre au Troyen le baudrier dont Achille se servira pour lier son cadavre à son char – *cf.* v. 303-305).

les Muses le visitent ? Ne faudrait-il pas prendre en considération une typologie contrastive des espaces (centre habité / confins sauvages, monde humain / territoires d'outre-humanité, *etc.*) ? Quelles que soient les réponses apportées, il est manifeste que toute investigation digne de ce nom devrait s'ouvrir par un long examen de ce qu'il en est de la solitude chez Homère, examen trop complexe pour qu'on en tente ici ne serait-ce qu'un début d'esquisse. En tout état de cause, les poètes qu'on a coutume d'appeler « archaïques » (qu'ils soient lyriques ou élégiaques) constitueraient certainement une étape cruciale de cette histoire. Quant à son terme, il ne peut être qu'arbitraire, et le privilège accordé ici à Ménandre ne relève que de la convenance personnelle.

À titre de préambule, rappelons tout de même après tant d'autres qu'« Homère » n'est pas une signature qui soit inscrite dans l'œuvre homérique, ou encore, pour reprendre les termes de Philippe Brunet, qu'« Homère ne dit rien sur lui-même »[5]. Le sujet de l'énonciation épique n'affleure qu'en de très rares points du poème, notamment en son commencement, pour inviter la « déesse » à « chanter » ou la « Muse » à « dire ». Le poète tient précisément son droit à la célébration d'une telle puissance divine qu'il est en son pouvoir d'invoquer. Il va sans dire que lui seul dispose d'un tel pouvoir ; la singularité de sa position de parole n'a pas à être davantage soulignée : elle lui est tacitement reconnue et garantie par un auditoire qui ne demande pas à en être convaincu par d'autres voies que la performance poétique elle-même. L'aède n'a donc pas à persuader de sa compétence, il n'a pas à se célébrer lui-même. Homère n'est pas « impliqué » dans son œuvre et n'a pas à l'être : ce qui s'énonce par lui, c'est l'objectivité d'un monde[6].

Un tel monde recèle, sans doute, des singularités fortement marquées, des étincelles de solitude jaillissant de la rupture du lien commun, mais il les contient au titre de faits, d'événements effectifs et manifestés, plutôt que de traits d'intimité irréductiblement subjectifs. Soit par exemple Achille et sa colère. S'il choisit de se tenir à l'écart des combats (première manifestation de sa colère), il n'exprime nullement par là, comme on sait, l'éclatant bon plaisir d'une subjectivité souveraine, pas plus qu'il ne se conforme, en se résolvant ensuite à reprendre les armes (deuxième forme que sa *mènis* revêt), à un système de valeurs héroïques qu'il serait seul à incarner. Et lorsqu'enfin il consent à restituer à Priam le cadavre d'Hector (témoignant par ce geste que sa *mènis* a pris fin, et que donc l'épopée peut désormais se conclure, puisque le sujet qu'annonçait son premier vers aura bel et bien été traité de part en part, depuis l'origine première de la colère jusqu'à son extinction, en passant par ses vicissitudes), loin de

---

5. *La Naissance de la littérature dans la Grèce ancienne*, Paris, LGF, 1997, p. 46.
6. Sur tout ceci, voir Jesper Svenbro, *La Parole et le marbre. Aux origines de la poétique grecque*, Lund, Student litteratur, 1976 (notamment p. 24 *sqq.*).

paraître prendre une initiative surgie des profondeurs d'une intimité insondable, à cet instant encore, Achille se soumet à un code de conduite qu'il partage avec les meilleurs représentants de sa communauté de guerriers. S'il y a ici solitude héroïque, elle se signale d'abord par des traits extérieurs, concrets : tout simplement en ceci, par exemple, qu'Achille se retire sous sa tente, loin de la société de ses pairs.

Mais il y a plus, comme toujours chez Homère. D'abord, ses protagonistes ont pour la solitude une sorte d'affinité. Pour ne rien dire ici d'Ulysse, qui nous entraînerait à sa suite dans une trop longue errance, Achille lui-même, que distingue déjà son statut de « meilleur des Achéens », est montré par le poète, en quelques instants décisifs, dans le relief d'un isolement particulier. Deux exemples devront nous suffire ici. Au chant IX, l'ambassade envoyée par Agamemnon le trouve en train de « toucher d'une cithare sonore, belle cithare ouvragée, que surmonte une traverse d'argent. Il l'a prise pour lui parmi les dépouilles de la cité d'Eétion, que lui-même a détruite. Son cœur se plaît à en toucher, tandis qu'il chante les exploits des héros. Seul, en face de lui, Patrocle est assis, en silence, épiant les moments où l'Éacide s'arrête de chanter » (186-191 ; trad. Mazon). Que « le plus grand des guerriers grecs », pour reprendre les mots d'Hélène Monsacré, soit « aussi le seul à être étroitement associé à la parole poétique »[7], est déjà intéressant en soi ; mais la solitude de Patrocle devant lui, soulignant celle de son compagnon, vaut également la peine d'être remarquée, car l'auditeur silencieux, par sa présence attentive à ne pas troubler cet instant suspendu où l'héroïsme paraît se célébrer lui-même, met en valeur la concentration d'Achille plongé en son propre chant. C'est à ce chant, dont Homère prend soin de ne pas indiquer qu'il est adressé à un auditoire extérieur, qu'Achille est arraché par la survenue des ambassadeurs, et l'aède souligne alors sa surprise, détail qui confirme à quel point le héros était absorbé : « Ils s'avancent, le divin Ulysse en tête, et font halte devant Achille. Celui-ci, surpris, d'un bond, est debout, et, sans lâcher sa cithare, quitte le siège où il était assis » (192-194). Autre exemple : au chant XXIV, le vieux Priam, absolument seul, entre chez l'homme qui a vaincu Hector.

> Il l'y trouve, et seul : ses compagnons sont assis à l'écart ; deux d'entre eux seulement, le héros Automédon et Alcime, rejeton d'Arès, s'empressent à ses côtés. Il achève à l'instant de manger et de boire : sa table est toujours devant lui. Aucun ne voit entrer le grand Priam. Il s'arrête près d'Achille, il lui embrasse les genoux, il lui baise les mains – ces mains terribles, meurtrières, qui lui ont tué tant de fils ! (472-479).

Comme Priam, il faut qu'Achille soit seul : cette solitude est en effet une marque intensive, qui donne à la rencontre du vieillard et du guerrier sa force

---

7. Note *ad loc.* dans Homère, *Iliade,* chants IX à XVI, Paris, Les Belles Lettres, 1998, p. 16-17.

incomparable d'événement intime. Pourtant Achille ne peut être seul, car il lui faut des compagnons pour le servir, puisqu'il est à table (et pourquoi donc faut-il qu'il le soit ? parce que « le souci du boire et du manger » trahit que le deuil de Patrocle touche à son terme ; le héros, dans quelques instants, rappellera à Priam que « Niobé elle-même, Niobé aux beaux cheveux a songé à manger, elle qui, en sa maison, avait vu périr douze enfants, six filles, six fils en pleine jeunesse » (602-604)). Achille doit donc être seul sans l'être : on voit comment le poète parvient à concilier ces deux exigences. Une fois cette « solitude » établie, tout le dialogue entre le Grec et le Troyen se déroule ensuite (contrairement au récit des ambassades, par exemple) sans la moindre allusion à la présence de tiers ; un peu plus loin, en revanche, quand Achille en personne va recevoir la rançon d'Hector, toujours escorté par les mêmes « deux écuyers [...], le héros Automédon et Alcime, qu'il chérit entre tous après Patrocle mort », il est expressément souligné qu'« il n'est pas seul » (573-575), et cela, alors même qu'il fait partie du même trio qu'un instant plus tôt : c'est que le grand face-à-face a pris fin, et que la mise en relief par isolement n'a plus lieu d'être.

Par ailleurs, parmi les traits extérieurs et concrets qu'entretisse le chant d'Homère, figure en outre le langage dont usent les héros. La solitude d'Achille, ce qui le tient essentiellement à l'écart de tous les autres guerriers, se marque également par son idiome propre – c'est-à-dire aussi bien par ses limites ou ses silences. On songe ici, par exemple, à l'impossibilité où il se trouve, lors des ambassades du chant IX, tant de pouvoir accepter les raisons de ceux qui l'invitent à se réconcilier avec Agamemnon que de parvenir à se faire entendre d'eux. Ou encore, à ce moment extraordinaire du chant XXIII où deux hommes seul à seul versent ensemble leurs larmes, car « tous les deux se souviennent : l'un pleure longuement sur Hector meurtrier, tapi aux pieds d'Achille ; Achille cependant pleure sur son père, sur Patrocle aussi par moments ; et leurs plaintes s'élèvent à travers la demeure » (509-512). Moment vraiment extraordinaire, en ce que pendant ce deuil partagé où deux ennemis paraissent gémir d'une seule voix, l'unanimité n'est qu'apparente : d'un côté, un vieux père (troyen) pleure un fils mort, de l'autre, un jeune fils (grec) pleure un père vivant ; et pourtant cette discordance que masquent des cris semblables recouvre à son tour un partage et une rencontre plus profonds, entre deux mortels qui se tendent l'un à l'autre une image de leur commune condition : promis non moins qu'Hector à une fin précoce, Achille pleure devant Priam pleurant comme le fera le vieux Pélée sur la mort de son fils. C'est ainsi qu'en Achille, au fil de l'épopée, une différence intime travaille à se formuler, qui tient au caractère inexpiable de certains outrages, au fait qu'il est des êtres pour qui une certaine exigence vis-à-vis de soi vaut engagement, au statut mortel de l'existence humaine ; et de cette différence ne témoignent pas seulement ses attitudes et ses actes, mais une parole caractéristique et vivante. Vivante, car cette différence qualitative, héroïque, se distingue par des traits – l'irrévocable, la promesse, la finitude – qui tous dotent le temps mortel d'une plénitude d'intensité vitale sur laquelle, sauf erreur, Achille est seul à insister : « il n'est rien, pour moi, qui vaille la vie »[8].

De ces vivantes paroles de personnage, de cette pluralité de voix et d'identités, les générations de poètes qui succèdent à Homère et préparent l'âge tragique sont en quelque sorte les héritiers. En l'état de notre documentation, il nous est malheureusement presque impossible d'entrevoir par quels chemins cet héritage s'est transmis et transformé (tout au plus peut-on se douter que le champ fragmenté et pluriel du lyrisme ne s'est pas simplement substitué à l'unité du champ homérique, mais que l'un et l'autre ont dû longuement coexister, avant que l'intervention de l'écriture ne fausse pour nous les perspectives et ne modifie la nature des relations entre l'un et l'autre). Au premier siècle avant Jésus-Christ, on pouvait encore dire à Rome qu'une vie d'homme ne suffirait pas à lire tous les poètes lyriques grecs ; aujourd'hui, l'ensemble de leurs fragments, y compris ceux que nous conservent les lambeaux de papyrus les plus mutilés, tient en quelques centaines de pages. On conçoit qu'il est difficile dans ces conditions de rendre pleinement justice à l'originalité de cette poésie. Mais il y a plus : l'avancée lyrique a été à ce point assimilée par la tradition littéraire que son tranchant s'est émoussé, peut-être irrémédiablement.

À quoi tient cette avancée ? À la libre prise de parole en son nom propre. Du côté de l'émetteur, comme on va le rappeler, aucune qualification sociale ou religieuse spéciale ne semble plus requise ; du côté du récepteur, aucune contrainte particulière n'est posée (il peut être homme ou femme, singulier ou pluriel, identifié ou non ; il peut également être immortel plutôt que mortel, car certains lyriques pratiquaient aussi l'hymne ou la prière, mais ce type d'invocation se rattache plutôt à une tradition de type homérique). En ce qui concerne le contenu, aucun mécanisme de censure ne paraît jouer (le message peut par exemple être d'ordre satirique, érotique, didactique, politique) ; en ce qui concerne le code, s'il est vrai que certains traits de langue sont fréquemment empruntés à un fonds homérique, les innovations en matière métrique, lexicale ou générique ne sont pas moins frappantes. Pour donner une idée de la richesse et de la diversité du paysage, rappelons que les Anciens eux-mêmes, classant les lyriques selon le mètre employé, distinguaient entre élégie (Callinos, Tyrtée, Mimnerme, Solon, Xénophane), iambe (Archiloque, Sémonide) et lyrique chorale (Alcman, Stésichore, Ibycus, Simonide) ou monodique (Sappho, Alcée, Anacréon).

Ces différentes voix lyriques résonnent d'elles-mêmes, sans plus indiquer à quelle source elles puisent leur droit à la parole. Ce droit, tout se passe comme

---

8. *Iliade*, IX 401 ; *cf.*, en un sens analogue, la fameuse confidence du héros mort à Ulysse dans l'*Odyssée*, XI 488-491.

s'il ne tenait qu'à elles de se l'octroyer. Chez Homère et Hésiode, l'accès à l'expression est lié à une dimension d'ordre divin. Chez les plus anciens lyriques, cela ne semble plus être le cas. Les poètes élèvent chacun leur voix un peu à la façon des héros homériques : devant telle ou telle situation concrète, l'avis s'énonce, la réaction se formule, sans avoir nécessairement à tirer son autorité d'une instance surhumaine – nouveauté que l'on pourrait résumer en disant que, d'un certain point de vue, le poète assume la position énonciative (la voix mortelle) réservée jusque-là au personnage du récit épique. Chez les Anciens, d'ailleurs, nul ne met en doute que la première personne mise en jeu par « Archiloque » ne soit Archiloque, que la première personne chez « Sappho » ne soit Sappho, que « Solon » ne soit Solon, et ainsi de suite. À leur exemple, nous considérons que le sujet lyrique, sauf exception expresse, parle bien en son nom propre (peu importe d'ailleurs que les éléments autobiographiques soient d'ordre réel ou fictif, l'essentiel étant qu'ils puissent être considérés comme composant un autoportrait)[9]. Bien entendu, il conviendrait non seulement d'examiner séparément la tradition particulière que constitue la grande lyrique chorale – par où la pluralité des voix non médiatisée par un récit s'introduit dans le champ littéraire, et avec elle, l'une des conditions de possibilité de la dimension dramatique –, mais aussi de réserver, au sein même de cette tradition, le cas exceptionnel de Pindare : en première approximation, on pourrait peut-être avancer que le sujet pindarique, en se construisant un « personnage-de-poète » seul digne d'accomplir la célébration immortalisante, travaille à renouer avec certains des privilèges religieux de l'aède (liens avec la mémoire, puissance mythopoétique, théologie de la gloire, etc.) tout en les réinscrivant dans le champ qu'a défriché l'*ego* archaïque (expression en première personne). Si l'on veut, le personnage auquel Pindare prête sa voix serait moins affaire de configuration que de transfiguration, puisqu'il n'est autre que celui du Poète comme tel – non

---

9. Pour Florence Dupont (*L'Invention de la littérature. De l'ivresse grecque au banquet latin*, Paris, La Découverte, 1994), « l'auteur », simple garant culturel, sert d'écran aux interprètes de la culture de festivals telle que la *polis* l'organise : « tous les auteurs de ces nouvelles performances qui ont lieu dans des concours se détachent du chant ou du poème qu'ils présentent, et prétendent être de simples exécutants. Ils se cachent derrière celui qui aurait été le premier acteur du processus et qu'ils font remonter aux premiers temps de la cité : le héros inventeur, ne se reconnaissant personnellement aucune compétence poétique ni musicale. Un chant leur viendrait pour le texte d'un auteur mythique, l'inventeur du genre poétique correspondant comme Homère, Archiloque ou Anacréon. Cet "auteur" mythique garantit de son autorité les performances de ses disciples. Par conséquent, l'auteur, c'est-à-dire celui auquel est attribué un poème, n'est pas le poète » (*op. cit.*, p. 74 ; *cf.* d'ailleurs l'ensemble du chapitre 2, « L'invention d'Anacréon », p. 65-119). Mais quoi qu'il en soit du crédit qu'il faille accorder à la signature, cela ne change rien au fait qu'un « auteur » en tant que sujet d'énonciation nommable s'inscrit désormais à même un énoncé dont il est tenu responsable, et cet effet textuel est le seul point qui nous importe dans la présente discussion.

pas celui d'un mercenaire (Archiloque), d'une amante (Sappho), d'un législateur (Solon) ou de quelque autre figure qui puisse être définie par un trait biographique ordinaire, mais celui d'un être de glorieuse exception, par qui advient la dimension où le mortel, atteignant son plus haut accomplissement, échappe en quelque sorte à soi-même.

Mais reprenons la question d'un peu plus haut, et revenons à Hésiode. C'est en effet dans son œuvre que pour la première fois la personne singulière du poète s'inscrit explicitement dans le texte énoncé. Pour la première fois aussi (du moins à notre connaissance), un poète rend compte de l'origine de sa compétence, et il le fait en la présentant comme un don qui lui est accordé à titre personnel. Faut-il comprendre qu'Hésiode souhaitait ainsi marquer que sa formation, contrairement à celle d'un aède homérique, ne s'inscrivait pas dans le cadre d'une tradition de haute école ? Quoi qu'il en soit, tout en signant sa *Théogonie* au v. 22, il donne à voir la singularité de son statut, qu'il dit tenir d'une visite que lui rendirent les Muses « au pied de l'Hélicon divin ». Du même coup, le lien entre le chanteur et la divinité tutélaire ne paraît plus d'ordre simplement générique. Nous n'avons plus affaire à un aède quelconque, anonyme, invoquant une « déesse » elle-même sans nom ou une « Muse » qui n'est pas autrement spécifiée, mais à un pâtre dont le nom est connu, que neuf Muses dûment identifiées aux vers 77 à 79 viennent surprendre sur un lieu de travail clairement situé. Rien n'indique que cette épiphanie ait été provoquée par une invocation préalable. À prendre le texte à la lettre, l'initiative de la rencontre serait plutôt à imputer aux déesses, qui ne se bornent d'ailleurs pas à « inspirer des accents divins » à ce pasteur nommé Hésiode qu'elles ont élu mais lui dictent encore le contenu de ses chants, elles qui lui « ordonnent de célébrer la race des Bienheureux toujours vivants ». Vis-à-vis du proème homérique, la situation semble donc rigoureusement renversée, terme à terme, ce que confirme peut-être en outre une opposition analogue entre certains traits thématiques : au poète anonyme demandant à une déesse, en une occasion non précisée, de chanter la gloire d'un mortel singulier (Achille ou Ulysse) répond en effet un poète signant Hésiode auquel plusieurs déesses, en une circonstance nettement caractérisée, demandent de chanter la foisonnante lignée des Immortels. Ce qui est lancé chez Homère, c'est un appel au divin pour qu'advienne un certain état sacré de la parole ; ce qui chez Hésiode est mis en scène, c'est l'affirmation d'une vocation qui paraît concédée une fois pour toutes, aussi solide et permanente que le sceptre de laurier que les déesses lui remettent comme insigne de son privilège de parole (v. 30-31) – à quoi s'ajoute qu'Homère assigne à la divinité la matière de son chant, que celle-ci soit la « colère du Péléide » ou l'« homme aux mille tours », tandis qu'Hésiode, on l'a vu, se la voit au contraire imposer. Rien d'étonnant, dès lors, à ce que si Homère invite la déesse à parler, Hésiode n'exhorte nulle autre voix que la sienne à entonner le chant en l'honneur des neuf filles de Mnémosyne : dès les premiers mots de leurs poèmes respectifs, la deuxième personne de l'impératif cède la place à une première personne. Naguère, la Muse unique des temps homériques était le sujet par lequel s'inaugure et se soutient le chant (à quel moment d'ailleurs, s'il en est un, la voix de l'aède s'efface-t-elle derrière la sienne ?) ; à l'époque d'Hésiode, voici qu'elle laisse la place à un groupe de déesses qui de ce chant est d'abord l'objet, et qui peut l'être parce qu'elles en ont délégué l'exercice effectif au poète qu'elles ont choisi d'éduquer (*cf.* ἐδίδαξαν, v. 22). À l'inspiration qui pousse le mortel à céder la parole au divin succède ainsi une instruction par laquelle le divin confère au mortel le droit de prendre désormais la parole de sa propre initiative, pourvu que cette parole s'ouvre et se ferme toujours sur leur célébration (*cf.* v. 34). Autrement dit, la présence de la puissance musaïque dans le proème n'est plus d'ordre performatif, mais commémoratif. La déesse, qui ne hante plus la voix même, passe dans le thème célébré.

Quel rapport avec la solitude, dira-t-on ? Dans ce retrait de la Muse, c'est comme la voix du poète qui se retrouve à découvert. La parole en nom propre, non médiatisée par un récit, dispose désormais d'un espace où se déployer – mais où, du même coup, il lui revient seule désormais de parvenir à se faire entendre. Cette singularisation, sans suffire à fonder la solitude de la voix, prépare à terme l'accès à sa position et à son expression. Hésiode, à cet égard, annonce déjà l'explosion lyrique. Explosion dont relèvent, aussi bien, certaines œuvres « philosophiques », celles d'Empédocle ou de Parménide[10], par exemple, mais il ne peut être question de pousser ici plus avant l'examen de telles voix ; on se bornera ici à rappeler rapidement au passage deux traits (outre l'emploi de l'hexamètre dactylique) qui les distinguent évidemment des lyriques au sens étroit, tout en les apparentant au didactisme d'Hésiode (mais aussi, d'un certain point de vue, à Pindare) : un certain rapport explicite à la « vérité » (comme si, entre les deux sortes de paroles, trompeuses ou véridiques, dont nous allons rappeler que les Muses hésiodiques se disent capables, il fallait désormais choisir son camp) ; une certaine volonté de rendre compte de l'autorité énonciatrice ou de la mettre en scène.

Dans le cas d'Hésiode également, cette mise en jeu du poète par soi-même est d'abord celle d'une autorité. Le poète hésiodique, qui se veut porteur de

---

10. Le cas de Parménide serait d'autant plus intéressant à considérer de ce point de vue que l'« être » (pour dire vite) qu'il met en scène dans son poème *Sur la nature ou sur l'étant,* et qu'il qualifie de μουνογενές (« seul de sa race » : *cf.* frag. VIII, 4), emprunterait quelques traits au protagoniste de l'*Odyssée,* relevant ainsi au profit de l'objet spéculatif certains caractères constitutifs de l'identité héroïque. Sur tout ceci, voir Parménide, *Sur la nature ou sur l'étant,* présenté, annoté et commenté par Barbara Cassin, Paris, Seuil, 1998 (en particulier, p. 48 *sqq.,* la section intitulée « L'héroïsme de l'étant ou le nouveau roman de la philosophie »).

vérités plutôt que restituteur de gloire, accomplit sa mission une première fois, dans la *Théogonie*, en tant que transmetteur d'un savoir que lui ont dicté les Muses, une seconde fois, dans *Les Travaux et les jours*, sous couleur de dispenser à son frère divers conseils. Dans un cas comme dans l'autre, son œuvre est placée sous le signe du διδακτόν, de ce qui peut être enseigné. Contrairement à Homère, Hésiode propose des textes qui prétendent instruire sur l'état actuel du monde celui qui en prend connaissance : un récit mythique qui rend compte de la répartition du cosmos entre puissances divines, un calendrier des travaux agricoles fixant au sein de ce cosmos, et sous le signe de *Dikè*, les rythmes de l'existence humaine au temps du poète. À noter que le caractère de réalité non trompeuse de la parole musaïque ne va plus sans dire, mais en constitue l'un des versants, parmi d'autres possibles : au pied de l'Hélicon, les Muses elles-mêmes ont en effet révélé à leur porte-parole qu'elles sont capables aussi bien de tromperie que de vérité (*Théogonie*, 27-28) – ce qui implique que la parole strictement vraie constitue désormais une vocation déterminée, pouvant être opposée à d'autres (faut-il voir là, de la part d'Hésiode, une volonté de se démarquer de la puissance fictionnelle d'Homère, telle qu'elle se donne ouvertement à voir dans un personnage comme Ulysse, toujours prêt à raconter de belles histoires pour mieux dissimuler sa véritable identité ?).

La mise en scène de la voix énonciatrice comme autorité peut donc se justifier par la visée didactique. Quelque chose cependant résiste à cette visée et passe pour ainsi dire en contrebande. Ne serait-ce en premier lieu que le fait même de la présence de cette voix qui ne se laisse plus oublier ni recouvrir par son garant divin, voix capable d'articuler pour son compte une certaine relation au monde et au siècle qui lui sont propres et contemporains. « Hésiode » est nommé, situé dans le paysage textuel, fait partie intégrante de son matériau, et sa biographie même ne se laisse plus séparer de son propos. Sans doute fera-t-on observer que lorsque le poète mentionne sa victoire à Chalcis au cours des jeux funèbres d'Amphidamas, il s'agit moins pour lui de se vanter que d'apporter une preuve de la qualité et de l'authenticité de son verbe (preuve qui ne vaut, notons ce point, que si cette victoire a effectivement été remportée : Hésiode, décidément, doit s'être rangé au parti de la vérité). De même pour l'adresse à Persès : elle ne vise pas seulement à exposer aux auditeurs du poème la justice de la cause d'Hésiode (même si cette intention est sans aucun doute présente), mais encore à marquer l'autorité insigne du poète en la matière, lui qui préfère, afin d'éviter un procès avec son frère, l'instruire et s'opposer à lui comme *Eris* à *Eris*, la bonne Émulation à la mauvaise Querelle. Incontestablement, les détails biographiques paraissent choisis de façon à contribuer à asseoir ou faire valoir l'autorité de la voix poétique. Pourtant ces détails, au-delà de la façon dont leur emploi peut se justifier dans l'œuvre, conservent comme le grain d'une voix, suscitent, si l'on ose dire, un effet de personnalité concrète que l'aède homérique s'était interdit pour le réserver à ses seuls personnages. À cette individualité du récitant répond celle d'un auditeur particulier et dûment nommé : *Les Travaux et les jours*, en intégrant la dimension autobiographique, devient aussi le premier poème conservé qui interpelle son destinataire et du coup se l'incorpore sous forme explicite. La poésie archaïque, à commencer par Archiloque, se plaira à exploiter ce trait dynamique. Bien souvent, le récepteur du message n'apparaîtra pas moins localisé, circonstancié, au présent, que son émetteur, et leur couple omniprésent, fortement individualisé (contrairement à celui que forment l'aède homérique et sa Muse), constituera une sorte d'indice d'actualité suggérant la présence réelle de voix singulières.

Pour justifier son chant, l'aède commençait par invoquer la puissance qui en est la source réelle ; les lyriques, eux, chantent comme Achille parle, sans préambule, à titre personnel, « en situation ». Leur nom ne figure pas nécessairement dans le texte du poème, mais le plus souvent, il le pourrait : l'*ego* énonciatif, loin d'être confiné au proème, se dissémine dans toute l'œuvre, conférant son unité à un corpus d'une variété parfois surprenante. Leur parole, sans garantie divine, n'a plus d'autre autorité que celle que l'auteur même se décerne ou que son auditoire est disposé à lui reconnaître. Il ne suffit pas à Archiloque d'insulter son adversaire : il lui plaît de se proclamer maître en matière de talion, un peu comme si le savoir-faire, l'*epistèmè*, devait se doubler ici, ainsi que le veut l'expression à la mode, d'un « faire-savoir » d'ordre publicitaire : « Je sais une chose importante (ἓν ἐπίσταμαι μέγα) », proclame-t-il, « outrager, mal pour mal, celui qui me fait tort » (66 Diehl ; sur Archiloque expert (ἐπιστάμενος) versé dans le don désirable des Muses, *cf.* également le fragment 1). L'expression singulière, la personnalité comme telle, commencent dès lors à faire partie intégrante du message. Aucun récit « objectif » n'a plus à soutenir et à unifier la prise de parole. Bien entendu, les valeurs épiques sont reprises et discutées, tout comme les formules homériques irriguent en profondeur la langue de la poésie nouvelle ; mais l'unité du monde d'Achille, aussi imposante qu'implicite, s'est dissipée (une fois encore, le fait qu'une certaine pratique poétique qu'on rattachera par la suite à la philosophie veuille refonder cette unité expressément et à nouveaux frais sort du cadre de notre propos). On en viendrait presque à croire que n'importe qui – un bâtard comme Archiloque, une femme comme Sappho – pourrait désormais tenter de dire n'importe quoi : qu'il n'y a aucun déshonneur à laisser son bouclier derrière soi quand on bat en retraite, ou qu'Éros fait blêmir et laisse sans voix. Tout peut se dire – depuis la règle de l'unanimité patriotique et guerrière (Callinos, Tyrtée) jusqu'à la discordance et à la dissension (Alcée) ; depuis la nécessité de la « belle mort » héroïque, mise désormais au service de la cité, jusqu'à la célébration mélancolique du seul plaisir (Mimnerme) ou à l'évocation de la puissance d'Éros (Sappho). Et cette diversité de sujets ou de valeurs se conjugue à celle des tons : élégies d'une noblesse tout épique ou vers

« scazons » (boiteux) d'un Hipponax, dont l'idiome qui semble argotique répond à la crudité du propos. L'énonciation elle-même s'ouvre à des variations inédites : voix solo contre masse chorale, « je » réel contre rôle fictif. Mais ce qui nous importe ici, c'est que ce foisonnement de la signature singulière va ouvrir, pour autant que permet de l'entrevoir l'état atrocement fragmentaire du matériau dont nous disposons, la possibilité d'une parole qui ne peut s'élever qu'à l'écart et *in absentia* – c'est-à-dire d'une position expressive de soi qui ne soit plus seulement à entendre comme singularité, mais comme solitude. Ainsi, encore, de Sappho : dans son ode la plus fameuse (qui porte le n° 31 dans l'édition de Lobel et Page), ce qu'elle dit tant d'elle-même que de l'objet de son amour en lui adressant son poème est précisément ce qu'elle ne peut formuler en sa présence. Devant l'être aimé, les symptômes qui affectent Sappho – langue qui se glace, regard qui se voile, oreilles qui bourdonnent – troublent sa perception et entravent son expression : elle ne peut plus « dire un seul mot » (7-8) et « peu s'en faut » qu'elle ne soit « morte » (15). Le poème, en l'occurrence, est une parole qui ne peut advenir qu'à distance. Le sujet qui l'articule, et qui détaille les étapes de sa propre agonie, ne peut risquer de s'approcher sans que sa voix défaille ; cette voix, comme telle, ne surgit donc que de l'écart, de l'absence qui la sépare et la tient comme à l'abri de l'être aimé – dans une solitude qui serait radicale si cette voix si éloquemment mourante d'un sujet qui parvient tout de même à s'observer du dehors ne laissait poindre, pour le témoin qui veut bien l'entendre, un soupçon de discrète ironie.

(Je songe soudain ici à une autre amante, aussi passionnée que Sappho, aussi anonyme que celle qu'elle célébra. Voyez dans Pline l'Ancien l'histoire de Butade ou Dibutade de Sicyone, que m'a fait connaître Agnès Rouveret dans un ouvrage magistral[11], et qui a inspiré à Jean-Christophe Bailly des pages magnifiques dans sa thèse trop peu connue sur *Le Champ mimétique*[12]. Pline la rapporte en ces termes dans son *Histoire Naturelle* :

Fingere ex argilla similitudines Butades Sicyonius figulus primus inuenit Corinthi filiae opera, quae capta amore iuuenis, abeunte illo peregre, umbram ex facie eius ad lucernam in pariete lineis circumscripsit, quibus pater eius inpressa argilla typum fecit et cum ceteris fictilibus induratum igni proposuit («en utilisant lui aussi la terre, le potier Butadès de Sicyone découvrit l'art de modeler des portraits en argile ; cela se passait à Corinthe et il dut son invention à sa fille, qui était amoureuse d'un jeune homme ; celui-ci partant pour l'étranger, elle entoura d'une ligne l'ombre de son visage projetée sur le mur par la lumière d'une

---

11. *Histoire et imaginaire de la peinture ancienne*, Rome, Bibliothèque des Écoles Françaises d'Athènes et de Rome, 1989.

12. Paris, Seuil, 2005 (*cf.* en particulier les p. 39 à 64, intitulées «La scène originaire du mimétique »).

lanterne ; son père appliqua l'argile sur l'esquisse, en fit un relief qu'il mit à durcir au feu avec le reste de ses poteries, après l'avoir fait sécher »)[13].

Je songe à cette histoire, qui est plutôt un mythe de l'invention de quelque chose dont je ne suis pas certain de connaître le nom – car si la jeune Corinthienne paraît découvrir le dessin comme moyen de soustraire son bien-aimé à l'absence absolue, d'un autre côté, elle semble ne pas avoir inventé du même coup l'art de conserver le portrait ainsi obtenu à l'abri de la destruction. Mais l'histoire ou le mythe, qui d'ailleurs ne la désigne pas même comme inventrice, ne dit pas davantage ce qu'elle voulait préserver au juste : seulement la semblance d'un être absent, ou plutôt l'emplacement unique où son ombre vint réellement se poser, ou encore la marque de l'instant où sa propre main d'amante prit le droit de faire tout le tour d'un visage chéri. Peut-être ne voulait-elle précisément qu'un signe lui-même fragile, fugace, destiné à son seul regard, exposé sans réserve au *tempus* – au temps qui passe, mais aussi aux intempéries, ainsi qu'à tous les risques de ce qu'on appelle le contemporain. Dans ce cas, elle aurait inventé tout autre chose que le dessin, et son père se serait mépris sur le sens de son geste en voulant le pérenniser, en se glissant dans le désir de sa fille, en se coulant à son tour dans son tracé fluide comme en un moule afin d'en obtenir une empreinte conservable et durcie, *induratum*, selon le mot de Pline, à la façon dont Honoré Fragonard, quelques siècles plus tard, injectera de la cire dans les veines et les membres de tant de corps dont le sang et la vie se sont retirés. Mais d'un autre côté, il se peut que l'inventrice amoureuse ait bel et bien pris soin de protéger l'effigie bien-aimée. Car Pline précise qu'elle travailla *ad lucernam*, qu'elle se servit d'une lanterne pour produire l'ombre du futur absent – ce qui semblerait indiquer, soit qu'elle rencontra son bien-aimé pendant la nuit, soit que la paroi ne se trouvait pas à l'extérieur. La jeune femme serait donc – Bailly, après quelques autres, a fait le rapprochement (*op. cit.*, p. 55) – dans la position de ces porteurs de marionnettes et de figures découpées dont Platon parle dans la *République*, et qui passent et repassent en laissant se projeter sur le fond de la caverne les ombres des silhouettes qu'ils portent. Mais contrairement à eux, elle veut produire cette ombre, et la produire pour son propre usage, et produire en elle un simple tenant-lieu d'un original qui sera bientôt hors d'atteinte : bref, elle assume son usage, son bon usage, du simulacre. Et puis – c'est peut-être plus secrètement important – cette *lucerna*, cette lanterne nous révèle que la jeune fille ne doit pas seulement produire l'ombre, mais aussi et d'abord, tout simplement, la lumière qui projette celle-ci. Autrement dit, avant de dessiner, elle était elle-même plongée dans la pénombre ou l'ombre soit de la nuit, soit d'une chambre obscure, et au sein de ces ténèbres, elle fit jaillir la source lumineuse qui devait découper sur une paroi brusquement éclairée une

---

13. XXXV 151-152. Nous citons la traduction de J.-M. Croisille (Paris, SBL, 1985).

ombre seconde. La lumière découpe de l'ombre dans l'intimité de l'ombre amoureuse ; le père surprend le profil secret de cette découpe et y appose sa signature. Du corps aimé, la lanterne tire l'ombre ; de l'ombre fidèle, l'amante tire le trait ; du trait véridique, le potier tire une dernière épreuve, une *similitudo ex argilla*, un *typus* – est-ce un hasard si l'on désigne souvent ainsi de ce mot de « type » une personne dont on ignore le nom ? –, un *typus*, donc, que Dibutade, selon Pline, aurait « proposé au feu », *igni proposuit*, non pour le consumer, mais pour le cuire, vouant ainsi son propre nom à l'immortalité. Ainsi de Sappho – mais la géniale Lesbienne, maîtresse à la fois du secret et de sa divulgation, tient tout ensemble le rôle du potier et de sa fille, elle qui, d'un même geste, saisit l'instantané au vol et le révèle. Car si elle s'adresse à l'être aimé comme l'inventrice dessine son fiancé, elle ne laisse pour autant aucune signature supplanter la sienne ; là où la jeune amante sans nom « substitue à une absence à venir la trace d'une présence qui est encore là », comme l'écrit Bailly (*op. cit.*, p. 42), Sappho supplée une proximité désirée mais insoutenable – celle de la bien-aimée – en décrivant au présent la trace de ses effets sur celle qui l'aime – c'est-à-dire en signant une sorte d'autoportrait évanouissant.)

Même ici, la solitude reste liée à une collectivité, fût-elle virtuelle ou minimale – en l'occurrence, celle que suppose la publication d'une confidence amoureuse[14]. Le plus souvent, toutefois, cette collectivité ou cette communauté est effectivement désignée dans le texte, quand elle n'est pas impliquée par ses règles génériques. Il peut s'agir par exemple des participants à un banquet, des combattants d'une même classe d'âge, d'un groupe de femmes vivant ensemble. Il peut s'agir de la *polis* tout entière. Le sujet poétique, qui de soi-même s'adresse à tous, peut alors se faire le porte-parole de valeurs que tous sont censés partager – seul devant tous, comme Callinos, ou contre tous, comme Solon. Et ce deuxième cas est évidemment beaucoup plus propice à l'expression d'un sujet pleinement conscient de son originalité : Solon, comme l'a noté Werner Jaeger[15], est le premier Athénien dont nous puissions entrevoir la physionomie intime. Voyez cet étonnant fragment (24 Diehl) où il se présente lui-même sous la figure d'un loup parmi des chiens qui le harcèlent. L'arbitre de la cité, celui dont la législation doit lui éviter la *stasis*, se retrouve donc seul de son genre pour affronter des bêtes qui, en l'absence de leur féroce cousin, ne manqueraient pas

14. La place nous manque pour discuter ici la fameuse apostrophe d'Ulysse à son propre cœur aux vers 18-21 du chant XX de *l'Odyssée,* et à plus forte raison pour la comparer avec celle d'Archiloque – *cf.* 67 Diehl. Notons tout de même qu'à l'époque archaïque, le temps n'est sans doute pas encore venu où un sujet unifié se prendra lui-même pour destinataire explicitement unique de son verbe, ou à plus forte raison visera, au-delà de ce point, à rejoindre un état sans parole.

15. Cf. *Paideia. La formation de l'homme grec,* tr. fr. A. et S. Devyver, Paris, Gallimard, 1964, livre premier, chap. VIII, p. 171 *sqq.*

de s'entredéchirer en dépit de leur parenté et de leur caractère domestique. Double paradoxe et image complexe : la fraternité paraît engendrer la pire des haines ; le garant du lien politique s'incarne ici sous les traits sauvages d'un fauve. D'un être libre, aussi bien – mais dont la liberté se donne d'abord à voir par sa non-appartenance à la meute. Comment fonctionnent ici l'appartenance et l'exclusion ? Ce curieux citoyen nommé Solon semble ne pouvoir assurer la cohésion du corps civique qu'au prix d'un écart (analogue à celui qui apparente et sépare le loup du chien) ou depuis une position à part (comparable à celle d'une borne-frontière posée au beau milieu d'un *no man's land* : *cf.* le fragment 25 Diehl). Le lecteur songera sans doute ici à cette sorte d'auto-ostracisme avant la lettre que le sage athénien choisit de s'imposer, selon la tradition, en partant en exil après avoir fait jurer à ses concitoyens de ne rien changer à ses lois avant son retour : la singularité unique de la position de parole se double ici (plus nettement encore que chez Sappho) d'une mise à distance de soi assumée vis-à-vis de la communauté. Et l'on n'aura garde d'oublier que cette communauté problématique à laquelle Solon est confronté et dont il choisit de s'écarter pour la contraindre à se maintenir, cette *polis* parcourue de tensions qui ne va pas tarder à se soumettre à la tyrannie de Pisistrate, constituera quelques dizaines d'années plus tard le lieu d'apparition de la forme littéraire qui interrogera pour lui-même, en le portant à son paroxysme, l'affrontement pluriel des valeurs et des voix.

Nous ne saurions, dans le cadre de ces quelques notes lacunaires, aborder la littérature des Ve et IVe siècles et l'expression de la solitude à l'apogée de la *polis* classique. De Prométhée à Hippolyte ou Médée en passant par Cassandre, trop de figures tragiques mériteraient ici une étude spéciale ; celle qu'il faudrait consacrer à la galerie des solitudes sophocléennes excéderait à elle seule les dimensions du présent article (il nous suffira de mentionner les noms d'Antigone repoussant l'aide de sa soeur et que Créon fait emmurer vivante, comme à mi-chemin entre la communauté des vivants et celle des morts ; d'Ajax s'élançant seul dans la nuit pour massacrer les Grecs, puis rusant avec ses proches pour être laissé à lui-même et pouvoir se suicider à l'écart sur la grève ; de Philoctète abandonné près de dix ans sur une île déserte, mais choisissant d'y rester plutôt que de se déjuger). Et que dire, entre autres, d'un auteur tel que Platon et de ses mille et une manières de mettre en relief la singularité socratique ? En guise de conclusion à ce parcours, on se bornera ici à une ou deux remarques sur le rôle-titre d'une œuvre un peu moins connue, qui offre aussi un ultime et très net exemple de solitude à résorber au sein d'une communauté : le *Dyscolos* de Ménandre, qui remporta le prix au concours des Lénéennes en 316 avant J.-C., sept ans après la mort d'Alexandre le Grand.

James Redfield, dans une très belle étude[16], a fait remarquer que « les Grecs classiques ne nous ont laissé aucune histoire d'amour. Notre scénario le plus familier – celui qui commence par la rencontre du jeune homme et de la jeune fille et se termine par : « Et ils vécurent heureux jusqu'à la fin de leurs jours » – n'existe pas dans la littérature grecque avant le *Dyscolos* [...] ». Telle est bien en effet la fable de surface : il ne faut pas moins de cinq actes au dieu Pan pour réaliser le mariage qu'il annonce dès le prologue entre Sostrate, fils de Callippide, et la fille du vieux misanthrope Cnémon, qui refuse tout contact avec autrui et insiste jusqu'au bout pour qu'on le laisse absolument seul. En apparence, tout oppose le prétendant et son futur beau-père. En fait, le véritable clivage ne passe pas entre un père (paysan, travailleur, misérable, *etc.*) et un fils (urbain, oisif, richissime, *etc.*), mais entre deux pères, entre Cnémon et Callippide. Et elle tient moins à leur richesse qu'à leur façon de la mettre en valeur. Le vieux misanthrope, pour éviter la compagnie, laisse en jachère une bonne partie de son fonds et tente d'en cultiver le reste par ses propres forces. Callippide, au contraire, est présenté comme un *gentleman farmer* qui tire le meilleur parti de ses terres (*cf.* v. 775). Passons maintenant du patrimonial au matrimonial : cette différence d'attitude se retrouve dans leur manière de gérer les ressources humaines de leur *oïkos*. Le père de la fiancée dit ne vouloir pour elle qu'un mari tout pareil à lui-même – autant dire, en effet, personne (le propre de Cnémon étant de se soustraire radicalement à toute société, il lui serait doublement impossible de croiser le beau-fils de ses rêves, puisque tous deux s'éviteraient aussi farouchement l'un que l'autre !). Callippide, au contraire, est tout disposé à laisser son fils se marier sans lui dicter son propre désir (pour sa fille, il faut le sermonner un peu, mais il y consent assez vite). En somme, autant Cnémon voudrait s'exclure de tout circuit d'échange pour se replier sur une impossible autosuffisance (que les Grecs appelaient *autarkeia* : *cf.* v. 714) et ne peut céder sans mourir, au moins symboliquement (sa grande tirade des v. 710 à 747 a une nette tonalité testamentaire), autant Callippide accepte de laisser circuler ses biens, sans craindre de dire lui-même à son fils qu'après tout, il ne compte pas les emporter avec lui dans la tombe (v. 813-814). La fable de surface, qui nous parle de désir, se double donc d'une fable masquée, qui nous parle d'un désir (impossible ou fou) de ne pas désirer. Tel est le contraste fondamental que l'on devine à l'œuvre derrière les oppositions de pure convention dont Ménandre s'amuse chemin faisant : la solitude de l'ἀπάνθρωπος [...] ἄνθρωπος (« l'homme loin des hommes », ainsi que l'appelle Pan dès le vers 6) est aussi une tentative de fuir, avec la société de ses semblables, la condition

---

16. *« Homo Domesticus »*, dans J.-P. Vernant (dir.), *L'Homme grec,* Paris, le Seuil, 1993, p. 217-262 : 218.

humaine comme telle – le manque à soi-même, l'être mortel et leurs conséquences : la nécessité de l'échange et du legs.

Or, comme l'écrit Redfield, « le désordre survient lorsqu'un père ou une mère tente d'empêcher la succession normale des générations »[17]. Cnémon fait ici songer à toute une série de personnages mythiques, dont Kronos, dévorateur de ses propres enfants, ou Oenomaos, qui pour empêcher le mariage de sa fille imposait à ses prétendants une épreuve à laquelle ils ne pouvaient survivre. Redfield précise que dans l'une des versions du mythe « Oenomaos désirait épouser lui-même Hippodamie, et l'on peut considérer que le thème de l'inceste est présent dans toutes. Épouser sa fille, c'est comme tuer son fils : on refuse de passer la main, de laisser place à la génération suivante ». Cnémon n'a pas eu à tuer de fils. Mais il refuse tout lien avec celui de sa femme, Gorgias, né d'un premier lit, et dont Pan précise qu'il n'a jamais connu son père. À l'inverse, quand il finit par céder une première fois, c'est pour rappeler son épouse auprès de lui, procéder à l'adoption de Gorgias, lui confier tant la gestion de son patrimoine que la charge de trouver un mari à sa demi-sœur. Le moment où Cnémon s'incline enfin coïncide donc avec la reconstitution d'un *oïkos* normal (ou presque) et conforme à la loi de l'existence mortelle : la mère auprès du foyer, le fils succédant au père, la fille rejoignant la demeure de son époux. *A contrario*, l'existence dont Cnémon rêve peut-être secrètement, soustraite à la nécessité de la génération, a quelque chose de divin[18] : Zeus lui-même, ainsi que le rappelle Redfield, a avalé « sa première épouse Métis au lieu de vivre en couple avec elle ; Athéna naît donc de la tête de Zeus […], tandis que la mise au monde d'un fils peut-être meilleur que son père est évitée. Autrement dit, le pouvoir éternel de Zeus est garanti par une fille éternellement vierge et un fils qui n'est pas né ».

Par sa prétention informulée de vivre d'une vie divine – hors de tout besoin, exempte de tout lien –, Cnémon n'est donc pas loin de céder à l'*hubris*, c'est-à-dire de se rendre coupable de la faute tragique par excellence. Le risque est

---

17. *Art. cit.*, p. 221.

18. Peut-on aller jusqu'à dire que Cnémon se pose en rival de Pan ? Comme le dieu, il choisit les solitudes d'un territoire agreste et sauvage ; comme lui, il échappe au lien conjugal, et n'apprécie que la compagnie d'une *nymphè* (sur ces caractères de Pan, *cf.* Philippe Borgeaud, *Recherches sur le dieu Pan*, Institut Suisse de Rome, 1979, p. 121-122 : « Du territoire retiré où Pan circule, consacré à la chasse et à l'élevage des chèvres et des moutons, les femmes sont en principe exclues. L'observation du Pseudo-Héraclite est exacte : il s'agit d'un espace de la frustration. Seules les Ménades consacrées à Dionysos et les Nymphes d'Artémis pénètrent dans ce paysage réservé à des activités strictement masculines. […] Par la médiation de Pan, les pouvoirs d'Aphrodite se trouvent donc situés dans un espace où leur finalité ultime (l'union conjugale) est niée. La sexualité, avec Pan, se trouve réduite à l'expédient ou à la transgression. Elle est, par définition, extra-conjugale ou sauvage ».

d'autant plus grave que son horreur de toute société l'a conduit à négliger celle des immortels – comme si, en refusant aux hommes sa place, il devait fatalement en venir à refuser aux dieux leur dû. Ou du moins à remettre en cause le partage réglé qui sépare les uns des autres. On le devine à deux traits moralement ambivalents, d'ailleurs liés dans la mentalité grecque : l'attitude de Cnémon à l'égard des sacrifices, son horreur de la socialité. Lorsqu'il critique le sacrifice sanglant, Cnémon semble le faire au nom d'une religion plus sincère et plus exigeante : selon lui, les offrandes à brûler sur l'autel sont seules dignes d'une vraie piété, puisqu'elles sont tout entières destinées aux divinités. En fait, une telle doctrine du sacrifice, dans la mesure où elle conteste la répartition des parts qui reviennent respectivement aux dieux et aux hommes, revient à rejeter la pratique traditionnelle (dont Hésiode fait voir dans un mythe célèbre qu'elle commémore, suspend et confirme tout à la fois la fin de la communauté entre mortels et Immortels[19]). Et en refusant de prêter des ustensiles pour la cuisine du sacrifice, puis de prendre part au repas rituel, il offense une fois encore les dieux. Sicon, le boucher sacrificateur, a donc raison de considérer comme un châtiment des Nymphes, divinités des eaux, la chute de Cnémon dans son puits (v. 639-646). Quant à sa misanthropie, Cnémon la fait remonter à sa haine de l'égoïsme et des rapports intéressés, avant de conclure sa tirade testamentaire par cette profession de foi : « Si tout le monde était comme moi, il n'y aurait pas de tribunaux, | les gens ne se jetteraient pas en prison les uns les autres, | il n'y aurait pas de guerre. Chacun aurait assez et s'en contenterait » (v. 743-745). En d'autres termes, le mode de vie farouchement indépendant du vieux campagnard travailleur, s'il était adopté par tous, garantirait le retour à l'âge d'or : cette glorification du paysan attique, depuis Aristophane, est presque devenue un cliché. Mais ce mode de vie, Ménandre a pris grand soin de le rappeler, est en fait caractéristique de l'âge de fer (cf., par exemple, les v. 603-606), c'est-à-dire d'un temps – le nôtre – où mortels et Immortels ne s'asseyent plus à la même table. Alors même qu'il rêve de s'arracher à notre monde, Cnémon, par sa soumission à la loi du labeur, confirme en fait qu'il lui appartient. Noble faute ;

---

19. Cf. Philippe Borgeaud, op. cit., p. 244-245, et en particulier la note 42, où l'on peut lire : « Jean Rudhardt me fait remarquer que les paroles de Cnémon (chez Ménandre) font vraisemblablement allusion au mythe de la tromperie prométhéenne (Hes. Th. 535 sqq.) ; à l'origine de l'instauration du sacrifice olympien, cette tromperie est interprétée par le "puritain" dans un sens tout à fait négatif, et justifie le refus d'un rite conçu comme simple répétition de l'acte impie ». On relèvera que la non-conjugalité renvoie elle aussi, dans le poème hésiodique, à un temps antérieur au partage sacrificiel, et que la création de la première femme est directement liée à l'institution du sacrifice sanglant ; cf. Jean-Pierre Vernant, « A la table des hommes », dans J.-P. Vernant et M. Detienne (dir.), La Cuisine du sacrifice en Grèce ancienne, Paris, Gallimard, 1979, p. 37-132 (et plus particulièrement les p. 98 sqq.).

faute quand même. Car c'est de ce monde-là que les dieux grecs, eux aussi, sont les habitants.

Ce qui nous amène à la fois au rôle du dieu Pan et au dernier acte de la comédie, si étrange et si brutalement simple – c'est-à-dire aux intentions du maître du sanctuaire ainsi qu'au plan (ou au sujet) de la pièce. À quoi donc les dernières scènes servent-elles, puisque les mariages sont décidés dès la fin de l'acte précédent ? Si surprenant qu'il soit, le dénouement du *Dyscolos* n'est pas dépourvu de tout lien avec l'ensemble de l'intrigue. Il en constitue même un aspect nécessaire. Car le *Dyscolos* n'est pas seulement l'histoire d'un mariage. Celui-ci ne fournit que la face claire et souriante de l'intrigue, la seule aussi à être explicitement annoncée dans le prologue. Mais l'autre face, plus sombre, n'en existe pas moins. Dès le prologue, Pan reproche à son voisin Cnémon, dont la demeure jouxte son sanctuaire, son manque de courtoisie à son égard (sans faire, il est vrai, la moindre allusion à un éventuel châtiment – mais les dieux grecs étant ce qu'ils sont, il n'a pas besoin d'être plus explicite). Par ailleurs, comme le note Jean Martin, « la structure même de la pièce est en partie déterminée par les différentes étapes d'un sacrifice à Pan, et l'intrigue entière est fondée sur les querelles de voisinage entre le vieux Cnémon et les habitants divins du *nymphaion*. Cnémon est pour eux un voisin insupportable (vers 664) ; c'est à peine s'il salue Pan quand il passe devant lui (vers 11) ; il maltraite ses dévots, trouble les sacrifices que d'autres lui offrent, refuse d'y prendre part lui-même. Sa fille, au contraire, couronne dévotement les Nymphes (vers 37 et 51). Pan et les Nymphes vont donc récompenser la fille en punissant le père […] »[20]. Que la fille de Cnémon soit encore à marier, qu'un dieu doive se mêler de lui trouver un époux, cela suffit donc à motiver la conduite superficielle de la pièce, mais ne doit pas faire perdre de vue que cette situation découle directement de l'attitude fautive, voire impie, du vieux solitaire. Et que celui-ci, accédant enfin à la sagesse par la souffrance conformément à la vénérable tradition grecque, décide de jeter l'éponge tout en dictant lui-même les conditions de sa reddition (prenez tout, dit-il en substance à Gorgias, faites ce que vous voulez, je consens à tout pourvu qu'on me laisse tranquille), qu'il cède sur presque toute la ligne pour mieux garantir son superbe isolement – voilà qui ne peut encore être qu'une étape sur la voie d'un dénouement plein et entier. L'humanité à laquelle le vieillard doit consentir n'est pas seulement affaire de mortalité – comme il le reconnaît enfin dans son grand discours d'abdication testamentaire (*cf.* 715-716, 730, 747) – mais aussi de socialité : la leçon qu'il doit assimiler comprend deux parts (le moment où chacune est infligée est d'ailleurs souligné par un net changement de rythme – ce sont les deux seuls passages où Ménandre renonce au trimètre iambique). En ne prenant conscience, à la suite de son accident, que

---

20. *Ménandre : l'Atrabilaire,* Paris, PUF, 1961, p. 180-181.

de sa condition mortelle, Cnémon n'en a encore appris que la moitié triste. Or « Pan est un dieu de la bonne humeur [...] : Cnémon insulte Pan de par son seul caractère morose »[21]. Pour amener Cnémon à complète résipiscence, il reste donc à le dépouiller de sa solitude, à le réintroduire, fût-ce de force, dans le cercle communautaire de la commensalité et de l'échange. Pan n'a pas même à le dire à qui sait entendre son prologue (et de toute façon, si le dieu cache une moitié de son jeu pendant quatre actes, tant mieux pour le spectateur, qui n'en est que plus intrigué par le cinquième).

D'où l'acte V et le bruyant tourment infligé à Cnémon, aussi propre à lui faire horreur que caractéristique du style panique – aussi terrifiant que certains fous rires. Ce châtiment (ou ce supplice, comme on voudra) n'est pas à distinguer du triomphe de Sostrate. À peine pourrait-on dire qu'il en est comme l'envers, puisqu'il n'est au fond rien d'autre que la célébration même de la fête, sacrificielle puis nuptiale, sous la protection des divinités du sanctuaire. « Le κρότος (bruit frappé), le γέλως (rire), εὐφροσύνη (bonne humeur) apparaissent [...] comme des éléments constitutifs du rituel panique, et non seulement comme les manifestations banales de l'atmosphère de fête qui préside à la plupart des sacrifices grecs. Nous pourrions en dire autant de la danse, qui joue un rôle fondamental dans le culte de Pan. [...] Danse, rire et bruit, dans la fête, deviennent les signes d'une proximité retrouvée », écrit Borgeaud[22]. Aussi est-il tout naturel, tandis que le flûtiste joue de son instrument, que Gétas, l'esclave de Sostrate, et le cuisinier Sicon frappent à la porte en poussant de grands cris puis invitent Cnémon à danser : Pan, lui-même danseur et musicien, est un dieu, comme l'écrit Ménandre (v. 433-434), qu'on ne doit pas approcher en silence. Et ce que l'on pourrait prendre pour une formule de conclusion tout à fait ordinaire s'avère être remarquablement approprié à la circonstance et au dieu célébré dans le sanctuaire. C'est en effet à un lexique qui rappelle étrangement, malgré sa banalité en fin de comédie, les « éléments constitutifsdu rituel panique – κρότος, γέλως, εὐφροσύνη – que recourt Gétas lorsqu'il invite les spectateurs à applaudir de bon cœur (φιλοφρόνως/ἐπικροτήσατε, v. 966-967), et l'Athéna de la Victoire, celle qui se plaît aux rires (φιλόγελως), à escorter toujours sa troupe.

Ainsi finit Cnémon, – qui est, avec le mouton du sacrifice offert à Pan, le seul personnage de la pièce à reculer devant le seuil du sanctuaire. Et de même que l'animal doit rituellement « consentir » à son immolation, de même il faut que le misanthrope « accepte » d'être réintégré – tel un bouc émissaire à l'envers – parmi les hommes. Pan, divinité chasseresse, a eu sa proie, tout comme le chasseur Sostrate la sienne. Après le puits, trou vide reflétant sa solitude, le

---

21. Philippe Borgeaud, *op. cit.*, p. 163, n. 101.
22. *Op. cit.*, p. 219.

vieillard est donc jeté dans l'antre des Nymphes – trou plein, si l'on peut dire, où tous les personnages de la pièce se retrouvent, et en lequel tout l'*oïkos* de Cnémon, jusque-là refermé sur lui-même, finit par être absorbé au nom des noces. Mariage humain, fête divine, célébration théâtrale qui s'achève sous les applaudissements des spectateurs, autant de joies qui se rejoignent alors pour s'unifier. La *duskolia* de Cnémon y disparaît ; brutalement rappelée à l'ordre social, sa solitude y est à tout jamais ensevelie au sein de la famille – dans une ombre où pourront mûrir, sous le signe des histoires d'amour, de nouveaux modes de subjectivation, tandis que le silence se fait sur le théâtre de la cité.

M. F. BURNYEAT

LA VÉRITÉ DE LA TRIPARTITION

In memoriam
Bernard Williams

« Aucun tuteur n'accepterait d'un étudiant les raisons données par Platon à l'appui de... la doctrine de la tripartition de l'âme ». Tels sont les mots de Gilbert Ryle dans un compte-rendu chaleureux de l'ouvrage de Karl Popper, *La Société ouverte et ses ennemis*[1], et de sa critique, tant décriée, de la philosophie politique de Platon. Dans l'Antiquité, déjà, les arguments de la *République* en faveur de la thèse selon laquelle l'âme humaine est composée de trois parties étaient jugés peu satisfaisants. Mais il n'y a qu'Oxford pour évoquer à ce sujet le tutoriat hebdomadaire. C'est ainsi que l'idéologie est façonnée par les institutions.

Mon opinion est que certaines vérités sont trop importantes pour que des arguments suffisent à les établir ou à les détruire. Je présenterai cependant des raisons susceptibles de nous conduire à admettre que, sous une forme passablement affaiblie, la thèse de la tripartition est vraie. À première vue, ces raisons paraîtront radicalement différentes de celles que Platon, par l'entremise de Socrate, avance en *République* IV. Peu importe. Platon signalait lui-même, des siècles avant Ryle, que la méthode adoptée en *République* IV n'est pas appropriée à une explication véritablement exacte de l'âme. Il accepte qu'une autre approche puisse avoir sa place.

Le premier lecteur venu voit bien que la division de l'âme est fondamentale pour l'entreprise entière de la *République*. Sans elle, l'analogie cité-âme, dont la définition des vertus emprunte les termes, ne fonctionne pas, pas plus que ne tiennent les arguments moraux des livres IV, VIII et IX, ou la théorie de l'art du livre X. Tout aussi évident est le caractère problématique de la relation entre la doctrine de la tripartition et deux thèses socratiques bien connues : que la vertu est savoir, et que nul ne fait le mal volontairement. Car la division de l'âme rend possibles, d'une façon que Socrate, comme chacun le sait, refuse, certains types

---

1. *Mind* 56, 1947, p. 167-172. Était chaleureusement salué le fait que Popper se fût sérieusement (quoique trop bruyamment) investi dans les arguments philosophiques et la pensée de Platon.

d'*akrasia*[2]. Cependant, c'est précisément au moment où il introduit l'âme divisée, dans le livre IV, que Platon fait dire à Socrate que nous ne suivons qu'une méthode de second choix, qu'il distingue d'une autre, plus longue :

> Sache bien, Glaucon, que selon moi, nous ne saisirons jamais cette question avec précision en employant des méthodes comme celles auxquelles nous avons à présent recours dans notre discussion. Car il existe une autre route, plus longue et plus difficile, qui y mène. Peut-être cependant pouvons-nous mener cette discussion d'une façon digne de nos enquêtes et résultats précédents (435d)[3].

La question est de savoir si l'âme a réellement trois parties, comme la cité idéale. Avec la méthode que nous suivons, nous n'avons aucune chance d'aboutir à une réponse adéquate ou précise. Ce point est rappelé en 504a-d : parce que nous ne prenons pas l'autre route, plus longue, nous ne travaillons qu'avec une esquisse des vertus.

Si la méthode adoptée n'est que « de second choix », c'est selon moi parce qu'elle dépend d'une ou de plusieurs hypothèses qui à leur tour sont suspendues à l'accord de l'interlocuteur. J'affirme que ceci devient explicite quand Socrate entreprend de résumer le principe dont dépendent tous les arguments de la *République* en faveur de la division de l'âme – le Principe des Opposés :

> Par conséquent aucun de ces apparents contre-exemples ne pourra nous déstabiliser, ni nous conduire à douter qu'il est impossible qu'une même chose au même moment, sous le même rapport, et dans la même relation puisse subir, être, ou faire des choses opposées.
>
> – Pour moi, en tout cas, ils n'y arriveront pas, j'en suis sûr, dit-il.
>
> – <Cependant>, dis-je, <pour> ne pas être contraints à l'examen fastidieux de toutes les objections de ce genre en sorte de nous convaincre de leur fausseté, posons qu'il en est ainsi, et poursuivons, en convenant que si jamais il nous apparaît qu'il en va autrement, tout ce que nous aurons déduit de ce principe sera perdu[4] (437a).

Si l'âme divisée repose sur la position hypothétique du Principe des Opposés, et l'explication des vertus au livre IV sur l'âme divisée, alors la preuve que la justice assure le bonheur repose de même sur une hypothèse. De fait, tous les arguments moraux de la *République* reposent sur une hypothèse et sur l'accord de l'interlocuteur. (Et il en va de même aussi de la nouvelle division de l'âme, entre la raison et la perception sensible, introduite à l'appui de la théorie de l'art du livre X). Contrairement à une erreur répandue, les arguments moraux de la

---

2. Ce qui ne revient pas à dire, avec C. Bobonich (*Plato's Utopia Recast. His Later Ethics and Politics*, Oxford, Clarendon Press, 2002, p. 217-218 et p. 259), que l'explication de l'*akrasia* est le principal objet, et le principal résultat, de la division platonicienne de l'âme.

3. Le texte anglais suit la traduction de la *République* par Shorey (Loeb, 1930-1935), qu'il révise occasionnellement. C'est cette traduction modifiée que je traduis à mon tour en français. (*NdT*).

4. Et non pas « invalidé » (Shorey, Reeve), qui tend à identifier « ne pas être prouvé » avec « être falsifié ».

République ne visent pas à persuader un extrêmiste comme Thrasymaque, qu'on a laissé maté plus que convaincu en 358b. Comme les arguments d'Aristote dans l'*Éthique à Nicomaque*, ils ont pour cible des personnes convenables, bien élevées, tels Glaucon et Adimante, qui acceptent sans discuter que la justice est une vertu (427e), ce que Thrasymaque, lui, a catégoriquement nié (348c-d).

Le but de ces preuves (504b4) (ἀποδείξεις) est d'instiller, non le savoir, mais la conviction « adamantine » (δόξα) que la justice est un meilleur choix, tant pour la vie que pour la mort (618e-619a ; soit exactement ce que Glaucon demandait en 360b).

« Et alors ? », dira-t-on, « le Principe des Opposés est une vérité logique ; il n'y a donc aucun risque à fonder l'argument sur lui ». À cela je réponds que même si ce principe est une vérité logique (concept qu'au demeurant aucun Grec n'utilisait dans le sens que nous lui donnons), il n'en peut pas moins échouer dans la tâche argumentative que Socrate attend de lui. Et de nombreux lecteurs de *République* IV et X ont trouvé les arguments en faveur de la division de l'âme peu contraignants ; à juste titre, me semble-t-il, car si le Principe des Opposés est bien une vérité logique, les exemples tirés de la vie réelle auxquels les preuves font appel n'en relèvent pas (ce ne sont pas des opposés en ce sens), et s'ils en relèvent, le fait même qu'ils soient réels montre que le principe est faux[5]. Je ne discuterai donc pas des preuves. Et, s'il vous plaît, ne me pressez pas de « venir en aide aux arguments ». Ce n'est pas d'eux que je veux discuter. J'essaierai plutôt de trouver d'autres raisons que Platon pourrait donner en faveur de la division de l'âme. Mieux, je chercherai des raisons que nous pourrions nous aussi accepter, ou du moins envisager avec une certaine sympathie.

Du point de vue de Platon, moins ces raisons sont liées à un engagement véritablement théorique, meilleures elles sont. Il prend grand soin, en écrivant la

---

5. Le fait qu'ils soient réels montre qu'il est faux, *sauf si* nous acceptons une interprétation particulière de *Timée* 37a-c, 43a-44c, 89e-90d, 91e-92a. Si, comme certains d'entre nous le croient (à la suite de D. Sedley, « Plato and Aristotle on Likeness to God », dans T. Calvo et L. Brisson (édit.), *Interpreting the* Timaeus *and* Critias, *Proceedings of the Fourth International Platonic Symposium*, Sankt Augustin, Academia Verlag, 1997, p. 327-339, et de Sarah Broadie), Platon songe dans ces passages aux mouvements de l'âme comme à des mouvements spatiaux dans un sens tri-dimensionnel quasi aussi littéral que les mouvements corporels opposés en *Rép.* 436c-e, ou l'archer bandant son arc en 439b (où l'argument tiré du Principe des Opposés est clairement valable), alors le *Timée* offre une perspective à partir de laquelle on peut donner au langage des mouvements psychologiques en *Rép.* 437b-c et 439b-d un même sens spatial, et du même coup justifier la conclusion selon laquelle des parties distinctes sont impliquées. Mais cette consolation potentielle n'est d'aucune aide aux lecteurs des arguments présentés dans la *République*. Elle confirme seulement que le dialogue ne fait que suivre une méthode de second choix, qui minimise (délibérément, selon moi) les engagements théoriques invoqués à l'appui du principal argument moral.

République, de ne pas faire dépendre le principal argument moral de la haute métaphysique de la Théorie des Formes. Celle-ci figurerait sur la carte de « la route plus longue », mais les lecteurs la trouvent confinée dans la « digression » (ainsi nommée en 543c) des « livres centraux », V-VII. De cela, la conséquence bienvenue est que l'on n'a pas besoin de comprendre la Théorie des Formes, ou de croire en elle, pour être incité à rechercher la justice pour elle-même, comme un bien intrinsèque[6]. Il faut attendre la fin du livre IX pour trouver deux arguments subsidiaires qui exaltent les plaisirs de la vie philosophique, et dont le second (583a-588d) engage bien la métaphysique et l'épistémologie des livres centraux[7]. Cinq pages de l'édition Estienne, peu de chose à côté du principal argument moral qui court tout au long de la majeure partie de trois livres entiers, jusqu'en 580c. De même, Socrate a d'autant plus de chances de parvenir à persuader les lecteurs qu'ils s'accompliront en recherchant la justice pour elle-même, que son analyse de l'âme humaine prête moins à discussion.

I

Je partirai d'un passage, situé vers la fin du dernier livre de la *République*, qui se retourne sur le long voyage que nous avons accompli :

Nous ne devons pas penser non plus que, dans sa nature la plus vraie, l'âme soit une chose qui fourmille d'une infinie diversité, de dissemblances et de différences en elle-même et avec elle-même.

– Comment dois-je comprendre cela ? demanda-t-il.

– Il n'est pas facile, dis-je, que soit immortelle une chose composée de plusieurs éléments qui *ne sont pas assemblés de la meilleure façon possible*, comme il nous apparaît désormais que c'est le cas de l'âme[8].

– Non, ce n'est guère probable.

– Par conséquent, que l'âme soit immortelle, à la fois notre dernier argument et d'autres preuves nous contraindraient à l'admettre. Mais pour connaître sa vraie nature, nous devons la voir non pas telle qu'elle est quand elle est gâtée par sa communion avec le corps et par d'autres maux, comme nous le faisons à présent, mais considérer, de façon appropriée, à la

6. *Cf.* B. Williams (« Plato's Construction of Intrinsic Goodness », dans M. F. Burnyeat (édit.) *The Sense of the Past. Essays in the History of Philosophy*, Princeton, Princeton University Press, 2006 (2003), p. 118-137 : 128-130 et 133-135) : on n'a guère besoin d'en savoir beaucoup sur la Forme du Bien pour être persuadé de poursuivre la justice comme un bien intrinsèque.

7. Cette indépendance des principaux arguments moraux est bien démontrée par D. Scott : « Metaphysics and the Defence of Justice in Plato's *Republic* », *Proceedings of the Boston Area Colloquium in Ancient Philosophy* 18, 2000, p. 1-20.

8. Ceci renvoie à l'âme conflictuelle de 603c-d, et à travers elle à toute la discussion du livre IV. Et la conséquence doit être que, à moins que les apparences ne soient d'une façon ou d'une autre trompeuses, l'âme n'est pas immortelle. Mais lisez plus avant.

lumière de la raison, ce qu'elle est quand elle est purifiée. Alors on la trouvera beaucoup plus belle, et l'on distinguera plus clairement la justice, l'injustice, et tout ce dont nous venons de discuter. Nous avons beau avoir dit la vérité de sa présente apparence, sa condition, telle que nous l'avons contemplée, ressemble à celle du dieu marin Glaucos, dont la nature primitive peut à peine être devinée par qui l'entrevoit, du fait que les parties anciennes de son corps sont brisées et mutilées, broyées et entièrement gâtées par les vagues, tandis que d'autres parties se sont incorporées à lui, coquillages, algues et pierres, de sorte qu'il ressemble plus à une créature sauvage qu'à ce qu'il était par nature – c'est ainsi que nous-mêmes nous regardons l'âme, gâtée par des maux innombrables. Mais il nous faut regarder ailleurs, Glaucon.

– Où, dit-il ?

– En direction de son activité philosophique ; et il faut faire attention à ce à quoi elle s'attache, à ce dont elle désire la fréquentation, du fait qu'elle est de la même race que le divin, l'immortel, et ce qui est toujours ; et de même, à ce qu'elle deviendrait si tout entière elle poursuivait cela, si elle était arrachée par cet élan aux profondeurs de la mer dans lesquelles elle gît à présent, et si on la dégageait des pierres et des coquillages, qui à présent, parce qu'elle se repaît de terre, s'accrochent à elle dans une profusion d'excroissances terreuses et pierreuses et sauvages, à cause de ces banquets que l'on prétend heureux. On pourrait alors voir si en sa vraie nature, elle a plusieurs formes (πολυειδής) ou une seule (μονοειδής), ce qu'il en est vraiment d'elle, et comment. Mais pour le moment nous avons, je crois, assez bien décrit les épreuves qu'elle subit et les formes qu'elle revêt dans la vie humaine (611b-612a).

La discussion de la *République* a porté sur l'âme telle qu'elle existe sous sa forme humaine, et non sur sa vraie nature, laquelle ne se manifeste, selon le Socrate de Platon, que quand elle est seule, séparée du corps. Si nous pouvions contempler son état originel – celui dont nous nous approchons quand nous sommes engagés dans l'activité philosophique – alors nous aurions une idée beaucoup plus claire de la justice, de l'injustice, et de tout ce que nous avons passé en revue au cours de la discussion qui touche désormais à sa fin.

L'unique déclaration précise au sujet de l'âme seule et séparée du corps se trouve au début de la citation : l'âme n'est pas essentiellement divisée de telle sorte qu'elle serait en désaccord avec elle-même. La conflictualité que l'on a si longuement examinée dans les livres IV et X donne une fausse idée de la vraie nature de l'âme ; c'est une apparence, pas une réalité. Ceci n'entraîne pas que l'âme ne soit en rien divisée ou composite. Si nous cherchons une caractérisation positive, nous trouvons une disjonction : l'âme est ou bien composée, ou bien simple et uniforme (612a4 : εἴτε πολυειδὴς εἴτε μονοειδής), la première option étant qualifiée par une condition formulée en 611b : rien de ce qui est composé de plusieurs parties ne peut être immortel, à moins qu'il ne s'agisse du plus bel assemblage. Une fois accordée l'immortalité, en faveur de laquelle Socrate vient d'argumenter, il nous reste à conclure que l'âme dans sa vraie nature doit être ou bien uniforme ou bien un assemblage merveilleusement composé.

Il se trouve (j'imagine que ce n'est pas un accident) que chacune de ces options est traitée dans un dialogue écrit de telle sorte qu'il présuppose la *République*.

(1) Dans le *Phèdre*, l'âme est un composé figuré par un cocher qui représente la raison, et par deux chevaux qui représentent l'ardeur et l'appétit. L'âme d'un dieu est tripartite, comme l'est l'âme humaine, et elle est un dieu parce qu'elle connaît les Formes (249c5-6). À l'origine, nous tous, en tant qu'âmes, étions ainsi (249b-c), entiers (ὁλόϰληροι) et exempts des maux de notre présent état incarné (250c). Aussi longtemps qu'une âme de cette sorte tire sa nourriture intellectuelle des Formes, les deux chevaux sont bons et ne causent aucun trouble : ils se nourrissent de nectar et d'ambroisie, les substances qui entretiennent l'immortalité des Olympiens, dont chacun sait qu'ils ne sont guère intellectuels. Ce n'est qu'avec la perte accidentelle du savoir (248c6 : τινι συντυχίᾳ χρησαμένη) que les ailes tombent, ce qui a pour résultat que l'un des chevaux se rebelle et entraîne l'âme vers le bas et vers la vie dans un corps humain, au sein duquel les conflits psychologiques causés par le mauvais cheval sont brillamment décrits. Le paradoxe socratique selon lequel la vertu est savoir demeure vrai, mais seulement dans une perspective cosmique. Dans cette vie, nous avons une âme divisée contre elle-même et sujette à des conflits du genre de ceux que décrit la *République*. Sur le savoir et la vertu, Socrate avait fondamentalement raison. Mais sur la condition humaine actuelle, il avait tort.

(2) La même conclusion peut être atteinte par une voie différente dans le *Timée*, qui se présente expressément comme une sorte de suite à la *République*. Dans le *Timée* aussi on trouve une âme tripartite, dont chaque partie est localisée à un endroit du corps : la raison dans la tête, l'ardeur (θυμός) dans le cœur, l'appétit dans la région inférieure autour du foie. Mais la raison a une origine différente de celle des deux autres parties. L'âme rationnelle est créée par le Démiurge, l'ardeur et l'appétit par les dieux inférieurs une fois que le Démiurge a décrété que la raison devait être incarnée, comme un défi à la quête de la vertu, du bonheur et du salut. Les dieux inférieurs sont le soleil, la lune, et d'autres êtres célestes qui produisent les cycles de la génération, la croissance et la corruption dans le monde inférieur. En d'autres termes, les deux parties inférieures de l'âme sont le résultat de l'incarnation, et disparaissent avec la mort. Seule la raison est immortelle. La conflictualité qui, dans le *Phèdre*, était la cause de l'incarnation en est, dans le *Timée*, le résultat. Dans les deux cas, la tripartition est vraie de l'âme telle qu'elle est en ce monde. Et c'est cette idée que je souhaiterais développer ici.

Je soupçonne que vous ne croyez pas tous que l'âme survit à la mort. Et j'imagine que vous êtes peu nombreux à croire que votre âme a pré-existé à votre naissance. (Les religions qui ont façonné la culture occidentale sont si rétives à la notion de pré-existence que vous rejetez probablement une telle idée d'emblée, sans raison valable). Mais je suppose que tout le monde, même un matérialiste endurci, peut apprécier l'importance, pour la psychologie humaine, de notre existence incarnée dans le monde physique. Incarnés, le fait est que nous le sommes, quelle que soit la façon dont nous le sommes devenus. Quelles contraintes cela fait-il peser sur notre construction psychologique ? Tel sera mon point de départ pour cette discussion.

Examinons la question que Socrate pose en 436a-b :

> Est-ce que nous apprenons avec une partie de nous-mêmes, éprouvons de la colère avec une autre, et désirons avec une troisième encore les plaisirs de la nourriture, de la génération, et ceux qui leur sont frères, ou est-ce avec l'âme tout entière que nous faisons chacune de ces choses ?

La réponse sera que nous faisons chacune de ces choses avec une partie différente. La liste des « choses faites » est notre première introduction à la tripartition de l'âme. On voit aisément comment la nutrition et la génération peuvent être associées comme des aspects de la vie qui est la nôtre en tant qu'animaux. Comme tout animal, nous avons besoin de nourriture, parce que les animaux vivent en déséquilibre avec leur environnement. Ils doivent se procurer ce qu'il faut pour se maintenir en vie. Et ils doivent se reproduire pour maintenir leur espèce. Rien de tout cela ne serait possible s'ils n'étaient physiquement équipés à cet effet, et psychologiquement « programmés » (pour utiliser un jargon moderne) de façon à utiliser leur équipement physique dans ce but. En ce qui concerne l'expression « et ceux qui leur sont frères », par laquelle Socrate fait allusion à d'autres membres de la famille du désir appétitif, la discussion qui suit suggère que l'on pourrait compter parmi eux le désir de rester chaud ou froid (437d-e, 440c-d), d'éviter la douleur physique (440c), et sans doute d'autres choses encore. Je suggèrerai dès lors que la partie appétitive de l'âme divisée de Platon héberge les désirs et les tendances qui sont les nôtres en tant que nous sommes des corps animaux programmés pour survivre (comme individus autant que comme espèce) en déséquilibre avec un environnement varié, et souvent variable.

La *République* n'en dit pas tant, mais c'est explicite en *Timée*, 70d : « La partie de l'âme qui désire la nourriture, la boisson et tout ce dont elle a besoin à cause de la nature du corps ». Ceci suggère un but positif[9]. Nous sommes incarnés – tel est le défi que le Démiurge nous a lancé – de sorte que nous avons bel et bien besoin de pourvoir aux exigences du corps. De la même façon, la *République* compte parmi les désirs « nécessaires » non seulement ceux que nous ne pouvons ignorer ni éradiquer, mais aussi ceux qui nous sont bénéfiques. Par exemple, l'appétit pour une quantité de pain et de viande ou de poisson suffisante pour se maintenir en bonne santé et dans une bonne condition physique (558d-559b), et pas seulement la ration de pain nécessaire à la survie. Le

---

9. Bien signalé dans le chapitre 7 de l'ouvrage rafraîchissant de T. K. Johansen, *Plato's Natural Philosophy. A Study of the* Timaeus-Critias, Cambridge, Cambridge University Press, 2004 ; cf. *Rép.* 442b.

principe de regroupement est peut-être imprécis et ouvert, mais je n'en soutiens pas moins qu'il est intelligible, et qu'il devrait paraître acceptable à ceux-là mêmes qui sont sceptiques quant à l'immortalité et à la pré-existence de l'âme.

II

En ce qui concerne la partie médiane de l'âme, il faut tenir compte du fait que nous ne sommes pas seulement des animaux, mais des animaux sociaux. Le premier exemple donné par Socrate de ce à quoi on l'emploie est la colère, et l'on en donne pour preuve la pugnacité des peuples du nord, comme les Thraces ou les Scythes (435e-436a). À ce stade, il est difficile de soupçonner que l'exemple-clef invoqué à l'appui de la partie médiane de l'âme sera celui de la colère que l'on peut éprouver envers soi-même, sous l'effet du dégoût pour ses propres désirs appétitifs. La vérité est que la colère déborde la frontière entre animaux sociaux et non-sociaux. Pour montrer qu'elle est dissociée de la raison, Glaucon invoquera les nouveaux-nés qui, bien avant l'âge de raison, peuvent être emplis d'une rage que l'on décrirait mieux peut-être comme une furie sans objet (441a-b) : cette furie est manifestement expressive, et cependant l'on peut se demander si elle est bien une tentative de communiquer. Socrate ajoute aussitôt l'exemple des animaux, et l'on peut songer ici à l'image de l'âme tripartite à la fin du livre IX, où l'ardeur apparaît sous la forme d'un lion ou d'un serpent (588d, 590b). La colère du lion est une réaction de défense, d'alerte à la menace de l'attaque, par exemple, mais elle a aussi une fonction de communication, tout comme, dans des circonstances similaires, le sifflement du serpent[10].

Et cependant, le caractère communicatif est encore insuffisant. On ne parvient à la colère comme réaction essentiellement sociale qu'avec l'exemple d'Ulysse réprimandant son cœur, en 441b. Comme le savaient les lecteurs de l'Antiquité, familiers du contexte du début d'*Odyssée* XX, Ulysse est alors en colère, indigné que les servantes de sa maisonnée prennent du bon temps avec les prétendants. Il refrène sa colère, car il feint encore d'être un mendiant et n'a toujours pas révélé qu'il est le maître de maison, le Roi d'Ithaque, revenu de ses errances. Sa colère indignée est intrinsèquement liée à son statut de maître véritable de la maison où ont cours ces comportements inconvenants[11]. Sans le

---

10. Voir 590b pour l'image suggestive de la partie intermédiaire comme à la fois lion et serpent. Thrasymaque s'est d'abord comporté comme une bête sauvage (336b), mais il a été réduit par Socrate à la condition d'un serpent charmé, et passif (358b). De par leur caractère communicatif, le rugissement comme le sifflement vont au-delà de la pure excitation face au danger que *Tim.* 70c situe dans la partie médiane.

11. Un point sur lequel J. Cooper le premier a insisté autant qu'il le mérite (« Plato's Theory of Human Motivation », *History of Philosophy Quarterly* 1, 1984, p. 3-21, repris dans

savoir, les servantes et les prétendants infligent à Ulysse le pire outrage qui soit. Il nous est rappelé (441b4) que les vers par lesquels Homère exprime l'effort d'Ulysse pour se maîtriser, ont été cités plus haut (390d), au cours de la discussion sur l'art et la culture, comme un modèle à imiter pour les jeunes guerriers de la cité idéale[12]. Le souci du statut et de l'honneur est un phénomène essentiellement social. Il présuppose un réseau établi de relations sociales, ce qui n'est pas le cas du rugissement furieux du lion. La partie médiane est la partie qui aime l'honneur (550b), et par conséquent elle est aussi celle qui héberge le sens de la justice (440c-d). Car le statut, l'honneur, et la justice, sont liés aux autres, et à la façon dont ils vous regardent et dont ils vous traitent[13]. Ce n'est qu'à la lumière de ce souci du regard d'autrui que l'on peut comprendre l'extraordinaire histoire de Léontios :

> J'ai un jour entendu une histoire, dis-je, à laquelle j'ajoute foi : que Léontios, fils d'Aglaïon, remontant du Pirée sous le côté extérieur du mur du Nord, et apercevant des cadavres qui gisaient près de chez l'exécuteur public, éprouva à la fois un désir de les regarder et une répugnance et une aversion. Pendant un moment, il résista, et se voila la face. Mais ensuite, vaincu par son désir, il courut vers les cadavres les yeux grand-ouverts et cria : « Voici pour vous, misérables, rassasiez-vous de ce beau spectacle (τοῦ καλοῦ θεάματος) ».
>
> – Moi aussi, dit-il, j'ai entendu cette histoire (439e-440a).

La façon dont Léontios manifeste ouvertement son dégoût envers ses propres yeux (« vous, misérables ») illustre la possibilité du conflit entre la fascination appétitive, d'une part[14], et un sentiment de honte, de l'autre. Il n'a pu voir lui-

---

Reason and Emotion. Essays on Ancient Moral Psychology and Ethical Theory, Princeton, Princeton University Press, 1999, p. 118-137 : 131-136).

12. Ceci m'incline à ne pas suivre Cooper quand il dit que le conflit reflète une corruption de l'ardeur par l'éducation d'Ulysse.

13. Il est vrai que l'on sait désormais que les loups, les singes, et divers autres animaux, ont des hiérarchies, des relations de domination et de statut. Mais ce que cela montre, c'est que ce sont des animaux plus sociaux encore que ne l'avait compris Aristote lui-même : la hiérarchie de ses abeilles et de ses autres animaux « politiques », mais non humains, est fixée par la nature, elle n'est pas le produit de l'interaction. Homère lui-même compare le grondement intérieur d'Ulysse confronté à l'inconduite qui règne dans sa maison, à celui d'une chienne grognant pour protéger ses chiots d'un homme qu'elle ne connaît pas (*Od.* XX, 14-16) – ce qui implique qu'elle a interagi avec une société d'humains, mais peut aussi rappeler les chiens philosophiques de *Rép.* 375e-376c.

14. Probablement une attirance sexuelle pour les jeunes gens au teint pâle. En dépit du fait que cette explication repose sur une émendation (par ailleurs non motivée) d'un fragment corrompu de Théopompe le Comique, elle a pour elle le fait qu'un désir sexuel en conflit avec la colère serait sans ambiguïté un appétit en lutte avec la colère, et que la possibilité d'un appétit en lutte avec la colère est précisément ce que Socrate veut prouver. De plus, comme l'a souligné Danielle Allen (*The World of Prometheus. The Politics of Punishing in Democratic Athens*, Princeton, Princeton University Press, 2000, p. 253), le fait que le mot ὀργή puisse signifier l'excitation sexuelle autant que la colère permet de comprendre l'idée initiale de Glaucon en 439e5 selon laquelle la partie par laquelle nous nous mettons en colère pourrait

même ses yeux grand-ouverts, et ainsi nous devons supposer un ou plusieurs spectateurs qui l'ont aussi entendu dénoncer ses vils désirs[15]. Sinon, l'histoire ne serait pas parvenue à la fois – et semble-t-il indépendamment – à Socrate et à Glaucon. Léontios s'humilie lui-même pour tenter de sauver sa réputation. Et désormais, grâce à Platon qui, siècle après siècle, transmet son histoire aux lecteurs de la *République*, Léontios est voué à rougir à jamais.

Le mot clef de cette histoire est « beau » (καλόν). Il est employé ironiquement, bien sûr, comme impliquant son opposé : « laid, honteux » (αἰσχρόν). Les cadavres ne sont pas beaux, et les dévisager n'est pas un comportement convenable. Ils sont là pour qu'on les remarque (voyez ce qui arrive quand on se trouve du mauvais côté du système judiciaire d'Athènes), mais personne ne pourrait (ni ne voudrait) décemment s'attarder à un tel spectacle. Dans la mesure où les termes opposés (καλόν/αἰσχρόν) admettent en grec un usage tant esthétique qu'éthique, ils renvoient tant aux cadavres qu'à l'attitude de Léontios. Bernard Williams écrit ainsi :

Ils peuvent avoir un sens purement esthétique, mais associés à l'action et au caractère, ils sont fondamentalement liés aux dimensions de l'honneur et de la honte. Ces derniers, dans la pensée grecque, sont souvent compris en un sens extérieur et conventionnel, comme dépendant de la réputation, de la façon dont on est considéré ou jugé, mais ces valeurs peuvent être plus profondément intériorisées, et la distinction opère alors entre ce dont les agents peuvent être fiers, ce dont ils peuvent se féliciter de l'avoir accompli ou été, et ce dont ils se méprisent, se sentent honteux, embarrassés, ou misérables[16].

Quand il esquisse la formation culturelle de la classe militaire de la cité idéale, aux livres II-IV de la *République*, Platon fait grand usage des valeurs fondées sur l'honneur, et dérivant de l'ardeur. Les soldats sont encouragés à aspirer à la gloire, et récompensés par des honneurs publics et par un bonheur supérieur à celui d'un vainqueur olympique, parce que leur victoire est plus belle et plus splendide (465d : καλλίων). Et entre leur sens de l'honneur et leur sens de la beauté, Platon voit un lien remarquablement étroit :

Et n'est-ce pas pour ces raisons, Glaucon, que la musique est le facteur le plus décisif de l'éducation ? C'est avant tout le rythme et l'harmonie (ἁρμονία) qui pénètrent au plus profond de l'âme, et s'attachent à elle le plus vigoureusement, et, en conférant de la grâce (εὐσχη-

bien être la partie appétitive. En *Phèdre* 254c7 le cheval noir luxurieux est en effet pris d'une rage furieuse à l'encontre du meilleur cheval.

15. Il va sans dire que la question ici est celle de la présentation littéraire que Platon donne de l'anecdote, indépendamment de l'historicité qu'impliquerait par exemple l'émendation mentionnée dans la précédente note.

16. B. Williams (« Plato against the Immoralist », dans O. Höffe (édit.), *Platons Politeia*, Berlin, Akademie Verlag, 1997, p. 55-67 : 62). Pour le « rôle de la honte dans l'expérience éthique grecque (et, de fait, dans la nôtre aussi) », l'auteur renvoie à son *Shame and Necessity*, Berkeley & Los Angeles, University of California Press, 1993, en particulier chap. IV et Note finale 1.

μοσύνη) à ses gestes, rendent gracieux celui qui a été correctement élevé, et disgracieux les autres. De plus, ceux qui ont été élevés dans la musique comme il convient seront les plus prompts à remarquer les défauts des choses qui sont mal (μὴ καλῶς) fabriquées, ou qui se sont mal développées. Justement rebutés par elles, ils loueront les belles choses (καλά), en jouiront, *et les accueilleront dans leur âme*. Avec une telle nourriture, eux-mêmes deviendront beaux et bons (καλός τε κἀγαθός). Les choses laides (αἰσχρά), en revanche, ils les blâmeront justement, et les détesteront dès leur jeunesse, et avant même d'être capables d'entendre raison. Puis, quand la raison leur viendra, ceux qui auront été élevés de cette façon la salueront comme une amie que leur éducation leur a, depuis longtemps, rendue familière (401d-402a)[17].

Même si de nos jours, dans le monde occidental, le langage de l'honneur nous est devenu quelque peu étranger, il est indéniable que nous sommes encore souvent déterminés par l'idée que nous nous faisons de la façon dont on nous juge. La honte, par exemple, est une émotion essentiellement sociale, comme l'est la plupart du temps la colère, qu'Aristote définit comme « un désir, accompagné de douleur, de vengeance apparente en réponse à une injure apparente et imméritée faite à soi-même ou à un proche » (*Rhét.* II, 2, 1378a 30-32) ; la dimension sociale est ici engagée à plus d'un niveau. Puisque l'histoire de Léontios décrit la honte comme une colère contre soi-même, il n'y a rien d'étonnant à ce que le *Phèdre* situe la honte dans le cheval qui représente l'ardeur (253d-e, 256a ; *cf.* peut-être *Rép.* 560a, 560d). Nous avons beau être légèrement mal à l'aise avec le langage de l'honneur, celui du « statut » ou de la « situation » nous demeure familier. Les universitaires, en particulier, sont conscients à la fois que leur statut social s'est ces derniers temps largement dégradé, et que leur situation professionnelle dépend pour une grande part de l'opinion de leurs collègues. Mais quelle que soit la façon dont on pense que le statut devrait être estimé, il me paraît raisonnable de regrouper, même de façon rudimentaire, sous la préoccupation liée au statut – à la façon dont les autres nous considèrent – certains désirs et certaines tendances de la *psukhè*. Ceux-ci forment un ensemble d'attitudes réactives – j'emprunte ici, parce que je la trouve profondément pertinente, une phrase de l'essai fameux de Strawson, *Freedom and Resentment* – qui sont les nôtres en tant que nous sommes des animaux sociaux[18].

---

17. Je discute ce passage et ses implications dans « Culture and Society in Plato's *Republic* », *The Tanner Lectures on Human Values* 20, 1999, p. 215-324 : 217-222.

18. Cette phrase est introduite dans la section III de *Freedom and Resentment* (Londres, Methuen, 1974), p. 4-6. Parmi les exemples le ressentiment et la gratitude, l'amabilité et la grossièreté. Angela Hobbs propose un beau résumé des caractéristiques de la partie intermédiaire de l'âme considérée comme un ensemble de dispositions motivationnelles : voir *Plato and the Hero : Courage, Manliness and the Impersonal Good*, Cambridge, Cambridge University Press, 2000, p. 30-37.

III

Le groupement suivant va de soi. Nous ne sommes pas seulement des animaux, ni des animaux sociaux, mais des animaux raisonnables. Cependant, si nous voulons comprendre Platon, nous devons ici laisser de côté la conception appauvrie, instrumentale de la raison, incarnée par la maxime de Hume selon laquelle « la raison est, et devrait être seulement, l'esclave des passions ». Pour Platon, Aristote et d'autres penseurs pré-chrétiens, la raison a des désirs et des tendances propres : chercher la vérité et accomplir le bien. Revenons à Ulysse en 441c : selon la description de Platon, ce qui tient l'ardeur en arrêt est une partie qui a évalué le meilleur et le pire. Notez le comparatif. La raison passe en revue les options : dois-je laisser libre cours à ma fureur et punir les servantes tout de suite, ou dois-je m'en tenir à mon plan rusé et imaginer une occasion favorable qui me permettra de me venger d'un seul coup des servantes et des prétendants ? La raison cherche la solution qui dans ces circonstances est absolument la meilleure, la meilleure une fois que tout a été pesé. Dans le cas idéal, sa sagesse lui permet de déterminer ce qui est absolument le meilleur pour chaque partie de l'âme et du corps (442b-c).

Souvenons-nous aussi de la question centrale, et ouverte, de la *République* : « Quelle est la vie la meilleure ? ». La raison ne fait pas que calculer les moyens d'atteindre des buts déjà fixés, elle détermine les fins les meilleures en cette vie. Ce n'est que chez les caractères injustes des livres VIII-IX que la raison tire sa fin des passions, c'est-à-dire (en termes platoniciens) de l'ardeur (le type timo-cratique dont l'honneur est le principal but de l'existence), ou de tel ou tel appétit (les types oligarchique, démocratique, ou tyrannique). Telle est précisé-ment la raison devenue esclave des passions, mais du point de vue de Platon, elle est alors très loin de ce qu'elle devrait être. Si « devrait » implique « peut », alors le jugement selon lequel la raison ne devrait pas être soumise aux passions contraint Platon à admettre la thèse selon laquelle la raison peut déterminer à partir de ses ressources propres ce qu'est la vie la meilleure. Platon pense qu'elle en est capable, parce qu'il croit que la raison est « programmée » pour rechercher le bien comme la vérité. D'où ce passage important et fameux :

> N'est-il pas évident que quand il s'agit de choses justes et belles (δίκαια μὲν καὶ καλά), de nombreuses personnes seraient prêtes à faire et à paraître faire, ou à posséder et à paraître posséder, ce qui paraît[19] juste et beau, que cela le soit réellement ou pas, tandis que, quand il s'agit du bien, personne ne se contente de ce qui semble bon, mais tout le monde cherche ce qui est réellement bon, et méprise ce qui n'en a que l'apparence ?

---

19. De πολλοί à δοκεῖν la traduction de l'auteur suit celle de Davies et Vaughan (1868[4]), dont il considère qu'elle rend mieux compte que les traductions plus tardives de la relation de δοκεῖν aux deux infinitifs qui le précèdent (*NdT*).

– Si, en effet, dit-il.

– Ainsi, ce que toute âme poursuit et fait son possible pour l'atteindre[20], devinant qu'une telle chose existe et demeurant cependant perplexe et incapable de saisir ce qu'elle est exactement, incapable, même, de se former à son sujet la même conviction stable qu'elle a au sujet des autres choses, et pour cette raison échouant à tirer le profit qu'il pourrait y avoir en celles-ci, – sur une question d'une telle valeur et d'une telle importance, pouvons-nous tolérer que ces citoyens, les meilleurs d'entre tous, entre les mains de qui nous sommes prêts à remettre toutes choses, demeurent dans les ténèbres et dans l'ignorance ?

– Pas le moins du monde, dit-il.

– Aux choses justes et admirables je ne crois donc pas, dis-je, que l'on aura procuré un gardien de grande valeur à moins qu'il ne s'agisse de quelqu'un qui sache exactement ce qui fait qu'elles sont bonnes (505d-506a).

Il y a peu de chances pour qu'un philosophe contemporain se sente capable de s'élever à de telles hauteurs, mais on peut peut-être entendre un lointain écho de ce texte dans l'argument antihumien développé par Thomas Scanlon dans son récent *What We Owe to Each Other*, qui explique « le bien » en termes de raisons : raisons de promouvoir ou de préférer telle ou telle chose.

Problème : ceci vaudrait pour les objets de chacune des trois parties de l'âme divisée de Platon ; chacune d'entre elles réagit à ce qu'elle perçoit dans l'objet de son désir comme étant telle ou telle valeur. La raison telle que l'entend Platon poursuit le bien, l'ardeur l'admirable, l'appétit l'agréable. La division de l'âme est bel et bien la thèse selon laquelle nous venons au monde programmés pour poursuivre ces trois sortes de valeur, dont chacune pourra, dans les circonstances appropriées, être considérée comme « le bien » au sens où on l'entend générale-ment aujourd'hui. Aristote est d'accord sur ce point :

Il y a trois objets de désir et trois de fuite, le noble (=admirable, καλόν), l'utile (συμ-φέροντος), l'agréable, et leurs contraires, le honteux (αἰσχρόν), le nuisible, et le désagréable, à propos desquels tous l'homme bon tend à se comporter correctement (*EN* II, 3, 1104b 30-35).

De la même façon, sous le terme générique de « désir » (ὄρεξις) Aristote distingue le désir rationnel (βούλησις) du bien, le désir ardent (θυμός) du noble ou de l'admirable, l'appétit (ἐπιθυμία) pour le plaisant (*cf. De An.* II, 3, 414b 2). Il est aussi d'accord avec Platon quant au fait que la quête du plaisir est une composante innée de notre nature animale, que le souci du noble/admirable dépend d'une bonne éducation, et que le bien, ici désigné comme l'avantageux, constitue l'objet d'une pensée arrivée à maturité. En d'autres termes, les trois

---

20. Apelt (1923[4]) contre Shorey et de nombreux autres traducteurs, qui traduisent « en vue de quoi elle fait tout ce qu'elle fait », soit précisément ce que Socrate nie quand il oppose l'attitude envers le juste et l'admirable à l'attitude envers le bon. Irwin est clair tant sur la traduction que sur sa portée philosophique : voir *Plato's Moral Theory. The Early and the Middle Dialogues*, Oxford, Clarendon Press, 1977, p. 336, n. 45.

objets du désir acquièrent une puissance de motivation à des étapes différentes du développement[21].

Avec tant de points d'accord, on peut trouver malvenu de la part d'Aristote de déplorer que la méthode platonicienne de division de l'âme ne mette pas à jour des parties bien plus nombreuses (*De An.* III 9, 432a 22-432b 4 ; 10, 433b 1-4)[22]. Mais puisque, pas plus que moi, Aristote n'explique ce qu'est selon lui la méthode platonicienne, ni en quoi l'argument consiste exactement, je n'ai pas à me plaindre. Au moins, Aristote ne trouve rien à redire, au contraire de nombreux étudiants, au langage même des parties de l'âme, qu'il utilise lui aussi (*cf. De An.* I 1, 411a 26-b 3 ; III 4, 429a 10-12 ; *De Mem.* 1, 449b 4-6 ; *Eth. Nic.* I 13). Il sait que de nombreuses choses immatérielles ont des parties. Les formes aristotéliciennes en sont un exemple remarquable, puisqu'elles ont des parties correspondant aux parties de leur définition, de sorte que la question se pose de savoir comment elles peuvent former une unité (*Méta.* Z, 10-11). Et si l'on demande à être présenté à des formes aristotéliciennes, les principaux candidats – selon certains, les seuls – sont les âmes des êtres vivants. L'idée de parties non matérielles peut encore être illustrée plus simplement par les trois parties de la cité idéale, les dix livres de la *République* de Platon, les mouvements d'une symphonie, les éléments d'une preuve ou d'un argument, les facteurs et les composants des nombres euclidiens (*Élém.* VII, déf. 3 et 4)[23]. Étant donné, donc, qu'Aristote peut accepter une bonne part des résultats de Platon, et le fait bel et bien, je m'inscris volontiers sur la liste de ses disciples.

IV

Ce pour quoi nous sommes pré-programmés n'est évidemment pas identique à ce que nous finissons par devenir. Les goûts, les préférences, et les traits de caractère que nous développons dépendent de la façon dont les trois parties sont éduquées, et de la façon dont elles interagissent. Pour ce qui est des résultats les meilleurs, on peut se reporter aux livres centraux de la *République*, pour une

---

21. Pour plus de précisions, voir Burnyeat, « Aristotle on Learning to be Good », dans Amélie Oksenberg Rorty (édit.), *Essays on Aristotle's Ethics*, Berkeley & Los Angeles, University of California Press, 1980, p. 69-92.

22. Pour une évaluation judicieuse des dettes et des prises de distance d'Aristote envers Platon sur ce sujet, voir A. W. Price, *Mental Conflict*, Londres & New York, Routledge, 1995, chap. 3.

23. Price (*op. cit.*, p. 40) est d'accord avec ceci. D'autres soulignent que Platon parle aussi, voire plus souvent, de trois formes ou espèces (εἴδη) d'âme. C'est vrai, mais peu utile, puisque Platon considère fréquemment les espèces d'un genre comme en étant des parties : *Euthyph.* 12cd, *Gorg.* 466a, *Rép.* 536a, *Tim.* 30c-d, *Soph.* et *Pol. passim*.

série de résultats toujours pires, aux livres VIII-IX. Quant à savoir à quel point la psychologie tripartite est compréhensive, cela dépend de sa capacité à expliquer, en référence (a) à l'éducation, (b) à l'interaction interne, des phénomènes psychologiques qui ne sont pas expressément inclus dans la programmation initiale[24].

Prenons par exemple l'amour de l'argent et du profit, censé caractériser la partie inférieure de l'âme (580e-581a ; cf. 586c). Il est clair que ce dernier ne nous est pas imputable en tant seulement que nous sommes des animaux. Aucun animal ne comprend ce qu'est l'argent. Nous avons de l'argent parce que nous sommes des animaux sociaux, qui coopérons pour satisfaire nos besoins en échangeant les produits de talents spécialisés, comme le décrit l'analyse pionnière, au livre II, des avantages que chacun tire de l'échange et de la division du travail. Le fait que nous coopérions ainsi est déjà une fonction de notre raison : nous jugeons que c'est de notre intérêt (369c6-7). L'argent est le *medium* nécessaire de cet échange coopératif (371b-d). Si notre partie appétitive en vient à aimer l'argent, c'est là une réponse acquise. Il est possible que la satisfaction appétitive ait été associée aux dollars depuis l'enfance, ou encore que l'appétit ait un rapport plus cognitif à l'argent, comme à un moyen de se procurer la nourriture, la boisson, la chaleur (pour ne rien dire du sexe) que nous recherchons en tant qu'animaux. Je n'ai pas besoin ici d'opter pour tel ou tel récit génétique[25]. C'est dans la perspective de cette discussion – une discussion qui porte sur la vie morale humaine – qu'il y a sens à appeler la partie appétitive « partie qui aime l'argent » (581a3-7). Ce ne serait pas le cas si l'on traitait de l'appétit animal en général. De même quand il est dit que l'appétit est « par nature un désir insatiable de richesse » (442a). L'appétit est par nature insatiable, et c'est pourquoi, chez les êtres humains rationnels, il est voué à s'attacher, insatiablement, à l'argent.

À la suite de cet exemple où l'appétit est affecté par la raison, vient un exemple où la raison est affectée par l'appétit : l'appétit de l'homme démocratique (oui, ἐπιθυμία est le terme utilisé) pour la philosophie ou pour la politique (561c-d). Ce ne sont pas là des appétits que l'on pourrait détecter chez un animal non-rationnel. La créature qui en est affligée est un humain rationnel dont la raison est, cependant, esclave des appétits : pas seulement des appétits nécessaires, mais d'autres aussi qui ne le sont guère. Elle conçoit le bien comme

---

24. G. Santas (*Goodness and Justice. Plato, Aristotle and the Moderns*, Oxford, Blackwell, 2001, p.122-125) est utile sur ce point, soulignant que le livre IV commence par présenter les parties de l'âme dans leur état naturel ou inné, antérieur à l'éducation et au développement.

25. Le premier est bien raconté par H. Lorenz (« Desire and Reason in Plato's *Republic* », *Oxford Studies in Ancient Philosophy* 27, Hiver 2004, p. 83-116 : 110-112, le second par J. Annas (*An Introduction to Plato's* Republic, Oxford, Clarendon Press, 1981, p. 128-130).

la liberté d'exprimer n'importe quel désir, qu'il soit nécessaire ou non-néces-saire ; son plan de vie est de n'avoir aucun plan, aucune priorité. L'idée de faire de la philosophie pour s'amuser est une frivolité, une corruption de la raison qui l'éloigne de son véritable objet, qui est de chercher et de trouver la vérité et le bien. Il en va de même pour ce qui est de jouer au politicien en faisant de grands discours qui ne reflètent aucune pensée politique arrêtée. La classification de tels appétits est juste, dès lors que s'ils s'attachent à l'objet de leur désir c'est « pour le plaisir/l'amusement » et non « pour le bien ». Mais ils ne font pas partie de notre construction biologique. Ils dérivent de l'éducation, décrite de façon élabo-rée en 559d-561a, qui a donné jour à ce type d'individu pathétique. La conquête de sa partie raisonnable par l'appétit a pour résultat que même les désirs où s'exprime la raison deviennent aussi fugitifs et capricieux, aussi vite satisfaits et oubliés, que l'envie de se mettre au régime pour une journée (561c)[26].

Plus important est le cas du chagrin. En 606a, il est question de la partie irrationnelle comme naturellement encline au désir (ἐπιθυμεῖν) et à la soif des larmes et de la lamentation dans le cas d'un malheur comme la perte d'un fils. J'imagine que s'il s'agit là pour Platon d'une émotion appétitive, ce n'est pas seulement parce qu'elle fait obstacle à la délibération, mais aussi, en partie du moins, parce que les larmes évacuent le chagrin d'une façon tout à fait corporelle. L'autre face de la médaille est que le sujet aura plus tendance à retenir ses larmes et à combattre son chagrin quand il est exposé au regard d'autrui :

Crois-tu qu'il aura plus tendance à résister, et à lutter contre son chagrin quand il sera sous le regard de ses semblables, ou lorsqu'il se trouvera seul avec lui-même dans un lieu désert ?

– Il se contrôlera bien plus quand il sera regardé, dit-il.

– Tandis que quand il sera isolé, j'imagine, il se permettra de nombreuses paroles qu'il aurait honte de prononcer si quelqu'un pouvait l'entendre, et fera de nombreuses choses qu'il ne supporterait pas qu'on le voie faire.

– Oui, c'est cela, dit-il.

– Maintenant, sont-ce la raison et la loi qui l'exhortent à résister, tandis que ce qui le pousse à donner libre cours à son chagrin, ce n'est rien que le sentiment lui-même ?

– C'est vrai (604a).

Le rôle de la honte face à (non pas tout le monde, mais) ceux que l'on considère comme des égaux suggère que la partie intermédiaire est impliquée en tant qu'alliée ou exécutante de la raison, ce qui va contre l'idée soutenue par certains selon laquelle il ne serait plus question d'elle dans le livre X. Si j'ai

---

26. Je suis plus proche ici de D. Scott (« Plato's Critique of the Democratic Character », *Phronesis* 45, 2000, p. 19-37 : 22-28) que de Cooper (*op. cit. supra*, p. 126-130), bien qu'à mon avis aucun des deux ne tienne suffisamment compte de l'interaction entre les trois parties primitives.

raison sur ce point, alors la gestion du chagrin nous engage en tant qu'animaux *sociaux* aussi bien que *rationnels* ayant à contrôler notre corps *animal*.

Le fait est que cet exemple va, autant que chacun de ceux donnés par Platon dans le livre IV, être utilisé comme une preuve empirique du caractère distinct des trois groupements élémentaires des motifs originaires de l'action. S'ils sont distincts, c'est parce qu'ils peuvent s'opposer les uns aux autres, et le font parfois[27]. Tel est le point de rupture avec Socrate qui, pour moi comme pour beaucoup d'autres, est le personnage dérangeant qu'envisage 438a, et qui objecte que tout désir est pour le bien : la soif elle-même, par exemple, n'étant pas seulement désir de boire, mais de boire quelque chose de bon, ou de boire ce qui est bon (pour moi ici et maintenant). Dans des dialogues comme le *Protagoras* et le *Gorgias*, la thèse selon laquelle chacun désire continûment et exclusivement le bien sert de marchepied au paradoxe fameux selon lequel toute action mauvaise est due à l'ignorance du bien, de sorte que *l'akrasia* est impossible. On ne peut à la fois savoir ce qui est bien, et agir contre ce savoir.

Il est vrai que *République* 505e soutient encore, comme on l'a vu, que chacun désire le bien et échoue le plus souvent à en juger correctement. Mais la *République* nie que l'on désire seulement le bien. Nous désirons aussi d'autres choses, comme la boisson, sans nécessairement référer ce que nous désirons à une quelconque idée de ce qui est bon. Accordons que nous le faisons parfois, mais pas toujours, ni nécessairement[28]. Le désir du bien est désormais situé dans la partie rationnelle, que nous avons tous, de sorte que tous nous désirons le bien. Souvenons-nous de la description d'Ulysse réprimandant son cœur/ardeur en 441b-c : la source de cette réprimande était le calcul (opéré par sa raison) du meilleur et du pire. C'est pourquoi Platon fait soutenir par Socrate, en 438a *sqq.*, un si long argument à l'appui du fait que la soif en tant que telle est le désir de la boisson en tant que telle, ni plus ni moins. Toute qualification de l'objet désiré – le désir d'une boisson bonne, ou d'une boisson fraîche – est due à un facteur supplémentaire. Ainsi, le désir d'une boisson fraîche est sans doute dû au fait que l'on a trop chaud, en même temps qu'on est assoiffé. Dans ce cas, le facteur supplémentaire dérive, comme le désir de boire, de la partie appétitive de l'âme. Mais le désir d'une boisson saine impliquerait un facteur introduit par la partie raisonnante, dont le caractère distinct doit encore être prouvé par l'argument qui s'appuie sur des exemples de conflit entre l'inclination et la résistance à boire. Quels que soient les mérites de cet argument, il montre que l'on doit comprendre 505e comme renvoyant au but général que l'on s'est fixé dans la vie, et non à

---

27. Ceci est beaucoup plus faible que la proposition impliquée au livre IV, selon laquelle la partition de l'âme découle logiquement des prémisses acceptées par Glaucon. Comme le savait Aristote, l'induction est, en certaines matières, plus sage que la déduction.

28. Mon jugement sur ces questions a longtemps été influencé par Irwin, *op. cit.*, chap. 7.

chacune des décisions secondaires que l'on peut prendre. De fait, 505e oppose notre attitude envers le bien à notre attitude envers ce qui est juste et admirable[29].

La plupart de nous tolèrent les règles et les conventions de la société concernant ce qui est juste et admirable, sans trop s'inquiéter de leur valeur objective. Je note, par exemple, que nous portons tous des vêtements. Et pourtant, nous aurions peut-être le plus grand mal à expliquer ce qu'il pourrait y avoir de répréhensible à un colloque où tout le monde serait nu. C'est juste quelque chose qui ne se fait pas, et si l'on tentait l'expérience, on pourrait être arrêté. Par comparaison, les auteurs comme le public attachent la plus grande importance à ce qu'une communication philosophique soit bonne ou pas. Ils veulent qu'elle soit réellement bonne, pas seulement qu'elle en ait l'air. Même les caractères aliénés et injustes des livres VIII-IX ont une notion, quoiqu'une notion fausse, du bien auquel ils tendent dans la vie, que ce soit l'honneur, la richesse, ou une liberté sans limites. Et tant le timocrate que l'oligarque (même si ce n'est pas le cas du démocrate), peuvent succomber à la tentation d'agir à rebours de leur bien global, le premier en acquérant, en plus, de la richesse, le second en la dépensant pour satisfaire un désir non-nécessaire. C'est par là que s'introduit l'*akrasia*, et la rupture avec Socrate. Je suggérerais cependant que ce qui est en jeu ici ne se réduit pas à un débat sur la possibilité de l'*akrasia* tel qu'on en trouve de nos jours dans les revues de philosophie.

La théorie de l'âme tripartite porte une charge implicite contre le fait que Socrate n'a pas tenu suffisamment compte de notre nature animale, non plus que du fait que nous sommes des créatures essentiellement sociales. Socrate arpentait Athènes en cherchant à réformer tout le monde au moyen du raisonnement et de l'examen dialectique. S'il a échoué dans ce qu'il considérait comme sa mission divine auprès des Athéniens, c'est parce qu'il les a approchés un à un, en tant qu'individus, en prêtant à peine attention (1) aux institutions culturelles et sociales qui avaient formé leur façon de voir, et en particulier leur sens du beau (noble, admirable) et du laid, (2) à notre physiologie animale, au fait que nul n'est aussi manifestement immunisé qu'il l'était lui-même contre le froid ou le sexe. Socrate parlait comme si la raison était l'unique source du désir ; comme si, une fois acquis, le savoir de ce qui est bon était capable d'infiltrer la vie entière, au point que l'on n'ait peur que de ce que l'on doit redouter, que l'on n'aime que ceux auxquels on peut faire du bien, et d'une façon bonne tant pour eux que pour soi, et peut-être même que l'on devienne capable, comme il l'était lui-même, de résister sans dommage aux excès de froid ou d'alcool. C'est là un idéal dont on peut, en ce monde, tout au mieux s'approcher. Mais si l'on veut améliorer la vie

---

29. *Cf.* plus haut, note 20.

des gens en ce monde, on doit tenir pleinement compte de leur condition incarnée et sociale.

Je suggèrerai encore que l'âme divisée marque une rupture, non seulement avec Socrate, mais avec un élément clef de la vision qu'a Thrasymaque de la nature humaine, un élément que véhicule encore le défi de Glaucon au livre II, et auquel Socrate s'emploie à répondre. Thrasymaque soutenait, et Glaucon ne niait pas, que ce qui gît au plus profond de la nature humaine est la *pleonexia*. Ce terme recouvre à la fois le désir d'avoir toujours plus et le désir d'avoir plus que les autres. Il est fait à la fois d'avidité et de compétitivité, toutes deux amalgamées en un unique désir[30]. La doctrine de l'âme divisée sépare ces deux aspects : l'avidité est un vice de l'appétit, l'affirmation de soi un vice de l'ardeur. Cette séparation a été préparée dès le livre II par celle entre la cité économique primitive, qui pourvoit seulement ou surtout aux besoins corporels – les exigences de la vie et de la reproduction – et la cité « luxurieuse » qui introduit, et tente de régler au mieux, les exigences d'une vie bonne, civilisée, au sein d'une société qui est plus qu'un simple assemblage d'individus coopérant pour satisfaire leurs besoins élémentaires. Dans la cité réglée, civilisée, les relations sociales sont organisées de façon à promouvoir l'unité et l'amitié de part en part. La compétitivité est domptée, et mise au service du bien commun, ce grâce à la vie prescrite aux membres de la classe militaire, dont la partie ardente sera si satisfaite des honneurs et du respect qu'ils reçoivent qu'ils se jugeront plus heureux que les vainqueurs olympiques.

Une autre façon de formuler les points que je viens d'esquisser serait de reconnaître que Thrasymaque a largement raison en ce qui concerne la vie humaine telle qu'elle est communément vécue, et que Socrate, lui, a largement raison en ce qui concerne la vie humaine telle qu'idéalement elle pourrait et devrait être vécue : on dirait alors que la tâche de la *République* est de faire en sorte que la réalité empirique et l'idéal se tissent plus étroitement l'une avec l'autre, tant dans la cité que dans l'âme individuelle. Et pour cela il est essentiel, pense Platon, de reconnaître que l'âme incarnée en ce monde n'est ni uniforme, ni simplement duelle, mais triple.

La grande nouveauté ici est triple. La littérature grecque est aussi familière que nous le sommes des comparaisons et des contrastes vagues entre la raison et les passions. Dans le *Protagoras* de Platon, la position du « plus grand nombre » est que la connaissance du bien est souvent vaincue par la colère, le plaisir, la douleur, le désir sexuel, ou encore la peur (352b-c), et c'est une vue similaire

---

30. Ce point est bien discuté par B. Williams, « Justice as a Virtue », dans A. O. Rorty, *op. cit.*, p. 189-199 ; pour une version moins exégétique, voir *Moral Luck. Philosophical Papers 1973-1980*, Cambridge, Cambridge University Press, 1981, p. 83-93.

qui, dans le *Phèdre*, domine le premier discours de Socrate sur l'amour : celui que, sous l'effet de la honte, il prononce tête voilée et abjure par la suite. Il y décrit (237d-238c) deux forces à l'œuvre en nous, le désir irrationnel du plaisir, et le jugement rationnel dont l'objet est de s'assurer le meilleur. Le premier est inné, le second acquis. Ces deux forces peuvent être en harmonie ou en conflit, auquel cas c'est tantôt le désir du plaisir qui l'emporte, tantôt notre meilleur jugement. Si c'est le second, on parlera de tempérance ; si c'est le premier, alors, et selon la nature du désir victorieux, on parlera de gloutonnerie ou de tout autre terme qualifiant les différents types d'excès. Autant ce discours que l'exposé du *Protagoras* visent manifestement à analyser les présupposés du vocabulaire moral ordinaire. En revanche, la tripartition novatrice de la *République* est partie intégrante de ce qui fait de cette œuvre la première, dans l'histoire de la philosophie, à prendre au sérieux le fait que nous sommes par nature des animaux sociaux. Je veux dire par-là : à prendre au sérieux ce fait dans le cadre non seulement de la philosophie politique, mais aussi de l'analyse de la psychologie morale des individus[31].

---

31. Un point que, de nouveau, Cooper (*op. cit.*, p. 136) est à ma connaissance le premier à avoir apprécié à sa juste valeur.

Cet article doit beaucoup aux discussions auxquelles ont donné lieu ses versions antérieures à Munich, Oxford, et Paris. La version anglaise est parue dans les *Proceedings of the Aristotelian Society*, CVI, 2006, p. 1-22.

MICHEL NARCY

EN QUÊTE DU MOI CHEZ PLATON

UNE TRADUCTION DE JOSEPH DE MAISTRE

Dans son adaptation du traité de Plutarque *Sur les délais de la justice divine*[1], Joseph de Maistre insère, au moment où vient en discussion la question de l'immortalité de l'âme (560C), un passage des *Lois* de Platon (XII 959a4-c7) qu'il traduit de la façon suivante :

> Il faut, disait Platon, croire en tout les législateurs, mais particulièrement sur l'âme, lors-qu'ils nous disent qu'elle est totalement distincte du corps et que c'est elle qui est le *moi ;* que notre corps n'est qu'une espèce de fantôme qui nous suit ; ... que le *moi* de l'homme est véritablement immortel ; que c'est ce que nous appelons *âme*, et qu'elle rendra compte aux Dieux, comme l'enseigne la loi du pays ; ce qui est également consolant pour le juste et terrible pour le méchant. Nous ne croirons donc point que cette masse de chair que nous enterrons soit l'*homme*, sachant que ce fils, ce frère, etc., que nous croyons inhumer, est réellement *parti* pour un autre pays, après avoir terminé ce qu'il avait à faire dans celui-ci.

Traduction à vrai dire presque aussi libre que l'adaptation de Plutarque où elle est insérée ; les mots « c'est elle (*scil.* l'âme) qui est le *moi* » sont le rendu *ad sensum* de la tournure employée par l'Athénien : τὸ παρεχόμενον ἡμῶν ἕκαστον τοῦτ᾽ εἶναι μηδὲν ἀλλ᾽ ἢ τὴν ψυχήν (959a6-7). Comme il arrive souvent quand, croyant rendre le sens plus clairement, on s'écarte de la lettre, l'exactitude du sens est problématique : abstraction faite de l'abandon de τὸ παρεχόμενον, jusqu'à quel point de Maistre est-il fondé à écrire « le moi » là où Platon écrit « chacun de nous (ἡμῶν ἕκαστον) » ? De Maistre tient à cette équivalence lexicale, puisqu'il la réitère aussitôt en écrivant « le moi de l'homme est véritablement immortel » pour traduire τὸν ὄντα ἡμῶν ἕκαστον ὄντως ἀθάνατον εἶναι (959b3).

---

1. *Sur les délais de la justice divine dans la punition des coupables*, ouvrage de Plutarque, nouvellement traduit, avec des additions et des notes, par M. le comte de Maistre, suivi de la traduction du même traité par Amyot, sous ce titre : *Pourquoi la justice divine diffère la punition des maléfices*, Lyon, 1816. Je cite à partir des *Œuvres complètes de Joseph de Maistre*, nouvelle édition contenant ses *Œuvres posthumes* et toute sa *Correspondance inédite*, tome V, Lyon, 1884 [réimpr. Slatkine, Genève, 1979], p. 415-416. Dans la citation, les italiques sont de J. de Maistre.

C'est probablement la première fois que cette expression apparaît dans une traduction française de Platon. La seule traduction française des *Lois* existante à l'époque de de Maistre était celle du jésuite Jean-Nicolas Grou[2]. « Elle seule (*scil.* l'âme), écrit ce dernier à la première occurrence citée ci-dessus, nous constitue ce que nous sommes » ; et plus bas : « notre être individuel est immortel de sa nature ». Dans les deux cas, la syntaxe de de Maistre est calquée sur celle de Grou : dans le premier cas, « rien d'autre que l'âme (μηδὲν ἀλλ᾽ ἢ τὴν ψυχήν) », en position d'attribut, est remplacé par « elle »/« elle seule » en position de sujet ; dans le second cas, nos deux traducteurs s'accordent pour construire ὄντως avec ἀθάνατον (Grou : « immortel de sa nature » ; de Maistre : « véritablement immortel »)[3]. Suivisme bien naturel, dira-t-on, pour quelqu'un qui n'est pas un helléniste professionnel : il n'en est que plus significatif de voir notre traducteur amateur introduire de son propre chef, pour traduire ἡμῶν ἕκαστον (« chacun de nous »), une expression absente aussi bien du texte grec que de la traduction sur laquelle il se guide : « le *moi* ».

Selon le *Dictionnaire des sciences philosophiques* d'Adolphe Franck, le moi est « le nom sous lequel les philosophes *modernes* ont coutume de désigner l'âme en tant qu'elle a conscience d'elle-même et qu'elle conçoit ses propres opérations, ou qu'elle est à la fois le sujet et l'objet de sa pensée »[4]. Franck ne fait pas remonter la notion de moi au-delà de Descartes ; encore note-t-il que Descartes n'emploie pas l'expression « le moi » : « ce n'est guère que dans l'école allemande (*scil.* Kant et Fichte) qu'on rencontre, pour la première fois, cette formule ».

De Maistre, qui n'avait de Kant qu'une connaissance de seconde, voire de troisième main[5], n'éprouvait évidemment qu'hostilité pour ce sympathisant des idées de 1789. Il n'en est que plus révélateur de la diffusion, dans le premier

---

2. *Lois de Platon*, par le traducteur de la *République*, 2 vol., Amsterdam, chez Marc-Michel Rey 1769. De Maistre connaît cette traduction, puisqu'il la critique pour un autre passage (*op. cit.* n. XXI p. 463). Le nom du traducteur ne figurant pas sur la page de titre, il la croit anonyme, mais l'identité du traducteur (à défaut de sa qualité de jésuite) est révélée par l'Avertissement du Libraire qui figure en tête du tome I.

3. À titre de comparaison, L. Robin et A. Diès rapporteront ὄντως à τὸν ὄντα (Robin : « ce que chacun de nous est réellement » ; Diès : « le moi réel de chacun de nous »).

4. *Dictionnaire des sciences philosophiques* par une société de professeurs et de savants sous la direction de M. Ad. Franck, Paris, Hachette, [2]1875, *s.v.* « moi », p. 1122. C'est moi qui souligne.

5. Sa seule source attestée semble être le compte rendu paru dans *l'Edinburgh Review* (I, 1803, p. 233 *sqq.*) de l'ouvrage de Ch. de Villers, *Philosophie de Kant, ou Principes fondamentaux de la Philosophie transcendantale*, Metz, Collignon, 1801. *Cf.* R. Triomphe, *Joseph de Maistre. Étude sur la vie et sur la doctrine d'un matérialiste mystique*, Genève, Droz, 1968, p. 552 et n. 169.

quart du XIXe siècle, d'une sorte de vulgate kantienne où même des adversaires de l'idéalisme transcendantal puisaient, consciemment ou non, leurs arguments contre les héritiers de Condillac. De Maistre lui-même en donne un exemple frappant dans les *Soirées de Saint-Pétersbourg* : ferraillant contre les idéologues et se plaignant que « l'on parle toujours de l'origine des *idées*, et jamais de l'origine des *pensées* », il cite les « paroles mêmes de Platon... : *Entendons-nous, vous et moi, la même chose par ce mot de pensée ? Pour moi, la pensée est LE DISCOURS QUE L'ESPRIT SE TIENT A LUI-MÊME* »[6]. D'où il tire la démonstration suivante, « *que la question de l'origine des idées est la même que celle de l'origine de la parole* ; [...] l'intelligence ne pouvant penser sans savoir qu'elle pense, ni savoir qu'elle pense sans parler, puisqu'il faut qu'elle dise : *je sais* »[7]. En d'autres termes, le sujet transcendantal se trouve déjà chez Platon ! Encore pour s'en rendre compte fallait-il probablement avoir lu Kant, ou avoir lu sur lui : comme le dit ailleurs notre auteur, il est également facile de « faire *platoniser* [Kant] » et de « faire kantiser Platon »[8]. Bien que la seconde hypothèse soit une accusation lancée par de Maistre contre un adversaire, il est difficile de ne pas voir dans son utilisation du passage du *Théétète* comme dans son insistance à traduire deux fois de suite, dans notre passage des *Lois*, ἡμῶν ἕκαστον par « le moi » une tendance prononcée à « faire kantiser Platon ».

Faisant du sujet transcendantal « le *moi* », identifié lui-même à « ce que nous appelons *âme* », de Maistre tient le même langage que Victor Cousin qui, à peine les idéologues sortis de scène avec la chute de Napoléon, enseigne dans ses premières leçons à la Sorbonne[9] cet éclectisme – en vérité, ce spiritualisme – dont il fera sous la monarchie de Juillet la doctrine officielle de l'enseignement philosophique institutionnalisé par ses soins. Rencontre certainement fortuite, puisque de Maistre n'avait pu lire Cousin ni entendre ses premières leçons à la Sorbonne, et qu'il y a fort peu de chances que le libéral Cousin ait prêté attention au doctrinaire contre-révolutionnaire ; fortuite, mais d'autant plus symptomatique de l'air du temps et de la contribution de la première réception du kantisme

---

6. Cf. *Théétète*, 189e4-6.

7. *Soirées de Saint-Pétersbourg ou Entretiens sur le gouvernement temporel de la Providence*, Deuxième Entretien. *Œuvres complètes de Joseph de Maistre, op. cit.*, tome IV, p. 119-120. Italiques et petites capitales sont de de Maistre.

8. *Observations* sur le Prospectus disciplinarum *ou Plan d'étude proposé pour le Séminaire de Newsky par le Professeur Fessler, Œuvres complètes de Joseph de Maistre, op. cit.*, tome VIII, p. 255.

9. Dès 1815, V. Cousin assure la suppléance de Royer-Collard dans la chaire d'histoire de la philosophie de la Faculté des lettres de l'Université de Paris. D'après son élève A. Franck (*Dictionnaire des sciences philosophiques, op. cit., s.v.* «Cousin (Victor)», p. 310), c'est dans les cinq années où il occupa cette chaire que Cousin produisit toutes ses vues et qu'il posa les fondements de son éclectisme.

au réveil métaphysique de la philosophie française. En d'autres termes, même si la traduction de quelques lignes de Platon glissées par de Maistre dans sa para-phrase de Plutarque est passée inaperçue, le langage qu'il y prête à Platon est celui qu'entendront des générations d'élèves, dont firent partie bien entendu les auteurs des traductions dans lesquelles nous-mêmes avons « appris » Platon. En veut-on une preuve ? Près d'un siècle et demi après de Maistre, Auguste Diès, dans le même passage des *Lois*, fait le même choix de rendre par deux fois ἡμῶν ἕκαστον par « le moi ». Τὸ παρεχόμενον ἡμῶν ἕκαστον τοῦτ᾽ εἶναι μηδὲν ἀλλ᾽ ἢ τὴν ψυχήν devient sous sa plume « ce qui constitue notre moi à chacun n'est autre chose que l'âme », et τὸν ὄντα ἡμῶν ἕκαστον ὄντως, « le moi réel de chacun de nous »[10]. Que de Maistre, à supposer que Diès l'ait lu, ait fait aux yeux de ce dernier figure d'autorité est une hypothèse qu'il est permis d'exclure. Si donc Diès choisit ici de traduire lui aussi *ad sensum* plutôt qu'*ad litteram*, ce n'est pas par fidélité à une traduction établie ou autorisée[11]. Qu'il le sache ou non, c'est parce qu'il partage avec de Maistre la conviction que, si le vocable « le moi » ou son équivalent grec manque à Platon, ce dernier n'en possède pas moins le concept ; ou, pour le dire autrement, que pour Platon l'individualité de l'homme (« chacun de nous ») a son fondement (ainsi peut-on comprendre τὸ παρεχόμενον) dans cette subjectivité capable de se penser elle-même comme un « moi ».

UNE NOTE D'AUGUSTE DIÈS

« Le moi réel de chacun de nous », expose l'Athénien dans la traduction de Diès, c'est « ce que nous appelons l'âme immortelle » (959b3-4). Indication redoublée par une note du traducteur où ce dernier écrit « Le vrai moi, c'est l'âme ». L'objet de cette note n'est évidemment pas d'éclairer le texte traduit, puisqu'on y lit la même chose. Ce sont probablement les références qui suivent

10. Platon, *Œuvres complètes*, tome XII (2e partie), Paris, 1951 (Collection des Universités de France). Comme indiqué *supra* n. 3, à la différence de Grou et de Maistre, Diès rapporte ὄντως à τὸν ὄντα. À titre de comparaison, toute mention du moi est absente des traductions que donne J. Pépin des deux mêmes phrases : « ce qui constitue chacun de nous n'est rien d'autre que l'âme » et « l'être véritable de chacun de nous, c'est l'âme immortelle » (*Idées grecques sur l'homme et sur Dieu*, Paris, Les Belles Lettres, 1971, p. 78).

11. La traduction qui fait autorité jusqu'à Robin et Diès, rappelons-le, c'est, par l'inter-médiaire de Victor Cousin et de ses élèves qui ne font que la reproduire avec des modifications mineures, celle de Grou. Pour le passage concerné, voir *Œuvres de Platon*, traduites par Victor Cousin, t. VII, Paris, Pichon et Didier, 1831, p. 376 ; *Les Lois de Platon*, traduction de Grou revue et corrigée par A. Saisset, Paris, Charpentier, 1863, tome second, p. 327, où « notre être individuel est immortel de sa nature » est modifié en « notre personne est une substance immortelle de sa nature ».

(dans l'ordre, *Alcibiade* I 129b1[12], 130c1-3 ; *Phédon*, 115c-d ; *République* V 469d ; *Lettre* VII 335a-b) qui donnent le sens de la note : établir, à l'aide d'un éventail de passages où il est question de l'âme dans sa distinction d'avec le corps, que l'équivalence entre l'âme humaine et « le moi » est une doctrine constante de Platon ; non pas donner l'âme, par conséquent, comme ce que désigne véritablement l'expression « le vrai moi », mais, à l'inverse, donner le moi de l'homme pour l'objet véritable de la doctrine platonicienne de l'âme. Les textes cités supportent-ils cette interprétation ?

Le quatrième[13], pour commencer par lui, n'a guère trait, en réalité, à la question du moi : ce n'est qu'une affirmation de l'immortalité de l'âme, qui l'expose, « une fois qu'on s'est débarrassé du corps (ὅταν τις ἀπαλλαχθῇ τοῦ σώματος) » (335a5), à des jugements et à des châtiments – rappel sommaire, en somme, du mythe final du *Gorgias*. Le passage de la *République* et surtout celui du *Phédon* sont en revanche assez proches de notre passage des *Lois*. L'objet de ce dernier, c'est de prescrire la modération dans les cérémonies funéraires, étant donné que le cadavre qu'on ensevelit n'est pas la personne qu'on pleure, laquelle « s'en va » (οἴχεσθαι, 959c6). Le passage de la *République* édicte un corollaire de cette prescription : on ne doit pas s'acharner sur le cadavre d'un ennemi, car l'ennemi, lui, « s'est envolé » (ἀποπτάμενου τοῦ ἐχθροῦ, 469d6). Quant au passage du *Phédon*, il apparaît comme la source directe de celui des *Lois*. La question débattue est la même, avec cette seule différence que, dans les *Lois*, il s'agit de fonder une prescription d'ordre général à propos des cérémonies funéraires, alors que dans le *Phédon* Socrate est prié par Criton de donner des instructions pour ses propres funérailles. Mais la réponse de Socrate est la même que celle de l'Athénien : ce n'est pas moi, dit-il, que vous enterrerez car, « une fois que j'aurai bu le poison, je ne demeurerai plus en votre compagnie, mais je partirai, m'en allant vers des félicités qui sont celles des bienheureux (οἰχήσομαι ἀπιὼν εἰς μακάρων δή τινας εὐδαιμονίας) » (115d3-4). L'écho est littéral et visiblement voulu : de l'hendyadys employé par Socrate pour évoquer son départ (οἰχήσομαι ἀπιὼν) les deux termes se retrouvent dans la bouche de l'Athénien (ἀπιέναι, 959b4 ; οἴχεσθαι, 959c6).

---

12. *Cf.* Platon, *Œuvres complètes*, tome XII (2ᵉ partie), *op. cit.*, p. 72 n. 2. La première référence indiquée pour l'*Alcibiade* est 126b1, ce qui est totalement hors de propos (c'est un simple « oui » d'Alcibiade, dans un contexte qui est encore très éloigné de l'appel à se connaître soi-même) : il s'agit certainement d'une coquille pour 129b1, où fait son apparition l'expression cruciale αὐτὸ ταὐτό.

13. Je laisse de côté la fin de la note (« On peut partir du *Phèdre* : opposition entre l'écriture ou la peinture et la vie ; ce qu'on ensevelit, et ce qui dure ») qui me paraît une extrapolation, trop succincte pour être discutée.

Mais le second de ces verbes se retrouve aussi dans la bouche de l'homme chargé d'administrer la ciguë à Socrate et d'en contrôler les effets : « Il nous dit, raconte Phédon, que quand le cœur serait atteint, alors Socrate s'en irait (τότε οἰχήσεται) » (118a4). Cet homme n'a évidemment rien entendu des démonstrations de Socrate sur l'immortalité de l'âme ni du mythe eschatologique par lequel il les a prolongées. Le « départ » de Socrate n'est dans sa bouche qu'une façon de parler ordinaire qui n'implique chez lui aucune conception particulière de l'âme et de son devenir *post mortem*. On peut dire la même chose de l'« envol » de l'ennemi abattu évoqué par Socrate lui-même dans la *République* : ni lui ni ses interlocuteurs ne s'arrêtent aux implications eschatologiques du terme ; ce qui est en jeu n'est pas le sort de l'âme après la mort, mais le seul fait que le cadavre n'est plus l'homme qui combattait. « Partir » ou « s'envoler » ne sont rien d'autre que des métaphores usuelles, relevant tout au plus d'une imagerie familière, liée probablement aux rituels funéraires, ces mêmes rituels funéraires d'où Socrate tire sa façon d'imaginer l'au-delà : c'est « à partir des sacrifices et des usages d'ici (ἀπὸ τῶν θυσιῶν[14] τε καὶ νομίμων τῶν ἐνθάδε) » (*Phédon*, 108a5) qu'il conjecture (τεκμαιρόμενος) la topographie de l'Hadès. La banalité de la métaphore, son enracinement dans la religion populaire, empêchent d'y entendre, même dans la bouche de Socrate, l'affirmation réfléchie de la substantialité et de l'immortalité de l'âme. Certes, c'est à démontrer cette immortalité que Socrate s'est employé depuis le matin. Mais son échange avec Criton intervient, non pas au terme de cette démonstration – à laquelle Socrate lui-même a approuvé Simmias de ne pas se fier entièrement[15] –, mais au terme d'un exposé en forme de mythe tout entier destiné, comme l'indiquent la péroraison[16] et auparavant les interpellations répétées de Socrate à son adresse[17], à emporter par ce moyen l'adhésion de Simmias, sinon à la thèse même de l'immortalité de l'âme, du moins au fait qu'il est moralement préférable d'y croire.

---

14. Selon la leçon retenue par les éditeurs des Oxford Classical Texts (J. Burnet, 1900 ; J. C. G. Strachan, 1995). Les éditeurs de la Collection des Universités de France (L. Robin, 1926 ; P. Vicaire, 1983) éditent ὁσίων, ce qu'on peut comprendre comme « les actes de piété consacrés par l'usage ». La leçon θυσιῶν est défendue par Burnet dans son édition commentée du *Phédon* (Oxford, Clarendon Press, 1911, n. *ad loc.*) : mieux attestée dans la tradition manuscrite, elle trouve également confirmation, selon lui, dans le commentaire d'Olympiodore, d'après qui Socrate fait allusion aux sacrifices offerts aux carrefours à Hécate.

15. Cf. *Phédon*, 107a7-b9.

16. *Cf.* 114c7.

17. *Cf.* 108d4, d8, 110b1.

Avec cet exposé, Socrate, selon un procédé clairement thématisé dans le *Gorgias*[18], est passé du registre proprement dialectique, celui de l'argumentation, au registre de la persuasion ; c'est ce qu'atteste son insistance à souligner que le mythe qu'il développe n'est pas pour lui l'objet d'un savoir, mais quelque chose dont il est « persuadé » : πέπεισμαι, répète-t-il quatre fois[19], avant de conclure qu'à un homme sensé « il ne convient pas (οὐ πρέπει) » de soutenir que les choses sont comme il l'a dit ;

> soutenir, cependant, que tel est ou à peu près ce qui touche à nos âmes et à leurs demeures, s'il est vrai que l'âme paraît être du moins immortelle, voilà, à mon avis, le risque qu'il convient de prendre à qui croit qu'il en est ainsi.

> ὅτι μέντοι ἢ ταῦτ᾽ ἐστὶν ἢ τοιαῦτ᾽ ἄττα περὶ τὰς ψυχὰς ἡμῶν καὶ τὰς οἰκήσεις, ἐπείπερ ἀθάνατόν γε ἡ ψυχὴ φαίνεται οὖσα, τοῦτο καὶ πρέπειν μοι δοκεῖ καὶ ἄξιον κινδυνεῦσαι οἰομένῳ οὕτως ἔχειν (114d2-6).

C'est abuser de l'ambivalence de φαίνεσθαι que de traduire, comme Paul Vicaire, φαίνεται « puisqu'il est évident »[20]. Tout le contexte, c'est-à-dire à la fois le mythe dont l'exposé vient d'être achevé, la réserve à peine faite sur sa véracité et la recommandation qui suit d'avoir à « se chanter à soi-même ce genre d'incantations (τὰ τοιαῦτα ὥσπερ ἐπᾴδειν ἑαυτῷ) » (114d6-7), indiquent sans ambiguïté que φαίνεσθαι, qui plus est dans une conditionnelle introduite par ἐπείπερ, est ici porteur d'une nuance de doute. Le thème de l'incantation renoue d'ailleurs explicitement avec l'intermède qui suit l'argument de la réminiscence (77d-78a), insuffisant à dissiper la frayeur de « l'enfant qui est en nous » : c'est faire entendre que les arguments qui ont suivi, tirés de la nature de l'âme, n'y ont pas non plus suffi.

Tel est donc le contexte de l'ultime échange entre Socrate et Criton. Dans ce contexte, quel poids faut-il donner à la fin de non-recevoir opposée par Socrate à la question de savoir quelles funérailles il souhaite :

> Je ne persuade pas Criton que je suis, moi, ce Socrate-ci, celui qui en ce moment dialogue et dispose en ordre chacune de ses paroles. Au contraire, il me prend pour celui que, d'ici peu, il va voir mort.

---

18. Dans le *Gorgias*, le vocabulaire de la persuasion est systématiquement associé au recours de Socrate à des images et au mythe pour relayer une argumentation dialectique impuissante à emporter l'adhésion de Calliclès (*cf.* 493c5, d1, 494a3 ; 526d4, 527c5).

19. 108c8, 108e1 (opposé à εἰ καὶ ἠπιστάμην, 108d3-4), 108e4, 109a7.

20. Platon, *Œuvres complètes*, t. IV, 1re partie, Paris, 1983 (Collection des Universités de France). Dans la même collection, en 1926, L. Robin traduisait dans le même sens « puisqu'aussi bien l'immortalité appartient manifestement à l'âme » ; dans sa traduction de 1950 (Bibliothèque de la Pléiade, 58), l'évidence qu'il continue de trouver dans φαίνεσθαι est compensée par la prudence de ἐπείπερ : « dans l'hypothèse justement de l'évidence de l'immortalité de l'âme ».

Οὐ πείθω Κρίτωνα ὡς ἐγώ εἰμι οὗτος Σωκράτης, ὁ νυνὶ διαλεγόμενος καὶ διατάττων ἕκαστον τῶν λεγομένων. Ἀλλ' οἴεταί με ἐκεῖνον εἶναι ὃν ὄψεται ὀλίγον ὕστερον νεκρόν (115c6-d1).

Socrate affirme-t-il, comme le lui fait dire Diès en citant ce passage dans sa note au passage parallèle des *Lois*, que « le vrai moi, c'est l'âme » ? Le sens de ses paroles est-il, comme l'écrit en manchette P. Vicaire, que « le vrai Socrate ne mourra pas »[21] ? Ce sont là à tout le moins des surinterprétations du passage : Socrate n'allègue d'autre différence entre lui-même et son cadavre que la conversation qu'il est en train de tenir et que le cadavre ne tiendra pas. Tout ce qu'on peut en conclure, c'est que, si tant est que lui-même s'identifie au Socrate parlant présentement, le cadavre que ses amis auront tout à l'heure sous les yeux ne sera pas lui. Que sera-t-il devenu, lui, le Socrate qui, pour le moment, parle ? Il n'en dit rien. Bien loin que « je » ou « ce Socrate qui parle » soit identifié à l'âme, le mot « âme », sur lequel a roulé tout le dialogue qu'on vient de lire, n'est même pas prononcé. L'unique référent donné à cette auto-désignation de Socrate, c'est sa position présente de locuteur – mieux, comme peut l'indiquer le participe διαλεγόμενος, d'interlocuteur. Référence purement pragmatique, dont toute la pertinence tient dans son actualité : parfaite illustration de la formule d'Émile Benveniste : « *Je* signifie "la personne qui énonce la présente instance de discours contenant *je*" »[22]. Toute la différence entre Socrate et son cadavre tient en effet dans la différence de nature mise en lumière par Benveniste entre les pronoms de première et seconde personne (je/tu), d'une part, et celui de la troisième personne (il), seul utilisable pour toute « chose » en général et en particulier pour le cadavre de Socrate. « Je » et « tu » n'ont de sens que dans la bouche de Socrate quand il parle ou de ses interlocuteurs à qui il répond ; ils relèvent d'un univers sémantique d'où le cadavre est par définition exclu. Différence de nature, certes radicale, mais qui ne porte que, d'une part, sur les situations discursives où sont engagés ceux qui parlent/répondent, et d'autre part sur le cadavre en tant que « troisième personne » (ἐκεῖνον) : la différence de nature des *pronoms* ne dit rien sur la nature des entités auxquelles ils se réfèrent. Bien entendu, Socrate est en mesure de parler de lui-même à la troisième personne, et il le fait quand il se désigne lui-même comme « ce Socrate-ci, celui qui en ce moment dialogue ». Aussi bien pourrait-on traduire ἐγώ εἰμι : « moi, c'est… ». Est-ce à dire pour autant que Socrate parle de son « moi » – qu'il parle de lui-même comme d'une entité objective assignable en dehors de l'actuelle instance de parole ? La suite de la phrase ne le dit pas : « moi, c'est ce Socrate qui maintenant dialogue… » Le moi de Socrate, encore une fois, est ici

---

21. *Op. cit.* p. 105.
22. É. Benveniste, *Problèmes de linguistique générale*, Paris, Gallimard, 1966, p. 252.

circonscrit à la situation énonciative, sans aucune connotation psychologique : rien sur son éventuelle nature de *psukhè*, d'âme.

L'ÉNIGME DU CORPS PROPRE

Le seul passage, en définitive, dans la liste proposée par Diès, où son affirmation que « le vrai moi, c'est l'âme » puisse sous certaines conditions trouver confirmation, c'est le second des deux extraits du *Premier Alcibiade* qu'il cite en premier lieu (130c1-3), qui s'achève par la formule fameuse : « s'il est quelque chose, l'homme n'est rien d'autre qu'âme » (130c2-3)[23]. Cette phrase est, dans le *corpus* platonicien, celle qui se rapproche le plus de l'affirmation de Diès – et celle, probablement, qui l'a inspirée. Considérée isolément, elle semble énoncer une distinction de l'âme et du corps du même type que celle du *Phédon*. En réalité, le raisonnement dont elle est la conclusion relève, comme on va le voir, d'une anthropologie nettement différente.

Le raisonnement tenu par Socrate à Alcibiade (129b5-130c3) est bien connu : attendu que l'homme se sert de son corps comme d'un outil – ou d'une boîte à outils, si l'on considère que membres et organes sont comme autant d'outils appropriés à des usages différents –, il ne saurait être davantage identifié à son corps que le cordonnier à son alène ou le cithariste à sa cithare. Qu'est-ce donc que l'homme ? Des trois candidats possibles – « l'âme, le corps, ou les deux à la fois, ce tout que voici »[24] –, le deuxième, le corps, est écarté au motif de la relation de pouvoir qui existe entre l'homme et son corps : si l'homme est ce qui

---

23. La mention de 129b1 (*cf. supra* n. 12) en même temps que de 130c1-3 s'explique probablement par le fait que 130c1-3 semble apporter la réponse à la question posée en 129b1, « de quelle manière pourrait être découvert αὐτὸ ταὐτό ? » et suppose donc probablement l'identification de cette dernière expression avec l'âme. On observera que la confusion dénoncée un peu plus loin par Socrate entre αὐτὸ ταὐτό et αὐτὸ ἕκαστον (130d4-5) rend problématique l'identification de αὐτὸ ταὐτό, sinon avec une âme, du moins avec un « moi » (voir sur ce point J. Brunschwig, « La déconstruction du "Connais-toi toi-même" dans l'*Alcibiade Majeur* », *Recherches sur la philosophie et le langage*, 18, 1996, p. 61-84). Me limitant ici à la question du moi ou à ce qui peut s'en approcher, je n'entre pas dans la discussion sur la signification de l'expression αὐτὸ ταὐτό. On se reportera en dernier lieu à C. Gill, *The Structured Self in Hellenistic and Roman Thought*, Oxford, Oxford University Press, 2006, p. 344-359, qui donne un bon aperçu des éléments du débat.

24. Ψυχὴν ἢ σῶμα ἢ συναμφότερον, τὸ ὅλον τοῦτο (Platon, *Alcibiade*, 130a9) : de Dacier (« Ou l'âme, ou le corps, ou le composé de l'un et de l'autre ») à M. Croiset (« L'âme, le corps, ou le tout qui est formé de leur union »), les traducteurs français se sont alignés sur la traduction de Ficin : *aut animam videlicet aut corpus : aut totum ipsum ex utrisque compositum*. Mais, comme le remarque Schleiermacher, Ficin traduit comme s'il lisait, non pas le texte transmis dans nos manuscrits, mais quelque chose comme ἢ καὶ ἐξ ἀμφοτέρων τὸ ὅλον τοῦτο. Toutes ces traductions, on le notera, évitent de rendre le caractère déictique de τὸ ὅλον τοῦτο.

commande le corps (τὸ τοῦ σώματος ἄρχον) le corps ne peut être l'homme.
L'homme est-il donc le couple qu'ils forment ensemble (τὸ συναμφότερον) ? À
tout lecteur non prévenu, cette dernière proposition paraîtra sans doute de bon
sens, et il n'y a pas à s'étonner qu'Alcibiade se montre prêt à la faire sienne ;
assentiment mitigé toutefois, ou embarrassé, si l'on en croit la forme quasi
contradictoire dans laquelle il est exprimé : « peut-être, à coup sûr (ἴσως
δῆτα[25]) » ! La même expression est mise dans la bouche du Clinias des *Lois* (II
658d5) : dans une compétition entre auteur comique, auteur tragique et montreur
de marionnettes, conjecture l'Athénien, la majorité décernerait « peut-être
(ἴσως) » la palme au tragique. – « Peut-être, en effet (ἴσως δῆτα) », répond
Clinias. Il s'agit là de l'usage *standard* de δῆτα, où cette particule accompagne
la reprise d'un mot énoncé par l'interlocuteur, explicitant la valeur d'assentiment
de cette reprise[26]. Ce n'est pas le cas dans notre passage de l'*Alcibiade*, jugé à
cet égard exceptionnel par Denniston[27]. Ce qui donne à la réponse d'Alcibiade ce
tour exceptionnel, c'est peut-être la façon dont Socrate a formulé sa question.
Celle-ci, en effet, comporte deux temps :

(1) Est-ce donc le couple qu'ils forment ensemble qui commande le corps (Ἀλλ᾽ ἄρα τὸ
συναμφότερον τοῦ σώματος ἄρχει), et (2) est-ce décidément cela (*scil.* le couple âme-corps),
l'homme ? (καὶ ἔστι δὴ τοῦτο ἄνθρωπος ;) (130b8-9).

Tout se passe comme si la réponse d'Alcibiade comportait elle aussi deux
temps : δῆτα faisant écho au δή de la seconde question (oui ! c'est cela,
l'homme : à la fois l'âme et le corps), alors que ἴσως marque une hésitation face
à la première, voire l'anticipation du rejet par Socrate de l'hypothèse qu'elle
avance. Comment admettre en effet que le corps, dont on vient d'affirmer qu'il
ne peut se commander lui-même, en est capable dans son association avec
l'âme ? De cette association, on pourrait en effet aussi bien conclure que,
encombrée comme elle l'est de ce corps qui ne se domine pas, l'âme non plus
n'est pas capable de le commander. De la prémisse initialement posée par
Socrate, à savoir que, des trois candidats possibles – âme, corps ou les deux
ensemble –, l'homme est celui qui commande le corps[28], résulte donc

---

25. *Ibid*, 130b10.
26. *Cf.* J. D. Denniston, *The Greek Particles*, Oxford, Clarendon Press, 1934, p. 276.
27. *Op. cit.*, p. 277 (« endorsement without restatement »).
28. *Cf.* Platon, *Alcibiade*, 130a5-b1. Assez étrangement, la réponse au problème ainsi posé
est anticipée dans les lignes qui la précèdent immédiatement (130a1-4), où Socrate fait
admettre à Alcibiade que ce qui se sert du corps, c'est l'âme, et qu'elle le fait en le
commandant. Une fois posé ensuite que, de l'âme, du corps et de l'ensemble qu'ils constituent,
l'homme est ce qui commande le corps, il résulte nécessairement que l'homme, c'est l'âme.
L'examen des candidats un par un semble ainsi ne servir qu'à confirmer la première prémisse
de cette conclusion ou, peut-être, à débusquer la résistance prévisible d'Alcibiade à une
conclusion somme toute éminemment paradoxale.

l'élimination du dernier aussi bien que du corps. Mais d'un autre côté, entre la position socratique du problème et ce qui paraît être une évidence du sens commun, à savoir que l'homme est indissociablement âme et corps, il y a une contradiction. D'où cette espèce de bafouillement d'Alcibiade, répondant à la fois « peut-être » et « bien sûr » : une chose est le raisonnement de Socrate, une autre l'idée qui semble aller de soi, que l'homme, sans doute, ne saurait se réduire à un corps, mais qu'il en est un tout de même !

Tout à son raisonnement, Socrate, lui, écarte plus résolument encore que la précédente cette deuxième hypothèse : « moins que tout (πάντων γε ἥκιστα) », tranche-t-il ; si, de l'âme et du corps, l'un des deux n'a pas de part au commandement (μὴ συνάρχοντος τοῦ ἑτέρου), il n'y a aucun moyen que ce soit le couple qui commande – ni donc, étant admis que l'homme est ce qui utilise ou gouverne le corps, que l'homme se définisse par le couple que forment corps et âme. D'où la conclusion : « puisque ni le corps ni le couple (scil. corps et âme) ne sont l'homme, l'unique possibilité ouverte est de conclure, soit que cela (scil. l'homme) n'est rien, soit que, s'il est quelque chose, l'homme n'est rien d'autre qu'âme » (130c1-3).

Comme l'a noté Jacques Brunschwig[29], avant d'en venir à la relation entre le corps et qui s'en sert, Socrate a amorcé son questionnement dans l'usage que font présentement de la parole Alcibiade et lui-même, en prenant très explicitement pour référence, comme nous l'avons vu le faire à la fin du *Phédon*, leur actuelle situation de dialogue (129b5-14), et même en s'identifiant lui-même exactement dans les mêmes termes : « Socrate, c'est donc celui qui dialogue (ὁ διαλεγόμενος) ? » (129b10), Alcibiade étant défini, lui, comme « celui qui écoute », autrement dit le répondant. Mais cette fois-ci, à la différence du *Phédon*, par le biais de l'élargissement de la notion d'usage, de la parole à « tout le corps » (129e3), cette référence purement pragmatique va déboucher sur la reconnaissance, dans le locuteur, d'une âme : quand je dialogue avec toi, dira un peu plus loin Socrate à Alcibiade, ce n'est pas à l'adresse de ton visage[30] que j'articule mes propos, mais à l'adresse d'Alcibiade ; « et cela (scil. Alcibiade), c'est l'âme » (130e5-6), puisqu'on vient de démontrer que « l'homme n'est rien d'autre qu'âme ». La même chose valant évidemment pour Socrate, « le Socrate qui dialogue (Σωκράτης ὁ διαλεγόμενος) » est bien une âme ; aucune difficulté ici, c'est même une thèse explicite, à faire se recouvrir l'âme comme essence de l'individu et sa fonction dans le jeu du dialogue : c'est par l'âme et à l'adresse de

---

29. J. Brunschwig, *art. cit.* (*supra* n. 23), p. 68.

30. Πρόσωπον : on serait presque tenté, en anticipant sur l'évolution sémantique ultérieure de ce mot, de traduire « ton masque » – sens attesté déjà dans la *Poétique* d'Aristote (1449a35) : ce n'est pas au seul tenant du rôle de répondant, à l'Alcibiade acteur du dialogue que s'adresse Socrate, mais à l'homme Alcibiade, qui n'est autre que son âme.

l'âme que Socrate et Alcibiade usent des paroles pour s'entretenir (130d8-10). Cette identification du locuteur à son âme, pourquoi ne pas la faire rejaillir sur la fin du *Phédon*, où l'on pourrait dès lors voir dans l'auto-désignation de Socrate comme διαλεγόμενος la référence à sa subsistance comme âme ?

En réalité, la relation de l'âme et du corps telle qu'elle est présentée dans cette section de l'*Alcibiade* (129b1-130c3) n'est pas du tout la même que celle sur laquelle reposent les arguments du *Phédon*. Comme l'a également noté Jacques Brunschwig, dans l'*Alcibiade*, « l'homme est bien distingué de son propre corps ; mais il n'est distingué de lui qu'en tant qu'il se sert de ce corps »[31]. En d'autres termes, le corps ici est l'instrument de l'âme au lieu d'être, comme dans le *Phédon*, cet obstacle à son activité dont les vrais philosophes sont impatients d'être débarrassés. L'âme qui se sert du corps, ce n'est certes pas la définition aristotélicienne de l'âme, forme d'un corps à vocation d'instrument (ὀργανικόν)[32] ; mais le corps instrument, ou sous commandement de l'âme, ce n'est pas non plus le corps tombeau de l'âme du *Phédon*. Il en résulte que la distinction de l'âme et du corps telle que l'établit l'*Alcibiade* ne peut être interprétée dans les termes de la séparation radicale sur laquelle table le *Phédon*. Apprenant à distinguer ce qu'il est lui-même de ce qui est à lui, Alcibiade sera amené à ranger dans cette dernière catégorie jusqu'à son corps et, corrélative-ment, à s'identifier lui-même sous le nom d'âme : reste que son corps est à lui ; que son âme, autrement dit, est « prise » avec son corps, comme l'écrit Jacques Brunschwig[33], dans une relation de possesseur à possession, sans qu'il soit jamais recommandé ni même envisagé que l'âme ait à se déposséder du corps : bien au contraire, le paradigme sur lequel est construite cette relation de l'âme et du corps, à savoir la différence entre prendre soin d'un objet et prendre soin de ce qui appartient à cet objet (128d3-4), implique que le corps, dans la mesure où il nous appartient, c'est-à-dire appartient à notre âme, est quelque chose dont nous avons, dont notre âme a, à prendre soin[34]. Même si, autrement dit, tout le mouvement de l'*Alcibiade* est de ramener l'ἐπιμελεία ἑαυτοῦ à l'ἐπιμελεία τῆς ψυχῆς, le lien n'est pas rompu de soi à ce qui est à soi, et donc de l'âme au corps ; il n'est même pas sûr que l'âme puisse se passer du corps : après tout, cette âme qui parle à l'âme dans le dialogue, comment le ferait-elle sans organes de phonation et appareil respiratoire ? On trouve là peut-être l'explication du silence de Socrate, à la fin du *Phédon*, sur le devenir de « ce Socrate-ci qui dialogue » une fois son corps devenu cadavre ; on y trouverait peut-être aussi un

31. J. Brunschwig, *loc. cit.* (*supra* n. 29).
32. Aristote, *Traité de l'âme*, 412b5-6.
33. J. Brunschwig, *art. cit.* (*supra* n. 23), p. 69.
34. Comme l'a noté J. Pépin, *op. cit.* (*supra* n. 10), p. 99, le point n'a pas échappé à Plotin qui, bien loin de le condamner, justifie ainsi le soin que nous prenons de notre corps.

moyen d'arbitrer le débat sur la signification de cette découverte du divin en l'âme qui occupe les dernières pages de l'*Alcibiade* : si cette découverte signifie, comme le pense Jacques Brunschwig[35], la dépersonnalisation et la désindividualisation du véritable soi, quel rapport entretient ce véritable soi au corps qui est à lui ? Quel rapport, pour qui découvre n'être jamais plus soi-même que lorsque dépouillé de son individualité, avec l'individualité corporelle dont il ne peut dénier la possession ?

ENTRE FANTÔMES ET DÉMONS

À supposer même, par conséquent, que l'âme gouverne le corps et non l'inverse[36], l'inclination d'Alcibiade à penser que l'homme se définit bien comme συναμφότερον, âme et corps à la fois, trouve en fin de compte dans le lien même ainsi attesté une justification. Platon lui-même, d'ailleurs, ira jusqu'à reconnaître, dans le *Timée* (69b5 *sqq.*), que l'idée même d'un corps vivant, c'est-à-dire animé, justement, implique qu'il soit pour ainsi dire pénétré d'âme dans toutes ses parties et dans toutes ses fonctions : il n'est pas de fonction organique qui ne suppose une âme. La réalité psychophysiologique, en d'autres termes, empêche de s'en tenir à la séparation radicale du *Phédon*. Là, il était prescrit à l'âme de « fuir » le corps en se ramassant en elle-même (συνηθροισμένη αὐτὴ εἰς ἑαυτήν, 80e5) ; faute de quoi, alourdie de corporéité, elle menait l'existence d'un fantôme jusqu'à ce qu'elle réintègre à nouveau un corps[37]. Encore la croyance aux fantômes et la transmigration des âmes offrent-elles une commode échappatoire à la seule alternative qui sans cela s'offrirait à l'âme : s'assurer l'immortalité en pratiquant dès cette vie la séparation d'avec le corps – ce qui, vraisemblablement, ne va pas sans préjudice pour ce dernier – ou, à trop assumer sa fonction d'animation du corps – sa fonction d'âme proprement dite, en fait –, mourir avec lui. Faute de cette fantasmagorie ou d'un mythe sur le séjour infernal des âmes, on l'a vu plus haut, l'incertitude règne sur ce que devient « ce Socrate qui dialogue » quand son corps, en mourant, le réduit au silence.

Explication rationnelle de la composition de l'univers et de chacune de ses parties, le *Timée* ne recourt à aucune fantasmagorie. Prenant d'autre part au sérieux la synonymie du vivant (ζῷον) et de l'animé (ἔμψυχον) – l'âme, c'est ce qui constitue le vivant comme tel –, il est confronté de plein fouet à la perspective que cherche à conjurer le *Phédon* : celle d'une mort à la fois de

---

35. J. Brunschwig, *art. cit.* p. 76.

36. Cf. *Alcibiade*, 130d5-6 : « nous ne dirions pas, n'est-ce pas ? qu'il y a rien en nous qui domine plus que l'âme (οὐ γάρ που κυριώτερόν γε οὐδὲν ἂν ἡμῶν αὐτῶν φήσαιμεν ἢ τὴν ψυχήν). »

37. Cf. *Phédon*, 81c8-e2.

l'âme et du corps. Non seulement il y est confronté mais, comme on le sait, il l'assume explicitement : l'âme qui, dans le *Timée*, préside aux innombrables fonctions du corps vivant est une âme mortelle. Façonnée par les dieux secondaires, cette âme est d'une autre espèce que le « principe immortel de l'âme » reçu, lui, du démiurge[38]. Bien qu'enveloppé du corps mortel, ce principe est soigneusement préservé de toute contamination par l'âme mortelle grâce à sa localisation dans la tête[39], l'âme mortelle étant pour sa part répandue dans les parties inférieures du corps. Mais dans le même temps, ce principe a pour rôle de tenir sous sa sujétion l'autre espèce d'âme, dont les différentes parties sont réparties de façon à être pour ainsi dire à portée de voix du principe immortel, c'est-à-dire de la raison[40]. C'est une façon de résoudre la difficulté que nous avons aperçue dans l'*Alcibiade* : en tant que principe vital ou animatrice du corps – en tant qu'âme proprement dite –, l'âme est liée à son corps et meurt avec lui ; mais cette âme physiologique, si l'on peut dire, n'est pas celle qui gouverne le corps. Celle-là, c'est « le principe immortel », identifié à la raison, qui, n'exerçant son autorité que par l'intermédiaire de l'âme mortelle, reste étranger au corps. En d'autres termes, le moyen de faire droit au fait incontestable de la nature psychophysiologique du corps vivant sans compromettre l'âme dans le sort de celui-ci, c'est de reporter au sein de l'âme elle-même la distinction de l'âme et du corps sous le rapport de la mortalité. D'où deux âmes, d'espèce différente, l'une mortelle et l'autre immortelle.

Mais si « l'homme n'est rien d'autre qu'âme » ou si « le vrai moi, c'est l'âme », la question se pose maintenant de savoir laquelle. Ce qui meurt, ce combiné d'âme mortelle et de corps, συναμφότερον, est-ce moi ou non ? La réponse du *Timée* ne fait guère de doute : le « principe immortel de l'âme », identifié plus loin comme « l'espèce d'âme qui domine le plus en nous » (90a1-2)[41], c'est un *daimôn* que nous a donné le dieu. Principe immortel parce que divin, principe d'immortalité pour et seulement pour qui « lui garde sa belle ordonnance, à ce *daimôn* qui en lui partage sa demeure (ἔχοντα αὐτὸ εὖ κεκοσμημένον τὸν δαίμονα σύνοικον ἐν αὐτῷ) » (90c4-5). C'est bien dire que ce qu'il y a d'immortel en moi, ce n'est pas moi.

C'est le principe de mon immortalité, corrigera-t-on peut-être, qui n'est pas moi, mais c'est moi qui, par le culte rendu à ce qu'il y a de divin en moi, me rendrai immortel. En quoi donc consiste ce culte ? La suite du passage le dit : par la contemplation des révolutions célestes, à se rendre semblable au Tout. En somme, mort ou transfiguration : tel est le destin du moi.

38. *Timée*, 69c5-6.
39. *Ibid.*, 69d6-e3.
40. *Ibid.*, 70a2-7.
41. Τοῦ κυριωτάτου παρ' ἡμῖν ψυχῆς εἴδους. Cf. *Alcibiade*, 130d5-6, cité *supra* n. 36.

FRÉDÉRIQUE ILDEFONSE

L'*IDION HÈGEMONIKON*, EST-CE LE MOI ?

Mon objectif est de réfléchir à la notion d'*hègemonikon idion* qui apparaît dans le stoïcisme impérial et de comprendre le rapport qu'elle entretient avec le concept de « moi ».

En un sens, l'affaire paraît jouée d'avance. Nous savons depuis l'enquête menée par Marcel Mauss que « ce n'est que chez Kant » que « la notion de "moi" [...] prend forme précise », mais que c'est Fichte qui, à la question posée par Kant, « répondit enfin que tout fait de conscience est un fait du "moi", celui qui fonda toute la science et toute l'action sur le "moi" ». « Depuis ce temps, conclut Mauss, nous avons chacun notre "moi", écho des Déclarations des Droits, qui avaient précédé Kant et Fichte »[1].

Mauss accorde pourtant une place importante aux Stoïciens, à leur « morale volontariste, personnelle », dans l'enrichissement de la notion romaine de personne.

Chez les Classiques latins et grecs de la Morale (IIe siècle avant à IVe siècle après J.-C.) [...] *prosôpon* n'est plus que *persona*, et, chose capitale, on ajoute de plus un sens moral au sens juridique, un sens d'être conscient, indépendant, autonome, libre, responsable. La conscience morale introduit la conscience dans la conception juridique du droit [...]. Les mots qui désignent la conscience d'abord, la conscience psychologique ensuite, la *suneidèsis* – *to suneidos* sont vraiment stoïciens, semblent techniques, et traduisent nettement *conscius*, *conscientia* du droit romain[2].

À l'époque d'Épictète et de Marc Aurèle, le changement est opéré, et « la conscience de soi est devenue l'apanage de la personne morale ». Mauss souligne pourtant qu'

Épictète garde encore le sens des deux images sur lesquelles a travaillé cette civilisation lorsqu'il écrit ce que Marc Aurèle cite, « sculpte ton masque », ton « type », et ton « caractère » ; lorsqu'il lui proposait ce qui est devenu notre examen de conscience.

---

1. Marcel Mauss, «Une catégorie de l'esprit humain: la notion de personne, celle de "moi"», dans *Sociologie et anthropologie*, Paris, PUF, 1991 (1950), p. 361.

2. *Ibidem.*

Jean-Pierre Vernant a montré que, chez Platon, « l'âme ne figure plus en nous un être étranger[3] », mais « est notre être spirituel » : « l'âme de Socrate, c'est Socrate lui-même, l'individu Socrate dont Platon trace, dans sa singularité, le portrait ». Il souligne que « cependant la *psukhè* demeure encore autre chose ». Des deux points qu'il dégage alors, je ne retiendrai ici que le premier : la *psukhè* « ne se confond pas entièrement avec notre être intérieur, puisque aussi bien elle peut s'incarner dans un autre homme ou dans le corps d'un animal ». « L'âme définit bien, en chaque individu, ce qu'il est véritablement » – mais il semble que ce qu'il est véritablement ne soit pas une identité personnelle. S'agit-il donc d'autre chose dans l'*hègemonikon idion* ? S'il y a une singularité individuelle thématisée de la sorte, y va-t-il du moi ? S'agit-il ici d'identité personnelle ? Et si non, pourquoi ?

Il n'existe que quelques occurrences de la notion d'*hègemonikon idion*, toutes chez Épictète et Marc Aurèle. Il est toutefois remarquable que, dans l'édition de la Pléiade en tout cas, ces occurrences soient recouvertes par des traductions toujours différentes.

Ainsi, chez Épictète (I 26, 15) : le commencement de la philosophie est la « sensation de la manière d'être de la partie directrice qui nous est propre » (αἴσθησις τοῦ ἰδίου ἡγεμονικοῦ πῶς ἔχει)[4]. Les trois occurrences suivantes de l'*idion hègemonikon* chez Épictète apparaissent homogènes :« La partie directrice qui lui est propre (*to idion hègemonikon*) est la matière de l'homme de bien, comme le corps est celle du médecin et du médecin-masseur, et le champ celle du cultivateur » (III 3, 1) ; « Car ce n'est pas la tâche du philosophe que de veiller sur ces choses extérieures, ni sur un peu de vin, ni sur un peu d'huile, ni sur un petit corps, sur quoi alors ? Sur la partie directrice qui lui est propre » (τὸ ἴδιον ἡγεμονικόν) (III 10, 16)[5] ; si un homme « rapporte son travail à la partie directrice qui lui est propre (plutôt que : faculté maîtresse) (ἂν δ' ἐπὶ τὸ ἴδιον ἡγεμονικὸν ἀναφέρῃ τὸν πόνον), afin qu'elle soit conforme à la nature et gouverne, alors seulement je l'appelle quelqu'un qui aime le travail » (IV 4, 43).

L'*idion hègemonikon* a certainement quelque chose à voir avec la raison. Les traducteurs de l'édition de la Pléiade comme de l'édition Loeb s'accordent sur ce fait. Mais la traduction française d'*idion hègemonikon* est instable – comme si on lui avait refusé le statut de concept. La question simple : « l'*hègemonikon idion*

---

3. Jean-Pierre Vernant (« Aspects mythiques de la mémoire en Grèce », *Journal de psychologie normale et pathologique* 1, 1959, p. 1-29 : 25-26) fait ici référence à ce qu'il a exposé dans les pages précédentes de son article.

4. Plutôt que « la conscience de l'état dans lequel est notre propre raison » dans la traduction de la Pléiade.

5. La Pléiade donne pour *idion hègemonikon* « la partie directrice de son âme » dans les deux derniers passages.

est-ce le moi ? » peut donc se heurter à une réponse abrupte : non, ce n'est pas le moi – c'est plutôt la raison. Long souligne bien que, « même s'ils se chevauchent dans leur référent, pour autant que des êtres humains soient concernés, *hègemonikon* ne signifie pas rationalité »[6]. Mais pour quelles raisons, s'il s'agit avec l'*idion hègemonikon* de quelque chose qui a à voir avec la raison propre à chacun, n'est-il pas le moi ? À chercher à répondre à cette question, on apprendrait quelque chose peut-être tant sur le moi que sur la raison, et sur le rapport qu'ils entretiennent à la notion d'identité personnelle.

Le passage en IV 5, 6, apporte d'autres éléments. Si Socrate évitait les conflits en toute circonstance et ne les permettait pas même aux autres,

c'est qu'il se souvenait d'une manière extrêmement sûre que personne n'est maître de la partie directrice d'autrui (οὐδεὶς ἀλλοτρίου ἡγεμονικοῦ κυριεύει). Il ne voulait rien d'autre que ce qui lui était propre (οὐδὲν οὖν ἄλλο ἤθελεν ἢ τὸ ἴδιον). Et qu'est-ce que c'est ? Il ne s'agit pas d'essayer de faire agir quelqu'un conformément à la nature, car c'est du ressort d'autrui ; mais, pendant que les autres traitent de ce qui leur est propre comme il leur semble bon, d'être et de rester soi-même rien de moins que dans un état conforme à la nature, en se bornant à ses actes propres pour faire en sorte que les autres aussi se trouvent dans un état conforme à la nature : c'est en effet ce que l'homme de bien se propose toujours. Être général ? Non, mais si cela t'est donné, dans cette circonstance, veiller sur la partie directrice qui t'est propre (ἀλλ᾽, ἂν διδῶται, ἐπὶ ταύτης τῆς ὕλης τὸ ἴδιον ἡγεμονικὸν τηρῆσαι).

Pour les concepts d'*hègemonikon* et de *phusis* l'opposition ne passe donc pas par le même point. Elle passe entre *idia phusis* et *koinè phusis*. Les références sont innombrables[7]. Dans le cas de l'*hègemonikon*, elle passe entre *hègemonikon idion* et *hègemonikon allotrion* – ce qui rapproche effectivement l'*idion hègemonikon* du moi, par l'intermédiaire de la problématisation d'une opposition entre moi et autrui.

À mon sens, un passage en I 15, 4, auquel renvoie Oldfather dans l'édition Loeb, clarifie le rapport à cet *hègemonikon* – et ce, même si l'expression *idion hègemonikon* n'y est pas présente. Dans cette autre occurrence, Oldfather précise d'ailleurs que l'*hègemonikon* désigne « l'âme de l'homme, en tant que sentant et pensant, souvent équivalent à "raison", mais pas seulement intellectuel ». La partie directrice (ou dominante, ou gouvernante[8]) est en effet l'une des huit parties de l'âme, avec les cinq sens, la partie reproductive (σπερματικόν) et la partie langagière (φωνητικόν) ; elle est pour ainsi dire la « centrale » de l'âme, où parviennent les informations des sens, et de laquelle celles-ci sont véhiculées

6. A. A. Long, *Epictetus – A Stoic and Socratic guide to life*, Oxford, Clarendon Press, 2002, p. 211.

7. *Cf.* par exemple Diogène Laërce, *Vies et doctrines des philosophes illustres* VII 88, traduction Richard Goulet, Paris, Le livre de poche, 1999 (= DL).

8. Voir Long et Sedley, *Les Philosophes hellénistiques* II, Les Stoïciens, 53B, p. 338.

ou transmises[9] ; c'est, d'après le célèbre témoignage de Diogène Laërce, la partie dans laquelle se produisent les représentations et les impulsions (φαντασίαι καὶ ὁρμαί)[10]. Si l'on entend par moi quelque chose comme le centre de l'individu, zone de réception des informations sensibles, d'élaboration des pensées, de décision des actions et de mise en œuvre de celles-ci, alors l'*idion hègemonikon* pourrait bien être le moi, précisément parce qu'il est cette centrale des informations reçues et transmises, ce cœur récepteur des représentations et moteur des impulsions. La question porte plutôt sur le moi, et ce qu'il faut pour qu'on parle de moi. Or il faut, à mon sens, un peu plus : un certain rapport réflexif, un rapport à soi-même, quelque chose qui va même au-delà de la réflexivité qu'Épictète justement souligne comme le propre de la faculté logique, *dunamis logikè*[11] : c'est la seule, dit Épictète, qui comprend d'elle-même ce qu'elle est, ce dont elle est capable, et quelle valeur elle a, et qui comprend les mêmes choses des autres facultés. Pour parler de moi, il me semble qu'il faut non seulement ce cœur récepteur et moteur, non seulement cette conscience de soi, mais une identification de soi-même précisément à ce cœur. Trouve-t-on cette identification chez Marc Aurèle et Épictète ?

Considérons tout d'abord le passage en I 15, 4. Dans la traduction de la Pléiade : « En toute circonstance, je maintiendrai la partie directrice de l'âme en accord avec la nature. – La partie directrice de qui ? – Celle de l'être que je suis ». Plus littéralement : « en toute circonstance je veillerai à ce que la partie directrice soit dans un état conforme à la nature. – La partie directrice de qui ? – De celui-là, dans lequel je suis. » (ἐν πάσῃ περιστάσει τηρήσω τὸ ἡγεμονικὸν κατὰ φύσιν ἔχον. – Τὸ τίνος ; – Τὸ ἐκείνου, ἐν ᾧ εἰμί).

On retiendra bien sûr de cet exemple que l'*hègemonikon* est l'*hègemonikon* de quelqu'un. Mais il n'est pas dit pour autant que l'*hègemonikon* soit mon *hègemonikon* ; ce quelqu'un n'est pas exactement moi, ou un moi. On se rappelle que, dans l'*Alcibiade* de Platon, la réponse au « Connais-toi toi-même » n'est pas un moi, ou la conscience d'un moi. C'est une âme (sans possessif exprimé comme dans « mon âme »).

À la question qui m'est adressée : l'*hègemonikon* de qui ?, la réponse donnée n'est pas : mon *hègemonikon*, mais l'*hègemonikon* « de celui-là dans lequel je suis ». Dans ce passage difficile, il m'importe de souligner la complexité en présence, sans la réduire. De fait, la traduction de l'*hègemonikon idion* par

---

9. Voir pour cela Diogène Laërce VII 52.

10. DL VII 159 : « La partie directrice est la partie principale de l'âme, dans laquelle les représentations et les impulsions se produisent et à partir de laquelle le langage est émis. Cette partie se trouve dans le cœur ».

11. Épictète, *Entretiens* I I, 4-5.

« moi » ne me paraît pas aller dans le sens, en tout cas chez Épictète, d'une justice rendue à cette complexité.

Que signifie d'ailleurs une formule telle que : « l'*hègemonikon* de celui-là dans lequel je suis ? » La seule manière dont je puisse comprendre cette expression la ramène à la question que pose Marc Aurèle cette fois : « de qui ai-je l'âme ? ».

Marc Aurèle évoque en effet « plusieurs possibilités d'âmes ». Si la partie directrice est un fragment de la raison divine, il y a pourtant de la part de l'individu, et probablement de ce qu'on peut peut-être appeler ici sujet, construction de son intérieur. J'entends par sujet l'agent comme le résultat d'un processus de subjectivation (agent qui ne préexiste donc pas à ce processus), et il me semble que la plasticité de la partie directrice, qui apparaît dans la manière même dont Marc Aurèle la définit, dégage la possibilité d'une subjectivation : « La partie directrice, c'est ce qui se tient soi-même éveillé, ce qui se modifie soi-même, ce qui se fait soi-même tel qu'il veut, et ce qui fait apparaître tout ce qui arrive tel qu'il le veut » (VI 8)[12]. La construction de l'intérieur dépend de l'usage d'elle-même que fait l'intelligence directrice ou dominante. De même en XII 33 : « Comment la partie directrice se sert-elle d'elle-même ? Car tout est là ; le reste, susceptible de choix ou non-susceptible de choix, est cadavre et fumée ».

L'existence est façonnable :

Qu'est-ce qu'est pour moi ma partie directrice (τί ἐστί μοι τὸ ἡγεμονικόν μου)[13] ? Et qu'est-ce que moi j'en fais maintenant ? Et à quoi la fais-je servir maintenant ? Est-ce qu'elle est vide d'intelligence ? Est-ce qu'elle est affranchie et séparée de la société ? Est-ce qu'elle est si fondue et mélangée à la petite chair qu'elle se trouve modifiée avec elle ? (X 24)

De même, en V 11 :

À quoi donc fais-je maintenant servir mon âme (Πρὸς τί ποτε ἄρα νῦν χρῶμαι τῇ ἐμαυτοῦ ψυχῇ) ? À chaque occasion se poser à nouveau cette question à soi-même et examiner ce que j'ai actuellement dans cette partie qu'on appelle directrice, et de qui j'ai l'âme maintenant (παρ' ἕκαστα τοῦτο ἐπανερωτᾶν ἑαυτόν, καὶ ἐξετάζειν, τί μοί ἐστι νῦν ἐν τούτῳ τῷ μορίῳ, ὃ δὴ ἡγεμονικὸν καλοῦσι; καὶ τίνος ἄρα νῦν ἔχω ψυχήν) D'un enfant ? D'un jeune homme ? D'une petite femme ? D'un tyran ? D'une tête de bétail ? D'une bête sauvage ?

Un passage des *Entretiens* d'Épictète (en II 22, 20) confirme cette hypothèse :

Car où se trouvent « moi » et « mien », il est nécessaire que là penche l'être vivant (ὅπου γὰρ ἂν τὸ «ἐγὼ» καὶ τὸ «ἐμόν», ἐκεῖ ἀνάγκη ῥέπειν τὸ ζῷον) ; si c'est dans la chair, c'est là qu'est le maître (τὸ κυριεῦον) ; si c'est dans la faculté de choix, c'est là qu'il est ; si c'est dans les choses extérieures, c'est là qu'il est ; si donc je suis moi là où est ma faculté de choix

---

12. On notera la pléthore de réfléchis. – Voir aussi IV 16 et XI 39.

13. Marc Aurèle emploie ici le possessif. J'y reviendrai. La traduction de la Pléiade donne ici : « mon âme raisonnable » pour *to hègemonikon mou*.

(εἰ τοίνυν ἐκεῖ εἰμι ἐγώ, ὅπου ἡ προαίρεσις), c'est ainsi seulement que je serai l'ami, le fils et le père que je dois être[14].

Je ne pense pas que « moi » et « mien » soient ici des concepts : ils repèrent simplement ici les occurrences dans le discours tenu du pronom personnel et de l'adjectif possessif de première personne. Ce que ce passage met en évidence est la tension qui toujours existe entre ce qu'on est – parce qu'on est quelque chose – et ce qu'on choisit d'être – parce qu'on peut tout choisir.

Il s'agissait dans l'*Alcibiade* de

chercher d'abord ce que c'est que le « soi-même » lui-même. Or au lieu du « soi-même » considéré absolument, nous avons cherché ce qu'est chaque « soi-même » en particulier. Peut-être, après tout, cela nous suffira-t-il. Car, apparemment, la partie maîtresse en nous c'est bien l'âme[15].

Ce « chaque "soi-même" » qui pourrait bien suffire à l'enquête paraît bien aller dans le sens de ce qu'exprime le concept d'*idion hègemonikon*, sans pour autant que la connexion entre *idion hègemonikon* et soi-même soit effectuée par Marc Aurèle et Épictète.

La traduction proposée par la Pléiade pour un passage de Marc Aurèle (III 1) donne du crédit à la question que je pose, puisque c'est bien to *idion hègemonikon* qu'elle traduit par « ton propre moi » :

N'use pas ce qui te reste de vie à t'imaginer ce que pensent les autres, à moins que ce ne soit en rapport avec l'intérêt général. Car tu manques une autre action en imaginant ce que fait un tel, pourquoi il le fait, ce qu'il dit, ce qu'il pense, ce qu'il prépare, toutes choses qui te détournent, en t'étourdissant, d'observer ton propre moi (τῆς τοῦ ἰδίου ἡγεμονικοῦ παρατηρήσεως).

Je préfère traduire pour ma part : « de surveiller la partie directrice qui t'est propre ».

Comme on l'a vu plus haut (X 24), le possessif qu'Épictète ne formule pas apparaît chez Marc Aurèle. On le retrouve encore en III 9 :

Honore ta faculté de juger ; il y a tout en elle pour que le jugement de ta partie directrice[16] (ὑπόληψις τῷ ἡγεμονικῷ σου) ne perde plus sa conformité à la nature et à la constitution d'un animal rationnel.

L'usage du possessif réapparaît en III 7 :

14. Plutôt que dans la Pléiade : « L'être vivant penche nécessairement du côté où *se trouvent le moi et le mien* » et « Si donc le moi se trouve là où est la volonté, alors et alors seulement, je serai l'ami, le fils, le père que je dois être ».

15. Je reprends la traduction proposée par Jacques Brunschwig dans « La déconstruction du "Connais-toi toi-même" dans *l'Alcibiade Majeur* », *Recherches sur la philosophie et le langage* 18, 1996, p. 61-84.

16. Plutôt que : « raison ». Peut-être doit-on y joindre la mention de « *tèn idian exousian* » en IV 2.

Celui qui a préféré sa propre intelligence, son démon et les mystères à célébrer en l'honneur de son excellence ne fait pas une tragédie, ne gémit pas, n'aura besoin ni de solitude, ni d'affluence (ὁ γὰρ τὸν ἑαυτοῦ νοῦν καὶ δαίμονα καὶ τὰ ὄργια τῆς τούτου ἀρετῆς προελόμενος).

On en trouve encore une application en IV 38 : « Regarde bien leurs parties directrices (τὰ ἡγεμονικὰ αὐτῶν)[17] et ce qu'évitent les sages, ce qu'ils recherchent ».

Chez Marc Aurèle, même s'il mentionne « la partie directrice du monde », *to tou kosmou hègemonikon* (VII 75), il n'y a pas d'*hègemonikon koinon* qui vienne s'opposer à l'*hègemonikon idion*. Chacun, en revanche, a sa partie directrice propre :

Ceux-là ont une partie directrice qui leur est propre et se servent de leur impulsion propre (ἐκεῖνοι μὲν γὰρ ἴδιον ἡγεμονικὸν ἔχουσι καὶ ἰδίᾳ ὁρμῇ χρῶνται)[18] ; toi ne porte pas ton regard sur eux, mais poursuis tout droit, en te conformant à la nature, ta nature propre et la nature commune[19] ; il n'y a qu'une seule route pour ces deux-là (V 3).

Chez Marc Aurèle comme chez Épictète enfin, il est également question de *l'allotrion hègemonikon*.

Ce n'est pas dans la partie directrice d'autrui[20] (ἐν ἀλλοτρίῳ ἡγεμονικῷ) que se trouve ton mal ; ce n'est pas non plus dans une modification ou une altération du milieu extérieur (IV 39).

Cette opposition indique bien quelque chose comme une opposition entre moi et autrui. Mais qu'il ne s'agisse chez Marc Aurèle et chez Épictète ni de moi ni du moi saute pourtant aux yeux, à mon sens, dans toutes les expressions qui concernent le « démon intérieur » ou « le maître intérieur »[21] :

Si rien ne t'apparaît supérieur à ce démon qui s'est établi en toi (τοῦ ἐνιδρυμένου ἐν σοὶ δαίμονος)[22], qui s'est soumis tes impulsions propres[23], qui examine tes représentations, qui s'est arraché, comme le disait Socrate, aux affections sensibles, qui se soumet lui-même aux dieux et qui prend soin des hommes ; si tu trouves tout le reste plus petit et de moins de prix que lui, ne laisse de place à rien d'autre – une fois que tu auras penché vers autre chose, que tu seras incliné vers elle, tu ne pourrais plus, sans te laisser distraire, honorer de préférence le bien qui t'est propre et qui est tien (τὸ ἴδιον καὶ τὸ σὸν)[24] (III 6).

Je mettrais volontiers en rapport chez Épictète la formulation – qui évite le possessif avec l'*hègemonikon* – et les références, fréquentes dans le texte

17. Dans la traduction de la Pléiade : « la partie dirigeante de leur âme ».

18. La traduction de la Pléiade donne cette fois : « une propre pensée et leurs propres impulsions. »

19. Plutôt que « universelle »

20. Plutôt que : « l'âme d'autrui ».

21. Pour cette expression, voir tout particulièrement IV 1.

22. Plutôt que : « à ton démon intérieur ».

23. Plutôt que : « tes volontés propres ».

24. Plutôt que : « celui-là qui est ton bien propre ».

d'Épictète comme dans celui de Marc Aurèle, au démon – démon, démon intérieur (les expressions varient). L'absence du possessif exprimé chez Épictète me paraît solidaire de la présence du démon. Le passage le plus marquant me semble être le suivant : « Lorsque vous fermez les portes et faites l'obscurité à l'intérieur, rappelez-vous de ne jamais dire que vous êtes seuls ; car vous ne l'êtes pas, le dieu est à l'intérieur, et votre démon aussi » (I 14, 13-14). À vrai dire l'*Alcibiade* suivait la même ligne : d'un possessif non marqué pour l'âme à l'affirmation en nous « d'un dieu et d'une pensée ». La situation change chez Marc Aurèle puisqu'il cumule le possessif et la référence au démon. Il me semble en tout cas que la pensée qui trouve en elle-même un démon et y renvoie, enjoint de l'honorer, l'envisage comme le meilleur en soi, une instance dans l'individu qui n'est pourtant pas un soi, n'est pas une pensée du moi.

Il peut bien y avoir usage d'un pronom personnel *egô*, d'un adjectif possessif *emon* – difficile de s'en passer ; ce renvoi au démon intérieur – même si Marc Aurèle en certaines occurrences l'identifie à la raison – atteste que la réflexivité et la centralité, fussent-elles complexes, propres, me semble-t-il, à une pensée du moi, ne dominent pas ici. Plutôt le « pli vers l'extérieur », dont parlait Gilles Deleuze[25]. À l'intérieur, ce n'est pas moi que je trouve. Et l'éthique a beau enjoindre le plus grand des soins à l'endroit de ce démon – elle ne décrète pas qu'on s'y identifie. Peut-être l'importance de ce soin est-elle solidaire de cette non-identification – ce qui irait à l'encontre du « souci de soi ».

Il resterait à décider s'il faut parler ou non de multiplicité du moi, comme le fait Peter Brown dans *Le Culte des saints* lorsqu'il fait référence à la protection invisible qu'exercent sur l'individu le *daimôn* personnel, le *genius* ou l'ange gardien[26].

Cicéron, dans le traité *La nature des dieux*, écrit :

> Il y a donc une réalité naturelle qui soutient le monde tout entier et qui le préserve, et elle n'est certes pas privée de sensation ni de raison. Car toute réalité naturelle qui n'est ni solitaire ni simple, mais au contraire jointe à autre chose et composée, doit avoir en elle-même une faculté directrice, telle que l'intelligence dans l'homme, et dans la bête quelque chose qui ressemble à l'intelligence, d'où naissent les désirs pour les choses ; dans les racines mêmes des arbres et des choses qui naissent de la terre, on pense qu'il y a une faculté directrice[27].

Cicéron précise – Long et Sedley le soulignent – qu'il traduit par *principatus* ce que les Grecs appellent *hègemonikon*, « ce qui en aucun genre ne peut ni ne doit être inférieur à quoi que ce soit ». À ce compte la traduction par « dominante » serait peut-être préférable.

---

25. *Cf.* Gilles Deleuze, *Foucault*, Paris, Minuit, 1986, p. 108.

26. Peter Brown, *Le Culte des saints. Son essor et sa fonction dans la chrétienté latine*, Paris, Cerf, 1984, p. 72.

27. Cicéron, *La nature des dieux* II 29 (LS 47C), trad. fr. J. Brunschwig et P. Pellegrin.

Ce texte souligne bien que la partie directrice ou dominante n'est pas une exclusive de l'homme ; il l'inscrit dans la physique. Je risquerai pour ma part l'idée selon laquelle l'*hègemonikon idion* n'est pas le moi, précisément à cause de cette inscription physique, comme de l'inscription cosmologique forte de l'individu. Si de plus, comme l'écrit Jean-Pierre Vernant, quelque chose de lié au « moi » apparaît en particulier dans la poésie lyrique[28], il faut bien remarquer que l'*hègemonikon idion* n'a rien de lyrique. Il est encore très lié au « pli vers l'extérieur » : rien n'amène un individu à considérer ses affects et ses modifications si ce n'est pour les réduire, au profit de l'hégémonie de la raison ; rien ne l'amène à dégager quelque chose comme une histoire personnelle des affections et des expériences ; rien ne l'amène à cette problématisation qui m'apparaît propre au moi et qui consiste non seulement dans le fait de considérer ses affects et ses modifications, mais de s'identifier à eux, au moins partiellement ou temporairement. À vrai dire, c'est de tout le contraire d'une identification à ses affects et à ses modifications, ou d'une reconnaissance de soi en eux, qu'il s'agit ici.

Il me semble que l'inscription cosmologique de l'individu exclut d'identifier l'*idion hègemonikon* au moi ; que quelque chose comme le moi ne peut commencer qu'avec un isolement par rapport à l'économie du monde, ou un détachement par rapport à un ordre du monde. Peut-être un passage de ce genre s'amorce-t-il entre Épictète et Marc Aurèle. Une question associée à cette thèse serait celle de savoir si l'on parlerait de moi chez Leibniz et Spinoza alors qu'ils me paraissent renouer avec la manière stoïcienne, *mutatis mutandis*, dans les rapports qu'ils formalisent entre l'individu et le monde. On peut le dire sous une autre forme : une théorie du mode fini n'est pas une théorie du moi.

Peut-il même s'agir d'identité personnelle ? Pour l'emphase qu'elle porte sur la notion de « propre », l'identité singulière est certainement en jeu dans l'*idion hègemonikon*[29]. Pour la singularité que le stoïcisme met en jeu dans le concept physique d'individu, également[30]. Mais qui dit identité singulière sur le mode d'un « rapport caractéristique »[31] ne développe pas nécessairement une identité personnelle ni, à mon sens, une pensée du moi. Qu'il y ait singularité, qu'il y ait

---

28. Voir Jean-Pierre Vernant, « Aspects mythiques de la mémoire en Grèce », *art. cit.*, p. 21, qui cite Bruno Snell, *Die Entdeckung des Geistes. Studien zur Enstehung des europäischen Denkens bei den Griechen*, Hamburg, Claassen und Goverts, 1946 (voir la note 21 de Vernant). – Voir aussi Vernant, « Aspects de la personne dans la religion grecque », dans *Mythe et pensée chez les Grecs* II, p. 79-94 : 93, note 37.

29. Jean Lallot m'a signalé qu'*idion* pouvait simplement équivaloir à un possessif de troisième personne, et je le remercie pour cette importante remarque.

30. *Cf.* David Sedley, « Le critère d'identité », *Revue de Métaphysique et de morale*, *Recherches sur les Stoïciens*, n° 4, 1989, trad. J. Brunschwig, p. 513-533.

31. *Cf.* Gilles Deleuze, *Spinoza, Philosophie pratique*, Paris, PUF, 1970, ainsi que *Spinoza et le problème de l'expression*, Paris, Minuit, 1968.

véritablement circonscription de l'individualité, n'implique pas qu'il y ait
identité personnelle, ou problématisation de l'identité comme l'unicité d'une
personne. De fait, ce qui exprime l'identité de l'individu c'est la raison – et
l'accompagnement d'un démon intérieur : tout à fait autre chose que, me semble-
t-il, ce qu'on met sous le terme de « moi ». Je pense ici à la manière dont Marc
Aurèle passe de la forme verbale « je suis » à une décomposition qui l'analyse, et
dont le passage atteste bien que quelque chose comme le « moi » n'est en aucun
cas le point d'arrêt de l'enquête : « Ce que je suis, quoi que que ce soit : chair,
petit souffle vital et partie directrice » (Ὅ τί ποτε τοῦτό εἰμι, σαρκία ἐστι καὶ
πνευμάτιον καὶ τὸ ἡγεμονικόν) » (II 2). Que je sois, entre autres, partie
directrice, n'implique pas que la partie directrice soit le moi.

Il y a bel et bien circonscription de quelque chose qui pourrait être le moi –
quelque chose se trouve tracé comme la place du moi. Mais ce quelque chose est
immédiatement porté à l'échelle de l'organisation générale. Il est tant question
de ma place dans l'affaire que le possessif se trouve vidé dans le dynamisme
singulier de mon action – il s'agit d'être force active dans le réseau des forces
actives de la providence. Et l'importance du thème du démon intérieur est – là
aussi – la preuve simple qu'il y va d'autre chose que le moi. Car le démon
intérieur ne peut être identifié au moi, même si ce démon est propre à moi.
Problématiser le fait qu'un démon est propre à moi se situe, à mon sens, hors du
dispositif conceptuel dans lequel il pourrait y avoir un concept de moi. Ce fait
d'un démon propre à moi s'inscrit dans un dispositif conceptuel solidaire du « pli
vers l'extérieur » thématisé par Deleuze, et qui rejoint à mon sens maintes
analyses de Vernant : il y a un rapport à l'autre qui est dynamiquement premier,
alors que la thématique du moi implique que ce dynamisme premier vers
l'extérieur se trouve rebroussé – en l'occurrence dans un mouvement réflexif.

À cet égard la pensée d'Épictète m'apparaît tout à fait à la limite. Par
l'opposition à l'aliénation du tyran et de tout despotisme qu'elle incarne dans la
prohairesis, elle circonscrit certainement une pensée de l'individu qu'elle confirme dans l'opposition entre partie directrice propre et partie directrice d'autrui
(*hègemonikon idion* versus *hègemonikon allotrion*). En tant qu'elle réalise
l'apophantique dans chacune de ses phrases, qu'elle réalise l'inscription cosmique de cette identité singulière, en tant qu'elle affirme le démon intérieur, elle
s'écarte à mon sens d'une pensée du moi. La pensée d'un inaliénable, comme
l'est la *prohairesis*, n'est pas nécessairement une pensée du moi. Épictète ne me
paraît pas avoir un intérêt philosophique pour un concept tel que le « moi ».
Marc Aurèle, allant jusqu'au possessif de l'*hègemonikon*, paraît s'en approcher
plus. Mais l'inscription cosmique, quelles que soient ses ambiguïtés chez Marc
Aurèle, comme le démon intérieur l'en éloignent encore, lui aussi.

Travaillant sur la grammaire grecque et ses conditions d'émergence comme discipline séparée, j'avais été frappée par le fait que, s'il n'y avait pas de grammaire stoïcienne à proprement parler, il y avait au sein de la logique stoïcienne la circonscription d'une étude qui était amenée à devenir la grammaire dans d'autres conditions épistémiques : les éléments de l'étude logique allaient venir grossir la source des problématisations syntaxiques. Il m'apparaît maintenant qu'avec l'*idion hègemonikon* est thématisé quelque chose qui n'est pas à proprement parler le moi, mais qui, d'une manière parfaitement analogue, circonscrit un objet qui pourra être interprété comme moi dans un contexte épistémique différent – lorsque la force du rapport au cosmos providentiel sera dénouée. Il y aurait dans le stoïcisme une gigantesque fabrique de concepts qui allaient donner lieu à des concepts majeurs à l'extérieur même du stoïcisme, lorsque sa systématicité allait se trouver déliée. Dans les deux cas, celui de la grammaire comme celui du moi, c'est la déliaison du cosmos qui sera le facteur d'émancipation et de cristallisation.

CHRISTOPHER GILL

LE MOI ET LA THÉRAPIE PHILOSOPHIQUE
DANS LA PENSÉE HELLÉNISTIQUE ET ROMAINE

INTRODUCTION

Je me propose ici d'examiner deux thèmes bien connus de la pensée hellénistique et romaine de façon à explorer la question suivante, qui est vaste, et complexe : la conception du moi s'est-elle à cette époque transformée de manière significative, en rupture avec la pensée grecque antérieure ? Ces deux thèmes sont celui de l'introspection ou de la conversion à soi, et celui de la philosophie comme thérapie. Tous deux deviennent plus prégnants dans la philosophie hellénistique et romaine qu'ils ne l'étaient auparavant, et en tous deux on a vu le signe d'une évolution vers une conception du moi plus subjective et plus individualiste que celle que l'on trouve dans la pensée grecque classique : c'est cette thèse que je souhaiterais contester.

Avant de voir ce qu'il en est de ces deux thèmes dans la philosophie hellénistique et romaine, j'aimerais préciser le point de vue qui est ici le mien. Dans deux livres sur la pensée antique du moi et de la personnalité[1], j'ai soutenu que si l'on veut vraiment prendre au sérieux les idées qu'elle porte, il faut aller contre la tendance moderne à concevoir le « moi » ou la « personnalité » en des termes qui confèrent un rôle central à la subjectivité et à l'individualité. Pour des raisons culturelles et philosophiques complexes, la pensée occidentale moderne (au moins depuis Descartes et Kant) a attaché une importance particulière à l'idée d'un « je » conscient de soi, porteur d'un point de vue subjectif, à la première personne, et détenteur d'une individualité singulière. Cette tendance a eu une influence profonde sur la pensée occidentale moderne, qu'il s'agisse de la psychologie, de la philosophie de l'esprit, de la théorie du savoir, ou de l'éthique, et elle a façonné notre idée de ce que cela signifie qu'être un « moi » ou une « personne ». Or j'ai montré que les facteurs particuliers qui ont contribué à promouvoir l'attention moderne à la subjectivité et à l'individualité sont absents

---

1. C. Gill, *Personality in Greek Epic, Tragedy, and Philosophy : The Self in Dialogue*, Oxford, Oxford University Press, 1996 ; *The Structured Self in Hellenistic and Roman Thought*, Oxford, Oxford University Press, 2006.

de la pensée et de la culture antiques. La psychologie et la philosophie antiques sont conçues en termes « objectifs » (par exemple, l'opération et la co-ordination des fonctions), plutôt qu'en rapport avec une conscience de soi ou une subjectivité centrées sur le « je ». L'éthique ancienne, elle, est pensée en termes de participation à différents types et différentes formes de communauté, plutôt que comme l'exercice de l'autonomie morale individuelle. La recherche du savoir – et tout particulièrement du savoir le plus profond et le plus moralement essentiel, tel celui de la nature du bien humain – est comprise comme la recherche dialectique commune de vérités universellement valables. Ceci s'oppose à l'idée moderne dominante selon laquelle les vérités éthiques les plus profondes sont à chercher, en quelque sorte, à l'intérieur de soi, et découvertes au moyen de l'introspection ou de l'auto-analyse. J'ai présenté la distinction entre ces façons ancienne et moderne de concevoir le moi et la personnalité comme une opposition entre une conception « subjective-individualiste » et une conception « objective-participante » de la personne. En fait, bien que la plus grande part de la pensée moderne soit « subjective-individualiste » en ce sens, on y trouve aussi de puissants courants « objectifs » et « participants » (par exemple dans la théorie de l'esprit, l'épistémologie et l'éthique). C'est bien pour cette raison qu'il peut y avoir un sens, dans la situation culturelle et intellectuelle qui est la nôtre, à explorer la conception antique et objective-participante du moi[2]. Et c'est l'un des facteurs qui ont contribué à favoriser, par exemple, le retour récent à (une forme antique de) l'éthique de la vertu dans la pensée morale contemporaine[3].

Cette idée d'une conception « objective-participante » du moi, je l'ai d'abord formulée pour définir les traits saillants de la pensée grecque classique de la personnalité telle qu'elle apparaît dans la littérature et la philosophie d'Homère à Aristote. On pourrait avancer que la pensée hellénistique et romaine est le lieu d'une évolution vers une vision plus « subjective-individualiste » de la personne.

---

2. Voir Gill, *Personality...*, *op. cit.*, notamment l'introduction et le chap. 6 ; Gill, *The Structured Self...*, *op. cit.*, notamment chap. 6. Sur la relation entre les concepts ancien et moderne de « personne » (comme idée normative), voir C. Gill (édit.), *The Person and the Human Mind : Issues in Ancient and Modern Philosophy*, Oxford, Oxford University Press, 1990 ; « Is There a Concept of Person in Greek Philosophy ? », dans S. Everson (édit.), *Psychology, Companions to Ancient Thought* 2, Cambridge, Cambridge University Press, 1991, p. 166-193. Pour un autre point de vue, qui insiste sur les similarités entre les concepts ancien et moderne du moi, voir R. Sorabji, *Self : Ancient and Modern Insights about Individuality, Life, and Death*, Oxford, Oxford University Press, 2006.

3. Sur la réactivation moderne de l'éthique de la vertu et sur la relation entre la pensée éthique ancienne et moderne, voir C. Gill (édit.), *Virtue, Norms, and Objectivity : Issues in Ancient and Modern Ethics*, Oxford, Oxford University Press, 2005, notamment l'introduction. Alasdair MacIntyre, qui a beaucoup contribué à cette réactivation, a défendu ce que je décris ici comme une approche « objective-participante » de la théorie éthique ; voir *After Virtue : A Study in Moral Theory*, Londres, Duckworth, 1985[2].

Par exemple, on a souvent suggéré que la perte d'influence des cités-États grecques à l'époque hellénistique et sous l'Empire romain avait affaibli l'engagement collectif à l'échelle de la cité et favorisé une éthique plus individualiste[4]. Certains spécialistes ont aussi suggéré que tel aspect de la philosophie de l'esprit et de l'épistémologie hellénistique romaine (par exemple la tendance à analyser la perception en termes d'« apparences » ou d'impressions, *phantasiai*) entraînait une conception de la perception plus « subjective » (au sens post-cartésien du terme) que dans la pensée antique antérieure[5]. Pris ensemble, ces deux points pourraient suggérer que les époques romaine et hellénistique ont bien connu une évolution culturelle et philosophique significative en direction d'une vision plus subjective-individualiste du moi. J'ai cependant montré que les arguments en faveur d'une telle évolution vers une subjectivité centrée sur le « je » sont bien plus faibles qu'il n'y paraît d'abord[6]. La question de savoir si la culture hellénistique et romaine a connu une évolution vers un plus grand individualisme est très complexe. Mais des travaux récents ont souligné l'importance persistante, dans la Grèce hellénistique et sous l'Empire romain, de ce que l'on appelle souvent l'« identité » sociale et politique[7]. D'autres ont aussi montré que certains types de participation sociale et collective demeurent très importants pour la

---

4. Voir par exemple J. Bryant, *Moral Codes and Social Structure in Ancient Greece*, Albany, State University of New York Press, 1996. Pour un exposé, partiellement critique, de ce type d'idées, voir M. Foucault, *Le Souci de soi. Histoire de la sexualité*, vol. 3, Paris, Gallimard, 1984, p. 55-57.

5. Voir par exemple A. Long, *Stoic Studies*, Cambridge, Cambridge University Press, 1996, discuté plus bas n. 34, 36-37. Voir aussi T. Engberg-Pedersen, qui interprète de la sorte la présentation par Cicéron de la théorie stoïcienne de l'*oikeiôsis* : « Discovering the Good : *oikeiôsis* and *kathèkonta* in Stoic Ethics », dans M. Schofield et G. Striker (édit.), *Norms of Nature. Studies of Hellenistic Ethics*, Cambridge, Cambridge University Press, 1986, p. 145-183 ; « Stoic Philosophy and the Concept of a Person », dans *The Person and the Human Mind, op. cit.*, p. 109-135 ; *The Stoic Theory of Oikeiôsis. Moral Development and Social Interaction in Early Stoic Philosophy*, Aarhus, University Press, 1990. Selon G. Fine, on trouverait une approche subjectiviste de la connaissance chez les Cyrénaïques et chez le penseur sceptique Sextus Empiricus : « Subjectivity, Ancient and Modern : The Cyrenaics, Sextus, and Descartes », dans J. Miller et B. Inwood (édit.), *Hellenistic and Early Modern Philosophy*, Cambridge, Cambridge University Press, 2003, p. 192-231.

6. Gill, *The Structured Self...*, *op. cit.*, p. 375-377 en réponse à Long, p. 359-370 en réponse à Engberg-Pedersen, et p. 391-407 en réponse à Fine.

7. Voir A. Bulloch, E. Gruen, A. Long et A. Stewart (édit.), *Images and Ideologies : Self-Definition in the Hellenistic World*, Berkeley, University of California Press, 1993, qui montrent bien l'importance persistance des formes de vie communautaires dans la culture hellénistique. Sur la définition sociale de l'« identité » dans la seconde sophistique, voir T. Whitmarsh, *The Second Sophistic*, coll. « Greece and Rome, New Surveys in the Classics » 35, Oxford, 2005, p. 32-37.

pensée stoïcienne et même épicurienne[8]. Je pense donc qu'il y a de bonnes raisons de mettre en doute l'affirmation selon laquelle il y aurait dans la pensée et la culture hellénistiques romaines un mouvement significatif en direction d'une conception du moi plus subjective-individualiste.

La question n'en demeure pas moins très débattue[9]. C'est pourquoi il vaut la peine de considérer les deux aspects de la pensée hellénistique et romaine mentionnés plus haut – la conversion à soi, ou introspection, et l'idée de la philosophie comme thérapie – et d'évaluer leurs implications pour cette question. On verra que certaines théories hellénistiques et romaines présentent, en effet, des changements significatifs dans la pensée du moi, et que ces changements expliquent l'accent porté sur les deux points que j'ai distingués. Mais comme je le montrerai aussi, ces changements ne marquent pas un passage d'une conception objective-participante du moi à une conception subjective-individualiste, mais bien plutôt une modification interne au schéma objectif-participant.

DEUX THÈMES DE LA PENSÉE HELLÉNISTIQUE ET ROMAINE

Quelle raison avons-nous de voir en l'introspection ou en la conversion à soi des traits récurrents fondamentaux de la pensée hellénistique et romaine ? Les illustrations les plus évidentes de ce thème se trouvent dans des œuvres d'éthique pratique, tout particulièrement dans les écrits stoïciens du début de l'Empire romain. Par exemple, Sénèque présente souvent le retrait ou le repli « en soi » comme la meilleure réponse aux crises soudaines, et la façon dont il rend compte de l'auto-examen auquel lui-même se livrait chaque nuit est bien connue[10]. Dans l'enseignement d'Épictète, tel qu'il nous a été transmis par Arrien, on trouve l'injonction répétée à « examiner ses impressions » (*phantasiai*) et à considérer notre capacité à être un agent rationnel et moral (*prohairesis*) comme notre être

---

8. Sur la conception stoïcienne de l'engagement dans la famille et la communauté, voir G. Reydams-Schils, *The Roman Stoics. Self, Responsibility, and Affection*, Chicago, University Press of Chicago, 2005. Sur l'éthique interpersonnelle et sociale de l'épicurisme voir les références données plus bas n. 77-82.

9. Voir par exemple les thèses partiellement opposées sur cette question de deux essais récents (centrés sur Sénèque) : B. Inwood, « Seneca and Self-Assertion », dans *Reading Seneca. Stoic Philosophy at Rome*, Oxford, Oxford University Press, 2005 et A. Long, *From Epicurus to Epictetus. Studies in Hellenistic and Roman Philosophy*, Oxford, Clarendon Press, 2006, p. 360-376.

10. Sur cet auto-examen nocturne, voir *Lettres* III, 36, 1-3 ; voir aussi C. Edwards, « Self-Scrutiny and Self-Transformation in Seneca's *Letters* », *Greece and Rome* 44, 1997, p. 23-38, notamment p. 25-29, J. Sellars, *The Art of Living. The Stoics on the Nature and Function of Philosophy*, Aldershot, Ashgate, 2003, p. 148.

réel, et comme le fondement de la vie bonne[11]. Marc Aurèle, l'empereur du deuxième siècle après Jésus-Christ, est allé jusqu'à écrire une sorte de journal philosophique à la fois à et pour lui-même, où il rappelle aussi à sa mémoire qu'il est (au sens essentiel) son « esprit » ou ce qui en lui est au principe de l'action rationnelle (*hègemonikon*)[12]. Ces aspects de l'éthique pratique romaine et hellénistique ont été largement étudiés ces dernières années, et l'on a reconnu en eux l'expression d'une sorte d'attention à soi caractéristique de cette période. Pierre Hadot y a vu l'émergence de formes spécifiques d'« exercices spirituels »[13], et Michel Foucault l'expression d'un « souci de soi » culturellement plus étendu[14]. Certains auteurs, dont on parlera plus tard, voient là l'expression d'un nouveau type de conception subjective ou individualiste du moi ; pour ma part, je suggèrerai bientôt une tout autre façon de comprendre leur importance.

Qu'en est-il de la seconde caractéristique de la pensée romaine hellénistique : la présentation de la philosophie comme une sorte de thérapie ou de traitement quasi-médical ? Cette idée, comme de nombreux traits de la pensée hellénistique, remonte au Socrate de Platon[15] ; mais dans le stoïcisme et l'épicurisme, elle devient tout à fait centrale, et l'on peut dire plus généralement qu'elle envahit toute la pensée hellénistique et romaine[16]. Voici, parmi d'autres, deux expressions typiques de cette façon de voir, tirées l'une de l'épicurien du deuxième siècle après J.-C., Diogène d'Œnoanda, l'autre du grand théoricien du stoïcisme, Chrysippe :

11. Voir plus bas, p. 96-101.

12. Voir par exemple *Pensées* II 2 ; V 26. Sur la forme de cette œuvre et sur sa signification, voir R. Rutherford, *The Meditations of Marcus Aurelius. A Study*, Oxford, Clarendon Press, 1989 ; P. Hadot, *La Citadelle intérieure. Introduction aux* Pensées *de Marc Aurèle*, Paris, Fayard, 1992.

13. Voir *Exercices spirituels et philosophie antique*, Paris, Études Augustiniennes, 1987, p. 13-74, ainsi que Sellars, *op. cit.*, chap. 5-7.

14. Foucault reconnaît dans la période hellénistique romaine une plus grande « intensité des rapports à soi, c'est-à-dire des formes dans lesquelles on est appelé à se prendre soi-même pour objet de connaissance et domaine d'action, afin de se transformer, de se corriger, de se purifier, de faire son salut ». *Le Souci de soi. Histoire de la sexualité 3*, Paris, Gallimard, 1984, p. 56. Sur cette approche, voir Gill, *The Structured Self...*, *op. cit.*, p. 330 et p. 334-335.

15. Voir par exemple *Charmide* 156b-157c, *Gorgias* 505b-c. Sur la forte influence de Socrate sur la pensée hellénistique en général, voir A. Long, « The Socratic Legacy », dans K. Algra, J. Barnes, J. Mansfeld, M. Schofield (édit.), *The Cambridge History of Hellenistic Philosophy*, Cambridge, Cambridge University Press, 1999, p. 617-641 ; sur Socrate comme source d'influence pour l'éthique pratique stoïcienne, voir Sellars *op. cit.*, première partie.

16. Sur ce thème dans l'épicurisme et le stoïcisme, voir M. Nussbaum, *The Therapy of Desire. Theory and Practice in Hellenistic Ethics*, Princeton, University Press, 1994 ; sur le « souci de soi » considéré plus largement dans la culture romaine hellénistique, voir Foucault, *Le Souci de soi, op. cit.*, première partie.

Mais vu que, comme je l'ai dit avant, comme en temps de peste, la plupart sont malades en commun de fausses opinions sur les choses et qu'ils deviennent toujours plus nombreux – en effet, à cause de l'émulation réciproque, l'un prend la maladie de l'autre comme les moutons... j'ai voulu, en utilisant ce portique, mettre en public les remèdes du salut[17].

Il n'est pas vrai que, tandis qu'il existe un art, appelé médecine, qui s'occupe du corps malade, il n'existe aucun art qui s'occupe de l'âme malade... De même que le médecin du corps doit être, comme ils disent, « à l'intérieur » des maladies qui affectent celui-ci et du traitement approprié à chacune, de même, il incombe au médecin de l'âme, « le philosophe », d'être « à l'intérieur » de ces deux choses de la meilleure façon possible[18].

On trouve en fait deux versions de cette idée. L'une consiste à voir en la thérapie, comme en l'exhortation (protreptique) et en le conseil, l'une des fonctions du discours éthique pratique[19]. Chrysippe, par exemple, conclut son traité en quatre livres sur les passions par un livre « thérapeutique », qui résume les traits essentiels de sa théorie du contrôle des émotions[20]. Les essais sur la thérapie des passions, ou sur une passion en particulier, sont demeurés des classiques de la pensée hellénistique et romaine au moins jusqu'à la fin du deuxième siècle après Jésus-Christ[21]. La seconde idée est que la philosophie en son entier (la combinaison des trois parties de la philosophie, logique, physique et éthique) peut fonctionner comme une sorte de thérapie de l'âme[22]. Comment

17. Diogène d'Œnoanda, fr. 2 Chilton ; trad. fr. A. Etienne et D. O'Meara (= fr. 3 Smith, V-VI), *La philosophie épicurienne sur pierre. Les fragments de Diogène d'Œnoanda*, Paris, Cerf, 1996 (*NdT*).

18. Chrysippe, cité par Galien, *de Placitis Hippocratis et Platonis* (*PHP*) V 437 Kühn, V, 2, 22-23 De Lacy. Sur ce passage, voir T. Tieleman, *Chrysippus' On Affections. Reconstruction and Interpretation*, Leyde, Brill, 2003, 143-146.

19. Sur les genres d'éthique pratique à cette période, voir C. Gill, « The School in the Roman Imperial Period », dans B. Inwood (édit.), *The Cambridge Companion to the Stoics*, Cambridge, Cambridge University Press, 2003, p. 33-58 : 42-43. Pour ce triple schéma, ici associé à Philon de Larisse, voir Stobée II 39, 20-41, 25. Voir aussi A. Long and D. Sedley, *The Hellenistic Philosophers*, Cambridge, Cambridge University Press, 1987 (= LS, les références renvoient à la section et au paragraphe), 66.

20. Pour une reconstruction du livre, voir Tieleman, *op. cit.*, p. 140-197.

21. Par exemple, Philodème, Sénèque, Plutarque ont tous trois écrit sur le contrôle de la colère et Galien sur le contrôle des passions en général ; dans les *Tusculanes* III-IV, Cicéron passe en revue les stratégies thérapeutiques, notamment stoïciennes. Voir Nussbaum, *op. cit.* ; S. M. Braund et C. Gill (édit.), *The Passions in Roman Litterature and Thought*, Cambridge, Cambridge University Press, 1997 ; R. Sorabji, *Emotion and Peace of Mind. From Stoic Agitation to Christian Temptation*, Oxford, Oxford University Press, 2000.

22. Sur l'idée de combinaison ou de synthèse des trois parties de la philosophie dans le stoïcisme et l'épicurisme, voir Gill, *The Structured Self...*, *op. cit.*, p. 161-162, p. 187-189. Sur des liens possibles entre ces deux idées (les parties du savoir et la thérapie, ou du moins les modes d'enseignement pratique), voir l'introduction d'Arnold Davidson à P. Hadot, *Philosophy as a Way of Life*, trad. M. Chase, Oxford, Blackwell, 1995, p. 24-26, ainsi que Hadot, *La Citadelle intérieure*, *op. cit.*, p. 106-117 ; voir encore Sellars, *op. cit.*, p. 78-81 et 135-136.

ce trait caractéristique de la pensée hellénistique romaine s'articule-t-il à l'autre (la conversion à soi) et à la question plus large qui nous préoccupe, celle de savoir s'il y a ou non passage d'une conception objective-participante à une conception subjective-individualiste du moi ? Certains auteurs (comme Martha Nussbaum ou Richard Sorabji) ont associé le thème de la thérapie à l'émergence d'une conception fortement pratique de la philosophie (tout particulièrement de la philosophie éthique), destinée à répondre d'une façon à la fois spécifique et variée aux besoins et aux soucis des différents individus[23]. Je suis pour ma part moins convaincu du lien entre cet aspect de la philosophie hellénistique et romaine et un supposé intérêt nouveau pour l'individualité ou la subjectivité. Car l'utilisation à son propos de la métaphore médicale implique à l'inverse qu'il existe un savoir éthique objectif, et que la perspective du philosophe-médecin est, au moins en principe, objectivement meilleure ou plus vraie que celle de son patient[24]. Que la prééminence de cette idée signale le passage à une conception du moi plus subjective-individualiste est donc loin d'être évident.

DEUX VISIONS ANTIQUES DU DÉVELOPPEMENT ÉTHIQUE

Avant de poursuivre sur ce point, je souhaiterais aborder un autre thème – qui éclaire cependant la conception du moi qu'impliquent l'introspection et la thérapie hellénistiques et romaines. Je voudrais suggérer que ces deux thèmes sont étroitement liés à certaines caractéristiques centrales de la pensée stoïcienne et épicurienne, qui marquent une différence significative avec la pensée antérieure (notamment platonicienne et aristotélicienne). Ces caractéristiques expriment certains changements dans la conception du moi – changements qui demeurent cependant internes au schéma objectif-participant. Je songe ici à deux traits novateurs bien connus de la pensée stoïcienne et épicurienne, l'un relatif au développement éthique, l'autre à la structure de la *psukhè* humaine. Dans certaines œuvres de Platon, particulièrement la *République* et les *Lois*, tout comme chez Aristote (dans les écrits éthiques), on trouve l'idée selon laquelle le développement vers la vertu dépend de la combinaison de :

1. la (bonne espèce de) nature innée, 2. l'acquisition de l'habitude éthique au sein de la (bonne espèce de) communauté, 3. l'enquête réflexive ou dialectique basée sur ces deux premiers facteurs. Cette idée va de pair avec une conception

---

23. Voir Nussbaum, *op. cit.*, p. 46, p. 73-74, ainsi que Sorabji, *Emotion...*, *op. cit.*, p. 211-227.

24. Sur la tendance dans la philosophie antique à considérer le médecin comme le détenteur paradigmatique de l'expertise (objective), et sur le contraste entre cet idéal et la réalité – la compétition et le conflit entre médecins rivaux, voir G. Lloyd, *In the Grip of Disease. Studies in the Greek Imagination*, Oxford, Oxford University Press, 2003, p. 237-239.

de la *psukhè* comme divisée entre partie rationnelle et parties non-rationnelles (en gros, la raison et l'émotion ou le désir). Le plein accomplissement de la vertu dépend de la possession innée d'une *psukhè* qui soit, tout d'abord, susceptible d'acquérir par l'habitude les bons modes d'émotion et de désir, ensuite, capable d'une enquête réflexive fondée sur l'habitude émotionnelle[25]. À l'inverse, les Stoïciens et les Épicuriens, outre d'autres différences importantes, soutiennent que (la formule est stoïcienne) « tous les êtres humains ont en eux les germes de la vertu »[26], quels que soient leur propre nature innée ou leur contexte social/politique. Cette thèse s'appuie sur la croyance commune aux Stoïciens et aux Épicuriens selon laquelle chacun est par nature capable de se former des « prénotions » (*prolèpseis*) des idées éthiques fondamentales, comme le bien ou le dieu[27]. De même, elle s'appuie sur la croyance, présente sous différentes formes dans l'une et l'autre théorie, selon laquelle il n'y a pas dans la *psukhè* de parties irrationnelles qui auraient besoin d'être soumises (et pourraient être irrémédiablement corrompues) par l'habitude *via* l'éducation et l'influence de la société. Stoïciens et Épicuriens ont une vision unifiée, ou holistique, de la psychologie humaine, pour laquelle les émotions et les désirs dépendent directement des croyances et du raisonnement et ne constituent pas des parties séparées ou des sources de motivation indépendantes. C'est pourquoi tout changement dans l'ordre de la croyance (par exemple à propos de la nature du bonheur, ou du bien) produit nécessairement des changements dans les modes de motivation ou de désir. Pour la même raison, le changement et le développement éthique sont considérés comme possibles à tout moment de la vie de l'individu, quels que soient son âge ou sa situation[28].

---

25. Voir Gill, *The Structured Self..*, *op. cit.*, p. 134-136 ; ce modèle persiste dans le médioplatonisme, voir par exemple Plutarque, *De la vertu éthique* (la vertu comme une combinaison de *phusis*, *ethos*, et *logos*, en même temps que l'idée selon laquelle la *psukhè* est une combinaison de parties rationnelles et irrationnelles) ; voir Gill, *Ibid*, p. 231-232, en référence à Plut., *Moralia* (*Mor.*), 443C-D. Pour une étude détaillée du modèle platonico-aristotélicien, voir Gill, *Personality...*, *op. cit.*, ch. 4, particulièrement p. 266-287, pour l'articulation des deux étapes du programme d'éducation éthique (l'acquisition de l'habitude, l'apprentissage rationnel) à une conception partitive de la psychologie. Parmi les textes fondamentaux à cet égard, Platon, *République* 400-402, 485a-496d, Aristote, *Éthique à Nicomaque* I 3-4, I 13, II 1, X 9.

26. Stobée II 65, 8 (= LS 61 L).

27. Voir Gill, *The Structured Self..*, *op. cit.*, p. 132-134 et p. 180-181, en référence à Diogène Laërce VII 53 (= LS 60 C), Plut., *Mor.*, 1070C-D, 1041E (= LS 60 B), Cicéron, *De Finibus* (*Fin.*), I 31, III 33-4 (= LS 60 D). Voir aussi E. Asmis, « Epicurean Epistemology », dans Algra et *al.*, *The Cambridge History*, *op. cit.*, 1999, p. 260-294 : 276-283, M. Frede, « Stoic Epistemology », *ibid.*, p. 295-322 : 318-321.

28. Voir Gill, *The Structured Self...*, *op. cit.*, p. 75-81 (ainsi que LS 65 A-J), p. 101 et 113-117 (sur le holisme psychologique dans le stoïcisme et l'épicurisme), p. 103-106, 130-133,

Ces traits novateurs de la pensée stoïcienne et épicurienne sont bien connus ; et les points de rupture par rapport à la pensée platonico-aristotélicienne (et aux pensées plus tardives qui s'en réclament) font l'objet d'une reconnaissance croissante aux premier et second siècles après J.-C.[29]. Ces traits sont aussi associés à quelques aspects radicalement novateurs et tout aussi centraux des théories stoïcienne et épicurienne. Dans le stoïcisme, ils sont liés à l'idée du développement comme *oikeiôsis* (appropriation), un thème fondamental de l'éthique stoïcienne. S'y rattache en particulier l'idée selon laquelle tout être humain est naturellement capable, en tant qu'animal rationnel, de deux formes conjointes de développement : de se développer, d'abord, jusqu'à reconnaître que la vertu est l'unique bien et jusqu'à sentir et agir en accord avec cette croyance ; de se développer, ensuite, jusqu'à reconnaître que tout être humain est, par principe, objet d'attention éthique, en tant qu'il est membre de la communauté cosmique, et de la fraternité de l'espèce humaine[30]. En ce qui concerne l'épicurisme, on relèvera surtout l'idée (que l'on trouve dans d'importants extraits du *De la Nature* d'Épicure) selon laquelle notre existence en tant que composés atomiques est entièrement compatible avec l'autonomie de l'action et avec la quête rationnelle du bonheur. En tant que structures psychophysiques complexes d'atomes, nous sommes naturellement à même de donner forme à notre propre développement à travers la façon dont nous choisissons de répondre à notre environnement social[31]. Ces idées centrales du stoïcisme et de l'épicurisme impliquent en particulier que la capacité pour le développement éthique – c'est-à-dire le développement vers la perfection humaine ou encore la sagesse – est inhérente à la nature humaine, et ne dépend pas de dons innés particuliers, du fait que l'on grandit dans telle ou telle famille,

---

137-144 et 178-182 (sur les conceptions stoïco-épicuriennes du développement éthique et sur la possibilité d'atteindre la vertu tout au long de la vie). Comme il est suggéré dans Gill, *The Structured Self...*, *op. cit.*, ch. 2, ces aspects de la pensée stoïcienne et épicurienne reflètent, de différentes façons, l'influence des idées socratiques (comme distinctes du type de doctrine platonicienne soulignée plus haut n. 26).

29. Sur l'émergence progressive d'un débat à propos de modèles psychologiques rivaux (comme objet explicite de controverse), voir Gill, *The Structured Self...*, *op. cit.*, p. 207-219. Les discussions les plus importantes sur ce sujet seront celles de Plutarque, *De la vertu éthique* et Galien, *PHP*, notamment l. IV-V ; voir Gill, *Ibid.*, p. 219-228 et 244-290. L'opposition entre les différentes conceptions du développement éthique est moins explicite, même dans la période plus tardive, mais néanmoins indiquée dans Plut., *Mor.*, 443C-D, et Galien, *Quod Animi Mores*, ch. 11 (V 815-21 Kühn).

30. Parmi les sources clefs : Cic., *Fin*. III 17, 20-2 (=LS 59 D), III 62-8 (=LS 57 F). Voir LS 57, 59, sur l'ensemble, et Gill, *The Structured Self...*, *op. cit.*, p. 129-166, sur le premier aspect (rationnel).

31. Voir LS 20 ; voir aussi Gill, *Ibid.*, p. 56-66 et 183-197, pour les débats récents sur la signification de ces textes.

ou encore du contexte social. Ceci s'articule, comme on l'a suggéré, à une vision de la psychologie humaine qui en exclut les parties irrationnelles, de sorte que le développement éthique peut former ou reformer la personnalité en son entier, et ce à n'importe quel moment de la vie.

Je pense que ces thèmes fondamentaux du stoïcisme et de l'épicurisme sous-tendent et expliquent les motifs récurrents de la pensée hellénistique et romaine exposés plus haut : l'idée de conversion à soi, et celle de la philosophie comme thérapie. Explorer ces liens peut aussi nous permettre de définir le type de conception de la personnalité à l'œuvre dans ces deux théories philosophiques comme dans ces caractéristiques de la pensée hellénistique et romaine. L'in-sistance sur la conversion à soi dans l'éthique pratique stoïcienne reflète l'idée que nous avons tous, inhérente à notre nature d'animaux rationnels, la capacité d'évoluer vers la sagesse, quelle que soit notre situation sociale ou politique. Le « moi » vers lequel nous nous tournons est la capacité innée ou constitutive qui est la nôtre en tant qu'êtres humains (ou animaux rationnels) de nous développer de la sorte : ce n'est pas un moi privé ou uniquement individuel. On peut aussi expliquer de la sorte l'importance de l'idée de la philosophie comme thérapie tant dans la pensée stoïcienne que dans la pensée épicurienne. La thérapie philosophique a pour objet de nous permettre de critiquer ou d'éradiquer les idées fausses (sur le bien ou sur la nature du bonheur, par exemple) que nous tenons de notre contexte familial ou social. La métaphore de la thérapie implique que nous pouvons, en principe, être guéris de nos erreurs et de nos passions. À rebours de la vision platonico-aristotélicienne du développement éthique, le progrès éthique n'est pas réservé aux individus dotés de qualités innées parti-culières, de la famille ou du contexte collectif appropriés. De même, la possi-bilité de la guérison n'est pas supprimée par l'habitude défectueuse des parties irrationnelles de l'âme – puisqu'il n'existe pas de telles parties. La thérapie philosophique peut, en principe, guérir n'importe qui à n'importe quel moment de sa vie. Ainsi, les idées de conversion à soi et de thérapie philosophique pré-supposent un ensemble commun d'idées stoïciennes et épicuriennes (partagées par-delà les différences) qui étaient, et étaient reconnues comme, des thèmes centraux et caractéristiques dans ces deux théories.

LES *ENTRETIENS* D'ÉPICTÈTE (ET CICÉRON)

Son articulation à ces thèmes stoïciens et épicuriens fondamentaux peut nous aider à définir plus précisément le type de conception du moi qui est en jeu. J'examinerai cette question à l'aide de deux exemples, l'un stoïcien, l'autre épicurien. Je commencerai par les *Entretiens* d'Épictète dont je traiterai en relation avec certaines idées stoïciennes présentes chez Cicéron. Il y a, dans les

Entretiens, plusieurs traits récurrents que l'on peut associer à l'idée de « conversion à soi » ou d'introspection. Comme le dit Épictète, nous avons tous – ou, en un sens, nous sommes tous – la *prohairesis*, ou la capacité à être un agent rationnel ; nous avons tous la capacité innée d'atteindre à la compréhension adéquate d'idées fondamentales comme le bien. Il nous faut pour cela nous tourner vers l'intérieur, et « examiner nos impressions » *(phantasiai)* de façon à nous assurer qu'elles s'accordent avec – ou sont fidèles à – nos prénotions *(prolèpseis)*, c'est-à-dire nos idées innées ou plutôt nos capacités innées à comprendre des idées-clefs. Cet ensemble de thèmes, et leur articulation, peut être illustré par la citation suivante :

Homme (être humain, *anthrôpos*), ta *prohairesis* est naturellement libre et affranchie (I 17, 21).

– Eh bien ! je te ferai mettre aux fers.

– Homme, que dis-tu là ? Moi ? C'est ma jambe que tu enchaîneras ; mais ma *prohairesis* Zeus lui-même ne peut la vaincre (I 1, 23).

De même que Socrate disait qu'on ne doit pas vivre sans soumettre sa vie à l'examen, de même ne faut-il point accepter une représentation sans examen, mais on doit lui dire « Attends, laisse-moi voir qui tu es et d'où tu viens [...] Tiens-tu de la nature la marque (παρὰ τῆς φύσεως σύμβολον) que doit posséder la représentation pour être approuvée ? (III 12, 15).

Les prénotions *(prolèpseis)* sont communes à tous les hommes, et une prénotion n'en contredit pas une autre. Qui d'entre nous, en effet, n'admet pas que le bien est utile, qu'il est aussi désirable et qu'en toute circonstance il faut le rechercher et le poursuivre ? Qui d'entre nous n'admet pas que le juste est beau et convenable ? (I 22, 1-2)[32].

Ces traits sont généralement reconnus comme des traits frappants et distinctifs de l'enseignement d'Épictète, tel que le présente Arrien[33]. Quelle conception du moi expriment-ils ? Tout comme d'autres expressions de l'idée de « conversion à soi », ils ont parfois été interprétés comme les indices d'un passage à une conception plus subjective-individualiste du moi, comme cela apparaît dans ces commentaires de Charles Kahn et d'Anthony Long :

Chez Épictète, la *prohairesis* < le choix ou la capacité à être un agent rationnel > est présentée non seulement comme le facteur décisif de l'existence pratique, mais aussi comme l'homme intérieur, le « je » de l'identité personnelle... C'est là un changement capital pour l'évolution de la personne et de l'individualité. Car la raison théorétique est essentiellement impersonnelle, et l'identification platonico-aristotélicienne de la personne avec son intellect ne permet pas de fonder une métaphysique du moi au sens individuel. Épictète, à l'inverse, s'identifie lui-même à quelque chose d'essentiellement personnel et individualisé : non à la

32. La traduction française utilisée est celle de J. Souilhé pour les Belles Lettres (Paris, 1963) *(NdT)*.

33. Sur les traits distinctifs du vocabulaire conceptuel d'Épictète, voir B. Inwood, *Ethics and Human Action in Early Stoicism*, Oxford, Oxford University Press, 1985, p. 115-125 et 240-242, A. Long, *Epictetus. A Stoic and Socratic Guide to Life*, Oxford, Clarendon Press, 2002, notamment chap. 3, 7-9.

raison en tant que telle, mais à son application pratique dans le choix des engagements, le maintien de l'équilibre émotionnel et de la sérénité, le refus de se projeter dans des buts et des valeurs qui ne dépendent pas de nous[34].

<L'insistance sur la *phantasia* («impression», «apparence») dans la psychologie stoïcienne> se comprend mieux si l'on voit en elle une attention nouvelle à la conscience, à l'individualité du sujet percevant... < dans la mesure où les *phantasiai* > sont ce qui apparaît à *cet* individu donné, elles ont une particularité irréductible – elles sont les affections mentales de cette personne, et de cette personne seulement... Car ce que c'est pour une personne < donnée > que de donner son assentiment à une < *phantasia* donnée > demeure quelque chose d'unique.

Long considère aussi que l'insistance d'Épictète sur le thème de l'examen des impressions « pourrait suggérer qu'il se fraie un chemin en direction d'une "conception de la personne l'identifiant au "je" de la conscience réflexive, qui reconnaît et renie ses expériences", telle qu'elle a été influencée par le développement de la philosophie et de la culture depuis Descartes »[35].

Ces commentaires présentent Épictète comme préfigurant le moi moderne, post-cartésien, centré sur une conscience de soi et une subjectivité fondées sur le « je »[36]. Or je ne pense pas que ce soit là l'interprétation la plus plausible. Regardons ces commentaires de plus près. L'interprétation de Kahn, pour commencer, revient à dire qu'Épictète s'identifie lui-même à sa *prohairesis* (sa capacité à être un agent rationnel), et suggère que cette capacité est conçue selon une psychologie unifiée que l'on ne trouve ni chez Platon ni chez Aristote. Ce sont là des points tout à fait justes en ce qui concerne le vocabulaire propre à Épictète et à la psychologie stoïcienne en général ; mais que cela implique qu'« Épictète s'identifie lui-même à quelque chose d'essentiellement personnel et individualisé », c'est loin d'être clair – du moins si l'on entend par là une individualité unique (centrée sur le « je »), selon le modèle courant dans la pensée post-cartésienne[37]. L'interprétation de Long soulève des difficultés

34. C. Kahn, «Discovering the Will: From Homer to Augustine», dans J. Dillon et A. Long (édit.), *The Question of "Eclectism". Studies in Later Greek Philosophy*, Berkeley, University California Press, 1988, p. 234-259 : 253.

35. A. Long, *Stoic Studies*, Cambridge, Cambridge University Press, 1996, p. 266, 275, 282. Le dernier passage cite A. Rorty, *The Identities of Persons*, Berkeley, University California Press, 1976, p. 11. Dans Long, *Stoic Studies, op. cit.*, voir aussi p. 276, la discussion sur la signification du fait qu'Épictète «choisit l'assentiment ou la *prohairesis*, et non les représentations elles-mêmes, comme le lieu du moi permanent. S'il dépend de moi d'interpréter mes représentations, de les accepter ou de les rejeter, alors il doit y avoir un "moi" auquel elles apparaissent, et un "je" qui réagit à elles».

36. Sur les liens entre ces commentaires et les idées modernes, post-cartésiennes, du moi et de la personne, voir Gill, *The Structured Self..., op. cit.*, p. 331-334.

37. Kahn, *art. cit.*, p. 253, invite aussi à faire le lien avec ce type d'idées modernes lorsqu'il décrit «l'intense préoccupation < d'Épictète > pour la vie intérieure» comme «l'équivalent, dans le stoïcisme tardif, du *cogito* cartésien ou de l'importance donnée à la conscience».

semblables. L'analyse des perceptions et des pensées en termes de *phantasiai* (« impressions » ou « apparences ») n'entraîne pas en elle-même une conception plus subjective des processus psychologiques[38]. L'hypothèse selon laquelle l'utilisation par Épictète du thème de l'examen des impressions impliquerait l'introduction de l'idée d'un point de vue singulier « à la première personne » paraît de même très difficile à concilier avec certains traits spécifiques des *Entretiens*. Il me semble que ces commentaires permettent de mesurer la force du préjugé selon lequel tout écart par rapport au schéma platonico-aristotélicien (par exemple) irait de pair avec un mouvement en direction d'une conception plus moderne de l'individualité – « moderne » étant entendu en termes subjectifs-individualistes[39].

Il me semble que les thèmes d'Épictète que l'on a soulignés, dans leur association à l'idée de conversion à soi, font plus de sens si on les interprète comme exprimant une conception objective-participante du moi. Dans le cas d'Épictète, l'affirmation selon laquelle nous devrions exercer – ou nous identifier avec – notre *prohairesis* (choix ou capacité à être un agent rationnel) implique que ce qui est important en nous, ce n'est pas notre identité unique, ou notre point de vue subjectif particulier, mais une capacité commune à tout être humain en tant que tel, la capacité au développement rationnel vers la sagesse. L'injonction à examiner nos impressions est liée – comme Long lui-même le montre très clairement dans son livre sur Épictète – à l'idée selon laquelle il faut s'assurer que nos impressions s'accordent avec nos prénotions (*prolèpseis*) – prénotions qui sont considérées comme communes à tous les êtres humains, et comme le fondement de la compréhension objective d'idées-clefs comme le bien ou le dieu. Les *Entretiens* contiennent des dialogues, réels ou fictifs, au cours desquels Épictète, dans un style quasi-socratique, amène ses interlocuteurs à exposer leurs « impressions » au grand jour et à les soumettre à la critique et aux corrections du public[40]. Ce procédé, et ce type de discours en son ensemble, va contre l'idée selon laquelle ce qui compte serait la perspective privée, à la première personne, ou centrée sur le « je ». Il va aussi contre l'idée selon laquelle le dialogue intérieur ou l'examen de soi serait plus important, ou porteur de plus de vérité, que le discours public ou interpersonnel[41]. Le fait est qu'en une

38. Sur la relation entre le vocabulaire de la psychologie antique, notamment celui du *phainesthai* (« l'être-apparu à »), et l'idée moderne de subjectivité, voir Gill, *The Structured Self...*, *op. cit.*, p. 391-407.

39. Pour une réponse plus détaillée aux commentaires de Kahn et de Long, voir Gill, *Ibid.*, p. 373-377.

40. Voir Long, *Epictetus...*, *op. cit.*, p. 74-86, en référence notamment à Épict., I 11, ainsi que II 11, 1-8.

41. Sur le lien entre les conceptions du moi et les styles de discours (privé et intérieur/public et interpersonnel), voir Gill, *The Structured Self...*, *op. cit.*, p. 14-15 et 126-129.

occasion Épictète se présente comme usant du dialogue pour « façonner » la *prohairesis* d'autrui jusqu'à l'amener à être « libre » (c'est-à-dire « libérée de l'erreur et de la passion »)[42]. Mais on peut dire plus largement que la forme même des *Entretiens* d'Épictète et l'enseignement qu'ils contiennent impliquent la même idée. Épictète a beau s'adresser à des interlocuteurs très variés, dont le caractère, l'origine sociale, ne sont pas les mêmes, le message transmis est essentiellement le même ; il se concentre sur l'exhortation qui nous est faite à user correctement et pleinement de cette capacité à être un agent rationnel qui est notre qualité humaine commune.

On pourrait cependant objecter que l'approche d'Épictète dans les *Entretiens*, tout comme la thérapie stoïcienne (et épicurienne) en général, demeure en un sens individualiste. Au contraire des thèses platonico-aristotéliciennes soulignées plus haut (et, sur un mode différent, de la pensée antique traditionelle), les théories stoïcienne et épicurienne ne considèrent pas que l'accoutumance aux attitudes et aux valeurs de la famille ou de la communauté constitue le fonde-ment indispensable du développement éthique[43]. Au contraire, l'hypothèse qui sous-tend la thérapie philosophique tant épicurienne que stoïcienne est que la communauté a plutôt tendance à transmettre des erreurs qui doivent être éradi-quées (ou « guéries »), de façon à rendre possible le progrès vers plus de compréhension et de bonheur[44]. Mais on dira encore que l'injonction de la thérapie philosophique hellénistique et romaine à se tourner vers soi-même (c'est-à-dire à développer ses propres ressources intellectuelles ou morales naturelles) paraît aussi impliquer une forme d'individualisme. Ainsi, dans la mesure où les *Entretiens* d'Épictète reflètent ce type de projet thérapeutique, ils pourraient paraître individualistes en ce sens. En fait, l'enseignement d'Épictète n'est pas explicitement présenté comme « thérapeutique » ; et il serait peut-être mieux compris comme la fusion de trois divisions classiques de l'éthique prati-que antique, à savoir le protreptique (l'exhortation), la thérapie et le conseil[45].

---

42. Voir Épict., II 19, 29-34, ainsi que III 9, 12-13 (le dialogue comme examen mutuel des jugements) ; sur la signification de la « liberté » (*eleutheria*) chez Épictète, voir S. Bobzien, *Determinism and Freedom in Stoic Philosophy*, Oxford, Oxford University Press, 1998, p. 341-343. Sur la signification, en rapport avec cela, du discours intérieur et interpersonnel dans la pensée romaine hellénistique, voir Gill, *The Structured Self…, op. cit.*, p. 389-391.

43. Voir plus haut p. 92-94.

44. Voir par exemple le passage de Diogène d'Œnoanda cité plus haut, p. 90. Le Stoïcien Chrysippe voyait en « la conversation (*katèkhèsis*) de l'entourage (ou "du plus grand nombre")» l'une des deux principales causes d'échec dans le développement éthique : Gal., *PHP* V 462 Kühn, V 5, 14 De Lacy, et Diogène Laërce, VII 89.

45. Pour cette triple typologie, voir Stobée, II 39, 20-41, 25. Long, *Epictetus…., op. cit.*, p. 52-66, voit en les discours d'Épictète la combinaison de trois modes différents (mais liés) : celui, socratique de l'*elenchos*, celui, cynique, du blâme, et celui, stoïcien, de l'exposé doctrinal, voir par ex. Épict., III 21, 19.

Mais les *Entretiens* d'Épictète partagent avec des œuvres explicitement présentées comme des thérapies une forte attitude critique à l'encontre des préjugés et des idées conventionnelles de l'auditoire ; et dans cette mesure, l'enseignement d'Épictète pose bien la question de savoir si oui ou non il implique ce type d'individualisme.

Dans quelle mesure les *Entretiens* d'Épictète, si on les étudie de plus près, confirment-ils ou corrigent-ils cette impression ? On y trouve en fait, puissamment exprimées, de nombreuses idées qui occupent une place prééminente dans l'éthique sociale stoïcienne en son ensemble. L'une d'entre elles étant que le résultat ordinaire – ou du moins désirable – du développement éthique est de rendre possible une participation pleine (et vertueuse) aux modèles classiques de la vie familiale et civique[46]. Par exemple, le deuxième point du programme d'éthique pratique d'Épictète, qui en compte trois, est que « Je dois maintenir mes relations naturelles et acquises en tant qu'homme religieux, en tant que frère, père, et citoyen » – thème que reflète encore l'insistance, ailleurs, sur la nécessité de jouer correctement les « rôles » (*prosôpa*) qui se trouvent être les nôtres[47]. Un deuxième thème important de l'éthique sociale stoïcienne est que nous devons nous développer jusqu'à devenir capables d'agir vertueusement dans n'importe quel contexte civique ou politique – idée qui sous-tend la pensée stoïcienne du cosmopolitisme et de la fraternité de l'espèce humaine[48]. Chez Épictète, cette idée s'incarne dans l'idéal d'une vie itinérante, telle celle d'un maître cynique[49]. Troisièmement, on trouve aussi l'idée selon laquelle la pleine expression du rôle social spécifique (et de même l'exercice complet de la *prohairesis* ou capacité à être un agent rationnel) peut nous imposer une extrême exigence éthique au point, dans certaines circonstances, de nous coûter la vie. Cette dernière idée est exprimée avec vivacité dans le texte suivant :

Il savait bien aussi cela Helvidius Priscus, et il agit en conséquence. Vespasien lui fit ordonner de ne pas assister à une séance du Sénat. Et lui de répondre : « Il dépend de toi de ne pas me compter parmi les sénateurs, mais tant que je le suis, je dois siéger.

– Eh bien ! siège, mais ne parle pas.

– Ne m'interroge pas et je me tairai.

– Mais je dois t'interroger.

– Et moi, je dois répondre ce qui me paraît juste.

– Si tu réponds, je te ferai mettre à mort.

46. Pour cet aspect (parfois négligé) de l'éthique stoïcienne, voir par ex. Cic., *Fin.* III 62, 68, Plut., *Mor.*, 1038B ; voir aussi Reydams-Schils, *The Roman Stoics…, op. cit., passim.*
47. Épict., III 2, 4, voir aussi I 2 et II 10.
48. Voir par ex. Cic., *Fin.* VI 63-5, Stobée, IV 67 ; VII 673 ; XI (= LS 57 G).
49. Voir Épict., III 22, IV 1, 114-116, 156-158.

– Quand donc t'ai-je dit que j'étais immortel? Pour toi, tu rempliras ton rôle et moi le mien. À toi de me mettre à mort. À moi de mourir sans trembler. À toi de m'exiler. À moi de partir sans m'affliger » (I 2, 19-21)[50].

On pourrait voir là un cas extrême de l'accomplissement de l'exigence éthique imposée par le rôle social – dans le cas d'Hélvidius, le rôle d'un sénateur. Mais, comme le souligne Épictète, il s'agit aussi d'accomplir son propre rôle *(prosôpon)* d'être humain capable d'une réponse suprêmement vertueuse (I 2, 30-2) et capable, aussi, d'exercer – et non de brader – sa *prohairesis* (I 2, 33). En d'autres termes, l'accomplissement de soi (le fait d'agir en accord avec son rôle *(prosôpon)* naturel et son choix *(prohairesis)*) et l'engagement dans un rôle social sont, aux yeux d'Épictète, essentiellement compatibles[51]. Certes, la relation entre ces trois aspects de la pensée d'Épictète concernant l'engagement social est complexe, mais Épictète lui-même n'y voit pas d'incompatibilité[52]. Mais si l'on prend en compte ces aspects de sa pensée, la caractérisation de son approche (et de celle de l'éthique sociale stoïcienne en général) comme « individualiste » paraît erronée. Pour autant que les *Entretiens* d'Épictète ont une fonction thérapeutique, il s'agit d'une thérapie qui présuppose une approche « participante », plus précisément une approche « objective-participante », dans la mesure où elle présuppose que l'engagement social soit fondé, en principe, sur une compréhension objective de la vérité éthique. Comme on le voit dans l'entretien fictif entre Helvidius Priscus et Vespasien, l'approche stoïcienne de l'éthique sociale peut bel et bien conduire à un conflit avec la communauté (ou du moins avec l'empereur)[53], mais ce conflit ne résulte pas d'une approche que l'on pourrait qualifier d'« individualiste ».

Dans le même ordre d'idées, il vaut la peine de signaler un thème de l'éthique sociale stoïcienne qui met lui aussi en jeu une conception similaire (objective-participante) du moi : la présentation par Cicéron de la théorie des quatre rôles *(personae)* dans le *De Officiis* (*Off.*) I 105-121. Selon cette théorie, qui paraît être fondée sur les idées du penseur stoïcien du second siècle avant J.-C. Panétius, il faut, pour mener une vie vertueuse, atteindre à une cohérence

50. Trad. Souilhé (*NdT*).

51. Pour plus de précisions, voir C. Gill, « Personhood and Personality : The Four-*Personae* Theory in Cicero, *De Officiis* 1 », *Oxford Studies in Ancient Philosophy* 6, 1988, p.169-199 : 187-190.

52. Voir C. Gill, « Stoic Writers of the Imperial Era », dans M. Schofield et C. Rowe (édit.), *The Cambridge History of Greek and Roman Political Thought*, Cambridge, Cambridge University Press, 2000, p. 597-615 : 607-611 ; voir aussi Long, *Epictetus...*, *op. cit.*, 232-244.

53. D'où l'idée (fausse) selon laquelle il y aurait eu une « opposition stoïcienne » uniformément opposée à la règle impériale ; voir M. Griffin, *Seneca. A Philosopher in Politics*, Oxford, Clarendon Press, 1992 (1976), p. 363-366.

entre les quatre « rôles » qui valent comme autant de points de référence normatifs. Il s'agit :

1. de notre nature humaine commune en tant qu'agents rationnels capables d'atteindre la vertu ;

2. de nos talents et inclinations propres ;

3. de notre famille et notre contexte social ;

4. du mode de vie et de la profession que nous avons choisis[54].

Il peut être utile ici de souligner deux traits de cette théorie. Celle-ci est relativement peu commune dans l'éthique stoïcienne (ou même antique), en ce qu'elle présente nos qualités personnelles et nos inclinations propres comme un facteur normatif[55] ; en ce trait on voit parfois la marque de l'évolution typiquement romaine-hellénistique vers une approche plus individualiste. On trouve en effet un passage au moins où Cicéron, vraisemblablement à la suite de Panétius, souligne que la différence de caractère peut entraîner une différence dans le type de réponse que nous sommes contraints de faire dans une situation donnée[56]. D'un autre côté, Cicéron souligne aussi, suivant sans doute là encore Panétius, que la priorité n'est pas seulement d'accomplir son caractère propre, mais bien d'atteindre à la cohérence entre les quatre rôles[57]. Il dit aussi clairement qu'en cas de conflit entre eux, c'est le premier rôle (universel, humain) qui doit avoir la priorité sur les rôles individuels[58]. Comme je l'ai suggéré ailleurs, il y a une différence significative dans la façon dont la théorie des rôles est présentée par Épictète et par Cicéron, ce dernier s'appuyant sur Panétius. Le traitement d'Épictète est plus explicitement rigoureux dans ses prises de position éthiques, et plus provocateur dans son approche des normes et des conventions sociales que ne l'est celui de Cicéron[59]. Il n'en reste pas moins que les deux versions de ce thème, tout en cherchant à combiner de diverses façons 1. notre rôle universel en tant qu'agents rationnels capables de vertu, 2. notre rôle individuel, 3. notre

---

54. Cic., *Off.* I 107-110, 115.

55. Sur des versions pré-cicéroniennes de cette idée de l'importance d'« être soi-même » (chez Démocrite, Épicure et Panétius), et sur ses versions post-cicéroniennes, voir C. Gill, « Peace of Mind and Being Yourself : Panaetius to Plutarch », dans W. Haase et H. Temporini (édit.), *Aufstieg und Niedergang der römischen Welt* II 36, 7, Berlin, de Gruyter, 1994, p. 4599-4640.

56. Cic., *Off.* I 112-13 ; cet aspect est souligné par Sorabji, *Self...*, *op. cit.*, p. 158-159.

57. L'accent est bien mis sur cette idée de cohérence (*aequabilitas/constantia*) ; voir Cic., *Off.* I 98, 110-11, 114, 119-20, 125.

58. Les traits individuels doivent être « non déficients » (*non vitiosa*), et « prêter le moins possible à la critique » (*minime vituperandorum*), Cic., *Off.* I 109-110, si l'on veut être sûr que nous n'agissons pas contre « la nature universelle ».

59. Voir Gill, « Personhood... », *art. cit.*, p. 187-195.

rôle social, marquent bien, quoique différemment, que c'est au premier rôle que revient la priorité. Dans la mesure où l'un et l'autre penseur considèrent que le statut du rôle universel a un fondement objectif, tous deux partagent une conception du moi « objective-participante »[60], même si elle inclut aussi une référence à l'individualité.

Le second aspect de la discussion de Cicéron est plus spéculatif, mais il vaut la peine de de faire état ici de cette réflexion car elle concerne directement notre propos général. On se souvient que j'ai dessiné une opposition entre le vision platonico-aristotélicienne (et médio-platonicienne) du développement éthique, et la vision stoïco-épicurienne[61]. La principale différence significative consiste en ceci que le modèle platonico-aristotélicien spécifie que le plein développement de la vertu présuppose un certain type de nature (en même temps que l'habitude et l'enseignement rationnel), tandis que le modèle stoïco-épicurien considère que tous les êtres humains ont, en tant que tels, cette capacité[62]. Panétius, et plus encore Posidonius, étaient connus parmi les penseurs stoïciens pour intégrer volontiers les idées platoniciennes et aristotéliciennes (sans nécessairement renoncer pour autant aux doctrines stoïciennes fondamentales)[63]. Et l'on peut voir en la théorie des quatre personnes l'un des lieux où Panétius a pris en compte les facteurs de développement accentués dans le modèle platonico-aristotélicien (la nature individuelle et le contexte social) sous la forme des deuxième, troisième, et quatrième rôles. Mais Panétius n'en a pas moins exprimé l'idée stoïcienne fondamentale selon laquelle tous les êtres humains sont capables d'un plein développement vertueux, en accordant la première place à notre capacité universelle pour la rationalité vertueuse[64]. De même, il souligne qu'il est à la portée de tous de parvenir à la cohérence entre le premier rôle et les autres, quels que soient les talents personnels et le statut social[65]. Ces thèmes

60. Sur la conception objective (plus précisément, objectiviste) participante du moi, qui combine l'objectivisme (par exemple en ce qui concerne l'éthique) avec une insistance sur l'engagement social, voir Gill, *Personality…, op. cit.,* chap. 7, et l'index à l'entrée « objectivist-participant conception ».

61. Voir plus haut, p. 89-92.

62. Sur ce thème voir par ex. Platon, *République* 474b-c, 485a-486e (la nature philosophique), Aristote, *Éthique à Nicomaque* X 9, 1179b 7-31.

63. Voir M. van Straaten, *Panaetii Rhodi Fragmenta,* Leyde, Brill, 1962 (3ème éd.), fr. 56-57 ; ainsi que M. Frede, « Epilogue », dans Algra et *al.* (édit.), *Cambridge History…, op. cit.,* 1999, p. 771-797 : 774-778, 783-784. La question de l'orthodoxie stoïcienne de Panétius et, plus encore, de Posidonius, est discutée ; sur ma position voir Gill, *The Structured Self…, op. cit,* p. 213-214.

64. Cic., *Off.* I 107, 110-111.

65. Cic., *Off.* I 110-111, 120 ; la même idée est impliquée par la très (peut-être trop) grande étendue de caractéristiques présentées comme compatibles avec le premier rôle : sur celle-ci, et les problèmes qu'elle pose, voir Gill, « Personhood… », *art. cit.,* p. 182-185.

sont soulignés avec plus de force et de vivacité encore dans la théorie des rôles d'Épictète[66]. Si l'on suit cette interprétation, alors Panétius, loin d'être, comme on le dit souvent, à l'origine d'une accentuation nouvelle de l'individualité personnelle, en accord avec la prétendue tendance de la pensée hellénistique, s'efforcerait bien plutôt de répondre à l'importance déjà accordée à ce facteur par les penseurs antérieurs (sous la forme d'une nature innée distinctive). Et s'il est novateur, c'est sans doute en ce qu'il adapte cette dimension à une version par ailleurs entièrement stoïcienne de la théorie du développement éthique, qui subordonne la nature personnelle à la capacité naturelle universelle pour la vertu. Ainsi comprise, la présentation par Cicéron (inspirée de Panétius) de la théorie des rôles exprime, comme celle d'Épictète, une conception « objective - participante » de la personne ou du moi, plutôt qu'une conception « subjective - individualiste ».

LUCRÈCE ET LA PEUR DE LA MORT

Je concluerai avec un exemple épicurien qui réunit lui aussi l'idée de la philosophie comme thérapie et celle de la conversion à soi : le livre III du *De Rerum Natura* de Lucrèce. On peut voir en ce livre tout entier un exemple de la thérapie épicurienne. Lucrèce commence par identifier en la peur de la mort ce qui sous-tend le système de croyances et l'état émotionnel de la plupart des hommes, entravant ainsi la quête du bonheur (31-93)[67]. En guise de remède à cet état, il propose la compréhension adéquate de notre nature réelle, comme unité psycho-physique consistant en un composé atomique éphémère, inexistant avant notre vie, dispersé à notre mort. Lucrèce propose trente-trois arguments en faveur de cette thèse (94-829), pour conclure que « la mort n'est rien pour nous » (830). Plus précisément, la mort n'est rien pour nous parce que notre identité se confond avec ce composé psycho-physique éphémère, qui, pas plus qu'il n'a préexisté à notre vie, ne survit à la mort (831-893). Chez Épicure lui-même, l'argument fondamental est formulé de la façon suivante :

> Ainsi le plus terrifiant des maux, la mort, n'est rien par rapport à nous, puisque, quand nous sommes, la mort n'est pas là, et, quand la mort est là, nous ne sommes plus. Elle n'est

---

66. Voir Épict., I 22, partic. 33-37 (ainsi que Gill, *Ibid.*, p. 188-189).

67. Pour la lecture du livre III comme argument thérapeutique, voir Nussbaum, *op. cit.*, p. 192-238 ; sur la base théorique de cet argument dans la philosophie d'Épicure, voir J. Warren, *Facing Death. Epicurus and his Critics*, Oxford, Clarendon Press, 2004.

donc en rapport ni avec les vivants ni avec les morts, puisque, pour les uns, elle n'est pas, et que les autres ne sont plus[68].

Lucrèce le formule ainsi :

Oui, s'il doit y avoir maux ou douleurs futurs, | il faut pour en souffrir que l'homme existe encore. | Puisque la mort exclut ce fait, abolissant | l'être en qui les tracas pourraient se concentrer, | assurément la mort n'a pour nous rien de redoutable. | Qui n'existe plus ne peut être malheureux et il n'importe en rien que l'on soit né un jour, | quand la mort immortelle a pris la vie mortelle[69].

Le livre s'achève sur un mode plus rhétorique ou satirique, avec une injonction à modifier notre attitude habituelle envers notre mort propre et celle d'autrui, et à assurer notre quête du bonheur sur un fondement plus solide (894-1095).

Ce livre (que l'on peut mettre en parallèle avec des discussions comparables chez Épicure et Philodème)[70] correspond à la forme typique de thérapie épicurienne (et stoïcienne), en ce qu'il vise à guérir ses lecteurs des erreurs produites par la société et du malaise émotionnel qu'elles provoquent. Il implique une conversion « à soi » dans la mesure où l'argument démontre notre nature véritable, ce que nous sommes vraiment, à savoir un composé atomique éphémère[71]. Ce que l'on affirme, c'est que la juste compréhension de notre personnalité ou de notre identité sera capable de nous guérir de la peur de la mort. Comme c'était le cas dans la thérapie stoïcienne (dont on a donné pour exemple Épictète), la personnalité ou l'identité dont il est question ici est commune ou universelle : il s'agit de notre nature en tant qu'êtres humains (qui sommes aussi des composés atomiques complexes), et non en tant qu'individus uniques ou porteurs d'une subjectivité centrée sur le « je ». Les passages d'Épicure et de Lucrèce que l'on a cités plus haut sont à cet égard exemplaires. Il faut reconnaître qu'il y a bien un lieu où Lucrèce parle de l'identité personnelle singulière, lorsqu'il envisage la possibilité que notre composé atomique

68. Épicure, *Lettre à Ménécée* 125. Trad. fr. M. Conche, *Épicure. Lettres et Maximes*, Texte établi et traduit avec une introduction et des notes par Marcel Conche, Paris, PUF, 1987 (*NdT*).

69. Lucrèce, III, 861-869. Trad. fr. J. Kany-Turpin, *Lucrèce, De la Nature*. De Rerum Natura, Traduction, introduction et notes de J. Kany-Turpin, Paris, Aubier, 1993 (*NdT*).

70. Voir encore Warren, *op. cit.*, ch. 4, ainsi que p. 143-153 sur le *De la mort* de Philodème.

71. Sur la conception épicurienne de l'âme comme composé atomique, voir LS 14. Voir par ex. Lucr., III 843-846 : « Et si même, après s'être arrachés du corps, | l'âme et l'esprit gardent la sensibilité, | elle n'est rien pour nous dont l'unité constitutive | repose sur l'union consacrée de l'âme et du corps (*coniugio | corporis atque animae*) » (trad. Kany-Turpin) ; *cf.* III 847-865, sur notre identité comme constituée d'une conjonction aléatoire d'atomes (psychiques et corporels).

individuel soit – ou ait pu être – reconstitué en tel point du passé ou du futur infini.

Non, même si le temps recueillait notre matière | après la mort, la plaçant dans son ordre actuel[72], | la lumière de la vie nous fût-elle rendue, | non, cela ne pourrait nullement nous toucher (*nec... pertineat... ad nos*), | notre propre mémoire (*repententia nostri*) étant dès lors brisée. | Même aujourd'hui, ce que nous fûmes auparavant (*ante* | *qui fuimus*) | ne nous importe en rien, ne nous tourmente en rien[73].

Ce texte est en fait l'un des rares dans la pensée antique qui paraisse préfigurer les interrogations modernes sur la continuité temporelle de l'identité personnelle. Cependant, là où les discussions modernes présupposent que l'existence ou la non-existence de notre identité singulière est une affaire extrêmement importante[74], ce que Lucrèce souligne, lui, c'est précisément que notre existence possible en un autre temps n'a aucune importance – dès lors que nous ne pouvons pas nous la rappeler (ni l'anticiper)[75]. Aussi ce passage, en dépit de son apparente proximité avec la question moderne de l'identité personnelle, permet-il bien plutôt de souligner la différence de schéma conceptuel. En effet, l'argument ne confère aucun poids, éthique ou métaphysique, à l'idée d'un moi individuel. Le type de « moi » qui lui importe est assez général, et même universel – notre identité en tant que composés atomiques éphémères ; et c'est la reconnaissance d'un moi de ce type qui est présentée comme devant nous guérir de la peur de la mort[76].

À cet égard, le livre III de Lucrèce, s'il recommande bien une sorte de « conversion à soi », n'implique pas pour autant qu'un quelconque accent soit

---

72. Pour cet ordre comme « atomique », voir aussi III 856-865 : « ... tu t'en convaincras aisément : | les atomes (*semina*) dont nous sommes aujourd'hui formés | se rangèrent souvent dans le même ordre qu'aujourd'hui » (trad. Kany-Turpin).

73. Lucr., III 847-853, trad. Kany-Turpin.

74. Voir par ex. D. Parfit, *Reasons and Persons*, Oxford, Oxford University Press, 1984, 3ème partie, un classique des études modernes sur l'identité personnelle qui, comme le fait Lucrèce ici, utilise aussi des « *thought-experiments* »pour définir notre identité. En fait, Parfit cherche à contester l'idée selon laquelle l'identité personnelle singulière serait fondamentale, mais, le contestant, il manifeste bien la puissance de ce présupposé dans la pensée moderne.

75. On considère parfois que sa référence à la mémoire fait de Lucrèce un précurseur de la définition moderne (lockienne) de l'identité personnelle par la mémoire (à la première personne) : voir A. Alberti, « Paura della morte e identità personale nell'epicureismo », dans Alberti (édit.), *Logica, mente, persona. Studi sulla filosofia antica*, Florence, Olschki, 1990, p. 151-206 : 197-198. Warren montre cependant de façon très convaincante que la mémoire n'a pas le même rôle dans l'argumentation : l'absence de mémoire (ou d'anticipation) fait que l'existence possible de nos autres moi n'a pas d'importance (voir « Lucretian Palingenesis Recycled », *Classical Quarterly* 51, 2001, p. 499-508 : 503-507).

76. Sur l'identité personnelle, et notamment ce passage de Lucrèce, et sur la différence entre ses conceptions modernes et antiques, voir Gill, *The Structured Self...*, *op. cit.*, p. 66-73, et Warren, *op. cit.*, p. 22-24 et 77-81.

mis sur l'individualité singulière. Mais l'argument est-il individualiste en un autre sens, en ce qu'il nous exhorte à ne plus pleurer nos morts, ce en quoi l'on voit d'ordinaire l'expression de notre attachement à autrui ? Le fait est que l'on a souvent considéré l'épicurisme comme une attitude égoïste ou a-sociale, tant à l'égard d'autrui qu'envers la communauté, même si des études récentes ont nuancé cette lecture un peu brutale[77]. L'idée fondamentale, pour l'épicurisme comme pour le stoïcisme, est plutôt que notre vie interpersonnelle et communautaire doit être vécue à la lumière de (ce que la théorie présente comme) la vérité objective quant à la nature humaine et au bonheur. Ceci engage nécessairement des provocations radicales à l'égard de la pensée conventionnelle, laquelle est basée sur des présupposés fautifs ; d'où la nécessité d'arguments thérapeutiques pour éliminer ceux-ci. Mais cela ne signifie pas que l'engagement envers les autres, qu'il s'agisse de relations interpersonnelles ou de groupe, soit sans importance[78]. Ce qui est important, c'est que l'amitié ou l'appartenance à un groupe soit vécue à la lumière des vérités (jugées telles) qu'incarne la philosophie épicurienne[79]. C'est pourquoi, comme le dit Épicure, « Soyons en sympathie avec nos amis non en gémissant, mais en méditant »[80]. Selon les mots de Lucrèce, qui visent à bousculer les idées conventionnelles :

Quelle pitié, pauvre homme ! Il a suffi d'un jour funeste | pour t'arracher toutes ces joies, ces présents de la vie. » | Mais à ces paroles on se garde bien d'ajouter : « Nul regret de ces choses ne pèsera sur toi. » | S'ils voyaient bien cela, s'ils parlaient en conséquence, | les hommes se délivreraient d'une grande angoisse[81].

De fait, Lucrèce maintient que la pratique sociale conventionnelle du deuil est erronée dès lors que, bien comprise, la mort n'est une mauvaise chose ni pour la personne concernée, ni pour ceux qui lui survivent[82].

---

77. Voir par ex. Ph. Mitsis, *Epicurus' Ethical Theory. The Pleasures of Invulnerability*, Ithaca, N.-Y. Cornell University Press, 1988, ch. 3 ; J. Annas, *The Morality of Happiness*, Oxford, Oxford University Press, 1993 ; Alberti, *op. cit.*

78. L'importance, dans l'épicurisme, de l'identité de groupe et de l'encouragement mutuel à vivre une vie épicurienne est exprimé avec beaucoup de vivacité dans les fragments de Philodème, *Peri parrhèsias*. Voir D. Konstan, D. Clay, C. Glad, J. Thom et J. Ware, *Philodemus : On Frank Criticism. Introduction, Translation and Notes*, Atlanta, Scholars Press, 1998, partic. Introduction, ainsi que Nussbaum, *op. cit.*, p. 122-128.

79. Voir encore Gill, *Personality…, op. cit.*, p. 393-394, Warren, p. 161-212, Long, *From Epicurus to Epictetus. Studies in Hellenistic and Roman Philosophy*, Oxford, Clarendon Press, 2006, p. 178-201.

80. *Sentences Vaticanes*, 66, trad. Conche (*NdT*).

81. III 898-903, trad. Kany-Turpin (*NdT*).

82. Lucrèce traite des conséquences pour les survivants dans les vers suivants (III 904-911), qui se concluent sur ces mots : « Demandons-nous alors ce qui a tant d'amertume, | si la chose revient au calme et au sommeil, | pour que l'on se consume en un deuil éternel », p. 909-911, trad. Kany-Turpin.

Si on la lit ainsi, la thérapie épicurienne, telle qu'elle s'exprime ici dans l'argument de Lucrèce, n'est pas individualiste au sens où elle détacherait l'individu d'autrui, pas plus qu'elle ne l'est au sens où elle accorderait de la valeur à l'identité personnelle singulière. Ainsi interprétée, la conception du moi contenue dans le livre III du *De Rerum Natura* est à la fois objective et participante, tant dans les buts thérapeutiques qu'elle se fixe que dans la façon dont elle présente notre identité, comme c'était déjà le cas de la conception des maîtres stoïciens tel Épictète.

Au cours de cette discussion, j'ai argumenté contre l'idée passablement répandue selon laquelle la pensée hellénistique et romaine incarnerait un tournant culturel et conceptuel depuis une conception du moi objective-participante jusqu'à une conception subjective-individualiste. Mon propos a été essentiellement historique, puisque j'ai défendu une interprétation déterminée de certains textes et de certaines conceptions de la philosophie antique. Mais comme je l'ai dit au début, je pense que ce type d'enquête peut aussi avoir un sens pour nous, modernes, dans la mesure où elle peut nous conduire à réexaminer ce que nous entendons par « moi » et par « personne » et quel poids nous accordons à ces idées dans le discours éthique ou psychologique. Dans une étude plus ancienne sur ce thème, j'étais parti de penseurs contemporains comme Alasdair MacIntyre et Donald Davidson, qui affirment que l'on aurait une meilleure approche de l'éthique et de la philosophie de l'esprit si l'on adoptait une conception du moi plus « objective » ou « participante »[83]. C'est une idée que je partage encore. Et l'étude de la pensée hellénistique et romaine, comme celle de la pensée grecque, peut, je crois, nous aider à adopter ce type de conception[84].

83. Voir Gill, *Personality...*, *op. cit.*, p. 4-10, 41-53 et 61-67 ; sur Davidson et les concepts antiques de la personne, voir Gill, « Is there a concept of person... », *art. cit.* ; pour sa critique de l'idée de subjectivité, voir aussi D. Davidson, *Subjective, Intersubjective, Objective*, Oxford, Oxford University Press, 2001.

84. Je remercie les participants au colloque de Münster consacré aux concepts antiques du moi pour leurs précieux commentaires sur la version de ce texte que j'y ai présentée. J'adresse aussi mes remerciements les plus chaleureux à Gwenaëlle Aubry pour sa traduction. La version anglaise est à paraître dans A. Arweiler and M. Moëller (édit.), *Vom Selbst-Verständnis. Notions of the Self in Antiquity and Beyond*, Berlin, De Gruyter, 2008.

GWENAËLLE AUBRY

UN MOI SANS IDENTITÉ ?
LE *HÈMEIS* PLOTINIEN

Mais nous… Qui « nous » ? Sommes-nous « celui-là » ou bien sommes-nous celui qui s'est ajouté à « celui-là », ce qui est soumis au devenir du temps ? Mais ne faut-il pas dire qu'avant que se produise la naissance actuelle, nous étions alors d'autres hommes – certains d'entre nous étaient même des dieux –, nous étions purement âmes et Pensée, unis à la totalité de l'être, parties du monde de la Pensée, sans séparation, sans division : nous appartenions au Tout (et même encore maintenant nous n'en sommes pas séparés).

Mais il est vrai que maintenant à cet homme-là s'est ajouté un autre homme : il voulait être et nous ayant trouvés […] il s'est attribué à nous, et il s'est ajouté à cet homme-là que nous étions originellement […] et ainsi nous sommes devenus les deux et plus d'une fois nous ne sommes plus celui que nous étions auparavant et nous sommes celui que nous nous sommes ajouté ensuite : l'homme que nous étions cesse d'agir et en quelque sorte d'être présent (VI 4 [22], 14, 16-31)[1].

L'une des grandes originalités de la pensée plotinienne est de poser, avec inquiétude, insistance, et pour elle-même, la question du « nous ». Lorsqu'il demande « mais nous… Qui "nous" ? », Plotin ne s'interroge pas sur l'essence de l'homme, ni sur la nature de l'âme, mais sur ce que saisit le moi quand il se prend lui-même pour objet. Car la question « mais nous… Qui "nous" ? » est bien une question réflexive, qui manifeste la possibilité d'un rapport immédiat à soi. Chez Platon comme chez Aristote, dont Plotin hérite à part égale, un tel rapport est impossible : pour Platon, la réflexivité n'est possible que médiée par un autre que moi (l'autre terme de la relation dialogique ou amoureuse), et par l'autre en moi : « le meilleur et le plus divin en l'âme »[2]. Pour Aristote, de même, la conscience de soi passe par un autre moi (l'« *alter ego* » de l'amitié), ou encore par la conscience d'objet[3]. Le dieu seul n'a pas besoin pour se penser lui-

1. Trad. P. Hadot, « Les niveaux de conscience dans les états mystiques selon Plotin », *Journal de Psychologie* n. 2-3, 1980, p. 243-266 : 246-247.

2. *Prem. Alc.* 132d-133d ; voir J. Brunschwig, « La déconstruction du "Connais-toi toi-même" dans *l'Alcibiade Majeur* », dans M.-L. Desclos (dir.), *Réflexions contemporaines sur l'Antiquité classique, Recherches sur la philosophie et le langage* n° 18, 1996, p. 61-84.

3. Voir W. F. R. Hardie, « Concepts of Consciousness in Aristotle », *Mind* 85, 1976, p. 388-411 ; J. Brunschwig, « Aristote et l'effet Perrichon », dans *La Passion de la raison. Hommage à F. Alquié*, Paris, PUF, 1983, p. 361-377 ; D. Modrak, *Aristotle. The Power of Perception*, Chicago, University of Chicago Press, 1987.

même de se voir en un autre comme en un miroir[4]. Plotin à l'inverse admet une réflexivité immédiate. Mais si par là il n'est plus seulement « Grec », il n'est pas pour autant « moderne » (cartésien ou pré-cartésien) : car ce rapport immédiat à soi n'est pas fondateur pour sa pensée, ni même privilégié. La question réflexive, si elle peut être posée, ne vaut pas réponse : il ne suffit pas au sujet plotinien de se savoir capable de demander qui il est pour savoir ce qu'il est (cette conscience de soi).

C'est ainsi que, dans le passage du traité 22 que l'on a cité, la question réflexive prélude à une autre question : « Sommes-nous "celui-là", ou celui qui s'est ajouté à "celui-là" ? » – sommes-nous l'homme intelligible, pensée pure, et partie de la Pensée, ou celui qui voulait être et nous a trouvé ? La question « Qui "nous" ? » se reformule donc : non pas comme un « qui sommes-nous ? » mais comme un « qu'est-ce que nous sommes en nous ? ». Et, de nouveau, il ne s'agit pas de demander ce qu'est l'essence de l'homme, mais plutôt d'interroger l'écart du « nous » à l'homme intelligible, ou essentiel, qui l'habite. Ceci, au moins, nous indique déjà un point, qui est que le « nous » plotinien n'est pas un « soi » : qu'il ne se confond pas avec l'homme intelligible, l'individu essentiel.

Mais, de même, il ne peut être dit un « moi », si par là on entend le centre unificateur des différents contenus de l'intériorité. D'emblée, le « nous » se donne comme une dualité, comme le couple de deux « hommes », l'un originel, l'autre adventice. Se retournant vers lui-même, ainsi, il ne se saisit pas comme une unité, ni dans son identité à lui-même, mais comme un mixte de deux termes dont aucun n'est, à proprement parler, « lui ». S'appréhendant lui-même, il ne se saisit pas dans sa présence à lui-même, mais comme le lieu d'une double présence ou, plus précisément, de deux présences alternées et, en vérité, alternatives. Car, écrit encore Plotin dans le traité 22, « devenus deux », « nous ne sommes plus celui que nous étions auparavant et nous sommes celui que nous nous sommes ajoutés ensuite » : pour être double, le « nous » n'est pas ces deux termes à la fois. Bien plutôt, étant devenu deux, il est contraint de n'être plus que l'un d'entre eux : celui qu'il était avant « cesse d'agir et en quelque sorte d'être présent ». La notion de présence est ici couplée à celle d'action : et ce qui se lit sous leur conjonction, c'est, on y reviendra, la notion d'*energeia* ; le « nous » plotinien est constitué de deux présences alternatives qui sont aussi deux actes, ou plutôt deux actualisations, possibles. Et si ces deux présences sont en lui sans être lui, il est aussi ce par quoi l'une ou l'autre de ces présences il y a.

Car si le « nous » ne peut être défini par aucun des deux hommes qui sont en lui, en revanche il peut être situé par rapport à eux. En vérité, il n'admet d'autre définition que cette situation. Le « nous » est intermédiaire entre le premier et le

4. *Eth. Eud.* VII 12, 1245b 17-19 ; *Magna Moralia* (?) II 15, 1213a 15-24.

second homme. Or cette situation intermédiaire est aussi, pour Plotin, celle de la *dianoia*, la raison discursive, et des actes cognitifs qui lui sont associés : l'opinion, le jugement, ou encore la conscience. Dire ceci, c'est dire que le « nous », pour Plotin, n'est pas une substance mais le sujet de certaines opérations associées à sa situation et dont l'exercice modifie celle-ci : ainsi, l'opinion, *doxa*, implique une plus grande proximité avec l'homme adventice, que Plotin appelle aussi « l'animal », le jugement, en tant qu'il fait appel aux notions, avec l'homme primitif, ou l'âme séparée. Quant à la conscience, elle est ce qui détermine l'une ou l'autre de ces deux présences : elle est ce par quoi les différentes activités de l'âme nous sont présentes, mais elle est aussi, et plus fondamentalement, ce qui actualise une puissance du sujet de préférence à une autre. Si en le « nous » s'étagent, de même que deux hommes, de multiples puissances, depuis la puissance végétative jusqu'à la pure pensée, la conscience est cette opération caractéristique par quoi l'une d'entre elles devient son acte propre.

On comprend alors que le *hèmeis* plotinien n'ait pas d'identité, que la réflexivité ne soit pas en lui saisie d'une présence, que son rapport immédiat à lui-même ne soit pas source d'évidence : la conscience plotinienne est avant tout saisie de multiples puissances, qui sont autant d'identités possibles – ou encore, en-puissance. Et elle est ce qui, selon la façon dont elle est orientée, va actualiser l'une de ces puissances, transformer l'un de ces possibles en présence. Autrement dit, la conscience n'est pas l'évidence d'une identité mais l'instrument d'une double identification : à l'homme originel ou à l'homme adventice, à l'âme séparée ou à l'animal. Et le *hèmeis*, en tant qu'il est caractérisé par elle, mais en tant qu'il est, aussi, ce qui décide de son orientation, est le sujet d'une double identification.

Ainsi, s'il est ce par quoi il peut y avoir présence, actualité, le « nous », pas plus qu'il n'est *ousia*, n'est *energeia*[5] : il n'est pas ce point d'actualité qu'est le *cogito* cartésien, et auquel Leibniz opposera la continuité d'une identité

---

5. On a là de nouveau le principe d'une double différence de Plotin tant par rapport aux Grecs que par rapport aux Modernes : de même que le *cogito* cartésien se donne dans la présence et l'actualité de l'évidence, de même le moi pré-plotinien a pu être caractérisé comme *energeia* en tant qu'il ne s'appréhende lui-même qu'au travers de ses œuvres et de ses opérations. « L'individu <grec>, écrit Jean-Pierre Vernant, se cherche et se trouve dans autrui, dans ces miroirs que sont pour lui tous ceux qui constituent à ses yeux son *alter ego* : parents, enfants, amis. L'individu se situe aussi lui-même dans les opérations qui le réalisent, qui l'effectuent "en acte", *energeia*, et qui ne sont jamais dans sa conscience. Il n'y a pas d'introspection. Le sujet est extraverti » («"La mort dans les yeux", Dialogue avec Pierre Kahn », dans *Entre mythe et politique*, Paris, Seuil, 1996, p. 73-91 : 91). Voir aussi J. Brunschwig, « Aristote… », *art. cit.*

dynamique dont la conscience n'est pas l'unique attestation[6]. Il est ce qui, en tant qu'il en a conscience, peut actualiser l'un ou l'autre des deux hommes qui sont en lui en-puissance. Puissance de cette double identification, le *hèmeis* apparaît comme un sujet pratique : le sujet non pas tant d'une connaissance de soi, que d'une constitution de soi, la place vide où se joue le choix entre ces deux hommes en lui, dont l'un l'aliène, l'autre l'accomplit, mais en lesquels, quoiqu'il en soit, il cesse d'être lui.

LA MULTIPLICITÉ DU *HÈMEIS*

a. Si le traité 22 caractérise le *hèmeis* par sa dualité constitutive, le traité 53 (I 1) le désigne comme une multiplicité : πολλὰ γὰρ ἡμεῖς, « nous sommes plusieurs », énonce ainsi Plotin (9, 7), après avoir écrit que le *hèmeis* n'est pas séparé de l'animal, « même si d'autres éléments plus nobles sont en nous, qui concourent à la constitution de la substance totale de l'homme, laquelle est composée de multiples éléments » (7, 6-9)[7]. D'emblée, donc, la question se pose de savoir en quoi consiste cette multiplicité, mais aussi ce qui distingue les deux termes, le « nous » et « l'homme », auxquels elle est attribuée.

Le traité 53 peut aider à y répondre. Il se donne en effet comme une enquête sur les différents contenus de l'intériorité, des passions à la pensée en passant par l'opinion et par la réflexion, et sur leur sujet (1, 1-9). On distingue ainsi, en des termes qui empruntent autant à Aristote qu'à Platon, entre l'âme (= seule ou séparée), l'âme usant du corps et « une troisième chose composée de l'âme et du corps »[8] (1, 2-5).

Cependant, cette première enquête est soudain interrompue par une question d'un autre ordre : « Ceci même qui recherche, qui examine et tranche ces questions : qui peut-il bien être ? » (1, 9-11).

---

6. L'articulation anti-cartésienne entre sujet et puissance se trouve aussi chez un Platonicien de Cambridge, Ralph Cudworth. Cudworth associe en effet ce qu'il nomme l'ἡγεμονικόν à une *tendance* vitale élémentaire. Il est aussi à l'origine d'une série de néologismes composés du préfixe « self » – et le premier à avoir utilisé les termes d'« internal sense » et de « psychology » : voir J.-L. Breteau, « La conscience de soi chez les Platoniciens de Cambridge », dans R. Ellrodt, *Genèse de la conscience moderne*, Paris, PUF, 1983, p. 105-115.

7. Je cite le texte dans la traduction et reprends ici certaines analyses de *Plotin. Traité 53*, Introduction, traduction, commentaire et notes par Gwenaëlle Aubry, Paris, Cerf, 2004.

8. Cf. *Alc.* 130a. La troisième hypothèse est à son tour divisée : la « troisième chose composée de l'âme et du corps » peut s'entendre « ou bien comme le mélange de l'âme et du corps, ou bien comme une troisième chose, distincte, en résultant » I 1 [53], 1, 3-5. Pour une comparaison avec l'*Alcibiade*, voir G. Aubry, « Conscience, pensée et connaissance de soi selon Plotin : le double héritage de l'*Alcibiade* et du *Charmide* », *Études platoniciennes* IV, 2007, p. 163-181.

L'enquête sur le sujet-substrat laisse place soudain à un autre sujet : un sujet-conscience, réflexif, capable de s'interroger sur son propre acte interrogatif. D'emblée, donc, un écart se manifeste entre l'âme, mais aussi l'homme, et le « nous » : l'homme, ou encore « la substance totale de l'homme », est composé de « multiples éléments », d'actes et de puissances dont certains (la pensée) ont pour sujet-substrat l'âme seule ou séparée, d'autres, le corps animé. Mais le « nous », lui, est non seulement cette totalité, mais ce qui la passe en revue et, ce faisant, s'interroge sur son identité propre. Se manifeste ici, comme dans le traité 22, une réflexivité immédiate. Mais, là encore, celle-ci n'est source ni d'évidence ni d'unité : si le « nous » est capable d'appréhender sans médiation les différents contenus de son intériorité, il ne se découvre pas lui-même comme étant ce qui les appréhende et, par là-même, les unifie. L'accès à l'intériorité, s'il est immédiat, est d'abord la saisie d'une multiplicité qui doit encore être distribuée.

Aussi le sujet-conscience, aussitôt apparu, va-t-il s'effacer de nouveau devant le sujet-substrat (« Et d'abord, l'acte de sentir, à qui appartient-il ? » (1, 11)). Le « nous », donc, n'est pas l'âme : mais la conscience qu'il a de lui-même ne suffit pas à sa connaissance de lui-même ; il lui faut encore ordonner la multiplicité dont il est constitué, la répartir entre les différentes puissances et les différents états de l'âme, pour savoir lequel d'entre eux le définit en propre[9].

b. La première hypothèse envisagée par le traité 53, le premier sujet-substrat, est l'âme « seule », séparée, ou encore essentielle. Celle-ci correspond au « premier homme » du traité 22. Elle a pour acte propre la pensée, et elle est elle-même une partie de la Pensée ou de l'Intellect total. Cette âme essentielle est une forme (*eidos*) et un acte (*energeia*) (I 1 [53], 2, 6 et 7). En tant que telle, et comme tout être en acte, elle est au principe d'une puissance (*dunamis*) dérivée. C'est cette puissance, et non l'âme elle-même, qui se mêle au corps pour l'animer[10]. Or l'âme séparée, si elle ne se confond pas avec le « nous », n'en est

---

9. On comprend dès lors que Plotin associe la connaissance de soi à trois opérations : le dénombrement des multiples éléments dont on est constitué, leur hiérarchisation, et, enfin, l'identification de celui par lequel on est proprement soi ; voir VI 7 [38], 41, 21-25 : « Le "Connais-toi toi-même" s'adresse à ceux qui, à cause de la multiplicité qui leur est inhérente, ont besoin de se dénombrer eux-mêmes, et d'apprendre qu'ils ne savent pas totalement ou même qu'ils ne savent pas du tout, combien ils sont, quels ils sont, ni ce qui commande en eux et sous quel aspect ils sont eux-mêmes (κατὰ τί αὑτοί) » (trad. P. Hadot, *Plotin. Traité 38*, Introduction, traduction, commentaire et notes par Pierre Hadot, Paris, Cerf, 1988, p. 189).

10. C'est pourquoi, Plotin le souligne et il faut y insister, *l'âme ne descend pas* (il n'y a pas de sens, en toute rigueur, à distinguer comme on le fait souvent entre une âme « descendue » et une âme « non descendue ») : ce qui descend, ou se mêle au corps pour l'animer, est sa puissance dérivée ; et si l'âme a une telle puissance, c'est précisément parce qu'elle est, et demeure, un acte parfait (*cf.* II 9 [33], 4, 7-9 ; 10, 19-27 ; I 1 [53], 12, 27-28).

pas moins au fondement de notre identité. De fait, selon le point de vue qui est le sien sur l'Intellect en son entier, elle s'accompagne d'un *logos*, qu'il faut comprendre à la fois comme une puissance et comme en-puissance, soit comme une force qui va actualiser les qualités essentielles de l'individu : car le *logos* ne contient pas seulement des différences spécifiques, mais aussi des différences individuelles[11]. C'est pourquoi Plotin peut affirmer dans le traité 18 (V 7) qu'il y a « autant de raisons (*logoi*) qu'il y a d'individus différents, et qui diffèrent par autre chose qu'une déficience du côté de la forme » (3, 5-6)[12].

On voit dès lors que « âme » et « homme » ne s'identifient pas : l'homme, c'est en fait, dira le traité 38 (VI 7), l'âme (intellective) plus le *logos* de l'homme[13]. Et, comme dans le traité 22, Plotin désigne comme « l'homme premier » « l'Homme dans l'Esprit », l'« homme qui est avant tous les autres hommes ». Cet homme cependant, s'il comporte déjà, contenus dans la puissance du *logos*, des traits individuels, doit être distingué de l'homme sensible, incarné. Car ces différences individuelles ne se manifestent qu'au contact de l'homme adventice du traité 22, soit du corps déjà animé par l'Âme du Monde, ou de « l'animal ».

Ainsi, s'il existe bien, selon Plotin, un fondement intelligible de l'indivi-dualité, l'individu n'est pas tout entier en l'intelligible. Ce qui là-bas préexiste et demeure n'est pas le « moi » ni le « nous », mais le soi : pas seulement l'Homme en général mais une certaine façon d'être un homme qui cependant exclut (ou ne porte (plus) qu'en-puissance) l'identité corporelle autant que le contenu biographique, l'expérience singulière. Dans le traité 27 (IV 3) Plotin s'interroge ainsi sur l'éventuelle persistance de la mémoire en l'individu remonté à l'intelligible. Il développe alors la théorie singulière des deux mémoires : à l'âme divine et essentielle, l'intellect particulier, et à l'âme liée au corps, correspondent deux mémoires distinctes, l'une qui garde de l'objet la trace intelligible, l'autre, la trace sensible (IV 3 [27], 28-31). Ainsi, le reflet d'Hercule qui est dans le Hadès gardera souvenir de sa vie terrestre ; mais Hercule lui-même, qui festoie parmi les dieux (dans l'Intellect), commencera par recouvrir peu à peu les souvenirs de ses vies antérieures (*ibid.*, 27)[14]. L'âme supérieure conservera aussi, pendant un temps, le souvenir de ses amis, de ses enfants, de sa patrie, mais sans

11. *Cf.* V 9 [5], 12 ; V 7 [18] 2 et G. Aubry, « Individuation, particularisation et déter-mination selon Plotin », *Phronesis* 53, 2008, p. 271-289.

12. Trad. L. Brisson, J. Laurent et A. Petit, *Plotin. Traités 7-21*, traductions sous la direction de Luc Brisson et Jean-François Pradeau, Paris, GF, 2003.

13. VI 7 [38], 5, 2-3, avec le commentaire de P. Hadot, *Traité 38, op. cit.*, p. 221.

14. Voir Homère, *Odyssée* XI 601-604, et J. Pépin, « Héraclès et son reflet dans le néoplatonisme », dans P. M. Schuhl et P. Hadot (édit.), *Le Néoplatonisme*, colloque de Royaumont 9 - 13 juin 1969, Paris, Éditions du CNRS, 1971, p. 167-192.

en éprouver d'émotions, ou seulement des émotions nobles ; et puis, peu à peu, elle les oubliera : « L'âme bonne est oublieuse [...]. Elle est légère et toute seule » (32, 18-21). C'est pourquoi, Socrate, remonté à l'intelligible, ne se souvient pas qu'il a fait de la philosophie (IV 4 [28], 1), ni même, et alors qu'il contemple, que c'est lui, Socrate, qui contemple (*ibid*. 2, 1-3).

Comme la mémoire, la conscience disparaît en l'Intellect. S'y substitue un sentiment de présence (*sunesis*) où s'annule la distinction entre sujet et objet. Dans cet état, écrit Plotin, nous ne sommes plus « nous-même qu'en-puissance (καὶ δυνάμει ὢν τότε αὐτός) » (IV 4 [28], 2, 5-8). Nous nous confondons avec ce que nous contemplons : « Le soi (αὐτός) est toutes choses et les deux côtés ne font qu'un » (*ibid.*, 2, 22). En l'Intellect, ainsi, nous ne sommes plus « nous », nous sommes les êtres : « le nôtre et le nous reviennent alors à l'être » (VI 5 [23], 7, 1). Nul ne peut y dire « jusque là c'est moi » (7, 15). Nous sommes alors « tels de multiples visages tournés vers l'extérieur, mais qui sont réunis, à l'intérieur, en un unique sommet » (7, 10-11).

Cette description du « premier homme », qui vaut exhortation, porte cependant aussi, en creux, une pensée précise et profonde de l'individu sensible et incarné. Il suffit, pour obtenir ce dernier, de procéder à l'opération inverse de celle que l'on vient de décrire, d'ajouter ces traits, ces qualités, dont l'âme « bonne » se défait : la mémoire, accompagnée d'émotion, du sensible et de son expérience singulière, celle de la « situation » incarnée, la conscience de soi comme distinct des autres, celle aussi des limites qui définissent le moi.

c. La transformation de « l'homme sans qualités » en particulier concret est, pour Plotin, médiée : elle l'est, tout d'abord, par l'Âme du Monde. De fait, le couple des deux hommes par quoi le traité 22 caractérisait le « nous » se constitue par la conjonction de l'homme intelligible (l'âme individuelle plus le *logos* de l'homme), et de l'« animal » (ζῷον) : c'est ce dernier que le chapitre 15 du même traité va identifier à l'homme adventice, « celui qui voulait être et nous a trouvés ». Or, par le terme d'« animal » (et plus adéquatement par celui de « corps vivant (τὸ σῶμα ζωωθὲν) » ou de « corps qualifié [τὸ σῶμα τοιοῦτον/ τοιόνδε] »), Plotin entend le corps animé par l'Âme du Monde, et doué par elle des puissances végétative et sensitive[15]. L'homme intelligible se lie donc à un corps déjà animé[16], à une matière déjà organisée et qualifiée. Ainsi, non seule-

---

15. L'animal peut être identifié ou bien au corps vivant ou bien au « couple (τὸ συναμφότερον) », lequel ne désigne pas seulement le corps animé par l'Âme du Monde mais le corps animé par l'Âme du Monde *et* l'âme individuelle (régi, donc, aussi, par la *dianoia*, laquelle, en tant qu'elle opère sur les traces (*tupoi*) de la sensation, modifie celle-ci en l'individualisant). Sur la terminologie plotinienne de l'union âme-corps, voir Aubry, *Plotin. Traité 53, op. cit.*, p. 378-380.

16. VI 4 [22], 15, 8-16.

ment l'individu a un fondement formel, mais l'individuation n'est en rien un effet de la matière : cette dernière, en tant qu'elle est dénuée de qualités et de forme[17], ne peut être tenue pour responsable de l'adjonction au *logos* de qualités particulières.

L'animal, cependant, s'il est déjà un corps qualifié, n'est pas encore un corps individuel. Il a en partage la puissance végétative qui lui vient de l'Âme du Monde, ainsi que, peut-être, une forme élémentaire de sensation[18]. On peut penser qu'il hérite aussi de certaines qualités de ses géniteurs, et le traité 22 lui attribue encore une *epitèdeiotès*, une disposition à recevoir telle ou telle âme[19] (ainsi, seul un corps programmé par les *logoi* parentaux de façon à développer les organes adéquats pourra recevoir une âme humaine). L'homme adventice ou l'animal est donc un corps déjà animé, doué de puissances et de qualités, et voué à recevoir, en plus, celles que porte l'homme intelligible. Mais il n'est pas encore « mon corps », et il n'est pas non plus un moi ni un « nous ». Le traité 40 le distingue clairement du *hèmeis* :

> Pour nous, nous avons été façonnés par l'âme que nous ont donnée les dieux du ciel et par le ciel lui-même, et c'est aussi par cette âme que nous sommes unis aux corps. Mais nous avons une autre âme, qui fait que nous sommes nous-mêmes (καθ' ἣν ἡμεῖς) (II 1 [40], 5, 19-21).

L'animal, ou le corps animé, n'est pas moi mais quelque chose en moi qui est de l'ordre du « on » ou du « ça » : en moi quelque chose croit, se nourrit, se reproduit, éprouve et sent peut-être, déjà, confusément, en quoi palpitent les mêmes puissances, anonymes et profuses, qui animent les plantes et les bêtes. Ceci pourtant n'est pas moi, ni ce qui fait que je suis moi, mais bien plutôt ce qui fait de moi un fragment d'univers, une parcelle de matière vivante, une pulsation du monde, un maillon de la chaîne que tisse en son sein la sympathie[20].

Mais il faut alors, et de nouveau, demander « Qui "nous" ? » : le « nous », disait-on, se constitue comme le couple de deux hommes. Mais on ne l'a trouvé

---

17. La matière est *apoios*, IV 7 [2], 3, 8 ; *amorphos*, VI 1 [42], 27, 2 ; *aneideos*, II 5 [25], 4, 12.

18. Les textes ne s'accordent pas tous sur ce point : le chapitre 15 du traité 22, cité plus haut, paraît suggérer que c'est l'âme individuelle qui, à la naissance, doue le corps déjà animé par l'Âme du Monde de la sensation, quand le traité 53 (8, 18) fait explicitement de la sensation un effet de l'Âme du Monde. Cette discordance peut cependant être réduite, dans la mesure où Plotin distingue entre deux formes de sensation : l'une, purement mécanique, et qui est la pure réception d'un choc, d'un *pathos*, par le corps vivant ; l'autre, active, et consciente, qui serait déjà une perception (on sait que le grec ne dispose que d'un seul mot, *aisthèsis*, pour la sensation comme pour la perception). Ainsi, on pourrait juger que la première est un effet de l'Âme du Monde, la seconde, de l'âme individuelle.

19. VI 4 [22], 15, 2.

20. *Cf.* III 1 [3], 5 ; IV 9 [8], 3 ; IV 3 [27], 8, 2 ; IV 4 [28], 32 *sqq.* ; 36, 8-22 ; 38, 40, 41 ; III 3 [48], 6 ; II 3 [52], 7.

en aucun d'entre eux : en l'homme originel, ou intelligible, on n'a reconnu qu'un « soi », une âme porteuse déjà de qualités individuelles, mais exempte de mémoire, de conscience, et de corps ; en l'homme adventice, ou l'animal, on n'a trouvé qu'un « ça » ou un « on », une vie élémentaire, pré-consciente et pré-individuelle. Ainsi, si le « nous » n'est aucun de ces deux hommes, il faut bien admettre qu'il est à chercher dans leur couple même, ou encore dans leur relation. Le « nous » se constitue dans le rapport même du soi au on, de l'homme originel à l'homme adventice.

Dans cette conjonction, l'Âme du Monde a encore un rôle à jouer : c'est elle en effet qui « distribue », comme des acteurs dans des rôles, ou, écrit Plotin, des danseurs dans une chorégraphie, les âmes individuelles dans tel ou tel corps animé – elle, donc, qui préside à la rencontre des deux hommes[21]. Mais à cette détermination s'ajoute aussi, venu de l'homme premier ou de l'âme supérieure, un mouvement spontané[22]. De l'âme divine, l'âme en l'Intellect « qui appartient au monde intelligible tout entier et dissimule dans l'ensemble la partie qu'elle est », Plotin écrit en effet qu'elle « bondit en quelque sorte hors du tout dans une partie » (VI 4 [22], 16, 29-30). C'est alors qu'elle se lie à l'homme adventice, et qu'elle devient l'âme d'un corps. Et c'est dans cette relation qu'il faut situer la particularisation : alors qu'elle n'était particulière qu'en-puissance (οἷον δυνάμει τότε μέρος οὖσα, 16, 36), l'âme individuelle devient en effet particulière en acte.

Cependant, il faut ici distinguer deux moments : celui, nécessaire, et onto-logique, de la procession, et celui, contingent, suspendu à une « audace » initiale (« *tolma* », V 1 [10], 1, 4), de la particularisation. Que l'âme supérieure anime un corps, c'est là un processus nécessaire, dès lors que d'elle, comme de tout être parfait, émane une puissance (*dunamis*) active, productive, celle-là même qui va douer l'animal de nouvelles qualités et de nouvelles facultés. L'Âme du Monde est elle aussi au principe d'une telle puissance et donc, pour le corps du monde, au principe de sa vie. La différence éthique entre l'Âme du Monde et les âmes individuelles tient, là encore, à leur rapport au corps : l'Âme du Monde ne s'identifie pas à son corps, ne se perd ni ne s'oublie en lui, ne se laisse pas distraire par lui de sa contemplation. De cela, une autre raison est que son corps n'est pas un corps particulier, un fragment limité et vulnérable de par sa limitation même, réclamant pour cette raison toute l'attention et la sollicitude de l'âme qui l'a à charge[23]. Pour l'âme individuelle à l'inverse, son corps est non

---

21. *Cf.* VI 7 [38], 7, 10 ; IV 3 [27], 12, 17-19, 37-39.

22. IV 8 [6], 4, 10-11 ; V 1 [10], 1, 4 ; III 7 [45], 11, 15-16.

23. Sur la fragilité du corps individuel, voir IV 8 [6], 2, 12 ; 4, 15-21 ; III 6 [26], 6, 33 *sqq*. Sur le « double gouvernement », de l'âme individuelle, et de l'Âme du Monde, voir IV 8 [6] 2, 27 *sqq*.

seulement une particularisation mais une parcellisation : il l'isole, il la coupe de
sa provenance intelligible[24]. Le corps est ce qui sépare. De l'Intellect, l'âme est
une partie totale, une partie organique ; devenue l'âme d'un corps, à l'inverse,
elle court le risque de n'être plus elle-même que *l'organon*, l'instrument du
corps qu'elle anime. C'est pourquoi l'adjonction du nouvel homme au premier
doit être pensée, en vérité, comme une soustraction[25]. Si la particularisation est,
pour l'âme individuelle, une nécessité ontologique, la parcellisation, elle, est un
risque éthique.

De ce risque cependant, plus proprement que l'âme, c'est le *hèmeis* qui est le
sujet.

LA SITUATION DU *HÈMEIS*

a. Dans les textes que l'on vient de citer, et qui décrivent la « mauvaise
particularisation », Plotin parle, sans plus de précision, de l'âme. Or il faut en
vérité, et ici encore, distinguer l'âme du *hèmeis*. De fait, on l'a dit, l'animation
est pour l'âme un processus nécessaire. C'est non seulement un effet de sa
perfection, mais aussi ce qui la constitue proprement comme âme et non plus
seulement comme partie de l'intelligible. C'est parce qu'elle a à se soucier d'un
corps, parce qu'elle est de ce fait soumise aux exigences de la temporalité et de
l'action, que l'âme, de *noûs* ou d'intelligence, devient *dianoia*, discursivité. La
désigner ainsi, c'est nommer non une essence mais une fonction : l'âme essentielle est intelligence, et la *dianoia* est une modification de l'intelligence
confrontée à l'extériorité et au temps. Cependant, cette fonction est définition-
nelle : le terme *dianoia* désigne en propre le niveau intermédiaire de l'âme, celui
qui naît de la conjonction de l'âme-intelligence et de l'animal.

À son tour, le *hèmeis* est associé à la *dianoia*, mais il ne lui est pas identique.
Dans le traité 53, Plotin énumère les opérations qui sont au fondement du
pouvoir (*hègemonia*) de l'âme sur l'animal : la réflexion, *dianoia*, l'opinion,
doxa, les notions, *noèseis* ; et il conclut en disant que « c'est là précisément que
nous sommes surtout » (ἔνθα δὴ ἡμεῖς μάλιστα, 7, 16-17). De même, le *hèmeis*
est associé à la partie médiane de l'âme : il est, selon les termes du traité 49 (V
3), « τὸ κύριον τῆς ψυχῆς, μέσον δυνάμεως », « la partie principale de l'âme
intermédiaire entre deux puissances » (3, 35-38). Ces deux puissances, la suite
du traité 49 les identifiera à la sensation et à l'intelligence. Le *hèmeis* est donc,
comme la *dianoia*, intermédiaire entre la sensation et l'intelligence. Mais ce qui

---

24. IV 7 [2], 13, 11.
25. VI 5 [23], 12, 15-23 : c'est par l'adjonction du non-être que l'on devient « quelqu'un ».

distingue le « nous » de la *dianoia*, c'est que ces puissances peuvent tour à tour être dites siennes, ou « nôtres » :

> La sensation, on est d'accord pour la considérer comme toujours nôtre – en effet, nous sentons toujours – tandis que pour l'Intellect, il y a matière à en douter, parce nous n'en usons pas toujours et parce qu'il est séparé ; séparé, parce que lui ne s'incline pas et c'est plutôt nous qui sommes tournés vers lui, en regardant vers le haut. La sensation nous est un messager, lui est pour nous un roi. Mais nous régnons, nous aussi, quand nous nous conformons à lui (V 3 [49], 3, 39-4,1)[26].

Les termes ici sont très proches de ceux en lesquels le traité 22 décrivait le rapport du *hèmeis* aux deux hommes dont chacun, tour à tour, peut être actif en lui. Ce qui distingue le *hèmeis* de la *dianoia*, ainsi, c'est que sa situation intermédiaire n'est pas définitionnelle. C'est d'ailleurs pourquoi le traité 53 corrige le traité 49 en la désignant comme dominante, mais non comme exclusive : c'est là, surtout, que nous sommes nous-mêmes, mais nous pouvons aussi être ailleurs. En revanche, il n'y aurait pas de sens à dire de la *dianoia* qu'elle peut aussi faire usage de la sensation ou de l'intelligence : car alors elle ne serait plus *dianoia*, mais *aisthèsis* ou *noèsis*. À la différence de la *dianoia*, le *hèmeis* n'est pas une puissance de l'âme présidant à des opérations déterminées (réflexion, jugement…), mais ce qui a en lui toutes les puissances de l'âme et est chacune en-puissance – c'est-à-dire, on y reviendra, peut ou non les « utiliser » ou les actualiser.

C'est pourquoi, comme de la sensation et de l'intelligence, l'on peut dire de l'animal et de l'âme supérieure qu'ils sont nôtres ; s'il n'est pas « nous », l'animal est bien « à nous » :

> Nous nous occupons de lui parce qu'il est nôtre (ἡμῶν). Car même si nous ne sommes pas ce corps, nous n'en sommes pourtant pas affranchis, mais il est rattaché et suspendu à nous, puisque « nous » fait référence à ce qu'il y a de plus important en nous (ἡμεῖς δὲ κατὰ τὸ κύριον) (IV 4 [28], 18, 12-15 ; trad. L. Brisson).

Du corps animé comme du second homme du traité 22, on ne peut dire qu'il est nous, et cependant il est bien suspendu, rattaché à nous. Pas plus que l'homme, donc, le « nous » ne peut se définir simplement par l'âme.

Dire que l'animal est non pas nous mais à nous, c'est dire que, sans constituer notre identité, il peut faire l'objet d'une identification. C'est ce que Plotin, ailleurs, nomme « sollicitude » (*kèdemonia*, IV 3 [27], 17, 22-28) : la sollicitude est le fait d'une âme « prisonnière » du corps, entravée par ses liens magiques, et qui, loin de reconnaître que le corps est « à » elle, finit par être toute à lui, confond le souci de soi avec le souci de lui. Pour dire le corps comme objet de cette dangereuse proximité, de cette fascination, Plotin parle, non seulement

---

26. Traduction B. Ham, *Plotin. Traité 49* (V 3), Introduction, traduction, commentaire et notes par B. Ham, Paris, Cerf, 2000.

de l'« animal », mais du « couple » (τὸ συναμφότερον)[27]. En désignant le corps comme « nôtre », Plotin signale que la situation du *hèmeis*, au contraire de celle de la *dianoia*, est mouvante : s'il reste au niveau intermédiaire qui est aussi celui de la *dianoia*, le *hèmeis* peut gouverner le corps, exercer sur lui son *hègemonia* (I 1 [53], 7, 16). Mais pour peu qu'il cède à la sollicitude, et donne le primat en lui à la sensation, alors il déchoit lui-même au niveau de « la bête » (I 1 [53], 10, 5-6).

Cependant, l'âme supérieure ou l'intelligence est, elle aussi, « nôtre ». C'est pourquoi, après avoir écrit que nous sommes « surtout » au niveau de la *dianoia*, Plotin précise : « Le "nous" est donc double : ou bien en prend en compte la bête, ou bien on ne considère que ce qui est déjà au-dessus d'elle » (I 1 [53], 10, 5-7). On comprend dès lors que la situation intermédiaire du *hèmeis* ne puisse être désignée comme exclusive : le « nous » peut-être situé, aussi, plus haut ou plus bas, selon qu'il s'identifie au corps animé ou à l'âme séparée, au second ou au premier homme.

Or, de même qu'il n'y avait pas de sens à dire que la *dianoia* peut se confondre avec la sensation, ou avec son sujet, le corps animé, de même il n'y a pas de sens à faire d'elle le sujet de l'identification à l'intelligence. C'est pourquoi Plotin écrit de cette dernière qu'elle est à nous, mais pas à l'âme[28]. L'intelligence est une puissance du sujet mais non une faculté de la *dianoia*. Aussi le traité 49 distingue-t-il entre la connaissance de soi de la *dianoia* et celle du *hèmeis* : pour la *dianoia*, se connaître en son essence, c'est se connaître comme venant de l'Intelligence, mais aussi comme distincte de celle-ci puisqu'elle ne se constitue comme *dia-noia* que sous la condition de cet écart. Pour le *hèmeis*, en revanche, se connaître soi-même c'est connaître l'Intelligence comme constituant son essence (V 3 [49], 4, 23-30). La *dianoia* est une image de l'Intelligence, et c'est ce qui la constitue comme telle. Le *hèmeis*, lui, est ce qui peut actualiser l'Intelligence comme l'une de ses puissances. Pour la *dianoia*, l'Intelligence est une origine, une provenance ; pour le *hèmeis*, elle est une destination[29].

---

27. *Cf.* IV 4 [28], 18, 21-34. Le « couple » est « une alliance dangereuse et peu solide, toujours contrariée et instable ».

28. V 3 [49], 3, 23-24 : οὐ ψυχῆς...ἡμέτερον δέ ; I 1 [53], 8, 1-8.

29. Pour ces différentes raisons, il ne me paraît pas possible de réduire le *hèmeis* à l'âme discursive comme le fait Riccardo Chiaradonna (voir plus loin, partie II, « Plotino : il "noi" e il ΝΟΥΣ (*Enn.* V 3 (49) 8, 37-57) ». Selon Chiaradonna, « il "noi", in quanto modo di essere dell'anima, non puo essere considerato independentemente dalla sostanza a cui appartiene » (*art. cit.*, p. 293). Notre désaccord peut se résumer en deux points principaux :

– tout d'abord, je ne pense pas que l'âme puisse être univoquement désignée comme une substance : il faut distinguer entre l'âme séparée qui est bien une *ousia*, ou encore « l'âme identique à l'être-âme » (I 1 [53], 2, 6), et la *dianoia* ;

b. L'écart entre le *hèmeis* et la *dianoia* apparaît encore dans le lien que Plotin établit entre conscience et *hèmeis* : certes, conscience et discursivité sont, pour Plotin, essentiellement liées[30]. Cependant, la conscience, si elle est associée à une certaine faculté de l'âme, est aussi ce qui peut en réfléchir toutes les activités :

> Tout ce qui se trouve dans l'âme n'est pas conscient pour autant, mais [...] cela parvient à « nous » en parvenant à la conscience[31]. Lorsqu'une activité de l'âme s'exerce sans rien communiquer à la conscience, cette activité ne parvient pas à l'âme totale. Il s'ensuit alors que « nous » ne savons rien de cette activité, puisque « nous » sommes liés avec la conscience (μετὰ τοῦ αἰσθητικοῦ) et que « nous » ne sommes pas une partie de l'âme, mais l'âme totale (V 1 [10], 12, 5-10)[32].

La conscience est ici pensée comme une partie totale. Elle est ce par quoi l'âme n'est pas seulement un étagement ou un *continuum* de puissances, mais une totalité. Plus précisément, elle est ce qui réfléchit l'acte de chacune de ces puissances. Parmi celles-ci, aucune n'est privilégiée : je peux avoir conscience que je pense, mais aussi bien que je perçois, souffre, me promène ou bois. La pensée n'est donc qu'un objet possible de la conscience. La conscience ploti-nienne n'est pas la saisie intuitive d'une identité actuelle, mais la perception, liée à la discursivité, de diverses identités possibles. Ainsi, nous n'avons pas conscience que nous pensons, et que nous sommes tant que nous pensons, et que nous sommes une chose qui pense : nous avons conscience que nous pouvons

---

– ensuite, le *hèmeis*, comme on vient de le voir, n'est identique à aucune d'entre elles, mais est le principe même du passage de l'une à l'autre. C'est bien pourquoi il admet, contrairement à elles, une définition mouvante. La fin du traité 53, que Chiaradonna invoque à l'appui de sa thèse, le souligne encore : Plotin y affirme bien, en réponse à la question réflexive du chapitre 1 qui s'interrogeait sur le sujet même de l'interrogation philosophique, que c'est « en tant que nous sommes l'âme » que nous avons pu « examiner ces questions » (13, 1-3). Mais il ajoute aussitôt que la pensée pure est « nôtre », « au sens où l'âme est capable de pensée pure et où sa vie la plus forte est la pensée pure, à la fois quand l'âme pense, et quand l'Intellect dirige son activité vers nous. Lui aussi en effet est une part de nous, et vers lui nous montons » (13, 5-8 ; voir Aubry, *Plotin. Traité 53, op. cit.,* p. 333-342). On passe ainsi du niveau supérieur de la discursivité (l'âme sujet de l'interrogation philosophique) à l'âme supérieure (capable de pensée pure). Et celle-ci, si, par définition, elle doit être distinguée de la *dianoia*, peut en revanche, comme dans le traité 49, être dite « nôtre », en tant que « nous montons ». Le *hèmeis* se trouve bien désigné, dans ces dernières lignes du traité 53, comme le sujet dynamique de l'ascension depuis la *dianoia* jusqu'à l'âme séparée et l'Intellect.

30. Sur le lien conscience/discursivité, voir IV 3 [27], 30 : c'est le *logos* qui reflète la pensée « comme dans un miroir » et en autorise l'*antilèpsis*. Voir aussi P. Hadot, « Les niveaux de conscience... », *art. cit.,* et 46 [I, 4], 10, 6.

31. Ici, *aisthèsis*. On trouve aussi, à la ligne 12, le terme *antilèpsis* associé à celui de *metadosis* (partage, échange).

32. Trad. Pierre Hadot, *Plotin ou la simplicité du regard,* Paris, Gallimard, Folio, 1997, chapitre II, p. 32-33 ; voir aussi le commentaire, p. 34.

penser mais, aussi bien, raisonner, juger, opiner ou sentir, et que nous ne sommes rien d'autre que ces différentes possibilités, ou ces différentes puissances.

Quant au *hèmeis*, il est associé à cette opération de totalisation. Nous ne sommes pas toute l'âme mais ce par quoi l'âme forme un tout. Cependant, Plotin ne dit pas que nous sommes la conscience, ni que la conscience, c'est nous. Il dit seulement que nous lui sommes liés (μετὰ τοῦ αἰσθητικοῦ). Plotin instaure donc, en même temps qu'une relation, un double écart entre le « nous », la conscience, et la *dianoia*. Le « nous » peut être situé au niveau de la conscience et de la *dianoia*, mais il ne se confond avec aucune d'entre elles. De ce fait, il paraît ne pouvoir être défini ni par une essence, ni par une fonction : il n'est pas une *ousia*, puisqu'il n'est pas identique à l'homme premier ou à l'intelligence. Mais il n'a pas non plus une opération propre, comme l'âme dianoétique : les puissances et les activités de l'âme sont toutes en lui ou à lui (« nôtres »), en tant qu'elles peuvent être pour lui objet de conscience, mais aucune n'est lui. La conscience elle-même ne le définit pas, puisqu'il lui est simplement associé.

c. Cette formule floue, nous sommes « liés à la conscience », μετὰ τοῦ αἰσθητικοῦ, est ailleurs éclairée. Dans le même temps, l'écart entre le *hèmeis* et la *dianoia* est encore précisé. Au chapitre 11 du traité 53, Plotin écrit en effet que « <les réalités supérieures> agissent en nous quand elles parviennent à la partie médiane » (11, 3-4). On demande alors :

– Comment cela ? Est-ce que nous ne sommes pas aussi ce qui est au-dessus de cette partie ?

– Oui, à condition d'en prendre conscience (ἀλλ' ἀντίληψιν δεῖ γενέσθαι) : car nous n'utilisons pas toujours tout ce que nous avons, mais seulement quand nous orientons la partie médiane vers le haut, ou dans la direction contraire… (11, 5-7).

Le *hèmeis* est ici dissocié de la partie médiane de l'âme, et présenté comme ce qui préside à son orientation, vers le haut ou vers le bas, vers l'animal ou vers l'âme séparée. On trouve donc confirmation qu'il n'est pas identique à la *dianoia*. Mais il n'est pas non plus identique à la conscience (laquelle, on l'a vu, est associée par Plotin à la discursivité) puisqu'il est non seulement ce qui prend conscience mais ce qui, à la conscience, assigne tel ou tel objet.

Or cette orientation est aussi ce qui décide de son identité : elle est ce par quoi ce qui n'est que « nôtre », la sensation ou l'intelligence, l'animal ou l'âme séparée, l'homme originel ou l'homme adventice, peut devenir « nous ».

L'IDENTIFICATION DU *HÈMEIS*

a. Le sujet plotinien n'est pas ce qui a conscience qu'il est, mais bien plutôt ce qui devient ce dont il a conscience. Car la conscience, si elle est pensée par Plotin comme le lieu d'une possible totalisation, l'est aussi comme celui d'une sélection. Et le « nous » à son tour n'est pas tant le foyer unificateur des différents contenus intérieurs que ce qui en choisit certains de préférence à d'autres. Il faut alors le penser non plus comme ce qui, de l'âme, fait un tout, mais comme ce qui en choisit telle ou telle partie, ou puissance, et devient en acte la puissance qu'il a choisie.

Sous cette modalité sélective, et non plus totalisatrice, la conscience plotinienne revêt deux principaux aspects : elle peut se donner comme sollicitude *(kèdemonia)* ou comme vigilance *(prosokhè)*. La sollicitude, on l'a dit, c'est la conscience fascinée par son corps (l'animal ou le couple), au point de s'identifier à lui. Cette conscience narcissique, spéculaire, qui préfère son reflet à elle-même, est aussi une conscience immédiate, pré-philosophique : nous sommes d'abord conscience de notre corps, nous commençons par nous identifier à lui[33]. C'est en ce sens qu'il faut comprendre ce que Plotin écrivait dans le traité 22 :

> ... plus d'une fois nous ne sommes plus celui que nous étions auparavant et nous sommes celui que nous nous sommes ajouté ensuite : l'homme que nous étions cesse d'agir et en quelque sorte d'être présent (VI 4 [22], 14, 16-31).

La conscience est en effet, on y reviendra, ce par quoi il y a présence, ou encore ce qui transforme en acte la puissance. Mais elle est aussi, en tant précisément qu'elle est ici pensée sous sa modalité sélective, ce par quoi la présence se double d'absence : parce qu'elle n'est pas présence totale à soi mais choix, l'apparition pour elle d'un objet va de pair avec la disparition de tous les autres. C'est pourquoi lorsque nous devenons l'homme adventice, l'homme originel, celui que nous étions « cesse d'agir et en quelque sorte d'être présent ». Cet homme adventice, qui est en soi second, est pour nous premier : c'est lui que nous sommes d'abord, et aussi longtemps que nous n'avons pas été rappelés, par la philosophie, à cette connaissance de nous-mêmes qui est connaissance de notre dignité et de notre divinité originelles.

La pratique philosophique inverse le processus décrit dans le traité 22 : elle est ce qui rétablit, entre les deux hommes, la hiérarchie ontologique, ce qui nous enseigne à reconnaître en l'homme premier notre essence et notre identité, en l'homme adventice, ce qui nous en éloigne. La philosophie vise ainsi une conversion de la conscience, une inversion de son orientation, depuis le bas vers le haut, depuis l'animal vers l'âme séparée :

> Il faut donc, si l'on veut qu'il y ait conscience des choses transcendantes ainsi présentes, que la conscience se tourne vers le transcendant. Il en est ici comme d'un homme qui serait dans l'attente d'une voix qu'il désire entendre : il écarterait toutes les autres voix, il tendrait

---

33. Il y aurait ici quelque chose comme une « mauvaise réflexivité », et une mauvaise immédiateté à soi – mauvaise parce qu'elle est en vérité rapport non à soi mais au corps. Elle rappelle ce que les Stoïciens nomment *oikeiôsis*, soit l'appropriation immédiate de tout vivant à son corps.

l'oreille vers le son qu'il préfère à tous les autres, pour savoir s'il s'approche ; de la même manière, il nous faut laisser les bruits sensibles, à moins de nécessité, pour garder la puissance de conscience de l'âme (τὴν τῆς ψυχῆς εἰς τὸ ἀντιλαμϐάνεσθαι δύναμιν), pure et prête à entendre les sons qui viennent d'en haut[34].

La pratique philosophique est ainsi ce qui transforme la sollicitude en attention (προσοχή, V 1 [10], 12, 14). C'est par elle que nous comprenons non seulement que nous ne sommes pas l'animal, ce corps tumultueux qui réclame tous nos soins, mais aussi que l'animal n'est pas seul à être « nôtre » : l'âme séparée l'est aussi, mais elle est, elle, un « nôtre » qui nous excède et nous définit (V 3 [49], 3, 23-44). Ainsi, la conscience est, sous la modalité de l'attention, ce par quoi le *hèmeis* découvre qu'une autre identité lui est possible, une autre identification proposée.

Mais cette découverte est médiée. Le traité 53 ne fait rien d'autre que la retracer de façon, aussi, à la susciter. C'est en s'interrogeant sur ce qu'est en lui le sujet de ses diverses opérations que le nous, on l'a vu, s'est découvert comme un sujet-conscience distinct du sujet-substrat. Mais de même, c'est en s'interrogeant sur ce qu'est l'animal qu'il apprend à se dissocier de lui, et qu'il découvre que « d'autres éléments, plus nobles, sont en <lui> » (I 1 [53], 7, 7-8). Ce trajet est un trajet réflexif, un travail à la fois de connaissance et de constitution de soi, et le traité 53 est construit de façon à modifier, chapitre après chapitre, le sujet qu'il interroge. Le traité 49, lui, adopte un tour plus objectif, et montre comment ce travail et cette transformation de la conscience sont engagés par des opérations cognitives courantes : le jugement, par exemple, en tant qu'il est mise en relation des traces des objets sensibles avec les traces des formes intelligibles, est l'occasion de découvrir que nous disposons des notions[35]. Celles-ci sont les traces laissées en nous par l'âme séparée : elles sont l'empreinte, en la *dianoia*, de l'activité de contemplation. Elles sont donc le signe de la présence en nous de l'homme originel, mais cette présence n'est qu'une présence-absence, ou une présence en-puissance.

On comprend mieux alors la formule du traité 53 qui situait le *hèmeis* au niveau de la *dianoia*, sans désigner cette situation comme exclusive, et tout en lui associant, aussi, d'autres opérations, comme la sensation, l'opinion, ou, précisément, les notions (7, 15-16). Si ces opérations sont liées à un certain état ou une certaine partie de l'âme (mêlée au corps ou le gouvernant), le *hèmeis* lui est ce qui peut toutes les exercer, en tant que, précisément, il peut déchoir au niveau de l'animal, demeurer à celui de la *dianoia* ou s'élever à celui de l'âme séparée.

---

34. V 1 [10], 12, 12-20 ; trad. P. Hadot, *Plotin ou la simplicité…, op. cit.*, p. 37.
35. V 3 [49], 3, 1-12. Sur l'écart entre ces deux traités, voir Aubry, « Conscience, pensée… », *art. cit.*

b. Pour que le *hèmeis* s'élève à l'âme séparée, il lui faut transformer en une pleine présence l'existence en lui de l'homme originel. Or cette opération, Plotin la conçoit comme une actualisation. Le thème aristotélicien de l'actualisation traverse tout le traité 53 ; et Plotin l'enchevêtre à celui, platonicien, et inspiré du *Théétète*, de la trace ou de l'empreinte. Au chapitre 7, la sensation est caractérisée comme mise en relation des *tupoi*, ou empreintes, issues des objets sensibles avec celles des formes intelligibles (9-14). Plus loin, Plotin oppose la simple *hexis*, ou disposition, de l'Intellect à l'Intellect lui-même (8, 3). Le chapitre 9 reprend ensuite, pour les préciser, les analyses du chapitre 7 : c'est le propre du raisonnement vrai que de subsumer les *tupoi* sensibles sous les *tupoi* intelligibles : or, en tant que tel, le raisonnement vrai peut être défini comme la mise en acte des notions : νοήσεων γὰρ ἐνέργεια ἡ διάνοια ἡ ἀληθής (9, 21-22). De la même façon, dans le passage du chapitre 11 déjà cité, l'orientation de la conscience vers le haut ou vers le bas est décrite comme une actualisation :

– Comment cela ? Est-ce que nous ne sommes pas aussi ce qui est au-dessus de cette partie ?

– Oui, à condition d'en prendre conscience : car nous n'utilisons pas toujours tout ce que nous avons, mais seulement quand nous orientons la partie médiane vers le haut, ou dans la direction contraire ; ne faut-il pas dire que nous usons de tout ce que nous faisons passer de l'en-puissance ou de la disposition à l'acte ? (11, 4-8).

Ailleurs, Plotin nomme « réminiscence » cette opération[36]. Il l'associe aussi à la vertu cathartique[37] et à ce degré supérieur de discursivité qu'est la recherche philosophique, laquelle manie les notions pour elles-mêmes (III 8 [30], 6, 21-23).

Prendre conscience, c'est donc bien « réaliser » : c'est donner une pleine présence à ce qui était encore mêlé d'absence, et c'est aussi, et par-là, accéder au plus réel, à l'essentiel. Si la conscience est la condition de l'accès à l'essence, c'est donc en tant qu'elle est au principe d'une actualisation. C'est par la

---

36. IV 3 [27], 25, 30-33 ; V 3 [49], 2, 13.

37. « <La vertu> est une contemplation et une empreinte de ce qui a été vu, placée en elle et agissante, tout comme la vue agit lorsqu'elle rencontre l'objet visible. – Mais les objets de cette contemplation, ne les possédait-elle pas et n'en avait-elle pas la réminiscence ? – Sans doute, elle les possédait, mais au lieu d'être agissants ils étaient déposés en elle sans être éclairés. Afin qu'ils soient éclairés et qu'elle sache alors qu'ils sont en elle, il faut qu'elle s'approche de ce qui les éclaire. D'ailleurs, ce qu'elle possédait ce n'étaient pas les objets contemplés, mais leurs empreintes (τύπους) : il faut donc qu'elle ajuste ces empreintes aux réalités véritables dont elles sont précisément les empreintes » (I 2 [19], 4, 19-25 ; trad. J.-M. Flamand modifiée). Signalons que pour Proclus le *skopos* du *Premier Alcibiade* est précisément éthique, et non, comme pour Damascius, politique, en tant qu'il a pour objet l'âme qui se déprend du corps (voir A. Ph. Segonds, *Proclus. Sur le* Premier Alcibiade *de Platon*, t. 1, Introduction, Paris, Les Belles Lettres, 1985).

conscience que nous devenons en acte ce que nous n'étions qu'en-puissance : l'actualisation est aussi identification.

La conscience, dès lors, n'est pas tant constitutive de l'identité que conditionnante pour l'identification. Nous ne sommes pas ce dont nous avons conscience : bien plutôt, nous devenons ce dont nous prenons conscience.

UN SUJET PRATIQUE ?

Ce processus, cependant, n'est en rien nécessaire. Le *hèmeis* plotinien est bien plutôt le sujet d'un double devenir possible, d'une double identification, l'une par laquelle il manque son essence[38], l'autre par laquelle il l'accomplit. On voit par-là, et encore, que la question plotinienne de la nature du « nous » ne se confond pas avec celle, platonicienne, de l'essence de l'homme : le « nous » est justement ce pour quoi son humanité n'est pas un fait, un donné, une identité immédiate et effective, mais un possible qu'il peut accomplir aussi bien que manquer. Il est, ultimement, ce qui est responsable de son humanité.

Dans le traité 53, les notions de *hèmeis* et de responsabilité sont encore associées. Ce dernier thème n'est abordé que sur un mode négatif, puisqu'il s'agit d'abord pour Plotin d'affirmer l'impeccabilité de l'âme séparée : celle-ci doit être considérée comme « affranchie de la responsabilité de tous les maux que l'homme commet et qu'il subit » (9, 2-3). Mais à partir de là, tout l'effort de Plotin va consister à affirmer conjointement l'impeccabilité de l'âme séparée et la responsabilité du *hèmeis*.

Cette double affirmation se reflète, à même le texte, dans la récurrence d'une structure d'inversion. Au chapitre 9, par exemple, Plotin, après avoir demandé s'il faut dire de l'Intellect qu'il « touche » ou qu'il « ne touche pas », corrige ainsi :

> Ne vaudrait-il pas mieux s'exprimer ainsi : c'est nous qui avons touché l'intelligible qui est dans l'Intellect ou qui ne l'avons pas touché. Ou bien : qui avons touché l'intelligible qui est en nous. Car il est possible de l'avoir sans l'avoir sous la main (9, 12-15).

Il s'agit ici d'affirmer à la fois que l'Intellect n'est pas séparé de nous, et que toute relation entre lui et nous dépend non de lui mais de nous. Si un contact avec lui est possible, ou encore, et plus précisément, une prise de conscience de sa présence en nous, c'est comme le résultat non d'un mouvement par lequel il descendrait vers nous, mais d'un mouvement par lequel nous nous élevons à lui.

---

38. Dans le traité 53, Plotin s'interroge sur les bêtes en qui se sont réincarnées des âmes humaines (11, 11). On peut supposer qu'un tel devenir est celui d'hommes qui, n'ayant jamais pris conscience de la présence en eux de l'âme séparée, ont manqué leur humanité.

La même structure d'inversion se repère au chapitre 11 : Plotin y énonce, on l'a vu, que les réalités supérieures n'agissent sur nous que « quand elles parviennent à la partie médiane » (11, 3-4). Mais c'est pour préciser aussitôt que c'est à nous, en vérité, à les actualiser, en orientant notre conscience vers elles (11, 4-8). Ici encore il s'agit d'affirmer que ce ne sont pas les réalités supérieures qui descendent vers nous, mais bien nous qui non seulement nous élevons, mais nous identifions à elles.

La relation entre le supérieur et l'inférieur est donc univoque. Mais c'est que, on l'a vu, l'âme supérieure ne « descend » pas (et c'est bien pour cela qu'elle est impeccable). Ce n'est pas elle qui se mêle au corps, mais la puissance qui émane d'elle en tant que, précisément, elle est un être parfait, immobile, et autosuffisant. Cette puissance s'inscrit en nous sous la forme d'une en-puissance ou d'une disposition. Et c'est en l'actualisation de cette empreinte que consiste notre élévation vers les réalités supérieures, et notre identification à elles. Le mouvement d'actualisation de l'en-puissance inverse ainsi le mouvement de procession de la puissance[39].

Cependant, et il faut y insister, là où le premier mouvement est nécessaire, le second, lui, est délibéré, suspendu à la responsabilité du *hèmeis* : c'est à nous à orienter notre conscience « vers le haut ou dans la direction contraire ». Et dès lors qu'une double orientation nous est ouverte, c'est à nous à choisir entre l'âme séparée ou l'animal en nous.

C'est pourquoi l'on peut se demander, finalement, si le trait fondamental du sujet plotinien ne réside pas dans cette puissance de choix[40]. Plus encore que par la conscience, le *hèmeis* paraît devoir être défini par la liberté d'assigner à sa conscience tel ou tel objet. Procédant ainsi, cependant, et dès lors que la prise de conscience préside à une identification, c'est lui-même qu'il choisit. La formule du sujet plotinien n'est pas « je suis tant que j'en ai conscience », mais « je deviens ce dont j'ai conscience ». Puissance d'autodétermination, le *hèmeis* apparaît ainsi comme ce qui a, lui-même, à se constituer : comme ce qui, choisissant en lui l'un ou l'autre des deux hommes dont il est composé, se donne une identité.

---

39. Sur la façon dont Plotin joue de l'équivocité de la *dunamis*, de son double sens de puissance et d'en-puissance, pour dire la réciprocité de la procession et de la conversion, voir Gwenaëlle Aubry, *Dieu sans la puissance. Dunamis et energeia chez Aristote et chez Plotin*, Paris, Vrin, 2006.

40. Il y aurait là un trait stoïcien. On sait en effet qu'Épictète fait de la *prohairesis*, le choix primordial, la faculté définitionelle du sujet. Sur ce point, voir Aubry, *Plotin. Traité 53, op. cit.*, p. 300-304, ainsi que T. Bénatouïl, « L'usage de soi dans le stoïcisme impérial », dans P. Galand-Hallyn et Carlos Lévy (dir.), *Vivre pour soi, vivre pour la cité*, Paris, PUPS, 2006, p. 59-73.

WILFRIED KÜHN

SE CONNAÎTRE SOI-MÊME :
LA CONTRIBUTION DE PLOTIN
À LA COMPRÉHENSION DU MOI

LE MOI AU SECOND PLAN

a) Comment le moi est pris en compte.

Quel genre de réalité signifions-nous en parlant du moi ? Sans doute une réalité qui, à la différence de toute autre, se constitue en se connaissant d'une façon ou d'une autre. Comment, en effet, appeler « moi » une entité qui ne sait rien d'elle-même ? En même temps, on distingue le moi par son individualité, par opposition à la subjectivité rationnelle, donc universelle, à laquelle on a pris l'habitude de réserver le terme de « soi ». Le moi est par conséquent une réalité individuelle qui se connaît plus ou moins. De surcroît, s'il est vrai qu'elle se constitue en se connaissant, cette réalité doit se savoir individuelle ; sinon, son individualité ressemblerait plutôt à celle d'un objet spatio-temporel qu'à celle d'un être humain qui se distingue consciemment de toute autre chose.

Plotin tient compte des deux aspects du moi, à savoir son individualité et son auto-connaissance. Mais sa démarche, à la fois éthique et épistémologique, consiste à dissocier l'individualité et la connaissance de soi. Car il conçoit cette connaissance selon sa perfection, autrement dit, comme l'auto-connaissance de l'intellect ou du soi. Pour ce qui est du moi, en revanche, il faut admettre la possibilité qu'à tout le moins il se cherche au lieu de se connaître parfaitement. Ce qui n'empêche pas un lecteur critique de Plotin d'objecter que, théoriquement, le moi peut arriver à se connaître parfaitement – surtout au titre de la subjectivité rationnelle qu'il est aussi –, sans abandonner son individualité. Voilà ce que Plotin n'a pas soutenu. Pourquoi ?

C'est là une vaste question, qui revient à s'interroger sur les conditions et les limites historiques de la conception de Plotin. Avant d'évoquer deux d'entre elles, je voudrais dire un mot du moi, c'est-à-dire de l'individu qui se sait tel. En fait, Plotin ne dit pas que le moi se sait ou se connaît en tant que tel, car cela suggérerait la connaissance parfaite qu'il réserve à l'intellect. En revanche, c'est en d'autres termes cognitifs, on le sait, que le moi est censé se rapporter à lui-même. Ce qui vient à l'esprit, c'est la conscience de soi, mais celle-ci peut signifier une connaissance ponctuelle qui reste en retrait par rapport à ce qui constitue le moi. On s'en rend compte en lisant que l'âme est et devient ce dont elle se souvient (voir *Enn.* IV 4 [28], 3, 5-6). Plotin vise ici le souvenir de l'âme, qui peut porter sur les objets intelligibles, les réalités célestes ou bien les choses terrestres. L'idée semble être que l'âme s'inspire de sa mémoire, lorsqu'elle choisit sa place à l'un ou l'autre des niveaux du réel (cf. *ibid.*, l. 1-3). Mais cela signifie qu'elle veut s'assimiler à ce dont elle se souvient, si bien que l'on peut dire que le souvenir détermine l'idée qu'elle se fait d'elle-même, c'est-à-dire l'idée de ce qu'elle veut être et sera.

C'est donc dans un contexte particulier et d'une façon particulière que Plotin reconnaît en la mémoire et le souvenir les fonctions cognitives qui constituent l'individualité du moi. Il est cependant permis de douter que le terme d'individualité soit approprié, étant donné que les souvenirs n'intéressent Plotin que sous l'aspect du domaine objectif – donc identique pour toutes les âmes – où ils ont pris leur origine. Il n'en va pas de même des souvenirs que quelqu'un peut avoir de sa vie sur terre et dans lesquels il se reconnaît (voir IV 3 [27], 27, 7-10 et 14-16 ; *cf.* ch. 32, 1-4). Plotin ne dit pas que l'individu se reconnaît ainsi, mais il suggère que ces souvenirs ont trait à l'individu d'une façon particulière, notamment lorsqu'il fait des actions et des souffrances les objets du souvenir. Comment ne pas penser que c'est à travers ces souvenirs-là que l'individu s'identifie à sa vie et se définit lui-même ? Plotin n'est donc probablement pas ignorant de l'importance de la mémoire et du souvenir pour la compréhension que l'individu a de lui-même et qui le constitue dans sa différence individuelle.

b) Surmonter l'amour du moi selon les stoïciens

Mais Plotin ne développe pas la notion du moi qui se dessine ainsi. Cela se comprend compte tenu de la prépondérance qu'il accorde à la question de ce que l'on peut appeler le destin métaphysique de l'âme, c'est-à-dire son établissement à l'un ou l'autre des niveaux du réel. C'est en effet en fonction du niveau dont s'approche l'âme ou auquel elle se fixe, qu'elle garde le souvenir de ce qu'elle a vécu ou qu'elle l'oublie. Cela signifie que l'âme qui réalise sa nature intellectuelle non seulement se détourne des objets sensibles, mais perd aussi la mémoire de sa vie terrestre qui ne saurait désormais avoir de valeur pour elle (voir IV 3 [27], 32, 10-18 ; IV 4 [28], 1, 4-14). Voilà le point où Plotin sépare les deux aspects du moi, son individualité et son auto-connaissance, en abandonnant son individualité au profit de la connaissance parfaite[1]. Si l'on s'interroge sur les

---

1. Le chapitre suivant confirme cet abandon en affirmant dans ses premières lignes que le sujet de cette connaissance ne se rend pas compte de qui il est (IV 4 [28], 2, 1-3). Mais à la fin du chapitre, Plotin commence par promettre à ce même sujet qu'est l'âme que l'union avec

raisons de cette attitude qui ne relève probablement même pas d'un choix, on arrive à comprendre quelque chose au fait que le moi soit resté au second plan de la pensée néo-platonicienne.

Les deux raisons que je voudrais simplement rappeler intéressent la situation historique de la philosophie sur le fond de laquelle il convient de comprendre la pensée de Plotin. Premièrement, il me semble que Plotin reprend à sa manière le point culminant de l'éthique stoïcienne, c'est-à-dire l'identification de l'agent moral avec la raison divine qui n'est rien d'autre que l'ordre du monde sensible. Ce que signifie cette identification, on s'en rend compte, lorsque l'on fait état de son opposition à la finalité qui caractérise la vie animale et la vie des hommes ordinaires. C'est la fameuse conservation de soi-même qui est censée découler de l'amour de soi d'un être menacé et se sentant menacé. Dans la mesure où les stoïciens ont considéré que la tendance à se conserver organise la vie, ils en sont arrivés à définir le moi par le biais de sa motivation pratique. Selon Sénèque, en effet, la sollicitude de soi est innée à tout animal si bien que le moi est ce en faveur de quoi chaque vivant désire ce qu'il désire et évite ce qu'il évite (voir *Ep.* 121, 17).

Cette définition du moi concerne un autre aspect que la définition par la mémoire et le souvenir. Mais les deux définitions ont ceci de commun que c'est le moi lui-même qui les opère et qu'il se définit ainsi comme un individu, c'est-à-dire en se distinguant des autres. Or l'analogie entre les stoïciens et Plotin porte aussi sur le dépassement de cette auto-définition. En effet, sans évoquer différents niveaux du réel, comme le fera Plotin, les stoïciens ont déjà exigé de celui qui veut être heureux qu'il subordonne le souci du moi individuel au souci de la rationalité du cours du monde ; dans une attitude critique, Cicéron parle

l'intellect ne le fera pas disparaître, pour lui attribuer ensuite la conscience de s'être identifié à l'objet intelligible (l. 27-32). Un autre passage permet également de conclure que l'âme qui accède à la connaissance parfaite ne cesse pas d'être consciente d'elle-même, ce qui ne veut pas dire qu'elle soit un moi individuel (voir V 8 [31], 11, 23-24). En effet, si le sujet de la connaissance parfaite est dit, dans ces lignes, se garder de se quitter lui-même par la volonté de se regarder davantage – ce qui signifie ici se regarder comme quelque chose d'autre –, cela ne saurait se vérifier par rapport à l'intellect, mais caractérise plutôt l'âme. Puisqu'il faut être conscient de soi pour se garder de quelque acte que ce soit, la réflexion de Plotin semble se référer à l'âme qui est conciente d'elle-même sans s'individualiser.

Pour défendre la thèse selon laquelle Plotin accorde « à tout individu humain une valeur et une consistance éternelles », J. Trouillard a soutenu, entre autres, que « les ordres inférieurs ne sont pas annulés par la conversion » (voir « Plotin et le moi », dans A. Jagu *et alii* (édit.), *Horizons de la personne*, Paris, Éd. Ouvrières, 1965, p. 69-75 : 59 et 64). Mais le lecteur n'apprend pas sur quels textes l'auteur s'appuie pour cette observation. Il est clair cependant qu'il veut parler de « plans inconscients » qui n'en sont pas moins « efficaces et réels en nous » (*ibid.*, p. 64). Cela signifie que, lorsqu'il interprétait Plotin en tout cas, J. Trouillard ne concevait pas l'individu à partir de ce dont il est conscient d'une façon ou d'une autre.

même d'abandon de l'orientation originale de la volonté (voir *Fin*. IV 26). Cette exigence s'argumente sous l'aspect de chacun de ces deux soucis. D'une part, en effet, il ne dépend pas de nous que, oui ou non, nous réussissions à obtenir ce que nous sommes amenés à désirer pour nous-mêmes à titre de moi individuel, et non à titre de soi rationnel ; il n'est donc pas raisonnable de tenir pour le bien ce qui correspond au souci du moi individuel. D'autre part, la pratique qui consiste à poursuivre la conservation de soi avec rationalité, c'est-à-dire avec cohérence, apprend à celui qui vit ainsi que le bien réside dans la rationalité de ses choix et non dans l'obtention des différents avantages recherchés ; et cette rationalité dépend de nous (*ibid*., III 20-21)[2]. En même temps, on peut se rendre compte que la nature organise le monde selon la même rationalité dont elle nous a dotés, si bien que, en agissant en tant que soi rationnel, nous pouvons améliorer, dans les limites qui sont à chaque fois les nôtres, l'ordre du monde[3].

Ainsi, l'éthique stoïcienne intègre déjà, pour parler en termes plotiniens, le retournement du sujet (ἡμεῖς) qui consiste à délaisser le moi individualisé, corporel, pour s'identifier au principe rationnel de la réalité, autrement dit : pour devenir entièrement le soi non individualisé qui, auparavant, n'était qu'engagé dans la vie humaine. En dépit des différences entre le stoïcisme et Plotin, l'on ne saurait donc mettre au compte de Plotin le développement moral qui fait abandonner le moi au profit du soi.

c) Le soi promet autonomie et autosuffisance.

Deuxièmement, le même abandon suit une tendance de la philosophie grecque, mieux connue encore, puisqu'elle remonte à Socrate. Je veux parler de la tendance à établir l'autonomie de l'individu humain dans un savoir rationnel qui n'est pas individuel. Je crois qu'il est justifié de parler d'autonomie de l'individu, parce que les sophistes comme Socrate ont revendiqué cette autonomie face aux normes et aux coutumes de la cité ; ils ont donc affirmé leur individualité contre le collectif. Mais ils l'ont fait par le biais de l'argumentation, qui ne saurait jamais être individuelle, parce qu'elle veut être comprise par son destinataire. Néanmoins, on peut faire valoir à propos des sophistes qu'ils

---

2. Pour une interprétation récente, voir T. Irwin, « Socratic paradox and Stoic theory », dans S. Everson (édit.), *Cambridge Companions to Ancient Thought*, 4 *Ethics*, Cambridge, Cambridge University Press, 1998, p. 151-192 : 160-164.

3. Les textes qui transmettent cet aspect cosmologique du bien n'établissent pas de lien précis avec la découverte de la rationalité dans la vie humaine, voir Diogène Laërce, VII 88, p. 496, 18-21 Marcovich ; Posidonius, *fr*. 186, 12-15 Edelstein-Kidd ; Sénèque, *Ep*. 92, 3 ; Épictète, *Diss*. II 10, 3-4. Par ailleurs, je m'inspire de l'article de M. Frede, « On the Stoic conception of the good », dans K. Ierodiakonou (édit.), *Topics in Stoic Philosophy*, Oxford, Oxford University Press, 1999, p. 71-94 ; voir aussi B. Inwood, *Ethics and Human Action in Early Stoicism*, Oxford, Oxford University Press, 1985, p. 205-215.

réalisaient leur autonomie dans la pratique, comme on l'observe en lisant les fragments d'Antiphon d'Athènes, et que leurs discours faisaient partie de cette pratique en justifiant à chaque fois l'objectif qu'ils s'étaient fixé dans leur intérêt individuel. Mais, par la bouche de Socrate, Platon leur objectait que, dans cette pratique qui devait suivre les règles du jeu politique, ils étaient tout sauf autonomes, étant donné qu'ils étaient obligés de se conformer aux humeurs du public, à ses opinions et, au fond, à ce que nous appellerions sa mentalité (voir notamment *Gorg.* 512e4-513c8).

Cette critique permet d'éclairer un point bien connu : c'est dans le savoir, considéré comme infaillible et certain, donc imperméable aux tendances variées de l'opinion, que les philosophes, à l'exception des sceptiques, ont cherché à fonder leur autonomie, c'est-à-dire l'indépendance de leur jugement par rapport à ces mêmes tendances. Qui plus est, selon Aristote, l'activité théorique rend plus autosuffisant que l'exercice de toute autre excellence, qui consiste en une certaine façon d'interagir avec autrui (voir *Éth. Nic.* X 7, 1177a 27-b1 ; pour l'idéal de l'autosuffisance *cf.* Platon, *Rép.* III, 387d11-e1).

Comme on le sait, l'autosuffisance, entendue au sens abstrait où elle exclut toute sorte de dépendance, est aux yeux de Plotin le principal critère de perfection, critère auquel ne satisfait, à strictement parler, que le premier principe. Il n'en reste pas moins que l'âme gagne considérablement en autosuffisance, dès lors qu'elle pratique la connaissance parfaite en s'unissant à l'intellect. En ce qui concerne l'autosuffisance, il s'agit d'un exemple significatif de la transformation par laquelle une notion qui, au départ, porte sur les conditions sociales du sujet moral, finit par revêtir une fonction métaphysique. Ainsi transformée, la notion d'autosuffisance n'en conserve pas moins la connotation de valeur importante, connotation qui ne se comprend cependant qu'à partir du rapport que l'individu entretient avec les autres.

d) Pour comprendre le moi, profiter de l'analyse du soi

Pour revenir à Plotin, cette observation permet d'éclairer aussi la différence entre le moi et le soi. On décrira alors l'orientation philosophique plus générale que je viens de rappeler dans les termes suivants : dans sa pratique, le moi traduit son individualité en indépendance sociale, en ce qui concerne ses convictions aussi bien que son mode de vie, dans la mesure où il devient entièrement le soi qu'il est déjà partiellement et imparfaitement, c'est-à-dire où il devient le sujet du savoir objectif et impersonnel.

Dans ce but, les deux traditions évoquées convergent, celle de l'éthique stoïcienne et celle de l'indépendance sociale, même si l'éthique stoïcienne est beaucoup plus élaborée. Dès lors que Plotin héritait de ces deux traditions, il ne pouvait guère échapper à leurs conséquences, et notamment à la prépondérance accordée au soi rationnel. Mais cela ne veut pas dire, à mon avis, que les réflexions qu'il développe au sujet de ce soi n'intéressent en rien la compréhension du moi. Au contraire, deux éléments que l'on peut tirer des textes de Plotin aident à comprendre le caractère réflexif du moi : l'idée que se connaître signifie se connaître comme ceci ou cela ; l'idée que la connaissance de soi constitue le sujet de cette connaissance. Aucune de ces idées ne va sans dire, aucune ne ressort nettement des textes des *Ennéades* comme une doctrine fermement soutenue.

Pourquoi le moi ou le soi ne saurait-il se connaître en tant que tel uniquement, comme s'il disait simplement « je » ? Parce que, le disant, il sait et donne à entendre que c'est lui-même qui se met à parler ; autrement dit, il se sait comme étant celui qui prononce ce mot. En termes de connaissance et non de langage, Plotin fait cette observation en V 3 [49], 5, 10-15 (voir plus loin, p. 143-145), mais il n'en tire pas la conséquence qu'il est impossible de se connaître sans se déterminer d'une façon ou d'une autre. Il n'en reste pas moins que se connaître soi-même signifie pour Plotin se connaître aussi bien comme connaissant que, pour d'autres raisons que je vais exposer, comme étant la réalité tout entière. Par conséquent, Plotin n'envisage pas de connaissance de soi ayant pour objet le seul « soi » dénué de toute qualité.

La deuxième idée est plus difficile à accepter, et il est moins sûr que Plotin l'ait soutenue. Si, en effet, la connaissance de soi constitue son sujet, elle constitue aussi son objet, les deux étant identiques. Comment ne contredit-elle pas alors l'idée de connaissance comprise comme l'acte de se rapporter à un objet existant indépendamment d'elle ? Cependant, dans le domaine de la connaissance réflexive, il existe apparemment d'autres cas qui ne sont pas conformes à cette notion. Que dire, en effet, si quelqu'un se rend compte qu'il commet une erreur théorique (en croyant, par exemple, que le soleil tourne autour de la terre) ? Comprendre que l'on se trompe, cela ne supprime pas entièrement l'objet de cette connaissance, c'est-à-dire le fait qui se décrit par l'énoncé « je me trompe en croyant que le soleil tourne autour de la terre », mais cela relègue ce fait au passé, si bien qu'il faut dire désormais « je me suis trompé... ». Quant au présent et au futur, en revanche, la connaissance de l'erreur fait disparaître celle-ci, si bien qu'il est faux de dire « je me trompe en croyant... », à condition que cet énoncé soit catégorique et non conditionnel (« si je crois..., je me trompe »). C'est en ce sens que la connaissance de l'erreur élimine son objet. Elle ne satisfait donc pas à la norme selon laquelle la connaissance n'affecte pas son objet. Ne pouvant apparemment prétendre à une validité universelle, cette norme ne suffit pas pour rejeter l'idée d'une connaissance constitutive. Je reviendrai sur ce thème plus loin, p. 145-149.

Dans un premier temps, en revanche, il s'agira de comprendre l'argument principal de Plotin, qui suggère que la connaissance de soi porte non pas sur un soi dépouillé de toute qualité, mais sur un soi déterminé. Il ne s'agit pas de l'argument selon lequel le soi doit de toute façon se connaître comme connaissant (voir p. 143-145), mais d'un argument beaucoup plus compliqué (p. 133-143).

LE MONOPOLE DE L'INTELLECT

Les deux idées concernant la connaissance de soi correspondent à deux approches qui se distinguent par les contextes différents dans lesquels Plotin considère la connaissance de soi, et qui se répercutent sur sa manière de traiter le sujet. La première approche, celle qui intéresse la détermination du soi, s'inscrit dans un questionnement sur la justification du savoir. La deuxième approche, qui a trait à l'auto-constitution du soi, sert à expliquer la différence entre l'intellect et le premier principe. Avant de se concentrer sur la spécificité de chacune des deux approches, il faut signaler ce qui ne change pas de l'une à l'autre : le sujet de la connaissance de soi, c'est l'intellect.

Pourquoi en est-il ainsi ? D'une part, les traditions que j'ai rappelées ont préparé cette position de Plotin. Pour s'en convaincre, il suffit d'admettre que l'intellect plotinien prend en quelque sorte le relais du principe rationnel de la réalité selon les stoïciens, principe auquel le sage s'identifie. D'autre part, il faut traiter la prééminence accordée à l'intellect dans le contexte de la première approche, épistémologique. Si l'intellect est dit se connaître lui-même, cela signifie-t-il que la raison discursive ne se connaît pas ? Provisoirement, je proposerai deux réponses.

Premièrement, la raison n'est pas totalement exclue de la possibilité de se connaître elle-même, mais elle ne se connaîtra qu'en un sens dérivé, alors que c'est au sens premier et parfait que l'intellect se connaît lui-même.

Deuxièmement, la connaissance de soi n'est pas, aux yeux de Plotin, un mode de connaissance à côté de la connaissance d'objets autres que le sujet. Elle est plutôt la seule connaissance du sujet qui l'opère. Voilà une prémisse que j'extrais des textes pour comprendre le raisonnement de Plotin.

Cette hypothèse fait ses preuves si l'on considère le cas de la raison. En référence à celle-ci, Plotin précise le critère qui lui permet d'affirmer d'une entité qu'elle se connaît elle-même.

Et si < la partie de l'âme qui est en un sens intellectuelle > était ce qu'elle dit, elle se connaîtrait elle-même en ce sens (*Enn.* V 3 [49], 6, 24).

Comme il ressort de la suite du texte, Plotin ne croit pas à la réalité de la condition posée. Pourtant, comment peut-on accepter que la raison ne soit pas ce qu'elle dit, lorsqu'elle se rend compte non seulement de sa manière de penser, mais aussi du fait qu'elle est le reflet (εἰκών) de l'intellect ? C'est ce que Plotin a affirmé d'elle auparavant (4, 14-22). Or, si la raison reconnaît ce qu'elle est, à savoir le reflet de l'intellect, elle est aussi ce qu'elle dit. Le discours de Plotin sur la raison peut-il alors échapper au reproche d'incohérence ?

On peut éviter ce reproche, si l'on fait valoir l'hypothèse que j'ai proposée, et selon laquelle la connaissance de soi est la seule connaissance du sujet qui se connaît. La raison, en effet, pense nombre d'objets autres qu'elle-même ou « extérieurs » à elle-même (3, 15-17). Par conséquent, si elle se connaît, c'est une connaissance à côté d'une autre par laquelle elle ne se connaît pas. Si l'hypothèse est pertinente, il s'ensuit que la raison ne se connaît pas – réellement – elle-même.

La pertinence de l'hypothèse se confirme par ce qui est dit de l'intellect, lequel semble faire mieux que la raison. C'est en effet l'intellect qui est visé, lorsque Plotin dit :

> La vérité ne doit donc pas porter sur quelque chose d'autre, mais ce qu'elle dit, elle doit aussi l'être (5, 25-26).

C'est en évoquant la vérité que Plotin suggère que l'accord entre être et discours ne doit pas se limiter au sujet du discours, entendu au sens où la raison est sujet. Le même accord est nécessaire, pour qu'il y ait vérité de quelque pensée que ce soit. Or, la pensée vraie n'est rien d'autre que la connaissance qui constitue l'intellect. Par conséquent, pour penser toujours vrai ou pour faire toujours acte de connaissance ou encore pour être lui-même, l'intellect doit être tout ce qu'il pense. Et si l'intellect est tout ce qu'il pense, il ne pense jamais autre chose que lui-même. Voilà ce que dit Plotin en d'autres termes : « Car c'est en regardant les êtres que son regard se porte sur lui-même… » (6, 5-6).

L'intellect se connaît donc lui-même en ce sens qu'il ne connaît rien qui soit autre que lui. Étant donné qu'il est dit se connaître au sens propre du mot (*ibid.*, l. 1-2), je conclus que la notion de connaissance de soi contient l'exclusivité de cette connaissance. Si cela est vrai, la notion plotinienne de la connaissance de soi implique une conséquence problématique : se connaître soi-même ne dépend pas de la distinction entre soi-même et autre chose ni ne s'accompagne de cette distinction[4].

---

4. En faisant cette remarque je pense de nouveau aux stoïciens et plus précisément à leur façon de concevoir non la *connaissance* de soi, mais la *manifestation* de soi : la représentation se manifeste elle-même et l'objet qui la produit (voir Aëtius, *Plac.* IV 12, 1, dans A. A. Long,

NE PAS SÉPARER L'INTELLECT DE SON OBJET

Ce n'est pas un hasard si le sens de l'expression « connaissance de soi » se clarifie en mettant à contribution la notion de vérité. C'est bien plutôt une caractéristique de l'approche épistémologique. En effet, si la connaissance de soi s'est révélée englober tout ce que connaît le sujet qui se connaît lui-même, l'épistémologie de Plotin revient à transformer, inversement, toute connaissance en connaissance de soi. Il va de soi que l'extension de la connaissance de soi et la transformation de la connaissance s'entraînent l'une l'autre de façon nécessaire. Pour comprendre comment la transformation de la connaissance peut paraître justifiée, il faut donc garder en mémoire l'argument qui sert de point de départ à l'épistémologie de Plotin.

Cet argument consiste à critiquer toute épistémologie selon laquelle les objets sont « extérieurs » à l'intellect, c'est-à-dire indépendants de lui ; il vise avant tout l'épistémologie stoïcienne.

Même si l'on concède autant que possible que ces choses sont à l'extérieur et que l'intellect les contemple dans cette condition, il est impossible que l'intellect possède la vérité des choses et nécessaire qu'il se trouve dans l'erreur à propos de toutes les choses qu'il contemple. Car les choses véritables seraient celles-là. Par conséquent, il les contemplera |55| sans les posséder, n'ayant reçu que leurs copies dans la connaissance de ce genre. Sans donc posséder l'objet véritable mais ayant reçu en lui-même les copies du vrai, il possédera les choses fausses et rien de vrai (V 5 [32], 1, 50-58).

Selon ce texte, le seul fait de n'être pas son objet suffit à rendre fausse la pensée. Car être vrai, c'est ce qui distingue les objets, et tout ce qui n'est pas vrai est forcément faux. C'est ce qui permet à Plotin de conclure, dans les premières lignes, que l'intellect, du seul fait d'être séparé de son objet, se trompe, même s'il considère cet objet en soi – et non une image de l'objet[5]. Plus loin, ce verdict est corroboré par l'observation selon laquelle l'intellect acquiert une copie de l'objet qu'il contemple. Cela signifie-t-il que l'intellect vise l'objet en soi, mais lui prête les caractéristiques de la copie ?

Quoi qu'il en soit, l'essentiel de l'argument réside en ceci qu'il réserve la vérité aux objets. Ce faisant, Plotin adopte une certaine notion de vérité, celle que Platon applique aux formes intelligibles pour les distinguer des objets qui en participent et qui sont appelés « copies » (εἴδωλα) (voir, par exemple, *Banquet* 212a4-5). Dans un passage fameux du *Sophiste* (240a-b), Platon explique que

D. N. Sedley, *The Hellenistic Philosophers*, Cambridge, Cambridge University Press, 1987, 39 B 2 ; Sextus Empiricus, *Adv. Math.* VII 162).

5. C'est dans le fait d'accorder à l'intellect – « stoïcien » – la référence à l'objet en soi et non seulement la référence à une image perçue par les sens que me semble résider la concession que Plotin évoque au début du passage. Sextus Empiricus ne fait pas cette concession, voir *Pyrrh. Hypot.* II 73, *Adv. Math.* VII 383.

toute copie, en dépit de sa ressemblance qualitative avec l'original, lui est opposée en tant que copie. Alors que l'original représente la qualité commune de façon véritable, la copie la représente de façon non véritable. Lorsqu'elle est appelée « contraire au vrai » pour cette raison (240b5), on peut conclure que la copie est fausse – ce qui annonce l'argument de Plotin.

Le parallèle platonicien permet de repérer le sens que prennent les termes « vrai » et « faux » dans ce contexte : c'est l'authenticité qui définit l'original et l'inauthenticité qui définit la reproduction. Celle-ci est donc fausse au sens d'inauthentique indépendamment du fait qu'elle représente l'original de façon fidèle ou non. Or, par rapport à Platon, Plotin fait preuve d'originalité en appliquant cette notion de fausseté à toute pensée qui est censée être séparée de son objet[6]. À quoi bon préciser ainsi la condition qui garantit que l'intellect se trompe ? Afin de réfuter toute épistémologie qui part de la séparation ou de l'altérité entre objet et intellect : en faisant de l'intellect le sujet de copies fausses, une telle théorie se révèle défaillante par rapport à l'idée de l'intellect comme pensant infailliblement vrai.

Reste un petit point de détail, comme dirait le Socrate de Platon. Plotin ne peut pas se passer de l'autre notion de vérité, selon laquelle la vérité ne s'identifie pas à l'authenticité des objets ou des êtres, mais est une qualité ou une valeur des propositions et des pensées ; cette notion se trouvera appliquée par deux fois dans les dernières lignes du même chapitre V 5, 1, où Plotin prend pour acquis que la vérité est authenticité. Il devrait donc expliquer la raison pour laquelle il ne prend pas en compte la possibilité d'attribuer la vérité à la pensée, lorsqu'il examine l'épistémologie stoïcienne. Je ne crois pas que cette explication se trouve quelque part dans les *Ennéades*.

LA CONNAISSANCE IDENTIFIÉE À SON OBJET

Nous n'oublions pas le thème de la connaissance de soi. Nous allons le retrouver en montant avec Plotin sur les ruines de l'épistémologie qu'a détruite sa notion de vérité. Par le biais de cette destruction, Plotin révèle le principe de sa propre épistémologie, qui débouche sur l'idée de savoir auto-référentiel ; c'est pourquoi il ne faut pas faire l'économie de l'examen de ce principe qu'est l'identification du savoir avec l'objet.

---

6. Dans le *Sophiste* précisément, on le sait, Platon s'appliquera à établir fausseté et vérité comme étant toutes les deux primordialement des qualités de la proposition (voir 259e- 264b). Par ailleurs, ce n'est pas la séparation au sens physique qui compte pour Plotin – comme on pourrait le supposer eu égard à la gnoséologie stoïcienne –, mais la simple altérité, d'après ce que dit le texte déjà cité de V 3 [49], 5, 25-26.

Cependant, peut-on réellement parler d'épistémologie s'agissant de l'intellect et de l'être qu'il connaît ? Il est vrai que ce thème relève aussi de la métaphysique, mais, pour justifier le rapport qu'il pose entre l'intellect et l'être, Plotin argumente de façon épistémologique. C'est ce que confirme le passage que je voudrais invoquer en second lieu. À la différence du premier, celui-là intègre la conséquence que Plotin tire du prétendu échec de l'épistémologie adverse, celle des stoïciens.

Dans ce second passage, Plotin interprète la thèse d'Aristote selon laquelle le savoir s'identifie à l'objet à condition que l'objet soit immatériel (voir *Mét.* Λ 9, 1074b 38-1075a 5).

En effet, le savoir ne se rapporte pas à lui-même, mais l'objet réel qui est là-bas a transformé en un autre le savoir inconstant, comme l'est le savoir de l'objet se trouvant dans la matière ; l'autre est le véritable savoir, c'est-à-dire I30I non pas l'image de l'objet réel, mais l'objet réel lui-même (VI 6 [34], 6, 26-30).

Par cette argumentation, Plotin écarte deux possibilités. La première est l'idée que le savoir se réfère à lui-même. Je présume qu'il s'agit là d'une conséquence censément absurde qui découle de la thèse aristotélicienne, dès lors qu'elle est mal interprétée. Mal comprendre l'identité du savoir et de l'objet, c'est croire que l'objet n'est rien d'autre que le savoir, autrement dit, la définition de l'objet ; voilà ce qui est expliqué plus haut dans le même chapitre, l. 20-23. Or, celui qui comprend Aristote ainsi peut se voir obligé de tenir compte du fait que le savoir porte nécessairement sur quelque chose. Il concluera alors que le savoir ne se réfère plus qu'au savoir qu'est devenu l'objet à la suite de la – mauvaise – interprétation. C'est face à cet échec que Plotin se voit autorisé à proposer l'interprétation inverse : c'est le savoir qui n'est rien d'autre que son objet (« ...le véritable savoir, c'est-à-dire... l'objet réel lui-même », l. 29-30)[7].

Pour justifier cette exégèse, Plotin rappelle le rôle que Platon prête aux formes intelligibles : leur stabilité rend le savoir possible (voir, par exemple, *Phédon* 79c-d, *Soph.* 248a10-b1 et 249b12-c5). Le savoir dépend donc des

---

7. Plotin anticipe ce résultat dans les lignes 23-26 qui précèdent la citation. Prises au pied de la lettre, les formules qu'y emploie Plotin disent l'inverse de ce qu'il dira à la fin de la citation ; ces formules sont les suivantes : « l'objet réel lui-même qui est immatériel est intelligible aussi bien qu'intellection » (23-24) ; « l'objet réel lui-même qui est dans l'intelligible, qu'est-ce qu'il est sinon intellect et savoir ? » (25-26). Mais le sens de ces formules découle du fait qu'elles doivent exprimer l'inverse (voir ἀνάπαλιν à la l. 23) de ce que prétend la mauvaise interprétation de la thèse aristotélicienne. Il s'ensuit que, alors que cette interprétation revient à intégrer l'objet dans le savoir de l'objet, la bonne exégèse consistera à intégrer le savoir dans l'objet, autrement dit, à doter l'objet de savoir. Je me permets de remplacer les identifications que formule Plotin par le terme d'intégration, car sans cela les interprétations de la thèse d'Aristote auxquelles il s'oppose seraient parfaitement équivalentes : le savoir est l'objet = l'objet est le savoir.

formes, et non l'inverse. Il ne s'ensuit pas pour autant que le savoir fasse partie des formes, comme le prétend Plotin. Il faut donc apporter un argument supplémentaire.

La deuxième possibilité qu'écarte Plotin nous est déjà connue. C'est l'idée du savoir image de son objet. Pour rejeter cette idée, Plotin semble faire fond sur l'opposition entre « le véritable » et « l'image ». Il vient en effet de distinguer comme véritable le savoir qui porte sur les formes, parce que celui-ci est constant au contraire du savoir changeant qui porte sur les objets matériels. C'est pourquoi Plotin se croit fondé à enchaîner en suggérant ceci : comment le savoir véritable peut-il être une image ? Si c'est impossible, alors il est l'objet réel lui-même, c'est-à-dire la forme intelligible.

Pourtant, si tel est bien le raisonnement de Plotin, alors il est fallacieux. En effet, si le savoir portant sur les formes est appelé « véritable », il l'est par rapport à un autre savoir, celui qui a pour objet les choses matérielles. Or, du fait que le savoir est véritable en ce sens, il ne s'ensuit pas qu'il soit véritable au sens où il n'est pas l'image de l'objet. Autrement dit, l'argument de Plotin semble reposer sur le double rapport entre modèle et copie qui s'observe s'agissant du savoir : entre le savoir modèle et le savoir qui n'est qu'une copie du premier, d'une part, et entre chacun des deux savoirs et son objet, de l'autre. Une fois faite la distinction entre ces deux rapports, on ne conclura pas que le savoir qui n'est pas la copie d'un autre savoir n'est pas non plus la copie de l'objet. Par conséquent, en paraissant tirer cette conclusion, Plotin commet une faute logique.

Cela laisse d'autant plus songeur que nous sommes ici en présence du seul argument épistémologique qui doive justifier directement l'incorporation du savoir dans la notion d'objet intelligible. L'argument que j'ai invoqué en premier (p. 135-136) est en effet indirect, dans la mesure où il n'a pour conséquence que l'observation selon laquelle il n'y aurait pas de connaissance si l'épistémologie stoïcienne était vraie. Pour conclure de là à la vérité de la prémisse qui contredit la prémisse stoïcienne « l'intellect est autre chose que l'objet », il faut prendre pour acquis qu'il y a réellement connaissance. L'argument que je viens de commenter n'exige pas formellement l'adoption d'une prémisse de ce genre.

Cela tient sans doute au fait que le deuxième argument est l'interprétation d'une thèse d'Aristote. Or, si cette exégèse, basée sur un paralogisme, va bien au-delà de ce qu'a pu vouloir dire Aristote, la même chose n'est pas vraie de Platon. Certes, les passages des *Dialogues* qui fondent le savoir sur les formes intelligibles ne permettent pas de conclure que ces formes font elles-mêmes acte de connaissance. Mais, comme on le sait, Plotin peut se réclamer, pour cette idée, du passage célèbre du *Sophiste* où il est déclaré improbable que « ce qui existe au plein sens du terme… ne vive ni ne fasse acte de connaissance » (248 e7-249a2).

L'interprétation de ce passage est controversée. Néanmoins, il est plus propre à légitimer l'idée de Plotin que ne le sont, selon moi, les deux arguments que je viens d'examiner – et que Plotin tenait vraisemblablement pour valides. Plotin donne un sens épistémologique à la thèse selon laquelle les formes intelligibles font acte de connaissance. C'est parce que seules ces formes sont vraies, c'est-à-dire authentiques, que la connaissance, pour être vraie dans le même sens, doit se rapporter aux formes de la façon la plus immédiate possible : elle doit les avoir pour sujets ou plutôt s'identifier à elles.

LA CONNAISSANCE ASSIMILÉE À LA VIE

Le principe de l'épistémologie plotinienne est donc l'identification de la connaissance avec les formes intelligibles. Comment la connaissance de soi découle-t-elle de ce principe ? Pour bien le comprendre, il faut savoir ce que signifie l'identité de l'intelligible et de la connaissance. La première réponse consiste à dire que, par le biais de cette identité, la connaissance est conçue comme le mode d'être des formes intelligibles ou comme leur réalité active (ἐνέργεια, voir V 9 [5], 8, 12-15 ; V 6 [24], 6, 18-20).

Cette conception recèle tout de même une difficulté. En effet, ce qui distingue la connaissance à nos yeux, c'est qu'elle se détermine à partir de ce qu'elle n'est pas, c'est-à-dire son objet ; c'est ce qu'Aristote n'a su exprimer qu'au moyen de l'idée du caractère potentiel de l'intellect humain (*De An.* III 4, 429a 18-24). Et Plotin, on l'a vu, fait référence à ce caractère de la connaissance, lorsqu'il s'agit de réfuter la thèse selon laquelle l'objet n'est rien d'autre que le savoir de l'objet : celui qui soutient cette thèse doit se rendre compte que le savoir porte sur quelque chose et qu'il serait absurde de dire qu'il porte sur lui-même (VI 6 [34], 6, 26-27). D'après les autres textes de Plotin, en revanche, qui correspondent à son interprétation de *Soph.* 248e7-249a2, la connaissance se détermine par son sujet, la forme intelligible.

Cela se vérifie s'agissant des connaissances particulières : la connaissance réelle d'un animal est l'activité qu'exerce la forme de cet animal et qui fait de lui un intellect déterminé (voir ὁ νοῦς ὁ κατὰ ὁτιοῦν ζῷον, VI 7 [38], 9, 31-32 ; *cf.* V 6 [24], 6, 24-26). De fait, il ne saurait en être autrement : comment une connaissance pourrait-elle n'être rien d'autre que connaissance sans spécification aucune ? Il faut donc que la connaissance soit déterminée, mais Plotin rejette l'idée selon laquelle connaître signifie définir l'objet ou bien appliquer l'esprit à l'objet (VI 6 [34], 6, 24-25). La détermination de la connaissance ne saurait donc provenir de l'objet. Comme il y a effectivement détermination, celle-ci doit provenir du sujet, c'est-à-dire de la forme particulière qui fait acte de connaissance.

De plus, si connaître, selon Plotin, ne signifie pas appliquer l'esprit à l'objet, on peut en conclure que Plotin rejette l'intentionnalité de la connaissance ; car « application de l'esprit » (ἐπιβολή) est l'un des termes par lesquels il exprime à peu près ce que nous appelons « intentionnalité ». Par conséquent, en tant qu'elle n'est pas intentionnelle et qu'elle se détermine en vertu de son sujet, la connaissance ressemble à la vie qui, « pour les vivants, est l'être » (Aristote, *De An.* II 4, 415b 13). Plotin a repris cette idée, comme on peut s'en convaincre en lisant ce qu'il dit de la connaissance d'un objet intelligible prétendument inintelligent comme la forme du cheval.

> Au contraire, il <*scil.* l'objet selon le commentaire de P. Hadot> est non pas inintelligent, mais un intellect d'une certaine nature, car il est une vie d'une certaine nature (VI 7 [38], 9, 28-29).

Selon cette phrase, la détermination qui fait de l'intellect un intellect d'une certaine nature se conçoit par analogie avec la spécification de la vie : elle varie en fonction de la forme dont elle est la vie. Or, être un intellect d'une certaine nature signifie opérer une certaine connaissance. Par conséquent, connaître consiste à réaliser immédiatement une nature déterminée. De plus, il en est ainsi, parce que la même nature se réalise sous la forme de la vie. Est-ce à dire que la connaissance est le perfectionnement de la vie (*cf.* III 8 [30], 8, 26-30) ? Mais comment se distinguent alors le mode intellectif de réalisation active et le mode vital ? Plotin ne l'explique pas dans ce contexte[8].

La connaissance ainsi conçue est-elle une connaissance de soi ? Si, dans des expressions comme « la connaissance du cheval », on ne fait pas attention à la différence entre génitif possessif et génitif objectif, on peut le croire, mais les textes afférents ne le disent pas. En général, ils n'attribuent pas d'objet à la connaissance ainsi entendue[9]. Cela correspond à l'analogie établie avec la vie

---

8. Dans son commentaire d'*Enn.* V 3 [49], 5, J. Halfwassen finit par attribuer l'intentionnalité à la connaissance intellective (voir *Geist und Selbstbewusstsein. Studien zu Plotin und Numenius*, Stuttgart, Steiner, 1994, p. 30). Pour quelles raisons ? Il y en a peut-être deux qui sont évoquées à la p. 28. (1) Puisque chaque forme contient toutes les formes à sa manière spécifique, chaque forme se constitue par rapport à l'ensemble des autres – ce qui veut dire en même temps : par rapport à elle-même –, et cette présence réciproque des formes selon leur unité est pensée. (2) Se rapporter à soi-même dans l'autre, c'est la vie. Mais aucun de ces deux raisonnements ne se trouve dans le texte.

9. En VI 6 [34], 6, 33, le mot κἀκείνου est un génitif objectif et désigne objectivement le sujet de la connaissance (φρόνησις) qui est évoquée dans cette phrase, si bien que la phrase se révèle décrire l'auto-connaissance de la forme intelligible du mouvement. Mais, comme le trahit le choix du pronom κἀκείνου au lieu d'un pronom réfléchi, Plotin ne tient pas à signaler que le sujet se réfère à lui-même. Pour ce qui est de V 6 [24], 6, 24-27, en revanche, je ne sais pas si les génitifs contenus dans ce passage sont possessifs ou objectifs.

qui, elle non plus, n'a pas d'objet. Or, une activité qui n'a pas d'objet ne saurait permettre à son sujet de se référer à lui-même. Par conséquent, la connaissance de soi ne découle pas de la conception selon laquelle connaître est le mode d'être des formes intelligibles[10].

LA CONNAISSANCE DIT CE QU'ELLE EST.

Peut-on cependant faire dériver la connaissance de soi du principe épistémologique selon lequel la connaissance s'identifie aux objets intelligibles ? Cette possibilité devrait être impliquée dans la deuxième interprétation que Plotin donne du principe épistémologique. Cette deuxième interprétation nous est déjà connue :

> Par conséquent, autant la vérité réelle s'accorde non avec autre chose, mais avec elle-même, autant elle ne dit rien d'autre qu'elle-même. Mais ce qu'elle dit, elle |20| l'est aussi et ce qu'elle est, elle le dit aussi (V 5 [32], 2, 18-20).

Lorsqu'il évoque la vérité, Plotin veut parler de la pensée essentiellement vraie de l'intellect. Car il part de l'idée courante selon laquelle la vérité réside dans un accord, celui que la pensée entretient avec son objet (voir Sextus Empiricus, *Adv. Math.* VIII 323). Plotin admet donc ici ce qu'il rejette implicitement en réfutant d'autres épistémologies, à savoir la prémisse selon laquelle la vérité est une valeur de l'acte cognitif (voir plus haut, p. 135-136).

Plotin dit trois choses de la pensée intellective. Premièrement, il nie qu'elle porte sur un objet autre qu'elle-même – c'est une façon de réitérer le rejet de toute séparation entre connaissance et objet. Deuxièmement, il affirme que la pensée vraie s'accorde avec elle-même. Or, s'accorder, n'est-ce pas le fait pour deux termes par ailleurs différents de se conformer sous un aspect ? S'il en est ainsi, le verbe « s'accorder » ne saurait se prédiquer d'un seul terme. On serait alors tenté de conclure que le deuxième point n'est qu'une façon de dire que l'intellection, faute d'un second terme avec lequel s'accorder, n'est finalement pas un sujet d'accord du tout. Mais le point suivant ouvre la voie à une autre interprétation.

---

10. Peut-on défendre l'exégèse suivant laquelle ces formes sont censées ne connaître qu'elles-mêmes – bien que les textes ne le disent pas expressément –, sans être soumises à la structure de la connaissance, qui comporte un objet distinct du sujet ? Plotin contredit cette thèse, lorsque, à propos de l'auto-connaissance de l'intellect, il distingue la connaissance qui fait de l'objet un deuxième terme à côté du sujet, et le cas particulier de la connaissance de soi qui identifie les deux termes (voir V 6 [24], 1, 23) ; il ressort du contexte et d'autres passages des *Ennéades* (par exemple, V 3 [49], 10, 23-25) que, pour Plotin, l'identité des termes ne supprime pas leur altérité.

Troisièmement, il n'existe pas de différence entre ce que l'intellection dit et ce qu'elle est. Si l'on matérialise les mots « ce que » en faisant intervenir les formes intelligibles, on peut comprendre que l'intellection est ces formes et les connaît en même temps. D'où la spécificité de la deuxième interprétation que Plotin donne du principe de l'identité de la connaissance et des formes. En effet, cette identité se différencie ici : l'intellection est les formes – conformément à la première interprétation –, mais elle les prononce aussi. Cependant, le fait de les prononcer n'est pas ici considéré comme leur mode d'être ; prononcer et être sont plutôt distingués[11].

C'est dans la mesure où elle prononce les formes que l'intellection peut être dite s'accorder avec elle-même. Car, de cette façon, son discours s'accorde avec son être, non en tant que discours, mais eu égard à ce qui est dit dans le discours. On peut parler d'accord, parce que deux termes distincts, le discours et l'être, ont quelque chose en commun, à savoir les formes intelligibles.

Comment faut-il interpréter cet accord ? D'une part, il est symétrique dans la mesure où l'un des termes correspond aussi bien à l'autre que l'inverse ; c'est ce que donne à entendre le texte. D'autre part, l'accord est asymétrique suivant l'idée courante selon laquelle la pensée vraie se conforme à son objet et non l'inverse. Étant donné que Plotin ne prend pas ses distances par rapport à cette idée, il y a lieu de comprendre que l'accord « avec elle-même » signifie que, en disant les formes, l'intellection se conforme à elle-même telle qu'elle est les formes.

Sommes-nous enfin en présence de la connaissance de soi ? Je crois que, même si la connaissance s'est révélée être une structure auto-référentielle, les conditions de la connaissance de soi ne sont pas encore réunies, même aux yeux de Plotin. Il est vrai que Plotin, pour contester l'auto-connaissance parfaite à la raison, prend pour acquis que se connaître soi-même, c'est être tout ce qu'on dit (voir plus haut, p. 133-135). Et l'intellect satisfait à ce critère, étant donné que l'intellection est les formes intelligibles qu'elle a pour objet. Mais cette conception de l'intellect reste en retrait par rapport à ce que signifie connaissance de soi, et cette insuffisance s'argumente à partir de textes de Plotin.

En effet, même si l'intellection connaît les formes qu'elle est, il ne s'ensuit pas que, les connaissant, elle sait que c'est elle qu'elle connaît. Pourtant, pour se connaître, il lui faut savoir que c'est elle-même qu'elle connaît. Cette réflexion était-elle à la portée de Plotin ? Oui, puisqu'il la fait à propos du premier principe

---

11. Comment l'être de la connaissance peut-il être son objet ? On peut essayer de le comprendre en extrapolant des énoncés concernant la logique ou d'autres structures universelles du discours : dans ce cas de figure, le discours se caractérise par ce qu'il dit. De même, la connaissance de l'intellect se caractérise, selon Plotin, par tout ce qu'il pense.

(voir VI 7 [38], 38, 16-18) : si l'un ne pensait pas « je suis le bien », mais uniquement « le bien » qu'il est de fait, il lui manquerait la connaissance qu'il est lui-même le bien qu'il pense. Pourtant, lorsqu'il explique la connaissance de l'intellect, Plotin ne tire pas profit de cette réflexion. C'est pourquoi il se croit fondé à soutenir que l'intellect se connaît comme étant toutes choses (dès le traité VI 9 [9], 2, 43).

Cela n'a pas empêché Plotin d'indiquer parfois un autre aspect de la connaissance de soi, dont ne tient pas compte la conception selon laquelle l'intellection dit ce qu'elle est.

SE CONNAÎTRE COMME CONNAISSANT

La formule selon laquelle l'intellection est ce qu'elle dit n'exprime ni n'implique l'idée que le dire fait partie de ce qu'est l'intellection ; car l'intellection est censée dire les formes intelligibles, mais non son propre dire. De même, l'autre formule selon laquelle l'intellection dit ce qu'elle est permet de conclure qu'elle dit son dire – c'est-à-dire qu'elle connaît sa connaissance – uniquement à condition qu'on ait déjà inclus son dire dans son être ; mais on n'est guère fondé à le faire, parce que la formule distingue être et discours.

Si l'on se demande si cette réflexion est étrangère ou non à Plotin, on peut se reporter au chapitre 5 du traité 49, qui est un condensé des arguments de Plotin concernant la connaissance de soi, et qui contient trois éléments pertinents.

Premièrement, dans la partie polémique du chapitre, Plotin fait une distinction entre la connaissance de ce qu'est le sujet et la connaissance de soi. Il critique par là l'explication suivante de la connaissance de soi : si l'intellect se compose de deux parties homogènes, il peut se connaître lui-même en profitant du fait qu'une de ces parties connaît l'autre (l. 3-7). Dans cette hypothèse, l'intellect saurait ce qu'il est, c'est-à-dire la caractéristique commune à ses deux parties. Voici la section de l'objection de Plotin, qui concerne le problème posé :

> Ensuite, comment le contemplateur se connaîtra-t-il lui-même dans le contemplé étant donné qu'il s'est rangé lui-même dans la contemplation ? Car la contemplation, on le sait, n'est pas dans le contemplé. Ou bien, s'il se connaît lui-même de cette façon, il se connaîtra en tant que contemplé, mais non en tant que contemplateur. Par conséquent il ne se connaîtra pas lui-même tout entier ni dans son ensemble, car celui qu'il a vu, il l'a vu comme un contemplé, non comme un contemplateur ; |15| et c'est ainsi qu'il aura la vision d'un autre, mais non de lui-même (10-15).

Cet argument n'est pas sans soulever lui-même des problèmes, et il contient en fait deux objections : selon la première, l'explication fausse a pour conséquence que l'intellect ne se connaît que partiellement (l. 13-14), alors que, selon la seconde, la conséquence consiste en ce que l'intellect connaît « un autre » et non lui-même (l. 15)[12]. Ce qui compte dans le contexte présent, c'est le reproche suivant : l'explication critiquée prête nécessairement l'acte cognitif au sujet connaissant, mais ne prévoit pas que la connaissance qui est présentée comme une connaissance de soi englobe ce même acte. Il s'ensuit que, selon Plotin, la théorie de la connaissance de soi doit expliquer que l'intellect se connaît comme connaissant (*cf.* II 9 [33], 1, 49-50).

Deuxièmement, la formule selon laquelle la vérité est ce qu'elle dit ne suffit pas selon Plotin à expliquer la connaissance de soi. En effet, après avoir proposé cette formule, il se fait à lui-même l'objection que cela ne permet pas encore de comprendre comment l'intellect se connaît lui-même (V 3 [49], 5, 28-31)[13].

Troisièmement, en répondant à cette objection, Plotin s'applique à approfondir son analyse. Ainsi, il développe deux arguments : celui – déjà commenté (voir p. 139-141) – qui vise à identifier les formes platoniciennes à des intellections (l. 31-37), et un nouvel argument qui vient d'Aristote. Selon cet argument, l'intellect divin, net de toute potentialité, s'identifie à l'intellection (l. 38-42). Si l'on fait valoir leur provenance historique, ces deux arguments se présentent différemment par rapport à la notion de connaissance de soi. En effet, alors qu'il n'en est nullement question en *Soph.* 248e-249a, passage qui est au fond du premier argument, le long développement d'Aristote dont s'inspire le second argument de Plotin aboutit, on le sait, à la notion de l'intellect se connaissant comme intellection (*Mét.* Λ 9, 1074b33-35). J'en conclus que seul le second argument de Plotin implique la réponse à l'objection, réponse que Plotin donnera à la fin du chapitre (l. 46-47) en disant que l'intellect se connaît à titre de connaissance[14].

---

12. J'ai interprété ce passage dans « Comment il ne faut pas expliquer la connaissance de soi-même (*Ennéade* V 3 [49], 5, 1-17), dans M. Dixsaut (édit.), *La Connaissance de soi. Études sur le traité 49 de Plotin*, Paris, Vrin, 2002, p. 229-266 : 253-260.

13. À lire les commentaires de W. Beierwaltes et de B. Ham, on est amené à croire que l'objection n'est pas ou est peu justifiée. Selon le premier, l'être de l'objet pensé est le soi de la pensée, étant l'unité d'un sujet et d'un objet (*Selbsterkenntnis und Erfahrung der Einheit*, Francfort-sur-le-Main, Vittorio Klostermann Verlag, 1991, p. 111). Suivant le second, l'identité du sujet et de l'objet qu'exige la connaissance intellectuelle est une connaissance de soi (*Plotin, Traité* 49, Paris, Cerf, 2000, p. 138). Il est vrai que Plotin vient d'évoquer l'identité de l'intellect et des êtres (voir l. 26-28). Mais la formule de l'identité est sujette à interprétation, comme on peut s'en rendre compte en mettant à contribution d'autres textes (*cf.* plus haut, n. 10). Or, si l'on interprète la formule de l'identité conformément à la notion de vérité qui résulte de l'argument précédent (voir l. 25-26), on arrive à comprendre le bien-fondé de l'objection. C'est pourquoi je soutiens cette interprétation.

14. Le grec « ἑαυτὸν νοήσει καθότι καὶ ἡ νόησις αὐτὸς ἦν » (l. 47) se traduit par « il se connaîtra dans la mesure où aussi l'intellection est lui-même ». C'est ambigu, étant donné que cela peut vouloir dire que l'intellect se connaît comme intellection ou bien que l'intellect se connaît grâce à son identité objective, mais inconnue, avec l'intellection. J'écarte la deuxième

Ce survol du chapitre 5, et notamment le deuxième des points évoqués, permet de constater que, lorsqu'il s'agit d'expliquer la connaissance de soi, l'insuffisance de la notion de vérité (« ce qu'elle dit, elle l'est aussi ») n'a pas échappé à Plotin. C'est pourquoi il ajoute à cette notion l'idée que l'intellect se connaît comme connaissance ou comme connaissant. On peut penser que cette nouvelle idée n'est pas exposée au reproche selon lequel le sujet sait ce qui le caractérise, mais ne sait pas que c'est lui-même qui est ainsi caractérisé. Plotin ne fait pas lui-même cette réflexion mais le dernier de ses textes que je me propose d'interpréter (voir p. 145-150) pourra éclairer la question.

Avant de l'aborder, il faut faire un premier bilan. La connaissance de soi qui appartient au seul intellect consiste à se connaître non comme un soi indéterminé, mais comme connaissant et comme la forme intelligible qu'il est : une forme particulière ou bien l'être, c'est-à-dire la forme qui englobe l'ensemble des (autres) formes (voir VI 2 [43], 19, 19-20).

LA CONNAISSANCE CONSTITUE L'INTELLECT

Quand Plotin fait allusion, en V 3 [49], 5, à l'argument de *Mét.* Λ 9 d'Aristote, il développe quelque peu l'identification de l'intellect avec l'acte de connaissance, mais en ce qui concerne l'objet de cet acte, il se borne à utiliser l'argument. Sur ce point, le texte suivant (qui est chronologiquement antérieur) va plus loin :

> Pour nous, en effet, l'intellection relève du sublime, puisque l'âme a besoin d'être intelligente, et pour l'intellect <il en est de même>, puisque (a), pour lui, l'être est identique < à l'intellection >, (b) c'est-à-dire que l'intellection a constitué l'intellect. (c) Par conséquent, il faut que cet intellect soit uni à l'intellection, |20| (d) c'est-à-dire qu'il saisisse toujours la compréhension de lui-même au sens où ceci est cela, où les deux sont une chose. (e) Si, en revanche, il n'était qu'une unité, il se suffirait à lui-même et n'aurait pas besoin de < la > saisir. (VI 7 [38], 41, 17-22).

Dans les derniers chapitres du traité 38, Plotin veut expliquer pourquoi le premier principe ne fait pas acte de connaissance. C'est pourquoi, en décrivant l'intellection, il tient davantage compte de l'altérité entre intellect, intellection et intelligible qu'il ne le fait dans le contexte épistémologique. Car cette altérité porterait atteinte à la simplicité du premier principe. En évoquant l'altérité, Plotin justifie donc la thèse selon laquelle l'un ne fait pas acte de connaissance. Par ailleurs, Plotin présente la connaissance comme un moyen qui permet à l'intellect de remédier au manque d'autosuffisance que le premier principe ne

interprétation, parce qu'elle fait tomber la réponse de Plotin sous le coup de la critique formulée dans les l. 10-15 : l'intellect est connaissance sans se savoir tel.

connaît pas. La dernière phrase (e) du texte exprime cette idée (*cf.* V 3 [49], 13, 16-19).

Les phrases précédentes, en revanche, expliquent comment l'intellection se rapporte à l'âme et à l'intellect. Quant à l'intellect, on peut comprendre les étapes (b)-(d) comme une exégèse de la citation inexacte (a) que Plotin vient de donner du fragment B 3 de Parménide (τὸ γὰρ αὐτὸ νοεῖν ἐστίν τε καὶ εἶναι). D'entrée de jeu (a), Plotin semble placer la phrase de Parménide dans une perspective aristotélicienne. Car la citation transforme l'être en l'être de l'intellect pour identifier ensuite l'être de l'intellect avec l'intellection, conformément à la conception aristotélicienne de l'intellect divin. Par la suite, en revanche, Plotin se montre plus novateur.

b) Que l'intellection constitue l'intellect, cela peut, en principe, être une autre façon d'exprimer l'identité de l'intellect et de l'intellection. Dans ce cas, il n'y aurait pas de dualité conceptuelle du constituant et du constitué comme c'est le cas de la dualité des parties et du tout qu'elles constituent. Par le biais du verbe « constituer » Plotin viserait plutôt à remplacer l'idée de l'intellect comme faculté par l'idée de l'activité intellectuelle. Mais cette interprétation ne tient pas. Car elle ne permet pas de comprendre que, par la suite (d), il soit question de deux items qui ne peuvent être autres que l'intellect et l'intellection. Pour tenir compte de ceci, il faut donc supposer une dualité conceptuelle du constituant et du constitué[15].

Cependant, que l'intellection constitue l'intellect, qu'est-ce que cela signifie ? D'une certaine façon, cela renverse le sens du rapport de constitution que Plotin établit entre la forme intelligible et le savoir (voir VI 6 [34], 6, 27-29 : l'objet constitue le savoir ; *cf.* plus haut, p. 137-138). Alors que, si l'on se réfère à Platon, on croit comprendre ce que signifie la constitution de la connaissance par son objet, on se demande comment une activité peut constituer son sujet que, normalement, elle devrait présupposer à titre de substrat.

c) À première vue, Plotin poursuit non pas en répondant à cette question, mais en tirant une conséquence (voir οὖν) de la thèse de la constitution (b). La conséquence consiste à dire que l'intellect doit être uni à l'intellection. Que veut dire « être uni » (συνεῖναι) ? C'est ambigu, parce que Plotin utilise ce verbe aussi bien à propos de choses inanimées qu'à propos d'êtres conscients. Si l'on dit que sont unies des entités inanimées comme la substance sensible et sa qualité (voir II 6 [17], 2, 30-32), il ne s'agit que d'un simple état de fait. En

---

15. Je ne parle pas de dualité réelle, parce que cela fait penser spontanément à deux choses physiques. Mais, s'agissant de l'intellect, l'expression « dualité conceptuelle » ne doit pas s'entendre par contraste avec la dualité réelle que l'on peut constater à propos de choses physiques.

revanche, si l'union concerne un être doué de connaissance, cela peut impliquer que cet être prend conscience de l'autre terme de l'union. C'est clair quand les hommes sont dits être unis aux simulacres du beau que sont les formes sensibles, pour se ressouvenir des formes intelligibles (voir I 8 [51], 15, 26-28).

Que dire de l'union qui doit lier l'intellect à l'intellection ? Comme elle est présentée à titre de conséquence de la constitution de l'intellect, on peut penser que l'union consiste en ce que l'intellect ne cesse de faire acte de connaissance – comme le feu ne cesse de brûler. Plotin dirait alors que l'intellect doit exercer l'activité qui le constitue, parce que sans cela il disparaîtrait. Mais si Plotin considérait l'union en l'intellect d'une façon analogue à celle des hommes avec les choses sensibles ? On présumera alors que ce que Plotin veut dire de l'intellect, c'est qu'il est obligé de s'unir à l'intellection de façon cognitive. Mais comment faut-il concevoir cette connaissance ? Certainement pas sur le mode de la perception qui unit les hommes aux formes sensibles.

d) Plotin enchaîne en expliquant que l'intellect doit se comprendre lui-même, c'est-à-dire qu'il doit comprendre qu'il est l'intellection et que les deux ne font qu'un[16]. Comment cette étape du développement se rapporte-t-elle à la précédente ? Le καὶ qui fait le lien est ambigu : ou bien il s'agit d'une adjonction, c'est-à-dire qu'est évoquée une deuxième conséquence de la thèse concernant la constitution de l'intellect (b) ; ou bien il s'agit d'une explication de ce qui est dit en (c).

Pour y voir une adjonction, c'est-à-dire une idée nouvelle, on aura tendance à soutenir la première des interprétations que j'ai proposées pour l'étape (c), selon laquelle l'intellect est obligé d'entretenir son activité. Car, dans cette hypothèse, l'étape (d) ajouterait vraiment quelque chose de nouveau, la compréhension de soi. Pourtant, si l'on se fonde sur cette interprétation de l'étape (c), on ne comprend pas la raison de l'adjonction. En effet, si la thèse de la constitution de l'intellect a pour conséquence que, pour se maintenir, l'intellect doit faire acte de connaissance, l'exercice de cette activité semble suffire à le maintenir dans l'existence. C'est donc pour une autre raison que la nécessité de la compréhension de soi découlerait de la thèse de la constitution de l'intellect, mais laquelle ? De plus, cette interprétation s'accorde mal avec le fait que, selon le texte, l'intellect doit se comprendre « toujours ». Car cela incline à croire que la compréhension de soi sert également au maintien de soi.

---

16. F. M. Schroeder (« *Synousia, synaisthaesis* and *synesis* : presence and dependence in the Plotinian philosophy of consciousness », *ANRW* II 36, 1, p. 677-699 : 686) traduit « σύνεσις » (l. 20) par « consciousness », mais l'identification (« ceci est cela ») qui explicite ensuite l'acte cognitif dont il est question rentre non pas sous la catégorie de la conscience, mais sous celle de la connaissance.

Si, en revanche, on prend l'étape (d) comme l'explication de ce qui est dit en (c), on interprétera l'étape (c) en ce sens que l'intellect s'unit à l'intellection de façon cognitive. Il sera clair alors que Plotin, à l'étape (d), précise en quoi consiste cette union de caractère cognitif. Telle est l'approche exégétique qui me paraît la plus plausible et la plus prometteuse.

En quoi consiste alors la précision qu'apporte l'étape (d) ? Elle consiste à dire que l'intellect s'unit à l'intellection en comprenant qu'il est identique à elle. De nouveau, cela peut s'entendre de deux façons.

Premièrement, la compréhension de l'intellect peut être prise au sens ordinaire du mot « compréhension ». Plotin veut dire alors que l'intellect doit reconnaître un fait qui existe indépendamment de cette compréhension : l'identité de l'intellect et de l'intellection. Mais cela signifierait que, en principe, l'intellect peut faire acte de connaissance sans s'identifier sciemment à cet acte ; il lui serait identique de fait, mais ne serait pas obligé de le savoir. Est-ce compatible avec le principe selon lequel l'intellection constitue l'intellect ? Même si l'on comprend ce principe au sens où tout ce qu'est l'intellect – donc aussi son identité avec l'intellection –, il faut qu'il le sache ? Et est-ce compatible avec ce que signale le mot « toujours », c'est-à-dire le fait que c'est pour se maintenir soi-même que l'intellect doit se comprendre lui-même ?

Deuxièmement, la compréhension peut être entendue au sens de l'intellection qui est censée constituer l'intellect. Selon cette interprétation, Plotin explique à l'étape (d) comment il faut entendre la constitution de l'intellect par l'intellection (b) : l'intellection qui le constitue n'est pas n'importe laquelle, mais celle précisément par laquelle il se connaît comme identique à l'intellection. Autrement dit, l'intellect se constitue lui-même en s'identifiant sciemment à l'intellection, en disant « je suis l'intellection ». Dans la mesure où cet énoncé est lui-même une intellection qu'opère l'intellect, ce que dit l'énoncé est une interprétation de ce qu'il fait. En effet, l'intellect pourrait aussi interpréter ce qu'il fait en disant qu'il a une intellection. Cet énoncé, pourtant, n'indiquerait ni l'objet de l'intellection ni ce qu'est l'intellect lui-même. En revanche, l'identification à l'acte de connaissance – en général (voir ἡ νόησις, l. 19) – ne renvoie pas à un autre objet de connaissance et dit ce qu'est l'intellect : il est l'acte cognitif qu'il opère – et tout autre acte de connaissance[17].

---

17. Si l'on adopte cette exégèse, on prend deux points pour acquis. Premièrement, on attribue à Plotin l'idée d'une connaissance constitutive et non pas réceptive ; mais cela reflète la lettre du texte qui dit que l'intellection constitue l'intellect (*cf.* VI 8 [39], 16, 18-21). Deuxièmement, on suppose que les étapes (c) et (d) ne décrivent pas une nécessité à laquelle doit se conformer l'intellect étant donné que l'intellection le constitue (étape b). Les étapes (c) et (d) demandent plutôt au lecteur d'approfondir l'idée qu'il se fait du sens du principe selon lequel l'intellection constitue l'intellect.

Ce qui compte pour Plotin dans cette identification, c'est le fait que l'intellect atteigne son unité, c'est-à-dire la ressemblance au principe, par le biais de la connaissance ; d'où la valeur de la connaissance qu'évoque Plotin au début du passage (*cf.* VI 9 [9], 5, 24-29).

En revanche, le lecteur qui compare cet argument à d'autres arguments sur la connaissance de soi peut se demander s'il ne se distingue pas par une qualité rare : n'est-il pas à l'abri du reproche selon lequel l'explication de la connaissance de ce qu'est l'intellect n'explique pas que l'intellect sache que l'objet su est lui-même ? En effet, si l'intellection qui dit « je suis l'intellection » constitue l'intellect, il est exclu qu'il existe en plus un intellect en soi que le reproche pourrait invoquer comme le référent du mot « lui-même »[18].

En même temps, l'idée que l'intellect se constitue en s'identifiant à son acte converge avec ce que l'on a pu observer dans les autres textes, c'est-à-dire avec le fait que l'intellect se connaît comme une réalité déterminée. Si l'intellect se constituait comme un « je » dénué de toute détermination, il ne se constituerait pas par une connaissance, car la connaissance, comme Plotin l'a souvent noté, ne porte que sur des objets complexes.

Cependant, l'idée que l'intellect se constitue en s'identifiant à son acte converge en particulier avec l'argument selon lequel l'intellect doit se connaître comme connaissant. L'idée précise l'argument en ce sens que l'intellect n'opère pas l'acte cognitif comme un accident, mais s'y identifie. Cependant, il est beaucoup plus difficile de savoir si cette même idée s'accorde avec les arguments selon lesquels l'intellect se connaît comme étant une forme intelligible. Plotin ne semble pas s'être posé la question, car il ne l'aborde pas dans les *Ennéades*.

Que peut-on tirer de tout cela en ce qui concerne l'auto-connaissance du moi ? C'est très simple : on trouve chez Plotin des arguments en faveur de cette auto-connaissance par laquelle chacun d'entre nous se connaît comme sujet intelligent, éventuellement aussi, par extrapolation, comme sujet de la parole. Mais on ne voit pas en quoi cette théorie contribue à la compréhension de l'auto-connaissance par laquelle nous savons être tel ou tel individu. Car si Plotin s'est aperçu du rôle que joue la mémoire dans la conscience, il n'a pas mis au profit d'une théorie de la conscience le principe de l'accord entre être et dire – ce qui donnerait éventuellement : je suis celle ou celui dont je me souviens que je le suis. En effet, il n'y avait pas d'intérêt pour lui à valoriser ce qui distingue le moi individuel du soi intellectuel.

---

18. Pour ne pas fonder cette réflexion sur la seule prétention selon laquelle c'est l'intellection qui constitue l'intellect, il faudrait montrer que rien d'autre ne saurait avoir cette même fonction constitutive.

GERARD O'DALY

LE MOI ET L'AUTRE DANS LES *CONFESSIONS* D'AUGUSTIN[1]

Ma question est la suivante : quelle est la fonction du discours augustinien du
« moi » ou du « je »[2] dans les *Confessions* ? Et ma thèse s'énonce ainsi : ce
discours ne porte jamais sur le moi pris seul, mais toujours – explicitement ou
implicitement – sur le moi en relation avec d'autres – avec d'autres objets ou
d'autres buts extérieurs à lui, avec d'autres hommes, avec Dieu. De plus, cette
ligne de réflexion est liée au progrès moral et religieux : en effet, c'est en vue de
s'engager dans l'examen moral et religieux de soi qu'Augustin parle du « moi »
ou du « je ».

A. PARLER DU « JE »

A1. Il y a de nombreux types de discours du « moi » ou du « je » chez
Augustin. Je commencerai par en examiner quelques-uns. Ces exemples de
discours du « je », pour intéressants et importants qu'ils soient en eux-mêmes, ne
contribuent pas, à mon avis, au concept augustinien du moi, quoique d'autres
aient affirmé que c'était le cas pour certains : c'est pourquoi je les inclus ici.
D'autres (A3, A6-7) éclairent notre compréhension du discours du « je » dans les
Confessions, qui est ici mon principal objet.

A2. Un exemple célèbre, et abondamment discuté, est ce qu'on appelle le
« *cogito* » augustinien (*si fallor, sum*, etc.). Le type d'argument qu'Augustin
utilise ici traite du phénomène de la conscience des activités mentales mais ne
vise pas prioritairement à établir un concept de la conscience ou du moi. Son rôle
est plutôt d'aboutir à des propositions épistémologiques concernant la possibilité
de la certitude : il s'agit, en d'autres termes, d'une stratégie anti-sceptique. Celle-
ci s'occupe typiquement de questions comme : puis-je douter que j'existe,

1. Les versions antérieures de ce texte ont été présentées à un colloque en l'honneur de
Peter Brown, à l'University College de Dublin, en 2001, ainsi qu'à un colloque sur le « self »
dans la philosophie ancienne à l'Université d'Helsinki, en 2003.
2. J'utilise ces formules de façon à ne pas préjuger de la question de savoir si un tel
discours équivaut à un concept du moi ou de l'*ego*. Le discours du « je » ne présuppose pas
nécessairement un tel concept.

comment puis-je savoir si je suis en train de rêver, suis-je moralement responsable de ce que je pense et accomplis dans mes rêves, etc[3]. Le « je » que l'on trouve dans ce type d'arguments est le « pronom je* » de Matthews[4] (qu'il distingue d'autres locutions en « je » comme celles que l'on trouve, par exemple, dans l'approche individualiste de l'exégèse biblique qui est celle d'Augustin). Ces arguments en « je* » posent des problèmes philosophiques qui comptent parmi les plus intéressants que l'on trouve chez Augustin, mais ils ne constituent pas un concept du « moi ». Cependant, il est indéniable que, particulièrement dans le livre X du *De Trinitate*, Augustin développe un concept du sujet qui se pense lui-même comme totalement présent à lui-même. Pourtant, Augustin souligne dans le même temps que ce que l'esprit qui se pense lui-même connaît, quand il se connaît lui-même, est sa propre substance[5]. Il y a un élément objectif dans la subjectivité d'Augustin quand il discute la connaissance de soi de l'esprit[6].

A3. Le discours de « l'amour de soi » chez Augustin (*amor sui*, et les termes associés)[7] ne donne pas naissance à un concept de l'*ego* ou du moi : il participe plutôt d'une tentative visant à établir des principes moraux (tels l'amour de Dieu, ou de son prochain plutôt que de soi-même, ou de son prochain comme soi-même, c'est-à-dire l'amour de soi bienveillant plutôt qu'égoïste). Il porte sur ce qu'Augustin appelle *l'ordo amoris,* l'ordre moral véritable, et l'ordonnancement de nos affects. Cependant, dans la mesure où il vise à « corriger » le concept d'amour de soi, de sorte que l'amour de l'autre, ou des autres, apparaisse, en

3. Cf. *Cité de Dieu* XI 26 ; voir G. O'Daly, *Augustine's Philosophy of Mind*, Londres, Duckworth, 1987, p.161-171 ; G. B. Matthews, *Thought's Ego in Augustine and Descartes*, Ithaca and London, Cornell University Press, 1992, p. 6-7 ; S. Menn, *Descartes and Augustine*, Cambridge, Cambridge University Press, 1998 ; E. Bermon, *Le* Cogito *dans la pensée de Saint Augustin*, Paris, Vrin, 2001.

4. Matthews, *op. cit.*, p. 166-167.

5. Voir la discussion de Bermon, *op. cit.,* particulièrement p. 76-104 et p. 375-395 (pour des comparaisons avec Descartes et Husserl). Sur l'esprit comme connaissant sa propre substance : *Trin.*, X 10, 16.

6. C. Taylor (*Sources of the Self. The Making of the Modern Identity*, Cambridge, Cambridge University Press, 1981, p. 127-142), pour qui la subjectivité augustinienne est la conceptualisation la plus radicale du moi dans l'Antiquité (malheureusement, il omet totalement de prendre en compte Plotin), accorde peut-être trop d'importance à l'élément subjectif chez Augustin : « Augustin détourne notre attention des objets connus par la raison, le champ des Idées, pour la diriger vers l'activité même par laquelle on s'efforce de connaître, dans laquelle chacun d'entre nous est engagé ; et il nous rend conscients de celle-ci selon la perspective de la première personne » (p. 136).

7. O. O'Donovan, *The Problem of Self-Love in St. Augustine*, New Haven, Yale University Press, 1980 ; J. M. Rist, *Augustine. Ancient Thought Baptized*, Cambridge, Cambridge University Press, 1994, p. 188-191.

réalité, comme participant au mieux de notre intérêt, il va dans le même sens que le type de discours du « moi » présent dans les *Confessions* dont je traiterai, plus loin, plus en détail.

A4. La discussion à laquelle donne lieu la mémoire phénoménale d'un certain Simplicius dans le *De la nature et de l'origine de l'âme* IV 7, 9-10, pose une question relative à l'identité : qu'est-ce qui a changé si Simplicius en vient à savoir quelque chose de lui-même que, tout en étant apparemment la même personne, il ne savait pas auparavant – si, par exemple, il prend conscience du pouvoir et de l'étendue de sa mémoire, qui lui permet, quel que soit l'extrait sur lequel on l'interroge, de réciter des passages entiers de Cicéron ou de Virgile ? Ce phénomène plonge Augustin dans l'embarras. Il se rend compte qu'il pose le même problème que l'oubli de ce que l'on a su. Quelque chose a changé en moi, mais s'il s'agit d'un changement dans notre identité, dans « ce que nous sommes », alors nous sommes sans cesse en train de changer. Un concept de l'inconscient, ou de la conscience latente – tel qu'on le trouve chez Plotin – aurait pu résoudre ce dilemme augustinien[8] ; ou encore : Augustin aurait pu chercher à distinguer entre les types de mémoire et de savoir qui font de moi ce que je suis, et ceux qui n'y contribuent pas (C2-3 plus bas).

A5. Philip Cary[9] accorde une importance considérable à la notion de « grandeur » (*quantitas*) de l'âme dans *De la grandeur de l'âme*, ainsi qu'au concept de mémoire en *Confessions* X, et s'appuie sur ceux-ci pour montrer qu'Augustin conçoit le moi comme un espace intérieur. L'image de l'espace intérieur se trouve, bien sûr, chez Augustin. Mais la *quantitas* est une métaphore pour les puissances de l'âme, sa présence en tant qu'entité immatérielle, *etc*, et de même la mémoire, en *Confessions* X, est une métaphore pour la portée et l'étendue des puissances introspectives de l'esprit. Et que contient la mémoire ? Avant tout, selon Augustin, des choses qu'en tant qu'humains nous partageons avec les autres, comme les idées de Dieu, le nombre, les différentes disciplines, les Formes platoniciennes. Bien sûr, la mémoire contient aussi nos souvenirs individuels, issus de notre expérience personnelle, et je vais y venir. Ce qui ne me convainc pas dans l'argument de Cary, c'est l'hypothèse selon laquelle le concept d'espace intérieur équivaudrait à l'invention du moi intérieur, lequel en vérité, nous renvoie à Cicéron – pour ne rien dire de Plotin[10].

---

8. E. R. Dodds, *The Ancient Concept of Progress and Other Essays on Greek Literature and Belief*, Oxford, Oxford University Press, 1973, p. 135-136 ; O'Daly, *op. cit.*, p. 149-150. Voir Plotin, *Enn.* IV 4 [28], 8 ; IV 8 [6], 8. Mémoire latente : Augustin, *Trin.* XIV 8-9.

9. P. Cary, *Augustine's Invention of the Inner Self. The Legacy of a Christian Platonist*, Oxford, Oxford University Press, 2000.

10. Voir Cicéron sur la mémoire dans les *Tusculanes* I 24, 57-29, 71 ; ici, I 25, 60-61 sur le pouvoir et la capacité de la mémoire. Sur le moi chez Plotin, voir G. O'Daly, *Platonism Pagan*

A6. A. C. Lloyd, critiquant une thèse avancée par Paul Henry[11], conclut à juste titre que l'analyse par Augustin de la « relation » dans le contexte de sa théologie trinitaire (les personnes – *personae* – de la Trinité étant définies non comme des substances mais comme des relations) n'a pas d'influence sur son concept de la personne (humaine). Les raisons qu'avance Lloyd pour expliquer qu'Augustin n'ait pas développé ce thème sont au nombre de trois : l'influence de la doctrine chrétienne de l'immortalité individuelle ; l'adhésion à l'enseignement platonicien selon lequel le moi véritable est à chercher dans l'intériorité ; enfin, l'adoption par Augustin de la doctrine stoïcienne de l'auto-suffisance. À partir de là, le concept de personne humaine comme impliquant une relation nécessaire à d'autres personnes humaines, ne peut, selon Lloyd, se développer dans un tel contexte. L'unique relation nécessaire est, pour les hommes, celles qu'ils ont avec Dieu, lequel est « en » nous. Il reste qu'Augustin parle souvent des relations morales et affectives entre les hommes, et que son exploration de l'antithèse *frui-uti* (plaisir-usage) offre une série de perspectives à la fois complexes et mouvantes non seulement sur les relations entre Dieu et les hommes, mais aussi sur les relations humaines elles-mêmes[12]. De plus, Augustin a recours, à propos de la Trinité, à des analogies avec la psychologie humaine. Mais cette démarche est à sens unique. Les analogies psychologiques aident à clarifier la doctrine trinitaire, tout comme la distinction entre les catégories de substance et de relation. Mais la doctrine trinitaire, quoique médiée par ces analogies et ces analyses, ne vient pas clarifier la psychologie ou les relations humaines. Pour Augustin, il serait problématique de parler de nous en se servant de la Trinité comme d'une analogie, à moins qu'il ne s'agisse de parler de nous en tant qu'image du divin. Ainsi, et pour corriger Lloyd : l'être humain qui est une image de Dieu est l'individu dont les « triades » psychologiques (comme la mémoire, la volonté, l'intellection), qui sont aussi une image du divin comme Trinité, peuvent être identifiées[13]. Mais les relations des êtres humains entre eux ne reflètent pas les relations au sein de la Trinité.

---

and Christian. *Studies in Plotinus and Augustine*, Aldershot, Ashgate, 2001, I. Le concept plotinien du moi a été examiné à neuf dans G. Aubry, *Plotin. Traité 53* (I 1), Paris, Cerf, 2004 et P. Remes, *Plotinus on Self. The Philosophy of the We*, Cambridge, Cambridge University Press, 2007. R. Sorabji, *Self. Ancient and Modern Insights*, Oxford, Oxford University Press, 2006, explore dans toute leur étendue les conceptions occidentales et orientales du moi.

11. A. C. Lloyd, « On Augustine's Concept of a Person », dans R. A. Markus (édit.), *Augustine. A Collection of Critical Essays*, New York, Doubleday, 1972, p. 191-205 ; P. Henry, *Saint Augustine on Personality*, New York, Macmillan, 1960.

12. O'Donovan, « *Usus* and *Fruitio* in Augustine, *De Doctrina Christiana* 1 », *Journal of Theological Studies* 33, 1982, p. 361-397.

13. C'est là le sens de la remarque de Pierre Hadot : « Alors que Victorinus conçoit sans hésiter la Trinité selon des catégories ontologiques, Augustin ne peut la penser qu'en la

A7. La distinction proposée par Jean-Pierre Vernant entre l'«individu», le «sujet» et «le moi/la personne» a le mérite d'être appliquée par l'auteur aux différentes formes littéraires de l'Antiquité[14]. Ainsi, l'«individu» est à chercher dans la biographie, au sens le plus large : par exemple dans le récit épique des trajectoires héroïques, comme celle d'Achille. Le «sujet» se trouve dans l'autobiographie et les mémoires, mais aussi dans le subjectivisme de la lyrique grecque. Quant au «moi» ou à la «personne», il ne se fraie vraiment une voie, selon Vernant, que quand apparaît, dans l'Antiquité tardive, le sentiment nouveau de l'individu comme unique et doué de conscience de soi. Pour Vernant, Augustin est caractéristique de cette nouvelle «conscience de soi». Retraçant ainsi de vastes changements de perspectives qui s'étendent sur un millénaire, des poèmes homériques à Augustin, Vernant ne propose qu'un schéma, qui, cependant, est extrêmement valable. Comme Charles Taylor, il ne prend pas en compte la contribution de Plotin à la conceptualisation du moi[15]. Le fait qu'il choisisse l'évocation par Augustin de l'*abyssus humanae conscientiae* en *Confessions* X (voir plus bas C4) montre qu'il a à l'esprit des analyses comme l'examen par Augustin de la mémoire, qui révèlent l'opacité à lui-même et l'imperfection du sujet pensant. L'analyse de la mémoire et du «je» à laquelle on procédera plus bas (C), de même que l'étude des moi non-intégré et intégré d'Augustin (D) seront autant de tentatives d'élucider ce type de discours augustinien sur la personne et le sujet dans les *Confessions*.

A8. Comme Platon et Cicéron avant lui, Augustin, quand il écrit sur des thèmes politiques ou sociaux, présuppose l'analogie entre l'individu et le groupe social : «nous» sommes un «je» collectif[16]. Cette personnalisation des catégories politiques se retrouve aussi dans l'examen de ce qui constitue un «peuple», en *Cité de Dieu* XIX 24. Augustin y définit le «peuple» (*populus*) comme «l'association d'un large nombre d'êtres rationnels réunis par un accord commun quant à ce qu'ils aiment», reprenant ainsi, dans sa définition, des éléments du discours philosophique traditionnel sur l'amitié. L'élaboration de cette définition n'est pas, à proprement parler, un discours du «moi», mais la tendance à appliquer les théories philosophiques de l'amitié au discours sur le «moi» apparaîtra comme centrale dans les textes des *Confessions* que j'examinerai par la suite.

---

regardant dans le miroir du moi» («L'image de la Trinité dans l'âme chez Victorinus et chez saint Augustin», *Studia Patristica* 6, 1962, p. 409-442 : 441).

14. J.-P. Vernant, «L'individu dans la cité», dans *L'individu, la mort, l'amour : Soi-même et l'autre en Grèce ancienne*, Paris, Gallimard, 1988, p. 211-232.

15. Voir note 6 *supra*.

16. *Cité de Dieu* IV 3 ; *cf.* II, 21, où Augustin cite la *République* de Cicéron ; voir O'Daly, *Augustine's* City of God. *A Reader's Guide*, 2ᵉ éd., Oxford, Oxford University Press, 2004, p. 89.

B. LA VOLONTÉ ET SES OBJETS

B1. À ce point, il nous faut garder en mémoire un aspect particulier du concept augustinien de volonté. Les principes éthiques d'Augustin – fondés sur *l'amor dei, amor sui* (A3 plus haut), *frui-uti* (correctement appliqué), « la bonne volonté », *etc* – présupposent un agent moral dont le comportement est caractérisé par référence aux autres (Dieu, mon prochain). C'est là une évidence, mais l'aspect que je voudrais souligner est que le concept abouti de la volonté chez Augustin est celui d'une volonté qui n'est pas moralement neutre, mais qui est déterminée par son objet. Pour Augustin, l'agent moral n'est pas autonome, il n'est pas une volonté indifférente. La volonté bonne est déterminée par le bien, *etc*[17]. Le point est le suivant : l'être-agent (vouloir, faire des choix moraux) est un élément d'un processus dynamique qui implique nécessairement les autres – d'autres personnes, des buts ou des « amours » spécifiques.

C. LA MÉMOIRE ET L'IDENTITÉ CHEZ AUGUSTIN

C1. J'en viens à présent à quelques aspects de la conception augustinienne de la mémoire, dont je pense qu'ils sont utiles pour son concept du moi. De la « puissance de la mémoire » *(vis… memoriae)*, Augustin écrit : « mon esprit est ceci : je suis ceci » *(et hoc animus est, et hoc ego ipse sum, Conf.* X 17, 26)[18]. Une lecture minimaliste de ce type de proposition pourrait conduire à conclure qu'Augustin parle ici du statut de la mémoire humaine comme d'une activité mentale, c'est-à-dire comme de l'esprit engagé dans certaines activités. J'ai autrefois adopté ce type de lecture minimaliste, en suggérant que « esprit » et « mémoire » ont ici, selon les termes de Frege, la même référence *(Bedeutung)*, mais un sens différent *(Sinn)*[19]. Je ne suis plus sûr désormais que ceci rende pleinement compte de ce qu'Augustin entend quand il dit que mon esprit – c'est-à-dire moi – est ma mémoire.

C2. D'abord, Augustin considère que des parties de sa vie dont il n'a aucun souvenir conscient, comme la petite enfance, ne sont pas plus « siennes » que la période antérieure à sa naissance : « qu'ai-je à faire de cela maintenant, puisque je n'en conserve aucun trace ? *(quid mihi iam cum eo est, cuius nulla vestigia recolo ? Conf.* I 7, 12) ». Ainsi, « j'aurais peine à ajouter cette vie au compte de celle que je mène ici-bas *(piget me adnumerare huic vitae meae, quam vivo in*

---

17. O'Daly, *Platonism…, op. cit.,* X.

18. L'auteur suit (en la révisant occasionnellement) la nouvelle traduction des *Confessions* par P. Burton, *Augustine : The Confessions,* London, Everyman Publishers, 2001 *(NdT)*.

19. O'Daly, *Augustine…, op. cit.,* p. 135-136.

hoc saeculo, ibid.)» Cette énigme persiste. Mon sens de ce dont je peux me souvenir définit les paramètres de ce que je peux intelligiblement appeler « mien ». Ce qu'Augustin dit ici, c'est que ce dont je ne peux me souvenir ne contribue pas à mon identité.

C3. Examinons un autre passage de la réflexion augustinienne sur la mémoire au livre X des *Confessions* :

> C'est moi qui me souviens, moi, l'esprit. Il n'est pas étonnant que ce que je ne suis pas soit loin de moi. Mais qu'y a-t-il de plus proche de moi que moi-même ? Et cependant la puissance de ma mémoire, je ne la comprends pas, puisque sans elle je ne peux me nommer moi-même (*ego sum qui memini, ego animus. Non ita mirum, si a me longe est quidquid ego non sum : quid enim propinquius me ipso mihi ? Et ecce memoriae meae vis non comprehenditur a me, cum ipsum me non dicam praeter illam, Conf.* X 16, 25).

Le contexte ici est celui du phénomène de l'oubli. Martha Nussbaum note à propos de ce passage : « Une dissociation réellement aboutie du moi et de la mémoire aboutirait à une perte totale du moi – et ainsi de toutes les activités pour lesquelles le sentiment de l'identité est important ». Et elle ajoute que ce sentiment de soi comme d'un être temporel doué d'une histoire est crucial pour le progrès de l'âme dans sa quête du bien et du savoir (de soi, de Dieu), même si « cette histoire temporelle peut être une propriété non-nécessaire de l'âme »[20]. C'est là une vision non-platonicienne du progrès moral humain, dans laquelle la mémoire temporelle est cruciale pour la connaissance morale de soi, du fait que la mémoire conserve le souvenir de ce que l'on a été, de ce que l'on est devenu, et de la façon dont la force de l'habitude nous contraint encore. En *Confessions* IX 12, 32, alors qu'il médite sur la mort de Monique et sur son incapacité à pleurer ou à trouver du réconfort dans la prière, Augustin écrit :

> Toute la journée ma profonde douleur est demeurée cachée, et c'est l'esprit troublé que je te priais, comme je le pouvais, d'apaiser ma douleur. Mais tu ne m'as pas apaisé, peut-être parce que tu souhaitais, par cet exemple, graver en ma mémoire la chaîne que toute habitude oppose à l'esprit qui se nourrit du Verbe en lequel il n'est nul mensonge (*toto die graviter in occulto maestus eram et mente turbata rogabam te, ut poteram, quo sanares dolorem meum, nec faciebas, credo, conmendans memoriae meae vel hoc uno documento omnis consuetudinis vinculum etiam adversus mentem, quam iam non fallaci verbo pascitur*).

Nous sommes vulnérables, non seulement à nos imperfections propres, mais aussi à la grâce divine.

C4. Augustin souligne souvent notre méconnaissance de nous-mêmes, cette opacité à nous-mêmes de ce que nous sommes vraiment : pour lui, il s'agit là d'une conséquence du péché originel. De même pour notre manque de

---

20. M. Nussbaum, « Augustine and Dante on the Ascent of Love », dans G. Matthews (édit.), *The Augustinian Tradition*, Berkeley-Los Angeles-London, University of California, 1999, p. 61-90 : 68.

transparence les uns aux autres[21]. Les premières sections du livre X des *Confessions* en explorent certains aspects. *Conf.* X 2, 2 parle de manière ambiguë des « profondeurs de la conscience/conscience morale humaine (*abyssus humanae conscientiae*) »[22]. Les autres ne peuvent savoir, et peuvent seulement croire, sur la foi de ce que je confesse, « ce que je suis moi-même à l'intérieur de moi (*quid ipse intus sim, Conf.* X 3, 4) ». C'est là un concept du « moi » privé, d'un « moi » connu de Dieu seul. Il faut le distinguer de « l'homme intérieur (*homo interior*) » de *Confessions* X 6, 9, qui sait qu'il est un être créé, et de même, il faut le distinguer de la mémoire. Ces chapitres inauguraux de *Confessions* X ont beau précéder immédiatement la réflexion sur la mémoire, ils valent comme un prélude au livre tout entier, et ils anticipent en particulier l'examen moral de soi en *Conf.* X 28, 39-70. Car le moi qui, au début de *Conf.* X, apparaît à Augustin comme une énigme, est le moi moralement complexe et contradictoire qu'analysent ces derniers chapitres, où les rêves (X 30, 41), la curiosité (X 35, 54-57), et les réactions à l'approbation d'autrui (X 37, 61) surprennent Augustin, et le plongent dans le désarroi. L'analyse de soi est un examen de conscience. O'Donovan souligne qu'Augustin donne de la spiritualité platonicienne une interprétation moralisante, en identifiant le moi intérieur à la conscience-conscience morale (*conscientia*) : l'examen de soi devient une discipline spirituelle continue, dont *Confessions* X offre peut-être le meilleur exemple[23].

C5. Au paradis, à l'inverse, notre absence de connaissance de soi et de connaissance d'autrui laissera place à une connaissance réciproque : « les pensées de chacun de nous seront découvertes aux autres (*patebunt... cogitationes nostrae invicem nobis, Cité de Dieu* XXII 29) ». C'est à travers l'Esprit que nous verrons les choses. Mais Augustin suggère ailleurs, en adaptant *1 Corinthiens* 2, 11-12, que lorsqu'il en est ainsi, ce n'est pas nous qui voyons, mais Dieu qui voit en nous (*Conf.* XIII 31, 46). Augustin paraît ici argumenter en faveur de la croyance paulinienne selon laquelle je devrais aspirer à un état où « ma » vision est supplantée par la vision de Dieu en moi.

C6. En même temps, Augustin maintient que la mémoire des choses temporelles persiste dans l'au-delà. Nous nous souviendrons alors du contenu de notre foi religieuse temporelle, tout comme nous nous souvenons maintenant d'événements de notre vie passée (*De Trinitate* XIV 2, 4-5). La foi, et probablement d'autres souvenirs de nos expériences vitales, laisseront « une trace dans notre imagination (*imaginarium vestigium, Trin.* XIV 3, 5) ». Pourquoi maintenir

---

21. *Conf.* X 8, 15 ; X 16, 25 ; X 32, 48 ; X 37, 61 ; XIII 31, 46.

22. Sur cette ambiguité, voir C. Mayer, art. «*Conscientia*», *Augustinus-Lexikon* 1, Bâle, 1994, col. 1218-28.

23. O'Donovan, *op. cit,* p. 70-72.

cela ? Des textes comme *Cité de Dieu* XXII 20-21 et XXII 30, suggèrent que ces traces de nos vies temporelles ont à voir avec la résurrection des corps, avec le fait que notre état final, quoiqu'éternel, n'en aura pas moins une durée, accompagnée de souvenirs. Les damnés auront le même sens de la durée et de la mémoire que les élus[24]. Augustin suggère cependant que la conscience de la différence entre, par exemple, la foi passée et le savoir présent (voir Dieu face à face) marque la persistance de la distinction entre le créateur et la créature. La conscience de ce que j'ai été, comparée à la conscience de ce que je suis à présent, a une fonction similaire dans cette vie et dans l'au-delà.

C7. En *Confessions* X 40, 65, Augustin soutient que la mémoire implique une « force *(vis)* » de l'esprit, distincte de l'*ego* : « ce n'est pas moi qui ai découvert... pas plus que ce n'est moi qui ai fait tout cela –, c'est la force qui est en moi par laquelle j'ai fait cela (*nec ego ipse inventor... nec ego ipse, cum haec agerem, id est vis mea, qua id agebam)* ». Cette « force » scrute la perception sensible et les idées, et elle est consciente qu'elle n'est pas Dieu – « toi non plus tu n'étais pas cette force (*nec ipsa eras tu*) » – mais que Dieu est (a) la lumière ou le maître de l'esprit, qui agit à travers cette « force » par laquelle l'esprit se souvient, et (b) le « lieu » en quoi l'esprit subsiste et trouve une cohérence et une stabilité. Dieu est le *sine qua non* de l'opération de la mémoire. La doctrine de l'illumination caractéristique d'Augustin est ici impliquée[25]. Le « je » ou le « moi » n'est pas un agent autonome.

C8. *Confessions* X 2, 2 résume certaines de ces idées d'une façon frappante, en s'interrogeant sur ce que vise l'écriture de confessions. Il ne s'agit pas de révéler à Dieu quelque chose de moi que sans cela il ignorerait – car Dieu est omniscient – mais de m'empêcher de me dissimuler Dieu à moi-même, et par-là de susciter ma conscience morale de moi-même. Dans le contexte de l'examen de soi, la confession me découvre à moi-même certains de mes secrets. Le sentiment de mes échecs moraux et de mon insuffisance est rehaussé par la compréhension de la perfection divine, et du divin comme objet d'amour et de désir. La confession est une exposition au Bien. L'examen de soi, la découverte de soi sont des moyens pour cette fin. Le langage est platonicien, mais ses implications, qui rappellent Sénèque plus que Plotin, excèdent le platonisme. Augustin a besoin d'un concept de l'identité, mais comme pointant vers autre chose.

---

24. Sur les damnés, voir *Cité de Dieu* XXI 9-13, 17-24.
25. O'Daly, *Augustine's Philosophy, op. cit.,* p. 204-207.

D. L'AMITIÉ ET LE MOI

D1. J'en viens à présent à ce que je lis comme deux méditations solidaires sur l'amitié (*amicitia*) dans les *Confessions*, qui disent quelque chose d'important sur le sentiment augustinien du moi comme lié à autrui. La première est le récit bien connu de la mort d'un ami de jeunesse au livre IV des *Confessions*, et de la réaction d'Augustin à celle-ci. La seconde n'est pas lue d'ordinaire comme une réflexion sur l'*amicitia*, mais je montrerai qu'elle en est bien une : il s'agit de la description par Augustin de la mort de sa mère Monique, au livre IX, et de sa réaction à celle-ci. Avec ces deux épisodes on a affaire, comme souvent dans les *Confessions*, à une utilisation du récit, intégrant par moments la réflexion, et qui vaut comme une façon de philosopher.

D2. L'amitié philosophiquement déterminée, bien comprise (comme une relation exempte d'égoïsme et de possessivité) est pour Augustin le modèle des relations interpersonnelles[26]. En *Confessions* IX, Augustin et Monique sont le modèle de cette forme acceptable d'amitié (le contraste avec *Confessions* IV est délibéré, on le verra), et leur dialogue (ce qu'on appelle « la vision d'Ostie ») évoque l'image de ce que peut être la vie éternelle. De la même façon, le dialogue entre Dieu et Augustin dans les *Confessions* est le moyen de déployer les effets de la grâce divine dans la vie humaine. Les épisodes-clefs de l'œuvre sont infiltrés par le dialogue. Même la scène de la conversion (*Conf.* VIII), pour intensément personnelle qu'elle soit, emprunte des traits au dialogue dramatique, dans la mesure où elle implique Augustin et son ami le plus proche, Alypius (VIII 8, 19), Augustin et ses anciennes « amies (*amicae*) », les vices (VIII 11, 26), Augustin et une personnification de la Continence (VIII 11, 27), Augustin et l'Écriture (VIII 12, 29). L'acte de volonté en quoi consiste la conversion – un moment subjectif, personnel – est contextualisé socialement. Et ses conséquences trouvent aussi une application sociale, dans le changement de carrière et de mode de vie d'Augustin. La conversion d'Augustin a beau être personnelle, elle n'est en rien privée. Elle entraîne Alypius dans son sillage, et Augustin achève son récit en y impliquant Monique (VIII 12, 30).

D3. En *Confessions* IV, le rôle apaisant du chagrin ressenti à la mort de l'ami révèle ce que j'appellerai un accord intérieur/extérieur : il y a une cohérence

---

26. Le *De l'Amitié* de Cicéron est la principale source d'Augustin en ce qui concerne les théories philosophiques de l'amitié : sur Cicéron et ses sources grecques, voir J. G. F. Powell, *Cicero. On Friendship and the Dream of Scipio*, Warminster, Aris & Philipps, 1990. Sur l'amitié chrétienne à l'époque d'Augustin, voir C. White, *Christian Friendship in the Fourth Century*, Cambridge, Cambridge University Press, 1992. Sur l'amitié chez Augustin, voir *Lettre* 258 ; M. A. MacNamara, *Friends and Friendship for St. Augustine*, Staten Island, NY, 1964 ; trad. fr. *L'Amitié chez Saint Augustin*, Paris, Lethielleux, 1981.

entre les sentiments d'Augustin et son comportement extérieur. Mais cet accord est ensuite analysé comme imparfait et instable. En *Confessions* IX, la difficulté à pleurer la mort de Monique révèle un discord intérieur/extérieur ; celui-ci n'est que partiellement surmonté par l'abandon au chagrin au travers des larmes, abandon en lequel il faut voir un don divin ; et il se résout finalement en une transformation et une objectivation du chagrin, quand Augustin comprend ce qu'est la véritable amitié.

D4. Mais avant d'examiner ces deux passages plus en détail, il peut être utile de faire quelques observations supplémentaires sur l'amitié philosophique.

D4. 1. La réflexion de Cicéron dans le *De l'Amitié (De Amicitia)*, dont les termes autant que les concepts l'ont fortement influencé, intègre certains aspects qu'Augustin considère comme caractéristiques de la vie vertueuse : l'amitié engendre la stabilité *(stabilitas, constantia)* ; les amis voient clair en le cœur l'un de l'autre *(apertum pecus)*, etc. La vie des vrais amis exemplifie les effets de la rationalité sur leurs existences propres. Augustin voit en l'amitié le véritable accomplissement de ce que vise notre développement moral et intellectuel[27]. À l'inverse, l'amitié fausse est à ses yeux – comme l'est le mal – « incompréhensible *(investigabilis, Conf.* II 9, 17) », ultimement inaccessible à l'investigation rationnelle.

D4. 2. Dans la tradition à laquelle appartiennent le *De l'Amitié* de Cicéron et les thèses d'Augustin, les discussions sur l'amitié rendent compte de la relation amicale comme d'une relation avec soi-même : on fond son identité dans celle de l'ami ; un ami est un second « moi » ; les amis ont tout en commun ; deux amis partagent une seule âme ; on peut parler à son ami comme à soi-même – *etc*[28].

D5. En *Confessions* IV 4, 7, Augustin caractérise son amitié comme n'étant pas l'amitié véritable (cette dernière étant vue ici en des termes explicitement chrétiens, avec une association entre l'amour et l'Esprit Saint) mais comme étant, cependant, « douce » du fait des « intérêts partagés », et « mûrie *(cocta)* » par ces mêmes intérêts, à savoir le manichéisme commun aux deux amis.

D6. À la mort de son ami, Augustin écrit qu'il était incapable de dire son sentiment de perte et de douleur (IV 4, 9). Cependant, il se lamente spontanément. Ses larmes coulent. Il y a là une cohérence intérieur/extérieur (D3 plus haut) : mais Augustin ne la comprend pas. Rétrospectivement, il voit son malheur comme une complaisance, qui procède d'un trop grand attachement (IV

---

27. Sur la stabilité, voir Cicéron, *De l'amitié* 17, 62-18, 65 ; « à cœur ouvert » : *ibid.* 97. Sur l'amitié et la vie bonne/sage : *ibid.* 5, 18-6, 21 et *passim.* Sur l'amitié et la vie de raison/sagesse chez Augustin : *Soliloques* I 2, 7 ; I 12, 20 ; I 13, 22 ; *Lettres* 10 et 258.

28. Pour des références sur ces *topoi*, voir White, *op. cit.,* p. 273.

5, 10). Son « autre moi » – la description traditionnelle de l'ami depuis Aristote[29] – est mort. Est-il resté en vie pour le maintenir vivant ? « Je ne voulais pas vivre, diminué de moitié » (IV 6, 11). Quand, à la fin de sa vie, il revient sur ce passage, en *Retractations* II 6, 2, Augustin n'y voit qu'une « déclamation frivole (*declamatio levis*) », et non « une confession sérieuse (*gravis confessio*) ». Il suggère qu'il y a une corrélation entre la sensibilité fausse et la fausseté de sa rhétorique[30]. Pour revenir au récit des *Confessions* : après la mort de son ami, « Tout était un objet d'horreur... J'étais moi-même devenu un lieu de misère... mon erreur était mon dieu (*horrebant omnia... et ego mihi remanseram infelix locus... error meus erat deus meus, Conf.* IV 12) ». L'expression « lieu de misère » (ou, peut-être, « lieu aride ») doit être rapprochée d'autres descriptions par Augustin de la condition humaine comme d'un « lieu de manque » ou un « lieu de dissemblance »[31]. Se retournant sur lui, Augustin juge que cet état d'esprit était composé « d'émotions impures (*Conf.* IV 11) »[32].

D7. Le chagrin n'en persiste pas moins, poursuit son cours (*Conf.* IV 8, 13). Augustin n'a pas compris la nature de la mortalité. Ceux de ses amis qui sont encore en vie lui procurent une consolation, mais son amour pour eux – vu, là encore, rétrospectivement – n'est qu'un substitut à l'amour de Dieu. Sa condition est « une longue fable, un long mensonge (*ingens fabula et longum mendacium, Conf.* IV 8, 13 ». Il a aimé un être mortel comme si celui-ci ne devait jamais mourir, « versant son âme sur le sable » (*ibid.*) : il n'y avait nulle stabilité (*constantia*) dans sa condition (D 4. 1. plus haut).

D8. Dans ce récit extrêmement autocritique, Augustin introduit pourtant (IV 8, 13) une description de l'amitié simple, spontanée, et, pour une fois, exempte de jugement. C'est le caractère apparemment acceptable d'une amitié de cette espèce – prise en ce sens qui la rend en partie compréhensible (D 4, 1 plus haut) – qui rend complexe la critique augustinienne de son amitié envers son ami mort. Dans une certaine mesure, il s'agissait là d'une imitation de l'amitié véritable[33]. C'était une amitié réciproque : Augustin et son ami s'aimaient l'un l'autre

---

29. Aristote, *Éthique à Nicomaque* IX 4, 1166a 31-32 (pour plus de références à Aristote et à d'autres, voir Powell, *op. cit,* p. 91).

30. Voir la critique de la rhétorique par Augustin en *Conf.* I 9, 14 ; IV 2, 2 *etc.*

31. Burton traduit « *infelix locus* » par « *a barren land* ». Pour le « lieu de manque (*regio egestatis*) », voir *Conf.* II 10, 18 ; pour le « lieu de dissemblance (*regio dissimilitudinis*) », voir *Conf.* VII 10, 16, qui est influencé par Plotin I 8 [51], 13, 16-17, lequel l'est à son tour par Platon, *Politique*, 273d6-e1.

32. « *me mundas a talium affectionum inmunditia* », lit. « ...la souillure de tels sentiments », *Conf.* IV 6, 11.

33. Sous-jacente au texte est ici la croyance d'Augustin selon laquelle le mal est une imitation perverse » du bien, un simulacre de l'amour de soi : sur ce thème, voir O'Donovan, *op. cit.,* p. 93-111.

(*amare-redamare*, IV 9, 14)) ; ils ont vécu l'amitié cicéronienne, chacun voulant le bien de l'autre (*benivolentia*, IV 8, 13) ; de plusieurs, ils étaient devenus un (*ex pluribus unum*, IV 8, 13)[34], même si, considérée rétrospectivement, cette amitié paraît avoir été inadéquate.

D9. Le récit de la mort de Monique, en *Confessions* IX, est une méditation (rarement reconnue comme telle) sur l'amitié chrétienne. L'attitude chrétienne interdisant l'expression du chagrin et du deuil[35] crée une tension chez Augustin, qui d'abord n'a pas voulu, et ensuite n'a pas pu, pleurer sa mère : il « pleure » intérieurement, mais ne verse aucune larme (IX 12, 29). Le petit Adeodatus, de son côté, peut pleurer spontanément (*ibid.*). En IX 12, 30, Augustin définit sa relation avec Monique comme une « habitude (*consuetudo*) » – un terme qui n'est pas nécessairement positif – d'amitié. À la fin du passage, le thème de l'amitié (la « vie une » d'Augustin et Monique) domine[36]. Le sentiment de perte qu'éprouve Augustin est lié à ses sentiments envers son ami mort en *Confessions* IV. Dans ce dernier récit, les métaphores qui disent le chagrin sont très éloquentes : Augustin est blessé, brisé (IX 12, 31, IX 13, 34). Qu'est-ce donc qui a changé chez l'Augustin converti du livre IX ?

D10. Comme en *Confessions* IV, le récit réflexif d'Augustin est auto-critique. « J'ai fait reproche à mon affection... de sa mollesse (*increpabam mollitiam affectus mei*, IX 12, 31) ». Mais il y a un changement radical, qui vient de ce qu'Augustin réprime son chagrin. Il y a désormais un contraste et une tension entre les moi intérieur et extérieur, entre l'extériorité impassible et le tumulte intérieur. Son sentiment de la faiblesse humaine cause à Augustin une « double tristesse », parce qu'il souffre de l'existence même de sa souffrance[37].

D11. Aux funérailles de Monique, Augustin fait encore l'expérience de ce discord intérieur/extérieur. Il est encore dominé par les passions, par habitude (IX 12, 31). Plus tard, cependant, il va pleurer. La « passion charnelle (*carnalis affectus*, IX 13, 34) » de cet état déplacé laisse place à « une autre sorte de larmes (*ibid.*) », versées sur Monique et sur lui-même (*de illa et pro illa, de me et pro me*, IX 12, 33). Augustin fait allusion ici à l'opinion selon laquelle les expres-

---

34. *Cf.* Cicéron, *De l'amitié*, 25, 92 (*unus... animus... ex pluribus*) ; sur la bienveillance, *ibid.*, 25, 96 ; *redamare, ibid.*, 14, 49.

35. Attitude partagée, et souvent influencée, par les positions philosophiques grecques, et notamment stoïciennes : voir J. H. D. Scourfield, *Consoling Heliodorus. A Commentary on Jerome Letter 60,* Oxford, Clarendon Press, 1993, p. 22 et p. 130-132.

36. Cf. *Conf.* IV 8, 13.

37. Le chagrin en *Conf.* IX 12, 31 est la passion de *tristitia*. Voir les précédentes occurrences dans ce passage du langage des passions : « la mollesse de mon affection (*mollitiam affectus mei*) », « un torrent de douleur (*fluxum maeroris*) »

sions rituelles du chagrin sont un réconfort psychologique pour les survivants[38]. Mais à ce moment du récit, il se passe autre chose encore. L'association du chagrin pour lui-même au chagrin pour sa mère retravaille le thème de l'ami comme autre moi-même. De plus, pleurant sur Monique et sur lui-même, Augustin pleure sur l'imperfection des hommes, qui sont mortels, et qui ont besoin de la miséricorde divine. La mort de Monique et le chagrin d'Augustin sont objectivés. Dans le contexte de plus en plus liturgique de la prière des morts (qu'Augustin étend à son père disparu) en IX 13, 35-37, Monique devient la servante de Dieu (*famula tua*, IX 13, 37) – à un niveau, elle est ainsi dépersonnalisée : mais elle reçoit aussi une identité distincte de la relation mère-fils en étant ici désignée (d'une façon aussi appropriée dans le contexte liturgique qu'elle le serait sur une inscription tombale) comme « Monique » (*ibid.*), l'unique fois, dans toute l'œuvre d'Augustin où elle est ainsi nommée. La « chaîne de la foi (*vinculum fidei*, IX 13, 36) » prend la place de « la chaîne de l'habitude » *(vinculum consuetudinis)* de IX 12, 32. L'émotion de chagrin n'est pas supprimée, mais transformée : la tension intérieur/extérieur est résolue. Augustin a accompli une métamorphose du chagrin dont il aurait été incapable à ce stade d'amitié qui était le sien en *Confessions* IV. En replaçant son chagrin dans le contexte religieux approprié, il dépasse son absorption en lui-même, tout comme la « dissemblance *(dissimilitudo)* » entre ses moi intérieur et extérieur (D6 plus haut). Autant que cette intégration de l'extérieur et de l'intérieur, advient une prise de conscience du fait qu'il faut agir en ce monde, en relation avec les autres, et non pas seul. En même temps, l'expérience humanise, car, au lieu de supprimer son chagrin, Augustin peut désormais lui donner une expression appropriée[39]. Cette expérience est celle d'une transformation de soi, au travers de la prise de conscience de ce qu'implique la véritable amitié.

---

38. Cf. *Cité de Dieu* I 12-13 ; O'Daly, *Augustine's City...*, op. cit., p. 76-77.

39. Sur l'attitude de Jérôme envers le caractère approprié ou non du deuil chrétien, proche par de nombreux aspects de celle d'Augustin, mais plus encline à accepter l'expression du chagrin, voir sa Lettre 60, 2 ; 60, 7 ainsi que Scourfield, *op. cit. ad loc.*

Je tiens tout particulièrement à remercier Madame Gwenaëlle Aubry pour le soin qu'elle a pris en réalisant la traduction de mon texte en français.

CARINE MERCIER

CE QUE POURRAIT ÊTRE UNE RÉPONSE FOUCALDIENNE À LA QUESTION DE LA PRÉSENCE DU MOI DANS L'ANTIQUITÉ

EN QUELS TERMES LA QUESTION DE LA PRÉSENCE DU MOI DANS L'ANTIQUITÉ PEUT-ELLE SE POSER DANS UNE PERSPECTIVE FOUCALDIENNE ?

Cette question ne se trouve pas en tant que telle chez Foucault

Foucault ne s'est pas posé directement la question de la présence du moi dans la philosophie antique ou dans les premiers temps du christianisme. Plus généralement, le moi n'est pas un concept foucaldien : il ne se trouve ni dans l'index général du tome IV des *Dits et écrits*[1], ni dans l'index de *L'Herméneutique du sujet*[2] où il aurait pourtant le plus de raison de se trouver. Si le terme apparaît dans le corps du texte, c'est toujours comme un simple substitut à la notion de « soi » qui est, contrairement à celle de « moi », au cœur des recherches éthiques que Foucault a menées sur l'Antiquité.

Le moi ne fait ainsi partie ni du champ conceptuel à l'aide duquel Foucault définit ce qu'il entend par « éthique », ni des notions qu'il utilise dans ses enquêtes historiques sur les transformations de l'éthique entre le Ve siècle avant J.-C. et le Ve siècle après J.-C. Dans le premier, nous ne trouvons en effet que les concepts de « sujet moral », de « rapport à soi », de « pratique de soi » ou « technique de soi », de « mode de subjectivation », d'« ascétique » et de « forme de réflexivité », *etc.* Parmi les secondes – en se limitant à *L'Herméneutique du sujet*, ouvrage sur lequel nous allons concentrer notre analyse – nous ne trouvons que des expressions qui se construisent à partir des concepts de « soi » ou de « sujet » : « connaissance de soi », « souci de soi », « déchiffrement (ou exégèse) de soi », « herméneutique du sujet », « vérité du sujet », « sujet éthique », *etc.*

---

1. Michel Foucault, *Dits et écrits*, tome IV, Paris, Gallimard, 1994.
2. Michel Foucault, *L'Herméneutique du sujet*, Cours au Collège de France, 1981-1982, Paris, Gallimard-Seuil, 2001.

Dès lors, que faut-il en conclure : que la question du moi ne fait pas du tout partie du domaine d'analyse de Foucault dans ses recherches sur l'éthique ancienne, ou bien que le moi est présent, mais de manière implicite ou sous la forme d'un autre terme auquel il serait équivalent ? Il nous semble qu'il faille plutôt retenir la seconde branche de cette alternative. Il serait ainsi possible de trouver des éléments de réponse à cette question dans les travaux de Foucault, mais à condition de déterminer d'abord quelle place le concept de « moi » peut y occuper.

Or, pour pouvoir décider si le « moi » correspond, par exemple, à ce que vise le « souci de soi » hellénistique et romain ou bien plutôt « l'herméneutique de soi » chrétienne – donc pour savoir si, selon Foucault, le moi est présent dès l'Antiquité ou s'il n'apparaît qu'avec le christianisme – il nous faut déjà comprendre le contenu bien particulier que Foucault donne à son enquête sur l'éthique ancienne. À partir de là, nous pourrons ainsi, d'une part, définir ce qu'il entend par « sujet » et par « soi » et, d'autre part, en déduire le sens que pourrait avoir pour lui le concept de « moi ».

La conception foucaldienne de l'éthique

Lorsque Foucault aborde la philosophie antique dans ses derniers travaux[3], c'est dans une perspective principalement éthique. Il s'agit pour lui de faire une histoire de la sexualité en prenant pour fil conducteur la question de la généalogie du sujet de désir[4]. Mais également, selon une perspective plus générale, de faire l'histoire des rapports entre sujet et vérité en se demandant à partir de quand le gouvernement de soi a impliqué une obligation pour le sujet de dire vrai sur lui-même[5]. Or, si ces questions éthiques posées à la philosophie antique sont

---

3. D'une part, dans ses cours au Collège de France à partir du cours de l'année 1980-1981, *Subjectivité et vérité,* qui inaugure l'histoire du « souci de soi-même » et se centre sur la question des *aphrodisia.* Le cours précédent, celui de 1979-1980, *Le Gouvernement des vivants,* avait porté sur l'analyse de l'examen des âmes et de l'aveu dans le christianisme primitif. D'autre part, dans les deuxième et troisième volumes de son *Histoire de la sexualité* publiés en 1984 : *L'Usage des plaisirs et Le Souci de soi.*

4. Cf. *L'Usage des plaisirs*, Paris, Gallimard, 1984, p. 11-12 : « Il semblait difficile d'analyser la formation et le développement de l'expérience de la sexualité à partir du XVIIIe siècle, sans faire, à propos du désir et du sujet désirant, un travail historique et critique. Sans entreprendre, donc, une "généalogie" [...], analyser les pratiques par lesquelles les individus ont été amenés à porter attention à eux-mêmes, à se déchiffrer, à se reconnaître et à s'avouer comme sujets de désir, faisant jouer entre eux-mêmes et eux-mêmes un certain rapport qui leur permet de découvrir dans le désir la vérité de leur être, qu'il soit naturel ou déchu ».

5. Cette problématique apparaît dès le cours de 1979-1980, *Du Gouvernement des vivants* : « Comment se fait-il que, dans la culture occidentale chrétienne, le gouvernement des hommes demande de la part de ceux qui sont dirigés, en plus des actes d'obéissance et de soumission, des « actes de vérité » qui ont ceci de particulier que non seulement le sujet est requis de dire

ainsi centrées sur le « sujet », c'est parce que Foucault a redéfini en ce sens le contenu d'une histoire de l'éthique.

En effet, dans un fameux passage de l'introduction à *L'Usage des plaisirs*, Foucault distingue, au sein du domaine général qu'on désigne par le terme de « morale », trois dimensions. Premièrement, le « code moral », c'est-à-dire « l'ensemble de valeurs et de règles d'action qui sont proposées aux individus et aux groupes par l'intermédiaire d'appareils prescriptifs divers, comme peuvent l'être la famille, les institutions éducatives, les Eglises, *etc* ». Deuxièmement, « la moralité des comportements », autrement dit « le comportement réel des individus, dans son rapport aux règles et valeurs qui leur sont proposées ». Enfin, troisièmement, une dimension jusqu'alors inaperçue que Foucault met au jour et qu'il nomme proprement « l'éthique » et « l'ascétique » :

> Autre chose est la manière dont on doit « se conduire », – c'est-à-dire la manière dont on doit se constituer soi-même comme sujet moral agissant en référence aux éléments prescriptifs qui constituent le code. Il y a différentes manières de se conduire moralement, différentes manières pour l'individu agissant d'opérer non pas simplement comme agent, mais comme sujet moral de cette action[6].

Ce domaine de l'éthique et de l'ascétique est donc constitué par toutes les formes de travail sur soi que l'individu met en œuvre pour se constituer soi-même comme sujet moral de sa conduite, en prenant appui sur les « modes de subjectivation » (l'éthique) et les « pratiques de soi » (l'ascétique) qui lui sont proposés ou imposés par sa culture.

Dans la mesure où ces pratiques de soi et ces modes de subjectivation ne sont ni universels, ni éternels, mais sont des réalités historiques et culturelles, la manière de se conduire, autrement dit de se constituer comme sujet moral de sa conduite, varie d'une époque et d'une culture à une autre. Ces variations peuvent porter sur quatre points.

Tout d'abord, la « substance éthique », c'est-à-dire la part de lui-même que l'individu doit constituer comme la matière principale de sa conduite morale. Ensuite, le « mode d'assujettissement » : autrement dit, « la façon dont l'individu établit son rapport à cette règle et se reconnaît comme lié à l'obligation de la mettre en œuvre. » Puis, le « travail éthique qu'on effectue sur soi-même, et non pas seulement pour rendre son comportement conforme à une règle donnée mais pour essayer de se transformer soi-même en sujet moral de sa conduite ». Enfin, « la téléologie du sujet moral », c'est-à-dire le « mode d'être caractéristique du sujet moral » que l'individu vise à constituer par ses actions morales[7].

---

vrai, mais de dire vrai à propos de lui-même, de ses fautes, de ses désirs, de l'état de son âme, etc. ? », *Dits et écrits, tome* IV, *op. cit.,* p. 125.

6. *L'Usage des plaisirs, op. cit.,* p. 36-37.

7. *L'Usage des plaisirs, op. cit.,* p. 37-39.

Pour résumer, nous pourrions dire que Foucault ouvre, dans le champ de l'histoire de la morale, une nouvelle perspective : il ne s'agit plus d'enquêter sur les transformations des codes et des valeurs, ou encore des comportements, mais sur les modifications du sujet moral lui-même. Autrement dit, contre la conception classique du sujet comme substance (l'âme, la raison ou la conscience) ou comme fonction (le sujet transcendantal) universelles et éternelles, Foucault fait du sujet lui-même une réalité historique et changeante. Ce qui entraîne des modifications importantes du sens des concepts liés au sujet, et partant du concept de « moi ».

Définition des concepts foucaldiens, et du moi

Reprenons d'abord le sens des mots « éthique » et « ascétique » selon Foucault. L'éthique, c'est, à l'intérieur du champ d'étude de la morale, l'analyse des manières dont, à une époque et dans une culture données, l'individu est appelé à se constituer comme le sujet moral de sa conduite. En un mot, c'est l'étude des formes de la subjectivation morale. L'ascétique désigne l'ensemble des moyens qui sont mis à la disposition des individus pour mettre en œuvre cette subjectivation morale : ce sont les pratiques de soi, qui comprennent aussi bien les « exercices spirituels » antiques, que les techniques d'ascèse et de confession chrétiennes, ou encore nos pratiques modernes d'introspection psychologique ou de « confession » psychanalytique[8].

Qu'est-ce que Foucault entend maintenant par *sujet moral* ? Tout d'abord, il faut préciser que le sens que Foucault donne ici au concept de sujet ne concerne que le sujet éthique. Ce n'est pas le sujet en général compris comme un être dont il faudrait définir les propriétés – ce qui n'a plus de sens pour Foucault – mais ce terme désigne simplement un « mode d'être » de l'individu qui consiste, dans le domaine des comportements moraux, à « se conduire » ou « se gouverner soi-même ». L'individu n'est pas ainsi, originairement et essentiellement (par son essence d'être humain), un « sujet moral ». Il le devient – « il se constitue comme sujet moral » – par un travail sur lui-même médiatisé par des pratiques de soi, qui lui permet de ne plus être seulement l'« agent » (le simple exécutant) d'actions conformes à des règles, mais quelqu'un dont les actions procèdent du fait qu'il se gouverne lui-même. De plus, dans la mesure où ce gouvernement de soi varie, dans sa fin comme dans ses moyens, au gré du temps, le « sujet moral » n'est pas

---

8. Dans *L'Herméneutique du sujet*, Foucault définit l'« ascétique » en ces termes : « L'ensemble plus ou moins coordonné des exercices qui sont disponibles, recommandés, obligatoires même, utilisables en tout cas par les individus dans un système moral, philosophique et religieux, afin de parvenir à un objectif spirituel défini. J'entends par "objectif spirituel" une certaine mutation, une certaine transfiguration d'eux-mêmes en tant que sujets, en tant que sujets d'action et en tant que sujets de connaissances vraies » (p. 398).

un état universel et éternel que chaque homme, en tout temps et en tout lieu, essaierait de rejoindre – mais c'est un mode d'être général (la conduite de soi) qui se particularise nécessairement dans une forme historique et culturelle : un mode de subjectivation.

En un mot, se constituer comme « sujet moral » ne désigne rien d'autre que le fait, pour un individu, de « se gouverner soi-même » à l'aide des techniques que sont les pratiques de soi, et selon un ou des modèles, « les modes de subjectivation », qui lui sont proposés ou imposés par sa culture.

À partir de là, nous pouvons en déduire que le soi ou le soi-même dont parle Foucault dans les expressions comme « rapport à soi », « pratique de soi », « gouvernement de soi », etc., ne désigne pas – pas plus que le terme « sujet moral » – un être déterminé. Il nous semble avoir, sous la plume de Foucault, deux sens. Soit le sens commun du pronom réfléchi permettant d'indiquer que l'individu est lui-même l'objet de son action. Soit le sens philosophique de la part spécifique de l'individu qui fait l'objet de son attention et qui peut éventuellement constituer son identité. Mais dans ce second cas, il ne s'agit pas pour Foucault, comme nous l'avons dit, d'une réalité déterminée. En effet, sa conception de l'éthique implique précisément d'analyser les différentes modalités selon lesquelles l'individu se prend lui-même comme objet pour se constituer comme sujet[9]. Ainsi, le soi que l'individu vise constitue, soit la « substance éthique » sur laquelle il cherche à agir, soit la « téléologie du sujet moral », c'est-à-dire le mode d'être qu'il cherche à atteindre : mais dans les deux cas, le contenu de ce « soi » change avec le mode de subjectivation.

À partir de cette définition des concepts proprement foucaldiens, nous pouvons maintenant essayer de déterminer le sens que pourraient avoir des termes comme « conscience de soi », « âme », « personne », « intériorité » et « moi » dans le cadre de son analyse éthique.

Mise à part l'expression de *conscience de soi* qui nous semble renvoyer à une forme de « pratique de soi » qui peut avoir un contenu variable suivant le sens que l'on donne à « soi », toutes les autres notions désigneraient une forme particulière de « substance éthique » ou un mode spécifique de « subjectivation ». Autrement dit, ces concepts indiqueraient autant de formes historiques de cette

---

9. « J'aimerais analyser le rapport entre souci de soi dans la culture antique et la connaissance de soi, la relation qui existe, dans la tradition gréco-romaine et dans la tradition chrétienne, entre la préoccupation qu'a l'individu de lui-même et le trop célèbre précepte "connais-toi toi-même". De même qu'il existe différentes formes de souci, il existe différentes formes de soi » (« Les techniques de soi », série de conférences données à l'Université du Vermont en octobre 1982, qui reprennent le contenu du cours sur *L'Herméneutique du sujet*, et sont reproduites dans *Dits et écrits*, tome IV, p. 788).

part de l'individu visée dans le travail éthique sur soi, ou bien de ce mode d'être qu'il cherche à atteindre à travers ce travail.

Ainsi, *l'âme* ne désignerait pas tant pour Foucault une substance dont l'homme serait ou non doté, mais le nom donné, dans un certain nombre d'éthiques, à la partie de lui-même (à un ensemble d'expériences historiquement variable) à laquelle l'individu porte son attention ou qu'il cherche à renforcer, dégager ou faire régner en lui.

De même, la *personne* renverrait à un certain mode d'être, toujours dans certaines éthiques, que l'individu s'efforce de cultiver en lui ou d'atteindre au terme d'un ensemble de pratiques de soi. L'*intériorité* désignerait plus spécifiquement une forme de cette « substance éthique » sur laquelle l'individu est appelé à agir, dans certaines traditions morales. Autrement dit, il ne s'agirait pas d'une réalité présente en tout homme, et plus ou moins négligée – mais d'une expérience historiquement constituée, corrélative d'un ensemble de pratiques de soi qui lui donnent sa forme particulière : l'intériorité n'est rien d'autre que ce que des techniques comme l'introspection, l'examen de conscience, l'aveu, *etc.* constituent comme réel, en se le donnant comme objet[10].

Enfin, le *moi* désignerait à nouveau une modalité historique de cette partie de lui-même que l'individu se donne comme objectif de travailler (le moi comme ce qu'on cherche à connaître, à renforcer ou au contraire à fustiger), ou alors une forme elle aussi historique de ce mode d'être qu'il tente d'atteindre (l'apothéose du moi comme objectif de l'éthique). Le moi serait donc, comme l'âme, l'intériorité ou la personne, une expérience historique que l'individu fait de lui-même – expérience constituée par un ensemble de pratiques et forgée selon un ensemble de modèles, d'images, *etc.*

Quant à définir quelles seraient les caractéristiques de cette expérience, cela suppose une part d'arbitraire, puisque le moi a été défini de manière différente tout au long de l'histoire morale (pour se limiter à celle-ci). Mais puisqu'il s'agit de déterminer l'éventuelle présence de ce « moi » dans l'Antiquité, il nous faut choisir les traits spécifiques qui nous permettront de reconnaître l'apparition ou non de cette expérience dans les éthiques philosophiques antiques. Si le soi est la forme vide de l'identité comprise comme ce qu'est essentiellement et non

10. Sur cette historicité de l'expérience, qui n'est pas découverte à un moment donné, mais véritablement créée par les pratiques de soi, voici ce que dit Foucault de l'activité d'écriture aux Ier et IIe siècles de notre ère : « Le nouveau souci de soi implique une nouvelle expérience de soi. On peut voir quelle forme prend cette nouvelle expérience de soi au Ier et au IIe siècle, où l'introspection devient de plus en plus fouillée. Un rapport se noue entre l'écriture et la vigilance. On prête attention aux nuances de la vie, aux états d'âmes et à la lecture, et l'acte d'écrire intensifie et approfondit l'expérience de soi. Tout un champ d'expérience s'ouvre, qui n'existait par auparavant » (« Les techniques de soi », *art. cit.*, p. 794).

accessoirement l'individu, alors le moi serait une des formes possibles de cette identité – qui peut être également l'âme, la raison, la conscience, ou la personnalité psychologique, *etc*. Si l'âme, la raison ou la conscience sont des formes d'identité par lesquelles l'individu accède à l'universalité et/ou à l'éternité, le moi renverrait à ces formes d'expérience dans lesquelles l'individu s'identifierait (que ce soit pour le dépasser ou au contraire le renforcer) à ce qu'il a de plus singulier, de plus personnel, et de plus intérieur : singularité qui prend donc la forme d'une intériorité individuelle et secrète[11].

11. En choisissant cette définition, nous ne faisons que suivre beaucoup de ceux qui ont travaillé sur la question de la présence de la « personne » ou du « moi » dans l'Antiquité, comme Marcel Mauss, Ignace Meyerson, Jean-Pierre Vernant, et Peter Brown. Tous voient dans le moi une forme d'identité moderne qui, si elle peut avoir plusieurs traits caractéristiques, – ainsi dans l'énumération d'Ignace Meyerson (voir ci-dessous) – possède néanmoins toujours cette dimension d'intériorité et d'unicité. Si nous avons retenu cette seule caractéristique, c'est, d'une part, parce qu'elle nous semble être celle qui spécifie le mieux ce que peut être le moi par rapport à l'âme, à la personne, à la raison, à la conscience, *etc.* ; et, d'autre part, parce que cet aspect est celui sur lequel le travail de Foucault sur l'Antiquité peut le plus nous éclairer, puisqu'il recoupe sa question de l'apparition d'une herméneutique du sujet.

Cf. Marcel Mauss, *Sociologie et anthropologie*, cinquième partie : « Une catégorie de l'esprit humain : la notion de personne, celle de "Moi" », Paris, PUF, 1995, p. 359 : « Cependant, la notion de personne devait encore subir une autre transformation pour devenir ce qu'elle est devenue voici moins d'un siècle et demi, la *catégorie du moi*. Loin d'être l'idée primordiale, innée, clairement inscrite depuis Adam au plus profond de notre être, voici qu'elle continue, presque de notre temps, lentement à s'édifier, à se clarifier, à se spécifier, à s'identifier avec la connaissance de soi, avec la conscience psychologique ».

Cf. Ignace Meyerson, « Préface », dans I. Meyerson (édit.), *Problèmes de la personne*, Paris, Éditions de l'EHESS, 1973, p. 8 : « Le moi, pour l'homme de notre temps, a beaucoup de provinces, aux limites inconstantes. Il est l'être spirituel, la vie intérieure et la conscience de cette vie, l'appréhension de soi ; le sentiment de la continuité du moi, avec ses prolongements […]. Il est le sentiment d'être source d'action et centre d'actes divers mais parents tous par quelque côté, d'être en même temps intérieur à chaque acte particulier, doublement responsable : comme agent, comme agent spirituel et moral […]. Il est le fait d'être un individu dans des groupes sociaux multiples […] le fait d'avoir un nom, un état civil, un statut social et professionnel. Il est, aujourd'hui plus qu'avant, le sentiment et la notion d'être qualitativement différent des autres, singulier, original. Il est enfin le corps […] le sentiment et la pensée de ce corps […]. Cette énumération incomplète montre assez la multiplicité et la complexité du moi ».

Cf. Jean-Pierre Vernant, « L'individu dans la cité », *L'Individu, la mort, l'amour*, Paris, Gallimard,1989, p. 215 : « Le moi, la personne : l'ensemble des pratiques et des attitudes psychologiques qui donnent au sujet une dimension d'intériorité et d'unicité, qui le constituent au-dedans de lui comme un être réel, original, unique, un individu singulier dont la nature authentique réside tout entière dans le secret de sa vie intérieure, au cœur d'une intimité à laquelle nul, en dehors de lui, ne peut avoir accès, car elle se définit comme conscience de soi-même ».

Ces définitions étant posées, nous voyons que la question de la présence ou non du moi dans l'Antiquité prend, dans une perspective foucaldienne, la forme suivante : dans quelle forme d'éthique (la subjectivation morale) et au moyen de quelle ascétique (les pratiques de soi) la substance éthique ou la téléologie du sujet moral prennent-elles la forme du moi, tel que nous l'avons défini ci-dessus ?

UNE HISTOIRE DU « SOUCI DE SOI » DANS L'ANTIQUITÉ

Une généalogie de l'herméneutique du sujet

Tournons-nous maintenant vers *L'Herméneutique du sujet*, cours prononcé en 1982 et que Foucault a consacré aux transformations de l'éthique ancienne entre le Ve siècle avant J.-C. et le Ve siècle après J.-C., c'est-à-dire entre Platon et les premiers siècles du christianisme. Cette étude porte sur les modifications du mode de subjectivation morale et des pratiques de soi destinées à l'assurer – puisque, comme nous l'avons vu, c'est là le sens que Foucault donne à l'histoire de l'éthique. Mais, plus précisément, au sein de ce champ d'analyse, Foucault porte son attention sur un problème précis : la transformation des rapports entre le sujet et la vérité[12]. Autrement dit, il met l'accent sur les modifications qui affectent les liens que le sujet établit à la vérité dans son entreprise de subjectivation morale : comment la recherche, l'apprentissage ou l'énonciation de la vérité – et quels types de vérité – interviennent-ils dans le travail de constitution de soi comme sujet moral ?

Plus précisément encore, dans cette histoire des rapports entre le sujet et la vérité, Foucault cherche à mettre en lumière le moment et le contexte dans lesquels est apparu un type bien précis de rapport : celui dans lequel le sujet doit rechercher et énoncer sa propre vérité. « Au fond, la question que je me pose, c'est celle-ci : comment a pu se constituer, à travers cet ensemble de phénomènes et de processus historiques que nous pouvons appeler notre "culture", la question de la vérité du sujet ? »[13].

Si cette question est l'enjeu principal de Foucault dans ce cours – comme l'indique d'ailleurs son titre : il s'agit de faire apparaître le moment où s'est constituée une « herméneutique du sujet » – il nous semble qu'elle peut constituer aussi une autre formulation de la question qui nous occupe ici : quand se

---

12. *L'Herméneutique du sujet*, *op. cit.*, p. 4 : « La question que je voudrais aborder cette année, c'est celle-ci : dans quelle forme d'histoire se sont noués en Occident les rapports entre ces deux éléments, qui ne relèvent pas de la pratique, de l'analyse historienne habituelle, le "sujet" et la "vérité" ».

13. *Ibid.*, p. 243.

forment l'expérience du « moi » ou tout au moins ses premiers éléments ? En effet, la question de la vérité du sujet, c'est pour Foucault celle de la formation de ce rapport à soi où l'individu est appelé à chercher à l'intérieur de lui-même – dans les arcanes de sa conscience, au travers de ses pensées et de ses affects – et à énoncer, pour lui-même ou le plus souvent à un autre, sa vérité d'individu singulier, et non pas sa vérité générique d'homme. Autrement dit, cette « herméneutique de soi » n'est rien d'autre que la formation de l'expérience d'un « moi », compris comme identité intérieure et personnelle de l'individu.

Primauté du « souci de soi » sur le « connais-toi toi-même » : conséquences pour l'analyse

L'objectif de ce cours étant défini – et en même temps, la place que peut y occuper notre question de la présence ou non du moi dans l'Antiquité – comment Foucault va-t-il mener son enquête ? Contre toute attente, ce n'est pas en suivant le fil directeur de la connaissance de soi – le fameux *gnôthi seauton* – mais en étudiant les formes et les transformations d'un autre impératif fondamental dans la philosophie antique : le « souci de soi » *(epimeleia heautou)*. Selon Foucault, en effet, c'est par une inversion proprement moderne que nous plaçons au premier plan le « connais-toi toi-même », alors qu'il était toujours, pour les philosophes antiques, subordonné à la question primordiale du « comment vivre » ?, autrement dit « quel art de vivre *(tekhnè tou biou)* mettre en œuvre ? » et, dans cette perspective, comment « se soucier de soi »[14] ?

Il faut donc rétablir la place qu'occupait, dans l'Antiquité, la question de la connaissance de soi : elle n'était jamais qu'un instrument, un moyen utilisé dans le but de se soucier de soi. Dès lors, c'est l'examen des formes qu'a pris ce souci de soi qui va nous permettre de comprendre ce qu'a pu signifier pour les Grecs, puis pour les Romains, et enfin pour les premiers chrétiens, cette connaissance de soi. En effet, ni les moyens, ni le contenu de cette connaissance, ni enfin le sens de ce soi qui est visé, ne sont des données invariables : ils sont au contraire déterminés par la modalité du souci de soi dans laquelle s'inscrit la nécessité de se connaître soi-même. Ainsi, la connaissance de soi n'est pas nécessairement cette herméneutique de soi (cette constitution du « moi ») dont nous recherchons l'origine – elle ne le deviendra que dans une forme particulière du souci de soi qu'il nous faut identifier.

Le principe du *gnôthi seauton* n'est pas autonome dans la pensée grecque. Et on ne peut pas, je crois, en comprendre ni la signification propre ni l'histoire si l'on ne tient pas compte de

---

14. *L'Herméneutique du sujet*, p. 428-429 : « Depuis l'époque classique, le problème était de définir une certaine *tekhnê tou biou* (un art de vivre, une technique d'existence). Et, vous vous souvenez, c'était à l'intérieur de cette question générale de la *tekhnê tou biou*, que s'était formulé le principe "s'occuper de soi-même" ».

cette relation permanente entre connaissance de soi et souci de soi dans la pensée antique [...].
C'est aux différentes formes de l'*epimeleia heautou* qu'il faut demander l'intelligibilité et le
principe d'analyse des différentes formes de la connaissance de soi. À l'intérieur de l'histoire
même de ce souci de soi, le *gnôthi seauton* n'a pas la même forme et il n'a pas la même
fonction. Ce qui a pour conséquence que les contenus de connaissance qui sont ouverts ou
délivrés par le *gnôthi seauton* ne vont pas être chaque fois les mêmes. Ce qui veut dire que les
formes même de la connaissance qui sont mises en œuvre ne sont pas les mêmes. Ce qui veut
dire aussi que le sujet lui-même, tel qu'il est constitué par la forme de réflexivité propre à tel ou
tel type de souci de soi, va se modifier »[15].

Pour déterminer le moment où la connaissance de soi devient une herméneutique du sujet, Foucault se propose d'étudier trois étapes dans la formation et
l'évolution du souci de soi dans son rapport à la connaissance de soi. Tout
d'abord, son apparition dans le platonisme, à travers la figure de Socrate
exhortant les autres à se soucier de soi, qu'il va étudier dans l'*Alcibiade*. Ensuite,
ce qu'il appelle « l'âge d'or » du souci de soi aux Ier et IIe siècles de notre ère,
dans la philosophie hellénistique et romaine. Enfin, les premiers développements
de l'ascétisme chrétien (IVe-Ve siècles après J.-C.) à travers le monachisme et les
premiers Pères chrétiens[16].

Le souci de soi platonicien

Foucault analyse donc le souci de soi platonicien et la place qu'y occupe la
connaissance de soi, dans le seul dialogue intitulé l'*Alcibiade*. Il a en effet, pour
cette question, une importance privilégiée puisqu'on y voit Socrate exhorter
Alcibiade à s'occuper de lui-même et lui expliquer en quoi doit consister cette
activité. Mais avant de s'intéresser à ces explications, Foucault porte son
attention sur les conditions dans lesquelles apparaît cette nécessité de s'occuper
de soi-même. Elles sont de trois ordres : politique, tout d'abord, puisque Alcibiade est invité à s'occuper de soi dans la mesure où il veut rentrer dans la
carrière politique, et donc gouverner les autres ; pédagogique, ensuite, au sens où
la nécessité de se soucier de soi est liée à l'insuffisance de l'éducation qu'a reçue
Alcibiade[17] ; enfin, ce souci de soi est rendu nécessaire par l'ignorance où se

---

15. *Ibid.*, p. 443-444.

16. *Ibid.*, p. 32.

17. Platon, *Alcibiade*, trad. Chantal Marbœuf et Jean-François Pradeau, Paris, GF, 1999,
123c-e : « <La mère du roi, Amestris, la femme de Xerxès> se demanderait avec étonnement
sur quoi compte cet Alcibiade pour envisager de rivaliser avec Artaxerxès. Je pense qu'elle
répondrait que cet homme ne peut compter que sur le seul soin qu'il porte à ce qu'il fait et sur
le savoir, car ce sont les seules qualités dignes de considération chez les Grecs. Mais si elle
apprenait que cet Alcibiade entreprend maintenant ce projet, alors qu'il n'a pas encore tout à
fait vingt ans, qu'ensuite il est dénué de toute éducation et qu'en outre, lorsque son amoureux
lui dit qu'il doit d'abord prendre soin de lui-même et s'exercer avant d'aller rivaliser avec le
roi, il s'y refuse et prétend prendre l'initiative du combat tel qu'il est, je pense qu'elle
s'étonnerait et dirait : "enfin, sur quoi donc compte ce petit jeune homme ?" ».

trouve le jeune homme quant à l'objet du bon gouvernement. Ces trois conditions sont importantes, dans la mesure où elles font apparaître que le souci de soi est ici référé à l'exercice du pouvoir : il ne trouve pas sa fin en lui-même, mais dans la recherche du bon gouvernement.

Ceci étant précisé, en quoi consiste ce souci de soi ? Cette question de dédouble en deux autres : d'une part, quel est ce soi dont il faut se soucier ?, d'autre part, en quoi consiste ce souci et comment va-t-il conduire Alcibiade à la connaissance de la *tekhnè* nécessaire au gouvernement des autres ?

La première question appelle une réponse évidente : ce soi dont il faut s'occuper c'est l'âme. Mais Foucault précise immédiatement que cette âme est prise en un sens particulier : ce n'est pas « l'âme-substance » dont il est question, par exemple, dans *la République*, mais « l'âme-sujet ». Qu'est-ce que Foucault entend par là ? Que cette âme ne répond pas à la question de la nature d'Alcibiade, mais à la question du sujet de l'activité. Le soi dont il faut se soucier, ce n'est pas le corps ou les biens, mais ce qui se sert du corps ou des biens : c'est donc le sujet des différentes actions qu'Alcibiade peut accomplir.

Lorsque Platon (ou Socrate) se sert de cette notion de *khrèsthai/khrèsis*, pour arriver à repérer ce qu'est ce *heauton* (et ce qui est référé par lui) dans l'expression "s'occuper de soi-même", il veut en réalité désigner, non pas une certaine relation instrumentale de l'âme au reste du monde ou au corps, mais surtout la position en quelque sorte singulière, transcendante, du sujet par rapport à ce qui l'entoure, aux objets qu'il a à sa disposition, mais aussi aux autres avec lesquels il a relation, à son corps lui-même, et enfin à lui-même. On peut dire que quand Platon s'est servi de cette notion de *khrèsis* pour chercher quel était le soi dont il fallait s'occuper, ce n'est absolument pas l'âme-substance qu'il a découvert : c'est l'âme-sujet[18].

En quoi maintenant va consister le souci de cette « âme-sujet » ? La réponse réside dans l'inscription delphique qu'invoque Socrate : il faut se connaître soi-même[19]. Mais comment cette connaissance est-elle possible ? C'est là qu'intervient la fameuse métaphore de l'œil cherchant à se voir.

Socrate : Ainsi, si l'œil veut se voir lui-même, il doit regarder un œil et porter son regard sur cet endroit où se trouve l'excellence de l'œil. Et cet endroit de l'œil, n'est-ce pas la pupille ? – Alcibiade : C'est cela. – Socrate : Eh bien alors, mon cher Alcibiade, l'âme aussi, si

---

18. *L'Herméneutique du sujet, op. cit.*, p. 56. Cf. *Alcibiade*, 129b-c et 129e-130a, « Socrate : Voyons, comment pourrait être découvert ce soi-même lui-même ? Car ainsi, nous pourrions peut-être découvrir ce que nous sommes nous-mêmes, tandis que nous restons dans l'ignorance, cela nous sera impossible [...]. Socrate : Mais celui qui se sert d'une chose et la chose dont il se sert ne sont-ils pas différents ? [...] Socrate : Et l'homme, maintenant, ne se sert-il pas de tout son corps ? – Alcibiade : Si, bien sûr. – Socrate : Et n'a-t-on pas vu que ce dont on se sert était différent de celui qui s'en sert ? – Alcibiade : Si. – Socrate : L'homme est donc différent de son propre corps ? – Alcibiade : Je ne saurais le dire. – Socrate : Tu sais toutefois qu'il est ce qui se sert du corps. – Alcibiade : Oui. – Socrate : Mais qui d'autre que l'âme se sert de lui ? – Alcibiade : Rien d'autre. »

19. *Ibid.*, 132b-132c, p. 179.

elle veut se connaître elle-même, doit porter son regard sur une âme et avant tout sur cet endroit de l'âme où se trouve l'excellence de l'âme, le savoir, ou sur une autre chose à laquelle cet endroit de l'âme est semblable. – Alcibiade : C'est ce qu'il semble, Socrate. – Socrate : Or, peut-on dire qu'il y a en l'âme quelque chose de plus divin que ce qui a trait à la pensée et à la réflexion ? – Alcibiade : Nous ne le pouvons pas. – Socrate : C'est donc au divin que ressemble ce lieu de l'âme, et quand on porte le regard sur lui et que l'on connaît l'ensemble du divin, le dieu et la réflexion, on serait alors au plus près de se connaître soi-même[20].

Ainsi, cette analyse nous permet de préciser deux choses qui spécifient cette connaissance de soi platonicienne : d'une part, le soi-même dont il est question n'est pas l'identité singulière d'Alcibiade (son « moi »), mais l'âme et la meilleure partie de celle-ci : la pensée qui est identique au divin. D'autre part, cette connaissance n'est pas tournée vers l'intérieur de soi, mais vers l'extérieur : ce n'est pas une analyse de son âme, de ses pensées ou de ses sentiments qui permet de se connaître soi-même, mais la contemplation de ce à quoi l'âme est apparentée : le savoir et le divin. La pratique de soi ainsi utilisée n'est pas un examen ou un déchiffrement de soi, mais la contemplation du divin et du monde des idées, qui permet une réminiscence de ce dont l'âme autrefois avait la connaissance. Et c'est cette contemplation qui permettra à l'âme de découvrir les règles susceptibles de fonder un gouvernement des autres qui soit juste.

LE « SOUCI DE SOI » ET LA « CONVERSION À SOI » DE LA PHILOSOPHIE HELLÉNISTIQUE ET ROMAINE, EST-CE L'APPARITION DU MOI ?

Une « culture de soi » généralisée et auto-finalisée

Le souci de soi socratico-platonicien n'est donc en rien le lieu de constitution de cette herméneutique de soi ou de ce moi, dont nous cherchons une éventuelle origine dans l'Antiquité. Mais qu'en est-il maintenant du souci de soi hellénistique et romain, que l'essentiel du cours consacré à la généalogie de l'herméneutique du sujet se propose d'examiner ? Cette période est en effet absolument cruciale : le souci de soi y prend une très grande ampleur et il tend à s'auto-finaliser, faisant du soi l'objectif même d'un travail sur soi qui cherche à accomplir une « conversion à soi » par le moyen notamment de l'examen de conscience. Autrement dit, tout semble désigner cette « culture de soi » qui se constitue aux Ier et IIe siècles de notre ère, comme le lieu d'émergence de l'exégèse de soi et corrélativement comme le lieu de constitution d'une première ébauche du moi.

L'enjeu du cours devient alors explicitement pour Foucault de déterminer si, oui ou non, la philosophie hellénistique et romaine constitue le cadre d'apparition de la question de la vérité du sujet :

---

20. *Ibid.*, 133b-133c, p. 182.

Je voudrais donc revenir en ce point-ci, qui est sans doute un enjeu historique important : le moment où, dans la culture hellénistique et romaine, le souci de soi devient un art autonome, auto-finalisé, valorisant l'existence tout entière – est-ce que ce moment-là n'est pas un moment privilégié pour voir se former et se formuler la question de la vérité du sujet ?[21]

Foucault trouvera la réponse à cette question en étudiant de près de nombreux textes stoïciens et épicuriens, notamment, qui présentent en détail les différentes pratiques de soi mobilisées dans cette nouvelle forme de souci de soi. Mais avant de suivre Foucault dans quelques-unes de ses analyses, rappelons brièvement les principaux traits de cette « culture de soi » qui est à son apogée aux Ier et IIe siècles.

Tout d'abord, les trois conditions platoniciennes qui référaient le souci de soi à une finalité extérieure ont disparu. Le souci de soi ne prend plus son sens dans la préparation au gouvernement des autres, dans une carence de l'éducation, ou dans la nécessité de chercher quelles sont les règles d'un bon gouvernement. Désormais, il n'est plus lié à la formation du jeune homme qui se destine à la vie politique, mais il devient un impératif qui se généralise, d'une part, à tous les hommes – même si en pratique, seuls quelques-uns sont capables de se soucier de soi – et, d'autre part, à l'ensemble de la vie. Dès lors, c'est à une généralisation et à une auto-finalisation du souci de soi que l'on assiste en cette période qui constitue son véritable « âge d'or ».

Cette auto-finalisation recouvre plusieurs processus : tout d'abord, puisque le souci de soi n'est plus référé au gouvernement des autres, il ne consiste plus tant en une activité de formation et d'apprentissage, qu'en une pratique de correction, de réforme de soi-même. Ensuite, il se rapproche de la médecine, réintégrant le corps que Socrate et Platon avaient écarté du souci de soi. La philosophie qui prend en charge ce souci de soi se conçoit ainsi comme une pratique médicale qui centre son attention sur le *pathos*, comme élément de l'intrication du psychique et du corporel[22]. Par ailleurs, étant coextensif à la vie tout entière, il devient le contenu même de cette *tekhnè tou biou* (art de vivre) qui est au fondement de l'éthique ancienne.

Mais encore, puisque le souci de soi consiste maintenant en une activité de réforme de soi-même coextensive à la vie, l'autre constitue un médiateur indispensable. Cependant, ce n'est plus le maître socratique qui sensibilise le jeune homme à son ignorance et lui enseigne à chercher le savoir, il s'agit dorénavant d'un maître qui joue le rôle d'opérateur dans la substitution d'un statut plein et entier de sujet à l'état de non-sujet[23]. Enfin, cette fonction que joue l'autre dans le souci de soi s'institutionnalise, soit sous la forme de « dispensaire

---

21. *L'Herméneutique du sujet, op. cit.*, p. 243.
22. *Ibid.*
23. *Ibid.*, p. 123-125.

de l'âme », c'est-à-dire de groupes de gens s'associant pour pratiquer le soin de soi (c'est la forme hellénique de l'école), soit sous la forme du conseiller privé, qui initie son employeur et/ou ami à une vigilance constante sur soi-même, à travers la direction de conscience notamment (c'est la forme romaine)[24].

Une « conversion à soi »

Une fois caractérisés les divers processus qui concourent à cette auto-finalisation du souci de soi, et qui contribuent à l'émergence d'une véritable « culture de soi »[25] où le soi devient l'agent, l'objet et la finalité du souci de soi, il reste à déterminer en quoi consiste exactement cette culture de soi. En procédant à l'examen de l'ensemble des expressions ou des images par les-quelles les philosophes hellénistiques et romains désignent les activités que recouvrent ce souci de soi, Foucault identifie le « noyau central » de ces pratiques de soi : il s'agit de retourner son regard vers soi-même, de faire retour à soi, en un mot de se convertir à soi.

Ce qui caractérise le souci de soi hellénistique et romain, aux yeux de Foucault, c'est ce mouvement de la conversion à soi. Or, cette conversion ne peut être comprise dans sa spécificité qu'en étant distinguée de deux autres modèles de la conversion qui, par leur prestige, tendent à la recouvrir. Il s'agit du modèle platonicien de *l'epistrophè* – qui consiste à se détourner des apparences pour faire retour en soi, où la conscience de son ignorance est le moteur d'un mouvement de connaissance de soi qui aboutit à une réminiscence des essences, de la vérité et de l'être, dans lesquels l'âme retrouve sa vraie patrie – et du modèle de la *metanoia* chrétienne qui prend la forme d'une mutation soudaine qui suppose une rupture à l'intérieur du sujet avec un soi auquel il a dû renoncer pour pouvoir renaître sous une forme nouvelle[26].

La conversion à soi se différencie de ces deux modèles, d'abord en ce qu'elle n'oppose pas ce monde-ci à un autre : le mouvement s'effectue dans l'imma-nence du monde et s'il est une rupture, c'est à l'égard de ce qui autour du soi ne dépend pas de lui. Ensuite, parce qu'il ne s'agit pas de renoncer à soi, mais bien au contraire d'atteindre le soi comme un but ou comme un havre dans lequel il faudrait revenir. Enfin, la conversion à soi se distingue des deux autres modèles dans la mesure où l'objectif final n'est ni le retour au monde des idées, ni la renaissance dans le règne de Dieu – mais un « rapport adéquat et plein de soi à soi »[27].

---

24. *Ibid.*, p. 132-139.
25. *Ibid.*, p. 172-173.
26. *Ibid.*, p. 201-203.
27. *Ibid*, p. 201-206.

Mais que signifie maintenant concrètement ce soi sur lequel il faut porter son regard et auquel il faut faire retour ? Est-ce un soi singulier qu'il s'agit de déchiffrer, de connaître, et partant, est-ce une première esquisse de ce moi auquel la tradition occidentale ne cessera bientôt plus de porter son attention – que ce soit pour le fustiger ou au contraire pour le glorifier ? Pour le savoir, Foucault examine plusieurs textes qui présentent en détail les pratiques de soi mises en œuvre par les philosophes hellénistiques et romains. Nous allons donc considérer brièvement avec lui certains de ces textes les plus significatifs. Tout d'abord, la préface à la troisième partie et la préface à la première partie des *Questions naturelles* de Sénèque, qui nous montreront quel type de connaissance mobilise cette conversion à soi. Ensuite, une lettre de la correspondance de Marc Aurèle avec Fronton, qui permet de déterminer à quoi l'on porte son attention lorsque l'on se soucie de soi. Enfin, un passage du *De ira* de Sénèque, dans lequel on peut trouver la description de l'examen de conscience tel qu'il est pratiqué à ce moment-là.

Sénèque, Préfaces aux première et troisième parties des Questions naturelles

Commençons donc par les textes de Sénèque. Foucault les étudie pour savoir sur quoi il faut porter son regard lorsque l'on décide de se convertir à soi, et plus précisément quel type de connaissance est alors convoqué. Ces deux préfaces permettent en effet de faire le lien entre cet ouvrage important – les *Questions naturelles* – qui se présente comme un « savoir encyclopédique du monde » et la nécessité, en apparence contradictoire, lorsque la vieillesse approche, de s'occuper entièrement de soi (*sibi vacare*). S'occuper de soi signifie, dans la morale stoïcienne, « vaincre ses propres passions, être ferme dans l'adversité, résister à la tentation, se fixer comme objectif son propre esprit, et être prêt à mourir »[28]. Le rapport à soi que l'on acquiert est alors un état de liberté qui est défini comme la fuite de la « servitude de soi » (*servitutem sui*)[29]. Nouveau paradoxe : le soi est à la fois pour Sénèque ce qu'il faut honorer, poursuivre, garder devant les yeux et en même temps ce dont il faut s'affranchir.

Pour comprendre ce paradoxe, il faut considérer que dans les deux cas il s'agit de deux rapports à soi différents : s'occuper de soi consiste alors à passer de l'un de ces rapports à l'autre, ce qui se fera notamment grâce à une certaine connaissance du monde. Le rapport à soi dont il faut se libérer, c'est celui de dépendance à l'égard du monde qui est induit par la série des engagements, des

---

28. *Ibid.*, p. 260.

29. « Être libre, c'est ne plus être esclave de soi (*liber autem est, qui servitutem effugit sui*), *Questions naturelles*, préface au livre III, dans *Œuvres complètes de Sénèque le philosophe*, M. Nisard (édit.), Paris, Firmin Didot, 1869. Cité par Frédéric Gros qui reprend l'édition utilisée par Foucault, *L'Herméneutique du sujet*, p. 274, note 2.

activités et des récompenses, à cause desquels le soi est pris dans un rapport d'obligation-attente[30]. Contre cet esclavage de soi qui est en réalité servitude à l'égard de l'ensemble des fonctions et des relations qui attachent le soi au monde, il faut conquérir une liberté qui consiste en une maîtrise de soi, une sérénité et une indépendance à l'égard des richesses, des plaisirs et de la gloire qui sont autant de chaînes qui rendent le soi esclave. Or, cette conquête de soi s'effectue par l'étude de la nature qui induit un mouvement d'arrachement de ces chaînes, et d'élévation[31] jusqu'au point où, voyant le monde comme Dieu le voit, la raison humaine retrouve sa « co-naturalité » par rapport à la raison divine et envisage la nature comme un système entièrement rationnel et rassurant, dans lequel le soi retrouve sa position de simple point inséré dans le grand réseau des nécessités.

Le savoir de la nature joue donc le rôle d'opérateur de cette libération à l'égard de l'esclavage de soi, et ce dans la mesure où il a deux effets :

Premièrement : obtenir une sorte de tension maximale entre ce soi en tant qu'il est raison – et par conséquent à ce titre : raison universelle, de même nature que la raison divine – et le soi en tant qu'élément individuel, placé ici et là dans le monde, en un endroit parfaitement restreint et délimité. [...] Et, deuxièmement, le savoir de la nature est libérateur dans la mesure où il permet, non pas du tout de nous détourner de nous-même, de détourner notre regard de ce que nous sommes, mais au contraire de mieux l'ajuster et de prendre continûment sur nous-même une certaine vue [...] : nous à l'intérieur du monde, nous en tant que nous sommes liés dans notre existence à un ensemble de déterminations et de nécessités dont nous comprenons la nécessité[32].

Ces textes se révèlent donc très importants pour notre question, à savoir l'éventuelle apparition de l'herméneutique de soi ou du moi dans l'Antiquité. En effet, ils nous permettent d'éclairer plusieurs points.

Premièrement, ce soi auquel il s'agit de faire retour n'est aucunement le « moi », c'est bien plutôt le soi comme « raison », participant de la raison divine et de l'ordre du monde. Ainsi, se soucier de soi consiste à s'occuper de, et à

---

30. *L'Herméneutique du sujet, op. cit.,* p. 262. Cf. *Œuvres complètes de Sénèque le philosophe*, p. 436 : « Qui est esclave de soi subit le plus rude (*gravissima*) de tous les jougs ; mais le secouer est facile : qu'on ne se fasse plus à soi mille demandes ; qu'on ne se paie plus de son propre mérite (*si desieris tibi referre mercedem*) ». Cité par Frédéric Gros, *op. cit.,* p. 274, note 6.

31. Cf. *Œuvres complètes de Sénèque le philosophe*, p. 390 : « Pour dédaigner ces portiques, ces plafonds éclatants d'ivoire, ces forêts taillées en jardin, ces fleuves contraints de traverser des palais, il faut avoir embrassé le cercle de l'univers (*quam totum circumeat mundum*) et laissé tomber d'en haut un regard sur ce globe étroit (*terrarum orbem super ne despiciens, angustum*), dont la plus grande partie est submergée, tandis que celle qui surnage, brûlante ou glacée, présente au loin d'affreuses solitudes ». Cité par Frédéric Gros, *op. cit.,* p. 274, note 12.

32. *L'Herméneutique du sujet, op. cit.,* p. 268.

mettre en position de souveraineté, cette faculté qui a pour fonction de faire usage des autres facultés[33].

Deuxièmement, si s'occuper de soi consiste à se libérer de l'esclavage de soi, ce soi dont il faut se libérer n'est pas non plus le « moi ». Ce deuxième point semble moins évident. En effet, Foucault nous dit que ce soi est « le soi en tant qu'élément individuel, placé ici et là dans le monde » : or, cet élément individuel n'est-il pas cette identité singulière que nous cherchons ? Rigoureusement non : l'élément individuel est ici constitué par les différents rôles et relations qui attachent l'individu au monde. Ce n'est donc aucunement une identité personnelle et intérieure – puisqu'au contraire l'individu doit reconnaître son identité dans sa raison. C'est tout au plus une identification purement extérieure et contingente : non pas une identité essentielle, mais une image sociale qui découle du rôle qui est échu à l'individu dans le jeu des relations sociales – rôle et image auxquels justement l'individu doit essayer de ne pas s'attacher, et dans lesquels il ne doit pas reconnaître son identité.

Ainsi, dans la préface au quatrième livre des *Questions naturelles*, Sénèque conseille à Lucilius de ne pas placer son « soi » dans la fonction qu'il occupe, et ceci en exerçant son pouvoir comme un simple métier, plutôt que comme une présomptueuse souveraineté[34]. Cette distance qui permet de ne pas s'identifier à sa charge, est rendue possible par le souci de soi qui a pour fonction de rappeler quel doit être le véritable rapport à soi :

> L'*otium* studieux, en tant qu'il est un art de soi-même qui a pour objectif de faire que l'individu établisse à lui-même un rapport adéquat et suffisant, fait que l'individu ne va pas placer son propre moi, sa propre subjectivité dans le délire présomptueux d'un pouvoir qui déborde ses fonctions réelles. Toute la souveraineté qu'il exerce, il la place en lui-même, à l'intérieur de lui-même, ou plus exactement : dans un rapport de lui-même à lui-même[35].

---

33. Foucault explique en effet que, selon Épictète, ce qui différencie les hommes des animaux, c'est qu'ils « ont à s'occuper d'eux-mêmes », parce que « Zeus, le Dieu, les a confiés à eux-mêmes, en leur donnant cette Raison [...] qui permet de déterminer l'usage que l'on peut faire de toutes les facultés. Donc nous avons été confiés à nous-mêmes par Dieu, pour que nous ayons à nous occuper de nous-mêmes » (*ibid.*, p. 439).

34. *Œuvres complètes de Sénèque le philosophe*, Préface au quatrième livre des *Questions naturelles*, p. 455 : « Vous aimez donc, à en juger d'après vos lettres, sage Lucilius, et la Sicile, et le loisir que vous laisse votre emploi de gouverneur (*officium procurationis otiosae*). Vous les aimerez toujours, si vous voulez vous tenir dans les limites de cette charge, si vous songez que vous êtes le ministre du prince, et non le prince lui-même (*si continere id intra fines suos volueris, nec efficere imperium, quod est procuratio*) ». Cité par Frédéric Gros, *op. cit.*, p. 375, note 9.

35. *Ibid.*, p. 361. On voit dans ce passage un exemple de l'usage que fait Foucault du terme de moi : il ne lui donne pas le sens précis d'un mode de subjectivation spécifique – celui que nous avons défini comme l'identité singulière et intérieure de l'individu, dont la connaissance

Autrement dit, non seulement ce soi dont l'individu est l'esclave ne constitue pas pour Sénèque son identité – mais il faut au contraire que l'individu travaille à ne pas y placer son identité, parce que ce soi n'est jamais qu'un ensemble de relations contingentes qu'il doit apprendre à considérer à leur juste valeur. Il n'y a donc pas de place pour un moi, ni comme identité à préserver ou à conquérir, ni même comme identité à rejeter. Comme l'indique Jean-Pierre Vernant à propos de l'homme grec[36], l'identité d'un individu – que Sénèque propose ici de remplacer par la reconnaissance du soi comme raison – n'est jamais celle d'un « domaine secret de l'intimité personnelle » qui serait atteint par « introspection et auto-analyse », elle ne se révèle que « dans le commerce avec autrui » :

> Dans une société de face-à-face où, pour se faire reconnaître, il faut l'emporter sur ses rivaux dans une incessante compétition pour la gloire, chacun est placé sous le regard d'autrui, chacun existe par ce regard. On est ce que les autres voient de soi. L'identité d'un individu coïncide avec son évaluation sociale[37].

Nous abordons ainsi le troisième élément remarquable que nous apporte ce texte : dans cette conversion à soi la connaissance qu'il faut mobiliser n'est jamais une herméneutique de soi, comprise comme connaissance de son intériorité singulière et secrète. La connaissance de soi qu'il faut rechercher n'est jamais que la connaissance de la place que l'on occupe dans l'ordre du monde. C'est donc plus un savoir de la nature qu'une connaissance de soi au sens strict. Mais ce savoir n'est pas n'importe quel savoir : il ne s'agit de connaître la nature que dans la mesure où cette connaissance peut avoir une fonction « étho-poétique », c'est-à-dire être capable de transformer le mode d'être de l'indi-vidu[38] : en l'occurrence lui permettre de constituer un rapport adéquat et plein de soi à soi.

> Il s'agit surtout, dans cette forme-là de connaissance, de nous ressaisir nous-mêmes là où nous sommes, c'est-à-dire de nous replacer à l'intérieur d'un monde entièrement rationnel et rassurant qui est celui d'une Providence divine. Providence divine qui nous a placés là où nous sommes, qui nous a situés à l'intérieur d'un enchaînement de causes et d'effets particuliers, nécessaires et raisonnables, qu'il nous faut bien accepter si nous voulons effectivement nous libérer de cet enchaînement sous la forme, qui est la seule possible, de la reconnaissance de la nécessité de cet enchaînement. Connaissance de soi et connaissance de la nature sont donc non pas en position d'alternative, mais absolument liées. Et vous voyez – c'est un autre aspect de cette question des rapports – que la connaissance de soi n'est aucunement la connaissance de quelque chose comme une intériorité. [...] La profondeur de soi-même, les illusions que l'on se fait sur soi-même, les mouvements secrets de l'âme, *etc.* nous verrons plus tard qu'il faut les contrôler. Mais l'idée d'une exploration, l'idée qu'on a là un domaine de connaissances

---

passe par l'herméneutique de soi-même –, mais un sens équivalent au concept de « soi », c'est-à-dire l'identité de l'individu (sans préciser donc en quoi consiste cette identité).

36. J.-P. Vernant (dir.), *L'Homme grec*, Paris, Seuil, 1993.

37. *L'Homme grec, op. cit.,* « Introduction », p. 23-25.

38. *L'Herméneutique du sujet*, p. 227.

spécifiques qu'il faut avant toute chose connaître et débrouiller [...] tout ceci est absolument étranger à l'analyse de Sénèque. Au contraire [...] la connaissance de la nature nous révèlera que nous ne sommes rien de plus qu'un point, un point dont l'intériorité ne fait évidemment pas problème[39].

Cette longue citation nous indique donc exactement ce qu'il faut penser de la connaissance de soi qu'implique l'impératif de se convertir à soi : ce n'est ni une « herméneutique de soi » – cette recherche de la vérité singulière et profonde de soi-même dont Foucault cherche l'origine – ni la connaissance de ce « moi » dont nous cherchons à savoir s'il est possible d'en repérer la présence dans l'Antiquité. Par contre, cette citation semble nous inviter à nous tourner vers l'examen de conscience, tel que l'ont pratiqué les philosophes hellénistiques et romains, puisque « la profondeur de soi-même » et « les mouvements secrets de l'âme » doivent y être contrôlés. C'est peut-être là, donc, que nous pourrons trouver les premières traces de l'exégèse de soi ou de l'expérience d'un « moi ».

Pour le savoir, nous examinerons avec Foucault deux textes : une lettre de la correspondance de Marc Aurèle avec Fronton et un passage du *De Ira* de Sénèque.

Une lettre de Marc Aurèle à Fronton

Commençons donc par l'examen que Foucault propose d'une lettre de Marc Aurèle à son maître Fronton[40]. Dans cette lettre, où Marc Aurèle raconte sa journée, on peut trouver, selon Foucault, l'exemple le plus « caractéristique de ce que pouvait être [...] la direction de conscience, vécue du côté du dirigé » : il s'agit ainsi du « témoignage d'une expérience que quelqu'un fait de lui-même, et de la manière dont par conséquent il se réfléchit à travers les yeux d'un directeur possible, et en fonction d'une direction possible »[41].

Voici les passages les plus représentatifs de cette lettre :

Nous nous portons bien. Moi j'ai peu dormi à cause d'un petit frisson qui cependant paraît calmé. J'ai donc passé le temps, depuis la onzième heure de la nuit jusqu'à la troisième du jour, pour une part à lire l'*Agriculture* de Caton, et pour une part aussi à écrire ; heureusement moins qu'hier. Puis j'ai salué mon père, j'ai avalé de l'eau miellée jusqu'au gosier, et puis je l'ai rejetée de sorte que je me suis adouci la gorge plutôt que je ne l'ai réellement gargarisée [...]. Je me suis rendu auprès de mon père. J'ai assisté à son sacrifice et ensuite on est allés manger. Avec quoi penses-tu que j'ai dîné ? Avec un peu de pain, pendant que je voyais les autres dévorer des huîtres, des oignons et des sardines bien grasses. Après quoi nous nous sommes mis à moissonner les raisins ; nous avons bien sué, bien crié. [...] Ensuite j'ai beaucoup causé

---

39. *L'Herméneutique du sujet*, p. 267.

40. Selon Frédéric Gros, Foucault utilise une « vieille traduction de A. Cassan, *Lettres inédites de Marc Aurèle et de Fronton*, Paris, A. Levavasseur, 1830, t. I, livre IV, lettre VI, p. 249-251 » (*L'Herméneutique du sujet*, p. 160, note 25).

41. *L'Herméneutique du sujet*, p. 151-152.

avec ma mère qui était assise sur le lit. […] Pendant que nous causions ainsi et que nous nous disputions à qui des deux aimerait mieux l'un de vous […], le disque retentit, et on annonça que mon père s'était mis dans le bain. Ainsi nous avons soupé après nous être baignés dans le pressoir […]. Rentré chez moi, avant de me tourner sur le côté pour dormir, je déroule ma tâche *(meum pensum expliquo)* et je rends compte de ma journée à mon très doux maître *(diei rationem meo suavissimo magistro redo)*. […] Porte-toi bien, cher Fronton, toi qui es *meus amor mea voluptas* (toi mon amour, toi ma volupté). Je t'aime[42].

Dans cette lettre, que Foucault rapporte quasiment en entier, on trouve donc tous les éléments qui, dans la vie quotidienne, sont jugés pertinents pour qui veut se soucier de soi. Or, quels sont ces éléments ? Foucault indique qu'ils sont de trois sortes. Premièrement, les détails de santé et de régime : l'état de santé, la qualité du sommeil, la nourriture, le bain, les exercices et les médications. Deuxièmement, les devoirs familiaux et religieux : le temps passé avec son père, sa mère, le sacrifice religieux, les occupations agricoles, *etc.* Troisièmement, les éléments concernant l'amour : il rapporte le sentiment qu'il éprouve pour Fronton, et une discussion qu'il a eue avec sa mère sur l'intensité de leurs amours respectives.

Ces trois types d'éléments recouvrent donc les trois grands domaines – diététique, économique, érotique – qui sont, selon Foucault, les trois principales surfaces d'application de la pratique de soi. C'est à travers ces relations au corps, à la nourriture, *etc.*, à l'entourage et à l'activité de maître de maison, enfin à travers les relations affectives, amoureuses, que le soi « s'éprouve, s'exerce, développe la pratique de soi-même qui est sa règle d'existence et qui est son objectif »[43].

Que conclure de cette brève analyse ? Tout d'abord que l'expérience de soi qui correspond à cette attitude de souci de soi n'est pas celle de l'ouverture d'un espace intérieur, personnel et secret : l'attention porte sur les activités et les relations dans leurs rapports au soi. Autrement dit le souci porte sur le champ extérieur des multiples relations au monde, aux autres – et non sur une dimension intérieure, une profondeur qui délimiterait un domaine purement personnel. Donc pas de moi qu'il faudrait déchiffrer, observer, mais un écheveau de relations auquel il faut être attentif pour garder un rapport à soi de maîtrise, d'indépendance, de sérénité.

Pour comprendre la spécificité de cette expérience de soi que manifeste cette lettre qui s'inscrit dans toute une tradition de correspondance spirituelle – autrement dit tendue vers le projet d'une réforme de soi-même, d'un souci de soi –, il peut être utile, comme le suggère Foucault, de la comparer avec la tradition de l'autobiographie qui va devenir centrale au XVIe siècle, et dont le genre aura

---

42. *Ibid.*, p. 152-153. Foucault suit ici la traduction citée en note 40.
43. *L'Herméneutique du sujet*, p. 156.

été initié par saint Augustin. Avec saint Augustin, en effet, on sera passé, selon Foucault, « à un régime où le rapport du sujet à la vérité ne sera pas simplement commandé par l'objectif : "comment devenir un sujet de véridiction", mais sera devenu : "comment pouvoir dire la vérité sur soi-même" »[44].

Sénèque, De Ira : description d'un examen de conscience

Passons maintenant au passage du *De Ira* de Sénèque[45] qui permet à Foucault d'analyser en quoi consiste l'examen de conscience tel qu'il est pratiqué dans cette tradition philosophique. Plus précisément, il s'agit de l'examen du soir qui, à la différence de celui du matin, consacré au passage en revue de ce qu'il faudra faire pendant la journée, consiste à examiner et juger ce qu'on a fait en réalité pendant la journée écoulée. Voici l'essentiel de ce que Sénèque dit de cet examen :

> Est-il rien de plus beau que cette coutume de scruter toute une journée ? Quel sommeil suit cet examen de soi-même, qu'il est tranquille, profond et libre quand l'esprit a été loué ou averti, quand il s'est fait l'espion, le censeur secret de ses propres mœurs ! J'use de cette faculté et chaque jour je plaide ma cause devant moi. […] J'examine toute ma journée et je mesure mes faits et dits ; je ne me cache rien, je ne passe rien. Pourquoi craindrais-je quelqu'un de mes égarements, puisque je puis dire : « Prends garde de ne pas recommencer. Pour cette fois je te pardonne. Tu as mis trop de vivacité dans cette discussion ; n'entre plus en lutte désormais avec des ignorants ; ils ne veulent pas apprendre, ceux qui n'ont jamais appris. Tu as réprimandé celui-là plus vertement que tu ne devais ; aussi tu ne l'as pas corrigé, mais choqué ; vois à l'avenir non seulement si ce que tu dis est vrai, mais si celui à qui tu le dis est capable d'entendre la vérité. L'homme vertueux aime les avertissements, les vicieux souffrent difficilement un directeur »[46].

Cet examen de conscience semble être par excellence le lieu possible de l'émergence d'une « herméneutique de soi » ou, pour ce qui nous occupe, de l'attention portée à un « moi » : n'y est-il pas question en effet de « scruter », d'être le « censeur secret » et de ne « rien se cacher » ? Pourtant, là encore, Foucault distingue cette pratique de soi de ce qu'elle deviendra par la suite dans le christianisme : la comparaison systématique avec la pratique de l'examen de conscience et de la confession chrétiennes sert donc ici à spécifier l'expérience de soi qui correspond à la pratique stoïcienne.

---

44. *Ibid.*, p. 344-345. On peut penser, à ce propos, à la distinction qu'opère Jean-Pierre Vernant entre le genre de l'autobiographie et celui des confessions : ce n'est pas la même chose de raconter soi-même sa propre vie (comme le fait Marc Aurèle dans ses lettres) et de transcrire sa « vie intérieure […] dans sa complexité et sa richesse psychologique » – ce dernier aspect est absent de la correspondance de Marc Aurèle, alors qu'il est central dans les *Confessions de saint Augustin*. *Cf.* Jean-Pierre Vernant, « L'individu dans la cité », *art. cit.*, p. 216.

45. Sénèque, *De Ira*, III, XXXVI.

46. Sénèque, *La Colère*, III, XXXVI 2, 3, 4, trad. A. Bourgery, Paris, Robert Laffont, 1993, p. 178.

Dans ce programme d'un examen de conscience, où on repasse toutes les actions de la journée d'une part, et où on doit les juger à son propre tribunal, on a l'impression qu'on a un type d'enquête, un type de pratique très proche de ce qu'on trouvera dans le christianisme [...]. Mais en fait, ce que je voudrais vous faire remarquer, c'est que l'examen que Sénèque définit présente de très notables différences avec ce qu'on trouvera, par la suite, dans le tribunal de la pénitence et dans l'examen de conscience chrétien médiéval[47].

L'exagoreusis (révélation de soi) chrétienne

Pour compléter la comparaison que fait Foucault dans L'Herméneutique du sujet, nous nous appuierons ici sur le texte d'une série de conférences qu'il a prononcées la même année que les cours qui composent cet ouvrage, et qui analysent en détail la technique chrétienne de « révélation de soi » – l'exago-reusis – qui apparaît au VIe siècle[48]. Cette technique – dont l'on peut trouver la description sous la plume de Cassien – s'élabore d'abord dans les monastères, où elle s'intègre à la relation d'obéissance totale que le moine doit avoir envers son directeur. Cette relation de direction permanente est fondée sur l'obligation qu'a le moine de constamment tourner sa pensée vers Dieu. Dès lors, il lui faut sans cesse se plier à un examen de soi qui a pour objectif d'opérer une discrimination entre les pensées qui le dirigent vers Dieu et celles qui l'en détournent. Or, cette discrimination implique de confier toutes ses pensées à son directeur, de les verbaliser dans un aveu qui doit intégrer non seulement les pensées, mais encore les plus infimes mouvements de la conscience, les intentions, les désirs, etc.

Cet aveu constant au directeur est fondé sur l'idée qu'une « concupiscence » secrète inspirée par le Diable est toujours susceptible de troubler la pensée et, par conséquent, de rendre impossible cette contemplation de Dieu à laquelle doit se vouer le moine. Dès lors, il faut en permanence purifier son cœur et ses pensées de toute trace de concupiscence, en verbalisant aussi complètement que possible le flux de ses pensées. La verbalisation a en effet la double fonction de discrimi-nation entre les bonnes et les mauvaises pensées, puisque seules les mauvaises sont difficiles à exprimer, le mal étant indicible et secret, et de purification, dans la mesure où l'aveu chasse le diable en introduisant la lumière de la vérité. Enfin, cette pratique d'examen de soi et d'aveu au directeur de conscience a pour objectif l'anéantissement de la volonté, le renoncement à soi qui purifient le cœur et lui donnent accès à Dieu[49].

---

47. L'Herméneutique du sujet, p. 461-462.
48. « Les techniques de soi », dans Dits et écrits, tome IV, op. cit., p. 783-813.
49. Ibid., p. 808-812.

Différences entre l'examen de conscience stoïcien et la confession chrétienne

Quelles différences pouvons-nous trouver entre l'examen de conscience stoïcien et cette pratique chrétienne de la « révélation de soi » ?

Premièrement, les éléments qui sont repérés ne sont pas les mêmes : le moine doit avouer ses mauvaises pensées, c'est-à-dire celles qui manifestent l'existence d'une concupiscence secrète – tandis que Sénèque porte son attention sur un « égarement », une faute : avoir mis trop de vivacité dans une discussion, n'avoir pas su contrôler sa colère. Cette faute ne révèle pas une nature pécheresse, mais un manque de maîtrise de soi, un défaut d'ajustement entre ses actes et les principes qu'il s'était donnés : Sénèque s'est laissé emporter et a oublié d'appliquer les principes d'un bon directeur de conscience, en l'occurrence prendre garde à ce que son interlocuteur est capable d'entendre[50].

Deuxièmement, Sénèque n'exerce pas tant un jugement, qu'un contrôle de type administratif : il ne se punit pas, ne se fait pas honte, mais se promet de ne plus commettre à nouveau la même erreur[51]. Au contraire, dans la pratique de l'*exagoreusis*, le moine est coupable de ses mauvaises pensées : il doit se sentir souillé et honteux. Il ne s'agit pas ici d'une simple erreur, mais d'une contamination par le mal, incarné par la pénétration du diable en lui. Par conséquent, avouer c'est se purifier par l'anéantissement de sa volonté, de ses désirs. Alors que, pour Sénèque, l'examen de conscience est une manière de progresser vers la maîtrise de soi, le plein rapport de soi à soi, pour le moine, l'aveu est une étape vers la renonciation à soi.

Dès lors, dans les deux cas, le fait de reconnaître ses fautes n'a pas du tout la même fonction : d'un côté, pour Sénèque, il ne s'agit pas tant de se juger, de se connaître comme coupable, que de se remémorer les principes de conduite que l'on s'est fixés ; de l'autre côté, dans la confession chrétienne, l'essentiel réside au contraire dans le moment de l'aveu qui a une double fonction de discrimination et de purification. Autrement dit, dans l'examen stoïcien, la reconnaissance des fautes n'est qu'un élément secondaire, instrumental, puisque le principal tient à la réactivation des principes d'action ; alors que dans l'examen chrétien, l'aveu a une fonction opératoire : il a une valeur spirituelle par lui-même, en ce qu'il purifie le sujet[52].

Troisièmement, le rapport à la vérité est complètement différent. Dans la pratique chrétienne de l'*exagoreusis*, l'individu apparaît comme tiraillé entre Dieu et le diable : il doit se rendre complètement disponible à Dieu, mais les tentations du diable, qui prennent la forme de la concupiscence, troublent la

---

50. *L'Herméneutique du sujet*, p. 462.
51. *Ibid.*, p. 463.
52. *Ibid.*, p. 347.

pureté du cœur et de la pensée. L'individu est alors, en lui-même, un obstacle à sa relation à Dieu : il doit tendre à s'anéantir dans une contemplation parfaite et totale de Dieu. Dès lors, l'accès à la vérité divine – qui peut prendre la forme de l'accès à la Parole révélée – exige de faire la vérité sur ses propres pensées : le sujet doit s'objectiver lui-même dans l'aveu au directeur, pour se rendre accessible à la révélation de Dieu. La connaissance de sa propre vérité n'est pour le sujet qu'une étape sur le chemin de son anéantissement dans la toute-puissance de Dieu :

> Dans le modèle <ascétique-monastique>, la connaissance de soi est liée d'une façon complexe à la connaissance de la vérité telle qu'elle est donnée dans le Texte et par la Révélation ; et cette connaissance de soi est impliquée, exigée par le fait que le cœur doit être purifié pour comprendre la Parole ; et il ne peut être purifié que par la connaissance de soi. […] Cette connaissance de soi se pratique à travers des pratiques qui ont essentiellement pour fonction de dissiper les illusions intérieures, de reconnaître les tentations qui se forment à l'intérieur de l'âme et du cœur, aussi de déjouer les séductions dont on peut être victime. Et tout ceci par une méthode de déchiffrement des processus et des mouvements secrets qui se déroulent dans l'âme, dont il faut saisir l'origine, le but, la forme. Nécessité par conséquent d'une exégèse de soi. […] <Enfin> si on se retourne sur soi, c'est essentiellement et fondamentalement pour renoncer à soi[53].

Face à ce modèle, le rapport entre le sujet et la vérité dans l'ascétique philosophique est radicalement différent. Tout d'abord, la vérité à laquelle l'individu doit tendre n'est pas une Révélation qui exige un cœur pur et même un anéantissement de soi, c'est un ensemble de *logoi*[54] – principes de connaissance et d'action en même temps – que l'individu doit chercher à faire siens. Le soi n'est donc pas un obstacle à l'accès à ces vérités – bien au contraire le plein rapport à soi se conquiert par l'incorporation de ces vérités. En effet, le soi qui est visé par l'ensemble de ces pratiques n'est rien d'autre que le « sujet éthique de la vérité » : c'est-à-dire l'individu devenu le sujet de sa conduite parce que ses actions sont la matérialisation de ses principes. L'ascèse philosophique a ainsi pour objectif la « subjectivation de la vérité ». Mais cette « subjectivation de la vérité » n'a pas besoin de passer par « l'objectivation du sujet » : l'incorporation de la vérité n'exige pas le déchiffrement de ses pensées secrètes, mais elle suppose plutôt l'exercice et le contrôle régulier de l'adéquation entre ses actions

---

53. *L'Herméneutique du sujet*, p. 245.

54. *Ibid.*, p. 309 : «Ce sont des propositions, propositions qui, comme le mot même de *logos* l'indique, sont fondées en raison. Fondées en raison – c'est-à-dire à la fois qu'elles sont raisonnables, qu'elles sont vraies et qu'elles constituent des principes acceptables de comportement. Ce sont dans la philosophie stoïcienne, les *dogmata et les praecepta*. […] Ces *logoi*, quand ils constituent une bonne *paraskeuê* <équipement>, ne se contentent pas d'être là comme des espèces d'ordres qui seraient donnés au sujet. Ils sont persuasifs en ce qu'ils entraînent non seulement la conviction, mais les actes eux-mêmes ».

et les principes, qui a pour fin, non la contrition à cause des fautes commises, mais leur réactivation.

Ainsi, en un mot, l'ascèse philosophique s'oppose à l'ascèse chrétienne, comme la subjectivation du discours vrai s'oppose à l'objectivation du sujet dans un discours vrai :

> En somme, je crois qu'on peut avancer ceci : l'ascèse philosophique, l'ascèse de la pratique de soi à l'époque hellénistique et romaine a essentiellement pour sens et pour fonction d'assurer ce que j'appellerai la subjectivation du discours vrai. Elle fait que je peux moi-même tenir ce discours vrai, elle fait que je deviens moi-même le sujet d'énonciation du discours vrai ; alors que, me semble-t-il, l'ascèse chrétienne, elle, aura évidemment une tout autre fonction : fonction bien sûr de renonciation à soi. Mais elle fera place, dans le cheminement vers la renonciation à soi, à un moment particulièrement important [...] qui est le moment de l'aveu, de la confession ; c'est-à-dire le moment où le sujet s'objective lui-même dans un discours vrai. [...] Dans l'ascèse païenne [...] il s'agit de se rejoindre soi-même avec, comme moment essentiel, non pas l'objectivation de soi dans un discours vrai, mais la subjectivation du discours vrai dans une pratique et dans un exercice de soi sur soi. C'est là cette espèce de différence fondamentale que j'essaie, au fond, depuis le début de ce cours, de faire apparaître[55].

Quatrièmement enfin, avec ce dernier point, Foucault apporte une réponse à sa question : l'herméneutique du sujet – c'est-à-dire ce rapport historiquement constitué qui lie le sujet à l'obligation de dire sa propre vérité – n'existe pas dans l'Antiquité, malgré tous les soupçons qui pesaient sur l'impératif, diversement compris et mis en œuvre, de se connaître soi-même. Cette exégèse de soi n'apparaîtra qu'avec l'ascèse monastique chrétienne, avant de se diffuser à l'ensemble des croyants, et d'être reprise à travers les techniques d'analyse du sujet qu'utilisent les sciences humaines[56].

L'examen de conscience stoïcien témoigne-t-il de l'apparition d'un moi dans l'Antiquité ?

Mais qu'en est-il de *notre* question : l'éventuelle présence du moi dans l'Antiquité ? L'étude détaillée de la pratique de l'examen de conscience stoïcien semble confirmer notre diagnostic antérieur : il n'y a pas de place pour un moi dans l'Antiquité, si l'on entend par là une identité personnelle, intérieure et

---

55. *Ibid.*, p. 316-317.
56. « Les techniques de soi », *op. cit.*, p. 813 : « À travers toute l'histoire du christianisme, un lien se noue entre la révélation, théâtrale ou verbale, de soi et le renoncement du sujet à lui-même. L'hypothèse que m'inspire l'étude de ces deux techniques est que c'est la seconde – la verbalisation – qui est devenue la plus importante. À partir du XVIIIe siècle et jusqu'à l'époque présente, les "sciences humaines" ont réinséré les techniques de verbalisation dans un contexte différent, faisant d'elles non pas l'instrument du renoncement du sujet à lui-même, mais l'instrument positif de la constitution d'un nouveau sujet. Que l'utilisation de ces techniques ait cessé d'impliquer le renoncement du sujet à lui-même constitue une rupture décisive ».

secrète. Certes, l'homme antique qui veut se soucier de lui-même est appelé à faire attention à ses actions, à ses pensées, à ses affects : mais ce n'est pas pour y découvrir sa vérité, mais seulement pour mesurer l'écart entre sa conduite et les principes qu'il s'est fixé. Ce qu'examine l'homme antique lorsqu'il se soucie de soi et pour cela cherche à se connaître soi-même, ce n'est jamais un moi. Son attention porte, en effet, soit sur la grande Raison du monde à laquelle sa raison participe, et dans laquelle il doit reconnaître son véritable soi ; soit sur ses actes et ses pensées, mais à la seule fin de les rapporter aux *logoi* qui doivent gouverner sa conduite. Pas de place donc pour la formation de cette identité personnelle, intérieure et secrète, par quoi nous avons défini le moi. Si l'homme antique se reconnaît bien une identité, elle est impersonnelle – c'est la raison. Ses actes et ses pensées, qui font l'objet de son examen de conscience, ne forment nullement pour lui une identité – son identité personnelle.

Nous voyons donc qu'une analyse foucaldienne rejoint la conclusion traditionnelle – celle de Marcel Mauss, Ignace Meyerson, Jean-Pierre Vernant et Peter Brown – : il n'y a pas de moi dans l'Antiquité, celui-ci n'apparaissant qu'avec le christianisme. Mais elle y conduit au terme d'un chemin singulier, qui apporte un nouvel éclairage à cette question de la présence du moi dans l'Antiquité. Ce chemin singulier, c'est celui d'une analyse historique et technique des rapports entre le sujet et la vérité. Dans le cadre de cette problématique foucaldienne, l'apparition du moi est alors à comprendre comme un nouveau rapport entre le sujet et la vérité. Ainsi, si le moi n'existe pas dans l'Antiquité – malgré l'invention des techniques de soi au moyen desquelles le christianisme le constituera : examen de conscience, direction spirituelle, analyse des représentations – c'est parce que les rapports du sujet à la vérité n'impliquent pas cette herméneutique de soi qu'instituera le christianisme.

En effet, ce rapport peut être caractérisé par deux aspects qui excluent tous deux la constitution de soi comme objet de connaissance. D'une part, la connaissance en laquelle le sujet doit reconnaître la vérité n'est aucunement celle du sujet lui-même, mais celle du monde. Plus exactement, il s'agit de la connaissance du monde, non pas considérée en elle-même, mais en tant qu'elle permet au sujet d'avoir une idée juste de sa place dans l'enchaînement des choses. Loin d'ouvrir le domaine de l'intériorité, cette connaissance envisage donc le sujet comme un simple élément dans le vaste ordonnancement du monde[57]. Ce savoir est « éthopoétique » en ce qu'il a pour fin de permettre un juste rapport à soi, aux autres et au monde.

---

57. « On ne peut se connaître soi-même comme il faut qu'à la condition qu'en effet on ait sur la nature un point de vue, une connaissance, un savoir large et détaillé qui nous permet précisément d'en connaître non seulement l'organisation globale, mais jusqu'au détail. [...] Il s'agit surtout, dans cette forme-là de connaissance, de nous ressaisir nous-même là où nous

D'autre part, la vérité n'est pas seulement visée comme contenu, mais aussi comme attitude, *ethos*. Sous la forme de la *parrhèsia* du côté du maître : celui qui se soucie du rapport à soi d'un autre doit pratiquer le « franc-parler ». Son discours ne doit pas être guidé par son intérêt personnel (comme dans la flatterie ou la rhétorique), mais par le souci de rendre possible la constitution du dirigé comme sujet – sujet de souveraineté et sujet de véridiction[58]. Du côté du dirigé, le rapport à la vérité doit prendre la forme – non d'une *parrhêsia*, d'un « tout dire » faisant pendant au franc-parler du maître, ce qui n'apparaîtra qu'avec l'aveu chrétien – mais d'une subjectivation du discours vrai. Celui qui se soucie de soi doit tendre à une parfaite adéquation entre ses actes, ses pensées et les *logoi* – ces discours vrais qui doivent être au principe de sa conduite. Là encore, il n'y a donc pas de place pour une objectivation de soi : la vérité ne doit pas être recherchée en soi, dans une herméneutique de son intériorité secrète, mais elle doit au contraire être incorporée en soi, il faut faire sienne une vérité d'abord extérieure.

Ainsi, s'il n'y a pas de moi dans l'Antiquité, c'est – dans une perspective foucaldienne – parce que le rapport entre le sujet et la vérité n'implique aucunement la constitution de soi comme objet de connaissance et d'aveu. Par conséquent, c'est par une modification de ce rapport que se constituera l'expérience d'un moi. Cette transformation sera mise en œuvre par le christianisme. Elle concernera les deux aspects que nous venons de distinguer : vérité comme objet de la connaissance et comme attitude du sujet, *éthos*. D'une part, la vérité sera redéfinie comme Révélation, parole divine consignée dans le Texte. Or, cette parole ne sera jugée accessible qu'à un cœur et un esprit purifiés de la présence du diable, s'insinuant dans l'individu sous la forme de la concupiscence. Dès lors, l'accès à Dieu devra être précédé d'une purification de soi, qui prendra la forme d'un déchiffrement et d'une verbalisation des « arcanes de sa conscience ». La connaissance de Dieu exigera ainsi une connaissance de soi préalable. D'autre part, la véridiction sera également redéfinie : elle n'interviendra plus du côté du directeur, mais du côté du dirigé, et elle ne consistera

---

sommes, en ce point où nous sommes, c'est-à-dire de nous replacer à l'intérieur d'un monde entièrement rationnel et rassurant qui est celui d'une Providence divine. [...] Et vous voyez – c'est un autre aspect de cette question des rapports – que la connaissance de soi n'est aucunement la connaissance de quelque chose comme une intériorité. Rien à voir avec ce qui pourrait être l'analyse de soi, de ses secrets (de ce que les chrétiens appelleront ensuite *arcana conscientiae*) » (*L'Herméneutique du sujet*, p. 267).

58. « Ce terme de *parrhêsia* se réfère, me semble-t-il, à la fois à la qualité morale, à l'attitude morale, à l'*êthos* si vous voulez, d'une part, et puis à la procédure technique, à la *tekhnê*, qui sont nécessaires, indispensables pour transmettre le discours vrai à celui qui en a besoin pour la constitution de lui-même comme sujet de souveraineté sur lui-même et sujet de véridiction de lui-même à lui-même » (*Ibid.*, p. 356).

plus en la recherche d'une adéquation entre ses actes et ses principes, mais en un aveu exhaustif de ses pensées et désirs les plus secrets. Enfin, l'objectif de cette véridiction ne sera plus le plein rapport de soi à soi, mais la renonciation à soi. Ces pensées et désirs personnels et secrets, que le diable inspire à l'individu pour l'éloigner de Dieu, ne devront ainsi être mis à jour, dans un premier temps, que pour être détruits.

Le moi, sous la forme de cette première esquisse d'une identité personnelle, intérieure et secrète, est donc né coupable : il n'a d'abord été produit – au double sens de faire exister ce qui n'existe pas encore, en cherchant à faire apparaître ce dont on pense qu'il existe déjà[59] – que pour être sacrifié à Dieu.

Le moi n'est donc pas pour Foucault une dimension essentielle du sujet humain qui n'aurait été découverte que peu à peu – c'est au contraire une expérience historique, culturelle et contingente : elle n'est que le produit d'un ensemble de techniques (les pratiques de soi qui constituent l'herméneutique de soi) liées à un mode de problématisation spécifique des rapports entre sujet et vérité. Nulle nécessité donc dans cette expérience du moi : son absence dans l'Antiquité ne témoigne d'aucun manque, mais de la plénitude d'un autre rapport à soi possible.

---

59. Foucault défend une conception de l'expérience – c'est-à-dire de ce qui est réel pour des individus donnés – originale : il refuse tout autant l'idée d'une expérience universelle et originaire que l'idée inverse d'une expérience toujours relative à un contexte historique. Le relativisme présuppose en effet souvent que la même expérience est diversement interprétée suivant les époques. Ainsi l'expérience historique n'est pas conçue comme la seule et unique réalité, mais comme une apparence ou un avatar d'une réalité unique et sous-jacente. Or, pour Foucault, l'expérience est à la fois radicalement historique *et* absolument réelle – en ce sens qu'il n'y a pas un autre réel plus véritable, mais caché. Cela implique deux choses. D'une part, que l'expérience d'une époque est radicalement nouvelle : elle n'existait pas à l'état latent dans les époques précédentes. Autrement dit, le moi n'existait pas avant d'être problématisé et débusqué par les chrétiens. D'autre part, cela implique donc que l'expérience propre à une culture est littéralement produite par celle-ci. Elle ne l'est pas consciemment et volontairement bien sûr, mais sur le mode ambivalent que permet de penser le double sens du mot « produire ». Une culture pense produire quelque chose, au sens de faire apparaître cette chose qui existe déjà, mais que les autres cultures n'ont pas aperçue – quand, en réalité, elle produit par là-même cette chose, au sens cette fois où elle fait exister ce qui n'existait pas auparavant. Ce sont les problématisations et les pratiques, par lesquelles une culture pense mettre en lumière une réalité donnée, qui constituent cette même réalité inexistante jusqu'alors. Autrement dit, c'est dans la mesure où les chrétiens ont supposé qu'une « concupiscence » secrète animait les pensées et les désirs des hommes, qu'ils l'ont produite en cherchant à la débusquer à travers les déchiffrements des arcanes de la conscience. Ce faisant ils ont littéralement créé cette intériorité avec laquelle est né le moi.

CONCLUSION

Ainsi, la conclusion de notre enquête foucaldienne semble unilatérale : il n'y aurait pas de moi dans l'Antiquité. Celui-ci – pour Foucault comme pour beaucoup d'autres avant lui – n'apparaîtrait qu'avec le christianisme et son ouverture d'une intériorité secrète où l'individu cacherait des pensées et des désirs singuliers, inspirés par le diable et qui l'éloigneraient de l'anéantissement de sa volonté dans celle de Dieu.

Pourtant, il faut nuancer un peu ce diagnostic. Certes il n'y a pas encore de moi dans l'Antiquité, mais avec l'examen de conscience stoïcien apparaît une expérience de soi que le christianisme n'aura qu'à reprendre pour l'infléchir dans la direction d'un déchiffrement d'une intériorité secrète. En effet, avec cette pratique de soi stoïcienne apparaît un élément essentiel à la formation d'un moi : la dénivellation, à l'intérieur de soi, entre deux réalités, plus exactement entre le soi comme identité et un nouveau champ phénoménal. D'un côté, la raison – qui est dans l'individu un principe impersonnel – de l'autre, le « cours des représentations », « les mouvements dans la pensée, les opinions, les passions », sur lesquels la raison doit exercer son contrôle[60].

Encore une fois, cette dénivellation ne fait pas apparaître un « moi », parce que, d'une part l'individu ne s'identifie pas à ce cours des représentations et des passions, mais plutôt à la raison qui doit les contrôler ; et d'autre part, parce que celles-là ne font pas même l'objet d'un déchiffrement : l'individu ne cherche pas à y décrypter la présence souterraine d'un désir secret (la concupiscence), mais seulement à vérifier leur adéquation à ses principes d'action. Pourtant, c'est bien ce champ phénoménal du cours des pensées et des sentiments que les chrétiens s'efforceront ensuite de déchiffrer pour y débusquer la présence de mouvements

---

60. *L'Herméneutique du sujet*, p. 438 : Foucault caractérise ainsi la *meletè* (méditation) propre à la philosophie hellénistique et romaine, en l'opposant à la connaissance de soi et à la réminiscence platoniciennes : « C'est par <la raison>, dans cette posture de contrôle et de libre décision de l'usage des facultés, que doit s'accomplir le souci de soi. [...] Donc, c'est par cette dénivellation que va s'opérer le souci de soi et la connaissance de soi. Ce n'est pas dans la reconnaissance de l'âme par elle-même, comme chez Platon. Dénivellation donc des facultés pour situer, fixer, établir le rapport de soi à soi. Deuxièmement, dans ce mouvement que les stoïciens vont décrire et qui définit le regard que l'on porte sur soi-même, ce qui est saisi, ce n'est pas, comme chez Platon, comme dans l'*Alcibiade*, la réalité de l'âme dans sa substance et dans son essence. Ce qu'on va saisir, ce qui va être l'objet même de ce regard et de cette attention que l'on porte sur soi, ce sont les mouvements qui se passent dans la pensée, ce sont les représentations qui y apparaissent, ce sont les opinions et les jugements qui accompagnent ces représentations, ce sont les passions qui agitent le corps et l'âme. [...] C'est un regard qui est en quelque sorte tourné vers le bas et qui permet à la raison, dans son libre usage, d'observer, de contrôler, de juger, d'estimer ce qui se passe dans le cours des représentations, dans le cours des passions. »

personnels, inspirés par le diable pour éloigner l'individu de Dieu. Foucault explique ainsi la postérité des exercices stoïciens dans la spiritualité chrétienne : il s'agissait, contre la gnose inspirée de la connaissance de soi de type platonicien, de faire valoir des exercices qui ne cherchent pas à reconnaître la trace de Dieu en soi, mais d'abord les signes de la présence du diable qui empêche l'individu d'accéder à Dieu. Autrement dit, ce que les chrétiens ont trouvé dans l'examen de conscience stoïcien, c'est la possibilité d'une herméneutique du sujet qui permette de débusquer toute trace d'un mouvement éloignant l'individu de la contemplation divine :

> Cette ascétique philosophique, ou d'origine philosophique, était en quelque sorte pour le christianisme, la garantie technique de ne pas tomber dans la spiritualité gnostique. Elle mettait en œuvre [...] des exercices de connaissance qui n'avaient pas pour sens premier et pour fin dernière de se reconnaître comme élément divin, mais au contraire des exercices, de connaissance et de connaissance de soi, qui avaient pour fonction et pour but de porter sur soi-même. Non pas donc le grand mouvement de la reconnaissance du divin, mais la perpétuelle inquiétude de la suspicion. À l'intérieur de moi et en moi, ce n'est pas l'élément divin que je dois d'abord essayer de déchiffrer, en moi, tout ce qui peut être les traces [...] de mes défauts, de mes faiblesses chez les stoïciens ; les traces de ma chute, chez les chrétiens, et également chez eux : les traces de la présence, non pas de Dieu, mais de l'Autre, du Diable[61].

S'il n'y a donc pas d'expérience du moi dans l'éthique et l'ascétique antiques, on peut y trouver néanmoins les pratiques de soi qui vont permettre au christianisme de former peu à peu ce « moi », d'abord et longtemps jugé « haïssable » avant de devenir – grâce à toute la richesse que l'herméneutique de soi aura donnée à cette intériorité toujours plus profonde, que la psychanalyse, et plus généralement, la culture psychologique, sauront si bien exploiter – le bien le plus précieux de l'homme.

---

61. *Ibid.*, p. 403.

SERGE TRIBOLET

LE SUJET LACANIEN POUR LIRE PLOTIN

INTRODUCTION

Lorsqu'il s'adresse aux philosophes pour leur parler de « La psychanalyse et son enseignement », Lacan emploie d'emblée l'expression « un sujet dans le sujet »[1]. Il vient leur dire que dans l'inconscient « ça parle » mais que le lieu d'où cette parole advient n'est pas celui désigné par la philosophie moderne sous le concept de sujet. Le sujet lacanien ne peut pas dire « je ». Le je ne se confond pas avec le sujet[2]. Lacan parle d'un sujet transcendant ; un sujet toujours à situer au-delà du sujet des philosophes ; un sujet qui toujours nous échappe car l'inconscient est « inaccessible à l'approfondissement conscient »[3]. Le sujet lacanien n'est pas non plus celui de la psychologie. Nous verrons qu'il est totalement étranger à toute catégorie psychologique et ne peut se situer dans les limites du Moi. Le sujet lacanien est un concept clé de la psychanalyse, probablement l'un des plus malmenés, des plus interprétés selon des acceptions multiples. Nous le présenterons au regard des deux différences que nous venons de souligner : d'une part nous montrerons que le concept de sujet lacanien s'inscrit dans le projet d'une anti-psychologie, d'autre part nous montrerons sa radicale opposition avec la conception psychologique qui naît du *cogito* carté-sien. Si le sujet lacanien ne trouve pas sa vérité dans la conception cartésienne du *cogito*, il ne nous éloigne pas pour autant du questionnement philosophique essentiel : qui pense ? Qui parle lorsque nous disons « je »? Notre thèse rapproche le sujet lacanien de la pensée de Plotin concernant le lieu d'où advient notre pensée : nous trouvons dans le sujet lacanien une lecture moderne de ce que nous risquons sous le terme de « sujet plotinien ».

---

1. Jacques Lacan, «La psychanalyse et son enseignement», *Écrits*, Paris, Seuil, 1966, p. 437.
2. Jacques Lacan, «L'agressivité en psychanalyse», *Écrits*, *op. cit.*, p. 118.
3. Jacques Lacan, «La psychanalyse et son enseignement», *op. cit.*, p. 437.

« L'INCONSCIENT STRUCTURÉ COMME UN LANGAGE »

L'homme, dit Lacan, est « habité par le signifiant »[4] et l'inconscient habite « lalangue »[5]. Ce néologisme vise à radicaliser l'inscription de l'inconscient dans l'ordre langagier, il indique l'aspect matriciel de cette structure de l'inconscient. Cette lalangue, dit Lacan, « je l'écris en un seul mot, pour désigner ce qui est notre affaire à chacun, lalangue dite maternelle »[6]. La lalangue est le véritable lieu d'un savoir en tant qu'elle articule des signifiants à l'infini. « Si l'on peut dire que l'inconscient est structuré comme un langage, c'est en ceci que les effets de lalangue, déjà là comme savoir, vont bien au-delà de tout ce que l'être qui parle est susceptible d'énoncer »[7]. En d'autres termes, le modèle de la communication ne peut rendre compte de l'hypothèse du sujet. Le « un langage » que Lacan désigne comme structure de l'inconscient ne doit pas être réduit à telle ou telle forme de langage dont la principale fonction serait la communication. « Lalangue sert à de toutes autres choses qu'à la communication »[8]. Cette inaptitude du langage communicant à rendre compte de l'enracinement du sujet dans la langue relève de « l'antinomie immanente aux relations de la parole et du langage. À mesure que le langage devient plus fonctionnel, il est rendu impropre à la parole, et à nous devenir trop particulier, il perd sa fonction de langage »[9]. La parole est un don de langage, et le langage n'est pas immatériel[10], il est corps et il fait corps avec nous qui sommes des êtres langagiers.

L'enjeu de l'hypothèse de l'inconscient structuré comme un langage tient dans son aspect subversif à l'égard des conceptions psychologiques, lesquelles réduisent la pensée à une conscience, elle-même réduite à une compréhension en tant qu'objet de recherche privilégié des sciences humaines. « Dire que la doctrine freudienne est une psychologie est une équivoque grossière »[11], dit Lacan, confirmant ainsi le projet de la psychanalyse : présenter une autre voie de connaissance, distincte des systèmes de compréhension dans les limites desquels les sciences humaines assignent la *psychè*. Freud a montré que le Maître absolu

---

4. Jacques Lacan, « Le séminaire sur "La lettre volée" », *Écrits, op. cit.*, p. 35.

5. Jacques Lacan, « L'étourdit », *Autres écrits*, Paris, Seuil, 2001, p. 490.

6. Jacques Lacan, *Séminaire XX, Encore*, Paris, Seuil, 1975, p. 126.

7. *Ibidem*, p. 127.

8. *Ibidem*, p. 126. Lacan le répète ici et tout au long de son enseignement : « Le langage n'est pas seulement communication » (p. 127).

9. Jacques Lacan, « Fonction et champ de la parole et du langage », *Écrits, op. cit.*, p. 298-299.

10. *Ibidem*, p. 301.

11. Jacques Lacan, « La direction de la cure », *Écrits, op. cit.*, p. 623.

n'est en fait qu'un leurre[12]. Le moi de l'homme, dit Lacan, n'est jamais réductible à son identité vécue[13], il se conçoit comme un système central d'identifications idéales[14], il a une structure imaginaire, il s'inscrit « dans le mouvement d'aliénation progressive où se constitue la conscience de soi »[15]. Avec Freud, une nouvelle perspective fait irruption « qui révolutionne l'étude de la subjectivité et qui montre précisément que le sujet ne se confond pas avec l'individu »[16]. Renvoyant ses élèves à la parole du poète « Je est un autre »[17], Lacan insiste sur la distinction entre le je et le moi et sur le caractère excentrique du sujet : « le sujet est décentré par rapport à l'individu »[18]. Le moi n'est pas le je, « il est autre chose – un objet particulier à l'intérieur de l'expérience du sujet. Littéralement, le moi est un objet – un objet qui remplit une certaine fonction que nous appelons ici fonction imaginaire »[19]. Quant au sujet ? « Le sujet est personne. Il est décomposé, morcelé »[20].

LE SUJET DIVISÉ

Avec l'antériorité et la prééminence du langage sur l'homme, la psychanalyse lacanienne s'oppose radicalement à une psychologie des profondeurs. La plus intime partie de nous-même nous est la plus extérieure. Le « noyau de notre être » est dans ce lieu des signifiants, ce trésor des signifiants ou trésor de la langue que Lacan nomme l'« Autre ». La fonction essentielle du langage est d'identifier le sujet, de lui permettre de se compter dans « l'ordre symbolique ». L'« Autre » désigne l'infinité des signifiants[21], la matrice langagière dans

---

12. La révolution freudienne a consisté à faire tomber le masque. Freud en révolutionnaire s'adresse directement à ce *moi* qui « n'est pas maître en sa propre maison », il le tutoie, et l'instruit à charge : « Tu te comportes comme un monarque absolu qui se contente des informations que lui donnent les hauts dignitaires de la cour et qui ne descend pas vers le peuple pour entendre sa voix » (Sigmund Freud, *Essais de psychanalyse appliquée*, trad. Marie Bonaparte, Paris, Gallimard, 1978, p. 146).

13. Jacques Lacan, « L'agressivité en psychiatrie », *Écrits*, *op. cit.*, p. 114.

14. Jacques Lacan, « Propos sur la causalité psychique », *Écrits*, *op. cit.*, p. 178.

15. Jacques Lacan, « Introduction au commentaire de Jean Hyppolite », dans *Écrits*, *op. cit.*, p. 374.

16. Jacques Lacan, Séminaire II, *Le moi dans la théorie de Freud et dans la technique de la psychanalyse*, Paris, Seuil, 1978, p. 17.

17. Arthur Rimbaud, *Correspondance*, à Paul Demeny, 15 mai 1871.

18. Jacques Lacan, *Séminaire* II, *op. cit.*, p. 17.

19. *Ibidem*, p. 60.

20. *Ibidem*, p. 72.

21. Jacques Lacan, « Subversion du sujet et dialectique du désir », *Écrits*, p. 813. « Partons de la conception de l'Autre comme lieu du signifiant. » Lieu des signifiants maternels, l'*Autre maternel* n'est pas saisi par l'enfant comme différent de lui. La différence va s'instaurer dans le

laquelle l'homme va devoir « subjectiver », c'est-à-dire exister comme sujet. L'« Autre maternel » désigne le bain des signifiants dans lequel l'enfant vient au monde, bain qui précédait sa naissance ; il ne désigne pas la mère ou toute autre personne civile qui jouerait ce rôle ; cet Autre maternel est à entendre comme le lieu d'un savoir[22].

« L'Autre n'existe pas »[23], il est au-delà de l'existence, l'existence procède de lui[24], il est constitutif du sujet. Le sujet existe dans l'Autre. L'Autre est le lieu de la mémoire appelée inconscient[25]. Le lieu du signifiant est antérieur au sujet, c'est dans ce lieu que le sujet doit advenir. Dès la première phrase du texte d'ouverture des *Écrits*, Lacan cite la célèbre formule de Buffon[26] : « Le style est l'homme même ». Lacan signifie par là l'antériorité de la structure langagière ; l'être humain est un effet du signifiant et non la cause du signifiant. C'est dans l'Autre que le sujet trouve sa place signifiante « par une antériorité logique à tout éveil du signifié »[27]. L'Autre en tant que « lieu de la convention signifiante »[28] ou

cadre d'une relation spéculaire connue sous le nom de « stade du miroir ». Il s'agit d'un moment structurant du développement de l'enfant, lorsque, âgé de six à dix-huit mois, il fait l'expérience de son image dans le miroir. Avant cette période, l'enfant ne fait pas la différence entre son corps et celui de sa mère, il ne fait pas la différence entre lui et le monde extérieur. Il fait corps avec cet Autre maternel. Cette expérience « dont il faut dire qu'elle nous oppose à toute philosophie issue directement du *Cogito* » (*Écrits*, p. 93) rend compte du moment fondateur de la fonction du *Je*. Le terme de « stade » indique la dimension de franchissement structural par lequel l'enfant va construire son moi dans le registre purement imaginaire ; il s'agit en quelque sorte de la première ébauche du moi. Le moi n'est pas le sujet, il a une structure imaginaire. Lacan utilisera souvent le terme « moi » pour éviter l'ambiguïté entre le « je » et le « sujet ». Cette ambiguïté risquerait de nous éloigner du sens freudien et de nous faire glisser vers une psychologie adaptatrice dont le modèle est l'*egopsychology*. L'imaginaire est donc le registre du moi, c'est le registre de l'identification, du leurre.

22. L'Autre est le lieu d'un savoir. Dans l'algèbre lacanien « S2 » désigne le *savoir*, il indique le registre du signifiant, les chaînes signifiantes qui s'articulent selon la *Loi du Nom-du-Père*, loi symbolique instituée par la nomination du signifiant premier (S1), voie ouverte par l'accès à la métaphore œdipienne. S1 s'articule à S2 qui s'articule à S3 et indéfiniment Sn+1. Cette infinie articulation des signifiants dans l'Autre est S2 : « le savoir est dans l'Autre » (*Séminaire XX, Encore, op. cit.*, p. 89). Le savoir est une énigme, dit Lacan, qui s'énonce ainsi : « Pour l'être parlant, le savoir est ce qui s'articule. [...] S2, j'appelle ça. Il faut savoir l'entendre – est-ce bien *d'eux* que ça parle ? » (*Séminaire XX, Encore, op. cit.*, p. 126).

23. Jacques Lacan, « Subversion du sujet et dialectique du désir », *Écrits, op. cit.*, p. 826.

24. Jacques Lacan, « Du traitement possible de la psychose », *Écrits*, p. 549. L'Autre est le lieu d'où peut se poser au sujet la question de son existence.

25. Jacques Lacan, « Du traitement possible de la psychose », *Écrits*, p. 575.

26. Buffon, *Discours sur le Style* (1753), discours prononcé lors de sa réception à l'Académie Française.

27. Jacques Lacan, « La signification du phallus », *Écrits*, p. 689.

28. Jacques Lacan, « L'instance de la lettre dans l'inconscient », *Écrits*, p. 525.

« lieu du déploiement de la parole »[29] tient lieu du style ; en lui s'opèrent les lois du « un langage » (métaphores, métonymies, autres figures rhétoriques, grammaire, *etc*). Cette structure linguistique peut être qualifiée de « présubjective »[30], le langage est cause du sujet[31]. La structure langagière est l'homme même, c'est-à-dire l'homme en tant qu'homme et non telle ou telle personnalité stylée. Le style en tant qu'il constitue la marque que le signifiant impose au signifié est une dimension fondamentale de la condition humaine. Cette fonction active que le signifiant a dans la détermination des effets sur le signifié

> devient une dimension nouvelle de la condition humaine en tant que ce n'est pas seulement l'homme qui parle, mais que dans l'homme et par l'homme ça parle, que sa nature devient tissée par des effets où se retrouve la structure du langage dont il devient la matière, et que par là résonne en lui, au-delà de tout ce qu'a pu concevoir la psychologie des idées, la relation de la parole[32].

Certes, Freud ne parle pas explicitement de sujet mais l'usage lacanien du terme n'a d'autre objet que d'insister sur cet élément essentiel de la théorie psychanalytique : il n'y a d'inconscient que du sujet. Le savoir constitutif de l'inconscient est un savoir hors de notre connaissance, inaccessible à notre conscience réflexive, il agit à notre insu, mais son acte appartient au sujet. Position éthique par excellence : le sujet est impliqué dans son destin. S'il n'appartient pas au vocabulaire freudien, le concept de sujet n'appartient pas non plus au vocabulaire de la linguistique structurale, mais Lacan lui donne une place essentielle au sein de la structure langagière de notre être.

« Le langage avec sa structure, dit Lacan, préexiste à l'entrée qu'y fait chaque sujet à un moment de son développement mental »[33]. L'antériorité de l'Autre sur le sujet va introduire une division : le sujet lacanien est divisé, il subit une « refente » ou *Spaltung* du fait de sa subordination au signifiant[34]. Cette incomplétude se déduit du fait qu'un signifiant ne peut équivaloir à aucun autre, chaque élément du réseau des signifiants « prend son emploi exact d'être différent des autres »[35]. La question de l'existence telle qu'elle se pose pour le sujet de l'inconscient[36] est corrélative de sa position excentrique[37], du fait qu'il

---

29. Jacques Lacan, « La direction de la cure », *Écrits*, p. 628.

30. Jacques Lacan, *Séminaire XI, Les quatre concepts fondamentaux de la psychanalyse*, Paris, Seuil, 1973, p. 24.

31. Jacques Lacan, « Position de l'inconscient », *Écrits, op. cit.*, p. 830.

32. Jacques Lacan, « La signification du phallus », *Écrits*, p. 688-689.

33. Jacques Lacan, « L'instance de la lettre dans l'inconscient », *Écrits*, p. 495.

34. Jacques Lacan, « Subversion du sujet et dialectique du désir », *Écrits*, p. 816.

35. Jacques Lacan, « La Chose freudienne », *Écrits*, p. 414.

36. Jacques Lacan, « Du traitement possible de la psychose », *Écrits*, p. 549.

37. Le sujet de l'inconscient est à situer comme *ex-sistant*, c'est-à-dire situé à une place excentrique (*Écrits*, p. 11) « Le séminaire sur *La Lettre volée* ».

n'est jamais là où on l'attendait. Cette division indiquée par le S barré (\$) peut se dire de multiples façons : division entre savoir et vérité ; division entre deux signifiants, division entre énoncé et énonciation, division par son manque...

Le sujet existe en tant qu'il est divisé par le langage[38], il est divisé « entre le savoir et la vérité »[39]. Le sujet est conséquence du savoir car l'inconscient n'est autre qu'un savoir sans sujet[40]. L'erreur consisterait à considérer le sujet comme assujetti à l'inconscient qui serait conçu comme une structure extérieure, une superstructure[41]. Ce serait méconnaître le sens freudien qui lie l'inconscient à l'acte même du sujet. L'assujettissement du sujet au signifiant n'équivaut pas à une passivité, ni à un engluement qui le confineraient à n'être que l'objet d'un pur déterminisme. Le sujet lacanien est insaisissable, mû par son désir, il articule la chaîne signifiante dans un mouvement permanent, il ne peut s'appréhender directement, il ne peut qu'être représenté. La définition lacanienne du signifiant nous fait entendre comment le sujet tient sa place dans l'ordre symbolique et comment le manque lui est constitutif : le signifiant est « ce qui représente le sujet pour un autre signifiant »[42]. Ainsi du fait même que le sujet est toujours représenté par un signifiant, pour un autre signifiant, il est à situer dans cet entre-deux, espace virtuel qui sépare deux signifiants, espace vide de signifiants, autre nom pour le réel. Le sujet ek/siste par cette division, il est barré par ce manque, il est divisé par le réel[43]. La nomination du signifiant premier (S1)[44] va de pair

---

38. Jacques Lacan, « Litturaterre », *Autres écrits, op. cit.*, p. 19.

39. Jacques Lacan, « La science et la vérité », *Écrits*, p. 856.

40. Jacques Lacan, « Compte rendu d'enseignements », *Ornicar ?* 29, 1984, p. 8-25 : 19.

41. Jacques Lacan, « La Chose freudienne », *Écrits*, p. 413 - 414.

42. Définition répétée tout au long de son enseignement (Voir *Écrits*, p. 74, 819, 835, 840).

43. Le concept de « réel » comme celui de « jouissance » peut se dire aussi en termes de « manque dans l'Autre » ou manque du signifiant, d'où la formule souvent répétée : *la jouis-sance est ce que je ne peux dire*. L'homme existe alors en tant que privé de cette jouissance. Il n'y a d'existence (ek/sistence) que d'incomplétude, de *faille*, de *béance* et ce manque est à jamais inscrit dans l'Autre. Cette jouissance n'est d'ordre ni imaginaire (elle n'est identifiable à aucun *imago*) ni symbolique (car hors signifiant). Lacan propose le terme de « réel » pour désigner ce troisième registre. Le réel se distingue de la réalité parce que le réel c'est l'impossible et l'impossible c'est le réel (*Radiophonie, Autres écrits*, p. 431 et p. 439), mais aussi parce que le réel « est ce qui subsiste hors de la symbolisation » (*Écrits*, p. 388). L'impos-sibilité tient au fait que le réel est impensable, qu'il est vidé de tout sens, qu'il est impossible à dire, « c'est même par cet impossible que la vérité tient au réel » (Lacan, *Télévision*, Paris, Seuil, 1999, p. 9). La distinction entre extériorité et intériorité n'a aucun sens au niveau du réel. Lacan propose une autre expression pour désigner le manque dans l'Autre : « l'objet a ». Cet objet n'est pas représentable, il n'est pas spéculaire puisqu'il n'est pas produit par le miroir, il est *quelque chose* d'insaisissable comme la voix, comme le regard... Il est aussi l'objet d'une quête permanente, objet de notre désir, désir inassouvi de complétude. Cette quête est pur fantasme. Le fantasme est un rapport impossible entre le sujet manquant et l'objet de son manque.

avec l'existence du sujet qui dès lors peut être représenté : « Ce signifiant sera donc le signifiant pour quoi tous les autres signifiants représentent le sujet : c'est dire que faute de ce signifiant, tous les autres ne représenteraient rien. Puisque rien n'est représenté que pour »[45]. La nomination du Nom du Père va faire entrer le sujet dans l'ek/sistence. En d'autres termes le sujet va se présenter dans son rapport à l'Autre, divisé par l'objet du désir, d'où l'algorithme proposé par Lacan : $ <> a (formule qui se lit « S barré poinçon petit a »). Il s'agit de la formule du fantasme par laquelle le poinçon[46] marque le rapport impossible entre le sujet manquant et l'objet du manque. Le manque dans l'Autre traverse le sujet du fait qu'il est représenté par un signifiant pour un autre. Ce mouvement qui mène d'un signifiant à un autre signifiant met en œuvre un effet d'évanouissement du sujet. Le sujet n'est présentifié qu'en tant qu'il est absent dans son être. La division du sujet opérée par l'ordre signifiant est cause de son caractère radicalement inessentiel en tant qu'il s'évanouit dans la chaîne signifiante. Le sujet comme effet du signifiant se perd dans le langage qui l'a causé. Il advient par le langage mais ne s'y insère que sur un mode d'évanouissement. Ce *fading* du sujet, son éclipse, empêche toute appréhension du sujet, lequel ne peut être présent que par représentation. Cette aliénation du sujet dans son propre discours est appelée la « refente » du sujet[47]. Par ce manque constitutif, le sujet n'est jamais fixe. Ce perpétuel mouvement qui, d'un signifiant à un autre signifiant, n'en finit pas de déplacer la représentation, est un principe moteur : le désir inassouvi de retrouver l'objet perdu, l'objet a, dit cause du désir. Le moteur de la réalité psychique du sujet divisé est, dit Lacan[48], le fantasme. « La réalité est commandée par le fantasme en tant que le sujet s'y réalise dans sa division même »[49].

Un autre aspect de la division du sujet réside dans le décollement du « je pense » et du « je suis ». La règle de l'association libre énoncée par Freud comme élément de la séance (où l'analysant est invité à dire « tout ce qui lui passe par la tête ») révèle l'écart entre l'énoncé et l'énonciation. Le sujet de

44. Le *signifiant premier* ou *signifiant primordial* est aussi appelé le *signifiant du Nom du Père*. Il sert de « support à la fonction symbolique » (*Écrits, op. cit.,* p. 278). Le Père ne désigne pas la personne appelée « papa », il désigne un signifiant autre, distinct des signifiants de la Mère. Il désigne une autre réalité, toute symbolique, où une nouvelle loi va désormais présider à l'agencement des signifiants.

45. Jacques Lacan, « Subversion du sujet et dialectique du désir », *Écrits*, p. 819.

46. Sigle inventé par Lacan pour désigner à la fois la disjonction/conjonction ou l'aliénation à l'objet et la séparation de l'Autre, la relation plus petit (<) et plus grand (>).

47. Jacques Lacan, « Position de l'inconscient », *Écrits*, p. 835.

48. Jacques Lacan, « De la psychanalyse dans ses rapports avec la réalité », *Autres écrits*, p. 358.

49. *Ibidem*, p. 358.

l'énoncé (celui qui a l'intention de dire) est démenti par le sujet de l'énonciation (celui que l'on déduit de ce qui a été dit). Ce dernier est aliéné au registre du signifiant, renvoyé sans cesse à un autre signifiant ; il est tenu par le langage. Pour cette raison, le je ne se confond pas avec le sujet[50]. Le je désigne le sujet de l'énonciation mais ne le signifie pas[51]. Le je du « je pense » n'est pas le même que le je du « je suis », d'où les multiples formulations par lesquelles Lacan (tout au long de son enseignement) modifie le *cogito* cartésien : « Il ne s'agit pas de savoir si je parle de moi de façon conforme à ce que je suis, mais si, quand j'en parle, je suis le même que celui dont je parle »[52].

La différence entre les deux je est éclairée par la célèbre formule de Freud « *Wo Es war, soll Ich werden* »[53]. Lacan a souvent commenté cette phrase en rejetant vigoureusement la traduction habituelle (« le moi doit déloger le ça ») et en se servant de l'homophonie du *Es* allemand avec l'initiale du mot sujet. Là où il y avait un savoir inconscient *(Wo es war)*, le sujet doit advenir *(soll Ich werden)*. Cette formulation est essentielle parce qu'elle donne toute la portée éthique de la théorie lacanienne du sujet. Il ne s'agit pas de poser l'existence d'un sujet et de tenter ensuite de le conduire vers sa vérité, mais au contraire il s'agit de déduire le sujet d'un savoir dont il ignorait être le dépositaire. Véritable antipsychologie, la psychanalyse ne vise pas à faire assumer sa parole mais invite l'analysant à s'y soumettre. La visée éthique consiste à produire les conditions pour que le je advienne en laissant cours à la chaîne signifiante d'où se révèlera un savoir, autrement dit, en se dessaisissant de sa parole. C'est dans le retour de la parole sur elle-même que le sujet pourra se saisir.

La question du sujet « telle que la psychanalyse la subvertit »[54] disqualifie la conception psychologique académique[55]. Cette subversion apparaît dans l'expression même de « sujet de l'inconscient » qui s'oppose à la tradition classique d'un « sujet de la conscience ». C'est en référence à cette tradition de Descartes à Hegel que Lacan justifie sa subversion du sujet. Dès lors, le recours à Descartes peut sembler paradoxal. « Le sujet cartésien, dit Lacan, est le

50. Jacques Lacan, « L'agressivité en psychanalyse », *Écrits*, p. 118.

51. Jacques Lacan, « Subversion du sujet et dialectique du désir », *Écrits*, p. 800.

52. Jacques Lacan, « L'instance de la lettre dans l'inconscient », *Écrits*, p. 517. Voir aussi *Ibidem* : « Il n'en reste pas moins que le *cogito* philosophique est au foyer de ce mirage qui rend l'homme moderne si sûr d'être soi dans ses incertitudes sur lui-même ». On a là l'exemple d'une nouvelle formulation du *cogito* : je pense où je ne suis pas, donc je suis où je ne pense pas.

53. Sigmund Freud, *Neue Folge der Vorlesungen zur Einführung in die Psychoanalyse* (1932), *Nouvelles conférences d'introduction à la psychanalyse*, trad. R. M. Zeitlin, Paris, Gallimard, 1989, p. 110.

54. Jacques Lacan, « Subversion du sujet et dialectique du désir », *Écrits*, *op. cit.*, p. 794.

55. *Ibidem*, p. 795.

présupposé de l'inconscient »[56]. Tout au long de son enseignement Lacan n'a cessé de se référer au *cogito* cartésien pour approcher au plus près ce que la pratique psychanalytique implique : le sujet de la science[57]. Précisons les conditions de ce recours à Descartes. La thèse lacanienne ne consiste pas à rechercher et à donner une identité au sujet. Le sujet n'a pas d'identité, il n'est pas un individu, il n'est pas l'indivis. Au contraire, le sujet introduit la division dans l'individu[58]. La thèse lacanienne vise à reconnaître le sujet comme un manque réclamé par la logique de la chaîne signifiante. « Cette coupure de la chaîne signifiante est seule à vérifier la structure du sujet comme discontinuité dans le réel »[59]. Le sujet lacanien n'est donc ni le sujet de la psychologie, ni celui d'une philosophie de la substance. L'inconscient n'est pas une substance. Pour cette raison, Lacan doit confronter la psychanalyse à la métaphysique cartésienne. « La démarche de Freud, dit-il, est cartésienne, en ce sens qu'elle part du fondement du sujet de la certitude »[60]. Pour Descartes, c'est à partir du doute que je suis assuré de penser et que je peux dire, selon la formulation proposée par Lacan, « de penser, je suis ». Le *dubito* donne au *cogito ergo sum* sa valeur apodictique. De la même façon, pour Freud, c'est aussi à partir du doute qui s'instaure lorsque je tente de communiquer le contenu d'un rêve que se révèle une pensée en tant qu'absente, une pensée inconsciente. Mais l'analogie entre Freud et Descartes trouve sa limite : dans la proposition « je pense donc je suis », le « je suis » et le « je pense » sont une même substance. De la réalité pleinement certaine que constitue le « je pense », Descartes peut déduire le « je suis ». Il en va autrement pour Freud, car le « je pense » est une pensée absente, elle constitue le champ de l'inconscient. Cette absence est constitutive du sujet. « Ce champ de l'inconscient, le sujet y est chez lui »[61]. Au sein même de la construction cartésienne du « je pense », Lacan révèle une disjonction entre le sujet et le subjectif. Descartes a fondé la certitude du *cogito* sur la base d'une distinction entre l'âme et le corps, mais cette certitude est acquise elle-même en réfutation d'une tromperie, un Autre trompeur – un malin génie – et non sur la base d'un savoir. Pour Lacan, la vérité du « je pense donc je suis » ou du « je suis, j'existe »[62] se fonde sur le rejet de tout savoir subjectif[63]. Garantie par un Dieu créateur des vérités éternelles, cette vérité est étrangère à toute subjectivité.

56. Jacques Lacan, « Position de l'inconscient », *Écrits*, p. 839.

57. Jacques Lacan, « La science et la vérité », *Écrits*, p. 863.

58. Jacques Lacan, « Fonction et champ de la parole et du langage », *Écrits*, p. 292.

59. Jacques Lacan, « Subversion du sujet et dialectique du désir », *Écrits*, p. 801.

60. Jacques Lacan, *Séminaire XI, op. cit.*, p. 36.

61. Jacques Lacan, *Ibidem*.

62. Descartes, Seconde Méditation, *Méditations métaphysiques*, Paris, Le Livre de Poche, 1990, p. 52.

63. Jacques Lacan, *Séminaire XI, op. cit.*, p. 204-205.

Lacan voit chez Descartes « le sujet d'une certitude et le rejet de tout savoir antérieur »[64], tandis que chez Freud le sujet de l'inconscient « se manifeste »[65] et « ça pense avant qu'il entre dans la certitude »[66]. Il y a des pensées, dit Lacan, dans « ce champ de l'au-delà de la conscience ». Ici, dans ce champ de l'inconscient, le sujet est chez lui[67]. Lacan désigne d'une part le rejet du savoir comme condition de l'émergence du sujet cartésien et d'autre part le rejet du savoir dans l'Autre comme condition du sujet de l'inconscient. Ce rejet du savoir dans l'Autre donne à Lacan le support d'une analogie entre le sujet de l'inconscient et le sujet de la science. « Dire que le sujet sur quoi nous opérons en psychanalyse ne peut être que le sujet de la science, peut passer pour paradoxe »[68]. Le sujet de l'inconscient est ponctuel et évanouissant (le *fading* désigne l'éclipse du sujet)[69], il est daté historiquement du moment où Descartes inaugure le *cogito* en le conditionnant au « rejet de tout savoir »[70], rejet de tout savoir qui ne s'assujettirait pas à la démonstration mathématique[71]. Dès lors, la science est réduite à ce que les mathématiques permettent de démontrer.

À partir du *cogito* Lacan propose un autre aspect de la division du sujet. Le « je » du « je pense » est distinct du « je » du « je suis » : Qu'est-ce que je pense ? Je pense : « donc je suis ». Dans une perspective offerte par la logique[72], Lacan opère la négation de la conjonction cartésienne et propose une nouvelle version du *cogito* pour donner la formule du message de l'inconscient ; message adressé au savoir : « Ou tu n'es pas, ou tu ne penses pas »[73]. Il faut donc choisir entre

---

64. *Ibidem*, p. 37.

65. *Ibidem*, Voir aussi « L'agressivité en psychanalyse », *Écrits*, p. 102 et « Variantes de la cure-type », *Écrits*, p. 351.

66. Jacques Lacan, *Séminaire XI, op. cit.*, p. 37.

67. *Ibidem*, p. 45 : « Freud s'adresse au sujet pour lui dire ceci, qui est nouveau – *Ici, dans le champ du rêve, tu es chez toi. Wo es war, soll Ich werden* ».

68. Jacques Lacan, « La science et la vérité », *Écrits*, p. 858.

69. Jacques Lacan, « Subversion du sujet et dialectique du désir », *Écrits*, p. 816.

70. Jacques Lacan, « La science et la vérité », *Écrits*, p. 856.

71. La science moderne naît avec Galilée et avec Descartes, c'est-à-dire avec la formalisation mathématique de la physique. Selon Guéroult, « La méthode <de Descartes> se présente comme ayant une validité indépendante de la métaphysique, et comme se fondant immédiatement sur la certitude immanente à la raison humaine dans sa manifestation authentique originelle, à savoir les mathématiques » (M. Guéroult, *Descartes selon l'ordre des raison* I. *L'âme et Dieu*, Paris, Aubier-Montaigne, 1968 (1953), p. 31).

72. En particulier les « lois de Morgan » sur la dualité entre la somme et le produit logique. Voir « La logique du fantasme », *Autres écrits, op. cit.*, p. 323.

73. Jacques Lacan, « Radiophonie », *Autres écrits, op. cit.*, p. 437. Voir aussi *La logique du fantasme, Ibidem*, p. 323.

l'être et le sujet[74]. De ce choix, il résulte que « la science est une idéologie de la suppression du sujet »[75]. Lacan ne dit pas qu'elle supprime le sujet, mais elle travaille à son effacement, position analogue à celle de l'inconscient, lequel a pour « fonction d'effacer le sujet »[76]. Dans sa recherche d'un fondement de la certitude pour la constitution de la science, Descartes rejette le savoir. Mais le savoir (le signifiant S2 dans l'algèbre lacanienne) revient sous la forme d'un Dieu créateur, « souveraine source de vérité » (*fontem veritatis*)[77] selon l'expression de la Première Méditation. Sujet de la science et sujet cartésien ont en commun ce rejet d'un savoir, rejet dont le caractère illusoire est révélé par son retour sous la forme d'une maîtrise toute-puissante. Cette maîtrise vise à suturer le sujet, suturer la division entre le savoir et la vérité, rejeter la jouissance. Le caractère illusoire de cette maîtrise unitaire de la *res cogitans* relève de la fiction psychologisante[78] qui fait prendre le Moi pour le je. Là où Descartes fait coïncider le « je pense » et le « je suis », l'expérience psychanalytique les disjoint. La position du sujet de l'inconscient, en tant que l'inconscient est « un savoir sans sujet »[79], peut s'exprimer en ces termes « je pense où je ne suis pas ». La position du même sujet en tant qu'il est divisé par l'impensable (le réel) peut s'exprimer ainsi : « je suis là où je ne pense pas »[80]. En d'autres termes, la coïncidence cartésienne du « je pense » et du « je suis » vise à colmater la béance subjective[81], à évacuer la jouissance. Descartes situe le savoir du côté des vérités éternelles ; il le retire au sujet qui ne peut dire « je pense » que sur la foi des vérités divines. Si le sujet peut dire « je suis » c'est parce que Descartes a choisi l'être aux dépens du savoir[82]. Cette substantification du sujet cartésien ne

74. Jacques Lacan, « De la psychanalyse dans ses rapports avec l'agressivité », *Scilicet*, n° 1, Paris, 1968, p. 58.

75. Jacques Lacan, « Radiophonie », *Autres écrits, op. cit.*, p. 437.

76. Jacques Lacan, « La méprise du sujet supposé savoir », *Autres écrits, op. cit.*, p. 333.

77. Descartes, Première Méditation, *Méditations métaphysiques, op. cit.*, p. 44.

78. « La méprise du sujet… », *loc. cit.*, p. 338.

79. Jacques Lacan, « Compte rendu d'enseignements (1964-1968) », *Ornicar ?* 29, *loc. cit.*, p. 19.

80. *Ibidem*, p. 13-14. La psychanalyse postule que l'inconscient « est invocable du lieu où *je ne pense pas* » (*Ibidem*). Sur l'être impensable du sujet, voir *Écrits, op. cit.*, p. 819.

81. Jacques Lacan, *Séminaire XI, op. cit.*, p. 37 : « Ce que vise le *je pense* en tant qu'il bascule dans le *je suis*, c'est un réel ».

82. Le sujet cartésien trouve sa réalité *d'être pensant* dans un mouvement d'appropriation de sa substance. La conjonction *ergo* utilisée par Descartes est l'acte d'appropriation, acte dénoncé par Lacan comme un « trait de contrebande » (*Séminaire IX, L'Identification*, séance du 22 novembre 1961), une sorte de tromperie ou de manœuvre frauduleuse appelée par Kant « subreption ».

concerne pas le sujet de l'inconscient[83]. Pour Lacan, l'être du sujet est délogé du je pense ; il est situé dans la jouissance, là même où je ne pense pas. Cette destitution du sujet est aussi son excellence : son caractère essentiellement insaisissable ! Je pense là où je ne suis pas et je suis là où je ne pense pas ; j'ek/siste en tant que sujet, jamais assimilable à un objet, jamais « substantifiable », jamais sujet à (ou de la) servitude : « De notre position de sujet, nous sommes toujours responsables »[84].

LE SUJET PLOTINIEN

Le lien entre Plotin et Lacan n'a jamais été étudié. Il nous semble qu'il trouve sa légitimité sur la question du sujet. Avant d'explorer dans les *Ennéades* les éléments qui corroborent notre hypothèse d'une théorie plotinienne du sujet, il est nécessaire de préciser le cadre plus large de la thèse dans laquelle s'inscrit notre étude. Cette thèse est celle d'une extériorité par rapport au penser, ἐπέκεινα τοῦ νοεῖν, telle qu'elle est exprimée dans le traité 24 lorsque Plotin insiste sur la formule de *République* VI, 509b9 « au-delà de l'essence » (ἐπέκεινα τῆς οὐσίας). La philosophie de Plotin constitue une métaphysique de l'extériorité car elle se fonde sur l'autonomie de la pensée par rapport à la conscience. Nous exprimons cette autonomie en terme d'extériorité et plus précisément d'extériorité méta-subjective car la pensée est extérieure au sujet qui pense. Cette conception plotinienne de la pensée est étrangère aux conceptions modernes, psychologiques ou phénoménologiques, qui répondent au schéma d'une intériorité dont la clef de voûte est le Moi. En posant l'existence d'une pensée hors de toute conscience et en faisant de la conscience un épiphénomène de la pensée, le système plotinien se distingue d'une part d'un matérialisme, lequel conçoit la conscience comme un épiphénomène de la matière et non un épiphénomène de la pensée, d'autre part de la théorie freudienne, laquelle n'est pas construite dans une perspective métaphysique[85].

La proximité que nous voulons mettre en évidence entre le sujet lacanien et le ἡμεῖς plotinien pourrait s'étoffer de l'analyse d'une autre proximité : un rapprochement entre les deux œuvres et leurs auteurs. Par exemple, chacun a mené son élaboration théorique en référence à un texte, celui de Platon[86] pour

---

83. Dans le *Séminaire XI*, Lacan se démarque de la démarche ontologique (*op. cit.*, p. 31-32). L'inconscient ne relève pas du concept de substance.

84. Jacques Lacan, « La science et la vérité », *Écrits*, p. 858.

85. Jacques Lacan a insisté sur cette distinction entre le champ freudien et le champ métaphysique. Le statut de l'inconscient, dit-il, n'est pas ontique mais éthique (*Séminaire XI*, *op. cit.*, p. 34-35).

86. Plotin, V 1 [10], 8, 10-14.

l'un et celui de Freud pour l'autre ; cette référence principale ne prive pas leur réflexion de nombreuses autres sources[87] philosophiques et littéraires. Si l'ensei-gnement de Plotin est une dénonciation de l'interprétation gnostique de Platon, d'une façon analogue le « retour à Freud », qui oriente toute l'œuvre de Lacan, est une dénonciation de la dérive « psychologisante » de la psychanalyse. L'œuvre de Plotin et celle de Lacan nous sont transmises sous la forme d'une transcription de leur enseignement oral. Le corpus lacanien est constitué pour une part principale par la publication de son séminaire ; quant aux *Ennéades* de Plotin, elles sont constituées par ses cours dispensés depuis 244 – année de son arrivée à Rome – mais dont il commence la rédaction dix ans après. Probable-ment parce qu'il s'agit de la transcription d'un cours oral, les nombreuses références (citations, allusions, évocations) ne sont que très rarement jointes à leurs sources, aussi bien dans le texte de Plotin[88] que dans celui de Lacan. Le style particulier des deux auteurs peut en rendre la lecture difficile : dans *La Vie de Plotin*, Porphyre évoque le style habituel[89] de son maître, style qui peut donner l'impression d'être fautif[90]. Concernant Lacan, le reproche d'un style hermétique a été souvent formulé. Lui-même justifie à plusieurs reprises dans son enseignement la nécessité d'un tel style. Une autre caractéristique commune aux deux œuvres est qu'elles se fondent sur une pratique : avec Plotin, les exercices[91] qui doivent conduire à la contemplation de l'Un, l'expérience extatique ; avec Lacan, la pratique psychanalytique.

L'analogie que nous mettons en évidence relie d'une part la théorie lacanienne du sujet et son enjeu éthique et d'autre part le moment où apparaît, dans le système plotinien, une division au cœur même de l'individu. Dès lors, l'individu n'est plus indivis, son moi divisé ne peut plus être rattaché à une conscience unificatrice, il n'est plus ce qu'il y a de plus important en nous. Plotin utilise le ἡμεῖς pour désigner cette « partie principale de notre être (τό κύριον) »[92]. La lecture actuelle des *Ennéades* ne nous invite pas à exclure la

---

87. L'œuvre de Plotin ne peut être réduite à un néoplatonisme, elle se nourrit aussi de la pensée d'Aristote, des stoïciens… De la même manière, Lacan puise aux sources de la philosophie grecque (Platon, Aristote) et se réfère à de nombreux systèmes philosophiques (Descartes, Kant). Voir Alain Juranville, *Lacan et la philosophie*, Paris, PUF, 1984.

88. Voir M.-O. Goulet-Cazé : « Plotin, professeur de philosophie », dans *Porphyre, Vie de Plotin*, tome I, travaux préliminaires et index grec complet par L. Brisson, M.-O. Goulet-Cazé, R. Goulet, D. O'Brien, préface de J. Pépin, Paris, Vrin, 1982, p. 267.

89. Porphyre, *Vie de Plotin* 20, 7, trad. L. Brisson et *al.*, *op. cit.*, tome II, Paris, Vrin, 1992, p. 164-165.

90. Voir Jean Pépin, « *Philologos/Philosophos* », dans *Porphyre, Vie de Plotin* II, *op. cit.*, p. 499.

91. Selon le terme de Pierre Hadot, *Exercices spirituels et philosophie antique*, Paris, Albin Michel, 2002.

92. IV 4 [28], 18, 15.

conscience, mais à la faire redescendre du piédestal où la philosophie cartésienne l'avait haussée. Il s'agit de redonner à la conscience sa juste place, celle d'un amoindrissement de la pensée. Pour ce faire, posons une nouvelle fois la question « "Nous"... Qui ? »[93], comme pour faire apparaître un signe, comme pour entendre un sens, comme on dit un poème à voix haute. Plotin est peut-être le plus poète des philosophes grecs : son style, ses formules, ses interrogations et parfois son lyrisme font entendre une musique qui n'a jamais été étudiée pour elle-même. Dans le traité 49[94], Plotin propose une analogie entre l'état dans lequel se trouvent les inspirés (ἐνθουσιῶντες) et nous (ἡμεῖς) lorsque nous saisissons l'Intellect pur autrement que par la connaissance. Ainsi, comme le poète, nous sentons en nous quelque chose de plus grand que nous[95]. Sur un ton direct, Bréhier souligne clairement la présence de la poésie au cœur de la réflexion plotinienne : « Cette union de la dialectique et de l'inspiration, écrit-il, c'est tout Plotin »[96]. Saisir autrement que par la connaissance est le fait du poète inspiré par les Muses, filles de *Mnémosuné*. L'essence de la poésie réside dans la Mémoire qui ne désigne pas une faculté psychologique mais, selon l'expression de Heidegger, « le souvenir recueilli tourné vers ce qu'il faut penser »[97]. Comme Ion, tout poète fait l'expérience de quelque chose en lui, plus grand que lui, mais dont il n'a pas la connaissance. Les inspirés, dit Plotin, ne savent pas ce que c'est[98]. En d'autres termes, le poète nous fait signe en direction d'un savoir qui ne peut être connu ni par lui, ni par nous-mêmes, un savoir qui ne se sait pas, un savoir qui nous dépasse. Chez Plotin, le deuxième principe est précisément le lieu de ce savoir. « Il y a, dit-il, en chacun des intelligibles tout ce que contient le monde »[99]. L'intelligible porte en lui un savoir infini, un savoir qui ne s'acquiert pas par le raisonnement, un savoir intemporel parce qu'il est tout l'Intellect. Les Intelligibles constituent une pensée en soi. La distinction entre les deux principes que sont l'Intellect et l'Âme implique nécessairement le rattachement de la conscience à l'âme ; l'Intellect subsiste indépendamment de la conscience, il est hors conscience, il constitue une pensée, un savoir. Il existe donc une antériorité

---

93. VI 4 [22], 14, 16.

94. V 3 [49], 14, 5-15.

95. *Ibidem*, 9-10. Voir la traduction de Bertrand Ham et son commentaire, dans lequel il souligne l'importance du style de Plotin qui oriente vers un sens à la manière des procédés poétiques, *Plotin. Traité 49*, Introduction, traduction, commentaire et notes par B. Ham, Paris, Cerf, 2000, p. 239.

96. Émile Bréhier, Note à sa traduction de *Plotin. Les Ennéade* V 3 (49), Paris, Belles Lettres, 1967, p. 68.

97. Martin Heidegger, « Que veut dire "penser" ? », *Essais et conférences*, trad. A. Préau, Paris, Gallimard, 1992, p. 161.

98. V 3 [49], 14, 10.

99. VI 7 [38], 2, 43-44 (trad. Bréhier).

de la pensée sur le *cogito*. Il existe une pensée extérieure à l'acte de penser, une pensée qui précède le « je pense ». Je suis ailleurs que là où je pense, et dans cet ailleurs le « je » ne peut se réduire à une conscience, il ne peut se réduire à une individualité. Plotin propose le terme ἡμεῖς pour désigner cet autre sujet au-delà du « je ». Ce sujet plotinien, « qui peut-il bien être ? »[100]. Pour répondre, il nous faut préciser auparavant ce qui apparaît dans le système de Plotin comme le lieu d'un savoir. Ce savoir consiste dans « la connaissance des choses intelligibles »[101] qui « jaillit de l'intérieur »[102]. Il ne faut pas entendre cette expression comme l'indication d'une intériorité de type augustinien[103], cet intérieur n'est en fait que le reflet d'une extériorité essentielle : le lieu des intelligibles. Ce savoir est extérieur à notre pensée raisonnante, il ne peut être connu par notre entendement. Nous ne pouvons connaître véritablement ; aussi pourrait-on lui appliquer la formule de Lacan concernant l'inconscient : « un savoir qui ne se sait pas ». Avant de situer le sujet plotinien dans son rapport au savoir et de montrer l'analogie avec le sujet lacanien, il faut préciser le caractère d'extériorité de ce savoir. Cette extériorité tient au fondement même de la théorie des intelligibles dans les *Ennéades*. Ce ne sont pas des intelligibles en puissance que l'homme viendrait actualiser. Ils sont en acte[104]. Ce sont les intelligibles qui sont la source de la connaissance chez l'homme. L'Intellect est toutes les réalités et la vérité[105] ; il ne faut donc pas chercher les intelligibles à l'extérieur de l'Intellect[106], il ne fait qu'un avec eux[107] ; les intelligibles sont les réalités véritables[108]. Ce savoir de l'Intellect n'est pas accessible par la démonstration[109] et « ne comporte ni conjecture, ni ambiguïté, ni information par ouï-dire »[110]. Il est la vérité. Si l'Intellect connaît avec évidence les intelligibles, c'est parce qu'il s'agit de lui-même (ὅτι αὐτός)[111].

---

100. I 1 [53], 1, 11.

101. IV 6 [41], 2, 18-19.

102. *Ibidem* 2, 18-20 : « Pour la connaissance des choses intelligibles, elle est, à plus forte raison, exempte d'impressions passives et d'empreintes ; car, à l'inverse des sensations, elle jaillit de l'intérieur, tandis que la connaissance sensible vient du dehors » (trad. Bréhier).

103. On connaît la célèbre formule : « *Interior intimo meo et superior summo meo* » (« Plus intérieur que l'intime de moi-même / Et plus haut que le plus haut de moi-même »), Saint Augustin, *Confessions* III 6, 11, Paris, Bibliothèque de la Pléiade, Tome I, 1998, p. 825.

104. V 9 [5], 5, 4.

105. V 5 [32], 3, 1-2. Voir aussi V 9 [5], 6, 1-3.

106. V 5 [32], 1, 1.

107. V 9 [5], 6, 1-3.

108. V 5 [32], 1, 54.

109. *Ibidem*, 1, 6.

110. *Ibidem*, 1, 4-6 (trad. Bréhier).

111. *Ibidem*, 2, 16.

Si l'Intellect est le lieu d'un savoir en place de vérité, s'il est toutes les choses, il reste cependant en-deçà de l'Un qui, lui, est au-delà de toutes les choses, et qui ne peut se dire ni même se penser[112]. Il y a donc dans le système de Plotin un manque au sein même de la vérité. L'Intellect est toutes les choses, mais il est manquant. Il procède de l'Un qui est au-delà de l'essence. En d'autres termes, l'impuissance du langage à dire l'Un constitue un manque. L'Intellect est toutes les choses, toutes les possibilités, sauf une : dire l'Un. Ce manque dans l'Intellect est lié au fait même qu'il est multiple : « L'être qui pense est double ; il se pense lui-même ; il y a donc un défaut en lui [...] »[113].

Ce caractère déficient (ἐλλιπές) est un élément théorique. Souligner l'incapacité du langage à dire l'Un comme un aspect de la déficience de l'Intellect, c'est souligner le rôle central donné par Plotin au langage dans l'émergence d'un sujet. En comparant la conscience à un miroir, Plotin indique non seulement le rôle réfléchissant de la conscience mais aussi sa nature scindée entre le reçu et le renvoyé, sa situation de relativité ou, selon l'expression de Pierre Hadot, sa place de « centre de perspective »[114]. La pensée est un indivisible[115], dit Plotin, « tant qu'elle reste intérieure, elle nous échappe »[116]. L'intériorité ne signifie pas sa présence en nous comme serait conçue une fonction psychique ou comme un moi, mais elle indique sa nature extérieure à notre conscience du fait même de son appartenance à l'Intellect, du fait de son entière orientation vers ce « qui se suffit à lui-même »[117], vers ce « qui pense aussi bien qu'il est pensé »[118]. Cette intériorité indique une direction opposée à celle qui nous mènerait vers les choses sensibles, vers le corps[119] ; la direction désignée nous mène « là-bas », vers les intelligibles. L'intériorité plotinienne est un détournement des réalités d'ici-bas, un détournement du sensible, lequel ne nous informera jamais par lui-même mais uniquement par les formes qui, en lui, viennent de là-bas. En d'autres termes, cette intériorité est un mode d'accès à ce qui n'a pas de lieu réellement mais que Plotin nomme « là-bas », en direction de l'Un d'où tout procède. Retourner en nous-même c'est aller le plus loin possible, hors de nous, le plus haut possible, vers le soleil qui éclaire tout et s'éclaire lui-même, vers

---

112. V 3 [49], 13, 36-37 : « Il ne pense pas et il n'y a pas de pensée de lui ».

113. III 9 [13], 7, 4-5 (trad. Bréhier).

114. Pierre Hadot, *Plotin ou la simplicité du regard*, Paris, Gallimard/Folio, 1997, p. 34.

115. IV 3 [27], 30, 7.

116. *Ibidem*, 30, 8 (trad. Bréhier).

117. V 3 [49], 8, 41-42.

118. *Ibidem*, 8, 40.

119. Voir le texte fameux : « Souvent je m'éveille à moi-même en m'échappant de mon corps, étranger à tout autre chose, dans l'intimité de moi-même, je vois une beauté aussi merveilleuse que possible » (IV 8 [6], 1, 1-3).

l'unité absolue ou le totalement indivisible[120]. Là-bas rien n'est divisé, tout est tout. Là-bas il n'y a pas de sujet pensant parce qu'il n'y a rien à penser, rien à nommer, rien à chercher, rien à désirer, rien à connaître[121]. «La pensée, dit Plotin, porte toujours sur une différence»[122]. Ce qui va introduire cette différence est le langage. Il n'y a de pensée que dans la multiplicité. Cette multiplicité est introduite par le *logos*. Si chaque intelligible[123] est un *logos*, dit Plotin, il est multiple[124]. Il n'y a pas de *logos* possible si l'objet est un et indivisible[125]. Plotin démontre que sans cette division il n'y a pas non plus d'émergence possible d'un sujet :

> Si l'absolu indivisible devait lui-même énoncer ce qu'il est, il devrait d'abord dire ce qu'il n'est pas ; il serait alors multiple, afin d'être un. De plus lorsqu'il dit : *je suis ceci*, ou bien *ceci* désignera quelque chose de différent de lui, et alors il mentira ; ou bien *ceci* sera un accident pour lui, et il énoncera plusieurs choses de lui ; ou alors il devra dire : *je suis, je suis* et : *moi, moi*. – Et s'il était seulement deux choses et s'il disait : *moi et ceci ?* – Alors il est nécessairement multiple ; il a des éléments différents ; il a les caractères par quoi ils diffèrent ; il a un nombre ; il a bien d'autres choses encore[126].

Cette discussion, dit Bréhier en note de sa traduction, «s'appuie surtout sur l'union nécessaire de la pensée et de son expression verbale»[127]. En d'autres termes, si l'indivisible était le lieu du langage, il pourrait se dire et, dès lors, serait lui-même un attribut. En se nommant, il devrait dire εἰμί εἰμί ou ἐγὼ ἐγώ car εἰμί ou ἐγώ désignent à la fois l'essence et l'attribut. Le simple fait de dire est un acte de séparation de l'unité indivisible. Ainsi, dire c'est dire εἰμί «moi qui parle, je suis», ce «je suis» concerne «moi». Le je est en quelque sorte présent en puissance dans le suis. Cette présence du je enfoui dans le εἰμί est relevée par Gilbert Romeyer Dherbey :

> Le grec dit εἰμί, le latin *sum* ; mais le français, ou l'anglais, ou l'allemand disent : *Je suis, I am, Ich bin*. C'est-à-dire que le pronom personnel se détache du verbe et s'isole. Ce qui était bas relief, figure noyée dans le bloc, s'arrache de la pierre et devient statue, centre de force qui devient sujet responsable de l'action. De la langue surgit, comme d'une gangue, une réalité autonome, le magnifique et mémorable *Je*[128].

---

120. V 3 [49], 10, 33.

121. *Ibidem*, 10, 47-49.

122. *Ibidem*, 10, 23-26 (trad. Bréhier).

123. *Ibidem*, 10, 26. Bréhier traduit l'expression par «les objets essentiels», Bertrand Ham par «les réalités pensées au sens propre».

124. *Ibidem*, 10, 29 (trad. Bréhier).

125. *Ibidem*, 10, 31.

126. *Ibidem*, 10, 32-39 (trad. Bréhier).

127. *Enn.* V, *op. cit.*, p. 63.

128. Gilbert Romeyer Dherbey, «La naissance de la subjectivité chez les stoïciens», dans G. Romeyer Dherbey (dir.) et J.-B. Gourinat (éd.), *Les Stoïciens*, Paris, Vrin, 2005, p. 277-292 : 292.

Si l'Un devait se dire, il tenterait de dire l'indivisible situé en amont de la dualité du je/suis, mais en disant εἰμὶ εἰμί il dirait la multiplicité car d'une part, nous l'avons dit, le εἰμί sous-entend le sujet, et d'autre part la distinction, selon Plotin, ne peut en rester au double mais implique nécessairement le multiple[129]. Le deux implique le multiple comme dans l'algèbre lacanienne où le S2 désigne le savoir qui s'instaure de la chaîne signifiante. C'est parce qu'il y a un deuxième signifiant qu'il y en a une infinité ; on ne peut poser un signifiant S1 en soi, on ne peut le poser que dans sa différence avec un autre signifiant qui lui-même ne peut se poser que dans sa différence avec un autre et ainsi de suite. À propos du S1, Lacan parle de « l'essaim signifiant »[130]. Le sujet lacanien est divisé du fait qu'il « n'est sujet que par un signifiant, et pour un autre signifiant »[131]. Une division analogue est présente chez Plotin.

Afin d'expliquer comment le langage divise la pensée pour faire advenir le sujet, Plotin utilise l'exemple du miroir et donne au langage la fonction de réceptacle de la pensée ; la réflexion n'est possible que par le rôle de « mise en images » de la pensée par le langage. Les mots font passer la pensée indivisible (νόημα ἀμερές) qui nous échappe (λανθάνει) [132] à l'état d'image :

C'est peut-être à la formule verbale qui accompagne la pensée qu'il appartient d'être reçue dans l'imagination. Car la pensée est un indivisible, et tant qu'elle ne s'est pas exprimée extérieurement, tant qu'elle reste intérieure, elle nous échappe ; le langage, en la développant et en la faisant passer de l'état de pensée à celui d'image, reflète la pensée comme un miroir ; et ainsi elle est perçue, elle se fixe et elle est rappelée[133].

Il y a donc une pensée extérieure au langage, en amont de notre conscience. Le langage introduit une division entre la perception de la pensée et la pensée indicible qui se pense elle-même et par conséquent qui ne peut être pensée par un sujet[134]. Le langage, constitutif de la conscience, nous donne une simple perception de la pensée. Il est l'élément du dispositif qui va réfléchir la pensée ; à ce titre il est lui-même divisé entre d'un côté la pensée indivisible et d'un autre côté la pensée raisonnante. Il est divisé entre un savoir infini (l'Intellect) et un

---

129. Plotin V 3 [49], 10, 39.

130. Jacques Lacan, *Séminaire XX, Encore, op. cit.*, p. 130 : « Ce S1 de chaque signifiant, si je pose la question est-ce d'eux que je parle ? je l'écrirai d'abord de sa relation avec S2. Et vous pourrez en mettre autant que vous voudrez. C'est l'essaim dont je parle. S1(S1(S1(S1 → S2))). »

131. *Ibidem*, p. 130.

132. Plotin IV 3 [27], 30, 7-8. Luc Brisson traduit par « le concept ne comporte pas de parties », voir *Plotin. Traités 27-29*, traductions sous la direction de L. Brisson et J.-F. Pradeau, Paris, GF, 2005.

133. *Ibidem*, 30, 5-11 (trad. Bréhier).

134. *Ibidem*, 30, 13-15 : « Autre chose est de penser, autre chose de percevoir sa pensée. Nous pensons toujours ; mais nous ne percevons pas toujours notre pensée » (trad. Bréhier).

savoir limité par les possibilités langagières. En réfléchissant cette partie de nous-même (τοῦ ἐν ἡμῖν) dans laquelle apparaissent les reflets de la raison et de l'Intellect[135], la conscience nous éloigne de la pensée, elle nous tient à l'écart comme le fait un miroir entre le regard et la chose regardée. Le langage est le lieu de l'inadéquation, il porte en lui-même la division entre l'Un et les choses émanées de lui ; il manifeste la béance entre l'Intellect et notre pensée raisonnante. Le langage, dit Plotin, fait passer la pensée à l'état d'image, il fait apparaître la pensée comme dans un miroir ; c'est donc grâce à lui que nous pouvons « percevoir notre pensée »[136]. Cette perception de la pensée consiste en un affaiblissement de la pensée[137], mais cet affaiblissement est la condition d'apparition du ἡμεῖς. Cette sorte de perception est la conscience par laquelle nous pouvons nous appréhender comme sujet. De la pensée une et indivisible qui ne peut dire ni εἰμί ni ἐγώ, une opération de manque – d'affaiblissement – va faire advenir le sujet « je » qui est en puissance dans le εἰμί (Je suis) comme dans le ἐγώ (Moi je). Dès lors, pourquoi Plotin désigne-t-il ce sujet par un ἡμεῖς (« nous ») ? Pourquoi ne dit-il pas tout simplement : « Moi ? Qui moi ? » Il dit ἡμεῖς parce qu'il s'agit d'indiquer la division au sein du sujet. Divisé par l'incomplétude du langage qui ne peut dire l'Un, le sujet plotinien est aussi divisé entre l'Intellect et l'âme. « Sujet non substantiel, écrit Gwenaëlle Aubry, le sujet plotinien devra être pensé comme un sujet sans identité, une pure puissance d'identification »[138]. En effet, le sujet plotinien n'est pas saisissable, il est toujours en position de représentation : il représente une pensée qui se pense elle-même (pensée qui n'est pas divisée entre un sujet et un objet) et qui, de ce fait, ne peut être connue extérieurement. Le sujet représente ce savoir infini auprès d'une pensée raisonnante qui, elle, pense la multiplicité. Sur cette scène de la représentation, le sujet n'a pas d'identité propre, il représente un savoir infini et indivisible. Représentant ce savoir, il n'en est pas le détenteur. Il est divisé entre ce savoir (la pensée indivisible) et la connaissance (la pensée raisonnante). Comme chez Lacan, le sujet plotinien est divisé par le langage et cette division rend compte d'un savoir supérieur au sujet, un savoir extérieur à la conscience, une pensée extérieure au sujet qui pense.

---

135. I 4 [46], 10, 12-14.

136. IV 3 [27], 30, 13-14.

137. I 4, [46], 10, 28-29 : « C'est à tel point que la conscience paraît affaiblir les actes qu'elle accompagne » (trad. Bréhier).

138. Gwenaëlle Aubry, *Plotin. Traité 53*, Introduction, traduction, commentaire et notes, Paris, Cerf, 2004, Introduction, p. 18.

SECONDE PARTIE

INTRODUCTION

Dans « La fabrique de soi », Jean-Pierre Vernant rappelle combien « le problème de la personne, du sujet, de l'individu, du moi » est central dans son œuvre. Il renvoie alors à son étude intitulée : « Aspects de la personne dans la religion grecque » où il s'était proposé d'examiner « quels aspects du moi, de l'homme intérieur, la religion grecque a contribué à définir et à former, lesquels elle a, au contraire, ignorés »[1] et où il était parvenu au constat que « ce que nous appelons "la personne" n'est pas central dans la religion grecque »[2]. Il revisite à cette occasion la distinction entre individu, moi, personne et sujet qu'il exposait dans *L'Individu, la mort, l'amour*[3], soulignant qu'il y a, dès l'époque archaïque, un individu, comme Achille, par exemple, et qu'on peut voir très tôt les institutions sociales faire à l'individu une place de plus en plus grande :

> À l'individu, mais peut-être pas au moi ni à la personne. Il faut distinguer ces différentes notions et, par une analyse, montrer ce qui concerne l'individu – ce qui sera exprimé par la biographie – et ce qui concerne ce que j'appelle le sujet – lorsque l'individu s'énonce lui-même en première personne, dit "je" pour, dans un discours, communiquer à autrui certains aspects de sa propre individualité, qui peuvent être très divers. Le sujet n'est pas une catégorie unique[4].

C'est ainsi que le poète épique, l'orateur et l'historien ne s'énoncent pas à la première personne de la même manière. Vernant souligne alors l'originalité du « je » de la lyrique grecque, qui lui

> paraît avoir un caractère particulièrement intéressant, dans la mesure où il exprime le surgissement d'une forme de sensibilité que le sujet s'attribue à lui-même (Alcée, Sapho, tant d'autres) et où il communique à un cercle d'amis ses émotions, ses regrets, ses désirs, ses plaisirs, c'est-à-dire cette partie qui, en lui, à travers la communication poétique, apparaît essentielle et sur laquelle il n'a pas de prise, devant laquelle il est désarmé[5].

---

1. Jean-Pierre Vernant, « Aspects de la personne dans la religion grecque », dans I. Meyerson (dir.), *Problèmes de la personne*, Paris-La Haye, Éditions de l'EHESS, 1973, p. 23-43 : 23, repris dans Jean-Pierre Vernant, *Mythe et pensée chez les Grecs* II, Paris, François Maspéro, 1974, p. 79-91 : 79.

2. Jean-Pierre Vernant, « La fabrique de soi », *Entre mythe et politique*, Paris, Seuil, 1996, p. 61-72 : 70.

3. Sur ce point, voir *supra*, Gwenaëlle Aubry, Introduction à la Première partie, p. 9-10.

4. Jean-Pierre Vernant, « La fabrique de soi », *art. cit.*, p. 70.

5. *Ibidem*, p. 70-71.

Il est remarquable que ce soit à ce moment de son exposé que Vernant en vienne à préciser que « l'organisation mentale et psychique du Grec » est tout à fait étrangère à l'introspection, au point qu'on se demande s'il spécifie alors la bifurcation qu'opère le sujet lyrique par rapport à cette « organisation mentale et psychique du Grec », comme on en est tout d'abord enclin à le penser[6], ou s'il veut indiquer que le sujet lyrique au moment même où il serait le plus proche d'un moi ne se constitue pas pour autant en intériorité de par l'étrangeté qu'il ressent à l'égard de cette partie en lui-même « sur laquelle il n'a pas de prise »[7].

De l'idée d'une « histoire de l'intériorité et de l'unicité du moi » introduite par Jean-Pierre Vernant, qui emploie le plus souvent moi et homme intérieur comme synonymes[8], on peut extraire celle d'une « histoire de l'intériorité », entendue comme histoire des différentes problématisations de l'intérieur[9], qui se dégage de toute visée téléologique et ne prétend isoler aucune « découverte » de l'intériorité. Desceller le projet d'une histoire des problématisations de l'intérieur des considérations, pourtant par endroits solidaires, sur le moi, c'est-à-dire de l'enquête qui s'interroge sur la légitimité de l'application du concept de moi dans la pensée antique, c'est mettre en cause le caractère nécessaire de l'alliance entre ces deux notions. C'est tout autant parier que rappeler qu'il existe des problématisations de l'intérieur qui ne le rattachent pas nécessairement à du moi ou à de la certitude subjective.

Est intérieur ce qui est dans ma tête, dans mon esprit, dans ma pensée – quelle que soit la manière dont on veuille en parler. Il y a une manière commune d'appeler intérieur ce qui est simplement silencieux, sans n'être rien – ce qui ne sera exprimé qu'à condition que j'en décide ainsi ; qui demeurera sinon secret, du moins retranché. La manière commune d'élaborer conceptuellement cet inté-

---

6. *Cf.* « L'individu dans la cité », *art. cit.*, p. 211-223 : 223 : « En faisant de leurs émotions personnelles, de leur affectivité du moment, le thème majeur de la communication avec leur public d'amis, de concitoyens, d'*hetairoi*, les poètes lyriques confèrent à cette part, en nous indécise et secrète, de l'intime, de la subjectivité personnelle, une forme verbale précise, une consistance plus ferme ».

7. « La fabrique de soi », *art. cit.*, p. 71. Ce que paraissent confirmer la formulation dans « L'individu dans la cité » (*art. cit.*, p. 224) et l'expression : « Un autre trait doit être signalé », qui introduit à l'élaboration du rapport de l'individu au temps qui passe avant d'introduire à une formulation similaire sur le lyrique grecque : « Dans la lyrique grecque, le sujet s'éprouve et s'exprime comme cette part de l'individu sur laquelle il n'a pas de prise, qui le laisse désarmé, passif, impuissant, et qui est pourtant, en lui, la vie même, celle qu'il chante : *sa vie* ».

8. *Cf.* le passage cité *infra*, des « Aspects de la personne dans la religion grecque », *art. cit.*, p. 79. *Cf. Ibidem*, p. 93 : « À la fois réalité objective et expérience vécue dans l'intimité du sujet, la *psukhè* constitue le premier cadre permettant au monde intérieur de s'objectiver et de prendre forme, un point de départ pour l'édification progressive des structures du moi ».

9. *Cf. infra*, Frédérique Ildefonse, « Questions pour introduire à une histoire de l'intériorité. Une histoire des problématisations de l'intérieur », p. 223-239.

rieur recoupe une idéologie implicite, dont le principal ressort engage à s'identifier à ces phénomènes qu'on analyse – qu'on reconnaît – comme privés, à les envisager comme siens. Or, pour un Grec de l'âge classique, il semble bien que l'intérieur, qui peut bien être lié au silencieux, ne soit pas lié à la question du secret. Il peut y avoir un traitement du silencieux qui ne l'apparente pas nécessairement au secret.

De fait, il se passe beaucoup de choses à l'intérieur. Il s'y passe certainement de la pensée, des pensées, des affections, des désirs, des souvenirs. La liste des noms qu'on peut donner à ces modifications incessantes de notre psychisme n'est pas exhaustive – faut-il d'ailleurs parler de psychisme ? Faut-il ne donner qu'un seul nom à ce qu'on imagine être le lieu et le lieu intérieur de ces différentes affections ?

Mettre en cause l'alliance obligée entre moi et intériorité, c'est attester, comme le fait Catherine Darbo-Peschanski, que, loin de « postuler l'existence d'un sujet individuel, enfermé dans un intérieur que limiterait son enveloppe corporelle et qui serait ainsi constitué en intériorité »[10], il faut déplacer l'analyse, par exemple en mettant en évidence, chez Homère, le modèle d'un acte partagé, dont on peut supposer que les effets de la déliaison des rapports entre l'individu et son démon portent la trace[11]. C'est également se donner pour objet d'enquête de parvenir à élucider quelles opérations ont mené à un tel rassemblement. Isabelle Koch en souligne des éléments décisifs dans la pensée d'Augustin : sa sensibilité au caractère probant des actes de pensée ; son interprétation de la certitude de la vérité en termes cognitifs d'indubitabilité plutôt qu'en termes ontologiques d'immutabilité[12]. Après avoir souligné la fonction « médiatrice » d'une histoire de l'intériorité et marqué l'importance de la médiation entre intériorité et vérité, Philippe Büttgen reconnaît que Luther « permet d'explorer une histoire de l'intériorité conçue comme valeur, c'est-à-dire une histoire de l'*intérieur* loué, célébré, protégé, défendu comme ce qu'il y a de plus *haut* »[13]. Il souligne pourtant, avant d'illustrer l'inférence luthérienne : « intérieur donc libre » et d'en souligner l'importance, que « l'intériorité comme valeur » est « quelque chose qu'on identifie bien chez Luther, mais qu'on ne repère pas, c'est-à-dire : qu'on n'isole pas, qu'on ne peut assigner à rien de particulier »[14].

S'il importe d'illustrer qu'il existe d'autres problématisations de l'intérieur, il importe également de ne pas supposer que leur caractère non-réflexif sanctionne

---

10. Voir *infra*, C. Darbo-Peschanki, p. 242.
11. Voir *infra*, F. Ildefonse, p. 236.
12. Voir *infra*, I. Koch, p. 323.
13. Voir *infra*, P. Büttgen, p. 335.
14. Voir *Ibidem*, p. 337.

leur soumission à l'abstraction d'un en soi, pour reprendre des termes hégéliens. Là encore le travail consiste dans le constat, le repérage et l'observation de la manière dont se trouvent dissociés des concepts qu'une pensée d'après la pensée moderne a tendance à associer. Luc Brisson montre ainsi comment chez Platon intériorité, immortalité et identité doivent être dissociés. De fait, une même âme « appartiendra » dans le cours du temps à différents individus, elle n'est donc propre à aucun d'eux et ne définit pas leur personnalité singulière[15]. Tout en mettant en évidence le dynamisme intrinsèque de l'âme, Riccardo Chiaradonna souligne que l'intention de Plotin est de montrer que « notre » âme est une essence intelligible, que l'exigence à laquelle il entend répondre est de « garantir notre contact direct avec (l'intellect :) le *noûs* et la connaissance appropriée que nous en avons, et non de donner une base intelligible à notre individualité » – il souligne combien il est nécessaire de respecter avec précision les distinctions entre « nous », « moi » et « individualité ». Or

« nous » connaissons l'Intellect qui se réfléchit lui-même non pas comme un objet extérieur auquel nous appliquons « notre » manière discursive de penser, mais nous le connaissons en étant remplis de lui [...] : nous ne pouvons dire d'aucune manière que nous avons connaissance de l'intellect comme s'il s'agissait d'un objet « différent » de nous[16] :

nous sommes, d'une certaine manière, « assimilés à lui ». Gwenaëlle Aubry, s'attachant à l'histoire de la notion de démon, voie royale pour l'étude des problématisations de l'intérieur, montre que la « fonction démonique », qui « opère tout d'abord dans < la > dissociation du moi et de l'intériorité »[17], connaît d'Homère et Empédocle à Plotin une « intériorisation progressive ». Le démonique parvient chez Plotin à une « intériorité exclusive de l'extériorité », qui ne sera pas alors pensée « comme identité, appropriation ou adéquation à soi, mais à l'inverse comme la possibilité toujours renouvelée d'un excès de soi à soi »[18]. Alexandre Surrallés cite Cieza de León, l'un des premiers chroniqueurs européens du Nouveau monde, qui précise que, « pour ce qui est des Incas, l'âme se confond avec le cœur, *sonco* » ; c'est ainsi que le premier dictionnaire espagnol-quechua traduit le terme quechua « *sonco* » par « âme » et « cœur », mais également par « entrailles ». Travaillant sur les anciens lexiques et dictionnaires espagnols des langues amérindiennes, le quechua, l'aymara et le nahuatl, Alexandre Surrallés s'interroge sur les raisons pour lesquelles apparaît, puis disparaît des dictionnaires l'association entre âme et cœur (*sonco*) et sur le rôle qu'a pu jouer le IIIᵉ Concile provincial de Lima qui adapte les dispositions

---

15. Voir Jean-Pierre Vernant, « La fabrique de soi », *art.cit.,* p. 71 et « Le citoyen dans la cité », *art. cit.,* p. 228.

16. Riccardo Chiaradonna, *infra,* p. 290.

17. Voir Gwenaëlle Aubry, *infra,* p. 256.

18. *Ibidem.*

édictées par le Concile de Trente sur le sujet particulier de l'évangélisation des Indiens du Pérou. On peut également penser à la manière dont Thomas Benatouïl, dans sa récente étude sur la notion d'usage (χρῆσις), soulignait combien « la conception stoïcienne de l'animalité disjoint des propriétés que l'on a l'habitude de considérer comme inséparables, surtout depuis l'époque moderne, à savoir la réflexivité et la lucidité, le souci de soi et la maîtrise de soi »[19]. L'appropriation à eux-mêmes (οἰκείωσις) en effet « confère aux animaux un rapport immédiat à leurs facultés physiques et mentales, qui n'implique ni conscience transparente d'eux-mêmes ni indépendance de l'âme à l'égard du corps »[20].

Il importe également, en alternative au « faisceau » hérité de Luther des valeurs que rassemble l'intériorité, « en signifiant aussi sérieux, simplicité, sincérité, mesure »[21], de prendre la mesure de la multiplicité immanente à l'intérieur, sans chercher à la subsumer sous une unité, fût-elle fédérative, sans se précipiter à la réduire au balbutiement supposé propre à une pensée archaïque. Notre « vie intérieure » est par ses objets et ses modifications très discontinue, sans que cela pose le moindre problème. Je travaille à quelque chose, je pense des contenus de pensée que j'agence, et en même temps je ne cesse pas de sentir, j'entends les sons de mon entourage, je vois le décor de mon champ visuel, ses couleurs, ses objets dont j'ai une reconnaissance instantanée sans me lancer dans une description verbale ni même silencieuse de cet alentour. Au fil de n'importe laquelle de mes actions, j'ai des pensées associées, plus ou moins fugitives, qui produisent en moi des affects, des souvenirs, des images. Nous vivons extrêmement bien cette extrême mobilité, cette éclosion ponctuelle de faisceaux associatifs, qui viennent à notre conscience, et sont souvent très vite recouverts par une autre série associative, et ainsi de suite. Une perception ou une idée (non nécessairement liée à la perception actuelle) engendrent un réseau d'associations qui composent une figure mentale à laquelle correspondent des affects, ou qui a nécessairement une charge affective associée, quelle qu'elle soit. Cette figure qui apparaît sur le fond de l'organisation précédente prend le dessus, occupe le champ, puis s'évanouit, et la densité des sollicitations perceptives est telle qu'une nouvelle configuration apparaît : soit qu'elle découle par d'autres associations de la précédente, soit qu'elle soit engendrée par une autre occasion, sensible (telle nouvelle sollicitation perceptive) ou pratique.

Nous traitons sans cesse une multiplicité très grande et très variée de modifications psychiques incessantes : nous passons sans cesse d'un « contenu de pensée » à un autre – sans avoir pour autant la moindre sensation de désordre,

---

19. Thomas Benatouïl, *Faire usage : la pratique du stoïcisme*, Paris, Vrin, 2006, p. 23.
20. *Ibidem.*
21. Voir *infra*, Philippe Büttgen, p. 337.

ou de hâchure. Cette multiplicité et cette discontinuité intérieures ont été en philosophie le plus souvent étrangement recouvertes, passées sous silence, voire déniées[22]. Si vraiment déni il y a, reste à savoir au profit de quoi ce déni s'opère : en vue de quel bénéfice, de quelle croyance conceptuels ?

Il importe à cet égard de renouer avec l'accès nietzschéen propre à *La naissance de la philosophie à l'époque de la tragédie grecque*, avec ces Grecs « naïfs par profondeur », contre toute la rouerie des rapports dialectiques entre unité et multiplicité, et de ne pas écraser cette multiplicité intérieure sous un concept présupposé de moi, de soi ou de *self*. Tenir la multiplicité, c'est suivre Ruth Padel lorsqu'elle déclare que « la multiplicité était l'essence des idées grecques de la conscience, de la divinité et des états mentaux »[23]. De fait, s'il est vrai qu'elle suppose que soient réexplorées la religion antique comme la pensée antique de la divinité, une histoire des problématisations de l'intérieur dans la pensée antique ne peut se faire qu'à retrouver le lien entre théorie et pratique philosophiques et théorie et pratiques anthropologiques.

À ce compte on cherche à bien illustrer dans l'Antiquité ce que Deleuze a nommé le « pli vers l'extérieur » et qui rejoint ce que les analyses de Jean-Pierre Vernant ont établi sur le rapport au dehors[24].

---

22. Bergson est une remarquable exception, voir par exemple *Essai sur les données immédiates de la conscience*, chapitre II, « De la multiplicité des états de conscience », et particulièrement « La multiplicité interne », « La durée réelle », « Les deux aspects du moi ».

23. Ruth Padel, *In and out of the mind. Greek images of the tragic self*, Princeton, Princeton University Press, 1992, p. 44. Voir également p. 18.

24. *Cf.* par exemple « La fabrique de soi », *art. cit.,* p. 71, cité *infra*, p. 223.

FRÉDÉRIQUE ILDEFONSE

QUESTIONS POUR INTRODUIRE À UNE HISTOIRE DE L'INTÉRIORITÉ.
UNE HISTOIRE DES PROBLÉMATISATIONS DE L'INTÉRIEUR

Dans « La fabrique de soi », Jean-Pierre Vernant souligne combien « l'organisation mentale et psychique du Grec est telle qu'il ignore totalement l'introspection, il est entièrement orienté vers l'extérieur »[1]. Il écrit dans un dialogue avec Pierre Kahn sur *La mort dans les yeux* :

Pour dire les choses en deux mots et grossièrement, l'expérience de soi n'est pas orientée vers le dedans, mais vers le dehors.

En effet,

l'individu se cherche et se trouve dans autrui, dans ces miroirs que sont pour lui tous ceux qui constituent à ses yeux son *alter ego* : parents, enfants, amis. L'individu se situe aussi lui-même dans les opérations qui le réalisent, qui l'effectuent "en acte", *energeia*, et qui ne sont jamais dans sa conscience. Il n'y a pas d'introspection. Le sujet est extraverti. Il se regarde au-dehors. Sa conscience de soi n'est pas réflexive, elle n'est pas repli sur soi, travail sur soi, élaboration d'un monde intérieur, intime, complexe et secret, le monde du Je. Elle est essentielle.

« La fabrique de soi » s'achevait sur une phrase programmatique à laquelle voudrait répondre mon projet d'une histoire de l'intériorité : « il y a toute une histoire de l'intériorité et de l'unicité du moi qui est à faire »[2].

J'ai choisi dans un tel projet de raccourcir l'expression initiale de Vernant. J'aimerais préciser de fait ce que j'entends par histoire de l'intériorité, ainsi que ce que j'entends par intériorité, et dégager ici quelques questions qui me paraissent importantes pour ce projet.

En s'attachant à certaines références grecques (chez Homère, Platon, dans le stoïcisme impérial), on peut montrer combien les mentions d'un intérieur mental ne problématisent pas cet intérieur comme un intime. L'intérieur n'est pas non plus problématisé comme un « en soi-même ». Par exemple : le passage de Marc

---

1. J.-P. Vernant, «La fabrique de soi», *Entre mythe et politique*, Paris, Seuil, 1996, p. 61-72 : 71.
2. J.-P. Vernant, «La mort dans les yeux. Dialogue avec Pierre Kahn », *op. cit.*, p. 79-93 : 91.

Aurèle (VII 59) qui a été traduit : « Regarde en toi-même (ἔνδον) ! En toi (ἔνδον) est la source du bien qui toujours peut jaillir si tu creuses toujours. » permet une traduction plus littérale : « Regarde à l'intérieur ; à l'intérieur est la source du bien qui toujours peut jaillir si tu creuses toujours ». D'autres échos se font alors entendre, avec, par exemple, les passages où Marc Aurèle, qui enjoint à ne pas se disperser, à « ne pas observer ce que dit le voisin » (IV 18), à ne pas « regarder dans les âmes d'autrui » (VII 55), écrit aussi : « Entrer dans l'âme de chacun ; permettre aussi à autrui d'entrer dans notre âme » (VIII 61)[3]. Cette suggestion, ce programme d'une telle circulation des âmes paraît moins maintenir que remettre en cause la distinction entre chacun et autrui qu'elle présuppose pourtant.

Ce qu'une telle prudence permet de dégager et qui me permet d'expliquer pourquoi j'ai choisi dans mon projet d'abréger la phrase programmatique de Vernant, c'est l'existence d'une problématisation de l'intérieur qui ne le relie ni à un moi ni nécessairement toujours à un soi : à l'intérieur ce n'est pas moi-même que je trouve. On peut aborder et chercher à explorer la manière dont, à partir de là, les concepts se trouvent noués ou dénoués – je pense principalement aux concepts d'unité, d'unicité et de personne – d'une manière différente de celle qu'on peut constater lorsque l'intériorité est considérée comme le fait et la qualité même qui permet au sujet d'accéder à lui-même sur un mode de vérité. Il importe également de chercher à établir quels sont les effets des différentes problématisations de l'intérieur sur l'individu lui-même comme sur sa caractérisation.

J'entends pas intériorité non pas la simple expérience d'un intérieur mental, disons : d'un espace mental retranché, non visible, thématisé ou non comme privé, préservé, voire secret, mais la qualité d'un sujet convaincu que les phénomènes psychiques ou intérieurs qui lui arrivent et se produisent en lui lui appartiennent en propre ; la caractéristique d'un sujet qui s'approprie les phénomènes psychiques qui se produisent en lui, qui considère les phénomènes intérieurs comme siens ou encore s'identifie à ses états intérieurs.

Il y a d'autres possibilités conceptuelles, ainsi que d'autres expériences d'un intérieur mental : on peut ne pas nécessairement adhérer à ses états intérieurs, ou psychiques, ne pas considérer qu'ils nous appartiennent, nous expriment ou nous révèlent, ne pas nécessairement s'identifier à eux. Une partie de la cure psychanalytique repose sur cette expérience, qu'elle contribue à permettre. De même, on peut ne pas parler en termes de « vie intérieure », qui apparaît comme l'expression sensible d'une complexité singulière. Le second objectif que je poursuis en travaillant à cette histoire de l'intériorité consiste à chercher à défaire

---

3. Voir également Marc Aurèle IV 38 ; VI 53 ; IX 18 ; IX 22 ; IX 27.

une alliance qu'on croit souvent obligée entre intériorité et subjectivité, et à montrer qu'elle n'est qu'une des manières de problématiser l'intérieur mental.

Je partirai d'un exemple que je pense éclairant : chez Platon, Aristote et dans le stoïcisme ancien, ce n'est pas en insistant sur son caractère intérieur qu'on problématise l'âme ou l'esprit – ce qui ne signifie pas qu'on ne problématise pas l'intérieur, que Platon par exemple lie à la pensée (διάνοια), lorsqu'il la définit comme le « dialogue intérieur et silencieux de l'âme avec elle-même » (ὁ ἐντὸς τῆς ψυχῆς πρὸς αὐτὴν διάλογος ἄνευ φωνῆς γιγνόμενον)[4]. Pour l'âme on se soucie plutôt de distinguer sa partie la plus importante (τὸ κυριώτατον μέρος) ou sa partie dominante, ou directrice (ἡγεμονικόν). C'est dire que cette tradition de pensée a choisi d'insister moins sur la liaison entre intérieur et raison, en insistant alors par exemple sur la nécessité d'un retour en soi-même, que sur l'organisation politique des parties de l'âme et le caractère dominant ou directeur de la partie rationnelle. Le fait que la réflexion sur l'âme passe immédiatement par la considération de ses parties engage en fait une réflexion sur le composé dans des termes politiques : selon la formule d'Henri Joly[5], l'âme est une micropole. Quant à l'injonction à un retour en soi-même, qui apparaît chez Marc Aurèle par exemple, elle n'est d'ailleurs pas synonyme du retour à une intériorité constituée, et identique à un moi.

Il faut également veiller à ne pas s'empresser à gloser l'intérieur, ou seulement l'esprit, par le fond. On suggère par ce « fond » l'idée d'une profondeur ultime, d'un abri mental. Mais doit-on traduire la formule homérique *kata phrena* par « dans le fond de mon âme »[6] ? De fait, il faut distinguer entre profondeur des viscères et profondeur de l'esprit. On connaît chez Homère la variété des termes en présence – καρδία, ἦτορ, κῆρ trois mots distincts pour le cœur ; ἦπαρ, le foie, le centre de l'attention divinatoire ; φρήν, φρένες, l'esprit ; πραπίδες, le diaphragme ; μένος, l'énergie, la force ; θυμός, la colère ; le cœur, la vaillance ; ψυχή, l'âme ; νόος, l'esprit ; σπλάγχνα, les viscères – et le lien entre physiologie et psychologie. Ce qui est à l'intérieur, ce sont les entrailles. L'intérieur est alors obscur et caché, et les sentiments, les états d'esprit ne sont pas seulement situés et cachés à l'intérieur des entrailles ; ils sont l'état même de ces entrailles[7]. La profondeur est viscérale, et Ruth Padel a montré que dans la

---

4. Platon, *Sophiste* 263e.

5. Henri Joly, *Le Renversement platonicien. Logos, Epistémè, Polis*, Paris, Vrin, 1994, p. 59.

6. *Iliade* IX 245 : « de tout cela j'ai terriblement peur dans le fond de mon âme » (ταῦτ' αἰνῶς δείδωκα κατὰ φρένα, μή...) » (trad. P. Mazon, Paris, Les Belles Lettres, 1998).

7. Je paraphrase ici un compte rendu que Jean-Pierre Vernant (« The Ins and Outs of the Greek Mind », *Arion* 4, 1997, p. 161-167) a donné de l'ouvrage de Ruth Padel, *In and Out of the Mind : Greek Images of the Tragic Self*, Princeton, Princeton University Press, 1992.

tragédie grecque classique elle reposait sur un modèle féminin. Cette profondeur viscérale se distingue de la profondeur mentale, qui apparaît dans différentes expressions d'Augustin, dans le *De magistro* : *mentis penetrabilia*, « le sanctuaire de l'esprit » ; Dieu doit être cherché et prié *in ipsis rationalis animae secretis, qui homo interior vocatur*, « dans les lieux secrets mêmes de l'âme rationnelle, dans l'homme intérieur comme on l'appelle » – c'est là en effet qu'il veut avoir son temple, le latin dit qu'il voulut (*voluit*) avoir son temple. On trouve encore, par exemple, l'expression *in templo mentis et in cubilibus cordis* : « dans le temple de l'esprit et dans les alcôves du cœur »[8].

Il est remarquable que, lorsqu'on parle généralement d'intériorité, on parle en fait à la fois de quelque chose qui fonctionne comme un centre commun fédérateur – le centre ou l'origine, invisible, de l'intentionnalité, quelque chose comme l'*hègemonikon* stoïcien, la partie dominante ou directrice, centre récepteur des représentations et émetteur des impulsions – et de quelque chose comme un réceptacle, comme un contenant : susceptible donc de contenir quelque chose d'étranger, d'être habité par une instance autre. Platon, dans le *Timée*, parle ainsi de la partie rationnelle de l'âme comme d'un démon qui habite en nous :

> En ce qui concerne l'espèce d'âme qui en nous domine (περὶ τοῦ κυριωτάτου παρ' ἡμῖν ψυχῆς εἴδους), il faut se faire l'idée que voici. En fait, un dieu a donné à chacun de nous, comme démon, cette espèce-là d'âme dont nous disons, ce qui est parfaitement exact, qu'elle habite dans la partie supérieure de notre corps, et qu'elle nous élève au-dessus de la terre vers ce qui, dans le ciel, lui est apparenté »[9].

Un peu plus loin, Platon expose comme la clef du bonheur (εὐδαιμονία) le fait que l'homme « ne cesse de prendre soin de son élément divin et qu'il maintient en bonne forme le démon qui en lui partage sa demeure » (ἀεὶ θερα-πεύοντα τὸ θεῖον ἔχοντά τε αὐτὸν εὖ κεκοσμημένον τὸν δαίμονα σύνοικον ἐν αὐτῷ)[10]. Marc Aurèle parlera de rendre un culte légitime à notre démon intérieur[11]. Sénèque[12] dira que le dieu qui est en nous nous traitera comme nous le traitons.

Comme l'a mis en évidence Ruth Padel, la possession, le plus souvent des femmes, par le démon, le *daimôn* antique, sert de modèle aux relations entre notre intérieur et la partie rationnelle de l'âme : « L'esprit décrit est un

---

8. Les trois citations, extraites du *De magistro* 2, 1-4, sont données dans la traduction d'Emmanuel Bermon, *La signification et l'enseignement. Texte latin, traduction française et commentaire du* De magistro *de saint Augustin*, Paris, Vrin, 2007.

9. Platon, *Timée* 90a, trad. L. Brisson, Paris, GF-Flammarion, 1992.

10. *Ibidem* 90c.

11. Marc Aurèle, *Pensées pour moi-même* II 13.

12. Sénèque, *Lettres à Lucilius* IV 41, 1-2.

réceptacle, semblable à un utérus, pour l'intrusion divine et la souffrance intérieure »[13]. Or chez Platon, Plutarque ou le stoïcisme impérial, l'esprit au sens de
la partie rationnelle de l'âme n'est pas un réceptacle ou un contenant, mais ce qui
est contenu : le démon lui-même.

On peut à ce moment de l'enquête renvoyer à deux textes qui manifestent le
même dispositif dans leur manière de parler de l'intérieur, un dispositif qui
enjoint d'ailleurs à « ne pas s'y tromper » : le premier extrait de Plutarque, dans
Le démon de Socrate, le second des *Entretiens* d'Épictète :

> La partie de l'être immergée dans le corps, qui l'entraîne, s'appelle *âme* ; la partie inacces-
> sible à la corruption est appelée *esprit* par le commun des hommes, qui croient que cet élément
> se trouve à l'intérieur d'eux-mêmes, comme on croit dans les miroirs les objets qui s'y
> reflètent ; mais les gens qui pensent juste sentent qu'il est extérieur à l'homme et l'appellent
> *démon*[14].

> Lorsque vous fermez les portes et faites l'obscurité à l'intérieur, rappelez-vous de ne
> jamais dire que vous êtes seuls ; car vous ne l'êtes pas, le dieu est à l'intérieur, et votre démon
> aussi[15].

L'idée que l'esprit soit intérieur est ici explicitement dénoncée par Plutarque
comme une illusion – l'illusion même. C'est-à-dire que Plutarque et Épictète,
chacun à sa manière, produisent sur cette matière un éclaircissement : on peut
avoir l'impression que l'esprit est intérieur, que l'esprit est à l'intérieur. Cette
impression, dont ils sous-entendent, vraisemblablement, la naturalité, l'immédiateté puisqu'ils entendent la corriger, est erronée. Il s'agit dans ces passages
de désamorcer d'emblée l'idée selon laquelle l'esprit est intérieur, de parer au

13. Ruth Padel, « Women : Model for Possession by Greek Daemons », dans A. Cameron et
A. Kuhrt (édit.), *Images of Women in Antiquity*, Londres, Wayne State University Press, 1983,
p. 3-19 : 17.

14. Plutarque, *Le démon de Socrate* 22, 591F, trad. J. Hani, Paris, Les Belles Lettres, 1980.

15. Épictète, *Entretiens* I 14, 13-14. *Cf.* Marc Aurèle, III 7 : « Celui qui a choisi son propre
intellect, son démon et les mystères à célébrer en l'honneur de sa puissance, ne fait pas de
tragédie, ne gémit pas, n'aura besoin ni de solitude ni d'une compagnie nombreuse ». Voir
également Sénèque, *Lettre* 41, 2 : « Dieu est près de toi ; il est avec toi ; il est en toi *(prope est a
te deus, tecum est, intus est)*. Oui, Lucilius : un auguste esprit réside à l'intérieur de nous-
mêmes, qui observe et contrôle le mal et le bien de nos actions *(sacer intra nos spiritus sedet,
malorum bonorumque nostrorum observator et custos)*. Comme nous l'avons traité, il nous
traite. Homme de bien, aucun ne l'est, en vérité, sans l'intervention de Dieu. Qui donc, s'il
n'avait eu de lui assistance, pourrait surmonter la fortune ? C'est lui qui inspire les grands, les
héroïques desseins. Dans le cœur de chaque homme de bien "un dieu habite. Quel est-il ? Nulle
certitude ; mais c'est un dieu" (Virgile, *Énéide* VIII, 352 : *quis deus incertum est, habitat
deus)* » (trad. H. Noblot, Paris, Les Belles Lettres, 1964 [1945]) ; voir aussi Marc Aurèle, V 27 :
« agissant selon la volonté du démon que Zeus a donné à chacun comme chef et comme guide,
et qui est un fragment de lui-même. Ce démon, c'est l'intelligence et la raison de chacun »
(ποιοῦσαν δέ, ὅσα βούλεται ὁ δαίμων, ὃν ἑκάστῳ προστάτην καὶ ἡγεμόνα ὁ Ζεὺς ἔδωκεν,
ἀπόσπασμα ἑαυτοῦ. Οὗτος δέ ἐστιν ὁ ἑκάστου νοῦς καὶ λόγος).

risque d'une telle confusion. Or il est remarquable qu'à un certain moment la confusion qu'il s'agissait de lever devient l'idée dominante, et, plus qu'une impression, la thèse même d'une certaine philosophie. Il importe en conséquence de chercher à comprendre ce qui a permis qu'on passe, pour le même lien entre l'esprit et l'intérieur, de la conviction d'un danger à éviter à celle d'une thèse à soutenir. Pourquoi l'impression immédiate tout d'abord combattue en est-elle venue à être reconnue comme authentique ? Pourquoi l'idée que l'esprit est intérieur ou le plus intérieur est-elle devenue inoffensive ? Qu'est-ce que sa dénonciation comme illusion permettait, qui n'est plus à soutenir ou défendre lorsqu'elle devient une impression fondée, le fondement d'une thèse ?

À un certain moment, l'association entre esprit et intérieur devient en effet insistante. On peut à cet égard marquer l'écart qui sépare les deux passages suivants, extraits pour le premier de Plutarque, pour le second de Cicéron.

Le premier passage est un passage d'Homère – *Odyssée* XIX 40 –, cité par Plutarque, à propos de l'âme, dans le *Dialogue sur l'amour* (18, 762E) et auquel probablement fait également référence le texte d'Épictète que je viens de citer :

> Il arrive à la majeure partie des gens quelque chose qui défie la logique. Si, de nuit, ils aperçoivent une lueur dans une maison, ils y voient un signe divin et s'en émerveillent, mais qu'ils voient une âme petite, basse et vile, s'emplir soudain de fierté, de liberté, d'ambition, de bienveillance, de prodigalité, ils ne sentent pas obligés de dire comme Télémaque « Assurément, il y a un dieu à l'intérieur »[16].

Plutarque reporte ici à l'âme, à propos de l'amour qui rend rayonnant, la situation où Télémaque dans l'*Odyssée* vient d'apercevoir dans la maison une grande lueur, signe d'Athéna.

Le second passage est extrait du traité *La nature des dieux* de Cicéron : « qu'y a-t-il de plus intérieur que l'esprit ? » Ce passage de Cicéron, pourtant chronologiquement antérieur au précédent, rend manifeste une problématisation qui deviendra dominante et modifie tout un régime de problématisation de l'intérieur.

Énumérant les différentes conceptions de la divinité, après Thalès, Anaximandre, Anaximène, Cicéron en vient à Anaxagore :

> Ensuite Anaxagore, qui fut disciple d'Anaximène, soutint le premier que l'organisation bien réglée de toutes choses résultait d'une intelligence infinie, qui en avait rationnellement achevé la disposition. Mais en disant cela, il n'a pas vu que dans un être infini il ne peut y avoir aucun mouvement accompagné de sensation et continuel et que, d'une manière générale, il ne peut y avoir sensation sans que l'être lui-même subisse un choc. De plus, s'il veut que cette intelligence dont il parle soit en quelque manière un être vivant, il devra y avoir dans cet être un principe intérieur qui justifie le terme de "vivant". *Mais qu'y a-t-il de plus intérieur que*

---

16. Plutarque, *Dialogue sur l'amour* 18, 762E, trad. S. Gotteland et E. Oudot, Paris, GF-Flammarion, 2005.

l'intelligence ? Il faut donc qu'elle soit revêtue d'un corps extérieur (*deinde si mentem istam quasi animal voluit esse, erit aliquid interius ex quo illud animal nominetur ; quid autem interius mente ? cingetur igitur corpore externo*)[17].

La traduction rend par « principe intérieur » ce qui est simplement en latin : *aliquid interius*, soit littéralement : « quelque chose de plus intérieur ». On voit bien comment l'argumentation met en place cette proposition, sous la forme d'une question : si l'intelligence ou l'esprit ou l'intellect, *mens* en latin, *noûs* en grec – nous parlons ici d'Anaxagore –, doit être un être vivant, elle doit répondre de quelque chose de plus intérieur, qui justifie son caractère vivant. Or il n'est pas possible d'imaginer quelque chose de plus intérieur que l'esprit. L'aporie consisterait dans le fait que l'esprit ne puisse rien avoir de plus extérieur à lui-même. Donc, pour être vivant, il faut que le *noûs* d'Anaxagore ait un corps. Mais, en plus et au passage, apparaît, au cœur de cette interrogation, une alliance décisive entre intérieur et esprit, ou intelligence (*mens*), dans un dispositif où l'intérieur est pris dans un mouvement de surenchère, et où l'esprit (*mens*) se trouve caractérisé comme le plus intérieur, dès lors qu'il n'est rien de plus intérieur que l'esprit. Car il y a bien une différence entre considérer l'esprit ou la partie divine de l'âme comme séparé(e) (qu'il s'agisse de la séparation entre âme et corps ou de l'intellect séparé d'Aristote) et le considérer comme « plus intérieur ».

Mais Cicéron apporte également d'autres témoignages sur d'autres problématisations des rapports entre âme ou esprit et intérieur. D'autres passages de son œuvre apparaissent clairement liés à la problématisation d'un « extérieur dans l'intérieur – mental », – sans qu'intervienne toutefois une considération supplémentaire de degrés d'intérieur. C'est particulièrement frappant dans le traité *De la divination*, et probablement justifié par un tel objet. Ainsi,

il y a […] dans les âmes une aptitude à présager introduite de l'extérieur et enfermée par la divinité (*inest igitur in animis praesagitio extrinsecus injecta atque inclusa divinitus*). Si elle s'enflamme plus vivement, on l'appelle délire : alors, l'âme s'abstrayant du corps est mue par une impulsion divine […] Un dieu, enclos dans un corps humain, non plus Cassandre, parle désormais… (*deus inclusus corpore humano jam, non Cassandra loquitur*)[18].

Ce qui permet d'expliquer les oracles des songes et du délire, qui ne relèvent pas de l'art, c'est que, comme le soutient Cratippe,

l'âme des hommes est pour partie prélevée et puisée au-dehors (*ex quo intellegitur esse extra divinum animum, humanus unde ducatur*) ; on comprend ainsi qu'il existe à l'extérieur une âme divine, puisque l'humaine en serait tirée ; mais la partie de l'âme humaine qui possède sensation, mouvement, désir, n'est pas affranchie de l'action du corps, tandis que l'autre, celle

---

17. Cicéron, *La nature des dieux* I 26, trad. C. Auvray-Assayas, Paris, Les Belles Lettres, 2002.

18. *De la divination* I, XXXI 66. Je cite le traité *De la divination* dans la traduction de J. Kany-Turpin pour GF - Flammarion, Paris, 2004.

qui participe de la raison et de l'intelligence, parvient au comble de la vigueur, quand elle est le plus éloignée du corps[19].

Cette divination naturelle doit être rapportée

à la nature des dieux, dans laquelle nos âmes sont puisées et prélevées (*ad naturam deorum, a qua* [...] *haustos animos et libatos habemus*), comme en ont jugé les hommes les plus instruits et les plus sages[20].

Cicéron témoigne encore que les idéalistes, pour dire vite,

considèrent que nos âmes sont divines, qu'elles ont été prises dans le dehors (*eosque esse tractos extrinsecus*) et que le monde est peuplé d'une foule d'âmes communiquant entre elles

et que

c'est donc la nature divine de l'esprit lui-même et sa liaison avec les esprits extérieurs qui lui permettraient de voir les événements à venir[21].

Ces quatre références, certes liées à la divination, paraissent tout à fait rejoindre l'idée d'un esprit divin, qui, venu de l'extérieur, habite en nous, conformément à ce que nous lisons dans le *Timée* de Platon.

On soulignera donc la différence de problématisation entre l'idée d'un esprit extérieur à l'homme, qui est un démon (Plutarque), ou d'un démon qui habite en l'homme ou s'est établi en lui (Platon, Épictète), et celle que rien n'est plus intérieur que l'esprit (Cicéron) ; cette différence est également celle qui sépare un dieu qui est à l'intérieur d'un dieu plus intérieur que mon plus intérieur. Augustin[22] paraît pourtant conjoindre dans cette formulation (*deus interior intimo meo*) les deux problématisations : celle du dieu à l'intérieur – puisque Dieu *plus* intérieur que mon *plus* intérieur est à l'intérieur –, et celle de l'intériorité comme le concept exprimant cette surenchère dans l'intérieur : intérieur, plus intérieur, intime – plus intérieur que l'intime. De fait, Augustin apparaît très solidaire de ce que j'appelle « l'hospitalité intérieure » lorsque, dans le *De vera religione*, il parle à quelques lignes de distance de « l'accord de l'homme intérieur avec l'hôte qui est en lui » (*ipse interior homo cum suo inhabitatore... conveniat*)[23] et de la vérité qui « habite » (*habitat*) dans l'homme intérieur (*in interiore homine habitat veritas*).

D'où provient ce mouvement hyperbolique qui définit l'intériorité dans une logique du comparatif, et l'intime dans une logique du superlatif ? *Interior* est

---

19. *Ibidem* I, XXXII 70.

20. *Ibidem* I, XLIX 110.

21. *Ibidem* II, LVIII 119

22. Voir *infra*, Isabelle Koch, « "*Interior intimo meo*". Y a-t-il une intériorité de l'intériorité chez Augustin ? », p. 313-332.

23. *De Vera Religione* XXXIX 72, trad. J. Pegon, Paris, Desclée de Brouwer et Cie, 1951.

une forme de comparatif d'une forme inusitée, *interus* :« du dedans, intérieur »[24]. On se rappelle en effet qu'intime vient d'*intimus*, qui est le superlatif de la même forme et signifie : ce qui est le plus en dedans, le plus intérieur, le fond de[25]. Que s'est-il passé pour qu'on entre dans ce comparatif : *interior* ? dans ce superlatif : *intimus* ? Pourquoi est-on entré dans ce mouvement de surenchère d'intérieur à propos de l'âme et de l'esprit ? Car le comparatif ici paraît bien excéder la simple fonction d'indiquer la relativité de l'âme par rapport au corps, et le concept d'intériorité lié à cette surenchère d'intérieur. Si on entre dans l'intérieur, à ce moment, on entre dans les degrés d'intérieur – nécessairement dans la considération d'un plus intérieur. Saint Augustin, dans la formule *interior intimo meo*, « plus intérieur que mon plus intérieur »[26], n'hésite pas, certes à propos de Dieu, à appliquer un comparatif à un superlatif.

Que penser maintenant de cette traduction d'un passage des *Confessions* : *Ecce cor meum, deus meus, ecce intus*[27] (« voici mon cœur, mon dieu, voici l'intérieur ») en « voici mon cœur ; le voici en son secret ! » ? Comment en est-on venu à un tel privilège de l'intérieur et à cette possible assimilation entre intérieur et secret ? La traduction citée paraît s'autoriser d'une proximité, voire d'un recouvrement acquis, qui évoquent bien sûr l'évangile de Mathieu, auquel Augustin fait référence dans le *De magistro* :

C'est que tu ignores, me semble-t-il, que si nous avons reçu le précepte de prier dans nos chambres fermées à clef, qui signifient nommément le sanctuaire de l'esprit, c'est pour la raison précise que Dieu, pour nous accorder ce que nous désirons, ne demande pas de recevoir de notre parole un enseignement ou un rappel. En effet, celui qui parle émet extérieurement un signe de sa volonté au moyen d'un son articulé. Mais Dieu, c'est dans les lieux secrets mêmes de l'âme rationnelle, dans l'homme intérieur comme on l'appelle, qu'il doit être recherché et prié. Car c'est là qu'il a voulu avoir son temple. N'as-tu pas lu chez l'Apôtre : « Ne savez-vous pas que vous êtes le temple de Dieu et que l'Esprit de Dieu habite en vous ? » ; et aussi : « C'est dans l'homme intérieur qu'habite le Christ ? ». N'as-tu pas remarqué ce que dit le Prophète : « Parlez dans vos cœurs et, dans vos alcôves, repentez-vous. Sacrifiez le sacrifice de justice et

---

24. Voir A. Ernout et A. Meillet, *Dictionnaire étymologique de la langue latine. Histoire des mots*, article *In* et Isabelle Koch, *art. cit.*, p. 314, note 3.

25. *Cf.* Cicéron, *Verr.* 4, 99 : « *In eo sacrario intimo.* »

26. *Confessions* III 6, 11 : « Par quels degrés ai-je été entraîné aux profondeurs de l'enfer, oui d'un enfer de souffrance et de fièvre, faute de vérité, alors que c'est toi, mon Dieu – je le confesse à toi qui as eu pitié de moi, même quand je ne te confessais pas encore – alors que c'est toi que, non pas en suivant les lumières de l'intelligence qui me met selon ta volonté au-dessus des bêtes, mais en suivant le sens de la chair, c'est toi que je cherchais ! Mais toi, tu étais plus intérieur que le plus intérieur de moi-même, et plus élevé que le plus élevé de moi-même » (*Tu autem eras interior intimo meo et superior summo meo*) (trad. E. Tréhorel et G. Bouisson modifiée, Paris, Desclée de Brouwer, 1962).

27. *Confessions* IV 4, 11.

espérez dans le Seigneur » ? Où penses-tu que soit sacrifié le sacrifice de Justice, sinon dans le temple de l'esprit et dans les alcôves du cœur[28] ?

On lit effectivement en *Mathieu* 6, 6 :

Et quand vous priez, ne soyez pas comme les hypocrites : ils aiment, pour faire leurs prières, à se camper dans les synagogues et les carrefours, afin qu'on les voie. En vérité je vous le dis, ils tiennent déjà leur récompense. Pour toi, quand tu pries, *retire-toi dans ta chambre*, ferme sur toi la porte, et prie Ton père qui est là, dans le secret ; et ton Père, *qui voit dans le secret*, te le rendra.

Il est remarquable que cette idée de Dieu qui voit dans le secret rejoint l'idée exprimée par Épictète selon laquelle le dieu surveille toutes choses[29].

C'est dans un tel contexte qu'Augustin oppose entre homme extérieur et homme intérieur. Dans le *De Vera Religione*[30], il oppose entre « le vieil l'homme, l'homme extérieur, l'homme terrestre » et « l'homme nouveau, l'homme intérieur, l'homme céleste ». Même si l'expression – « l'homme intérieur » – est la même, l'idée est très éloignée de celle de « l'homme intérieur » de la *République*[31], qui apparaissait comme l'une des parties de l'âme selon l'image qu'en modelait Socrate par la parole[32] : un être complexe, seulement réuni par une gaine extérieure (ἔξωθεν), regroupant

la forme unifiée d'un animal divers et polycéphale, qui aurait, disposées en cercle, des têtes d'animaux paisibles et des têtes d'animaux sauvages, et capable de se transformer de l'une en l'autre et de faire sortir tout cela de lui-même,

ainsi qu'une forme de lion, et une forme d'homme. Socrate modelait alors

autour d'eux, à l'extérieur (ἔξωθεν), l'image d'un être unique, celle de l'homme, de façon que pour qui ne peut voir ce qu'il y a dedans, mais ne voit que la gaine extérieure, cela paraisse un seul être vivant, un homme.

Il parlait plus loin de la forme d'homme comme de « l'homme intérieur » : à la différence de l'homme qui ferait l'éloge de la pratique de l'injustice, celui qui dit qu'est avantageux ce qui est juste

---

28. Saint Augustin, *De magistro* 2, 1-4 (trad. E. Bermon). Voici la manière dont Augustin conclut le passage : « Mais là où il faut sacrifier, il faut aussi prier. C'est pourquoi, lorsque nous prions, il n'est pas besoin de parole, c'est-à-dire de mots qui résonnent, si ce n'est peut-être pour signifier ce que l'on a dans l'esprit, comme le font les prêtres afin que les hommes, et non pas Dieu, entendent, et que, par le moyen de ce rappel, d'un même accord, ils se tournent vers Dieu. »

29. Épictète, *Entretiens* I 14.

30. *De Vera Religione* XXVI 49, trad. J. Pegon, Paris, Desclée de Brouwer, 1951.

31. Platon, *République* X 588b *sqq.*

32. Le texte dit précisément : « en modelant par la parole une image de l'âme, de façon que celui qui défend cette thèse puisse avoir sous les yeux ce dont il parle » (j'ai repris la traduction de Pierre Pachet, Paris, Gallimard, 1993).

affirmerait qu'il faut faire et dire ce qui permettra à l'homme intérieur d'avoir plus de pouvoir sur l'homme et de prendre soin de l'animal polycéphale comme le ferait un agriculteur[33].

Socrate ajoutait encore qu'

il est meilleur pour chacun d'être dirigé par un élément divin et sage ; soit que, dans le meilleur des cas, on l'ait à soi en soi-même, soit que, à défaut, cet élément exerce sa surveillance de l'extérieur.

On retrouve chez Plutarque cette terminologie du *phronimon* qui désigne la partie divine qui est en nous[34]. Est ici à l'œuvre la logique du *Timée*, l'idée d'un démon qui habite en nous : l'homme intérieur est ce démon. Or une telle hospitalité psychique engage d'importants paradoxes sur l'intérieur et l'extérieur ou d'importantes difficultés à appliquer la distinction entre intérieur et extérieur – plus que le texte de la *République* ne le suggère dans sa calme opposition entre quelque chose qui nous dirige du dehors et quelque chose qui nous dirige du dedans.

On peut penser à cet égard à faire référence aux analyses de Louis Gernet sur la tragédie.

L'individu paraît [...] possédé par le *daimôn,* mais ce n'est qu'un aspect de sa pensée ; le verbe (employé : *daimonan*) suggère aussi comme une assimilation.

Dans la conception générale et indéfinie du *daimôn* a été découpée celle d'un sort individuel ou d'un « démon » personnel. Or « le *daimôn* est à la fois hors de l'individu et en lui »[35]. De même l'Érinys, principe de folie, est « à la fois hors de l'individu et en lui : elle est à la fois l'individu lui-même et une autre puissance »[36]. Il faut de même – à mon sens – tenir ensemble l'idée que le démon intérieur puisse être à la fois une partie de soi et un autre que soi, irréductible à soi. Cette topologie complexe circule de la partie principale chez Platon, à l'intellect aristotélicien, jusqu'au démon intérieur du stoïcisme impérial.

Ce mouvement nous le retrouvons, semble-t-il, ou tout au moins nous en retrouvons une version, dans la manière dont Plotin parle du démon. Ce démon,

---

33. *Ibidem* 589b.

34. Voir Plutarque, *Des délais de la justice divine* 23, 563E6 (τὸ φρονοῦν), qui s'explique par 24, 564C (« tu es venu ici [...] avec la partie pensante de ton âme [τῷ φρονοῦντι], le reste est demeuré dans ton corps comme une ancre » (trad. R. Klaerr et Y. Vernière modifiée, Paris, Les Belles Lettres, 1974)), ainsi que ᾧ φρονοῦμεν dans *Le visage du rond de la lune* 30, 345A et τὸ φρόνιμον dans *La genèse de l'âme dans le* Timée 28, 1026F.

35. L. Gernet, *Recherches sur le développement de la pensée juridique et morale en Grèce. Étude sémantique*, Paris, Albin Michel, 2001 [Première édition Paris, Ernest Leroux, 1917], p. 319. Cité dans Marcel Detienne, « La démonologie d'Empédocle », *Revue des études grecques* 72, 1959, p. 1-17 : 16.

36. Gernet, *op. cit.*, p. 320.

nous le sommes et il n'est pas nous[37]. On se rappelle la réponse que Pierre Hadot apportait à une question d'Arnold Davidson dans *La philosophie comme manière de vivre*[38] :

> Chez Aristote, ce qui fait l'essence de l'homme est donc quelque chose qui le dépasse. Plotin dira de l'intellect que c'est une partie de nous-mêmes vers laquelle nous nous élevons. Marc Aurèle parlera du *daimôn*, d'une divinité intérieure, qui n'est autre finalement que la Raison, *qui est à la fois nous-mêmes et au-dessus de nous-mêmes.*

Une telle analyse suppose qu'ait eu lieu une dynamique d'identification, qui suppose elle-même une puissance d'identification que Gwenaëlle Aubry a mise en évidence dans le traité 53[39]. Car le démon que nous abritons n'est pas « nous-mêmes » dans les textes archaïques, pas plus qu'il ne l'est dans les textes

---

37. Voir *infra*, Gwenaëlle Aubry, « Démon et intériorité d'Homère à Plotin : esquisse d'une histoire », p. 266-268. Il importe en effet de comprendre la relation que cette intériorité entretient avec le mouvement que Gwenaëlle Aubry soulignait dans le traité 53 : « par "démon" il faut entendre, chez Plotin, la faculté immédiatement supérieure à celle au niveau de laquelle on vit, ou encore, à celle que l'on actualise quotidiennement. C'est ainsi que "si notre faculté active est la sensibilité, notre démon est un principe raisonnable ; si nous vivons d'une vie conforme à la raison, notre démon est un principe supérieur à la faculté de la raison" (15 (III, 4) 3, 6-8, trad. Bréhier) » (Plotin, *Traité 53. I 1*, Introduction, traduction, commentaire et notes par Gwenaëlle Aubry, Paris, Cerf, 2004, commentaire, p. 303). Ce qu'elle commente encore de la manière suivante : « Le *daimôn* vaut donc en quelque façon comme l'équivalent mythique du concept de *dunamis* : le *daimôn*, c'est ce que nous sommes en-puissance, mais c'est, uniquement, celle de nos potentialités qui nous excède, et dont l'actualisation nous rapproche de notre essence. Le *daimôn* », conclut-elle, « c'est ce qui, en nous, est en-puissance plus que nous » (*Ibidem*).

38. Pierre Hadot, *La philosophie comme manière de vivre. Entretiens avec Jeannie Carlier et Arnold Davidson*, Paris, Albin Michel, 2001, p. 140. La question touchait au fait que, dans un article consacré à « La figure du sage », Pierre Hadot avait « montré que le problème du vrai moi est lié au problème de la sagesse, et pas seulement au problème du mysticisme ; on doit toujours chercher le soi au-dessus de soi-même ; le vrai moi est à la fois dedans et dehors ; c'est une recherche continuelle pour trouver la meilleure part de soi-même, qui est un dépassement de soi et aussi la reconnaissance du fait qu'une partie de nous-mêmes est notre vrai moi. C'est le cas chez les stoïciens, chez Aristote, chez Plotin. » La réponse de Pierre Hadot commence ainsi : « Il est vrai que chez Aristote, par exemple, l'intellect apparaît comme quelque chose qui nous dépasse, qui est d'ordre divin, et, pourtant, c'est notre véritable moi. » Elle finissait ainsi : « Quand le philosophe cherche à atteindre la sagesse, il tend à atteindre cet état où il serait parfaitement identique à ce moi véritable qui est le moi idéal. »

39. Peut-être la nouvelle manière dont Plotin définit le démon suppose-t-elle ce mouvement, et donc, en l'occurrence, cette puissance d'identification de l'*hèmeis*, du « nous », qui est la réponse, comme l'a montré Gwenaëlle Aubry, que dégage Plotin dans le traité 53 à la question : « ceci même qui recherche, qui examine et tranche ces questions : qui peut-il bien être ? » (Plotin, *Traité 53* (I 1) 1, 8-11). Voir également Gwenaëlle Aubry, « Puissance, trace et désir : l'équivocité de la « *dunamis* » et la réciprocité procession-conversion chez Plotin », dans Ph. Capelle (édit.), *Expérience philosophique et expérience mystique*, Paris, Cerf, 2005, p. 115-132 : 129.

antérieurs à Plotin. Et si, chez Platon, comme l'a souligné Jean-Pierre Vernant, « l'âme ne figure plus en nous un être étranger »[40], comme c'était le cas auparavant, mais « est notre être spirituel » – « l'âme de Socrate, c'est Socrate lui-même, l'individu Socrate dont Platon trace, dans sa singularité, le portrait », « cependant la *psukhè* demeure encore autre chose ». Ainsi ne se confond-elle « pas entièrement avec notre être intérieur, puisque aussi bien elle peut s'incarner dans un autre homme ou dans le corps d'un animal [...] L'âme définit bien, en chaque individu, ce qu'il est véritablement », mais il semble que ce qu'il est véritablement n'est pas une identité personnelle.

L'histoire de l'intériorité permet de mettre en lumière d'autres manières de problématiser l'intérieur qui ne se réduisent pas au brouillon ou aux balbutiements d'un moi unique et intérieur à lui-même : celle où l'âme figurait en nous un être étranger ; celle où l'âme que nous étions ne faisait pas pour autant de nous une personne ou un moi ; celle où la dynamique d'identification n'était pas en place, où la multiplicité des instances n'était pas intolérable et ne devait pas être subsumée sous une partition ou une unité fédérative.

Le démon chez Platon et les Stoïciens est-il, comme l'a écrit Foucault dans une note inédite : « un sujet dans un sujet » ?[41] On trouve cette expression chez Lacan, chez lequel elle qualifie l'inconscient[42]. Mais qu'est-ce qui fait qu'un démon serait un sujet ? Qu'est-ce qui fait qu'un individu qui abrite un démon est un sujet ? Les termes employés chez Platon sont « habiter », « résider » ; chez Épictète et Marc Aurèle : « s'établir » (*hidrusthai*). La terminologie de cet établissement est aussi religieuse : on établit un autel pour une divinité, le verbe *hidruô-hidrusthai* se dit d'un temple, d'une statue, d'un trophée. Que signifie le mot de « sujet » pour que le terme soit commun à l'individu qui abrite un démon et au démon qui l'habite ? Celui de pôle actif ? d'agent ? Celui qui parle de lui-même à la première personne ? Est-ce que là-même où s'illustre cette « hospitalité psychique » le terme de sujet ne devient pas difficile ? Je ne pense pas plus que le démon représente « la figure mythique d'une césure première, irréductible : celle du soi à soi »[43].

En tout cas, le point le plus important à propos de l'intérieur mental – peut-être même dans certains cas l'idée de l'intérieur –, le trait d'union entre tous les textes et les auteurs que j'ai évoqués, quelles que soient par ailleurs les

40. Jean-Pierre Vernant (« Aspects mythiques de la mémoire en Grèce », *Journal de psychologie normale et pathologique* 1, 1959, p. 1-29 : 25-26) fait ici référence à ce qu'il a exposé dans les pages précédentes de son article.

41. Voir F. Gros, « Situation des cours », dans Michel Foucault, *L'Herméneutique du sujet*, Paris, Seuil/Gallimard, 2001, p. 489-526 : 522.

42. Voir *supra*, S. Tribolet, p. 195.

43. Frédéric Gros, *art. cit.*, p. 523.

différences qui les séparent, et particulièrement cette surenchère de l'intériorité, c'est l'idée qu'il y a un dieu à l'intérieur ; on connaît le mot d'Héraclite rapporté par Aristote :

Il faut retenir le propos que tint, dit-on, Héraclite à des visiteurs étrangers qui au moment d'entrer s'arrêtèrent en le voyant se chauffer devant son fourneau : il les invita, en effet, à entrer sans crainte en leur disant que là aussi il y avait des dieux[44].

La question des problématisations de l'intérieur dans l'Antiquité grecque ne saurait être abstraite de l'analyse antique de la divinité et du polythéisme. Ruth Padel, dans son ouvrage intitulé *In and out of the mind. Greek images of the tragic self,* insistait sur le fait que « la multiplicité était l'essence des idées grecques de la conscience, de la divinité et des états mentaux »[45].

Il faudrait revenir alors peut-être à la différence, au-delà de cette communauté, entre le Dieu d'Augustin et le démon intérieur, pour faire l'hypothèse que, peut-être – et malgré Augustin, en raison de la différence de son Dieu – une alternative tranchée existe entre un démon qui habite à l'intérieur et le concept d'intériorité, lié analytiquement à la surenchère de l'intérieur. Il faudrait s'interroger alors sur ce qui a motivé cette surenchère d'intérieur. La vérité, Dieu sont intérieurs chez Augustin – mais représentent-ils pour lui la même altérité divine que celle du démon qui habite en nous ? Quelque chose se trouve stabilisé par le démon, et pour ce qui est stabilisé par le démon[46] il n'y aurait nul besoin d'une surenchère d'extérieur. Sans lui, quelque chose peut-être se trouve déstabilisé et motive la surenchère : le plus intérieur, l'intime, le plus intérieur que l'intime ne serait que la trace du démon, celle de l'étrangeté. Dans une enquête précédente sur la problématisation de l'intérieur chez Marc Aurèle[47], j'avais fait l'hypothèse que quelque chose du développement de l'intériorité pourrait se justifier d'un mouvement de concentration sur la partie dominante qui procédait lui-même de la perte d'une stabilité fondée dans le cosmos – la providence cosmique : cette hypothèse permettait de rendre compte de la récurrence de la disjonction : « Soit les atomes, soit la Providence » dans le texte de Marc Aurèle. Peut-être la perte du démon en nous, de cette stabilisation par l'autre, produit-elle la surenchère de l'intérieur comme la recherche de cet autre. Il pourrait y avoir une pensée du soi par écrasement ou recouvrement d'altérités, de

44. Aristote, *Les parties des animaux* I, V 645a17, trad. P. Louis, Paris, Les Belles Lettres, 1993 (1957).

45. Ruth Padel, *In and out of the mind. Greek images of the tragic self, op. cit. supra,* p. 44. Voir également p. 18.

46. Je rapprocherai cette idée d'une stabilisation par le démon de la théorie de l'acte homérique telle que la présente Catherine Darbo-Peschanski, voir *infra,* « Deux acteurs pour un acte. Les personnages de l'*Iliade* et le modèle de l'acte réparti », p. 241-254.

47. F. Ildefonse, « La multiplicité intérieure chez Marc Aurèle », *Rue Descartes, Revue du Collège International de Philosophie 43*, Paris, PUF, 2004, p. 58-67.

même qu'il pourrait y avoir intériorité dans le sens où je l'ai définie comme laïcisation d'un rapport à un démon et identification à ce à quoi on ne s'identifiait pas auparavant. – Ou bien la surenchère constitutive de l'intériorité est-elle liée à l'identification elle-même, c'est-à-dire au fait qu'on en vienne à s'identifier à quelque chose à quoi on ne s'identifiait pas auparavant ? Peter Brown dit des hommes de l'Antiquité tardive qu'ils se sont « pour le meilleur et pour le pire, tournés vers la découverte d'eux-mêmes »[48]. Mais d'où vient qu'ils se soient tournés vers la découverte d'eux-mêmes ?

J'aimerais conclure en évoquant trois points extérieurs à la problématisation grecque de l'intérieur mental.

Il existe en portugais un verbe *ensimesmarse* – l'anglais traduit : *to be lost in one's thought*, mais il peut également signifier : « hésiter ». Le verbe dérive de l'expression : *en si mesmo*, en soi-même, et peut renvoyer au fait de « rentrer en soi-même », de « se refermer en soi-même », avec une note de tristesse, voire de mélancolie. Il peut également signifier : « se concentrer ». Travailler à une histoire de l'intériorité dans l'Antiquité est une manière de s'étonner d'une telle formule comme du rapport qu'elle peut établir, dans l'une de ses traductions, entre la pensée et le soi. On peut souligner au contraire le caractère impersonnel et subi de la pensée, ou en tout cas son caractère involontaire, non maîtrisé par celui qui pense. D'autres préféreront parler d'événements. Et la manière d'être perdu n'est peut-être pas la même. Penser n'est pas pour Platon par exemple s'immerger en soi-même, alors même qu'il définit la pensée dans le *Sophiste* comme un dialogue intérieur et silencieux de l'âme avec elle-même. Il y a là quelque chose de l'exercice de la pensée qui peut être comparé avec le déploiement propre aux *Rêveries* chez Rousseau : quelque chose qui rappelle la métaphore de la volière dans le *Théétète,*

tout comme, dans ce qui a précédé, nous fabriquions dans les âmes je ne sais quel moulage en cire, maintenant, créons à son tour dans chaque âme une volière d'oiseaux de toutes sortes, les uns allant par bandes à part des autres, d'autres en petits groupes, et d'autres, isolés, volant comme ils vont, parmi tous[49],

qui elle-même anticipe sur les descriptions du *Sophiste,*

celui qui en est capable, son regard est assez pénétrant pour apercevoir une forme unique déployée en tous sens à travers une pluralité de formes dont chacune demeure distincte ; une pluralité de formes, mutuellement différentes, qu'une forme unique enveloppe extérieurement ; une forme unique répandue à travers une pluralité d'ensembles sans y rompre son unité ; enfin

48. Peter Brown, *Le Culte des saints. Son essor et sa fonction dans la chrétienté latine*, trad. fr. par Aline Rousselle, Paris, Cerf, 1984, p. 93.

49. Platon, *Théétète* 197d, trad. M. Narcy, Paris, GF-Flammarion, 1994.

de nombreuses formes absolument solitaires. Or être capable de cela, c'est savoir discerner, genres par genres, quelles associations sont, pour chacun d'eux, possibles ou impossibles[50].

Quelque chose où le passage par l'intérieur n'est qu'une étape qui permet de rejoindre la cartographie complexe de l'intelligible.

J'aimerais ouvrir enfin l'enquête sur l'intériorité à la dimension rituelle de la religion en faisant référence tout d'abord à un article de Patricia d'Aquino, extrait du *Journal des anthropologues* et intitulé : « Le singulier pluriel du sexe ». Elle y qualifie le terme d' « identité » comme « peu probant » lorsqu'il s'agit de se référer à la composition plurielle et continue des initiés du candomblé, une pratique d'origine africaine qu'on peut dire polythéiste et qui est pratiquée au Brésil : le terme d'identité suggère en effet « une adéquation monolithique de soi à soi que les rituels du candomblé ne cessent de différer »[51].

Les rites du candomblé définissent moins l'identité de l'individu que la mosaïque des relations qui tissent le réseau de sa singularité en l'inscrivant dans un tissu communautaire conjuguant humains et non humains[52].

Le rite peut libérer là où l'intériorité peut représenter une oppression. Dans l'épilogue de son ouvrage sur la pitié, l'*eusebeia*, Louis Bruit-Zaidman donne, me semble-t-il, l'indication d'une telle direction – comme elle indique aussi l'application du mouvement essentiel vers le dehors que soulignait Vernant, du « pli vers l'extérieur », dans les termes de Deleuze[53] : « Être pieux », aux époques archaïque et classique,

c'est agir pieusement. Il ne s'agit pas de dénier aux Grecs le domaine des sentiments, mais de rappeler une fois encore que ces sentiments n'entrent pas en compte dans l'appréciation de l'*eusebeia* de chacun. Être pieux, c'est accomplir selon les règles, les gestes et les actes de la vie quotidienne et de la vie sociale et publique qui définissent le comportement juste vis-à-vis des hommes et des dieux. La piété ne se définit donc pas par la croyance et la conviction intime, mais par l'adéquation des pratiques de chacun à celles que la cité attend. La dimension sociale et collective du religieux n'annule pas l'expérience personnelle des individus, elle empêche qu'elle soit perçue comme fait singulier et original, ayant un sens par lui-même. En somme, ce n'est pas l'existence d'une intériorité mais sa valorisation qui est en question, à travers des modes d'expression et de perception différents des nôtres[54].

La piété qui met en jeu une dimension objective et une dimension subjective apparaît, écrit-elle,

---

50. Platon, *Sophiste* 253d-e, trad. A. Diès, Paris, Les Belles Lettres, 1969.

51. Patricia d'Aquino, « Le singulier pluriel du sexe », dans *Le journal des anthropologues* 82-83, *Anthropologie des sexualités*, 2000, p. 157-177 : 168.

52. *Ibidem*, p. 168.

53. Voir particulièrement Gilles Deleuze, *Foucault*, Paris, Éditions de Minuit, 1986, p. 101-130.

54. Louise Bruit-Zaidman, Eusebeia. *Essai sur la piété en Grèce ancienne*, Paris, Éditions de la Découverte, 2001, p. 214.

à la rencontre des pratiques que leur visibilité donne le moyen d'identifier et de reconnaître, et de ce qu'on appelle parfois le « sentiment religieux », qui renvoie, par définition, au monde intérieur[55].

Il faut certainement, avec Louise Bruit-Zaidman, refuser les dichotomies « piété "intérieure"/ piété "extérieure" », « piété "personnelle" / piété "sociale" ». Mais s'agit-il, à la faveur de la dimension sociale et collective du religieux, de la valorisation d'une *intériorité* ?

Pour que quelque chose comme l'intériorité telle que je l'ai définie puisse apparaître, il faut à la fois, semble-t-il, que l'inscription cosmique de l'individu se trouve levée[56] – la concentration sur soi pouvant être comprise comme la manière de réinvestir l'inquiétude corrélative de cette déliaison de l'attache cosmique. Il faut également du point de vue religieux que l'inscription rituelle ait été desserrée – l'intériorité et la logique du sentiment, loin d'être l'acquis positif d'un irrésistible progrès, pouvant apparaître comme le refuge d'une vacance rituelle, voire sa simple expression.

---

55. *Ibidem*, p. 215.
56. Cf. *supra*, F. Ildefonse, « L'*idion hègemonikon* est-ce le moi ? », p. 79-81.

CATHERINE DARBO-PESCHANSKI

DEUX ACTEURS POUR UN ACTE.
LES PERSONNAGES DE L'*ILIADE*
ET LE MODÈLE DE L'ACTE RÉPARTI

C'est par le vers formulaire : « Ainsi parla [A], et [B] se garda de désobéir (Ὣς ἔφατ' A, οὐδ' ἀπίθησεν B) » que, de manière privilégiée, l'*Iliade* signale le passage à l'acte. Celui-ci advient donc sur le mode de l'obéissance ou du consentement à autrui, mais au prix d'une complication, voire d'une résistance, inscrite dans la double négation de l'énoncé. Il s'agit en effet de nier (négation οὐδ') un acte de non-obéissance (ἀ-πίθησεν). Ainsi, agir serait répondre à l'injonction d'autrui, mais on n'agirait qu'en surmontant un obstacle à cette réponse : on éviterait quelque chose qui mettrait en situation de n'y pas répondre. Comment comprendre cela ?

Prendre cette formule pour guide dans quelques considérations sur le moi homérique revient à opter à la fois pour un parcours et pour un programme. On partira en effet de la dynamique de l'acte pour dire quelque chose de l'agent[1].

---

1. V. Descombes, *Le complément du sujet. Enquête sur le fait d'agir de soi-même,* Paris, Gallimard, 2004, s'engage dans cette voie. Après avoir résumé l'histoire de la «querelle européenne du sujet» qui fait de la notion une conquête de la pensée moderne et mène à des positions inconciliables, l'auteur constate qu'en l'occurrence, l'usage d'un mot unique ne recouvre aucune unité conceptuelle claire. Il propose donc de remédier à «l'embrouillement» de la question philosophique ainsi posée, en usant d'une méthode grammaticale d'éclaircissement du concept : grammaire du récit et grammaire de l'énoncé conduisent à considérer le sujet comme agent humain particulier apparaissant comme actant dans la configuration des compléments d'un verbe narratif. Lorsque le verbe est un verbe d'action, il fait de celui-ci un «sujet pratique». Ce faisant, l'auteur prend la précaution d'annoncer qu'il travaille ainsi à clarifier des analyses et non pas à juger du phénomène de la subjectivité. Cependant, pour l'anthropologue de l'Antiquité (grecque en l'occurrence), l'analyse de discours est, faute de mieux, prise comme une voie d'accès essentielle aux phénomènes culturels anciens et impose plus d'imprudence dans le maniement des inférences. Au moins s'appliquera-t-elle/il à rendre sa démarche la plus claire possible. D'autres études récentes sur *Self, Selfhood* ou *Personality* choisissent généralement de déployer les sens du mot en langue anglaise et de mesurer la présence ou l'absence de ceux-ci dans divers domaines de l'expression culturelle des Grecs en s'efforçant de procéder à des allers et retours entre le présent et le passé. Les difficultés inhérentes à l'élaboration philosophique du concept s'ajoutent ici à celles que soulèvent ses usages courants et les particularités de la langue anglaise, brouillant encore davantage les pistes

Par là, on évitera de postuler l'existence d'un sujet individuel, enfermé dans un intérieur que limiterait son enveloppe corporelle et qui serait ainsi constitué en intériorité. Par précaution de méthode historique et anthropologique, on s'en tiendrait plutôt à quelques éléments objectifs qu'offre le poème : des personnages (et non pas des personnes), porteurs d'un nom propre et qui se désignent à la première personne, engagent des actes. C'est muni de ces indications qu'on se demandera : que se passe-t-il alors ? Cela posé, on tentera de dégager le modèle dominant de ce processus, sans négliger les cas limites dont le poème, témoignant une nouvelle fois de sa nature hautement spéculative, déploie une large gamme, comme une façon de mieux cerner le cas normal et d'en mettre la conception à l'épreuve.

LA DOUBLE DUALITÉ DE L'ACTE

Dans l'*Iliade*, l'acte, qu'il soit humain ou divin (car il n'y a de ce point de vue aucune différence entre les deux règnes), apparaît doublement scindé en deux. On peut tout d'abord dire qu'il comporte avant la lettre quelque chose comme une matière et quelque chose comme une forme.

La matière est faite de peur (δείδα, dit le héros) ; il éprouve de l'effroi (θάμβος) ; il est effrayé (ἀτυζόμενος). Elle est aussi faite de douleur (ἄχος, πένθος), de chagrin (il est ὀλοφύρομενος), de pitié (on rencontre le verbe ἐλέειν), d'accablement (τετιηώς), de ressentiment (νέμεσις), de colère (χόλος, κότος), souvent d'ardeur (θυμός) ou d'impulsion (μένος et tout son vaste champ lexical). On ne saurait donc la dire inerte ni indéterminée. Elle peut même être animée d'un élan vers l'acte. Toutefois, elle ne va pas jusqu'à se donner à elle-même la forme susceptible de l'accueillir. Elle doit recevoir cette forme. Il s'agira alors d'un avis, d'un dessein (βουλή), d'un plan (μῆτις), d'une parole ou d'un propos (ἔπος, μῦθος), d'un ordre (κελεύειν), mais, du point de vue de leur fonction dans l'acte, il n'apparaît pas de différence entre ce qui est proposé et ce qui est imposé. Mieux, l'acte associe les deux, ce qui nous ramène à l'existence de l'obstacle dont il était question précédemment.

qui mèneraient à parler de la Grèce. On citera, par exemple, C. Gill, *Personality in Greek Epic, Tragedy, and Philosophy. The Self in Dialogue*, Oxford, Clarendon Press, 1996 ou, plus récemment, R. Sorabji, *Self : Ancient and Modern Insights about Individuality, Life and Death*, Oxford, Oxford Univ. Press, 2006. Dans son dernier ouvrage, *The Structured Self in Hellenistic and Roman Thought*, Oxford, Oxford Univ. Press, 2006, p. XIV-XV, C. Gill dit toutefois se séparer de R. Sorabji « en ce qu'il entend traiter de la psychologie comme un ensemble » (dont il entend montrer qu'il serait "structuré" chez les Stoïciens et les Épicuriens) « relevant de l'être humain en général plutôt que de l'individu et de son moi personnel ».

L'originalité la plus notable réside toutefois en ce que la forme émane d'un personnage différent de celui qui détient la matière, si bien que l'acte implique deux acteurs, qu'ils soient dieux ou hommes. L'obstacle est donc là : dans l'impossibilité où se trouve le porteur de la matière d'agir seul en se donnant lui-même la forme de l'acte à accomplir. Il faut qu'un pourvoyeur de forme l'aide à rompre l'enfermement dans lequel son corps maintient la matière de l'acte. C'est pourquoi à la formule doublement négative qui signale le passage à l'acte de l'acteur-matière correspond l'interjection dont l'acteur-forme fait précéder sa proposition ou son ordre : « Mais va », « mais allons » (ἄλλ' ἄγε, ἄλλ' ἄγετ'/θ'), comme s'il s'agissait de donner au premier la force de cette rupture. Voyons cela de plus près.

Nous sommes dans le chant VIII (v. 350 *sqq.*). Sous les yeux d'Héra, le combat tourne au désastre pour les Danaens. Elle en éprouve de la pitié : Τοὺς ἰδοῦσ' ἐλέησε θεὰ λευκώλενος Ἥρη[2]. Son premier mouvement consiste alors à s'adresser à Athéna pour l'appeler à énoncer ce que sera l'acte à accomplir :

Hélas ! fille de Zeus qui tient l'égide, devons-nous donc renoncer, lorsque les Danaens succombent, à nous occuper d'eux pour la dernière fois ? Ils vont donc achever leur triste destin et périr, sous l'assaut d'un seul homme, d'Hector, fils de Priam, dont la fureur devient intolérable ! Elle a fait trop de mal déjà[3].

De fait, c'est d'Athéna qu'émane la proposition :

Mais allons ! voici l'heure : prépare-nous les coursiers aux sabots massifs. Pendant ce temps, je me glisserai, moi, dans le palais de Zeus qui tient l'égide et m'armerai pour le combat. Je veux savoir si le fils de Priam, Hector au casque étincelant, aura plaisir à nous voir apparaître toutes les deux sur le champ du combat ou si c'est un Troyen au contraire qui doit rassasier les chiens et les oiseaux de sa graisse et de ses chairs, en succombant près des nefs achéennes[4].

Pour finir, Héra exécute l'acte dont elle n'a pu seule se donner la forme :

Elle (Athéna) dit, et Héré, la déesse aux bras blancs, se garde de dire non (Ὣς ἔφατ', οὐδ' ἀπίθησε θεὰ λευκώλενος Ἥρη). Elle s'en va examiner et équiper ses coursiers au frontal d'or.

Il n'en va pas différemment chez les hommes. Au début du chant X, c'est Agamemnon qui occupe en quelque sorte la position d'Héra. Les Danaens ont été rudement bousculés pendant tout le jour. La nuit est tombée. Tous dorment. Seul Agamemnon reste éveillé tandis que, partout autour, brûlent les feux de camp des Troyens. Il n'a pas encore reçu, en la *mètis* que lui proposera Nestor, la forme qui convient pour transformer en acte ce qui l'habite ; il ne l'anticipe même pas comme l'a fait Héra dans le passage examiné précédemment. Dès lors,

---

2. *Iliade*, VIII 350.

3. *Ibid.*, VIII 352-356. Les traductions sont celles de P. Mazon, Les Belles Lettres, CUF, 1937-1938, sauf modifications de notre part qui seront signalées.

4. *Ibid.*, 374-376.

il présente tous les symptômes de la Gaia d'Hésiode, qui porte en elle les enfants dont Ouranos l'empêche d'accoucher :

> À peine ses enfants étaient-ils advenus qu'au lieu de les laisser monter à la lumière, il les cachait tous au sein de Terre (Γαῖα) et, tandis que Ciel se complaisait à cette œuvre mauvaise, l'énorme Terre (Γαῖα πελώρη) à l'intérieur (ἐντός) gémissait (στεναχίζετο), étouffant (στεινομένη)[5].

Il est enceint d'un acte qu'il ne peut mettre au monde seul en le faisant sortir de son corps et qui l'oppresse :

> Mais le fils d'Atrée, Agamemnon, le pasteur d'hommes, le doux sommeil ne le tient pas, tandis que de ses entrailles il donne élan à mille choses (πολλὰ φρεσὶν ὁρμαίνοντα)... dans sa poitrine (ἐν στήθεσσιν), du fond de son cœur vers le haut (νειόθεν ἐκ κραδίης), il laisse échapper des gémissements serrés (πυκίν' ἀνεστενάχιζ' Ἀγαμέμνων) ; ses entrailles à l'intérieur lui tremblent (τρομέοντο δέ οἱ φρένες ἐντός)... Il se tire et s'arrache les cheveux de la tête, à pleines poignées, les vouant à Zeus là-haut, cependant que son noble cœur (κῆρ) terriblement est oppressé (ἔστενε)[6].

Tant qu'il n'est pas délivré de son acte, il ne peut que s'en prendre à son corps en un solipsisme vain.

S'intercalant entre les deux précédents passages, intervient une comparaison qui, associant le héros à Zeus, utilise, quant à elle, l'image de la fabrication artisanale portée par le verbe τεύχων : Agamemnon est à son acte ce que Zeus est à la pluie ou à la bataille. Mais c'est quand il les prépare, nullement quand il les actualise :

> Ainsi qu'on voit l'époux d'Héré aux beaux cheveux lancer l'éclair, quand il prépare (τεύχειν : *préparer en fabriquant*) soit une averse de déluge – ou la grêle, ou la neige, dans les mois où les champs sont tout poudrés de givre – soit la bataille amère à la gueule géante ; ainsi Agamemnon en sa poitrine sent se presser les sanglots[7].

Pour être tout à fait exact, on dira qu'Agamemnon dispose bien d'un dessein d'acte (βουλή), mais c'est pour noter immédiatement que ce dessein consiste seulement à aller demander quoi faire à Nestor. On notera de surcroît[8] que, mystérieusement, cette *boulè* « descend » (κατὰ) on ne sait d'où pour rejoindre « le souffle de son ardeur » (θυμός)[9].

Soit encore la longue séquence du chant XXIV au cours de laquelle Achille cède à l'injonction de Thétis de rendre contre rançon le corps d'Hector à Priam. Elle peut donner au lecteur moderne l'impression de présenter le cas banal d'un

---

5. Hésiode, *Théogonie,* 156-160, traduction de Paul Mazon, Les Belles Lettres, CUF, 1928, légèrement modifiée.

6. *Iliade*, X 3-5 ; 9-10 ; 15-16.

7. *Iliade*, X 5-9.

8. Nous devons cette remarque à Jean-Louis Labarrière, lors d'une séance du séminaire sur l'intériorité qui s'est tenu au Centre Gernet de 1997 à 1999.

9. *Iliade*, X 17.

mortel obéissant à un dieu plus fort que lui, alors qu'il s'agit en fait de celui, plus étrange à nos yeux, où un héros, empli, au sens propre du terme, de fureur (μενεαίνων v. 22, c'est-à-dire habité d'un *ménos* exacerbé) et de chagrin, et qui ne sait donner seul à cette énergie la forme d'un acte, reçoit cette forme d'un autre personnage. Achille en effet ne mange plus, ne dort plus ; il est en proie au chagrin et au souvenir de Patrocle et, de même qu'Agamemnon retournait contre son corps la violence des mouvements qui intérieurement l'agitaient, figurant ainsi l'enfermement de l'acteur-matière s'il n'est pas délivré par un acteur-forme, de même le fils de Thétis ne peut qu'errer sans but ou reproduire indéfiniment les mêmes gestes et rester figé dans une vaine répétition qui le ramène toujours au même point :

> Chacun pense à jouir du repas et du doux sommeil. Seul Achille pleure : il songe à son ami. Le sommeil qui dompte les êtres n'a pas prise sur lui. Il se tourne, il se retourne (ἐστρέφετ' ἔνθα καὶ ἔνθα) dans le regret (ποθέων) qui le tient de Patrocle et de sa force et de sa noble fougue (v. 3-6)… À s'en souvenir, il répand de grosses larmes, couché tantôt sur le côté, tantôt sur le dos, tantôt la face au sol (ἄλλοτ' ἐπὶ πλευρὰς κατακείμενος, ἄλλοτε δ' αὖτε/ὕπτιος, ἄλλοτε δὲ πρηνής). Ou bien il se dresse, quitte son lit et s'en va errer, éperdu, le long de la grève de la mer. Jamais pourtant il ne laisse passer l'heure où l'aube commence à luire sur la mer et sur ses rivages. Alors il quitte son char, il attelle ses chevaux rapides, et, derrière la caisse, il attache Hector, pour le traîner sur le sol. Puis, quand il l'a, trois fois de suite, tiré tout autour de la tombe où gît le corps du fils de Ménoetios, il s'arrête et rentre dans sa baraque, le laissant dans la poussière, étendu face contre terre (v. 9-18).

On peut ainsi expliquer pourquoi, lorsque sa mère, la déesse Thétis, lui dit : « Mais va (ἀλλ' ἄγε), rends le corps et agrée la rançon », il accepte si facilement de le faire, et contre toute vraisemblance en termes de psychologie moderne, si l'on songe qu'il a été jusqu'alors l'homme du refus répété de tout compromis, tant lorsqu'il a reçu les ambassadeurs que lui avait envoyés Agamemnon avec des promesses de compensation[10], que plus tard, immédiatement après avoir tué Hector, lorsqu'il a déjà refusé des présents en échange du corps de son adversaire. Il rend le cadavre au chant XXIV, sans que le poème justifie son revirement, précisément parce que ce n'est pas le revirement qui est en jeu, mais la satisfaction d'un besoin d'acte et parce qu'un acte ne peut s'accomplir qu'à deux. C'est pour quoi il répond immédiatement : « Qu'il en soit ainsi ! Qu'on apporte la rançon et qu'on amène le cadavre… ».

La particularité de ce modèle d'acte qu'on pourrait dire réparti se dégage dans toute sa netteté dans les cas où un personnage demande à un autre de lui fournir la forme d'un acte que pourtant il peut envisager. Tout se passe en effet comme s'il ne pouvait efficacement se la donner seul et devait nécessairement en passer par un autre.

---

10. *Iliade*, IX 378-394.

Ainsi alors qu'Hector (*Il.* VIII 198-211) triomphe et proclame sa victoire, Héra de son côté en éprouve une indignation vengeresse. Mais elle garde celle-ci enfermée en elle : elle en tremble sur son trône et l'Olympe tout entier en frémit. Elle demande alors à Poséidon de donner à son acte la forme qu'elle sait déjà devoir être la sienne : « Donne pour avis (βούλεο) que les Danaens l'emportent » (v. 204).

Poséidon refuse ; la déesse n'agira pas, du moins dans l'immédiat, car l'avis qu'elle n'a pu obtenir de ce dieu, elle l'obtiendra d'Athéna, dans le passage précédemment commenté.

L'*Iliade* fournit d'autres cas limites qui permettent de penser le cas central. Celui, par exemple, où deux héros, en l'occurrence Hector et Achille, sont tentés par l'autarcie. Ils refusent la répartition de l'acte entre deux acteurs et choisissent de s'en tenir à la seule matière de l'acte.

Hector, en effet, tel qu'il combat au chant IX, lorsque Ulysse et Phoenix se rendent en ambassade afin de fléchir Achille, est tout à l'exaspération de son élan (μαίνεται, « il est fou » v. 238, repose sur la même racine que *ménos*). Mais la folie tient ici non seulement à l'exaspération, mais encore à ce que l'acte ne se scinde plus. L'élan, matière de l'acte, a dès lors, en effet, la force de s'ouvrir sans médiation sur l'acte du combat ; il est donc inutile de solliciter d'autrui une forme quelconque et, par là, de tenir compte de qui que ce soit : Hector « ne respecte plus ni hommes ni dieux ». Cette double réduction anormale de l'acte à l'unité (un seul acteur et seulement la matière) a pour double effet d'isoler le héros, mais aussi de faire de lui l'homme d'un seul acte indéfiniment répété : frapper. Comme on l'a déjà vu à propos de l'Achille du chant XXIV, la matière laissée à sa seule force ne donne lieu qu'à de la répétition. Ainsi, « semblable à la flamme », Hector, lancé à l'assaut des nefs (XIII 689), tue comme le feu se répand et brûle, par expansion directe.

En régime normal en effet, le guerrier possède bien l'élan comme matière de l'acte, mais il faut toujours qu'un autre acteur vienne donner forme à celui-ci. C'est précisément le rôle des exhortations, des insultes ou des railleries par lesquelles les rois engagent leurs compagnons ou leurs troupes à se battre[11].

---

11. Voir par exemple Hector exhortant l'ensemble des Troyens, Lyciens et Dardaniens, tandis que de son côté Ajax rudoie les Argiens : « Troyens, Lyciens et Dardaniens experts au corps à corps, soyez des hommes, amis, rappelez-vous votre force ardente (μνήσασθε δὲ θούριδος ἀλκῆς), au milieu des nefs creuses [...] Il dit et stimule la fougue et l'ardeur de chacun (ὣς εἰπὼν ὤτρυνε μένος καὶ θυμὸν ἑκάστου). Ajax, de son côté, fait appel (ἐκέκλετο) aux siens : "Honte à vous [...]" » (XV 486-500). Ailleurs, Ajax encore s'adresse à Mélanippe qui, au terme de l'apostrophe, n'a pas à répondre mais se met tout simplement en marche (XV 553-559). Songeons surtout à Agamemnon (chant IV) qui encourage ou prend à

Pourquoi sans cela faudrait-il aller dire à Diomède, l'incontestable guerrier, qu'il doit aller combattre sans tarder et sans faiblir, s'il suffisait à celui-ci de vouloir traduire en acte au combat une disposition essentielle ou acquise ? Pourquoi faudrait-il répéter l'opération auprès de chaque héros ?

Dans des circonstances analogues de déchaînement de l'ardeur guerrière[12], Polydamas, le frère d'Hector qui, pour sa part, opte pour le modèle dominant, fait d'ailleurs à celui-ci le reproche général de ne pas « répartir » ses actes :

> Hector, sur toi rien n'a prise (ἀμήχανός ἐσσι), s'il s'agit de te faire écouter un avis (πιθέσθαι). Sous prétexte qu'un dieu t'a, plus qu'à tous (περὶ), doté des œuvres de guerre (πολεμήια ἔργα), tu prétends aussi s'agissant du conseil (βουλή) en savoir plus que d'autres (περιίδμεναι). Tu ne peux cependant avoir, seul (αὐτός) avoir tout pris pour toi (πάντα ἑλέσθαι) (XIII 726-728).

Achille aussi tend à l'autarcie. Tout comme Hector, il se replie sur la seule matière de l'acte, mais tandis que, dans un cas, ce repliement conduit Hector à n'être plus qu'œuvre (ἔργον) guerrière, dans l'autre, il mène au refus du combat. Achille en effet n'est plus que colère (χόλος) et ressentiment (μῆνις), sans ouverture sur un acte[13], fût-il stéréotypé comme celui d'Hector. Il ne résiste qu'un temps toutefois et c'est ainsi que, face à Patrocle qui, en pleurs, lui fournit une forme (le laisser se battre avec les armes qu'Héphaistos a forgées à la demande de Thétis), il reconnaît que sa position est intenable, même s'il revient ensuite à son enfermement, jusqu'à ce que Thétis, à son tour, l'en délivre, comme nous l'avons vu plus haut. Ainsi en vient-il à dire à son compagnon : « Mais laissons-là ce qui s'est passé ; aussi bien, je le vois, il est impossible d'être obstinément en colère (κεχολῶσθαι) dans ses entrailles (ἐνὶ φρεσίν) » (XVI 60-61).

Encore une fois, ce qu'il évoque pourrait facilement trouver un écho trompeur. Il ne s'agit pas en effet d'affirmer qu'il faut savoir pardonner à autrui. On dira plutôt que le personnage iliadique ne peut indéfiniment garder en son corps la matière d'actes possibles. C'est pourquoi, dès que Patrocle en pleurs l'en conjure, Achille entre à nouveau dans le système de répartition de l'acte. Son autarcie, qui produit l'effet inverse de celle d'Hector, s'avère aussi intenable que celle du héros troyen.

---

parti les Achéens (233-249), puis met en branle tour à tour, Idoménée, les deux Ajax, Ulysse et Diomède.

12. *Iliade*, XIII : Hector se bat furieusement sur la droite des nefs achéennes : « Béotiens, Ioniens, aux tuniques traînantes, Locriens, Phthiens, illustres Épéens ont grand peine à contenir – et parviennent encore moins à repousser – Hector semblable à la flamme lancé à l'assaut des nefs » (XIII 685-689).

13. Chanter les exploits des héros, comme il le fait dans sa tente, figure ici un repliement sur un passé accompli.

Si l'autarcie, c'est-à-dire la réduction de l'acte à l'une des ses composantes et à l'un de ses acteurs, sert à dire la folie, c'est encore comme écart par rapport au modèle de l'acte réparti que l'*Iliade* donne à comprendre, dans la tromperie, une forme de perversion. En ce cas, un seul personnage dispose de la matière et se donne la forme : c'est la dualité enfermée dans l'unité d'un seul corps qui est la figure même du secret et constitue non pas la règle, comme un moderne habitué à penser en termes d'intériorité pourrait s'y attendre, mais une exception. Soit Héra dans le chant XIV. Du haut de l'Olympe, elle voit avec joie (χαῖρε δὲ θυμῷ, v. 156) que Poséidon soutient les Danaens, mais elle voit également Zeus assis au sommet de l'Ida et c'est « comme odieux (voire haïssable : στυγερός) qu'il lui emplit le cœur (οἱ ἔπλετο θυμῷ) » (v. 158) , dit très rudement le poème. On peut supposer que c'est parce qu'il risque de mettre fin à l'intervention de son frère. La déesse s'inquiète alors de la façon de « tromper l'esprit » du dieu suprême quand un dessein (βουλή) « lui descend au cœur » qui lui paraît le meilleur : se rendre sur l'Ida après s'être parée afin de savoir si Zeus désirera « s'étendre à ses côtés avec amour/poussé par l'amour » (παραδραθέειν φιλότητι) et si elle lui versera sur les paupières un sommeil tiède et bienfaisant. L'opposition radicale de la matière (toute haine) et de la forme (l'amour) vient renforcer le caractère déviant de l'acte, relevant dans toutes ses composantes d'un seul acteur. Certes, on remarquera que, même ainsi, l'acte fourbe a besoin d'auxiliaires pour s'accomplir pleinement : Héra recourra encore à Aphrodite pour se parer du ruban chatoyant porteur de tous les charmes de la séduction et à Sommeil pour endormir l'intuition de Zeus. Il n'en demeure pas moins qu'en l'occurrence un seul acteur porte la matière et la forme de l'acte. Les deux autres dieux ne sont, pour utiliser le vocabulaire de l'analyse actantielle, que des adjuvants.

« *AUTOS* » EN DEÇÀ ET AU-DELÀ DE L'ACTE

Si la structure de l'acte dans l'*Iliade* est bien ce que nous en avons dit, quelle place occupe cette instance qui, peut-être l'aura-t-on relevé, intervient parfois et à laquelle renvoie le pronom αὐτός : « moi/toi/soi-même », « seul », ou les pronoms personnels compléments (le plus souvent au datif, parfois au génitif, cas qui marquent l'intérêt ou la part pris au procès en cours) ? On peut tenter de répondre à cette question en partant d'une constatation.

En fait, les deux acteurs qui interviennent dans l'acte « normal » n'occupent pas des positions strictement symétriques. Celui qui détient la matière de l'acte est aussi celui qui, réunissant celle-ci et la forme que lui fournit le second acteur, actualise l'acte, le porte en tant que tel à l'existence. Il mérite donc, outre le nom d'acteur qu'il partage avec l'acteur-forme, le nom d'agent.

La conséquence au regard de ce qu'est le soi-même (αὐτός) n'est pas mince. L'acte dans son accomplissement incombe à un seul et, en cela, l'agent dit qu'il a agi αὐτός : « lui-même », mais, dans sa composition, l'acte se dédouble et l'agent ne peut se reconnaître totalement puisqu'il n'en est qu'un des acteurs. S'il s'avise de regarder son acte achevé, il peut donc le rapporter à lui-même en tant qu'actualisateur, mais, s'il se retourne sur le processus de l'action, il constate qu'il n'est pas seul à l'habiter : en tant qu'acteur-matière, il a obéi à un autre acteur. Le soi-même est à la fois posé par l'acte et en décalage avec lui.

Prenons deux exemples : l'un où le moi/soi-même reconnaît sa réalisation dans l'acte et l'autre où il ne se reconnaît pas totalement en lui.

Nous sommes au début du chant VII. Athéna perçoit/ aperçoit (ἐνόησε, v. 17) les Troyens massacrant les Argiens dont elle a épousé le parti. Cela lui fait quitter l'Olympe comme Agamemnon au chant X quitte sa tente pour aller voir Nestor. Son élan (μεμαυῖα, v. 24) n'a pas forme d'acte, mais appelle une forme. C'est Apollon qui répond à ce besoin. Le cas offre une difficulté supplémentaire qui le rend probant *a fortiori*. Le dieu en effet met bien en mots ce que la déesse ne fait que viser :

> Pourquoi donc, fille du grand Zeus, pleine d'élan (μεμαυῖα<μένος), descends-tu de l'Olympe ? À quoi te pousse ta grande ardeur (θυμός) ? Est-ce bien pour donner aux Danaens la victoire d'un combat de revanche ? Car tu n'as guère de pitié pour les Troyens qui meurent (v. 24-30).

Mais il propose, pour sa part, de donner à l'acte une forme qui ne va pas dans ce sens : au lieu de faire triompher les Danaens, il propose/impose de mettre fin au combat. « Mais si tu veux bien m'en croire/m'obéir (εἴ μοί τι πίθοιο), voilà qui serait bien meilleur. Pour aujourd'hui, arrêtons le combat et le carnage ».

Or non seulement Athéna accepte la forme de l'acte, mais encore elle s'y reconnaît pleinement : elle récupère en ses propres entrailles pensantes (φρένες résonne dans le φρονέουσα de l'expression τὰ γὰρ φρονέουσα) et elle-même (καὶ αὐτή) ce qu'Apollon lui propose. La fin du dialogue consiste pour la déesse à demander comment réaliser l'acte (« Mais, dis-moi, comment entends-tu arrêter le combat que mènent les guerriers ? », v. 36) et s'achève par la formule d'obéissance/consentement désormais bien connue : « Il dit, et la déesse aux yeux pers, Athéné, se garde de ne pas obéir » (v. 44). Le soi-même est donc en construction dans l'acte et même si, parfois, on peut croire qu'il préexiste à celui-ci dans une certaine visée de forme, on se rend compte que ce cas n'est qu'accidentel : le soi-même d'Athéna se connaît (et non se reconnaît) dans la forme, contraire à celle vers laquelle la déesse tendait seule, que lui fournit Apollon.

Inversement, dans le chant XIX 85-88 au moment où Agamemnon s'apprête à faire amende honorable et à clore la querelle qui l'a opposé à Achille, il ne se reconnaît plus tout à fait dans son acte puisqu'il s'en dit à la fois pleinement agent (αὐτός) et agi.

> Je ne suis pas responsable[14]. C'est Zeus, c'est *Moira*, c'est l'Érinye qui marche dans la brume qui, à l'assemblée, soudain, m'ont jeté dans le sein (dans les φρένες) une folle erreur, le jour où moi-même (αὐτός) j'ai dépouillé Achille de sa part d'honneur.

Si le soi-même ne coïncide pas pleinement avec son acte, c'est non seulement qu'il n'en est pas la seule source, mais encore qu'il n'en est pas le point de départ (ἀρχή). Nestor l'explique avec la netteté d'une épure lorsque, dans le chant IX (96-102), il fait la théorie de l'acte politique et, au-delà, de tout acte. S'adressant à Agamemnon, il explique en effet d'une façon que nous rendrons rudement afin de rester au plus près du texte :

> Très glorieux Atride, Agamemnon protecteur de ton peuple ! comme par toi je finirai, ainsi par toi commencerai-je. Tu es seigneur de milliers d'hommes, et Zeus t'a mis en main et le sceptre et les lois, afin que pour eux tu avises. C'est pourquoi il te faut, *plus que d'autres* (περί), prononcer un avis et écouter ; par ailleurs, *agir* (χρῆναι δὲ καὶ) aussi, *grâce à un autre* (ἀλλῷ), lorsque son ardeur (θυμός) aura poussé quelqu'un à parler dans le sens du bien. *C'est à toi alors qu'appartiendra ce qu'il aura commencé* (σέο δ' ἔξεται ὅττί κεν ἄρχῃ).

Le commencement de l'acte est dans l'avis d'autrui et l'acte ne fait l'objet d'une appropriation qu'après coup, au moment de son actualisation par l'agent. Est-ce à dire que l'agent serait soumis à quelque chose comme la volonté de l'autre acteur de l'acte : l'acteur-forme ? une émanation de l'αὐτός (l'anglais dirait le *Self*) de celui-ci ? Ce ne semble pas être le cas. Pour cela en effet il faudrait que le donneur d'avis fût celui qui fixât le but de l'acte, son *telos*. Or plusieurs indices engagent à penser que l'avis doit être davantage placé du côté de la prédiction de ce qui doit s'accomplir parce que c'est fixé par le sort (τελέεσθαι) que du côté de l'expression d'une volonté personnelle.

Ainsi, dans le chant IX, quand Diomède vient d'invectiver Agamemnon, de refuser de reprendre lâchement la mer et de proposer que les Danaens restent pour combattre, Nestor le félicite en disant : « Tu parles selon le destin (κατὰ μοῖραν) ».

Quand Polydamas, conseille Hector (XII 215-218), il lui déclare :

> Cette fois encore, je te dirai ce qui me semble le meilleur (νῦν αὖτ' ἐξερέω ὥς μοι δοκεῖ εἶναι ἄριστα). N'entre pas en lutte pour leurs nefs avec les Danaens, car voici comment je crois l'affaire finira (ὧδε γὰρ ἐκτελέεσθαι ὀίομαι).

---

14. Le mot utilisé ici est *aitios* (αἴτιος), formé sur la même racine qu'*aisa* (αἶσα), la part, ou quand il s'agit d'une puissance supérieure *Aisa* (Αἶσα), et qui, à proprement parler, signifie « partie prenante ». De fait, Agamemnon est partie prenante de son acte en tant qu'acteur-matière, mais, s'il le considère du point de vue des divinités qu'il évoque et auxquelles il attribue la forme, il en a seulement reçu le don. Voir C. Darbo-Peschanski, « *Aitia* », *I Greci. Storia, cultura, arte, societa : Una Storia Greca*, II, 2, *Definizione*, Turin, Enaudi, 1997, p. 1063-1084.

Et de commenter ensuite un présage qui vient de se produire (XII 195-209). De fait les deux archétypes du conseiller sont le vieillard, comme Nestor, ou le devin, comme Polydamas, qui se trouvent avoir des choses une connaissance supérieure, l'un parce qu'il peut les énoncer au nom de son expérience passée, l'autre parce qu'il peut les voir toutes. Ainsi Nestor, le vieillard paradigmatique, est toujours le premier à donner un avis (πάμπρωτος, IX 93), et se présente comme celui dont l'avis semble toujours le meilleur (πρόσθεν ἀρίστη φαίνετο βουλή, IX 93), qui est sûr de donner toujours le meilleur avis :

> Je dirai, moi, ce qui me paraît le meilleur. Nul n'aura une intuition (νόον) meilleure que celle que j'ai, moi (ἀμείνονα τοῦδε νοήσει), depuis longtemps aussi bien qu'aujourd'hui (IX 103-105).

Il se targue d'avoir meilleur avis que Diogène qui parle pourtant conformément au destin (κατὰ μοῖραν) en ce que son âge et son expérience lui permettent d'aller jusqu'au bout du propos, c'est-à-dire non seulement à son terme mais encore à sa fin (but).

> Tu ne vas pas jusqu'à la fin (τέλος) du propos. Tu es jeune il est vrai. Mais allons, c'est à moi puisque je me flatte d'être plus âgé que toi, d'achever de dire tout (IX 60-61).

De son côté, Polydamas « l'avisé » tient au fait qu'« il voit à la fois le passé et l'avenir » de parler le premier à l'assemblée pour dispenser ses conseils[15].

Quant au dessein de Zeus, il ne diffère pas qualitativement de celui des hommes en ce qu'il ne constituerait pas une prévision mais une volonté qui se réaliserait dans les faits. Appuyé sur une intuition (νοῦς) qui ne s'endort jamais, comme le dit Sommeil dans le chant XIV, il est plutôt la prévision sûre de celui qui sait absolument. On notera d'ailleurs que le roi des dieux lui-même a parfois besoin de peser les sorts des mortels pour faire apparaître les arrêts du destin. De la même manière, ses propres désirs comme celui de voir Sarpédon échapper à la mort que le sort lui a promise, peuvent entrer en contradiction avec son dessein (βουλή) qui prévoit que le héros lycien meure (XV 67). Si la *boulè* était sa volonté toute puissante, il n'y aurait pas de place pour une telle contradiction. Ainsi, quand Zeus dit sa *boulè*, il exprime moins ce qu'il ordonne que ce qu'il prévoit devoir se produire et dont il n'a pas toujours lui-même décidé, soumis qu'il est lui-même à la puissance du destin répartiteur qui tautologiquement fait la répartition de tous les sorts, sans exception.

D'une manière absolument générale le conseiller n'est donc pas celui qui fixe la fin (τέλος) de l'acte et engage l'acteur-matière à se soumettre à sa volonté, mais celui qui évalue l'avenir et tente d'y conformer l'acte que son partenaire

---

15. *Iliade*, XVIII 249-253 : « Le fils de Panthoos, Polydamas l'avisé (πεπνυμένος), le premier parle à l'assemblée. Seul, il voit à la fois le passé et l'avenir (ὁ γὰρ οἶος ὅρα πρόσσω καὶ ὀπίσσω). Il est camarade d'Hector ; tous deux sont nés la même nuit. Mais le premier l'emporte de beaucoup par ses avis (μύθοισι), comme l'autre par sa lance (ἔγχει) ».

accomplira. L'acte, quant à lui, apparaît donc comme le produit d'une coopération entre deux acteurs, qui dépend de chacun d'entre eux et les dépasse tout à la fois.

LA RÉPARTITION INTÉRIEURE

La structure duelle de l'acte semble avoir son répondant à l'intérieur même du personnage.

Dans sa poitrine, l'acteur s'organise différemment selon qu'il est en position de conseiller ou d'acteur-matière. En position de conseiller, il écoute ce que lui ordonne son « ardeur » (θυμός). Il s'adresse alors aux acteurs-matière par la formule suivante : « Écoutez-moi (κέκλυτέ μευ) afin que je te dise (ὄφρ' εἴπω) ce qu'en ma poitrine m'ordonne mon *thumos* (τά με θυμὸς ἐνὶ στήθεσσι κελεύει) »[16].

En une sorte d'inversion et de mise en abyme tout à la fois, l'acteur-forme, au moment même où il demande à l'acteur-matière de lui obéir, trouve donc en son corps une matière qui obéit à un pourvoyeur de forme, « l'ardeur » en l'occurrence.

En position d'acteur-matière, le personnage se trouve agité de mouvements issus de diverses parties de son corps. Ici son « ardeur » pâtit et l'énoncé traduit ce renversement en plaçant le nom *thumós*, de sujet actif qu'il était auparavant, en position d'objet ou de sujet passif. Il est déchiré (IX 1) ; il est traversé de haut en bas de douleur (XIII 82) ou de soucis qui le divisent en deux (VIII 169). Lorsque les Achéens voient l'égide d'Apollon, il est secoué dans leur poitrine. Mais c'est lui surtout qu'on excite, qu'on pousse ou qu'on éveille (XV 232-233 ; XVII 77) ; il s'emplit de colère (χόλος), on l'emplit d'élan (μένος) (XIII 77) ; il faut le dompter dans sa poitrine (I 188). L'acteur peut aussi le perdre, comme on le voit pour les Achéens aux pieds desquels il tombe (XIII 56-57). À côté de l'ardeur, sont mentionnés les *phrenes*, ces entrailles pensantes qui peut-être font office de frontière entre un corps d'en haut et un corps d'en bas et qui, tout noirs, s'enveloppent de colère ; ou encore le cœur (ἦτορ, καρδία).

Mais qu'on considère l'ordre qui règne dans le conseiller docile à son *thumós* ou la mouvance et la pluralité qui habitent l'acteur-matière, à côté ou en deçà des organes qui occupent le corps du personnage ou des forces qui le traversent, figure quelque chose comme un soi-même. Le souci *lui* agite les entrailles et l'ardeur ; un dessein *lui* descend.

---

16. *Iliade*, VII 67-68 (Hector) ; VII 348-349 (Anténor), VII 368-370 (Priam) *etc.*

Mais ce soi-même n'est pas un organe ; ce n'est pas non plus une entité intelligible sise dans un organe ; c'est le point d'impact des mouvements qui au cours de l'acte agitent le corps sentant/pensant de l'acteur, de même que, dans l'accomplissement extérieur de l'acte, il se constitue dans la dynamique de sa rencontre avec l'acteur-forme. Il ne leur préexiste pas ; il s'en dégage. Écoutons par exemple Ajax, fils d'Oilée qui, voyant Poséidon, attend qu'on donne forme à son élan guerrier (XIII 73) :

> Et *pour moi en propre* (ἐμοὶ αὐτῷ), l'ardeur à guerroyer et à combattre reçoit une impulsion plus grande ; voici que frémissent d'élan (μαιμώωσι) mes pieds par dessous et mes mains par dessus.

Les contraintes esthétiques de la traduction académique conduisent à traduire les pronoms au datif comme ceux du texte précédemment cité (ἐμοὶ αὐτῷ) par des adjectifs possessifs qui correspondent mieux au français. Ainsi, on atténue, voire on déforme, l'étrangeté du texte grec. Celui-ci, en effet, ne présuppose pas l'existence d'un soi-même qui serait le possesseur, stable et assigné à résidence, de l'ardeur, mais pose un soi-même au bout du déploiement de l'ardeur. Revenons donc encore au grec, même s'il faut en passer par des traductions littérales très rudes.

Quand Agamemnon attend d'être délivré de son acte dans la nuit peuplée de Troyens, ses *phrenes* à l'intérieur lui (οἱ) tremblent et quand Phénix évoque son départ de chez son père, il constate : « Alors, dans mes *phrenes*, l'ardeur ne *m'*était (ἐμοί) plus du tout arrêtée pour que je reste dans la demeure d'un père en courroux » (IX 459).

L'intérieur du personnage iliadique n'est donc pas clos sur un moi préexistant à l'acte et gouvernant celui-ci (consciemment ou inconsciemment). Le moi apparaît au croisement des mouvements, indissociablement internes et externes en œuvre dans l'acte, parce que celui-ci ne peut advenir que dans un jeu de répartitions d'acteurs et de rôles qui ne posent pas de limite entre intérieur et extérieur.

Ce moi à distance fait du personnage iliadique, qu'il soit homme ou dieu, un être essentiellement social qui n'advient que dans la relation. Certes, une telle assertion pourrait résonner comme un truisme au regard des travaux neurobiologiques sur le développement psychologique et cognitif humain. Il convient toutefois de relever la spécificité du monde iliadique en la matière. Le personnage iliadique, en effet, n'est pas un être social parce que son « entourage » humain contribuerait à actualiser et à développer des dispositions de tous ordres en puissance dans le retrait de son corps ou même seulement, parce que que cet entourage « l'influencerait », mais parce que son « moi » naît dans la répartition entre la matière et la forme qui s'opère, entre deux acteurs dans un espace social et que l'organisation interne des mouvements qui l'animent permet cette dynamique tout autant qu'elle en est tributaire.

Une autre conséquence de la configuration que nous avons tenté de dégager réside dans la parfaite continuité qui est ainsi créée entre la société humaine et la société divine. Non seulement on agit de la même manière dans les deux règnes, mais encore la répartition qui préside à l'acte permet de les associer étroitement. Un dieu, en effet, peut être forme là où un personnage humain est matière. Revenons un instant sur le passage du chant VII où Athéna reçoit d'Apollon la forme de son acte. Le processus ne s'arrête pas au moment où la déesse « se garde de ne pas obéir ». Le conseil qu'a formulé Apollon pénètre ensuite dans l'ardeur d'Hélénos (VII 42 *sqq.*) qui, à l'instar de ses compagnons troyens, déchaîne celle-ci dans le carnage. Une forme est ainsi donnée à l'ardeur déployée. Il s'agit de suspendre le combat ; de faire asseoir les guerriers et de leur proposer d'assister à un combat singulier entre deux champions de chaque camp, plutôt que de continuer à combattre dans la mêlée générale. Encore une fois, on pourrait être tenté de voir dans cette situation une simple illustration de l'ascendant que les dieux exercent sur les hommes, mais ce serait en manquer l'originalité. Ici, en effet, un acte qui a déjà été réparti chez les dieux le sera encore chez les hommes, la partie forme servant en quelque sorte de pivot et d'articulation entre les deux mondes qui se trouvent ainsi placés dans le prolongement l'un de l'autre.

Enfin, l'acte qu'on pourrait dire individuel, au sens où il implique un seul personnage agent, ne se différencie en rien, comme on l'a vu, de l'acte politique. La masse des soldats, qui est aussi le peuple, reçoit la forme de ses actes des injonctions de ses chefs qui l'incitent à se battre ou à cesser de le faire. Et là s'arrête leur rôle. À l'assemblée et au conseil, Agamemnon et les autres rois travaillent, quant à eux, à répartir les actes dont finalement tel ou tel sera l'agent, Agamemnon en tout premier lieu.

À travers la configuration de l'acte réparti, l'*Iliade*, ce poème collectif qu'à travers le temps et l'espace de multiples communautés de langue grecque ont contribué à élaborer, construit un monde qui lie les hommes et les dieux en une société politique cohérente où chacun advient à lui-même d'agir avec un autre.

GWENAËLLE AUBRY

DÉMON ET INTÉRIORITÉ D'HOMÈRE À PLOTIN :
ESQUISSE D'UNE HISTOIRE

« Faire de portions de notre âme des démons, c'est le fait de gens qui admirent excessivement l'âme humaine » : telle est la critique que Proclus, dans son *Commentaire au Premier Alcibiade* (75, 20-22) adresse à la conception plotinienne du démon. Associer le démon aux parties ou aux puissances de l'âme, plutôt que de voir en lui une puissance extérieure à celle-ci, mais qui en dirige le destin et en accomplit les choix, c'est poursuit Proclus, faire d'« êtres par essence supérieurs […] des parties constituantes d'êtres inférieurs » (*Ibid.* 76, 5-6)[1]. Cette critique souligne bien l'enjeu du traité 15 (III 4) des *Ennéades*, intitulé *Du démon qui nous a reçus en partage*, et qu'on peut lire en effet comme une tentative d'intériorisation du démon. Elle occulte cependant un trait essentiel, qui est que ce mouvement d'intériorisation s'est amorcé bien avant Plotin. Je tenterai ici d'en dessiner les étapes successives, qui passent en particulier par Empédocle et par Platon, non pour faire une histoire de la figure du démon, mais plutôt pour tenter de dégager une fonction que je nommerai « démonique », et ses effets sur la notion d'intériorité : pour voir, donc, comment le mouvement d'intériorisation du démon est corrélatif d'un mouvement d'élargissement ou d'ouverture, qui avec Plotin devient en effet maximal, de l'intériorité.

Si le *daimôn* est avant tout le *metaxu*, une figure de la médiation entre l'humain et le divin, il est aussi, et au moins autant, médiateur entre l'intériorité et l'extériorité, et de même entre l'intériorité et l'altérité. Le démon vient dire l'intériorité autrement que comme intimité et immédiateté. Il n'est pas le plus proche, le mieux connu (ou du moins le mieux connu de moi, et ce dans la mesure même où il demeure, pour les autres, caché ou secret), mais bien plutôt ce qui, tout en étant en moi, m'échappe et m'excède : ce qui, donc, quoiqu'en moi ne peut être dit moi, ni même mien, parce qu'il se soustrait tant à ma conscience qu'à mon emprise. C'est ainsi que, chez Homère et chez les Tragiques, le démon vient nommer ce qui, tout en advenant en moi, ne peut venir de

---

1. *Proclus. Sur le* Premier Alcibiade *de Platon*, texte établi et traduit par A. Ph. Segonds, Paris, Les Belles Lettres, 1985, 2 vol.

moi : coup de folie, passion, comportement insolite. La fonction démonique opère d'abord dans cette dissociation du moi et de l'intériorité.

Cette dissociation est lisible, aussi, chez Empédocle. Mais le démon cette fois ne dit plus l'insolite, la rupture, mais bien plutôt l'identité – la permanence de l'âme au fil de ses incarnations successives. Cette identité, cependant, n'est pas d'ordre individuel : l'âme démonique est distinguée du corps mais aussi des états mentaux. Et si elle est médiatrice entre l'individu et sa divinité, elle l'est aussi entre l'individu et l'ordre de la nature.

Telle est encore la fonction démonique chez Platon, même si celle-ci est plus difficile à repérer, c'est-à-dire à unifier – en partie du fait du dédoublement entre d'une part le *daimôn*, d'autre part le *daimonion* (*semeion*), le signe divin de Socrate. Ce n'est donc qu'avec Plotin que s'accomplit pleinement le mouvement d'intériorisation du démon, qui va de pair avec une tentative d'unification et d'intégration de toutes ses fonctions, y compris de celle, cosmologique, qu'avait accentuée le médio-platonisme. Le démon ne désigne plus seulement l'âme distincte de ses incarnations successives, comme chez Empédocle, ni seulement la partie supérieure de l'âme, comme dans le *Timée*, mais les puissances de l'âme en son entier. L'intériorité à laquelle il s'identifie est une identité maximalement élargie, jusqu'à englober les puissances de la nature ou celles des principes premiers. Le démonique plotinien dit alors une intériorité exclusive de l'extériorité, mais qui n'est pas pensée comme identité, appropriation ou adéquation à soi, mais, à l'inverse, comme la possibilité toujours renouvelée d'un excès de soi sur soi.

L'OBJECTIVATION DE L'INTÉRIORITÉ
(HOMÈRE/LES TRAGIQUES)

La dialectique intérieur/extérieur est d'emblée à l'œuvre dans la notion, ou plus exactement la figure, du démon. Dodds a montré comment, dans l'*Odyssée*, celle-ci intervenait comme la transposition d'événements ou d'états de l'intériorité à l'extériorité[2]. Comme les dieux de l'*Iliade*, les démons de l'*Odyssée* peuvent inspirer du courage ou troubler l'entendement (IX 381 ; XIV 178), mais ils sont aussi la cause de prémonitions, d'inspirations subites, d'idées soudaines, d'éclairs de conscience ou de caprices de la mémoire[3]. Ces états ou ces événements psychiques ont en commun, souligne Dodds, de survenir brusquement,

---

2. *The Greeks and the Irrational*, Los Angeles and Berkeley, University of·California Press, 1951, chap. I, p. 11-16.

3. Dodds renvoie successivement à *Od.* XIX 10 ; XIX 138 *sqq.* ; IX 339 ; II 124 *sqq.* ; IV 274 *sqq.* ; XII 295 ; XIX 485 ; XXIII 11 ; XV 172 ; XII 38 ; XIV 488.

sans résulter d'un processus conscient, et en rupture avec le comportement ou la disposition habituels : c'est un *daimôn* qui inspire à Pénélope l'idée de défaire et de tisser inlassablement son voile (XIX 138), un démon encore qui révèle à sa nourrice l'identité d'Ulysse (XIX 485), ou qui rappelle à sa mémoire les conseils de Circé (XII 38). Et ceci vaut aussi pour des actes ou des comportements manifestes, exposés au regard d'autrui, et que celui-ci, parce qu'il les trouve insolites, attribuera encore à un *daimôn* (ainsi d'Antinous face au refus de Pénélope de reprendre mari (II 122 *sqq.*), ou à la hardiesse soudaine de Télémaque envers les prétendants (I 384 *sqq.*)).

Le démonique serait ici ce qui instaure une rupture dans ce que Leibniz appelle l'« identité morale ou personnelle », assurée par « la liaison de souvenance » et de « consciosité » et à laquelle le témoignage d'autrui peut suppléer[4]. Il est ce qui, dans l'intériorité, ne se donne plus dans l'ordre du même, de l'identique, du familier, mais de l'étrangeté : il est, en quelque sorte, l'étranger intérieur.

Ce qui pour un moderne est intriguant, c'est que cette très intime étrangeté ne soit pas perçue par l'individu homérique comme le signe d'une capacité, d'une puissance, d'un talent qui serait bel et bien siens, mais qu'il n'aurait jusqu'alors pas soupçonnés : là où le moderne dirait « j'ai eu un coup de génie » (c'est-à-dire « voyez ce dont je suis capable »), le grec dit : « c'est un démon qui a fait le coup ». Tout se passe comme si ce qui, de l'intérieur, était perçu comme insolite, ne pouvait être qu'extérieur. Parce que l'état démonique se donne comme un « je ne sais pas ce qui m'a pris », il est perçu comme résultant d'une possession[5]. Ce qui ne signifie pas que l'intériorité homérique soit si précisément délimitée que le moindre écart suffise à la déborder mais, à l'inverse, qu'elle est si peu constituée que tout état ou presque peut être objectivé[6].

On trouve encore trace de cela chez les Tragiques, et notamment chez Euripide : Phèdre voit en sa passion folle l'effet d'un fléau envoyé par un démon, *daimonos atè* (*Hipp.*, 241), la nourrice de Médée elle aussi accuse la colère d'un démon (*Médée*, 122-130)[7]. Le démon nomme alors, plus spécifiquement que

---

4. *Nouveaux Essais sur l'entendement humain* II, XXVII.

5. On songe ici aux *Possédés* de Dostoïevski, dont le titre russe, *Besy*, se traduit plus exactement par *Les Démons*, et qui explore des subjectivités opaques, dont les mobiles ne peuvent être identifiés, dont la logique interne est toujours rompue (voir M. Eltchaninoff, *Dostoïevski. Roman et philosophie*, Paris, PUF, 1998).

6. Dodds (*op. cit.* p. 16) donne l'exemple des manifestations du *thumos*, lequel n'est pas traité par Homère comme une partie du moi, mais plutôt comme une « voix intérieure indépendante ».

7. Ce faisant, elle l'associe aussi à l'excès, τὰ δ' ὑπερϐάλλοντ', auquel elle oppose une sagesse de la mesure.

chez Homère, des états négatifs et passionnels. Il est associé à *l'atè*, à la faute, au châtiment et à la ruine[8] – c'est la figure du *daimôn gennès* d'Eschyle, ou encore des Erynnies.

Mais le processus paraît alors inverse de celui qui est à l'œuvre chez Homère (et je m'éloignerais ici de l'analyse de Dodds) : on n'a plus affaire à un mouvement d'extériorisation et d'extraposition d'un état intérieur, mais à l'intériorisation, sous la forme de la passion, de la folie, de la pulsion criminelle *etc*, d'une puissance maléfique, en même temps qu'à l'expression individuelle d'une souillure héréditaire. On retrouve ici le sens premier du terme *daimôn*, celui qu'indique son étymologie[9], par quoi il désigne le lot assigné en partage par le destin : la faute héréditaire, mais aussi le talent ou le caractère[10]. Mais cette part est bien pensée ici comme individuelle, et, surtout, elle n'est plus ce qui régit de l'extérieur la destinée : le démonique est alors le destin intérieur, au sens où il nomme ce qui en moi est subi et/ou acquis, et non pas produit ni agi.

La portée éthique de la notion de démon se dessine ici. Dans l'*Éthique à Eudème*, Aristote la convoquera encore, pour l'associer à une réflexion sur le caractère naturel du bonheur (*eudaimonia*)[11] : sur ce qui en lui ne relève pas de la volonté, de la vertu, de la délibération, mais simplement de la chance, du talent, du bon naturel ou de la bonne fortune. Il s'efforcera de montrer que, tout en accomplissant la nature, le bonheur, pas plus que la vertu dont il dépend, ne sont naturels au sens où ils seraient innés, donnés[12]. Et l'on pourrait jouer sur la maxime d'Héraclite et dire que pour Aristote ce n'est pas le caractère, *èthos*, qui est pour chaque homme son *daimôn*, mais l'éthique qui assure *l'eudaimonia*.

---

8. Dodds, *op. cit.,* p. 41 *sqq.*

9. Le terme vient de *daíomai*, on peut traduire par « puissance qui attribue ». Les Grecs ont aussi constitué une étymologie qui rapproche δαίμων de δαήμων, savant, habile, et dont Platon se fait l'écho dans le *Cratyle*, 398b (voir P. Chantraine, *Dictionnaire étymologique de la langue grecque. Histoire des mots*, Paris, Klincksieck, 1968, t.1, p. 246-247).

10. *Cf.* Héraclite, B 119 (Stobée, *Florilège* IV, XL 23) « ἦθος ἀνθρώπῳ δαίμων » (Théognis, 161-166, oppose à l'inverse le démon au caractère). Dodds renvoie aussi à Hésiode, *Les Travaux et les jours* 314, et Phocylide, fr. 15, sur le démon-destin, qu'il compare à la *moira* personnelle d'Homère (*op. cit.*, p. 42).

11. I 1, 1214a 14-24 ; VIII 2, 1247a 27. Sur le jeu *eudaimonia/daimôn*, voir aussi Démocrite, 171, « Le bonheur ne réside ni dans les troupeaux, ni non plus dans l'or. C'est l'âme qui est la demeure du démon ».

12. Voir G. Aubry, « *Dunamis* et *Energeia* dans l'*Éthique à Eudème* et l'*Éthique à Nicomaque* : l'éthique du démonique », dans G. Romeyer Dherbey (dir.), G. Aubry (édit.), *L'Excellence de la vie. Sur l'*Éthique à Nicomaque *et l'*Éthique à Eudème *d'Aristote*, Paris, Vrin, 2002, p. 75-94.

LA MÉDIATION INTÉRIEUR/EXTÉRIEUR
(EMPÉDOCLE ET PLATON)

Comme l'a montré Marcel Detienne, la démonologie d'Empédocle a « valeur exemplaire » en ce qu'elle met en œuvre tous les sens de la notion, ou du morphème polyvalent, de démon[13]. D'abord, et c'est sans doute là l'essentiel, Empédocle nomme démons les âmes tombées dans la génération (*Catharmes*, fr. 115). On retrouve ainsi l'association entre le démon et la faute (quoique le démon, cette fois, n'en soit pas la cause, mais le sujet). L'équivalence fondamentale, cependant, opère entre *daimôn* et *psukhè*, démon et âme[14] : le démon empédocléen est une âme exilée, bannie, rejetée par les puissances divines mais apparentée à celles-ci.

Ainsi, il n'est plus, comme chez Homère, l'extraposition d'un état intérieur en une puissance extérieure, mais à l'inverse l'intériorisation d'une telle puissance. De même, il n'est plus l'étrange et donc l'étranger en moi, mais le moi lui-même comme banni, exilé. Et c'est bien lui cette fois qui porte l'identité de l'individu, la persistance de l'âme au fil de ses incarnations successives. Comme tel, le *daimôn-psukhè* est, sinon opposé à, du moins distingué de l'extériorité, et notamment de cette toute proche extériorité qu'est le corps : il faut le distinguer des « tuniques de chair » qu'il revêt tout à tour – « un garçon et une fille, un buisson et un oiseau, un muet poisson dans la mer » (fr. 117).

La notion de *daimôn* s'articule donc ici à celle de l'intériorité comme âme, et détermine ce faisant une conception qu'on pourrait dire à la fois exclusive et élargie de l'intériorité : exclusive parce qu'un partage s'opère entre l'âme et le corps, élargie parce que l'intériorité s'étend jusqu'au divin. Le démonique dit alors l'intériorité comme identité, mais aussi comme excès. Il ne nomme plus seulement l'individu comme s'échappant à lui-même (ou comme extérieur à lui-

---

13. « La "démonologie" d'Empédocle », *Revue des Études Grecques* 72, 1959, p. 1-17.

14. Cette équivalence est défendue par Detienne (*op. cit. supra*, p. 4 ; voir aussi *La notion de* daïmôn *dans le Pythagorisme ancien*, Paris, Belles Lettres, 1963), qui précise cependant qu'elle n'est pas explicite dans les fragments d'Empédocle, mais qu'elle est attestée par d'autres textes, notamment Hippolyte, *Ref.*, VII 29 p. 212 Wendland (= Diels, *FVS* 7, I, p. 356, 12). Elle est contestée par Zuntz, qui pense qu'Empédocle parle de *daimôn* précisément pour ne pas parler d'âme dès lors qu'il propose de celle-ci, dans le *Peri Phuseôs*, une conception matérialiste (G. Zuntz, *Persephone. Three Essays on Religion and Thougt in Magna Graecia*, Oxford, Clarendon Press, 1971, p. 270 *sqq.*). Kirk, Raven et Schofield tendent à réduire l'écart entre les *Catharmes* et le *Peri Phuseôs* : ils soulignent en effet que le démon des premiers est toujours incarné, et que le second admet bien quelque chose comme un « moi ». L'essentiel, soulignent-ils, c'est la croyance que porte l'idée empédocléenne de démon en l'identité et en la permanence de ce « moi » (*The Presocratic Philosophers*, Cambridge, Cambridge University Press, 1993 (1983), p. 320-321).

même), mais l'individu comme en excès par rapport à lui-même (c'est-à-dire à sa « situation » actuelle, et à sa condition incarnée).

Cet excès dicte des pratiques, une ascèse : règles de vie, pratiques de remémoration, qui sont autant d'exercices spirituels. Ceux-ci visent à réduire l'écart entre le « moi occulte » (Dodds) et le moi incarné, entre le démon et sa condition actuelle. Ils se donnent comme un double travail de mise à distance du corps et de réappropriation des vies antérieures. Cependant, et c'est là un point essentiel qu'a souligné Jean-Pierre Vernant, ce travail n'est pas une conquête de soi :

> Il ne s'agit pas pour un sujet de s'appréhender soi-même dans son passé personnel, de se retrouver dans la continuité d'une vie intérieure qui le différencie de toutes les autres créatures[15].

La réappropriation par l'âme de son histoire n'est en rien l'exploration d'une intériorité, non plus que d'une singularité. À terme, il s'agit de soustraire l'âme-*daimôn* à son état particulier, à sa condition incarnée, pour la resituer dans le tout, dans l'ordre cosmique.

On comprend alors que le terme *daimôn* puisse aussi désigner chez Empédocle « l'ordre naturel », ainsi que l'*heimarmenè* et la *phusis*[16] : il n'est plus alors l'âme comme incarnée, mais l'ordre ou la loi qui préside à ses incarnations, à la répartition de ses tuniques de chair. On retrouve là la polyvalence et « l'ambiguïté fondamentale » que soulignait Marcel Detienne, et que Louis Gernet résume en ces termes : « Le δαίμων est à la fois hors de l'individu et en lui »[17].

Mais cette ambiguïté porte celle de la *psukhè* en tant qu'elle est, pour reprendre les termes de Vernant, « à la fois réalité objective et expérience vécue dans l'intimité du sujet »[18] – et par-delà, et encore, celle de la première pensée grecque de l'intériorité, en tant qu'elle n'est pas conçue dans l'ordre de l'intime, du propre, du singulier mais selon l'exigence d'un accord avec l'extériorité et la totalité.

---

15. «Aspects mythiques de la mémoire et du temps», *Mythe et pensée chez les Grecs*, *Études de psychologie historique*, nouvelle édition revue et augmentée, Paris, Éditions La Découverte, 1988, p. 109-152 : 131.

16. Frgt. 126 (Porphyre, cité par Stobée, *Anth.* I, 49, 60). L'équivalence *Anagkè-Daimôn* est présente aussi chez Parménide (frgt. 12, 3 Diels). Sur démon et *phusis*, voir encore Aristote, *De la divination par les songes*, 463b 12-15 (ἡ γὰρ φύσις δαιμονία ἀλλ' οὐ θεία). Signalons que l'on trouve encore chez Empédocle deux autres catégories de démons, qui font le lien entre la valeur psychique et la valeur psychologique de la notion : les démons psychopompes, qui guident les âmes dans leur incarnation, et les deux démons personnels qui les accompagnent au long de celle-ci (voir Detienne, *op. cit.*, p. 9-14).

17. *Recherches sur la pensée juridique et morale en Grèce*, Paris, Albin Michel, 1917, p. 319.

18. «La personne dans la religion», *Mythe et pensée...*, *op. cit. supra*, p. 355-370 : 369.

Cette même exigence est encore à l'œuvre chez Platon. Dans le *Timée*, le démon est clairement associé à l'âme : il ne l'est plus, cependant, à l'âme en son entier, mais à la partie supérieure de celle-ci. De cette « espèce-là » d'âme, il est dit en effet qu'un dieu l'a donnée à chacun d'entre nous « comme son démon, ὡς ἄρα αὐτὸ δαίμονα » (90a4). C'est elle qui enracine dans les régions supérieures cette plante céleste qu'est l'homme. Elle est donc le signe d'une origine en même temps qu'elle assigne une destination[19] : c'est en prenant soin d'elle, en maintenant « en bonne forme le démon qui en lui partage sa demeure »[20], que l'homme conquiert sa part d'immortalité et atteint au bonheur (εὐδαίμονα εἶναι, 90c6).

Le mouvement d'intériorisation du démon se poursuit, dès lors que celui-ci n'est plus seulement identifié à l'âme, comme c'était le cas avec Empédocle, mais bien à des actes mentaux spécifiques (« les pensées immortelles et divines »)[21]. Se lit aussi la topique platonicienne de l'intériorité, qui place celle-ci « au plus haut ». Cependant, et comme chez Empédocle, cette intériorité n'est en rien singulière : le démon a beau nous être intérieur, il ne fait que « partager notre demeure » (ξύνοικον, 90c5). Et le cultiver c'est là encore, et comme l'explique la suite du texte, s'efforcer de faire coïncider cette intériorité avec l'ordre cosmique. Il s'agit en effet d'ordonner nos mouvements internes en les accordant aux harmonies et aux révolutions de l'univers (90d). Le démon, donc, n'est pas seulement médiateur entre l'homme et sa divinité : il l'est aussi entre l'intérieur et l'extérieur, en tant que celui-ci peut valoir comme norme, ordre, manifestation de la raison[22].

Le mythe d'Er ouvre une autre voie. Il semble, à première vue, que le démon y intervienne dans sa fonction cosmologique : Platon vient de décrire les mouve-

---

19. Voir ce que Monique Dixsaut écrit à propos du *Phédon* : « En absorbant la signification donnée jusque là au *daimôn*, force intermédiaire entre le divin et l'humain, l'âme se donne moins une nature qu'une patrie. Elle se définit moins qu'elle ne symbolise, pour l'homme, une provenance, une destination et une tâche... » (*Platon. Phédon*. Présentation et traduction par Monique Dixsaut, Paris, GF - Flammarion, 1991, p. 56).

20. 90c5. Je cite le texte dans la traduction de Luc Brisson, *Platon. Timée/Critias*, Paris, GF - Flammarion, 1992.

21. 90c1. L'opposition corps-âme inférieure/âme supérieure-démon est aussi lisible dans les *Lois* V, 732c : le « démon de chacun » doit l'aider à modérer ses joies et ses peines, son désordre émotionnel.

22. On trouvera une idée semblable dans le stoïcisme : c'est ainsi que Chrysippe définit la vertu comme un double accord, avec le *daimôn* personnel et avec la volonté rectrice de l'univers (DL VII, 87-88). Voir aussi Épictète, *Entretiens* I 14, 13-14 : on n'est jamais seul à l'intérieur de soi, car le dieu y est aussi, sous la forme du démon (ὁ θεὸς ἔνδον ἐστὶ καὶ ὁ ὑμέτερος δαίμων ἐστίν) ; et il est ce par quoi chacun peut s'accorder avec l'ordre du Tout dont il n'est qu'une partie (voir A. Long, *Epictetus. A Stoic and Socratic Guide to Life*, Oxford, Clarendon Press, 2002).

ments célestes, entretenus par le fuseau de la Nécessité qu'animent les Moires, Clôthô, Atropos, et Lachesis qui-distribue-les-lots. C'est devant elle que les âmes doivent se ranger. Un porte-parole, alors, se saisit des sorts et des modèles de vie, et déclare :

> Âmes qui n'êtes là que pour un jour, voici le début d'un nouveau cycle qui vous mènera jusqu'à la mort dans la race mortelle. Ce n'est pas un démon qui vous tirera au sort, c'est vous qui choisirez un démon (οὐχ ὑμᾶς δαίμων λήξεται, ἀλλ' ὑμεῖς δαίμονα αἱρήσεσθε, *Rép.* X, 617d6-e1 ; trad. P. Pachet modifiée).

Platon, ici, inverse la signification cosmologique du démon. Car celui-ci est choisi et, le texte est insistant, « la responsabilité revient à qui choisit ; le dieu, lui, n'est pas responsable » (617e5). Le démon dès lors n'est plus en l'individu la part subie, le lot hérité, l'intériorité comme contrainte, mais au contraire l'objet du choix. Et, rupture tout aussi décisive, et corrélative, il n'est plus l'âme par opposition à son état incarné, mais au contraire le genre d'état incarné, le mode de vie, donc, que l'âme se choisit. Autrement dit, le démon est non plus seulement intériorisé mais bel et bien individualisé : choix original de chacun par lui-même, il est quelque chose comme la teneur fondamentale, le « caractère intelligible », dirait Kant, l'identité morale d'un individu donné.

L'Éros du *Banquet* réunit peut-être les différents traits du démon du *Timée* et de celui du mythe d'Er : comme le premier, il est une figure de la médiation entre le mortel et l'immortel, les hommes et les dieux (202e-203a). Mais il est aussi le nom des multiples formes que revêt le désir du Bien, et qui président aux différents genres de vie (208e-209b).

Reste à savoir si, et comment, ces figures platoniciennes du démon s'articulent au *daimonion* socratique. À première vue, on relève surtout des divergences : si le démon du *Timée*, de la *République* et du *Banquet* apparaît comme un principe dynamique de la médiation, voire (dans le *Timée* et le *Banquet* du moins) du désir et de l'élévation, le signe socratique se donne chez Platon comme « une voix subreptice », « un chuchotement apotropaïque »[23] qui se manifeste dans l'interdit et l'inhibition. De même, il n'est jamais sollicité par Socrate, ni ne relève de sa responsabilité[24]. Enfin, le démon de Socrate est

---

23. Tels sont les termes de Pascal Quignard dans sa préface à *Apulée. Le démon de Socrate*, traduit du latin par Colette Lazam, Paris, Rivages, 1993.

24. Voir L. Brisson, « Socrates and the Divine Signal according to Plato's Testimony : Philosophical Practice as Rooted in Religious Tradition », dans P. Destrée et N. D. Smith (édit.), *Socrates Divine Sign : Religion, Practice and Value in Socratic Philosophy = Apeiron* 38, 2005, p. 1-12.

associé par la tradition (notamment par Goethe et par Nietzsche) à l'irrationnel et à l'inexplicable[25].

On peut cependant être frappé, en reprenant un à un les textes dans lesquels le *daimonion* intervient, de voir que l'interdiction y est à chaque fois le moyen de, ou le prélude à, une incitation. Dans le *Phèdre*, ainsi, le signal divin retient Socrate de traverser l'Ilissos – et Socrate dit bien, en effet, qu'il se manifeste toujours « pour <l'> arrêter quand il va faire quelque chose » : mais c'est qu'il exige de lui une action positive, l'expiation d'une faute, et, qui plus est, d'une faute envers Éros (242c)[26]. Dans le *Théétète*, il lui interdit de renouer avec certains individus sur lesquels son art maïeutique a été impuissant : mais il l'autorise aussi à donner une nouvelle chance aux autres (151a)[27]. Dans l'*Euthydème*, son signe divin dissuade Socrate de quitter le vestiaire du gymnase du Lycée : or cela a pour effet qu'il va y rencontrer Clinias, puis Euthydème et Dionysodore, avec lesquels la discussion va s'engager (273a). Dans l'*Alcibiade*, de même, il est dit qu'une « opposition démonique » (δαιμόνιον ἐναντίωμα, 103a5) a longtemps retenu Socrate d'adresser la parole au jeune homme. Mais c'est que celui-ci n'était pas encore prêt, et que tout dialogue aurait été vain : la puissance démonique a donc attendu l'occasion favorable, et elle a alors « levé l'obstacle » (103b1). Dans l'*Apologie* enfin, où comme dans le *Phèdre* la fonction apotropaïque du *daimonion* est clairement énoncée, elle apparaît encore comme l'envers, voire la condition, d'une pratique positive. Certes, sa voix démonique a toujours empêché Socrate de se mêler de politique : mais n'exerçant pas de fonction publique, il peut arpenter la cité et prodiguer ses conseils à chacun en particulier (31c-d) ; enfin, sa voix n'a pas empêché Socrate de se rendre au tribunal, ni n'a interrompu sa plaidoirie : et cette absence de signal négatif est clairement interprétée comme une incitation, ou une invitation, à ce voyage qu'est la mort et auquel prépare la philosophie (40b-c).

---

25. Voir P. Hadot, « La Figure de Socrate », dans *Exercices spirituels et Philosophie Antique*, Paris, Études Augustiniennes, 1987 (2e éd.), ainsi que, sur le *Daimôn* des *Urworte. Orphisch* de Goethe, « Emblèmes et symboles goethéens. Du caducée d'Hermès à la plante archétype », dans *L'Art des confins. Mélanges offerts à Maurice de Gandillac*, publiés sous la direction d'Annie Cazenave et Jean-François Lyotard, Paris, PUF, 1985. Voir aussi S. Kofman, *Socrate(s)*, Paris, Galilée, 1989, sur l'interprétation du démon de Socrate par Hegel (le démon comme moment passif de l'esprit, et comme figure de la subjectivité inconsciente), par Kierkegaard (le démon comme négativité, solidaire de l'ironie), et par Nietzsche (le démon comme voix de l'instinct, inhibiteur parce que dégénéré).

26. Le contexte fait donc aussi résonner la notion archaïque de démon dans son association à celle de faute, en même temps qu'il fait intervenir la figure du grand démon, Éros (242d-e).

27. « Ceux-là, lorsqu'ils reviennent, réclamant de m'avoir pour partenaire et faisant des scènes extravagantes, à quelques-uns la chose divine qui m'arrive me retient de m'unir, *à quelques-uns elle me laisse le faire*, et ceux-là à nouveau donnent en abondance » (traduction M. Narcy, *Platon. Théétète*, Paris, GF-Flammarion, 1995 (1994) ; je souligne).

On pourrait ainsi mettre en relation les circonstances de l'intervention du signe démonique avec les conditions propices à l'exercice de l'acte philosophique : loin de ne faire qu'empêcher, le *daimonion* favorise la bonne rencontre, le moment adéquat au dialogue, le juste interlocuteur, enfin, la rupture avec la sociabilité ordinaire et la vie civique. Et sa fonction, dès lors, ne paraît plus si différente de celle, dynamique et médiatrice, du *daimôn* : en même temps que les circonstances favorables au dialogue[28], le *daimonion* indiquerait celles de la conversion à l'intériorité que le dialogue détermine. Par là, il opèrerait bien comme un intermédiaire, un *metaxu*, entre l'individu biographique, singulier, pris dans une situation déterminée (position sociale, relations, naissance, caractère *etc*), et le divin en lui, l'âme séparée. Aussi peut-on se demander, comme l'a fait Gerd Van Riel[29], si l'accusation d'impiété portée contre Socrate ne visait pas, précisément, cette intériorisation du divin, en même temps que la possibilité et l'exigence qu'elle porte d'une divinisation de l'homme[30].

L'INTÉRIORITÉ COMME EXCÈS (PLOTIN)

Ce parcours préliminaire permet peut-être de mieux apprécier ce qui est à l'œuvre dans le traité 15 des *Ennéades*. Tout d'abord, et comme le soulignait la critique de Proclus, la question du démon y est abordée dans le cadre d'une réflexion sur l'âme, et plus particulièrement sur ses puissances inférieures, notamment la puissance végétative (III 4 [15], 1). Ainsi, le démon n'est plus associé, comme c'était le cas chez Empédocle, à l'âme comme distincte des facultés ni, comme dans le *Timée*, à la faculté supérieure, mais bien aux facultés

---

28. Il faudrait dès lors minorer la différence entre le démon de Socrate chez Platon et chez Xénophon, ce dernier ne l'associant pas seulement à l'interdiction (voir *Ap.* 12-13, *Mém.* IV, 8, 1, ainsi que, dans Destrée et Smith (édit.), *op. cit. supra*, M. Narcy, « Socrates sentenced by His *Daimôn* », p. 113-125, et L.-A. Dorion, « The *Daimonion* and the *Megalègoria* of Socrates in Xenophon's *Apology* », p. 127-142).

29. « Socrates 'Daemon' : Internalisation of the Divine and Knowledge of the Self », dans Destrée et Smith (édit.), *op. cit. supra*, p. 31-42.

30. C'est en des termes semblables que Gilbert Simondon parle du démon socratique. Il l'associe au « transindividuel » qu'il définit comme « ce qui dépasse l'individu tout en le prolongeant ». En celui-ci, il voit encore une « transcendance qui prend racine dans l'intériorité, ou plutôt à la limite entre extériorité et intériorité » et qui « n'apporte pas une dimension d'extériorité mais de dépassement par rapport à l'individu » : « le transindividuel n'est ni extérieur ni supérieur : il caractérise la relation vraie entre toute extériorité et toute intériorité par rapport à l'individu » (*L'Individuation psychique et collective*, Paris, Aubier, 1989, p. 157). Simondon écrit encore que le transindividuel, comme le *daimôn*, va de pair avec « un certain sens de l'inhibition, qui est comme une révélation négative mettant l'individu en communication avec un ordre de réalité supérieur à celui de la vie courante » (*ibid.*, p. 159).

ou aux puissances de l'âme en leur entier. Le mouvement d'intériorisation du *daimôn* trouve là son aboutissement.

Il s'accompagne d'une tentative d'intégration de sa fonction cosmologique. Celle-ci avait été encore accentuée par le médio-platonisme. C'est ainsi que pour Plutarque la voix de Socrate, tout en étant intérieure, n'est que le reflet d'une réalité extérieure : l'âme des hommes démoniques est illuminée par les pensées des démons, mais celles-ci pénètrent en elle de l'extérieur, *thurathen*, à la façon du *noûs* aristotélicien (*De Genio Socratis* 20, 589B)[31]. Plotin, lui, rappelle dans le traité 15 que l'ordonnancement et l'administration de l'univers reviennent à l'Âme du Monde. Mais c'est à « toute âme », en vérité, et pas seulement à l'Âme du Monde, de prendre soin « de ce qui est dépourvu d'âme » (III 4 [15], 2, 1-2). Cette fonction d'ordonnancement suppose cependant que l'âme soit elle-même ordonnée. Or ce n'est pas toujours le cas pour l'âme humaine, en laquelle se mêlent différentes puissances (2, 6-11). D'emblée, donc, la problématique cosmologique est déviée vers une problématique d'ordre éthique et psychologique.

Dans les lignes qui suivent, de même, la question de la métensomatose va être associée à celle des facultés de l'âme : on est réincarné en telle ou telle espèce d'être selon que l'on a donné le primat en soi à telle ou telle puissance de l'âme (2, 11-30). Le texte fait écho, entre autres, à la fin du *Timée*, soit au passage qui suit immédiatement celui consacré à l'âme-*daimôn* (90e *sqq.*). Mais Plotin s'écarte décisivement de Platon : car le démon n'est plus identifié seulement à l'âme supérieure. Il est la puissance immédiatement supérieure à celle au niveau de laquelle on vit, c'est-à-dire à celle qui est en acte au cours de l'existence incarnée :

<Le> démon, en effet, se tient au-dessus, sans agir, tandis que c'est ce qui est après qui agit (ἐνεργεῖ). Si ce qui est actif est ce en vertu de quoi nous sommes des êtres sensitifs, alors le démon est la partie rationnelle ; si par contre notre vie se règle sur le principe rationnel, le

---

31. Voir aussi *La Disparition des oracles*, 10-21, dans *Plutarque. Dialogues pythiques*, Présentation et traduction par Frédérique Ildefonse, Paris, GF, 2006. Frédérique Ildefonse montre comment l'exposé sur les démons intervient en relation avec une réflexion sur la causalité, et comme un moyen de sauver à la fois la transcendance et l'efficacité du divin (Introduction, p. 34-41). Soulignons cependant que, chez Apulée, la relation se noue de façon étroite et décisive entre démon et intériorité : tout en faisant place à la fonction cosmologique du démon, Apulée identifie aussi celui-ci à l'âme humaine en tant qu'elle désire le bien, et le nomme alors « Génie » (*Le Démon de Socrate, op. cit. supra*, XV). Quant au démon personnel, il le compare à la conscience, au sens moral du terme : « L'homme ne peut avoir aucun secret ni à l'intérieur de son âme ni à l'extérieur sans que son démon s'y intéresse et s'y immisce, qu'il l'examine sous tous les angles, le comprenne de fond en comble et débusque, telle une conscience, ses intentions même les plus enfouies » (*ibid.*, XVI).

démon est ce qui se tient au-dessus de lui, inactif, accordant son consentement à la partie qui agit (III 4 [15], 3, 4-8)[32].

Le vocabulaire aristotélicien de l'acte, de l'*energeia*, vient se substituer à celui, platonicien, de l'ordre. Aristote identifiait déjà le bonheur, *eudaimonia*, au choix et à l'actualisation par l'homme de sa puissance (*dunamis*) définition-nelle[33]. Mais Plotin, lui, pose une équivalence entre *daimôn* et *dunamis* ; et cette équivalence est double : car le *daimôn* non seulement peut être identifié à toutes les puissances de l'âme (et non plus, comme chez Platon, à la seule puissance supérieure), mais il est cette puissance comme en-puissance, comme non-actualisée.

Le démonique couvre donc désormais tout le champ de l'âme. Or celle-ci, Plotin le rappelle aussitôt après, est « plusieurs choses, toutes choses, aussi bien celles d'en haut que celles d'en bas » (3, 21-22) : depuis les puissances sourdes qui sont en nous le reflet de l'Âme de Monde, jusqu'à l'Un-Bien lui-même dont le traité 10 dit encore qu'il est une partie de « l'homme intérieur » (V 1 [10], 10, 10)[34]. Le démonique dit alors une intériorité maximalement élargie et qui se donne comme un continuum de puissances.

Cette intériorité doit aussi être pensée comme essentiellement dynamique : en effet, on l'a dit, le démon n'est pas la faculté actuelle et active, mais celle qui lui est supérieure et n'est encore qu'en-puissance. Comme tel, il est une invitation à des actualisations qui sont aussi dès identifications successives[35] :

> Celui [...] qui peut suivre le démon qui est au-dessus de lui parvient en haut : il vit de la vie de ce démon et, ainsi conduit vers la partie supérieure de lui-même, c'est à elle qu'il donne la prééminence. Puis il s'élève de ce démon à un démon supérieur, et ainsi de suite, jusqu'à ce qu'il parvienne en haut (III 4 [15], 3, 18-21).

---

32. Je cite le traité 15 dans la traduction de Matthieu Guyot, *Plotin. Traités 7-21*, Traduc-tions sous la direction de Luc Brisson et Jean-François Pradeau, Paris, GF-Flammarion, 2003.

33. Voir Aubry, *op. cit. supra* n. 12.

34. C'est pourquoi le démon du sage est l'Un lui-même : voir III 4 [15], 6, 4-5. Ce texte ne s'accorde pas avec le récit de Porphyre, *Vie de Plotin*, 10, 19-33, qui raconte comment le démon de Plotin fut évoqué lors d'une séance à l'Iseion : voir J. M. Rist, « Plotinus and the *Daimonion* of Socrates », *Phoenix* 17, 1963, p. 13-24. Rist montre comment Porphyre donne une interprétation peut-être médioplatonicienne, en tout cas banalisante, du démon plotinien, qui en fait une sorte d'ange gardien susceptible de se manifester à la suite de pratiques théurgiques, au lieu d'être rejoint dans l'intériorité. Ce dernier point est bien souligné aussi par Matthieu Guyot, dans la notice à sa traduction du traité 15, *op. cit. supra*, p. 336.

35. Actualiser ce qui, en soi, n'est encore qu'en-puissance, c'est aussi s'y identifier. Plotin distingue ainsi ce qui n'est encore que « nôtre » (en-puissance) de ce qui peut devenir « nous » (en acte) : V 3 [49], 3, 24 *sqq.* et 4. Sur l'actualisation-identification, voir aussi I 1 [53], 11, 4-8 ainsi que G. Aubry, *Plotin. Traité 53* (I 1), Introduction, traduction, commentaire et notes, Paris, Cerf, p. 290-298, et, dans le présent recueil, « Un moi sans identité ? Le *hèmeis* ploti-nien ».

L'identité plotinienne ne doit pas être pensée sur le mode stoïcien de l'*oikeiôsis*, de l'appropriation à soi[36] : elle n'est pas de l'ordre de la permanence et de l'actualité, mais de l'excès et du progrès. C'est dans l'au-delà de soi que l'on est le plus soi-même, et le démon est le principe même de ce passage, ascendant, de soi à soi.

C'est pourquoi sa valeur éthique, corrélative de son intériorisation, va, au fil du traité 15, être confirmée. Dès le chapitre 3, Plotin citait la formule de Platon dans le mythe d'Er, tout en faisant du « nous », du *hèmeis*, son sujet :

> C'est donc à bon droit que l'on dit < du démon > « Nous le choisirons » (ἡμᾶς αἱρήσεσθαι). Selon la vie que nous choisissons, en effet, nous choisissons ce qui se tient au-dessus de nous (III 4 [15], 3, 8-10).

Au chapitre 5, la même formule dont on a vu comment chez Platon elle rompait avec l'identification première du démon au destin, va, par un nouveau tour, être lue comme suggérant une prédétermination de la vie incarnée. Mais ce que cela signifie pour Plotin, c'est que c'est à l'âme, et non au corps, qu'il faut imputer la responsabilité du mal. Le choix dont parle Platon renvoie au choix préalable *(prohairesis)* [37] et à la disposition *(diathesis)* de l'âme (1-6). Choisissant son démon, l'âme choisit son caractère (*èthos*, 3, 7)[38] et la tonalité éthique de son existence incarnée.

Faut-il en conclure que c'est « en-puissance (δυνάμει) que les hommes sont l'un bon, l'autre mauvais, tandis qu'ici ils le deviennent en acte » (5, 10) ? Cette question associe de nouveau, on le voit, *daimôn* et *dunamis* : le démon est la disposition morale comme en-puissance, encore à actualiser. La réponse de Plotin vient à la fois confirmer et préciser ce point : l'existence incarnée ne modifie pas la disposition originelle de l'âme, mais est bel et bien déterminée par elle. Le corps lui-même est choisi, en vertu de sa convenance *(epitèdeiotès)* avec la disposition de l'âme (5, 12-13)[39]. Mais cette prédétermination n'est pas de l'ordre d'un destin, extérieur, impersonnel : elle est celle de l'individu incarné par son caractère intelligible.

---

36. Comme le souligne Pierre Hadot dans son *Plotin. Traité 38*, Introduction, traduction, commentaire et notes, Paris, Cerf, 1987, p. 306-307. Voir aussi G. Aubry, « Conscience, pensée et connaissance de soi selon Plotin : le double héritage de l'*Alcibiade* et du *Charmide* », *Études platoniciennes* 4, 2007, p. 163-181.

37. Sur ce texte, voir G. Aubry, *Traité 53, op. cit. supra*, p. 303-304.

38. Peut-être en écho à la maxime d'Héraclite déjà citée, « ἦθος ἀνθρώπῳ δαίμων » (B119, Stobée, *Florilège* IV, XL, 23). On retrouve la même idée en III 5 [50], 4, 4-9, même si la fonction cosmologique du démon est plus accentuée dans ce traité que dans le traité 15. Voir P. Hadot, *Plotin. Traité 50*, Introduction, traduction, commentaire et notes, Paris, Cerf, 1990, p. 212.

39. *Cf.* VI 4 [22], 15, 1-3.

Le démon cependant demeure excédentaire au couple que l'âme forme avec le corps. C'est en ce sens, et en ce sens seulement, qu'on peut le dire « extérieur » (ἔξω, 5, 20). L'extériorité ne nomme que cet excès. Et c'est en ce sens aussi qu'il faut le dire « nôtre » (ἡμέτερος, 5, 21) plutôt que « nous ». La formule est la même que l'on trouve en V 3 [49], 3, 25[40], à ceci près que Plotin dit bien, ici, que ce « nôtre » renvoie à l'âme (ψυχῆς πέρι, 5, 21). Dire que le démon est nôtre, c'est dire qu'il est en nous ce qui est au-dessus de nous (5, 27-28). Le choix du démon est le choix de cet excès intérieur, celui d'une puissance qui est à la fois une distance et un appel à son franchissement.

La théorie plotinienne du démon manifeste donc bien, comme l'écrivait Proclus, son « admiration de l'âme humaine ». Mais cette admiration, plutôt qu'excessive, a pour objet un excès : le démonique plotinien dit cet excès. S'il est médiation entre soi et l'au-delà de soi, il ne l'est plus entre l'intérieur et l'extérieur. Car l'âme plotinienne, « l'homme intérieur », englobe la totalité du réel. Mais cette intériorité maximale, ou maximalement étendue, se donne par là même dans la dimension de l'altérité, et non de la clôture sur soi, d'une vénérable et immobile actualité. « On ne peut devenir autre chose », écrit encore Plotin dans le traité 15, « que ce qu'on est déjà » (5, 28-29) : cet autre en nous qui est plus que nous, c'est de lui qu'est signe le démon plotinien.

---

40. Voir note 35 *supra*.

LUC BRISSON

L'INTÉRIORITÉ CHEZ PLATON

La question de l'intériorité humaine s'est posée bien avant Platon, mais, à partir de lui, cette question va, de paradoxe en paradoxe, mener à d'autres questions, celle de l'identité de l'homme et de son immortalité. C'est ce parcours que je voudrais brièvement, trop brièvement, évoquer dans ce texte.

UNE INTÉRIORITÉ CORPORELLE

La question de l'intériorité peut d'abord être liée, dans le cadre de l'anthropologie, aux deux faces du corps humain : intérieur et extérieur. L'extérieur du corps est associé à la vie sociale dans la mesure où toute la communauté peut le percevoir. C'est là que se manifestent l'identité sociale d'une personne et son rang dans la hiérarchie. Avec l'intérieur, on entre dans un monde mystérieux associé aux notions d'impureté et de pureté, comme on peut le constater lorsque des substances internes sortent du corps humain, qu'il s'agisse par exemple du sang, du sperme, des excréments ou de la salive. Les excréments et la salive peuvent être utilisés pour exprimer une agressivité extrême contre un adversaire ou un ennemi ; on crache à la figure de quelqu'un, on le souille ou on le menace de le souiller avec des excréments. Le sperme qui permet de transmettre la vie fait intervenir des règles très strictes impliquant tout un réseau de considérations qui ont à voir avec le sacré, et qui peuvent de ce fait déclencher des comportements très violents ; par ailleurs, l'enfant qui sort du ventre de la mère a été longtemps considéré comme source d'impureté. Enfin, avec le sang qui coule, c'est la vie qui s'échappe. L'intérieur du corps, qui reste invisible et se trouve d'une manière ou d'une autre associé à la vie, est par là chargé d'une puissance mystérieuse qui, lorsqu'elle se manifeste à l'extérieur, qui se trouve du côté du profane, présente les traits du sacré.

UNE INTÉRIORITÉ INCORPORELLE

Dans la tradition grecque, que connaît Platon et qui remonte au moins jusqu'à l'*Iliade* et l'*Odyssée*, la question de l'intériorité se détache du corps, mais pas de façon radicale. Elle passe du corps à une entité quasi corporelle, toujours attachée à un élément corporel. Cette entité quasi corporelle, c'est l'âme qui se trouve à l'intérieur du corps suivant deux modalités : comme moteur de ce corps ou comme son hôte provisoire.

Dans l'*Iliade* et l'*Odyssée* en effet, même si le principe de vie appelé « âme » (ψυχή) n'est pas corporel, il reste associé au sang. Dans ces deux poèmes, l'âme qui, se trouvant à l'intérieur du corps, n'est pas perceptible directement en tant que telle durant le cours de la vie, n'est observable que lorsqu'elle quitte le corps. L'âme est associée à un souffle (*Iliade* XXIII 98) qui peut sortir par la bouche (*Iliade* IX 409) ou à une vapeur qui s'élève du sang s'écoulant d'une blessure à la poitrine (*Iliade* XVI 505) ou au flanc (*Iliade* XIV 518). Voilà pourquoi Achille peut se plaindre de « risquer son âme » (*Iliade* IX 322) ; d'ailleurs Agénor, pour remonter le moral de ses compagnons, rappelle qu'Achille n'a qu'une âme (*Iliade* XX 569). Et Achille qui poursuit Hector autour des murailles de Troie proclame que l'âme de son ennemi sera le prix de sa victoire (*Iliade* XXII 61).

Voilà la formule qui, dans l'*Iliade*, décrit deux morts célèbres : celle de Patrocle tué par Hector (XVI 505) et celle d'Hector tué par Achille (XXII 362) :

À peine a-t-il parlé : la mort, qui tout achève, déjà l'enveloppe. Son âme quitte ses membres et s'en va en volant chez l'Hadès, pleurant sur son destin, abandonnant la force et la jeunesse.

Quand l'âme l'a quitté, le corps n'est qu'un cadavre, un tas de chair qui se décompose. L'âme, elle, est présentée comme une image (εἴδωλον) du défunt (*Iliade* XIII 72, XI 476, XXIV 14 ; *Odyssée* XI 83, XX 355), son *alter ego*, comme le fait savoir Achille évoquant l'âme de Patrocle venu lui demander d'organiser des funérailles en son honneur :

Ah ! point de doute, un je ne sais quoi vit encore chez Hadès, une âme, une ombre, mais où n'habite plus l'esprit. Toute la nuit, l'âme du malheureux Patrocle s'est tenue devant moi, se lamentant, se désolant, multipliant, les injonctions. Elle lui ressemblait prodigieusement (*Iliade* XXII 102-107).

Même si cette image est un *alter ego*, lorsqu'elle a quitté le corps qu'elle animait, l'âme est dépourvue de force non seulement physique, puisqu'elle manque de consistance, mais aussi psychique, car elle perd sa pensée. Achille ne peut pas plus saisir l'âme de Patrocle qu'Ulysse ne peut prendre dans ses bras l'âme de sa mère (*Odyssée* XI 205). Et ce n'est qu'après avoir bu le sang des victimes égorgées que, dans la *Nekyia*, le devin Tirésias peut prédire l'avenir à Ulysse (*Odyssée* XI 90-96), et que les autres défunts, y compris sa mère, peuvent être interrogés par lui.

Dans ce contexte, la mort constitue pour l'individu un amoindrissement considérable, même si quelque chose peut survivre de lui indirectement s'il a réussi à se prolonger dans le corps de ses enfants qui ont recueilli son capital génétique, et dans la mémoire de ses proches et de la société dans laquelle il vit. Mais, en tant que tel, cet individu ne poursuit son existence que sous la forme d'un double évanescent, qui sort de l'intérieur du corps, un morceau d'air qui, sous la terre, végète pour un temps indéterminé. Réduite à l'état d'une image inconsistante du défunt, l'âme semble, à une seule exception près, celle du devin par excellence, Tirésias, perdre la faculté de penser. Par suite, l'âme, dont la durée de survie est limitée, se trouve pratiquement privée de toute individualité, et ne peut donc s'insérer dans un système de récompenses et de punitions destiné à corriger dans un autre monde les injustices subies ou commises en ce monde-ci. D'ailleurs, dans les poèmes homériques seules les âmes des grands criminels sont punies et livrées à des supplices exemplaires.

Le second modèle présente l'âme comme une entité autonome qui peut voyager à l'extérieur du corps qu'elle anime. Chez Homère déjà, l'âme, séparée du corps, voyage d'une certaine façon. Elle va dans l'Hadès, qui est un lieu inhospitalier, et d'où elle peut revenir s'entretenir avec les vivants, comme l'âme de Patrocle, et les âmes qu'évoque Ulysse. Mais ces déplacements sont limités et peu significatifs. En revanche, des récits parlent de personnages (Aristéas, Abaris, Épiménide, Phormion notamment) qui arrivent à dissocier leur âme de leur corps et à la faire voyager en laissant leur corps sur place, souvent durant une longue période de temps. L'anecdote suivante illustre admirablement la chose. L'âme d'Hermotime, raconte-t-on, pouvait abandonner son corps et partir en voyage, pour revenir dans son corps. Un jour, ses ennemis, profitant de la trahison de sa femme, jetèrent son corps dépourvu de son âme dans les flammes (voir Plutarque, *Le démon de Socrate* 22, 592C-D). Dans ce contexte, l'âme de l'individu, parce qu'elle a une existence propre, indépendamment du corps qu'elle meut, acquiert une identité véritable.

INTÉRIORITÉ ET EXTÉRIORITÉ CHEZ PLATON

L'intérêt de la position de Platon réside dans le fait qu'il associe, dans sa représentation de l'âme, ces deux modèles. Le modèle de l'âme attachée au corps qu'elle anime de l'intérieur s'impose partout où Platon parle du vivant, tandis que celui de l'hôte temporaire d'un corps qu'elle habite en son intérieur apparaît notamment lorsque Platon évoque la réincarnation. Avant d'entrer dans les détails, il convient de situer cette position dans un contexte philosophique déterminé.

Platon défend une doctrine philosophique paradoxale, qui se caractérise par un double renversement. Premier renversement : le monde des choses perçues par les sens, dans lequel nous vivons, n'est qu'une image, celle d'un monde de réalités intelligibles (ou Formes), qui, comme modèles des choses sensibles, constituent la réalité véritable ; à la différence des choses sensibles, les Formes possèdent en elles leur principe d'existence. Second renversement : l'homme ne se réduit pas à son corps, et sa véritable identité coïncide avec ce que nous désignons par le terme « âme » (*République* IV 443c-444a), quelle que soit la définition que l'on propose de cette entité qui rend compte non seulement en l'homme, mais aussi dans l'univers en son ensemble, de tout mouvement aussi bien matériel (croissance, locomotion, *etc.*) que spirituel (sentiments, perception sensible, connaissance intellectuelle, *etc.*). C'est ce double renversement qui, tout au long de l'histoire de la philosophie, a permis de définir la spécificité du Platonisme.

L'intérieur meut l'extérieur.
L'âme comme moteur invisible des corps dans le Timée

L'âme est associée à un corps qu'elle anime et à qui elle procure un mouvement spontané, établissant ainsi une opposition entre vivant et non-vivant, suivant la définition suivante : l'âme est « source et principe de mouvement pour tout ce qui est mû » (*Phèdre* 245c-d). On retrouve là le modèle de l'âme comme moteur invisible d'un corps. L'âme est invisible parce qu'elle se situe à un niveau intermédiaire entre le sensible et l'intelligible. C'est ce que laisse entendre Platon dans deux passages (*Timée* 35a-b, 41d), où est décrit le mélange duquel viennent toutes les âmes, qu'il s'agisse de l'âme du monde, ou de celle des dieux, des démons, des hommes et des animaux. Suivant l'interprétation que je défends, l'âme ne se réduit pas à un processus ou à une activité, c'est une entité autonome qui a une personnalité et une histoire. Il faut prendre au sérieux la « description » du mélange dont proviennent l'âme du monde et l'âme des autres vivants réalisé par le démiurge dans le *Timée*. D'ailleurs, pour rendre possibles la récompense et la punition d'une âme dans le contexte de la métensomatose, il faut bien qu'une entité autonome subsiste lorsqu'intervient la mort, et que cette entité passe d'un corps à un autre.

Cette âme, qui est une entité invisible, est la source de tous les mouvements aussi bien matériels qu'immatériels, ou mieux de toutes les activités externes et de toutes les activités internes d'un vivant. Or entre les deux s'impose la nécessité d'une hiérarchie : les activités externes en effet doivent être subordonnées aux activités internes (*Lois* VI 726a-727a). Qui plus est, à partir de la *République*, cette entité qu'est l'âme et qui se trouve à l'intérieur du corps se trouve elle-même subdivisée entre des fonctions elles aussi hiérarchisées : l'intellect (νοῦς), l'ardeur (θυμός) et l'appétit (ἐπιθυμία). Dans le *Timée*, on trouve ces fonctions attachées à un lieu du corps, mais toujours en son intérieur : l'intellect (νοῦς) se trouve situé dans la tête, l'ardeur (θυμός) dans la région du cœur et l'appétit (ἐπιθυμία) dans la région du foie. Comme les deux dernières fonctions doivent permettre au corps humain de se défendre contre les dangers qui le menacent dans le cas de l'ardeur (θυμός), et d'assurer la survie et la reproduction de ce corps dans le cas de l'appétit (ἐπιθυμία), ces tâches sont subordonnées à celle de l'intellect (νοῦς) qui ne s'intéresse qu'à la connaissance. Bref, l'intériorité chez Platon correspond à l'âme principe de tout mouvement spontané chez un vivant et en l'âme à l'intellect (νοῦς) qui a pour objet non le sensible, mais l'intelligible.

L'extérieur manifeste l'intérieur

Cette représentation de l'âme est valable pour tous les vivants, y compris pour les dieux et les démons, dont le corps est indestructible. Sous les dieux et les démons, il faut ranger les âmes dotées d'un intellect, mais susceptibles d'être attachées à un corps destructible. Ces âmes inférieures sont asservies à la temporalité ; leur existence est scandée par des cycles de dix mille ans imposés par le destin, et faisant intervenir un système de récompenses et de punitions fondé sur la métensomatose, c'est-à-dire le passage d'une âme d'un corps à un autre.

C'est pour rendre compte de son rapport avec un corps mortel que Platon, à partir de la *République*, distingue en l'âme trois espèces, dont la première est immortelle en soi, alors que les deux autres ne jouissent de l'immortalité qu'à la condition que le corps qu'elles régentent soit indestructible. L'espèce immortelle de l'âme, l'intellect (νοῦς), contemple les réalités intelligibles dont les choses sensibles ne sont que les images. Par son intermédiaire, l'homme s'apparente à un dieu, ou plutôt à un *daimôn*. Les deux autres espèces ne sont immortelles que sous certaines conditions. Il s'agit d'une part de l'agressivité (θυμός) qui permet au vivant mortel de se défendre, et d'autre part du désir (ἐπιθυμία) qui lui permet d'assurer son maintien en vie et sa reproduction. Alors que, dans le cas des dieux, dont le corps est indestructible, elles peuvent être dites immortelles, ces deux espèces sont déclarées mortelles, lorsqu'elles se trouvent associées à des fonctions qui permettent d'assurer la survie du corps sensible auquel l'âme est provisoirement attachée.

À la fin de ce premier millénaire, toutes les âmes qui peuvent être associées à un corps mortel tombent nécessairement dans un corps d'homme (ἀνήρ) pour le millénaire suivant (*Phèdre* 248c-e). Dès le début de ce second millénaire, s'instaure donc une hiérarchie qui dépend de la qualité de la contemplation des formes durant le millénaire antérieur. Neuf types d'hommes sont pris en considération, qui peuvent être considérés sous l'angle de la tripartition fonctionnelle. Le *philosophos* ou le *philokalos* qui a choisi pendant trois millénaires une vie droite pourra s'échapper du cycle des réincarnations et remonter dans le ciel. Les autres passeront d'un corps à un autre, à partir du troisième millénaire. Voilà la description que l'on trouve de ce processus à la fin du *Timée* (90e-92c).

La première catégorie de corps évoquée est celui de la femme (γυνή) : entre dans un corps de femme l'homme qui aura fait preuve de lâcheté, la virilité étant attachée à la guerre en Grèce ancienne. Puis viennent des incarnations en différents types de ce que nous appelons « animaux ». Ces derniers sont classés, en fonction des éléments (à partir de l'air, puisque le feu est réservé aux dieux) d'après un ordre vertical. Tout en haut, dans l'air, volent les oiseaux. Puis, ce sont les vivants qui habitent à la surface de la terre. Il s'agit des quadrupèdes, des insectes et des reptiles. Viennent enfin les animaux aquatiques : poissons, coquillages et autres. Ce sont les plus stupides.

Le corps, dans lequel se trouve une âme, illustre donc la qualité de l'activité intellectuelle de cette âme ; bref le corps est un « état d'âme », suivant une expression trouvée par Monique Labrune. Par là, on retrouve le fameux jeu de mots σῶμα – σῆμα pour lequel Platon évoque trois interprétations dans le *Cratyle* :

> En effet, certains disent que c'est le « tombeau » (σῆμα) de l'âme, dans la mesure où elle y est présentement ensevelie. D'autre part, comme c'est par le moyen du corps que l'âme signifie tout ce qu'elle signifie, en ce sens aussi, il est correct de l'appeler « signe » (σῆμα). Mais, selon moi, ce sont surtout les Orphiques qui ont établi ce nom dans l'idée que l'âme purge une peine qu'elle doit payer, et ils tiennent le corps pour une enceinte qui doit la garder (σῴζηται), à l'image d'une prison ; ils pensent donc que le corps est bien, comme son nom l'indique, la garde (σῶμα) de l'âme, sans qu'il soit besoin de rien changer au mot – pas même une lettre (*Cratyle* 400b-c).

Dans le cas du corps, interpréter σῆμα comme « tombeau » résulte d'une surdétermination aisée à comprendre. Un tombeau est un « signe » indiquant que sous la terre se trouve un cadavre ou ce qu'il en reste. Le corps lui est un « signe » indiquant qu'il est animé par un certain type d'âme, une âme qui, parce qu'elle se trouve dans un corps, est morte (symboliquement) jusqu'à un certain point, dans la mesure où elle ne vit pas totalement par et pour son intellect. Et c'est en fonction de la qualité de son existence antérieure que l'âme se retrouve dans tel ou tel corps où pour ainsi dire elle purge une peine. Bref, durant ses vies terrestres, l'âme se trouve enfermée à l'intérieur d'un corps qui est le signe extérieur de sa qualité.

INTÉRIORITÉ ET IDENTITÉ

C'est donc par son âme qui va d'un corps à un autre que l'homme peut prétendre à l'immortalité. Mais alors une question se pose. Qu'est-ce qui est immortel en l'âme, son identité ou sa qualité d'âme ? Il semble bien en effet qu'au bout des dix mille ans que dure un cycle une âme perde tout élément particularisant qui permet de l'identifier pour entrer dans un nouveau cycle : dans cette perspective, c'est l'âme en tant qu'âme qui est immortelle, et non l'âme en tant que support d'une identité.

Par ailleurs, dans le cadre d'un cycle déterminé, est-ce l'âme humaine en sa totalité ou seulement une partie d'elle-même qui est immortelle ? Dans le *Phèdre*, l'âme humaine est, par définition, présentée comme immortelle en sa totalité, alors que dans le *Timée* il semble que seul l'intellect soit immortel (*Timée* 69c-d).

Lorsqu'elle est dans un corps, l'âme, par l'une des activités, à savoir l'intellect (νοῦς), reste en contact avec l'intelligible, qui en définitive permet de définir la qualité de cette âme. En revanche, cette âme a aussi des activités qui doivent lui permettre de s'occuper du corps auquel elle est attachée. Il lui faut assurer la survie de ce corps par l'ingestion de nourriture et de boisson, et assurer sa reproduction. Il lui faut aussi défendre ce corps contre les agressions venant de l'extérieur ou même de l'intérieur. Voilà pourquoi il est besoin de l'ardeur (θυμός) et de l'appétit (ἐπιθυμία). Mais que se passe-t-il quand cette âme se sépare de son corps ? Son activité supérieure reste ce qu'elle est et garde la mémoire de son objet, l'intelligible, tout simplement parce que cet objet est immuable. Pourtant, cette activité de contemplation se trouve qualifiée par le fait que, lorsque l'âme était dans un corps, elle portait plus ou moins d'attention au sensible ; d'où l'application d'un système rétributif. Quand l'âme se détache du corps dont elle assurait le soin, les activités qui étaient les siennes en ce domaine cessent de s'exercer et elle perd le souvenir des objets et des événements associés à ces activités. Cette conséquence découle de la constatation suivante qui est double. Jamais, chez Platon, une âme ne se souvient d'événements empiriques associés à une existence antérieure, comme c'est le cas pour Pythagore ou pour les Pythagoriciens, qui se souviennent d'objets ou d'événements dont ils ont fait l'expérience dans leurs vies antérieures.

C'est en un double sens que l'on peut, me semble-t-il, déclarer « mortelles » ces fonctions que sont l'ardeur (θυμός) et l'appétit (ἐπιθυμία). Certes, parce que ce sont les activités d'une âme, ces fonctions partagent l'immortalité de cette âme ; et le fait qu'elles se retrouvent, dans le *Phèdre*, chez les dieux sans s'exercer montre bien à mes yeux qu'il faut considérer l'âme comme naturellement composite. Mais, par suite de la séparation de cette âme d'avec son corps, ces capacités d'agir et de subir, ces fonctions cessent de s'exercer et aucun souvenir de ce qu'elles ont fait dans le passé ne subsiste ; c'est pour ces deux raisons que l'on peut les qualifier de « mortelles ». Dans cette perspective, la « mort » qui affecte ces fonctions de l'âme humaine que sont l'ardeur (θυμός) et l'appétit (ἐπιθυμία) peut être définie comme un oubli du corps, consécutif à la séparation de l'âme d'avec ce corps.

Dans ce contexte, on se heurte à un nouveau paradoxe. L'identité de l'âme humaine doit se dissoudre dans l'universel, qui est l'objet de l'intellect. Se connaître soi-même, c'est se souvenir non pas d'expériences faites dans le monde sensible, mais de la saisie de l'intelligible. Par suite, se connaître soi-même, c'est dissoudre l'individuel dans l'universel. Se connaître soi-même, ce n'est donc pas faire œuvre d'introspection, mais être capable de juger de la qualité de son rapport avec l'intelligible. À la limite donc, l'individualité d'une âme se définit comme l'écart par rapport à son activité intellectuelle produit par le soin qu'elle doit apporter au corps dont elle a la charge (*Phédon* 79c-d).

CONCLUSION

Trop rapidement, je suis passé de la question de l'intériorité attachée d'abord au corps, puis à cette entité incorporelle qu'est l'âme, pour m'interroger sur l'immortalité dont jouit cette âme, et enfin sur le genre d'identité qu'elle peut connaître. Il est alors apparu que l'identité personnelle et l'immortalité impliquaient comme exigence de se connaître soi-même, c'est-à-dire, dans un contexte platonicien, de connaître la réalité véritable qui est de l'ordre non de l'individuel ou du particulier, mais de l'universel, et de s'y dissoudre. Dans cette perspective, intériorité, immortalité et identité se trouvent être dissociées. Plusieurs siècles de réflexion philosophique et théologique seront nécessaires pour les associer en un ensemble cohérent. L'intériorité, elle aussi, a une histoire.

RICCARDO CHIARADONNA

PLOTINO : IL « NOI » E IL NOYΣ

(ENN. V 3 [49], 8, 37-57)

In Enn. V 3 [49], 8, 37-57 Plotino prende in considerazione la maniera in cui « noi » possiamo conoscere l'Intelletto trascendente e auto-riflessivo (la seconda ipostasi della sua gerarchia metafisica) :

La vita e attività nell'Intelletto[1] sono la luce originaria (ἡ δὲ ἐν τῷ νῷ ζωὴ καὶ ἐνέργεια τὸ πρῶτον φῶς), che risplende originariamente in sé ed è splendore rispetto a sé stessa, luminosa ed illuminata ad un tempo, il vero intelligibile (τὸ ἀληθῶς νοητόν), pensante e pensata, oggetto di visione a sé stessa e non bisognosa di altro per vedere, a sé autosufficiente [40] quanto al vedere – infatti essa è ciò che vede, conosciuta anche da parte nostra per il suo stesso tramite[2], così che la conoscenza di essa da parte nostra si genera attraverso di essa, altrimenti da dove trarremmo la capacità di parlarne ? (καὶ γὰρ ὃ ὁρᾷ αὐτό ἐστι – γιγνωσκόμενον καὶ παρ' ἡμῶν αὐτῷ ἐκείνῳ, ὡς καὶ παρ' ἡμῶν τὴν γνῶσιν αὐτοῦ δι' αὐτοῦ γίνεσθαι· ἢ πόθεν ἂν ἔσχομεν λέγειν περὶ αὐτοῦ;) Essa è tale da apprendere sé stessa

---

1. Reminiscenza di Aristot., *Metaph.* Λ 7, 1072 b 27.
2. Come chiariscono J. H. Sleeman (†) e G. Pollet, *Lexicon Plotinianum*, coll. «Ancient and Medieval Philosophy, De Wulf-Mansion Centre», Series 1, II, Leiden-Leuven 1980, col. 215, *s.v.* γιγνώσκεσθαι (d), αὐτῷ ἐκείνῳ di 8, 42 si riferisce alla luce («*sc.* τῷ φωτί»), ossia la luce originaria intelligibile (τὸ πρῶτον φῶς) menzionata a 8, 37. Nelle loro traduzioni, B. Ham e H. Oosthout rendono pienamente esplicito che i neutri delle linee 8, 37-48 si riferiscono tutti alla «luce originaria» di 8, 37. Come nota Ham, infatti, queste linee non sono altro che l'amplificazione del paragone dell'Intelletto con una luce che vede altra luce (8, 21-22 : *cf.* B. Ham, *Plotin : Traité 49 (V, 3)*, coll. «Les écrits de Plotin» 6, Paris, 2000, p. 170). Una simile interpretazione è assolutamente corretta ed è stata seguita nella traduzione qui proposta. Tuttavia, si deve ben tenere presente che la luce originaria di 8, 37, insieme ai vari neutri delle linee seguenti, altro non sono che una caratterizzazione dell'Intelletto e della sua attività. Per questa ragione, in questo contributo riferirò senz'altro *ad sensum* le asserzioni di 8, 37-48 al *noûs*. Sul trattato V 3 [49] esiste una ricca bibliografia che conta, tra l'altro, ben tre commenti recenti : oltre a quello di Ham citato *supra*, *cf.* W. Beierwaltes, *Selbsterkenntnis und Erfahrung der Einheit : Plotins* Enneade *V 3*, Frankfurt a. M. 1991 ; H. Oosthout, *Modes of knowledge and the transcendantal : an introduction to Plotinus* Ennead *5, 3 [49]*, coll. «Bochumer Studien zur Philosophie» 17, Amsterdam, 1991. In questo articolo darò conto solo in modo limitato della letteratura critica, poiché il mio scopo non è tanto quello di fornire un commento dettagliato del passo tradotto, ma di ricostruire l'argomentazione plotiniana e di metterne in luce i presupposti concettuali ; per questa ragione, saranno limitati anche i riferimenti a passi enneadici paralleli.

più chiaramente [45], mentre noi mediante essa la apprendiamo. Attraverso siffatti ragionamenti, anche la nostra anima si eleva verso questa luce, considerando che sé stessa è un'immagine di essa, sicché la sua vita è come riflesso e imitazione di essa, e, quando pensa, diviene simile a Dio[3] e all'Intelletto (ὅταν νοῇ, θεοειδῆ καὶ νοοειδῆ γίγνεσθαι); se poi qualcuno le chiede come sia quell'Intelletto perfetto e universale, che conosce primariamente [50] sé stesso, l'anima, giunta anzitutto nell'Intelletto e avendo ceduto l'attività all'Intelletto (παραχωρήσασαν τῷ νῷ τὴν ἐνέργειαν)[4], si dimostra allora in possesso di ciò di cui aveva in sé il ricordo. Così mediante l'anima, che ne è immagine, si può in qualche modo vedere l'Intelletto; mediante quell'anima che si è resa più esattamente simile a lui, per quanto una parte dell'anima [55] può pervenire alla somiglianza con l'Intelletto[5].

In 8, 36-41 Plotino caratterizza la vita e l'attività propri dell'Intelletto auto-riflessivo; in 8, 41-44, considera il modo in cui l'Intelletto è un oggetto di conoscenza per sé stesso e per « noi »; in 8, 45-53, prende in esame la condizione della nostra anima e il suo rapporto con la condizione dell'Intelletto (essa è immagine dell'Intelletto, simile a esso; è in grado giungere all'Intelletto possedendolo in sé e lasciandolo agire in sé stessa); infine, in 8, 53-56 Plotino trae le conclusioni: vi è una parte dell'anima che più esattamente si è resa simile all'Intelletto, almeno per quanto può esserlo una parte dell'anima; attraverso di essa possiamo vedere in qualche modo l'Intelletto. Il contenuto generale del passo si può riassumere nelle tre tesi che seguono: (1) l'Intelletto ha un tipo di vita e di attività completo; esso è luce originaria, un pensiero perfettamente auto-riflessivo e non bisognoso di altro; (2) noi possiamo conoscere e parlare di un'entità di tipo siffatto solo in quanto traiamo questa conoscenza da essa (e non da noi stessi); (3) il fatto che la nostra anima possa conoscere e parlare dell'Intelletto trascendente e auto-riflessivo dimostra che essa è di natura simile all'Intelletto; Plotino radicalizza questa tesi fino a sostenere che l'anima (o, meglio, un parte di essa) è capace di stabilirsi nell'Intelletto e di partecipare compiutamente della sua condizione. In generale, l'intento di Plotino è quello di stabilire che la nostra conoscenza dell'Intelletto non si basa sul fatto che noi trasferiamo ad esso *per viam eminentiae* i caratteri della conoscenza e del discorso della « nostra » anima nel suo stato cognitivo ordinario; piuttosto, il fatto stesso che l'anima possa conoscere un oggetto come l'Intelletto auto-riflessivo e parlare di esso indica che l'anima trae da esso questa capacità e può elevarsi fino a condividere il suo modo di essere e di pensare. Questo punto è di notevole importanza e su di esso intendo soffermarmi. In V 3 [49], 8, 41-44, Plotino pone in relazione due termini: da un lato l'Intelletto, dall'altra « noi » che lo conosciamo e ne parliamo. Bisogna in primo luogo chiarire sinteticamente

---

3. *Cf.* Plato, *Phaed.* 95 c.

4. *Cf.* III 4 [15], 3, 12; V 3 [49], 12, 25.

5. Il testo tradotto è quello di H.-S.[2] del quale cito, con varie modifiche, la traduzione di C. Guidelli, in M. Casaglia, C. Guidelli, A. Linguiti, F. Moriani, *Enneadi di Plotino*, coll. « Classici della filosofia », Torino 1997, p. 747-748.

che cosa siano i due termini per poi prendere in esame la loro relazione. Vanno dunque innanzi tutto spiegati brevemente la natura e il modo di conoscenza propri dell'Intelletto auto-riflessivo.

In due testi famosi, Plotino considera le ragioni che inducono a postulare un Intelletto provvisto di conoscenza perfetta, auto-riflessiva (perché non si riferisce a un oggetto esterno a sé) e auto-validante (perché non trae la verità dall'essere conforme a un oggetto diverso da sé) : V 3 [49], 5, 1-48 e V 5 [32], 1, 12-19. Nel primo di questi due passi Plotino considera un argomento che trova un parallelo in Sesto Empirico (*AM* VII 310-312)[6] e riguarda l'impossibilità della conoscenza di sé. Sesto Empirico nota che l'intelletto che conosce sé stesso dovrebbe farlo o come un intero o come una parte, ma nessuna delle due alternative è possibile : se si conosce come un intero, infatti, l'intelletto intero e indiviso che conosce sarà tutto e non vi sarà un oggetto distinto da esso, tale che possa essere conosciuto ; se conosce sé stesso per mezzo di una parte (ossia se l'intelletto è diviso nelle parti A e B e, ad esempio, conosce sé stesso per mezzo di A), ci si dovrà chiedere come a sua volta la parte possa conoscere sé stessa, la qual cosa riporta alla prima difficoltà. La posizione contestata da Plotino in V 3 [49], 5 non è del tutto identica a quella difesa da Sesto Empirico e l'argomentazione plotiniana è molto tortuosa[7]. Comunque sia, la sua conclusione generale è chiara e consiste nel rifiutare che nell'Intelletto le funzioni di soggetto e oggetto siano divise secondo la distinzione del tutto e delle parti ; intellezione e intelligibile sono « lo stesso » (cfr. V 3 [49], 5, 21-23). Che cosa vuol dire precisamente ciò ? Il secondo testo (V 5 [32], 1, 12-19) conduce al centro del problema. In questo passo, Plotino sembra riportare l'obiezione scettica sulla possibilità che la percezione colga gli oggetti esterni a essa : ciò che la percezione coglie è solo l'immagine (εἴδωλον : 1, 18) degli oggetti, mentre la cosa stessa (αὐτὸ τὸ πρᾶγμα : 1, 18-19) resta esterna a essa[8] ; da qui la necessità di postulare che la conoscenza dell'Intelletto trascendente non riguarda oggetti esterni, ma interni a sé. Gli intelligibili (ossia le idee) sono dunque interni all'Intelletto che li

6. Ciò fu già notato da Émile Bréhier : cf. É. Bréhier (édit.), *Plotin. Ennéades*, t. V, texte établi et traduit par É. B., *CUF*, Paris, 1931, p. 37. Più recentemente, cf. D. J. O'Meara, « Scepticisme et ineffabilité chez Plotin », in M. Dixsaut (édit.), avec la collaboration de P.-M. Morel et K. Tordo-Rombaut, *La Connaissance de soi : Études sur le traité 49 de Plotin*, coll. « Tradition de la pensée classique », Paris, 2002, p. 91-103. I testi rilevanti si trovano tradotti e commentati in R. Sorabji, *The Philosophy of the Commentators*, t. I, *Psychology (With Ethics and Religion)*, London, 2004, p. 139-142 (4[a]12-16).

7. *Cf.* W. Kühn, « Comment il ne faut pas expliquer la connaissance de soi-même » (*Ennéade* V 3 [49], 5, 1-17), in M. Dixsaut (édit.), *op. cit.* (n. 6), p. 229-266.

8. Ancora una volta, il parallelo con l'argomentazione scettica fu visto già da É. Bréhier, *op. cit.* (n. 6), p. 85, il quale rinvia a Sext. Emp., *Pyrrh. Hyp.* I 13-15. *Cf.* anche *Pyrrh. Hyp.* I 94 ; II 51 e 72. Discussione in D. J. O'Meara, *art. cit.* (n. 6), p. 95-96.

conosce. Va detto, tuttavia, che l'interpretazione di queste linee è controversa ed Eyjólfur Emilsson ha contestato, con buoni argomenti, che il termine *eidôlon* in V 5 [32], 1, 18 indichi l'impressione soggettiva di oggetti esterni ; « immagine » sarebbe inteso invece in senso ontologico e indicherebbe la forma sensibile e non sostanziale, la quale, secondo Plotino, è immagine dell'essenza reale di un oggetto[9]. Se questa interpretazione fosse vera, in V 5 [32], 1, 15-19 Plotino non starebbe facendo allusione alla differenza tra impressioni soggettive e oggetti esterni, ma alla differenza tra le immagini sensibili e le loro essenze, sostenendo che la percezione non coglie l'essenza degli oggetti, ma solo la loro forma esterna e non sostanziale, immanente ai corpi. Secondo Emilsson, Plotino presuppone qui la sua famosa distinzione tra un'attività « interna » e una « esterna » ; l'attività interna è la « cosa reale », l'attività esterna che procede dalla cosa in sé stessa, invece, è una sua immagine[10]. La sensazione non riguarda ciò che una cosa è, ossia il *logos*, il principio essenziale di natura intelligibile, ma solo l'attività esterna di tale principio formativo[11]. Ciò conduce Emilsson ad alcune illuminanti precisazioni sul motivo in base a cui Plotino difende la tesi del carattere interno degli intelligibili rispetto all'Intelletto universale che li conosce, precisazioni che, mi pare, devono essere accolte anche qualora non si accetti la sua spiegazione di V 5 [32], 1. Alla base dell'argomento di Plotino vi è la distinzione di due tipi di conoscenza (« cognition »). Il primo non possiede l'attività interna degli oggetti appresi : è il modo di conoscenza della percezione, la quale non ha accesso a ciò che gli oggetti realmente sono (giacché la facoltà di senso non possiede le cause intelligibili degli oggetti sensibili), ma si limita a coglierne l'attività esterna, ossia le loro immagini (in senso ontologico). L'altro tipo di conoscenza è invece quello che in V 5 [32], 1 Plotino attribuisce all'Intelletto universale : esso è tale che l'attività che costituisce l'oggetto della conoscenza e l'attività che costituisce il soggetto della conoscenza sono un'unica e identica attività[12]. Per questa ragione, nell'Intelletto non vi sono veicoli di conoscenza (le rappresentazioni) distinti dagli oggetti conosciuti mediante simili intermediari : in qualche modo, nell'Intelletto i veicoli dei pensieri e le cose che

---

9. *Cf.* E. K. Emilsson, « Cognition and its Object », in L. P. Gerson, *The Cambridge Companion to Plotinus*, Cambridge, 1996, p. 217-249, in particolare p. 222. Purtroppo, ho potuto consultare il recente libro di Emilsson, *Plotinus on Intellect*, Oxford, 2007 quando il presente articolo era già stato terminato.

10. Sulla distinzione delle due « attività », *cf.*, tra i molti passi nei quali viene presentata, V 1 [10], 3, 6-12 ; V 2 [7], 2, 27-33.

11. Giustamente Emilsson (*art. cit.* [n. 9], p. 225) sottolinea che questa attività esterna non si può a sua volta presentare come l'attività interna della forma corporea la quale produrrebbe, come attività esterna a sé, la forma percepita. Secondo Plotino la forma sensibile è « morta » e incapace di generare alcunché : *cf.* III 8 [30], 2, 30-32.

12. *Cf.* E. K. Emilsson, *art. cit.* [n. 9], p. 235.

sono oggetto del pensiero devono essere intesi come una sola e identica cosa. Pertanto, la verità di un simile tipo di conoscenza non è data dalla sua conformità rispetto a un oggetto esteriore : i pensieri dell'Intelletto, difatti, sono veri nella misura in cui attraverso di essi è conosciuto qualcosa, ossia questi stessi pensieri. Di conseguenza, l'Intelletto non ha bisogno di dimostrazioni o conferme esterne a sé, ma è manifesto a sé stesso ; la sua verità non si accorda con qualcosa di esterno, ma con sé stessa (V 5 [32], 2, 15-20). In questo modo, ritiene Emilsson, Plotino risponderebbe all'obiezione scettica sulla necessità di fornire una prova per la validità di ogni criterio proposto (cfr. Sext. Emp., *Pyrr. Hyp.* I 115). L'Intelletto auto-riflessivo, infatti, è criterio a sé stesso.

Tale carattere auto-riflessivo e auto-validante dell'Intelletto viene richiamato da Plotino nelle prime linee del passo citato all'inizio di questo contributo (V 3 [49], 8, 36-41). Il secondo dei termini messi in relazione a 8, 41-44 siamo « noi » che conosciamo e parliamo dell'Intelletto. Come è noto, « noi » (ἡμεῖς) ha un uso ben definito nelle *Enneadi*, che trae la sua origine ultima dall'*Alcibiade primo* di Platone (128 e)[13], ma la cui importanza nel pensiero plotiniano non può certo essere spiegata soltanto come un'eredità del testo platonico. A prezzo di qualche semplificazione, si può dire che il pronome « noi » è riferito generalmente (ma non sempre) al modo d'essere dell'anima individuale discorsiva, associata a un corpo vivente e rivolta al sensibile[14]. In tal modo, Plotino intende evidentemente suggerire che quella discorsiva è la condizione nella quale generalmente si trovano gli uomini (ossia, nella quale si trova la loro anima) e che più adeguatamente li caratterizza in quanto tali[15] (la qual cosa, però, non vuole dire affatto né che sia l'unico modo di essere possibile per loro né, men che mai, che sia quello migliore). L'attività del « noi » non è identica alla percezione. In I 1 [53], 7 Plotino sottolinea infatti che la percezione appartiene in primo luogo all'essere vivente, ossia il corpo a cui è presente

13. Per un dettegliato esame della ricezione dell'*Alcibiade primo* in Plotino, rinvio senz'altro ai due recenti commenti del trattato I 1 [53] : G. Aubry, *Plotin : Traité 53 (I 1)*, coll. « Les écrits de Plotin » 7, Paris, 2004 e C. Marzolo, *Plotino : Che cos'è l'essere vivente e che cos'è l'uomo ? I 1[53]*, prefazione di C. D'Ancona, coll. « Greco, Arabo, Latino : Le vie del sapere » 1, Pisa, 2006.

14. Per una sintetica discussione è ancora valido H. Blumenthal, *Plotinus' Psychology : His Doctrines of the Embodied Soul*, The Hague, 1971, p. 109-111. Giustamente C. Marzolo, *op. cit.* (n. 13), p. 161 e 164-175 (*ad* I 1 [53], 10, 1-5 e 11, 4) mette in evidenza che «noi» è talora usato da Plotino non per riferirsi alla nostra condizione cognitiva ordinaria e rivolta al sensibile («l'uomo nella sua esperienza comune»), ma al nucleo superiore e intelligibile dell'anima (l'anima non discesa) : si veda, in tal senso, soprattutto VI 4 [22], 14, 16-21. Per le ragioni che esporrò nel seguito di questo studio, tuttavia, non posso condividere le conclusioni fatte proprie da D'Ancona e Marzolo, secondo i quali Plotino mirerebbe a trovare nell'anima il principio intelligibile dell'individualità.

15. *Cf.* V 3 [49], 3, 26-29.

l'anima (a 7, 4 Plotino usa in modo caratteristico l'analogia della luce per esprimere il modo in cui l'anima, in sé stessa impassibile, è presente al corpo dando luogo al vivente)[16]. È dunque il vivente, non l'anima in quanto tale, che è il soggetto delle affezioni percettive. Tuttavia, noi stessi percepiamo, poiché (come Plotino argomenta in modo piuttosto complesso) la nostra anima non è separata dal vivente, ma è anzi preposta a esso e si trova a capo di esso (7, 15-16). Ciò che qualifica « noi » nel senso più proprio sono « gli atti della ragione discorsiva, le opinioni, le intellezioni ; è soprattutto in questo che noi stessi consistiamo » (διάνοιαι δὴ καὶ δόξαι καὶ νοήσεις· ἔνθα δὴ ἡμεῖς μάλιστα : 7, 16-17, trad. C. Marzolo). È molto importante osservare che, come Plotino afferma in 7, 14-15, simili atti discorsivi traggono origine dalle forme intelligibili (ossia dall'Intelletto auto-riflessivo). In V 3 [49], 3, 8-12 Plotino sostiene che l'anima accoglie i riflessi dell'Intelletto che la illumina ; tali riflessi delle forme sono usati come canone del giudizio. D'altra parte, Plotino afferma chiaramente che, sebbene l'anima tragga dall'Intelletto la sua capacità di giudicare, essa non rivolge la propria attività verso le forme intelligibili, ma verso oggetti esteriori (τὰ ἔξω : 3, 17). Diversamente da quel che accade per l'Intelletto la conoscenza discorsiva è di altro, di oggetti percepiti ; essa non è né auto-riflessiva né auto-validante. Ciò che « noi » siamo è così collocato tra i due poli costituiti dall'Intelletto e della percezione :

> Le attività dell'Intelletto hanno origine in alto, in basso quelle della sensazione, e noi siamo questo, la parte principale dell'anima, in mezzo tra due poteri, uno peggiore e uno migliore ; peggiore è quello della sensazione, migliore è quello dell'Intelletto[17].

Mi pare utile prendere in considerazione alcune interpretazioni recenti di questa teoria[18]. Nel suo recente commento del trattato I 1 [53], Gwenaëlle Aubry sottolinea che la domanda su « che cosa siamo noi » in Plotino è distinta dalla domanda su « che cosa è l'essenza dell'uomo »[19]. Per questa ragione, in I 1 [53] il « noi » si presenta come un soggetto che non è una sostanza : il soggetto prende sé stesso come oggetto di ricerca (cfr. I 1 [53], 1, 9-11) e si ha un'

---

16. Si tratta di un luogo tormentato e variamente tradotto : si veda la rassegna delle soluzioni proposte in C. Marzolo, op. cit. (n. 13), p. 131-132.

17. V 3 [49], 3, 36-40, trad. C. Guidelli. Questo celebre passo è stato ripetutamente commentato dagli interpreti : cf. in particolare P. Hadot, « Les niveaux de conscience dans les états mystiques selon Plotin », Journal de psychologie normale et pathologique 77, 1980, p. 243-265. Più recentemente, cf. P. Morel, « La sensation, messagère de l'âme. Plotin, V 3 [49], 3 », in M. Dixsaut (édit.), op. cit. (n. 6), p. 209-227.

18. Vi è una ricca letteratura sulla concezione plotiniana del « sé » : riferimenti in C. D'Ancona, op. cit. (n. 13), p. 22 n. 76 e C. Marzolo, op. cit. (n. 13), p. 133.

19. Cf. G. Aubry, op. cit. (n. 13), p. 22-32 (La question réflexive). Si veda anche, della medesima autrice, « Conscience, pensée et connaissance de soi selon Plotin : le double héritage de l'Alcibiade et du Charmide », Études Platoniciennes 4, 2007, p. 163-181.

autentica conversione verso la coscienza e la riflessività. Si tratta di una lettura feconda e interessante, rispetto alla quale, tuttavia, non arriverei a esprimere un totale consenso. È indubbio che vi sono elementi nel trattato I 1 [53] i quali (più che in altri scritti plotiniani) vanno nella direzione indicata da Aubry, ed è importante avere attirato l'attenzione su di essi ; tuttavia, esiterei a credere che simili elementi portino a un'autentica teorizzazione del « soggetto riflessivo »[20]. Se, infatti, è vero che Plotino attribuisce al « noi » caratteri come la coscienza e la riflessività, è comunque altrettanto vero essi sono pur sempre concepiti come i caratteri dell'anima, ossia come i caratteri che appartengono a una certa sostanza. Il « noi » è un modo di essere dell'anima individuale ; esso designa l'aspetto dell'anima che costituisce il centro dell'attività psichica. Pertanto il « noi », in quanto modo di essere dell'anima, non può essere considerato indipendentemente dalla sostanza a cui appartiene[21]. È vero che l'anima individuale è una sostanza che include vari livelli e modi di attività ; essa è il soggetto della discesa (mai totale) nel corpo dal mondo intelligibile e della possibile ascesa che, dal suo modo d'essere rivolto al sensibile, la conduce verso la sua parte migliore e intellettuale : « è verso di lui che ascendiamo » (πρὸς τοῦτον ἄνιμεν : I 1 [53], 13, 8). Pertanto, l'anima di ciascuno è capace di ridefinire la sua natura : essa non mantiene sempre lo stesso rapporto tra i diversi aspetti che comprende in sé ; il centro della sua attività può essere sia la facoltà discorsiva (ciò che « noi » principalmente e per lo più siamo), sia, per coloro che hanno compiuto la propria ascesa filosofica, la parte non discesa e intellettuale, la « parte migliore dell'anima » (V 3 [49], 4, 13) che fa pienamente parte del mondo intelligibile e della cui attività ordinariamente non siamo coscienti. Se tutto questo è vero, e se dunque va sottolineato che l'anima è caratterizzata da un intrinseco dinamismo, non ne consegue tuttavia che Plotino teorizzi una sorta di soggetto riflessivo non sostanziale e distinto dall'anima. Il soggetto, infatti, è pur sempre un certo modo di essere dell'anima (ossia di una sostanza) e non mi pare che Plotino faccia astrazione da ciò. Per questo motivo, credo, non va sopravvalutato il fatto che Plotino in I 1 [53], 1, 9-11 si proponga di esaminare « che cosa mai possa essere l'agente della ricerca, quello che compie l'indagine e formula il giudizio intorno a questi interrogativi » (trad. C. Marzolo). Come si chiarisce in I 1 [53], 13, infatti, questa domanda non porta alla teorizzazione di un soggetto riflessivo non sostanziale, ma trova compimento nell'indagine sull'anima, sui suoi livelli e sulle attività che li caratterizzano ; il motivo è, come Plotino afferma nettamente

20. Sui caratteri di questo soggetto riflessivo, che Aubry distingue accuratamente dal soggetto cartesiano, *cf.* G. Aubry, *op. cit.* (n. 13), p. 26

21. Per questa ragione non posso condividere quello che scrive G. Aubry, *op. cit.* (n. 13), p. 30 : « Intermédiaire entre le sensible et l'intelligible, l'animal et le divin, le "nous" plotinien paraît ainsi ne pas avoir d'identité. Il n'est pas une substance, mais une relation, et n'a d'autre identité qu'une double identification possible ».

alla fine del trattato, che noi siamo l'anima (13, 3). In conclusione : è pur sempre l'anima che, mediante alcune delle sue facoltà, prende sé stessa come oggetto della propria riflessione ; non si ha invece un soggetto filosofico riflessivo non sostanziale che prende in considerazione la « sostanza anima »[22].

Non posso condividere neppure l'altra interessante interpretazione del « noi » plotiniano, proposta recentemente, sempre a proposito del trattato I 1 [53], da Cristina D'Ancona e Carlo Marzolo. Secondo questi interpreti, la riflessione di Plotino sull'anima deve essere compresa come una riflessione sul principio dell'individualità di ciascuno. Il « noi », pertanto, è « il soggetto psichico con il quale ci identifichiamo spontaneamente », mentre l'anima intellettuale non discesa dall'intelligibile è « la nostra individualità in senso eminente », l'« individualità non empirica »[23]. Ritengo che si debba restare fedeli all'uso terminologico di Plotino ed evitare di sostituire « noi » con « io » o « individualità » (soluzione scelta invece da D'Ancona e Marzolo, i quali arrivano a designare l'anima intellettuale con la formula « il vero "io, *hèmeis* »)[24]. Più che stabilire qual è il principio dell'individualità di ciascuno, infatti, mi pare che l'esigenza a

22. Il passo che più va a favore della lettura di Gwenaëlle Aubry è, probabilmente, I 1 [53], 11, 6-7, dove Plotino afferma che «noi» disponiamo la parte mediana dell'anima o verso le cose superiori o verso quelle opposte (per i problemi posti dalla traduzione di queste linee, *cf.* C. Marzolo, *op. cit.* [n. 13], p. 166-168 ; G. Aubry, *op. cit.* [n. 13], p. 101). Non penso però che, neanche in questo passo, il «noi» sia esplicitamente teorizzato come un soggetto riflessivo distinto dall'anima ; mi pare piuttosto che Plotino suggerisca che la «nostra» anima sia capace di mutare il centro della propria attività a seconda di dove diriga l'attività della sua parte mediana. Dire che «noi» disponiamo la nostra anima significa dire che la nostra anima dispone sé stessa in un certo modo. Questo, come mi ha fatto osservare Gwenaëlle Aubry *per litt.*, pone però un evidente problema : che cosa nell'anima può essere l'agente del proprio cambiamento ? A mio avviso, la questione non si può risolvere ponendo il «noi» come una sorta di soggetto indipendente dall'anima. Così facendo, si rischia di concepire l'anima come un'essenza, per così dire, statica, la cui organizzazione interna sarebbe data di fatto una volta per tutte, e che deve dunque trovare in altro (nel soggetto riflessivo) il principio della propria trasformazione. Ma questo (direi) significa ragionare in modo più aristotelico che plotiniano, come se Plotino sottoscrivesse il principio *omne quod movetur necesse est ab aliquo moveri*. Ora, in 13, 1-8 Plotino chiarisce che «noi» siamo la «nostra» anima, la quale in quanto anima è dotata di un movimento interno (tesi, questa, evidentemente anti-aristotelica), che è la sua vita (13, 4-5). Il problema della conversione dell'anima verso l'intelligibile va dunque affrontato tenendo conto che l'essenza psichica è intrinsecamente dinamica e tale che gli aspetti (o livelli di attività) che include in sé non mantengono sempre la stessa organizzazione reciproca ; se si considera questa particolare struttura ontologica (che chiamerei di «unità dinamica») non è necessario porre il «noi» come un agente esterno del cambiamento dell'anima.

23. *Cf.* C. D'Ancona, Prefazione, in C. Marzolo, *op. cit.* (n. 13), p. 22-26 ; C. Marzolo, *op. cit.* (n. 13), p. 165. Si veda anche C. D'Ancona et *alii*, *Plotino : La discesa dell'anima nei corpi (Enn. IV 8[6]) ; Plotiniana arabica (Pseudo-Teologia di Aristotele, capitoli 1 e 7; "Detti del sapiente greco")*, coll. «Subsidia Mediaevalia Patavina» 4, Padova, 2003, p. 61-65.

24. *Cf.* C. D'Ancona, *Prefazione*, in C. Marzolo, *op. cit.* (n. 13), p. 26.

cui risponde la riflessione sull'anima in I 1 [53] e V 3 [49] sia quella di comprendere che cosa è ciascuno di noi nella sua essenza, che cosa garantisce per ognuno la possibilità di ascendere al mondo intelligibile a partire dalla condizione cognitiva ordinaria (il « noi » discorsivo) nella quale si trova. Plotino, è noto, pone esplicitamente nel *noûs* gli intelletti dei singoli[25]. Tuttavia, non credo che il suo intento sia quello anti-monopsichistico di dare, attraverso l'anima, un fondamento intelligibile all'individualità di ogni uomo[26]; Plotino non elabora la sua dottrina dell'anima per trovare una risposta alla domanda sul principio dell'individuo in quanto tale («ciò in virtù di cui Socrate è Socrate»)[27]. Il suo intento è, piuttosto, quello di mostrare che la « nostra » anima, la cui attività è ordinariamente rivolta verso i corpi, è un'essenza intelligibile[28] ed ha in sé « qualcosa » (*cf*. IV 8 [6], 8, 3) che non si separa mai dal *noûs*, lo conosce in modo appropriato e condivide il modo di esistenza delle intelligenze che lo costituiscono (modo che non implica la dissoluzione degli individui, ma la loro unificazione in un tutto perfettamente coeso: *cf*. IV 3 [27], 6-8). Per Plotino ogni anima individuale è una sostanza intelligibile e qualcosa di essa non lascia mai l'Intelletto. Questa dottrina non ha la funzione di garantire l'identità permanente di ciascuno e di assicurare la fondazione intelligibile

25. *Cf*. IV 3 [27], 5, 1-14 e il celebre testo di IV 8 [6], 1, 1-11, nel quale Plotino, parlando in prima persona, descrive il risveglio di sé a sé stesso dalla propria condizione corporea e la contemplazione del mondo intelligibile a cui egli è così consapevole di appartenere. Merita un'indagine a parte, che mi propongo di svolgere in uno studio futuro, l'inizio del trattato V 7 [18], *Se esistono idee anche di individui*. Per adesso mi limito a notare che si deve usare molta prudenza prima di ricostruire, a partire da questo trattato, una ipotetica « teoria dell'individuo » in Plotino. Per comprendere l'andamento dello scritto è di cruciale importanza chiarire la sua natura di *quaestio* scolastica che lo accomuna (come molti altri elementi) al trattato immediatamente precedente nell'ordine cronologico (II 6 [17]). *Cf*. R. Chiaradonna, «Ἐνέργειαι e qualità in Plotino. A proposito di *Enn*. II 6 [17]», in W. Lapini (edit.), *Studi in onore di Antonio Battegazzore*, in stampa. C. D'Ancona, « "To Bring Back the Divine in Us to the Divine in the All". *VP* 2, 26-27 Once Again », in Th. Kobusch-M. Erler (unter Mitwirkung von I. Männlein-Robert) (edit.), *Metaphysik und Religion. Zur Signatur des spätantiken Denkens*, coll. « Beiträge zur Altertumskunde » 160, München-Leipzig, 2002, p. 517-565, partic. p. 531-533 ha notato che non si deve cercare in questo scritto una teoria delle idee di individui; il titolo (chiaramente imposto al trattato a partire dal suo *incipit*) è in questo caso fuorviante.

26. Sul problema del monopsichismo in Plotino si veda C. D'Ancona, *Prefazione*, in C. Marzolo, *op. cit.* (n. 13), p. 21-22, che dà conto del dibattito precedente.

27. C. D'Ancona et *alii*, *Plotino : La discesa dell'anima nei corpi, op. cit.* (n. 23), p. 61.

28. In IV 3 [27], 8, 22-30 Plotino contrappone l'individualità intelligibile dell'anima all'individualità « fluida » dei corpi, la cui forma è soltanto un'imitazione dell'essere vero. Qui, però, Plotino non sta indicando nell'anima il principio dell'individualità di ciascuno; piuttosto, egli sta chiarendo che ciascuna singola anima è una essenza incorporea e intelligibile che differisce dalle altre anime proprio in quanto intelligibile, non in quanto associata alla materia. Si tratta dunque di una affermazione sulla struttura ontologica dell'anima individuale, non sul principio dell'individualità del singolo.

dell'individualità (un problema che, per quanto posso giudicare, poco interessava a Plotino)[29]. L'intento è un altro : mostrare la natura intelligibile di ciascuno di « noi » (ossia, di ciascuna singola anima) ; far vedere come sia possibile per l'anima individuale partecipare in modo adeguato al modo di essere e di pensare proprio del *noûs*[30]. L'esigenza a cui Plotino intende rispondere è, dunque, quella di garantire il nostro contatto diretto con il *noûs* e la nostra conoscenza appropriata di esso, non quella di dare base intelligibile alla nostra individualità.

In V 3 [49], 8, 41-44 Plotino enuncia la tesi seguente : se « noi » conosciamo un'entità caratterizzata da un pensiero auto-riflessivo e auto-validante, come quello dell'Intelletto, e parliamo di essa, non possiamo aver tratto da « noi » stessi questa capacità ; essa deve invece provenire dal *noûs*. Se « noi » conosciamo l'Intelletto auto-riflessivo, lo conosciamo per suo tramite ; la conoscenza che ne abbiamo ha luogo mediante esso : γιγνωσκόμενον καὶ παρ' ἡμῶν αὐτῷ ἐκείνῳ, ὡς καὶ παρ' ἡμῶν τὴν γνῶσιν αὐτοῦ δι' αὐτοῦ γίνεσθαι (8, 41-42). Si deve ricordare che l'argomentazione plotiniana di V 3 [49], 5 e V 5

---

29. C. D'Ancona, « "To Bring Back the Divine in Us to the Divine in the All" », *art. cit.* (n. 25), p. 542-545 ritiene che Plotino traesse da Plato, *Phaed.* 115c il problema di spiegare che cosa garantisce l'identità permanente dell'individuo e che la soluzione plotiniana, secondo la quale l'anima intellettuale dà la ricercata fondazione dell'individualità di ciascuno, deriverebbe in ultima analisi proprio da questo passo. In realtà, mi pare che il luogo platonico non raccomandi questa lettura. L'accento nelle parole di Socrate non cade infatti su che cosa lo identifica *in quanto individuo* (e per questo non mi pare del tutto fedele la parafrasi che fornisce C. D'Ancona *et alii, Plotin : La discesa dell'anima nei corpi, op. cit.* [n. 23], p. 61 : « il vero Socrate non è quel corpo che presto sarà un cadavere, ma *l'individuo* che qui e ora sta ragionando », corsivo mio ; sembra d'altronde poco plausibile che Socrate, subito prima di morire, parli ai suoi discepoli del fondamento della propria individualità). Piuttosto, l'accento cade su che cosa Socrate è propriamente nella sua essenza : l'anima intellettuale che sopravvive al corpo risponde a questa domanda (e per questa ragione il « vero » Socrate non è quello che tra poco diventerà cadavere, cosa che Critone non arriva a comprendere), non a quella sul fondamento dell'identità individuale di Socrate (« Socrates' permanent identity also in afterlife », C. D'Ancona, *loc. cit.*, p. 545). In ogni caso, non mi sembra che Plotino usi questo passo platonico per difendere l'esigenza di dare fondazione attraverso l'anima all'identità dell'individuo. Per altro, non paiono esservi molte reminiscenze di *Phaed.* 115 c nelle *Enneadi* : il legame con *Enn.* IV 3 [27], 5, 1-5, richiamato da C. D'Ancona, *loc. cit.*, p. 542 mi pare in effetti tenue e ancor più tenue è quello, a cui fa allusione C. Marzolo, *op. cit.* (n. 13), p. 165, con V 7 [18], 1, 4. Per me non è del tutto chiaro se la menzione di Socrate in questi passi enneadici rimandi proprio al *Fedone* oppure, come accade in moltissimi luoghi da Aristotele in poi (e anche in Plotino : *cf.* per esempio VI 3 [44], 5, 20-22 ; 15, 31-38, etc.) « Socrate » sia solo l'esempio standard di sostanza individuale ; propenderei per questa seconda ipotesi.

30. Giustamente P. Hadot, *art. cit.* (n. 17), p. 247 osserva che nella descrizione plotiniana dello stato intelligibile dell'anima singola l'accento non è messo sull'individualità ma, al contrario, sul carattere universale di questo stato. L'uomo intelligibile è parte di un tutto e partecipa all'universalità auto-riflessiva dell'Intelletto.

[32], 1 è molto efficace nel definire i requisiti di un'entità caratterizzata da un tipo di conoscenza non vulnerabile agli attacchi scettici ; tuttavia, vi è un'evidente obiezione : si può certo dire che, se esiste un'entità caratterizzata dal modo di conoscenza che Plotino attribuisce all'Intelletto auto-riflessivo, allora le obiezioni scettiche sulla possibilità della conoscenza non si applicano ad essa, ma che cosa ci garantisce che una simile entità effettivamente esista ? Non potrebbe essere una semplice nostra invenzione ? Mi pare che l'argomento di V 3 [49], 8, 41-44 fornisca la risposta a un'obiezione di questo tipo : Plotino suggerisce che il semplice fatto che noi concepiamo un'entità capace di conoscenza auto-riflessiva e auto-validante è garanzia del fatto che non si tratta di una nostra finzione. La conoscenza di un Intelletto auto-riflessivo e auto-validante non può essere il prodotto dell'attività del « noi » discorsivo ; se « noi » abbiamo la conoscenza dell'Intelletto e ne parliamo, ciò avviene perché l'Intelletto è causa in noi (ossia nella nostra anima) della conoscenza di esso. Si ha così una sorta di prova ontologica dell'esistenza dell'Intelletto auto-riflessivo : il semplice fatto che noi possediamo la conoscenza di un simile Intelletto comporta necessariamente che esso esista, perché noi lo conosciamo attraverso esso stesso e non potremmo mai avere tratto da noi stessi la capacità di parlare di esso[31] ; Plotino, però, non si limita a dire che, se noi conosciamo e parliamo dell'Intelletto auto-riflessivo, allora la conoscenza che ne abbiamo ha in esso, e non in noi, la sua causa. In V 3 [49], 8, 45-56 egli muove da questa tesi per trarne conseguenze ulteriori : in primo luogo, sostiene che l'anima che pensa l'Intelletto auto-riflessivo si eleva così (« attraverso siffatti ragionamenti » : 8, 45-46) verso di esso, considerando sé stessa come un'immagine dell'Intelletto (8, 48-49). Inoltre, l'anima può partecipare pienamente della condizione del *noûs*, « stabilendosi » in esso, fatta di natura simile a quella di Dio e del *noûs* (8, 48-49 ; 8, 51-52)[32].

L'argomentazione plotiniana di 8, 41-56, ora esposta sommariamente, deve essere esaminata in modo più approfondito per coglierne i presupposti e le implicazioni. Il « noi » discorsivo è intrinsecamente rivolto ad altro, ossia agli oggetti della percezione. Naturalmente, ciò non esclude che la nostra facoltà discorsiva possa rivolgere a sé la sua attività ; tuttavia, anche quando ciò accade,

31. Senza voler in alcun modo forzare i termini dell'analogia, è comunque inevitabile pensare all'argomento sull'idea di una sostanza infinita formulato da Descartes nella III *Meditazione*, § 48 : « ... Quae sane omnia talia sunt ut, quo diligentius attendo, tanto minus a me solo profecta esse posse videantur ». Il fatto che Plotino usi nel suo argomento la prima persona *plurale* mentre Descartes usi (evidentemente) la prima persona *singolare* è assai indicativo della differenza che separa il « noi » discorsivo plotiniano dal soggetto di Descartes.

32. È evidente che ogni analogia con Descartes cessa in questa parte dell'argomentazione plotiniana : Descartes non sostiene certo che una sostanza finita, avendo in sé il concetto di una sostanza infinita, può in qualche modo diventare infinita essa stessa.

l'anima non raggiunge comunque la condizione auto-riflessiva dell'Intelletto[33]. In effetti, la conoscenza di sé dell'anima coincide con la presa di coscienza dei propri limiti cognitivi che la distinguono dal *noûs* : a) essa acquista comprensione di cose esteriori (ossia degli oggetti ricevuti dalla percezione) ; b) una simile comprensione presuppone criteri che l'anima discorsiva non riceve né dalla percezione, né da sé stessa, ma da qualcosa di migliore di sé, ossia l'Intelletto dal quale l'anima accoglie le immagini delle forme (V 3 [49], 4, 14-25 ; *cf.* 2, 16-26) « come caratteri iscritti in lei » (V 3 [49], 4, 22).

Secondo Plotino, però, il « noi » discorsivo non si ferma a questo : esso infatti non si limita a prendere coscienza del proprio carattere derivativo e a postulare, in base agli effetti che ne riceve, l'esistenza di un'entità superiore a sé. Come Plotino afferma in V 3 [49], 8, 41-44, « noi » non solo postuliamo, ma siamo capaci anche di avere conoscenza di che cosa sia questa entità (γνῶσιν αὐτοῦ : 8, 43 ; *cf.* V 3 [49], 4, 19-20). La « nostra » anima non sa solo che essa è limitata e che deve esserci qualcosa di superiore ; sa anche che cosa è e come è fatto il *noûs* (*cf.* 8, 49-50). Il punto che Plotino fa valere in V 3 [49], 8, 41-44, è, come si è già detto, che una simile conoscenza « noi » non possiamo averla creata da noi stessi. La conoscenza positiva di un l'Intelletto auto-riflessivo, i caratteri del quale sono sinteticamente richiamati a 8, 36-41 non può dunque essere il semplice frutto della nostra attività cognitiva[34]. Poiché non vi è omogeneità tra il tipo di pensiero che caratterizza il « noi » in quanto tale e il tipo di pensiero che caratterizza l'Intelletto autoriflessivo di cui il « noi » ha conoscenza, la nostra anima non può aver tratto da sé stessa la conoscenza positiva dell'Intelletto : pertanto, noi lo apprendiamo non mediante ciò che « noi » siamo, ma mediante esso stesso ; il *noûs* è la causa della conoscenza di esso in noi.

V 3 [49], 8, 45-49 segna un ulteriore avanzamento nell'argomentazione di Plotino : dalla tesi secondo noi abbiamo la conoscenza di un Intelletto auto-riflessivo che non possiamo trarre se non dall'Intelletto medesimo, si passa alla tesi secondo la quale, attraverso la conoscenza dell'Intelletto, noi stessi diventiamo simili a esso e la nostra conoscenza diviene di natura intellettuale. Il « noi » discorsivo trasforma così la propria natura ; esso, cioè, arriva a pensare

---

33. Su questo si vedano le giuste osservazioni di C. D'Ancona, «"To Bring Back the Divine in Us to the Divine in the All" », *art. cit.* (n. 25), p. 530.

34. Perché tutta questa argomentazione abbia senso, si deve ammettere che il modo in cui Plotino caratterizza «positivamente» l'Intelletto e il suo modo di pensiero non sia derivato (e derivabile) in alcun modo (neanche *per viam negationis et eminentiae*) dal modo di pensiero del «noi» discorsivo. Si tratta invece, almeno nelle intenzioni di Plotino, di una descrizione di ciò che è il *noûs* in quanto tale. Questo è, evidentemente, un assunto molto discutibile e di tipo analogo a quello secondo cui sarebbe possibile (come Plotino pensa che sia) trattare del mondo intelligibile in accordo ai principi adeguati a esso.

nel modo in cui pensa l'Intelletto intuitivo (8, 48-49 ; 51-52)[35]. Una simile assunzione è aperta a ogni sorta di obiezioni ; quel che importa qui non è tanto difenderne la plausibilità, quanto cercare di capire le ragioni che hanno indotto Plotino a farla propria e passaggi argomentativi con i quali egli la sostiene.

A 8, 45-48. Plotino osserva che « attraverso siffatti ragionamenti (διὰ ... τῶν τοιούτων λογισμῶν) » la nostra anima (τὴν ψυχὴν ἡμῶν) si eleva verso la luce intelligibile e considera sé stessa come un'immagine dell'Intelletto (εἰκόνα θεμένην ἑαυτὴν εἶναι ἐκείνου) sicché la sua vita è riflesso e imitazione della vita del *noûs*. Bisogna anzitutto spiegare a che cosa fa allusione la formula « siffatti ragionamenti ». Il termine « ragionamento » (λογισμός) indica general-mente in Plotino il modo di conoscenza del pensiero discorsivo[36]. Essa deriva dall'Intelletto ed è un'imitazione di esso ; ordinariamente, però, la nostra anima non è pienamente consapevole di questa origine e, sebbene tragga dall'Intelletto le forme iscritte in lei, rivolge la sua attività verso gli oggetti sensibili fino a dimenticare quale sia la sua dignità[37]. Plotino affronta più volte la questione di come l'anima possa mutare il suo modo di essere rivolto al sensibile fino a riappropriarsi della propria natura autentica. Nelle linee considerate qui, egli sembra dare la risposta seguente : l'anima ha in sé la conoscenza di un Intelletto auto-riflessivo e, attraverso una siffatta conoscenza, essa può elevarsi fino a considerare sé per quello che autenticamente è, ossia una immagine del *noûs*.

Mi pare molto probabile che la formula « siffatti ragionamenti » di 8, 45-46 si riferisca alla particolare apprensione, da parte del « noi discorsivo », dell'In-telletto « mediante l'Intelletto », della quale Plotino parla nelle linee immedia-tamente precedenti. La conoscenza di un Intelletto auto-riflessivo posseduta dall'anima appartiene pur sempre a essa, ed è dunque corretto (almeno a un primo esame) designarla con il termine *logismos*. Tuttavia, rispetto alle altre conoscenze del « noi » discorsivo, agli altri *logismoi* propri di esso, la conoscenza dell'Intelletto auto-riflessivo è del tutto diversa : in nessun modo può essere usata come canone dei giudizi sugli oggetti percepiti ; essa non può essere il prodotto dell'attività dell'anima ed è invece l'Intelletto che ne è l'artefice. In virtù della conoscenza dell'Intelletto auto-riflessivo che ha in sé, l'anima ascende così verso il *noûs* : non solo comprende che c'è un Intelletto da cui riceve le forme, ma rivolge a esso la sua attività e vede sé stessa come un riflesso e un'imitazione dell'Intelletto.

---

35. *Cf.* V 3 [49], 4, 10-13 su cui si vedano le osservazioni di W. Beierwaltes, « Le vrai soi. Rétractations d'un élément de pensée par rapport à l'*Ennéade* V 3 et remarques sur la signification philosophique de ce traité dans son ensemble », in M. Dixsaut (édit.), *op. cit.* (n. 6), p. 11-40, partic. p. 22.

36. *Cf.*, per esempio, V 1 [10], 11, 1-5.

37. *Cf.* V 1 [10], 1, 11-17.

Finché l'anima dirige la sua attività agli oggetti sensibili oppure a sé stessa, una simile consapevolezza non le è accessibile : lo diventa allorché essa trova in sé la conoscenza dell'Intelletto auto-riflessivo e comprende che questa è « in lei », ma il *noûs* ne è la causa diretta. È così possibile distinguere tre modi di attività dell'anima discorsiva : (i) ordinariamente, essa è rivolta verso il basso, ossia verso le realtà sensibili e le giudica in base a criteri derivati dall'Intelligibile, senza che però essa sia consapevole di questa origine ; (ii) l'anima può però rivolgere verso sé stessa la propria attività, diventando oggetto a sé stessa e prendendo coscienza dei limiti del suo modo di conoscere : essa è così rinviata a un Intelletto superiore a sé da cui accoglie le forme che usa come criteri nei giudizi ; (iii) infine, l'anima discorsiva rivolge la sua attività verso l'alto : in quanto essa ha la conoscenza di un Intelletto auto-riflessivo, essa trova in sé una conoscenza della quale l'Intelletto è direttamente artefice. L'anima vede così sé stessa per quello che è autenticamente, ossia un'immagine dell'Intelletto ; non giudica più gli oggetti sensibili mediante le forme, ma conosce l'Intelletto mediante l'Intelletto.

Affermare che l'attività della nostra anima si rivolge all'Intelletto, in quanto trova in sé una conoscenza della quale l'Intelletto è la causa, non implica ancora che essa muti la propria natura fino a diventare essa stessa intellettuale. Proprio questo, però, è sostenuto da Plotino a 8, 48-49 : « quando pensa, diviene simile a Dio e all'Intelletto » (καὶ ὅταν νοῇ, θεοειδῆ καί νοοειδῆ γίνεται). Rispetto alle linee immediatamente precedenti, si nota subito un mutamento nel modo in cui è caratterizzato il pensiero dell'anima : dal « ragionamento » discorsivo si passa al pensiero intuitivo (νοεῖν). Il passaggio, nello spazio di poche linee, dal *logismos* al *noûs* è estremamente significativo. Plotino muove di fatto da (a) l'anima ha in sé la conoscenza del *noûs* a (b) l'anima conosce e pensa al modo in cui pensa il *noûs*. (a) e (b) sono presentati come due momenti immediatamente successivi l'uno all'altro, senza che Plotino si preoccupi di spiegare come dal primo si possa arrivare al secondo.

In realtà vi è un punto cruciale, già rapidamente accennato, che dà conto del passaggio da (a) a (b) : « noi » conosciamo l'Intelletto auto-riflessivo non come un oggetto esterno a cui applichiamo la « nostra » maniera discorsiva di pensiero, ma lo conosciamo essendo riempiti da esso (V 3 [49], 4, 3), apprendendolo mediante esso stesso (8, 45). L'Intelletto non discorsivo è l'artefice della conoscenza di esso in noi. Se però le cose stanno così, si deve ammettere che « in noi » si può avere una conoscenza dell'Intelletto non discorsivo omogenea a quella che l'Intelletto non discorsivo ha di sé stesso : non è infatti l'anima discorsiva che impone le proprie categorie all'Intelletto, ma è l'Intelletto che modifica le categorie dell'anima riempiendola della conoscenza di sé[38]. Se ciò è vero, allora non possiamo dire in alcun modo che noi abbiamo conoscenza dell'Intelletto come se si trattasse di un oggetto « diverso » da noi : se noi lo apprendiamo e parliamo di esso, dobbiamo anche ammettere che in qualche modo siamo assimilati a esso. Nel conoscere e nel parlare dell'Intelletto, la nostra anima si rivela essa stessa di natura « divina e intellettuale » (θεοειδῆ καί νοοειδῆ γίνεται). Il *logismos* del « noi » discorsivo rivolto al *noûs* è, in ultima analisi, esso stesso un *noeîn*. Ascendendo al *noûs* e conoscendolo, l'anima trasforma così la propria natura e diventa non discorsiva, intellettuale[39] ; essa è riempita dal *noûs* e lo conosce al modo in cui il *noûs* conosce sé stesso. In questo modo l'anima di ciascuno (o, per meglio dire, l'anima che « più esattamente » si è resa simile all'Intelletto : 8, 55) ha pieno accesso al mondo noetico : essa viene a essere « nell'Intelletto » ; lascia che esso operi in sé (8, 51-52). Ciò non significa, come si è detto prima[40], che noi perdiamo la nostra identità e ci risolviamo in una sorta di Intelletto universale e indistinto : Plotino sostiene invece che l'anima individuale partecipa della condizione delle intelligenze che costituiscono il *noûs*, le quali fanno parte di un tutto perfettamente unificato, dove il « soggetto » e l'« oggetto » del pensiero sono identici, senza che però siano dissolte in una totalità indistinta ; come si afferma in III 4 [15], 3, 22, « siamo ciascuno un cosmo intelligibile » (ἐσμὲν ἕκαστος κόσμος νοητός).

Plotino, come è noto, sostiene che vi sia « qualcosa » nella nostra anima che non è mai disceso dal *noûs*, anche se noi non ne siamo per lo più coscienti perché la « nostra » attività è rivolta al sensibile. L'ascesa del « noi » discorsivo culmina nella completa riappropriazione dell'anima noetica e non discesa (quella che Plotino chiama significativamente il *noûs* in noi : V 1 [10], 11, 6)[41]. In tal modo, al compimento dell'ascesa verso il *noûs*, l'anima intellettuale e non

---

38. In V 3 [49], 9, 20-22 Plotino contrappone esplicitamente il modo in cui l'anima deve « dedurre conclusioni » su come è fatto l'Intelletto, prendendo le mosse della sua ricerca da sé stessa, rispetto al modo in cui l'Intelletto è sempre presente a sé e in cui noi siamo presenti a esso quando siamo rivolti verso di esso. Secondo Plotino, « noi » possiamo perdere l'unione con il *noûs* ; la nostra anima è sempre soggetta a « esteriorizzarsi » e a ridiscendere verso la discorsività : noi non siamo sempre rivolti verso il *noûs* (mentre, ovviamente, il *noûs* è sempre rivolto verso sé stesso). *Cf.* V 3 [49], 4, 26-29 ; 9, 22-23 ; si veda P. Hadot, *art. cit.* (n. 17), p. 258-259 (*ad* V 8 [31], 1-9). Tuttavia, quando lo siamo, la conoscenza che l'Intelletto ha di sé e quella che noi abbiamo di esso per suo tramite non sono di tipo diverso.

39. *Cf. supra*, n. 35.

40. *Cf. supra*, n. 25.

41. Non posso qui soffermarmi su questa fondamentale teoria plotiniana : ne ho fornito un esame più approfondito, con riferimenti testuali e bibliografici, in R. Chiaradonna, « La dottrina dell'anima non discesa in Plotino e la conoscenza degli intelligibili », in E. Canone (edit.), *Per una storia del concetto di mente*, t. 1, coll. « Lessico Intellettuale Europeo » 99, Firenze, 2005, p. 27-49.

discesa, ciò che « noi » siamo nel senso più autentico e di cui ordinariamente non siamo coscienti, diventa il centro dell'attività psichica (*cf.* V 1 [10], 12, 5-10). Rivolgendo la sua attività all'Intelletto e arrivando a conoscerlo in maniera appropriata, fatta tutt'uno con esso e lasciandolo agire in sé, l'anima, come nota Plotino in V 3 [49], 8, 52-53, si dimostra in possesso di quel cosmo intelligibile del quale prima, nella sua attività discorsiva, aveva il semplice ricordo.

Una simile posizione è ovviamente soggetta a molte difficoltà, alcune delle quali sono presenti allo stesso Plotino. Si deve infatti notare la prudenza con la quale, dopo aver descritto il modo in cui « noi » apprendiamo l'Intelletto mediante esso stesso e diventiamo simili a lui, di natura divina e intellettuale, egli aggiunge che « in qualche modo » attraverso la nostra anima intellettuale noi vediamo l'Intelletto, « per quanto una parte dell'anima possa farsi simile all'Intelletto » (V 3 [49], 8, 55-56). Vi sono affermazioni di tono analogo nelle *Enneadi*, che dimostrano una indubbia tensione nel pensiero plotiniano[42]. Da un lato, la parte superiore dell'anima è interna al mondo intelligibile e lo apprende essendo riempita da esso ; dall'altra però Plotino, almeno in alcuni luoghi, esita nel trarre tutte le conseguenze da una simile affermazione e sottolinea l'esistenza di un qualche limite al modo nel quale l'anima si assimila al *noûs*. Anche se di natura intellettuale, anche se collocata nel *noûs* e in possesso degli intelligibili, l'anima infatti è pur sempre una « immagine » dell'Intelletto (8, 54), di grado ontologico inferiore e, dunque, non sembra che il suo modo di essere (anche il modo di essere della sua parte più pura e divina : τὸ ψυχῆς θειότατον, 9, 1) sia senz'altro assimilabile a quello delle forme che costituiscono il *noûs*.

Si tratta di una indubbia difficoltà, che mi pare molto difficile risolvere[43] : piuttosto che proporre una qualche artificiosa soluzione, è forse corretto

---

42. *Cf.*, ad esempio, il celebre inciso *ei mè kathoson anagkè* con cui Plotino qualifica, in V 1 [10], 12, 18-19, la possibilità per la nostra anima di prescindere gli «ascolti» sensibili. Simili qualificazioni hanno una evidente matrice platonica : *cf.* Plato *Phaed.* 65 c, dove si afferma che l'anima ragiona nel modo migliore quando lascia da parte il corpo, non ha comunanza con esso e tende verso l'essere per quanto le è possibile (καθ' ὅσον δύναται ; *cf.* 67 a). Se, però, una simile limitazione si comprende bene nel caso di Platone, per il quale l'anima acquista una piena conoscenza delle cose in sé solo dopo che è stata separata dal corpo con la morte (*Phaed.* 66 e), essa è molto più problematica nel caso di Plotino, per il quale è possibile ricongiungersi alla nostra anima non discesa e avere una conoscenza appropriata degli intelligibili già in questa vita.

43. C. D'Ancona, « "To Bring Back the Divine in Us to the Divine in the All" », *art. cit.* (n. 25), p. 560 sottolinea molto lucidamente il problema : anche se la nostra anima intellettuale si trova nel mondo intelligibile e pensa la totalità delle forme, vi è comunque una diversità tra il modo in cui l'anima individuale si trova nel *noûs* e lo statuto delle Forme. La « soluzione » di questo problema, nota D'Ancona, « lies in that… there are not only Forms in the intelligible realm, but Forms and souls, which are present *en tôi noètoi* through their intellectual part or aspect ». Più che una « soluzione », però, questa mi sembra l'enunciazione della difficoltà.

individuare i motivi che ne danno conto. Mi sembra che su questo punto vi sia una tensione tra l'epistemologia di Plotino e la sua ontologia. Da un lato, infatti, considerazioni di tipo epistemologico lo portano a sottolineare l'intrinsecità dell'anima intellettuale rispetto al mondo noetico ; dall'altra, considerazioni di tipo ontologico lo portano pur sempre a notare lo scarto tra la natura psichica e la natura dell'Intelletto, che è superiore a essa e di cui l'anima è immagine. Credo che ciò spieghi la presenza nelle *Enneadi* di passi in cui Plotino designa l'intelletto individuale come un aspetto dell'anima, insieme a passi nei quali la distinzione tra l'anima e il « suo » intelletto appare molto più netta.

Secondo Plotino, è necessario che la trattazione delle sostanze intelligibili abbia luogo in accordo ai principi adeguati alla loro natura e senza trasferire indebitamente a esse le categorie appropriate alla trattazione del mondo dei corpi (cfr. VI 5 [23], 2, 1-28). Le aporie sulla partecipazione fatte valere contro la dottrina delle forme platoniche dipendono da una errata concezione degli intelligibili come « sensibili idealizzati », che non prende le mosse dai principi appropriati a essi[44]. La tesi secondo la quale « noi » in virtù della parte suprema della nostra anima abbiamo accesso, già nella nostra vita di quaggiù, a una piena e intrinseca conoscenza degli intelligibili è coerente con questo programma, che costituisce uno degli aspetti maggiormente caratterizzanti del pensiero plotiniano. Più di ogni altro platonico antico, Plotino è fiducioso nelle capacità conoscitive dell'uomo, il quale è capace di pervenire a una conoscenza autoriflessiva e autovalidante omogenea a quella con la quale l'Intelletto conosce sé stesso. D'altra parte, come si è appena rilevato, una simile posizione tende rischiosamente a livellare le differenza tra l'anima e il νοῦς, e non è un caso che Plotino esiti talora ad accogliere tutte le conseguenze alle quali condurrebbero i presupposti che egli fa propri[45].

44. Per una discussione più approfondita, *cf.* R. Chiaradonna, « Connaissance des intelligibles et degrés de la substance : Plotin et Aristote », *Études Platoniciennes* 3, 2006, p. 57-85.
45. Sono molto riconoscente a Gwenaëlle Aubry, che ha letto una prima versione di questo studio, per le sue osservazioni critiche, delle quali spero di aver tenuto conto in modo adeguato.

ALEXANDRE SURRALLÉS

INTÉRIORITÉ, CŒUR ET ÂME EN AMÉRIQUE INDIENNE

Il y a cinq siècles, quand le monde des idées en Europe accouchait de ce qu'on a convenu d'appeler la modernité, en Amérique, Cieza de Léon, l'un des premiers chroniqueurs du Nouveau monde, découvre perplexe que, pour les Amérindiens, l'âme n'existe pas. Pour ce qui est des Incas, précise-t-il, l'âme se confond avec le cœur, *songo*, mais il est également immatériel puisqu'il abandonne le corps au moment de la mort. Quel paradoxe, pense-t-il, que si âme il y a, elle soit une partie du corps ! Cieza de León se trouve très loin des centres intellectuels européens, précisément dans les régions australes des dites Indes occidentales, récemment conquises par les Espagnols et incorporées à l'Empire de Charles Quint en tant que Vice-royaumes du Pérou. Mais plus qu'éloigné dans l'espace, le chroniqueur se trouve éloigné des catégories courantes avec lesquelles, en Europe, on organise les rouages de la pensée. Puisqu'il s'agit d'un sujet délicat pour un laïc dans les eaux mouvantes de la dogmatique romaine, Cieza reste peu disert mais il ajoute néanmoins que « les Indiens ne font pas de distinction entre la nature de l'âme et sa puissance »[1]. Il termine, comme pour s'excuser du défi intellectuel que suppose une telle réflexion, en affirmant ne pas

---

1. Voici tout le fragment en espagnol : « El creer que ánima ser [inmortal, según] lo que yo entendí de muchos señores [naturales a quien] se lo pregunté, era que ellos decían [que si en el mundo] había sido el varón valiente y había engendrado muchos hijos y tenido reverencia a sus [padres y hecho p] legarias y sacrificios al Sol y a los demás dioses suyos, que su *"songo"* de éste, que ellos tienen [por corazón, por] que distinguir la natura del ánima [y su potencia] no lo saben ni nosotros entendemos de ellos más de lo que yo cuento, va a un lugar deleitoso, lleno de vicios y recreaciones, adonde todos comen y beben y huelgan ; y si por el contrario ha sido malo, inobediente a sus padres, enemigo de la religión, va a otro lugar oscuro y tenebregoso. En el primer libro traté más largo estas materias ; por tanto, pasando adelante, contaré de la manera que estaban las gentes deste reino antes que floreciesen los Ingas ni de él se hiciesen señores soberanos por él, antes sabemos, por lo que todos afirman, que eran behetrías sin tener la orden y gran razón y justicia que después tuvieron ; y lo que hay que decir de Ticeviracocha, a quien ellos llamaban y tenían por Hacedor de todas las cosas. » (Cieza de León, *Crónicas del Perú. El señorío de los Incas*, Caracas, Biblioteca Ayacucho, 1967, p. 302-303). Voir à ce propos les commentaires de Carmen Bernand et Serge Gruzinski, *De l'idolâtrie. Une archéologie des sciences religieuses*, Paris, Seuil, 1988, p. 31 et p. 130-133.

comprendre davantage que cela. On reviendra plus tard sur la portée de ses remarques. Je me contente pour l'instant de noter que si le chroniqueur renonce à approfondir l'ontologie amérindienne, ce n'est pas seulement en raison de son manque de formation théologique. Les premiers religieux arrivés sur le continent américain eux non plus ne parviennent ni à interpréter clairement les croyances autochtones ni à les traduire convenablement. Convaincus que la première tâche consiste à comprendre le sens des mots, les missionnaires deviennent alors des linguistes et s'attachent à déchiffrer les syntaxes et à compiler la valeur des vocables. Instruits par les grammairiens et les lexicographes des Universités de Alcalá de Henares et Salamanque, et en particulier par le plus célèbre d'entre eux, Antonio de Nebrija[2], les moines se consacrent dès le début de la conquête à l'écriture laborieuse de lexiques afin de traduire en espagnol les langues amérindiennes et d'introduire ainsi un germe d'intelligibilité. Le premier de ces ouvrages en Amérique du sud concerne la langue quechua ; il s'intitule *Lexicon o Vocabulario de la lengua general del Peru*[3]. Il a été compilé par Domingo de Santo Tomás et publié à Valladolid en 1560 seulement soixante ans après l'arrivée de Colomb en Amérique et moins de quatre décennies après l'arrivée des premiers européens dans la région andine. Domingo de Santo Tomás confirme l'intuition de Cieza de León lorsqu'il traduit le terme quechua *sonco*[4] par « âme » et « cœur », mais également par « entrailles ». En effet, dans la partie espagnol-quechua tout d'abord, le mot « âme » (alma en espagnol), « par laquelle nous vivons » selon Domingo de Santo Tomás, est traduit par le terme *sonco*[5].

2. Jose Luis Suárez Roca, *Lingüística misionera española,* Oviedo, Pentalfa Ediciones, 1992, p. 40.

3. Domingo de Santo Tomás (O. P.), *Lexicon o Vocabulario de la lengua general del Perú, por el maestro fray Domingo de Santo Tomás*. Edición facsimilar publicada, con un prólogo, por Raúl Porras Barrenechea, Lima, Instituto de historia, 1951. Réimpression en facsim de l'édition publ. à Valladolid par Francisco Fernández de Córdova en 1560.

4. La transcription des mots ne respecte pas forcément l'orthographe des sources citées. Puisque l'écriture des mots change d'une source à l'autre, j'ai choisi une seule transcription, désormais *sonco,* afin de faciliter la lecture.

5. En réalité Domingo de Santo Tomás (*op. cit.,* p. 35) traduit « âme » par trois termes : *camaquenc, songo* et *çamaynin*. (Alma por la qual vivimos – *camaquenc,* o *songo,* o *çamaynin*). Quelques pages plus loin, il insiste en traduisant par ces trois termes le mot « anima » (p. 40). Laissons de côté l'analyse de termes *camaquenc* et *çamaynin*. Le premier a comme racine «*cama*», *anima* selon Garcilaso de la Vega (*Comentarios reales de los Incas* 1963, p. 43, cité par Gerald Taylor, *Camac, camay y camasca y otros ensayos sobre Huarochirí y Yauyos,* Instituto francés de estudios andinos, Centro Bartolomé de las Casas, Lima, 2000, p. 3-4), considéré comme une des notions les plus importantes et complexes de la religiosité andine. Notons seulement que cette racine est probablement dérivée, selon G. Taylor («La *plática* de Fray Domingo de Santo Tomás», *Bulletin de l'Institut français d'études andines,* 30, Lima, 2001, p. 427-453 : 436-437), d'une proto-base dont le sens serait à peu près : « orienter l'existence vers un destinataire déterminé ». L'évolution postérieure de la racine

Quelques pages plus loin, *sonco* apparaît pour traduire « entrailles d'animal » (asadura de animal) ou « cœur de l'animal » et « cœur de l'arbre ». Dans la partie quechua-espagnole, *sonco* est traduit par « entrailles d'animal », mais aussi par cœur en général, car il n'explicite pas cette fois-ci qu'il s'agit du cœur de l'animal. Le terme *songonac* (littéralement « sans cœur ») est traduit par « sans âme » (desalmado). On retrouve également le terme *sonco* au nombre des expressions qui se réfèrent à la vie subjective, comme la volonté ou le repentir[6].

Un quart de siècle plus tard paraît, en 1586, imprimé à Lima, le deuxième vocabulaire bilingue connu des nos jours sur les mêmes langues, le *Vocabulario y phrasis en la Lengua general de los indios del Perú llamada Quichua y en la lengua española*[7]. Dans ce recueil anonyme le terme *sonco* est traduit par cœur, entrailles, estomac, cœur de l'arbre et est associé à des expressions à connotation émotionnelle, comme « aimer » ou « être agacé », et d'autres à connotation psychosomatique tels que « s'évanouir » par exemple. À la différence du premier dictionnaire, *sonco* n'apparaît jamais pour traduire la notion d'âme, laquelle est traduite par le terme latin *anima* comme s'il s'agissait bien d'un mot quechua.

Ce fait est confirmé dans le dictionnaire de Diego González Holguín, le *Vocabulario de la lengua general de todo el Perú llamada lengua Qquichua o del Inca* paru en 1608[8]. González Holguín traduit *sonco* par « cœur de personne et d'animal »[9]. Le même terme est également associé à une gamme pléthorique d'activités intellectuelles, à l'affectivité et à des processus somatiques de l'être humain, mais, comme dans le dictionnaire anonyme précédent, il affirme que le terme quechua pour « âme » est bien celui *d'anima*. Dans la partie du diction-

---

cama semble réunir deux concepts fondamentaux : celui de totalité et celui d'orientation. Ainsi *camaquenc* se réfère à la source « animante » qui transmet la force vitale à un être ou à un objet afin qu'elle puisse se réaliser. *Çamaynin*, pour sa part, se réfère au souffle ou à l'esprit au sens étymologique.

6. La vie subjective mais aussi d'autres aspects qu'on peut difficilement mettre en relation avec elle comme le verbe « affirmer (mazizar, hacer mazizo) » (Domingo de Santo Tomás, 1951, p. 352). En tout cas, cette association entre âme et *sonco* apparaît dans d'autres textes contemporains du *Lexicon*. Dans la *Plática para todos los indios* attribué également à Santo Tomás, il associe *songo* à âme ainsi que *camaque*. Lorsque les deux apparaissent ensemble, *songonchic camaquenc*, Santo Tomás les glose par « nuestras ánimas (nos âmes), nuestros espiritus (nos esprits) ».

7. Anonyme, *Vocabulario y phrasis en la Lengua general de los indios del Perú llamada Quichua y en la lengua española*. Edición de Guillermo Escobar Risco, Lima, Instituto de historia, 1951. D'après l'édition publ. à Lima par Antonio Ricardos en 1586.

8. Diego González Holguín, *Vocabulario de la Lengua general de todo el Perú llamada lengua Qquichua o del Inca*. Edición y prólogo de Raúl Porras Barrenechea. Instituto de historia, Lima, 1952 [1608].

9. Il se réfère également à *puyhuan* pour parler du cœur, mais seulement celui des animaux (González Holguín, *op. cit.*, p. 461)

naire quechua-espagnol il n'y a pas d'entrée pour *anima*. Que l'on trouve seulement cette correspondance dans la partie espagnol-quechua révèle une incohérence qui montre bien que l'auteur a hésité à considérer ce terme latin comme un terme quechua. Certes, on découvre le terme *ñati* qui est traduit par entrailles et qui est assimilé à *sonco*. Il renvoie à l'étrange proposition de « ce qui est à l'intérieur de l'âme (lo interior del alma) ». Néanmoins on remarque dans le dictionnaire de González Holguín une volonté affichée de distinguer le cœur, le muscle cardiaque, de l'âme.

   Par ailleurs cette opération qui consiste à latiniser la traduction d'âme en langue indigène est loin d'être un cas isolé en Amérique du Sud. Dans le premier dictionnaire bilingue concernant l'autre langue générale du Pérou, *Vocabulario de la lengua Aymara*, publié en 1612, Ludovico Bertonio[10] traduit « âme » tout simplement par « âme », et ceci parce que les indiens « connaissent et emploient déjà ce vocable (porque ya saben y usan de este vocablo) ». Comme González Holguín, Bertonio n'ose pas citer « âme » ou « *anima* » comme un terme aymara dans la partie aymara-espagnol du dictionnaire, même si le terme sert de racine dans plusieurs expressions aymara[11]. Or, de la même manière que dans les dictionnaires quechuas examinés, Bertonio ne peut pas rendre compte de tout ce qui, à ses yeux, concerne l'âme, comme les expressions « âme aveugle » ou « puissance de l'âme » par exemple, sans avoir recours à des catégories autochtones, et en particulier à celle de *chuyma*[12].

   Bertonio traduit *chuyma* par « les viscères, bien qu'il se réfère au cœur, à l'estomac et à presque tout l'intérieur du corps » (los bofes propiamente ; aunque se aplica al corazón y al estómago y a casi todo lo interior del cuerpo). Il ajoute que « le cœur des arbres et des choses, les graines et les pépins des fruits, et tout

10. Ludovico Bertonio, *Vocabulario de la lengua Aymara, compuesto por el P. Ludovico Bertonio, publicado de nuevo por Julio Platzmann...* Edicion facsimilaria. Julius Platzmann, Éditeur scientifique, Leipzig, B. G. Teubner, 1879 [1612].

11. Bertonio introduit l'hispanisme « alma » en aymara lorsqu'il traduit par exemple les phrases espagnoles « souiller l'âme par des péchés (Afear el alma con pecados) » par *Juchanakampi alma q'añuchaña, q'añuchasiña*, « avoir de l'âme ou vivre comme chrétien (Alma tener o vivir como cristiano) » par *Almanijama sarnaqaña*, « animer ou donner de l'âme (Animar, dar alma) » par *Almanichaña*, « veiller l'âme (celar el alma) » par *Alma Jaxsaräsiña*, « gardien de son âme (Celoso de su alma) par *Almapa axsaräsiri* ou encore « entraîner l'âme dans le corps (Infundir el alma en el cuerpo) » par *Janchiru alma apantaña, mantaña, inuqaña, jusquña, l. : janchi almanichaña*.

12. En effet « âme aveugle (Ciego en el alma) » et « mémoire, puissance de l'âme (Memoria, potencia del alma) » sont traduits respectivement par *Juykhu chuymani* et *Chuyma vel amajasiña, amutaña*. En ce qui concerne cette dernière expression, il précise que « avoir de la mémoire ou la puissance de l'âme (tenerla) » est *chuymani, amajasiñani* et en manquer (Faltar) *chuyma chaqhutitu, jayphutitu, chaqitu* ; il ajoute que « en avoir ou se rappeler de quelque chose (Tenerla o acordarse de algo) » se dirait *chuymajanki*.

ce qui concerne l'état d'âme intérieur, bon ou mauvais, vertueux ou vicieux, sont nommés aussi du même mot »[13]. Il présente ensuite une longue liste d'expressions concernant les états d'âme composés par le mot *chuyma*. C'est en effet ce terme qui, converti en racine, sujet ou forme verbale, s'avère très important pour décrire tous les aspects de la subjectivité humaine en aymara, tel que le terme *sonco* en quechua.

Que s'est-il passé entre l'édition du *Lexicon* de Santo Tomás en 1560 et celle du dictionnaire anonyme en 1586 pour que cette association entre âme et cœur disparaisse, comme le confirme l'examen des dictionnaires postérieurs des deux langues de la région andine ?

LES VOCABULAIRES ET LA LANGUE PARLÉE

On pourrait penser que l'impact de l'arrivée des Espagnols au Pérou a représenté un si grand bouleversement dans l'existence des peuples indiens qu'il s'est manifesté jusque dans des changements profonds de la langue. Dans le cas qui nous occupe, on peut imaginer une influence très importante de l'évangélisation sur la définition des notions clés pour la conception de la personne comme celle d'âme. Il se peut donc que la disparition de l'association entre cœur et âme dans les dictionnaires soit tout simplement le reflet de sa disparition dans la langue parlée. On pourrait au contraire envisager que les missionnaires commencent à mieux comprendre les langues amérindiennes et considèrent que *sonco* ne traduit pas correctement l'idée d'âme. Faute d'une notion autochtone plus adaptée, ils ont tout simplement évité de traduire. Cependant quelques éléments nous indiquent que les choses se sont passées autrement. Il se trouve d'abord que *sonco* est souvent employé avec *anima* dans plusieurs textes de catéchèse du XVIIe siècle pour parler de l'âme[14] ; il s'agit certes de textes mineurs, mais qui confirment l'emploi de *sonco* dans la pratique de la langue parlée des indiens. Par ailleurs, on imagine mal comment on peut faire abstraction du rapport entre cœur et âme et continuer à employer *sonco* pour désigner le siège de toute activité subjective comme le montrent les dictionnaires, à profusion. Il nous reste à penser que la disparition du lien explicite cœur-âme répondait plus à un souhait des auteurs des dictionnaires qu'à la réalité de la langue telle qu'elle était parlée. Ces derniers ne pouvaient pas omettre totalement ce lien au moment d'écrire les lexiques sans risquer de dénaturer trop

13. « El corazón de los arboles y de otras cosas. Las pepitas de las frutas. El hueso de los duraznos y otras frutas que le tienen. Todo lo perteneciente al estado interior del ánimo, bueno o malo, virtud o vicio, según lo que le precediere. Y para que se entienda pondremos algunos ejemplos tocantes al cuerpo y al ánimo » (Bertonio, *op. cit.*, p. 94).

14. Gerald Taylor, *art. cit.*, p. 437.

le sens des mots et la consistance de l'ensemble. Les dictionnaires constituent un terrain excellent pour qui se propose d'examiner les rapports de confrontation, d'accommodation et de négociation entre deux univers culturels, en particulier dans le contexte très particulier de l'Amérique du XVIe siècle. Certes ils ont été écrits par des européens qui ont accompagné l'œuvre de la conquête coloniale et, par conséquent, ces lexiques doivent refléter l'asymétrie du pouvoir. Ils exercent comme toute écriture, en particulier dans un monde sans écriture, un effet performatif de normalisation : la langue n'est plus celle parlée par les particuliers, les indiens en l'occurrence, mais celle définie par l'univers discursif du dictionnaire, résultat de l'interdépendance d'un ensemble de définitions logiquement cohérentes. En ce sens, il est possible que les missionnaires décident entre 1550 et 1580 que leur travail de conversion exige une distinction entre âme et cœur ; éliminer la relation directe entre ces deux notions dans les lexiques était alors une manière de la promouvoir parmi les indiens. Or le dictionnaire n'était pas pour les missionnaires un espace où ils exerçaient leur autorité sans contraintes. Dans un lexique on peut mettre en valeur certains termes, diminuer l'importance de notions inconvenantes, manipuler le sens des mots, voire en éliminer. Mais un dictionnaire doit servir à se faire comprendre, dans un sens et dans un autre. En Amérique, à ce moment-là, le prêche se faisait en langue indienne. Les lexiques devaient permettre aux prêtres de proclamer la parole de Dieu et la métaphysique qui va de pair avec elle d'une manière sinon claire du moins persuasive. Ils ne sont ni la glose de la langue parlée, ni l'exposition des notions que les missionnaires veulent transmettre. Les dictionnaires se trouvent à la lisière entre deux sociétés et, en tant qu'outil pratique, expriment d'une façon limpide tous les points de coïncidence, mais aussi les incohérences et les paradoxes de la situation. Ainsi on pouvait supprimer le rapport explicite entre âme et cœur, mais pas toutes les occurrences qui font réapparaître ce lien dans des expressions très diverses qui figurent dans les dictionnaires.

Il n'est pas inutile de noter, à ce stade, que l'espagnol de l'époque, la langue de référence de ces dictionnaires, ne concédait au cœur que peu d'attributs propres à l'âme. Entre les XIIe et XVe siècles, le cœur (« corazón » également appelé « cor » et « cuer » en espagnol jusqu'au XIIIe siècle) était considéré comme l'organe central de la circulation du sang, situé dans la cavité thoracique. Dans un sens figuratif, il pouvait évoquer le courage, la valeur ou l'effort[15]. Certes, jusqu'au XIIIe siècle, le cœur pouvait dans certains contextes évoquer l'esprit ou la pensée, mais au XVe siècle déjà les qualités cognitives étaient déjà associées à la notion d'âme. Nebrija, dans le dictionnaire espagnol-latin, affirme

---

15. Martín Alonso, *Diccionario medieval español : desde las glosas emilianenses y silenses*, s. X, hasta el siglo XV, Salamanca, Universidad pontificia de Salamanca, 1986, p. 786.

en effet que l'âme est le siège de l'entendement, *animus*, et de la mémoire, *mens* (« Alma por la cual entendemos, *animus, i* » et « Alma con que nos recordamos, *mens, tis* »)[16].

Dans les dictionnaires de la langue espagnole qui commençaient à paraître au début du XVIIᵉ siècle, un lien entre le cœur et l'âme est exclu. Le dictionnaire de Covarrubias (1611) considère le cœur comme l'organe originaire dans l'embryogenèse, le premier organe qui se forme, et donc celui qui contient la vie : centre, principe et fin de tout mouvement. La détermination du caractère par le cœur est également évoquée, mais de façon très voilée et plutôt comme une conséquence de son rôle physiologique dans l'organisme. On trouve, comme dans la langue quechua ou aymara, une acception de cœur pour parler du noyau de certains végétaux. De même, on repère quelques expressions qui utilisent le cœur pour parler des sentiments, mais Covarrubias considère qu'il ne s'agit que d'une façon de parler. Pour ce qui est de l'âme, bien qu'on commence à l'employer comme synonyme de conscience ou de personne, on ne lui concède aucune dimension somatique ; on cite Aristote pour affirmer que les choses qui ont une âme vivent seulement grâce à elle et que l'homme vit par son âme rationnelle, source de la conscience et proche de la perfection[17]. Le dictionnaire de *Autoridades*, paru un siècle après celui de Covarrubias, définit le cœur en termes similaires, mais renforce une perspective physique lorsqu'il définit le cœur comme « la partie la plus noble et principale du corps humain et des animaux ; lequel est un morceau de chair dure, qui finit en pointe et se trouve situé au milieu de la poitrine »[18].

Mais revenons aux dictionnaires américains : si *sonco* et *chuyma* continuent à être employés par les indiens et par certains textes de catéchèse du XVIIᵉ siècle comme synonymes d'âme, pourquoi les missionnaires de la fin du XVIᵉ siècle s'inquiètent-ils de cette association dans les dictionnaires, alors qu'elle ne semblait pas gêner l'église auparavant ? S'agit-il d'un problème sémantique, voire linguistique, ou cette association pose-t-elle un problème de nature philosophique, voire théologique ?

16. Elio Antonio de Nebrija, *Dictionarium hispanum latinum o Vocabulario español latín*, Salamanca 1595.

17. *Tesoro de la lengua castellana o española* de Sebastián de Covarrubias Orozco, Madrid, Ed. Castalia, 1994 [1611], p. 66.

18. « Corazón, parte la mas noble y principal del cuerpo humano y de los animales : el qual es un pedazo de carne dura, que termina en punta, y esta situado en medio del pecho » (*Diccionario de autoridades. Real Academia Española*, Madrid, Ed. Gredos, 1990 [1726]).

LE CONCILE DE TRENTE À LIMA

Domingo de Santo Tomás était un frère dominicain originaire de Séville qui arriva au Pérou en 1540 et mena son œuvre évangélisatrice dans les provinces de la côte pacifique. Comme son frère d'ordre, ami et correspondant destiné au Mexique, Bartolomé de Las Casas, la vocation intellectuelle, politique et théologique de Santo Tomás était de persuader de l'universalité de la condition humaine, de convaincre de l'appartenance des indiens à celle-ci et du droit qu'ils avaient, par conséquent, de recevoir de manière pacifique la parole de Dieu[19]. Le sermon intitulé *Platica para todos los Indios* qu'il rédige en quechua en fournit la preuve. Il s'agit d'un des rares témoignages du prêche pré-tridentin qui ait été préservé jusqu'à nos jours grâce à son incorporation comme échantillon de la langue générale dans la grammaire qu'il réalisa[20]. Dans ce sermon, alors qu'il définit la condition humaine en établissant une frontière ontologique qui sépare l'homme des animaux, que les indiens paraissaient adorer, le frère dominicain clame l'universalité du genre humain auquel les indiens appartiennent et annonce la fraternité universelle de tous les humains par leur origine en Adam et Ève[21].

19. Si les dominicains avaient convaincu Paulo III d'édicter la bulle papale *Sublimis reus* (1537) qui admettait la nature humaine des indiens, ils entendaient gagner la controverse de Valladolid (1550-1551) concernant son statut juridique dans le contexte d'une mise en place d'un système de gouvernement colonial et de constitution de la force de travail nécessaire.

20. Domingo de Santo Tomás (O. P.), *Grammática o Arte de la lengua general de los Indios de los reynos del Perú, por el maestro fray Domingo de Santo Tomás*. Edición facsimilar publicada, con un prólogo por Raúl Porras Barrenechea, Lima, Instituto de historia, 1951. Réimpression en fac-sim. de l'édition publ. à Valladolid par Francisco Fernández de Córdova en 1560.

21. Voici deux extraits du sermon à l'appui :

« Mes frères, mes fils, je vous aime comme mes (propres) fils. C'est pour cela que je vous expliquerai les commandements de Dieu, l'auteur de nos jours, afin que vous, ses fils, soyez aimés par lui. Pour ce motif, écoutez bien ce que j'ai à vous dire. Nous autres, tout l'ensemble des êtres humains, ne sommes pas comme les chevaux, les lamas, les pumas ni comme n'importe quel autre animal car, lorsque ceux-là – les chevaux, les pumas ou les autres animaux – meurent, aussi bien leur chair que leur âme meurt aussi. Nous autres êtres humains ne sommes pas ainsi. Lorsque nous mourons, il n'y a que notre chair et nos os qui meurent. Notre âme, notre esprit, notre homme intérieur, ne meurent jamais, ils vivront toujours. »

« Lorsque Dieu, l'auteur de nos jours, eut achevé tout cela, il créa et façonna un homme appelé Adam ainsi qu'une femme appelée Ève. Tous les êtres humains, nous autres [Espagnols], vous [les Indiens du Pérou], les Noirs, les Indiens du Mexique, ceux de la forêt, tout l'ensemble des hommes y compris tous ceux qui devront encore naître, jusqu'à la fin du monde, descendons de ces deux-là. Cet [homme], Adam, et cette [femme], Ève, sont notre origine. Lorsque les descendants de ces premiers parents, les ancêtres de nous autres Espagnols, se furent multipliés, ils allèrent dans notre pays, la Castille. Vos ancêtres vinrent ici dans votre pays. Les ancêtres des Noirs, des Mexicains, de tous les êtres humains qui peuplent la terre jusqu'aux confins du monde, s'éloignèrent [de la terre d'origine] et se dirigèrent tous vers

Contre les tenants de l'immaturité inhérente aux modes d'expression des autochtones, le *Lexicon* et la grammaire quechua qui l'accompagne constituent pour Santo Tomás la preuve que les langues amérindiennes ne sont pas des langues barbares, dans le sens quintilien du terme, c'est-à-dire une langue sans modes, sans temps, sans règles, bref sans structure. Puisqu'une langue sans loi ni ordre reflète un désordre social et mental, présenter la charpente des langues indiennes à travers la description de leur grammaire et la glose de leurs mots prouve la condition rationnelle de l'âme des indiens[22]. Domingo de Santo Tomás souhaite « la conservation des indiens »[23] et s'attache ainsi à une évangélisation qui cherche les correspondances entre deux collectivités, l'européenne et l'amérindienne, similaires en nature et identiques en origine. Les rites et les croyances indigènes sont pour lui l'expression de la même religion, celle des missionnaires. Il adhère sans doute à l'idée qu'il y a eu une évangélisation ancienne réalisée peut-être par les apôtres eux-mêmes. Il faut bien sûr adapter quelques notions, car accepter l'ensemble des rites indiens pourrait signifier reconnaître l'existence historique d'une église parallèle et il n'y a bien entendu qu'une seule église. Mais il s'agit de faire confiance à la pensée indienne et de préserver, dans la mesure du possible, les notions qui la composent[24]. Dans ce contexte, une association entre l'âme et le cœur pouvait être, sinon acceptée, du moins tolérée.

Trois décennies plus tard, le contexte intellectuel est tout autre. L'œuvre de la conquête est en passe de se consolider, un siècle s'est écoulé depuis la découverte par les européens des Indes occidentales et, au Pérou, l'empire Inca n'est plus qu'un puissant souvenir. Une société métisse est en train de se forger et le bouleversement intellectuel qu'avait signifié en Europe la découverte des civilisations amérindiennes et de leurs formes de vie a laissé place au travail fastidieux d'affiner les rouages d'un système social nouveau et de ses hiérarchies implicites. Pour ce qui est des affaires séculières, la nomination du Vice-Roi Francisco de Toledo, le premier gouverneur capable de conduire une politique

des pays différents. C'est ainsi qu'en nous séparant les uns des autres et en allant tous vers des régions différentes, nous sommes arrivés à remplir ce monde d'ici-bas » (Taylor, 2001, p. 443-444).

22. Voir Anthony Robin Padgen, *The Fall of natural man : the American Indian and the origins of comparative ethnology*, Londres, New York et Melbourne, Cambridge University Press, 1982, p. 184 ; voir également Suárez Roca, 1992, p. 247-254.

23. Alfredo Torero, « Entre Roma y Lima. El *Lexicon* Quichua de fray Domingo de Santo Tomás [1560] » dans Klaus Zimmermann (édit.), *La descripción de las lenguas amerindias en la época colonial*, Francfort s.m., Vervuert, Madrid, 1997, Ed. Iberoamericana, p. 271-290.

24. En ce qui concerne l'évangélisation du Pérou durant cette période, voir Juan Carlos Estenssoro, *Del paganismo a la santidad. La incorporación de los indios del Perú al catolicismo 1532-1750*, Lima, Institut Français d'Études Andines (IFEA) et Pontifica Universidad Católica del Perú (PUCP) Fondo Editorial, 2003.

coloniale cohérente et de se doter d'un appareil administratif suffisant pour la mettre en place, a lieu à ce moment-là. La Compagnie de Jésus, qui n'est arrivée au Pérou qu'en 1569, est l'institution chargée de réaliser cette tâche dans le domaine du religieux. Avec la Compagnie arrive José de Acosta, dont l'œuvre rigoriste incarne parfaitement la période, à la manière dont celle de Las Casas symbolise la période précédente. Le jésuite anime le troisième Concile provincial de Lima (1582-1583) qui réunit les évêques, les prélats et les autres autorités ecclésiastiques présents dans la région apostolique du Pérou en vue de fixer les nouvelles dispositions qui doivent désormais gouverner l'évangélisation des indiens. L'esprit de l'époque, en ce qui concerne l'Église romaine, est en effet celui d'un rappel à l'ordre. En fait le IIIe Concile de Lima constitue la réplique sur les terres américaines du Concile œcuménique de Trente que le pape Paul III en 1542 convoque en réponse, entre autres, aux demandes formulées par Luther. Contre les thèses protestantes, le Concile de Trente déclare l'autorité de la Bible et de la tradition, édicte par décret les sept sacrements, confirme l'existence du purgatoire, le culte des saints et des reliques et proclame le dogme du péché originel et sa justification par la foi et les bonnes œuvres ainsi que le dogme de la transsubstantiation. Sur le plan disciplinaire, il crée les séminaires diocésains, destinés à former les prêtres et à les conduire à la vertu. Il faut rappeler que ce Concile se tient sur les terres du Saint Empire car il est voulu par Charles Quint en vue de contrer l'audience, principalement en Allemagne, des thèses réformistes. Le IIIe Concile provincial de Lima, lui aussi sur les domaines de l'Empire, adapte les dispositions que le Concile de Trente édicte aux problèmes particuliers d'évangélisation des Indiens du Pérou. Les conclusions du Concile de Lima, rédigées par Acosta, prônent l'abandon des anciennes méthodes de la première évangélisation et une redéfinition du message catholique rendu plus abstrait et indépendant des pratiques culturelles. Les continuités entre les rites indiens et les pratiques catholiques promues par la première évangélisation sont désormais perçues comme de l'idolâtrie qui a infiltré le message chrétien[25].

Pour revenir à l'association entre l'âme et le *sonco*, on constate en effet que, même si cette dernière notion n'est pas évoquée directement dans les textes que le Concile de Lima a produits, ils introduisent le latinisme *anima* pour désigner l'« âme » afin d'éviter tout emploi d'un concept indigène[26]. C'est ainsi que le

---

25. Juan Carlos Estenssoro, *op. cit.*, p. 461.

26. Ainsi *camaque(n)* a été rejeté bien que le sens d'« âme » lui ait été reconnu (*Doctrina Christiana*, pag. 77ᵛ) et qu'il ait été employé dans ce sens par Santo Tomás et probablement par l'ensemble des prédicateurs pré-tridentins. De même, d'autres notions de l'ancienne religion tels que l'ombre (*supay*), le souffle (*samay*) ou la source « soutenante et animante » (*camac*), *camaque(n)* n'auraient pu être identifiées totalement avec l'*anima* chrétienne sans poser de graves problèmes théologiques. Voir G. Taylor « La Platica Breve de la *Doctrina Christiana* (1584) », *Amerindia* 29, 2000, p. 173-188, en particulier la note 4, et les

dictionnaire anonyme de 1586 traduit âme seulement par « *anima* ». En fait, ce dictionnaire traduit en termes conceptuels et sémantiques les directives décrétées par le Concile. Il n'est pas inutile de noter que cet ouvrage a été l'un des premiers à être imprimés dans le nouveau monde – ce n'est pas un hasard si l'imprimerie a été introduite en Amérique du Sud l'année même du concile Provincial (1583). Les dictionnaires de González Holguín et Ludovico Bertonio sont également le résultat de l'entreprise jésuite qui visait à mettre au clair la philosophie du message chrétien en Amérique comme le montrent la formation et la chronologie concernant ces deux auteurs. González Holguín et Bertonio intègrent la Compagnie de Jésus avant de voyager vers le Pérou dans le même navire, en 1581. Les missions des deux jeunes jésuites étaient bien définies. González Holguín, originaire de la ville de Caceres et formé dans les langues classiques à l'Université de Alcalá de Henares, s'occupe de la langue quechua. Sa première destination est le Cuzco, comme premier pas d'un périple dans la région de l'ancien empire Inca où il a pu apprendre les profondes différences dialectales de cette langue. Pour sa part, Ludovico Bertonio, italien originaire d'Ancona, passe près de trente ans dans la région du lac Titicaca et se consacre à l'étude de la grammaire et du lexique de l'autre langue générale du sud andin : l'aymara. Les dictionnaires de ces deux jésuites sont le résultat de plus de vingt-cinq années de travail au moment où les notions concernant « les choses de Dieu, l'âme, les vertus, *etc.* par lesquelles cette langue est courte »[27] (comme disait González Holguín en se référant au quechua), introduites par les missionnaires, commencent à pénétrer les mentalités. Leurs œuvres, premiers lexiques quechua et aymara du XVIIᵉ siècle, sont le reflet d'une société de plus en plus composite. Elles montrent aussi un savoir-faire en linguistique et sémantique très développé par rapport au *Lexicon* de Santo Tomás. En raison de leur appartenance à la Compagnie de Jésus et de la coïncidence chronologique entre le début de leurs études linguistiques et la célébration du IIIᵉ Concile provincial de Lima, on peut présumer que leur mission a consisté à exécuter les directives arrêtées par la hiérarchie ecclésiastique dans l'enceinte synodale.

Si une mutation dans la philosophie et la pratique de l'évangélisation s'opère suite au IIIᵉ Concile de Lima, il faut encore éclaircir les raisons pour lesquelles les autorités de l'église à Lima entendent décourager l'emploi du terme *sonco*

---

recommandations de traduction, spécialement celle qui concerne le terme *Ruraquéman* traduit par le créateur par José de Acosta (*Doctrina cristiana y catecismo para instrucción de los Indios.* Facsímil del texto trilingüe [red. bajo la dir. de José de Acosta]. Consejo superior de investigaciones científicas, Madrid, 1985 [1584], p. 174).

27. Cité dans Raúl Porras Berranechea, « Introducción », p. XXVI, dans Diego González Holguín, 1952.

comme synonyme de l'âme. Quelles sont les incompatibilités que suscite ce terme en particulier qui justifient qu'il soit évité comme synonyme d'âme ?

L'INEXISTENCE DE L'ÂME

La question peut paraître paradoxale compte tenu de la généalogie des conceptions médiévales que les missionnaires greffent en Amérique. Car, à partir du XIIe siècle, on reconnaît que l'âme peut ne pas être étrangère à toute dimension spatiale, et par conséquent susceptible d'une localisation dans le corps. En effet, le cœur, perçu par les premiers ermites du désert d'Egypte comme le centre de la personne, le point de convergence entre le corps et l'âme, l'humain et le divin, devient le centre de localisation corporelle de l'âme au début du bas Moyen Âge, en concurrence avec la tête, également susceptible d'accueillir la dimension animique. Évidemment, la localisation de l'âme nous entraînerait dans le problème, déclaré mystère insoluble par Augustin, de la constitution de l'âme individuelle et des différentes théories qui se succèdent avant que la scolastique n'adhère à la thèse créationniste selon laquelle l'âme est créée par Dieu lors de la conception de l'enfant et aussitôt infusée dans l'embryon. D'une manière plus générale, cette problématique nous renvoie aux controverses relatives au lien entre le corps et l'âme. En ce sens, le Concile de Trente et la polémique théologique la plus importante qu'il ait abordée, le dogme de la transsubstantiation, n'ont pas été évoqués sans raison. L'édifice scolastique sur lequel se fonde l'argument justificatif du dogme perpétue aux XVIe et XVIIe siècles la conception thomiste du rapport âme-corps inspiré de l'hylémorphisme aristotélicien, conception avec laquelle les missionnaires s'embarquent vers l'Amérique. Loin d'une perspective dualiste radicale du lien entre corps et âme, l'aristotélisme de Thomas d'Aquin puise dans une tradition bien ancrée au Moyen Âge qui conçoit l'attachement du corps à l'âme en termes d'amitié, d'un lien d'attirance affective. L'âme est en effet dotée d'une *unibilitas*, c'est-à-dire d'une aptitude à s'unir au corps. En tout cas, depuis Augustin, le corps n'est plus la prison de l'âme, un vêtement transitoire duquel on doit se débarrasser, conformément à la tradition platonicienne d'auteurs du Haut Moyen Âge comme Boèce par exemple. Pour Thomas d'Aquin, en effet, l'âme n'est plus une entité autonome associée au corps, mais la forme substantielle du corps lui permettant une existence individuée. L'articulation entre l'âme-forme et le corps-matière apparaît chez Thomas non seulement comme absolue, mais comme nécessaire à la plénitude de l'être humain et à la perfection de l'âme elle-même, incapable d'accomplir ses fonctions cognitives sans la dimension sensible que lui offre le corps[28]. On pourrait penser que la perspective thomiste de l'interdépendance du corps à l'âme pouvait assimiler une traduction de l'âme par *sonco*. Or, si Thomas organise son anthropologie selon l'hylémorphisme, c'est pour mieux saisir les moyens par lesquels l'âme se constitue comme hiérarchiquement supérieure au corps, opération qu'une très grande autonomie des deux instances pouvait rendre plus difficile à réaliser. Tout comme le rapport de Dieu à l'homme ou de l'Église à la société, l'âme est unie au corps, mais afin d'englober ce dernier. L'aristotélisme permet en effet à Thomas de dire que c'est plutôt l'âme qui contient le corps, comme la forme contient la matière, cet englobement du corps par l'âme permettant l'avènement d'un corps glorieux, modèle idéal de la personne chrétienne. C'est ainsi que pour les missionnaires jésuites du XVIe siècle, qui trouvaient dans l'hylémorphisme le dernier rempart théorique contre la réplique protestante, le cœur-âme des amérindiens entraînait de graves inconvénients. Car il est probable que pour les amérindiens le cœur ne constitue pas seulement le siège de l'âme, mais l'âme elle-même. Pour les missionnaires, l'âme pouvait à la limite se situer dans le corps, mais elle ne pouvait en aucun cas se confondre avec lui. Plus grave encore serait de croire que cette confusion de l'âme avec le corps que la pensée amérindienne semblait présenter pouvait entraîner l'idée que l'âme soit dans une relation de dépendance causale du corps, c'est-à-dire dans un rapport de hiérarchie inversée selon laquelle le corps pouvait dominer l'âme. Cette possibilité ne met pas seulement en cause les principes de l'anthropologie scolastique, mais symbolise également un défi adressé à l'ascendant de la souveraineté religieuse sur les autorités séculières à un moment historique où la papauté peine à imposer sa direction sur les affaires terrestres. Le pouvoir de l'église ne permettra en ce sens aucune ambiguïté et l'Inquisition rappellera ce message dans le monde hispanique. Ainsi, par exemple, le médecin et philosophe ibérique Huarte de San Juan, contemporain des missionnaires jésuites, sera sèchement censuré pour avoir affirmé que l'âme se trouve dans le cerveau et que la pensée possède par conséquent un fondement organique. Les paragraphes expurgés de son œuvre *Examen de ingenios para las ciencias* (1575) montrent que l'inquisiteur ne pouvait pas tolérer la proposition d'établir une continuité substantielle entre le corps et l'âme qui aurait révélé la dépendance causale de l'esprit par rapport à la matière[29]. Si l'association de l'âme avec le cœur

---

28. J'ai tiré l'essentiel de ce que je dis du rapport âme-corps au Moyen Âge de Jérôme Baschet, «Âme et corps dans l'Occident médiéval: une dualité dynamique, entre pluralité et dualisme», *Archives des Sciences Sociales des Religions,* 2000, p. 5-30 :15. Sur la relation corps-âme dans le Moyen Âge et la conquête du Nouveau Monde, voir également le chapitre 4 de la Seconde partie de Jérôme Baschet, *La civilisation féodale : de l'an mil à la colonisation de l'Amérique*, Paris, Flammarion, 2006.

29. Voir Mauricio de Iriarte, *El doctor Huarte de San Juan y su Examen de ingenios*, Madrid, CSIC, 1948 et Jose Biedma, «El poder de la imaginación y la fecundidad del

qu'établissent les langues indiennes représente pour le IIIe Concile de Lima le
même problème que posait à l'Inquisition la philosophie moderne de Huarte, on
serait face à un savoureux paradoxe. Car ce dernier affirme que la science du
XVIe siècle considère en effet le cerveau comme siège de l'âme rationnelle par
opposition à la croyance qui désigne le cœur comme l'organe supérieur. Considéré par Noam Chomsky[30] comme un cartésien avant le lettre et un précurseur de
sa théorie linguistique pour son innéisme rationaliste et pour avoir été le premier
à voir la pensée humaine comme une puissance générative, Huarte représente la
modernité contre l'église, laquelle représente la modernité pour les Indiens.
L'église poursuit ces philosophes modernes qui considèrent en Europe le cerveau
comme centre animique, et donc siège de la raison, alors que les prêtres et les
philosophes sont d'accord pour contester l'emploi en Amérique du cœur comme
synonyme de l'âme chez les indiens : l'ontologie amérindienne avait décidément
tout l'Occident contre elle.

Or il se peut que la confusion de l'âme et du corps, ou encore la prééminence
de ce dernier, ne constituent pas les seules incompatibilités, ni les plus graves,
que le cœur-âme amérindien oppose aux théologiens. Revenons à la remarque de
Cieza de León sur laquelle on a commencé ce texte : « les Indiens ne font pas de
distinction entre la nature de l'âme et sa puissance ». L'affirmation du chroniqueur n'est pas exempte d'une certaine ambiguïté. Il peut vouloir dire en effet
que les autochtones confondent l'âme avec le corps, car la « puissance de l'âme »
n'est pas autre chose que le corps selon la perspective aristotélicienne en usage.
Comme on l'a vu, cette idée est fâcheuse, mais le fait que l'âme possède la
même constitution que les choses corporelles ou qu'elle soit immatérielle ne
gêne pas trop les théologiens. Il faut rappeler que la pensée classique chère aux
missionnaires possède nombre d'exemples d'auteurs tels qu'Anaximène, Héraclite ou Démocrite pour lesquels l'âme est composée respectivement d'air, de feu
ou d'atomes sphériques pouvant pénétrer facilement le corps et le mettre en
mouvement. Si les amérindiens se revendiquaient comme matérialistes, la
scolastique tardive que les missionnaires délocalisent en Amérique avait les
moyens épistémologiques de saisir les notions autochtones et de tenter de les
réformer, comme on l'a déjà noté. Car, au bout du compte, aussi bien la
perspective matérialiste que son contraire considèrent, dans la tradition philosophique, l'âme comme une entité à part entière, une réalité en soi, indépendante

---

entendimiento en el *Exámen de ingenios para las ciencias* dans Véronique Duché-Gavet
(édit.), *Juan Huarte au XXIe siècle. Actes de colloque*. 2003, Anglet et Paris, Atlantica, p. 213-
235.

30. Noam Chomsky, *La linguistique cartésienne : un chapitre de l'histoire de la pensée
rationaliste*, trad. Nelcya Delanoë et Dan Sperber, Paris, Seuil, 1969, p. 21, n. 9, et Noam
Chomsky, *Le langage et la pensée*, trad. Louis-Jean Calvet, Paris, Payot, 1970, p. 22-24.

de tout autre phénomène ; autrement dit, l'âme reste dans tous les cas une substance, en termes aristotéliciens, qui englobe l'ensemble des activités psychiques ou spirituelles. Or il se peut que Cieza de León insinue une idée beaucoup plus troublante, le fait que les amérindiens n'isolent pas l'âme comme une substance à part. Car il se réfère dans son texte non simplement à l'âme, mais à « sa nature ». L'idée dérange, car la reconnaissance de la réalité de l'âme, le fait qu'elle soit inscrite dans le corps, et même confondue avec la matière, est le seul socle permettant d'ancrer les valeurs associées aux activités spirituelles ou psychiques de l'homme. Sans le fondement qu'apporte une notion d'âme toute stabilité concernant ces valeurs s'effondre ; s'écroule également toute garantie permettant de postuler que les activités propres à l'âme seraient les plus essentielles, transcendant l'homme et le monde pour devenir les principes qui créent, harmonisent ou encore gouvernent le cosmos. Sans une reconnaissance de la réalité de l'âme, un abîme d'incompréhension s'ouvre pour les missionnaires, incrédules à l'idée de voir tout l'arsenal conceptuel développé durant des siècles devenir parfaitement inutile ; pour la mission, un monde dépourvu d'âme devient un monde dépourvu de sens.

AUX SOURCES DE L'ANTHROPOLOGIE

Des termes très similaires à *sonco* ou *chuyma* apparaissent dans les documents des XVIe et XVIIe siècles rédigés dans d'autres langues amérindiennes. C'est le cas pour la première langue objet d'étude du continent, la langue nahuatl parlée par les aztèques du Mexique. On sait, par l'étude de quelques textes écrits, qu'on employait le terme d'origine préhispanique *neyolmelahualiztli* pour désigner un rite ancien de purification, officié par un spécialiste religieux du culte de la déesse Tlazoltéotl, dans lequel les pratiquants expriment les transgressions qu'ils ont commises, en particulier d'ordre sexuel. L'analyse étymologique du terme autorise à penser que le sens original est celui de « action de dresser les cœurs des gens », car *yol* se réfère au cœur et d'une manière générale aux entrailles. *Yol* est également le siège de tous les états subjectifs sans distinction apparente entre états mentaux ou physiques, passions ou raisons. Dans l'épilogue à la deuxième édition du *Confesionario breve* (1569)[31], le franciscain Alonso de Molina, premier linguiste du nahuatl, utilise le terme *neyolmelahualoni* pour traduire l'idée de confession chrétienne. Si l'on considère que la conjonction des particules – *lo* et – *ni* évoque la notion d'instrumentalité, le sens littéral du terme inventé par Alonso de Molina est celui

---

31. Le P. Alonso de Molina (O.F.M.), *Confesionario breve en lengua mexicana y castellana*, compuesto por el muy… R. P. Fray Alonso de Molina, En casa de A. de Espinosa, Mexico, 1565.

d'« instrument pour redresser les cœurs des gens ». Il établit ainsi un lien entre ce rite préhispanique et la confession chrétienne, alors même qu'il pense que le parallélisme est en fait très faible[32]. Il introduit également un lien entre le cœur *yol* et l'âme chrétienne puisque c'est l'âme qui se purifie dans la confession. Alonso de Molina lui-même, comme auteur du premier dictionnaire d'une langue amérindienne jamais publié *El vocabulario en lengua castellana y mexicana* imprimé en 1555[33], insiste pour traduire « alma o anima » par *teyolia* ou bien *teyolitia*, c'est-à-dire « mon cœur », puisque *te* est un possessif et que *yol* signifie cœur, comme l'indique le dictionnaire lui-même. Il introduit toutefois un néologisme dans la langue mexicaine, celui de *teanima* (*te* possessif nahuatl et *anima* latine). Cette double traduction met en évidence le profond dilemme qui traverse les missionnaires : convenir d'un terme autochtone pour les notions fondamentales de la théologie chrétienne ou bien se conformer à la langue hispanique qui garantit la pureté du message évangélique. En ce qui concerne le nahuatl, la perspective restrictive semble s'imposer dans les dictionnaires postérieurs, puisque la correspondance entre *yol* (cœur) et la notion d'âme y disparaît au bénéfice de *teanima*, tout comme a disparu des dictionnaires le terme quechua *sonco* pour parler de l'âme.

Des termes homologues à *sonco*, *chuyma* et *yol* apparaissent dans les sources coloniales hispaniques d'autres langues américaines. Par exemple le terme *ol* de la langue maya de la péninsule du Yucatán qui apparaît dans le dictionnaire anonyme de Motul du XVIe siècle ou dans le dictionnaire anonyme de Vienne du XVIIe siècle ; plus au sud, *puyquy* en chibcha, langue parlée par les Muiscas dans la région où se trouve aujourd'hui Bogotá, dans un dictionnaire anonyme du début du XVIIe siècle ; plus au sud encore le terme *neãng* de la langue guarani de l'actuel Paraguay, décrite par les missionnaires jésuites au XVIIe siècle, pour ne citer que trois exemples provenant de régions éloignées, mais concernant les autres langues les plus importantes à l'époque, du point de vue démographique. Dans la plupart des exemples historiques, ces termes en rapport avec le cœur sont associés à la vie animique d'une façon souvent bien explicite, encore qu'en général on finisse par éviter, non sans hésitation, de les traduire par âme, comme cela a été le cas pour les exemples quechua, aymara et nahuatl décrits auparavant. Si la riche polysémie à laquelle sont associés ces termes, en ce qui concerne la vie subjective, permet également de les traduire par intériorité, aussi bien mentale que physique, peut-on conclure que dans l'Amérique indienne préhispanique et coloniale l'intériorité est organique ? Peut-on considérer que

32. Miguel Leon-Portilla, « Estudio preliminar », dans Alonso de Molina, *Vocabulario en lengua castellana y mexicana y castellana*. Fac-sim. de l'éd. de México, En casa de Antonio de Spinosa, 1571, Mexico, Ed. Porrua, 1992 [1571].

33. Alonso de Molina, 1992 [1571].

l'intériorité désigne le cœur physiologique, voire les entrailles ? Peut-on affirmer, comme Lopez Austin, que « rien n'indique, dans la pensée mésoaméricaine, qu'il y ait une dichotomie entre le corps et l'âme », que « la matérialité des entités animiques est, selon la pensée indigène, bien attestée »[34] ? Ou bien faut-il penser que la notion même de matérialité, dans la dualité nécessaire qu'elle entraîne par rapport à la forme ou encore l'idée, ne perpétue pas un héritage philosophique, celui du corps et de l'âme, qui est en fait inadapté pour rendre compte d'un cœur à la fois âme et organe ? Si l'anthropologie possède les moyens gnoséologiques pour décrire la localisation corporelle de l'âme, est-elle équipée pour rendre compte de son intégration au cœur ? Est-elle préparée pour décrire l'inexistence de l'âme ?

Garcilaso de la Vega, moins d'un siècle après Cieza de León, considère comme naturelle la réalité d'une dualité entre corps et âme chez les Incas. Dans les *Comentarios reales*, ce chroniqueur parfaitement bilingue définit *pachacamac*, le créateur pour les indiens du Pérou, comme celui qui « anime le monde entier ». En effet *pacha* signifie univers et *camac*, le participe présent du verbe *cama*, animer. Afin d'expliquer sa traduction, il ajoute que *pachacamac* serait « celui qui fait avec l'univers ce que l'âme fait avec le corps »[35]. Pour ce fils de conquérant espagnol et d'une princesse Inca, qui revendique son double héritage culturel, la notion de personne chez les Indiens ne peut être déjà conçue en dehors de la dualité du corps et de l'âme. Certes, Garcilaso de la Vega se réfère également au cœur, mais pour lui conférer seulement une fonction cognitive minimale associée à la mémoire, c'est-à-dire en rien comparable aux puissances de l'âme pour un catholique exemplaire comme lui[36]. Il est possible que Cieza soit un observateur plus perspicace d'une culture Incaïque qu'il a connue moins influencée par la colonie ; il est certain que ses observations sont moins dénaturées par une formation philosophique que lui, à la différence de Garcilaso, ne possède pas ; mais il est également vrai qu'une nouvelle approche de la notion de personne semble s'imposer vers la fin du XVIe siècle, qui laisse peu de place à des spéculations anthropologiques fondées sur d'autres prémisses que sur la grille de la dualité corps-âme et tout ce qu'elle entraîne.

Aujourd'hui, la dimension animique des termes *sonco* ou *chuyma* a disparu des langues quechua ou aymara. Le cœur est employé, comme en espagnol, pour parler de l'amour dans tous ses états, en particulier dans les chansons et les poèmes. On l'emploie également pour parler de l'amour qu'on éprouve pour

---

34. Alfredo Lopez Austin, *Cuerpo humano e ideología : las concepciones de los antiguos nahuas*. Vol. I. Universidad Nacional Autónoma de México, Instituto de Investigaciones Antropológicas, Mexico, 2004, p. 8.

35. Cité dans Carmen Bernand et Serge Gruzinski, *op. cit.*, p. 130-131.

36. Voir *Ibidem*, p. 130-133.

Dieu. Le vœu des missionnaires du IIIe concile de Lima d'extirper l'âme de l'intérieur du cœur amérindien est aujourd'hui une réalité, bien qu'elle ait pris quelques siècles à se concrétiser. Si la continuité entre corps, cœur et âme a disparu des langues qui ont subi, en première ligne, l'impact de la colonisation et de l'évangélisation, elle persiste actuellement dans les langues amérindiennes des groupes qui se sont maintenus plus isolés. J'ai étudié ce phénomène chez les Candoshi de l'Amazonie péruvienne où j'ai réalisé mon terrain ethnographique[37]. Or la même configuration apparaît chez d'autres peuples amazoniens. On la retrouve également dans les lexiques de tout le continent, du Chaco argentin à l'Amérique du nord. Malgré son extension et son importance, le rôle du cœur dans l'ontologie a très peu retenu l'attention de l'ethnographie américaniste, bien qu'elle se soit beaucoup intéressée au corps, à l'âme et à la notion de personne en général[38]. On dit que les missionnaires qui sont arrivés en Amérique au XVIe siècle ont jeté les bases du programme scientifique de l'anthropologie. Il n'est pas impossible que ce programme contienne, en même temps, la dualité du corps et de l'âme, qui n'est autre que celle de la nature et la culture fondatrice de l'anthropologie contemporaine[39], de sorte que la signification de la notion du cœur, à cheval entre les deux instances, n'ait pas pu être perçue par l'*épistémè* de la discipline.

37. Alexandre Surrallés, *Au cœur du sens : perception, affectivité, action chez les Candoshi*, préf. Philippe Descola, Paris, CNRS Éditions et Éditions de la Maison des sciences de l'homme, 2003.

38. Peut-être pour avoir travaillé sur les premières sources écrites produites dans le continent, peu prisonnières encore de la grille épistémologique moderne, seuls les auteurs de la doctrine nahua de la personne semblent avoir compris la portée du phénomène. Ainsi, Leon-Portilla considère que le cœur constitue, avec la notion de visage, l'élément principal de la notion de personne des indiens du Mexique au moment de l'arrivée des Espagnols. Le visage concerne la définition de la personnalité sociale, ce qui confère à chaque homme, par l'éducation, son caractère particulier. Mais la volition, la force qui agite le visage pour ainsi dire, vient du cœur, terme qui en langue nahua a la même racine que le vocable *ollin*, mouvement. Le cœur est le principe qui confère à la personne son caractère dynamique, sous les aspects d'un élan intérieur ou d'une source d'énergie (Leon Portilla, *La pensée aztèque*. Paris, Seuil, 1985, p. 164-167). Lopez Austin concède également que le cœur est, d'après les sources écrites léguées par Bernardino de Sahagún, le centre animique par excellence de la notion de personne nahua (Lopez Austin, *op. cit.*, p. 207).

39. Philippe Descola, *Par-delà nature et culture*, Paris, Gallimard, 2005, p. 105-131.

ISABELLE KOCH

« *INTERIOR INTIMO MEO* ».
Y A-T-IL UNE INTÉRIORITÉ DE L'INTÉRIORITÉ
CHEZ AUGUSTIN ?

L'intériorité n'a pas toujours été celle d'un sujet, et le soi ne s'est pas toujours pensé comme intériorité. Cependant, ou sans doute pour cela même, une histoire de l'intériorité ne peut que s'intéresser aux modalités selon lesquelles s'est construite l'alliance entre subjectivité et intériorité[1]. Si l'on accorde une importance décisive à cette construction, alors on doit également accorder beaucoup d'intérêt à l'usage augustinien de la notion d'intériorité.

L'intériorité est un thème massivement présent dans l'œuvre augustinienne ; c'est aussi un thème peu homogène. Il tire son importance de l'influence de sources diverses – principalement : la démarche du « retour en soi-même » que recommande la conversion néoplatonicienne, et l'assignation paulinienne de la vérité à « l'homme intérieur ». Pourtant ce n'est pas cette diversité d'inspiration qui rend peu homogène le thème de l'intériorité chez Augustin ; au contraire, lisant les néoplatoniciens en les confrontant à l'Écriture et en validant ou infirmant leurs thèses par cette confrontation, Augustin se donne les moyens de considérer que l'intériorité néoplatonicienne et l'intériorité paulinienne expriment une seule et même vérité. Cette vérité commune, selon lui, est l'identification du « moi » véritable à la raison humaine, en tant qu'elle a besoin d'un fondement métaphysique qui lui donne à la fois son être et les principes de son activité propre (le jugement). Fondement de l'existence et de l'activité de ma raison, Dieu est donc au cœur de mon intériorité, ce qu'Augustin exprime dans une formule aussi célèbre que paradoxale, qui définit Dieu comme « *interior intimo meo* ».

Mais cette conception métaphysique de l'intériorité n'est pas la seule chez Augustin. On en trouve une autre, qui consiste à appliquer les critères de l'intériorité maximale, élaborés à propos de Dieu, à l'esprit lui-même. Comment cette seconde conception de l'intériorité, que j'appellerai ici subjective,

---

1. Sur ce point, voir *supra*, F. Ildefonse, « Questions pour introduire à une histoire de l'intériorité. Une histoire des problématisations de l'intérieur », p. 217-218.

s'articule-t-elle à la première ? Pour le dire simplement : qu'est-ce qui est le plus intérieur à l'esprit ? Dieu, ou l'esprit lui-même ?

L'*HOMO INTERIOR* ET L'*HOMO EXTERIOR*

La distinction entre intérieur et extérieur semble d'abord n'être que la reformulation augustinienne d'une distinction philosophique large entre âme et corps :

> Je me suis tourné vers moi, et je me suis dit : « toi, qui es-tu ? » Et j'ai répondu : « un homme ». Et voici qu'un corps *(corpus)* et une âme en moi *(anima in me)* sont à ma disposition *(mihi praesto sunt)*, l'un plus à l'extérieur *(unum exterius)* et l'autre plus à l'intérieur *(alterum interius)*[2].

Le repérage d'un dedans et d'un dehors, ou d'un « plus intérieur » et d'un « plus extérieur », ne recoupe cependant pas la partition entre âme et corps. Il ne suffit pas qu'un phénomène relève de l'âme pour être dit pleinement intérieur ; l'intériorité chez Augustin est affaire de degré, et ce qui est intérieur relativement au corps peut se trouver sous un autre rapport moins intérieur qu'une autre instance[3]. Dans *La Trinité*, l'analyse de la perception sensible et des activités psychiques qui en dérivent[4] établit que toutes mobilisent une production intérieure d'images mentales et une orientation de l'attention vers elles, au point parfois d'y absorber complètement l'esprit[5] ; pourtant, ces actes relèvent de l'homme extérieur, parce que l'activité psychique « qui s'occupe d'imaginer à l'intérieur imagine pourtant des choses extérieures *(quae licet interius imaginetur exteriora tamen imaginatur)* : c'est à cause de la tendance à faire usage des choses sensibles et corporelles qu'elle naît »[6].

Il faut donc distinguer plusieurs sens de l'intériorité : l'âme est « intérieure » par opposition au corps qui est « extérieur » ; mais tout ce qui, étant psychique, est intérieur en ce premier sens (les images des corps perçus), n'est cependant

---

2. *Conf.* X 6, 9 (je propose ma traduction pour les textes d'Augustin, d'après le latin édité dans la Bibliothèque Augustinienne).

3. C'est là quelque chose que le latin favorise, puisque, le positif d'*interior* ou d'*exterior* étant inusité, l'« intérieur » ne peut se dire que comme un « plus intérieur que » telle autre chose ; *cf.* aussi F. Ildefonse, *art. cit.*, p. 231.

4. À savoir : la remémoration des choses perçues antérieurement, le rêve, l'imagination et l'hallucination. Ces activités, ainsi que la perception, sont étudiées au livre XI de *La Trinité*.

5. Ainsi, dans l'hallucination, la volonté « a afflué tout entière vers l'image intérieure *(ad interiorem phantasiam tota confluxerit)*, et le regard de l'esprit, elle l'a complètement détourné *(animi aciem omnimo averterit)* de la présence des corps qui environnent les sens et des sens corporels eux-mêmes, et elle l'a retourné intégralement vers l'image qui est vue à l'intérieur *(ad eam quae intus cernitur imaginem penitus converterit)* » *(De Tr.* XI 4, 7).

6. *De Tr.* XI 5, 8.

pas une fonction de l'homme intérieur, et peut relever de l'homme extérieur. Le concept d'homme intérieur, c'est-à-dire de « mon plus intérieur » *(intimo meo, intima mea, interiora mea)*, n'est pas utilisé pour isoler et identifier une réalité psychologique distinguée des affections corporelles, mais pour trancher dans la diversité des phénomènes mentaux et en classer certains dans l'homme intérieur, d'autres dans l'homme extérieur. Cet usage normatif réserve l'intériorité véritable – plus intérieure que l'intériorité des images psychiques – à ce qui, en nous, permet, au-delà des activités communes à l'homme et aux animaux, de juger de ce que l'animal ne fait que sentir et, au mieux, se remémorer. Chez l'homme seul les informations sensorielles sont référées à un pouvoir intérieur de juger, c'est pourquoi seul l'homme est véritablement un *ego interior* :

> L'homme intérieur *(homo interior)* a connu ces choses < *i.e.* les corps > par le ministère de l'homme extérieur *(per exterioris ministerium)*. Moi, qui suis intérieur, je les ai connues, moi, moi l'esprit *(ego interior cognovi haec, ego, ego animus)*, par le sens de mon corps *(per sensum corporis mei)*. J'ai interrogé la masse du monde au sujet de mon Dieu, et elle m'a répondu : « Ce n'est pas moi, mais lui, il m'a faite ». Mais n'est-ce pas à tous ceux dont le sens est sain qu'apparaît cette beauté ? Pourquoi ne dit-elle pas les mêmes choses à tous ? C'est que les animaux, petits et grands, la voient, mais ils ne peuvent l'interroger. Car la raison n'a pas été placée en eux comme juge des messages transmis par les sens *(non enim praeposita est in eis nuntiantibus sensibus judex ratio)*. […] Elle parle à tous, mais la comprennent ceux qui confrontent sa parole accueillie au-dehors avec, au-dedans, la vérité *(qui ejus vocem acceptam foris intus cum veritate conferunt)*[7].

L'*homo interior* et l'*homo exterior* nomment donc respectivement la rationalité et l'animalité humaines, partage qui ne recouvre pas celui de l'âme et du corps. C'est ce non-recouvrement qui produit des degrés d'intériorité : il y a l'intériorité psychique, plus intérieure que le corps ; et il y a l'intériorité intellectuelle ou rationnelle, plus intérieure que l'intériorité psychique. L'intériorité véritable est donc, à s'en tenir à l'homme seul, déjà pensée comme ce qui est « plus intérieur » qu'un intérieur. Cette construction graduée de l'intériorité signale que, quelque paradoxale que paraisse la détermination de Dieu comme « *interior intimo meo* », cette détermination relève de la logique qu'Augustin assigne à l'intériorité humaine en général, où l'intérieur est structuré par son ouverture à du plus intérieur que lui. Le caractère paradoxal de cette détermination tient seulement à ce que Dieu est dit plus intérieur que ce qui est en moi *superlativement* intérieur, à savoir l'*intimum meum*.

Situer ainsi la frontière entre le plus intérieur et le moins intérieur, c'est donc une manière de traduire le thème traditionnel de la supériorité de la raison sur les autres puissances de l'âme en termes d'intériorité. Ces deux schèmes ont même signification – dans *La Trinité*, le progrès dans l'exploration des trinités psychologiques s'opère « en nous élevant de l'inférieur au supérieur, ou en progressant

---

7. *Conf.* X 6, 9-10.

de l'extérieur à l'intérieur *(ab inferioribus ad superiora ascendentes vel ab exterioribus ad interiora ingredientes)* »[8]. Cette équivalence sémantique est favorisée par la convergence d'influences scripturaires et néoplatoniciennes. Dans l'Écriture, l'homme intérieur, ou encore le cœur, désigne le lieu en nous où Dieu nous parle et où il faut revenir pour trouver la vérité. Augustin cite régulièrement une formule d'*Isaïe* 46, 8 (« Prévaricateurs, revenez à votre cœur »), qu'il commente en faisant de ce retour au cœur la voie du retour à Dieu : « L'homme revient dans son cœur *(recurrit homo in cor suum)*, et de là il revient à Dieu *(et inde recurrit ad Deum)* »[9]. Ce retour au cœur est un retour à « l'homme intérieur », selon l'expression paulinienne qui désigne ainsi l'homme qui aime la loi de Dieu et est renouvelé dans la grâce, là où « l'homme extérieur » vieillit dans le péché[10]. Si l'Écriture apporte un vocabulaire et un certain usage, qui désigne l'intériorité comme le lieu où Dieu se rend accessible à l'homme, c'est cependant le néoplatonisme qui semble avoir fourni à Augustin les raisons les plus fortes de penser comme une intériorité le rapport de la raison aux autres facultés, traditionnellement tenues pour inférieures et subordonnées à elle. Les trois récits[11] de la découverte de certains *libri Platonicorum*[12] insistent tous sur ce point : c'est à l'occasion de cette lecture qu'Augustin a enfin saisi que, pour trouver la vérité, il fallait « rentrer en soi-même » et non la chercher « dehors » ; et ce n'est qu'à la suite de cette lecture qu'il s'est trouvé en mesure de comprendre l'Écriture. Cette indication autobiographique suggère que la méthode néoplatonicienne du « retour en soi-même » pour atteindre notre principe est l'élément décisif qui a rendu significatives les formules scripturaires sur le cœur où habite le Christ et sur l'homme intérieur purifié, et qui a incité Augustin à préférer, souvent, le schème de l'intériorité à celui de la supériorité pour penser l'ordre de nos facultés par rapport à nous-mêmes et à Dieu. Ce qui est le plus

---

8. *De Tr.* XIV 3, 5.

9. *Enarr. in Ps.* 55, 10 (P. L. 36).

10. L'expression «ὁ ἔσω ἄνθρωπος» apparaît trois fois dans les épîtres pauliniennes. Voir *Rm.* 7, 22-23 : «Car je prends plaisir à la loi de Dieu, selon l'homme intérieur ; mais je vois dans mes membres une autre loi, qui lutte contre la loi de mon entendement, et qui me rend captif de la loi du péché, qui est dans mes membres » ; *2 Cor.* 4, 16 : «C'est pourquoi nous ne perdons pas courage. Et lors même que notre homme extérieur se détruit, notre homme intérieur se renouvelle de jour en jour » ; *Eph.* 3, 16-17 : «...Qu'il vous donne, selon la richesse de sa gloire, d'être puissamment fortifiés par son Esprit dans l'homme intérieur, en sorte que le Christ habite dans vos cœurs par la foi ».

11. *C. Acad.* II 2, 5 ; *De Vit. beat.* 4 ; *Conf.* VII 9, 13 *sqq.*

12. Rappelons qu'Augustin a lu des traductions latines, dues à Marius Victorinus, de certains traités des *Ennéades* et de passages de Porphyre. Ces lectures personnelles ont été préparées et accompagnées par les sermons d'Ambroise et les discussions avec Simplicianus, tous deux très partisans d'une utilisation du néoplatonisme pour exprimer certains aspects du message chrétien.

propre à l'homme, c'est la rationalité, en tant qu'elle nous rend aptes à saisir la vérité, à comprendre notre créateur, à accéder à un commandement moral ; cette rationalité, elle nous met « au-dessus » des bêtes, elle est la partie « la plus haute » de notre être, seul Dieu est encore « au-dessus » d'elle ; mais tout cela peut se dire encore mieux selon le registre de l'intériorité, parce que le mouvement décisif par lequel cette rationalité peut s'approprier ses pouvoirs et sa dignité propres, c'est précisément celui qu'ont décrit Plotin et Porphyre – un mouvement où, cessant de s'éparpiller « dehors », l'âme « fait retour en elle-même », se concentre à l'intérieur d'elle-même, et de là cherche à atteindre son principe[13]. Par chance, cette intériorisation, c'est aussi ce que suggère l'Ecriture, et les commentaires qu'en fait Augustin, dans la lignée des sermons d'Ambroise, témoignent de l'imprégnation mutuelle de ces deux sources :

« Prévaricateurs, revenez à votre cœur ». Revenez à votre cœur (*redite ad cor*) : pourquoi vous en aller loin de vous et périr à cause de vous ? Pourquoi vous en aller par les chemins de la solitude ? Vous vous égarez en vagabondant, revenez. À qui ? Au Seigneur. C'est trop tôt : d'abord, reviens à ton cœur (*primo redi ad cor tuum*), toi qui vagabondes exilé de toi-même, dehors (*exsul a te vagaris foris*) ; tu ne te connais pas toi-même et tu cherches celui par qui tu as été fait ! Reviens, reviens à ton cœur, ôte-toi de ton corps (*redi, redi ad cor, tolle te a corpore*). [...] Reviens à ton cœur ; là, vois en lui ce que peut-être tu penseras de Dieu, parce que là est l'image de Dieu ; c'est dans l'homme intérieur que le Christ habite (*in interiore homine habitat Christus*), dans l'homme intérieur que tu seras rénové à l'image de Dieu[14].

C'est donc dans le cadre d'une réflexion, inspirée du néoplatonisme, sur la connaissance par la raison humaine de son principe transcendant, qu'il faut aborder la formule paradoxale selon laquelle Dieu est « *interior intimo meo* ».

---

13. P. ex. Plotin, *Enn.* I 6 [1], 9, 7 : « Reviens en toi-même et vois (ἄναγε ἐπὶ σαυτὸν καὶ ἴδε) » ; IV 8 [6], 1, 1-2 : « Souvent, lorsque je m'éveille à moi-même en quittant mon corps, et que je deviens extérieur au reste, à l'intérieur de moi-même (γινόμενος τῶν μὲν ἄλλων ἔξω, ἐμαυτοῦ δὲ εἴσω)... » ; VI 9 [9], 7, 17-18 : « Il faut, en se retirant de toutes les choses extérieures (πάντων τῶν ἔξω ἀφεμένην δεῖ), que l'âme se tourne tout entière vers l'intérieur (ἐπιστραφῆναι πρὸς τὸ εἴσω πάντη), qu'elle ne s'incline vers aucune des choses extérieures (μὴ πρός τι τῶν ἔξω κεκλίσθαι) » ; VI 7 [38], 30, 36-38 : « Ce qui est réellement désirable pour nous, d'une autre manière, c'est nous en tant que nous nous ramenons à nous-mêmes, au meilleur de nous-mêmes (ἡμεῖς αὐτοῖς εἰς τὸ βέλτιστον ἑαυτῶν ἀνάγοντες ἑαυτούς) » ; I 1 [53], 9, 23-24 : « Donc l'âme ne s'en trouvera pas moins en repos, étant tournée vers elle-même et étant en elle-même (πρὸς ἑαυτὴν καὶ ἐν ἑαυτῇ) ». Voir également Porphyre, *Aphormai pros ta noeta*, 40, 2-6 ; et A. Solignac, « Réminiscences plotiniennes et porphyriennes dans le début du *De Ordine* de saint Augustin », *Archives de philosophie* 20, 1957, p. 446-465.

14. *In Iohan. Ev. Tr.* XVIII 10.

« *INTERIOR INTIMO MEO* » : UNE FORMULE NÉOPLATONICIENNE

La formule de « l'hyper-intériorité » divine se trouve au livre III des *Confessions*. Augustin ne l'explique pas, ni là ni ailleurs. On peut seulement noter qu'elle est jointe à la formule analogue qui pose Dieu comme « *superior summo meo* » ; on en trouve une autre variante, en une expression moins ramassée, dans un texte antérieur qui caractérise Dieu comme « meilleur que ce qu'il y a de meilleur dans ma nature *(melius quam id quod in mea natura optimum est)* »[15], ce « meilleur » de ma nature étant là aussi identifié à la raison.

Cette expression prend place dans le récit de la période manichéenne de la vie d'Augustin. Le discours manichéen y est caractérisé par l'extériorité des mots opposée à l'intériorité de la signification – le discours manichéen n'est que son, bruit de la langue (« *sonus* », « *strepitus linguae* ») et a un « cœur vide de vérité » (« *cor inane veri* »)[16]. C'est un discours insatisfaisant : Augustin cherche à l'assimiler pour s'en nourrir mais n'y parvient pas davantage que celui qui rêverait qu'il mange ; tandis qu'il dirige ainsi son attention sur cette *vox* et ces *libri*, « tout à l'intérieur (*intime*), les moëlles de mon âme (*medullae animi mei*) soupiraient pour toi »[17]. Cette distorsion aboutit à définir la situation de l'individu Augustin par rapport à Dieu comme un éloignement séparateur qui est le revers d'une extrême intimité :

> Où donc étais-tu alors pour moi, et à quelle distance ? Et à distance, je voyageais en terre étrangère, séparé de toi *(et longe peregrinabar abs te exclusus)*. [...] Alors que c'est toi que je cherchais, non pas en suivant l'intelligence de l'esprit, par laquelle tu as voulu me placer au-dessus des bêtes, mais en suivant le sens de la chair. Mais toi, tu étais plus intérieur que le plus intérieur de moi, et plus haut que le plus haut de moi *(tu autem eras interior intimo meo et superior summo meo)*[18].

La caractérisation du Dieu hyper-intérieur est donc introduite dans un contexte épistémique[19]. L'obstacle méthodologique sur lequel bute Augustin pour concevoir Dieu, c'est qu'il cherche la vérité là où elle n'est pas, à savoir dehors : « En effet, elle était dedans, alors que moi j'étais dehors *(intus enim erat, ego autem foris)* »[20]. La voie empruntée pour mener cette recherche (la

---

15. *De lib. Arb*. II 6, 14.
16. *Conf*. III 6, 10.
17. *Ibid.*
18. *Ibid.*, 11.
19. Même contexte en *De Tr*. VIII 7, 11 : « Ceux qui cherchent Dieu dans ces puissances qui régissent le monde ou les parties du monde sont écartés de lui et rejetés au loin, non par des espaces locaux, mais la divergence de leurs affections ; en effet, ils s'efforcent de s'y rendre par l'extérieur et désertent leur intériorité *(interiora sua deserunt)*, à laquelle Dieu est intérieur *(quibus interior est Deus)* ».
20. *Conf*. VII 7, 11.

sensation) égare le chercheur loin de sa visée et par contraste appelle la désignation de Dieu comme *interior intimo meo*. De façon symétrique, au livre VII, la correction méthodologique est décrite comme un retour à l'intérieur initié par la lecture des *Platonici*. Ce que permet leur doctrine, c'est de rompre doublement avec cette erreur : en conduisant Augustin à « rentrer » dans ce qu'il a « de plus intérieur », elle le rend capable d'abandonner la sensation comme voie de recherche, mais aussi de s'affranchir de faux concepts qui ne sont que des images mentales modelées sur les corps[21], et qui importent dans l'activité de l'âme, au moment où elle croit se détourner de la sensation, des schèmes entièrement corporels :

> Et de là, averti de revenir à moi-même (*Et inde, admonitus redire ad memet ispum*), j'entrai dans ce qui m'est le plus intérieur (*intravi intima mea*) sous ta conduite ; et je l'ai pu parce que tu t'étais fait mon soutien (*Ps. 29, 11*). J'entrai (*intravi*), et, avec l'œil de mon âme, quel qu'il fût, je vis, au-dessus de ce même œil de mon âme (*supra eundem oculum animae meae*), au-dessus de mon esprit (*supra mentem meam*), une lumière immuable [...] Et je t'ai entendu comme on entend dans le cœur (*sicut auditur in corde*). Il n'y avait absolument plus de quoi douter, et j'aurais plus facilement douté du fait que je vis, que du fait que la vérité existe (*faciliusque dubitarem vivere me quam non esse veritatem*)[22].

Le mouvement est clairement néoplatonicien : de l'extériorité sensible, l'attention se tourne vers l'intérieur, et de l'intérieur va au supérieur. Que ce supérieur, ce *summum*, puisse aussi être décrit comme « plus intérieur » que « le plus intérieur », c'est là, on l'a dit, quelque chose à quoi les lectures néoplato-niciennes aussi bien que scripturaires d'Augustin incitent naturellement. Aussi Augustin glisse-t-il sans peine à une conciliation entre cette thématique néoplato-nicienne et les expressions scripturaires déjà citées – par exemple ici :

> Ne va pas au-dehors, reviens en toi-même (*noli foras ire, in teipsum redi*) : c'est dans l'homme intérieur qu'habite la vérité ; et si tu trouves que ta nature est muable, dépasse-toi aussi toi-même. Mais, lorsque tu te dépasses, n'oublie pas que c'est toi comme âme qui raisonne que tu dépasses (*memento cum te transcendis, ratiocinantem animam te transcen-dere*). Donc, tends vers ce à partir d'où la lumière elle-même de la raison est illuminée [...] Tu es venu à elle en cherchant, non par l'espace des lieux, mais par la disposition de ton esprit (*non locorum spatio sed mentis affectu*), pour que l'homme intérieur lui-même s'accorde avec celui qui habite en lui (*ipse interior homo cum suo inhabitatore*)[23].

La raison est l'*ego interior* parce que, à la différence de la perception sensible ou des activités mnémiques qui en dérivent, elle possède un pouvoir de juger qui ne lui vient pas de l'extériorité corporelle. L'intériorité supérieure de la raison dit cela : l'activité spécifique de la raison, le jugement, ne doit rien à

---

21. Par exemple en *Conf.* VII 5, 7, où Augustin s'efforce de concevoir l'omniprésence de Dieu dans le créé en l'imaginant comme une mer baignant une grosse éponge qui serait le monde.

22. *Conf.* VII 10, 16.

23. *De ver. Rel.* XXXIX 72.

l'extériorité de l'expérience sensible, là où les activités mentales moins intérieures que la raison tiennent leur contenu du monde des corps. Mais si la raison est l'*ego interior* parce que les règles de jugement qu'elle met naturellement en œuvre ne dérivent pas des choses extérieures, d'où tient-elle ces règles ? Elle ne les produit évidemment pas elle-même : parce que ces règles sont immuables, elles ne peuvent être engendrées par un esprit qui est muable ; la raison les pense, les applique, les découvre à sa disposition, mais elle ne peut ni en juger ni les produire[24]. C'est pour cela que cette intériorité mienne qu'est la raison ne peut se penser indépendamment d'une intériorité plus profonde, qui est en moi sans être moi ni de moi, et qui fonde mon pouvoir de juger. Ma raison ne peut juger de ce qui est rencontré dans l'expérience sensible que par une vérité qu'elle découvre en elle et qui la transcende, vérité à laquelle elle confronte au-dedans d'elle ce qu'elle découvre au-dehors : seuls les hommes comprennent ce que leur transmet l'expérience sensible parce que seuls ils « confrontent sa parole accueillie au-dehors avec, au-dedans, la vérité »[25]. L'intériorité a donc ici un sens métaphysique – j'ai une intériorité parce que, dans mon cœur, habite la vérité ; autrement dit, je n'ai d'intériorité que parce que cette intériorité est creusée et habitée par plus intérieur que ce que j'ai de plus intérieur. C'est à ce type d'intériorité métaphysique que se rattache la théorie du « maître intérieur » développée dans le *De Magistro*, alliant les acquis du platonisme à la thèse paulinienne :

> Pour tout ce que nous saisissons par l'intelligence, ce n'est pas une voix qui résonne au-dehors en parlant, mais une vérité qui dirige l'esprit de l'intérieur que nous consultons, avertis peut-être par les mots de le faire. Or celui qui est consulté enseigne le Christ dont il est dit qu'il « habite dans l'homme intérieur » (*Eph.* 3, 16-17)[26].

L'hyper-intériorité de Dieu, plus intérieur que ce qui m'est superlativement intérieur, n'énonce donc pas un paradoxe, mais dit la dépendance de ce que j'ai de plus mien à un principe qui est distinct de moi et qui ne dérive pas de moi. Dans cette perspective, la question de la subjectivité paraît absente, en tout cas non élaborée, malgré l'insistance ponctuelle d'Augustin sur l'*ego* : l'intériorité maximale n'est pas celle de l'*ego*, elle est ce qui fonde l'*ego*. Cependant, dans son exploration de l'idée d'un fondement métaphysique de l'intériorité rationnelle, Augustin développe certains éléments neufs, qui contribuent à le démarquer de la tradition néoplatonicienne là même où il la reprend, et qui prendront un tout autre relief par la suite. Le premier trait important est une nette sensibilité au caractère probant des actes de pensée lorsqu'il s'agit d'élaborer

---

24. C'est là une thèse constante chez Augustin. Voir par exemple *De lib. Arb.* II 12, 34 ; et, pour un texte tardif, *De Tr.* IX 6, 9-11.

25. Voir *supra*, texte cité n. 7.

26. *De Mag.* 38.

une compréhension correcte de la nature de l'esprit ; le second, une interprétation de la certitude de la vérité en termes cognitifs (indubitabilité) plutôt qu'ontologiques (immutabilité).

SAVOIR CE QUE JE PENSE, SAVOIR QUE JE PENSE

Pour Augustin, comme pour Plotin avant lui, il y a, dans le mouvement qui conduit l'esprit des corps à Dieu, passant du plus extérieur au plus intérieur, un échelon privilégié : l'âme pensante elle-même. Plotin avait déjà posé que la connaissance de soi en tant qu'instance du jugement est la voie par excellence qui permet d'accéder à une connaissance de l'Intellect divin[27]. Mais le traitement qu'en propose Augustin a des aspects nouveaux. Lorsque Augustin réfléchit sur ses difficultés intellectuelles avant la lecture des *libri Platonicorum*, il souligne qu'il aurait pu se défaire de ces difficultés même sans l'aide de ces ouvrages, s'il avait prêté attention, au milieu de ses efforts pour se représenter un Dieu non corporel, à l'activité mentale par laquelle il en produisait des images inadéquates :

C'est pourquoi moi, « le cœur encrassé » (*Matt.* 13, 15), et sans avoir une vision claire de moi-même, tout ce qui n'était pas étendu à travers des espaces d'une certaine dimension, ou diffusé, ou aggloméré, ou gonflé, ou qui ne possédait pas ou n'était pas susceptible de posséder une propriété de ce genre, je jugeais que cela n'était absolument rien (*nihil prorsus esse arbitrabar*). Au travers de formes telles que celles où ont l'habitude d'aller mes yeux, c'est au travers de telles images qu'allait mon cœur, et je ne voyais pas que cette même attention (*hanc eandem intentionem*) par laquelle je formais ces images (*qua illas ipsas imagines formabam*) n'était pas quelque chose du même genre qu'elles : cependant, elle ne les formerait pas, si elle n'était pas quelque chose de grand[28].

C'est là un argument qu'Augustin réutilisera souvent de façon critique : tout matérialisme se réfuterait lui-même s'il se donnait la peine de se penser comme activité intellectuelle, car la nature de cette activité implique que son principe (l'esprit) n'est pas un corps ; et que, étant muable, ce principe a besoin d'un autre principe, qui sera nécessairement incorporel comme lui, et, en outre, immuable. C'est ce qui, aux yeux d'Augustin, explique que les platoniciens, sans être chrétiens, aient malgré tout réussi à élaborer une conception de Dieu si proche de la nature du vrai Dieu (éternel, immuable, immatériel, *etc.*), là où les autres

---

27. Notamment dans *Enn.* V 3 [49], qui fait partie des traités plotiniens qu'Augustin a très probablement lus ; les textes du livre X de *La Trinité* consacrés à la connaissance de soi s'en inspirent.

28. *Conf.* VII 1, 2.

écoles païennes ont forgé les pires extravagances[29]. À l'inverse, les erreurs des matérialistes (présocratiques, stoïciens, épicuriens) auraient pu être évitées s'ils avaient examiné ce qui se passe lorsque l'on pense, quoi que l'on pense : ils auraient reconnu que l'activité cognitive qu'ils déployaient pour penser les corps n'était pas une activité corporelle, et qu'elle mettait en œuvre des représentations de corps qui n'étaient pas des corps – ma main sent le feu qui est un corps, mais mon esprit se le représente par une image incorporelle : le feu pensé ne brûle pas[30]. De là, ils auraient abandonné leurs principes corporels, incapables de produire une réalité douée d'une telle activité.

Un trait important de ces textes est que l'idée platonicienne selon laquelle la connaissance de soi est une étape décisive pour la connaissance de Dieu reçoit désormais un traitement qui se montre très sensible à l'acte même de penser ou de se représenter quelque chose. Chez Plotin, si la sensation ou le raisonnement discursif peut fournir un point de départ pour comprendre la nature intelligible de l'âme « qui pense de façon pure »[31], et par suite de son principe intelligible, c'est par une analyse qui porte moins sur eux comme actes mentaux, que sur les contenus à partir desquels ces actes s'exercent. La sensation peut conduire, par un mouvement réflexif, à concevoir la nature intelligible de l'âme engendrée par l'Intellect, parce qu'elle est conçue comme une abstraction, dans les corps, de formes qui sont déjà des empreintes de l'Intelligible[32]. Il en va de même pour le raisonnement ou le jugement, parce qu'ils mettent en œuvre des règles qui sont des empreintes dérivées de l'Intelligible et comme « tracées » ou « gravées » dans l'âme[33]. C'est donc ce que je pense ou ce par quoi je juge (à savoir, des contenus noétiques) qui permet chez Plotin de passer de la connaissance des activités de l'âme à la connaissance de la nature puis du principe de cette âme. Alors que, pour Augustin, ce qui fait argument est, non pas ce que je pense, mais bien que je pense, quoi que je pense, et même si ce ne sont que des « élucubrations de cœurs empêtrés par les sens corporels »[34].

---

29. En *De Civ. Dei* VIII 10, 2 Augustin résume les points de convergence entre platonisme et christianisme, et conclut que les platoniciens « sont d'accord avec nous (*nobiscum sentiunt*) ».

30. *Ibid.*, VIII 5.

31. *Enn.* V 3 [49], 9, 29 : καθαρῶς νοοῦσαν.

32. Voir *Enn.* V 3 [49], 9, 28-32 ; VI 7 [38], 6, 1-11 ; I 1 [53], 7, 9-14.

33. Voir *Enn.* V 3 [49], 2, 7-14 ; 3, 6-13 ; 4, 15-23.

34. *De Civ. Dei* VIII 5.

IMMUTABILITÉ ET INDUBITABILITÉ DE LA VÉRITÉ

Le second point important concerne la reprise des caractéristiques platoniciennes de stabilité ou d'immutabilité du vrai sous la figure de l'indubitabilité. Dans le platonisme dont hérite Augustin, rentrer en soi-même pour se dépasser vers un principe plus intérieur encore et supérieur à ce sommet de l'âme qu'est la raison, c'est accéder à un principe (Un ou Être) qui se caractérise par une immutabilité et une identité à soi opposées à la variabilité du sensible. Chez Augustin, ce motif prend une inflexion bien précise : l'accès à la vérité intérieure, c'est l'accès à une vérité indubitable. Ainsi, que la vérité soit plus intérieure que mon intime a pour effet que je douterais plus facilement de ma propre existence que de celle de la vérité[35]. Il faut rappeler ici que, dans sa réflexion sur le sensible, Augustin croise deux influences philosophiques : le platonisme, mais aussi le scepticisme. Du platonisme, qui insiste sur la mutabilité du sensible, Augustin tire l'argument selon lequel les corps ne peuvent être à eux-mêmes leur propre principe. Dans les anagogies décrites dans les *Confessions*, c'est toujours le constat de la mutabilité des corps qui permet de poser que les corps n'ont pas pu « se faire eux-mêmes » et que leur principe est nécessairement un être immuable[36]. Mais, selon l'héritage sceptique de la Nouvelle Académie, le sensible est aussi ce qui ne peut être connu de façon certaine, non parce qu'il est inconsistant, mais parce que nos perceptions sensibles nous offrent des informations dont nous pouvons douter. Dès son premier ouvrage *Contre les Académiciens*, Augustin témoigne d'une connaissance approfondie de la polémique entre Académiciens et Stoïciens relativement à la définition d'un critère de la connaissance certaine et à l'applicabilité de ce critère. S'il accepte les objections sceptiques quand il est question du sensible, il en use aussi en les retournant, pour montrer qu'elles ne s'appliquent pas à tout – et que ce qui leur résiste se voit par là même doté d'une vérité absolument certaine. Dans la mesure où la première conception de l'intériorité chez Augustin est celle d'une intériorité métaphysique, celle de la vérité qui habite le cœur et fournit des normes immuables au jugement, il est cohérent que ce soit d'abord cette vérité plus intérieure qui, étant constitutive de mon intériorité, possède la caractéristique de l'indubitabilité : je pourrais plus facilement douter du fait que je vis, que du fait que la vérité existe. Or, sur ce point, on ne peut qu'être frappé par le fait que, plus tard, c'est le « *vivere me* » qui devient l'exemple de vérité dont, par excellence, je ne peux douter. Ce primat est lié à l'attention donnée à l'acte de pensée plutôt qu'au contenu de la pensée : les exemples donnés de vérités indubitables ne sont plus des exemples de définitions (vérités logiques ou

---

35. Cf. *supra*, texte cité n. 22.
36. Voir *Conf.* VII 16-23 et IX 24-25.

mathématiques)[37], mais des actes mentaux du type : je pense qu'il est vrai que, je doute qu'il soit vrai que, je me souviens qu'il est vrai que, *etc.*

Je voudrais montrer que ce déplacement du foyer de l'indubitable correspond à une mutation, ou en tout cas à l'amorce d'une mutation dans la façon de penser l'intériorité humaine. À terme cette mutation fera passer, pour le dire rapidement, d'une intériorité métaphysique, qui donne un fondement transcendant au sujet rationnel, à une intériorité subjective où l'*ego* s'authentifie lui-même comme absolument certain.

RIEN N'EST « AUTANT DANS L'ESPRIT QUE L'ESPRIT LUI-MÊME »

Dans *La Trinité*, Augustin se livre à une enquête très approfondie sur l'âme humaine, dans une perspective inchangée (se connaître soi-même pour connaître Dieu). L'unité substantielle de la *mens*, la distinction de ses diverses puissances et leur co-implication, formant une image du Dieu trinitaire, doivent permettre de concevoir par analogie comment l'unité substantielle de Dieu est compatible avec la distinction des personnes divines et des relations *ad intra*. Le terrain propre de la recherche d'une *imago Dei* est celui de l'homme intérieur : les facultés de l'homme extérieur (la sensation et ses dérivés) sont étudiées à titre d'exercices pédagogiques, mais ce n'est pas en elles qu'on trouvera une image de Dieu. C'est dans la nature de l'âme rationnelle qu'elle réside, d'où l'importance de la connaissance de soi comme raison ou esprit (*mens*).

La question de la connaissance de soi est abordée à partir de la distinction entre intérieur et extérieur. Les difficultés à concevoir correctement la nature de l'esprit sont dues à une transgression de cette distinction : elles surgissent lorsque l'esprit cherche à se comprendre en s'appliquant des schèmes corporels. C'est en somme le même problème de méthode que celui que rencontrait Augustin à propos de Dieu avant d'être tiré de l'erreur par la lecture des *Platonici* ; et la caractérisation des matérialistes de l'âme est la même que celle qu'il s'appliquait à lui-même dans les *Confessions* :

> Si on leur commande de se représenter quoi que ce soit sans recourir à des images de corps (*sine phantasiis corporum*), ils jugent que cela n'est absolument rien (*nihil omnimo esse arbitrantur*)[38].

Ce travers s'explique aisément pour qui considère le caractère historique de notre rapport au savoir. Les corps sont les premiers objets sur lesquels, dès l'enfance, nous exerçons nos facultés perceptives, puis notre pouvoir de jugement ; il n'est guère étonnant que, par suite, ils soient aussi les réalités

---

37. Exemples privilégiés dans *C. Acad.* III 10, 23 ; 11, 24.
38. *De Tr.* X 7, 10 (*cf.* texte cité *supra*, n. 28).

auxquelles nous nous attachons préférentiellement. Cette attitude à la fois épistémique et morale nous habitue à réduire l'être au sensible, et nous cherchons à penser même ce qui n'est manifestement pas un objet de sensation (notre esprit) selon des schèmes corporels :

> Ce que l'esprit s'est longtemps représenté avec amour *(ea quae cum amore diu cogitaverit)* et à quoi il a adhéré par la glu du souci *(eisque curae glutino inhaeserit),* il l'attire avec lui *(attrahat secum)* même lorsqu'il revient, en quelque sorte, à lui-même pour se représenter lui-même *(cum ad se cogitandam quodam modo redit).* Et parce que cela, ce sont des corps, qu'il a aimés dehors *(foris),* par les sens de la chair, il leur est lié par une sorte de familiarité de longue date ; et il ne peut emporter avec lui les corps eux-mêmes à l'intérieur *(nec secum potest introrsum ... ipsa corpora inferre),* dans ce qui est, en quelque sorte, la région de sa nature non corporelle ; et il roule en lui leurs images *(imagines eorum convolvit)* et <les> entraîne, après les avoir faites, en lui-même à propos de lui-même *(et rapit factas in semetipsa de semetipsa)*[39].

L'esprit cherche la vérité de sa propre nature « dehors » lorsque, produisant en lui-même (« *in semetipsa* ») des représentations incorporelles des corps, il se les applique (« *de semetipsa* ») pour concevoir ce qu'il est. Cette application donne lieu à des théories de l'esprit franchement matérialistes, mais pas seulement. On peut ne pas être matérialiste et cependant appliquer à la connaissance de soi des catégories qui ne valent que pour les corps. C'est ce qui arrive lorsqu'on se représente l'esprit en termes de totalité divisible en parties ; lorsqu'on cherche à établir « où » est la partie qui pense, « où » est la partie qui est pensée ; lorsqu'on conçoit le rapport de l'esprit à ses facultés sur le modèle d'un substrat pourvu d'accidents[40]. La division spatiale tout autant que l'articulation prédicative sont des schèmes corporels, même si elles ne sont pas forcément les outils d'une pensée sciemment matérialiste. Une part importante de *La Trinité* consiste donc à critiquer ces modes de compréhension de soi qui importent le dehors dans le dedans ou conforment le dedans au dehors, par l'intermédiaire de ces réalités mixtes que sont les représentations mentales des corps – mixtes, puisque si leur contenu est une chose extérieure, néanmoins l'esprit « donne, pour les former, quelque chose de sa propre substance *(dat enim eis formandis quiddam substantiae suae)* »[41].

Que les théories erronées sur la nature de notre esprit soient affaire, non pas seulement de parti-pris dogmatiques, mais aussi d'erreurs de méthode, explique la façon dont Augustin choisit de les réfuter. Il ne s'agit pas de leur opposer d'autres thèses ni d'invalider leur contenu théorique, mais de renvoyer les matérialistes à leur propre activité intellectuelle, celle qu'ils mettent en œuvre

---

39. *Ibid.* 5, 7.
40. Sur ces différents schèmes corporels, voir *De Tr.* XIV 6, 8. Ils sont probablement inspirés de la lecture du traité 49 de Plotin (voir *Enn.* V 3 [49], 1, 5).
41. *De Tr.* X 5, 7.

pour élaborer leurs doctrines. C'est l'attention portée à la spécificité de cette activité intellectuelle qui doit leur permettre non seulement de comprendre leur erreur, mais aussi d'accéder à une représentation correcte de la nature de l'esprit, c'est-à-dire à une représentation qui ne doive absolument plus rien à l'extériorité :

> Lorsque, par exemple, l'esprit pense qu'il est de l'air *(mens aerem se putat),* il pense que l'air comprend *(aerem intelligere putat),* alors qu'il sait que lui, il comprend *(se tamen intelligere scit)* ; or il ne sait pas *(non scit)* qu'il est de l'air, mais il le pense *(putat).* Qu'il se détourne de ce qu'il pense, qu'il considère ce qu'il sait *(secernat quod se putat, cernat quod scit)* ; qu'il s'en tienne à ce dont ceux-là même qui ont pensé que l'esprit était tel ou tel corps n'ont jamais douté. Car tout esprit n'est pas d'avis *(existimat)* qu'il est de l'air, mais certains, qu'il est du feu, d'autres, un cerveau, d'autres encore, quelque autre corps, et d'autres une autre chose, comme je l'ai rappelé plus haut ; tous, cependant, ont connu qu'ils comprenaient *(se intelligere noverunt)*[42].

Imaginons qu'un Épicurien dise : « je pense que l'esprit, c'est-à-dire ce qui en l'homme est capable de penser, est un assemblage d'atomes ». Dans cette affirmation, fait remarquer Augustin, en est impliquée une deuxième : « je sais que je pense que l'esprit est un assemblage d'atomes ». Soit ensuite un Stoïcien, qui dira plutôt : « je pense que l'esprit est un souffle matériel ». Là encore, son affirmation en implique une autre : « je sais que je pense que l'esprit est un souffle matériel ». Autrement dit, quelle que soit l'opinion soutenue par tel ou tel matérialiste, quelle que soit la diversité ou même l'opposition qui règne entre ces opinions, ils sont d'accord, tous, sur une affirmation, dont par conséquent aucun ne doute : tous, ils savent qu'ils pensent que l'esprit est selon l'un des atomes, selon un autre du feu, selon un autre encore le cerveau, *etc.* Ce consensus est important : d'une part il atteste que personne ne doute savoir qu'il pense quand il pense quoi que ce soit ; d'autre part, cette certitude unanimement partagée contraste avec les thèses des uns et des autres, incapables d'atteindre à une telle certitude. Aussi la certitude du savoir *(scire)* impliqué dans tout acte de pensée, qui est un savoir de soi-même comme pensant, permet de réduire les savoirs qui ne possèdent pas le même degré de certitude, par contraste, à de simples opinions ou estimations. Je ne peux pas dire, avec la même certitude : « je sais que je pense » et : « je sais que ce qui pense en moi, c'est un cerveau », ou du feu, ou des atomes. La certitude du premier énoncé est telle qu'elle ne peut être confondue avec la conviction, si grande soit-elle, qu'on pourrait mettre dans la seconde affirmation ; elle s'en distingue par elle-même, au point qu'on ne puisse plus dire : « je sais que ce qui pense en moi est tel corps ». Quiconque est attentif à cette différence de certitude, sincèrement attentif, ne peut que reconnaître que le prétendu savoir qui s'exprime ainsi n'est qu'une opinion, puisqu'on peut en douter au moment même où l'on fait l'expérience d'un autre type de savoir dont,

---

42. *De Tr.* X 10, 13.

justement, on ne peut douter (puisque si je dis : « je doute savoir que je pense », cela signifie encore et aussitôt : « je sais que je doute savoir que je pense »).

Mais il ne suffit pas de constater que le savoir qui accompagne tous mes actes de pensée est absolument certain, c'est-à-dire indubitable. Il faut aussi comprendre pourquoi ; ce n'est qu'à cette condition que l'expérience de pensée qui a permis de rejeter les opinions matérialistes comme douteuses sera en outre capable de fournir une compréhension correcte de la nature de l'esprit. Pourquoi est-ce que je ne peux pas dire avec la même certitude « je sais que je pense » et « je sais que ce qui pense en moi, c'est du feu » ? Ce que livre cette différence de certitude, c'est que le rapport que l'esprit a à lui-même est irréductible à celui qu'il a aux objets extérieurs, et cela ruine par principe toute théorie qui prétendrait l'identifier à l'un de ces objets – le fait qu'aucune certitude d'objet ne puisse s'égaler à la certitude de soi suffit, dit Augustin, à prouver que l'esprit n'est aucun de ces objets dont il est moins certain que de lui-même :

> L'esprit est certain de lui-même *(certa est de se)* […]. Il n'est en revanche pas du tout certain d'être air ou feu ou quelque corps ou quelque chose du corps. Il n'est donc aucune de ces choses[43].

La question de la représentation correcte de soi comme esprit devient donc aussi celle de la différence entre la représentation de soi et la représentation d'objet – comme on l'a vu, c'est la confusion des deux, par l'emprunt de schèmes corporels aux représentations d'objets et par leur application indue à l'esprit par lui-même, qui a jusqu'ici fait obstacle à une représentation de soi correcte. Or cette différence nous renvoie à l'intériorité, parce que la certitude est fonction de l'intériorité :

> Il ne peut en aucune manière arriver que <l'esprit> se représente ce que lui-même est de la même manière qu'il se représente ce que lui-même n'est pas *(id quod ipsa est quemadmodum cogitat id quod ipsa non est)*. C'est assurément par l'intermédiaire d'une image imaginée *(per phantasiam imaginariam)* qu'il se représente toutes ces choses *(cogitat haec omnia)*, le feu, l'air, tel ou tel corps, une partie d'un corps, la cohérence ou l'équilibre du corps, et bien sûr, on ne dit pas que l'esprit est toutes choses, mais l'une d'elles. Mais s'il était l'une d'elles, il se la représenterait différemment des autres *(si quid autem horum esset, aliter id quam caetera cogitaret)*, c'est-à-dire non par l'intermédiaire d'une production imaginale *(non per figmentum imaginale)*, comme sont représentées les choses absentes *(sicut cogitantur absentia)* qui ont été en contact avec le sens corporel […], mais par une certaine présence intérieure, non pas simulée mais véritable *(sed quadam interiore non simulata sed vera praesentia)* – en effet, rien n'est plus présent à lui-même que lui-même *(non enim quidquam illi est se ipsa praesentius)* : tout comme il se représente qu'il vit, qu'il se souvient, qu'il comprend, qu'il veut *(sicut cogitat vivere se et meminisse et intelligere et velle se)*. C'est qu'il connaît ces choses en lui-même *(novit haec in se)* et il n'en forme pas des images comme s'il les avait touchées à l'extérieur de

---

43. *De Tr.* X 10, 16.

lui par un sens *(nec imaginetur quasi extra se illa sensi tetigerit),* ainsi que sont touchées les réalités corporelles *(corporalia)* quelles qu'elles soient[44].

S'il est impossible d'identifier la représentation d'un corps et la représentation de soi, c'est en raison d'une certitude différente, et cette différence est elle-même causée par un mode de saisie différent, où l'intériorité devient critère. Les corps sont saisis puis représentés par la médiation d'images mentales, *per imaginale figmentum.* Mais si l'esprit, vraiment, était l'un de ces corps, si par exemple la nature de l'esprit était du feu, alors ce corps-là, l'esprit se le représenterait d'une façon radicalement différente de celle dont il saisirait les autres corps : il le saisirait « *quadam interiore non simulata sed vera praesentia* ». C'est là dire que les corps ne nous sont pas vraiment présents ; ils nous offrent une simili-présence, une présence « *simulata* » et non « *vera* », non qu'elle nous trompe à chaque instant, mais parce qu'elle n'est jamais présence de la chose en personne. Au contraire, la présence de l'esprit à lui-même est certaine, parce qu'elle est sans médiation : ce qu'Augustin exprime en disant qu'elle est intérieure – plus intérieure que les corps, et plus intérieure que les productions mentales par lesquelles l'esprit se représente les corps :

> Il est plus intérieur non seulement que les choses sensibles, qui sont manifestement dehors *(interior est enim ipsa non solum quam ista sensibilia quae manifeste foris sunt),* mais même que leurs images, qui sont dans une certaine partie de l'âme que les bêtes aussi possèdent[45].

On peut alors se demander jusqu'où va le privilège de la présence intérieure que l'esprit s'offre à lui-même. Augustin nous dit ici que rien n'est plus présent à l'esprit que lui-même ; et que, si rien n'est plus présent à lui-même que le fait qu'il est vie, acte de se représenter, de vouloir, *etc.*, c'est parce que tous ces actes qui le constituent, il les connaît en lui-même, « *in se* », et non à partir d'une extériorité dont il emporterait en lui des images. Que rien ne soit plus présent à l'esprit que lui-même, cela signifie que rien ne lui est plus intérieur que lui-même : « En effet, qu'est-ce qui est autant dans l'esprit que l'esprit *(quid enim tam in mente quam mens est)* ? »[46]. Faut-il en conclure que pas même Dieu n'est plus intérieur à l'esprit que lui-même ? Dans ce cas, l'*ego* deviendrait un rival sérieux du Dieu « *interior intimo meo* », en se saisissant lui-même comme un *intimum* ultime. Ces analyses doivent-elles être lues dans un contexte restreint, qui ne prétendrait opposer que présence de soi à soi et présence des corps à soi ? Ou bien valent-elles pour tout être, y compris Dieu ? Dans *La Trinité*, réfléchissant sur la spécificité du rapport que l'esprit entretient à lui-même, Augustin ne distingue pas seulement ce rapport de celui que l'esprit a aux corps, mais aussi de celui qu'il a avec tout ce qu'il peut penser, y compris lorsqu'il s'agit de

44. *Ibid.*
45. *Ibid.* 8, 11.
46. *Ibid.*

vérités incorporelles, celles précisément que nous ne saisissons que parce que Dieu, soit la vérité, éclaire notre esprit. Bien sûr, la saisie de ces vérités est tout à fait différente de celle des corps : car avec les corps nous n'avons jamais affaire qu'à des images, alors qu'avec les vérités (qu'elles soient mathématiques, morales, *etc.*), nous avons affaire à des réalités. Les vérités intelligibles nous sont présentes réellement, en personne, là où les corps ne nous offrent qu'une simili-présence, celle d'une image[47]. Mais cette réalité n'est pas perçue, intérieurement, comme l'esprit se perçoit lui-même intérieurement – si bien que la formule selon laquelle rien n'est plus présent à l'esprit que lui-même, parce que rien n'est plus en lui que lui-même, semble bien valoir de façon absolue. C'est ce qu'exprime une distinction encore plus fondamentale que celle qui sépare la *praesentia vera et interiora* de la *praesentia simulata*, à savoir la distinction entre ce qui est « présent » et ce qui est « trouvé » par l'esprit :

> Qu'est-ce qui est autant présent à la connaissance que ce qui est présent à l'esprit *(quid enim tam cogitationi adest quam id quod menti adest)*? Ou qu'est-ce qui est autant présent à l'esprit que l'esprit lui-même *(aut quid tam menti adest quam ipsa mens)*? De là, ce qu'on appelle « trouvaille » *(inventio),* si nous revenons à l'origine du mot, que fait-il entendre, sinon que « trouver » *(invenire),* c'est venir dans ce que l'on cherche *(in id venire quod quaeritur)*? […] Aussi, de même que ce qui est recherché par les yeux ou quelque autre sens corporel, l'esprit lui-même le cherche (en effet, c'est lui-même qui oriente l'attention du sens de la chair *(sensum carnis intendit),* et alors il « trouve » quand le sens en question vient dans les choses qui sont recherchées), de même, pour les autres choses qu'il doit connaître non par l'inter-médiaire d'un sens corporel mais par lui-même, lorsqu'il vient en elles *(cum in ea venit),* il les « trouve » *(invenit)* : soit dans une substance supérieure, c'est-à-dire en Dieu, soit dans les autres parties de l'âme *(in caeteris animae partibus),* comme lorsqu'il juge des images des corps ; c'est en effet à l'intérieur, dans l'âme, qu'il les « trouve » imprimées par le corps *(intus enim in anima eas invenit per corpus impressas)*[48].

L'intérêt de ce texte est qu'il recense tout ce qui peut être objet de connais-sance pour l'esprit : l'esprit lui-même ; les corps ; les images des corps ; enfin tout ce que nous « voyons » en Dieu, à savoir les normes de tous nos jugements qui ne sont pas des jugements empiriques – ce qu'Augustin résume souvent à « la vérité elle-même », *ipsa veritas*. Or cette recension aboutit à distinguer d'une part ce qui est connu en tant que présent ; d'autre part, ce qui est connu en tant que cherché et trouvé. Et l'esprit est le seul objet de connaissance qui rentre dans la première catégorie. C'est pour cela qu'il est impossible de lui appliquer les questions liées à la situation de recherche et de découverte *(inventio),* précisé-ment en raison de son intériorité à lui-même. Les démarches « inventives » ne valent pas pour la connaissance de soi, parce qu'elles opèrent selon des schèmes valides pour la seule connaissance d'autre chose que soi :

47. *Conf.* X 9, 16 : « Ce n'est pas leurs images, mais les choses elles-mêmes *(res ipsas)* que je porte en moi » (à propos de ce qui relève « *de doctrinis liberalibus* »).
48. *De Tr.* X 7, 10.

Donc, comment l'esprit se cherche et se trouve *(se ipsam quaerat et inveniat),* c'est une question étonnante *(mirabilis quaestio)*: où tend-il pour se chercher, ou bien où vient-il se trouver *(quo tendat ut quaerat aut quo veniat ut inveniat)*? En effet, qu'est-ce qui est autant dans l'esprit que l'esprit *(quid enim tam in mente quam mens est)*? Mais parce qu'il est dans ce qu'il se représente avec amour *(quia in iis est quae cum amore cogitat),* les choses sensibles, c'est-à-dire corporelles, lorsqu'il leur est lié par l'habitude de les aimer, il n'est plus capable d'être en lui-même sans leurs images *(non valet sine imaginibus eorum esse in semetipsa).* C'est de là que naît son erreur honteuse, à savoir de ne plus pouvoir se distinguer des images des choses sensibles pour se voir seul [...]. Lorsque, donc, il lui est commandé de se connaître soi-même, il ne devrait pas se chercher comme s'il était retranché de lui-même *(tanquam sibi detracta),* mais retrancher de lui ce qu'il s'est ajouté *(sed id quod sibi addidit detrahat)*[49].

Dans la mesure où la connaissance de soi opère par retranchement et non par recherche, elle diffère donc de toute autre connaissance, y compris celle de Dieu. Mais si l'intériorité de l'esprit à lui-même définit un mode de présence à soi dont la certitude est sans équivalent, peut-on encore soutenir que cette intimité parfaite a un « dedans » plus profond encore ? Dans ce cas, Dieu serait paradoxalement « trouvé », mais trouvé comme plus intérieur encore à l'esprit que lui-même : il faudrait admettre que « la distinction entre la présence et l'invention s'applique donc à Dieu de façon paradoxale »[50]. Cette solution conciliatrice, qui mobilise la théorie augustinienne de la connaissance dite de « l'illumination », peut se résumer comme suit : Augustin considère que l'esprit a un pouvoir propre de juger, qui est sa caractéristique fondamentale, mais que ce pouvoir de juger n'est effectif que parce que l'esprit est « illuminé » par Dieu (par la vérité), c'est-à-dire parce que Dieu lui donne de posséder des normes d'après lesquelles il juge mais dont jamais il ne juge. Il y a une lumière rationnelle propre à l'esprit, sans laquelle il ne pourrait saisir les objets pensables ; mais cette lumière rationnelle ne peut rendre manifestes à l'esprit certaines vérités sur tel ou tel objet que parce qu'elle est à son tour éclairée par la lumière divine, celle qu'est la vérité transcendante. C'est la thèse développée dès le dialogue sur *Le Maître,* et qu'Augustin conserve d'un bout à l'autre de son œuvre. L'hyper-intériorité de Dieu à l'esprit serait donc une thèse compatible avec celle de l'hyper-intériorité de l'esprit à lui-même, et cette compatibilité signifierait l'implication de la lumière divine au cœur de toute connaissance humaine, y compris la connaissance de soi[51].

49. *De Tr.* X 8, 11.

50. E. Bermon, *Le* Cogito *dans la pensée de saint Augustin*, Paris, Vrin, 2001, p. 282.

51. *Ibid.*, p. 297 : « Augustin n'a eu de cesse [...] de montrer que la connaissance de soi était la plus fondamentale de toutes les connaissances, et qu'elle ne se laissait déduire de nulle autre, de sorte qu'il était impossible et absurde d'essayer d'en trouver une autre qui soit plus originaire. [...] Pourtant, si aucune autre connaissance ne précède la connaissance de soi, il n'en demeure pas moins que c'est dans la lumière de la vérité éternelle que l'esprit se connaît lui-même. L'immanence même de la vérité à la connaissance de soi peut permettre de penser la

Cependant, cette conciliation, qui n'est pas développée par Augustin lui-même, oblige à affaiblir l'importance des thèses les plus impressionnantes qu'Augustin consacre au rapport cognitif exceptionnel que l'esprit entretient avec soi. La force de ces thèses apparaît d'autant mieux que l'on est attentif à la façon dont elles sont construites : Augustin les produit en transférant à l'esprit humain des caractéristiques qui ont d'abord été explicitement attribuées à Dieu, et qui lui ont été attribuées comme ce qui signe l'éminence de Dieu sur l'esprit. J'ai déjà mentionné la transposition de l'indubitabilité de Dieu à la *mens* ; il faut ajouter maintenant que le même procédé sert à l'élaboration de l'autre trait majeur du rapport de l'esprit à lui-même, à savoir sa présence à soi distinguée de toute découverte de soi. Dire que la seule chose que l'esprit ne « trouve » pas, c'est lui-même, et que ce qui le caractérise, c'est qu'il n'a pas à se chercher pour se connaître, c'est reprendre en la retournant une thèse antérieurement appliquée à la vérité. Ainsi, dans *La Vraie Religion*, le propre de la vérité divine, c'est « qu'elle ne se cherche pas » ; et ce trait constitue un indice clair de sa distinction par rapport à l'esprit humain, dont elle ne peut dès lors être une production :

> Avoue que tu n'es pas ce qu'elle-même est, s'il est vrai qu'elle-même, elle ne se cherche pas *(siquidem se ipsa non quaerit)* ; alors que toi, tu es venu à elle en cherchant *(ad ipsam quaerendo venisti)*[52].

L'ipséité de la vérité, par où elle se distingue de l'*ego* humain, c'est qu'elle ne se cherche pas ; dans *La Trinité*, c'est sur ce modèle qu'est construite l'ipséité de l'*ego* lui-même – « l'esprit ne se cherche absolument pas *(mens omnimo non quaerit)* »[53].

Quant à la caractéristique d'indubitabilité, il est peu probable que, dans *La Trinité*, il y ait encore place pour une affirmation du type de celle qu'on trouve dans les *Confessions* : non, il n'est plus vrai que je pourrais plus aisément douter du fait que je vis, que du fait que la vérité existe. Je ne peux probablement pas plus douter de l'une que de l'autre de ces propositions pour Augustin ; mais pas plus aisément … Cela, désormais, n'a plus rien d'évident. Seule la certitude de soi s'impose immédiatement au sujet, car il est impossible de la nier sans la poser *ipso facto*, sans l'expérimenter. Un texte de *La Vraie Religion*, qui combine la certitude de la vérité éternelle et la certitude de soi, le pose déjà nettement :

> Si tu ne vois pas bien ce que je dis et doutes que ce soit vrai, vois du moins que tu ne doutes pas que tu doutes de ces choses *(de iis dubitare non dubites)* ; et s'il est certain que tu es en train de douter *(si certum est te esse dubitantem)*, cherche d'où vient que cela est certain

présence de Dieu, en tant qu'il est la vérité, comme plus immanente à l'esprit que l'esprit lui-même ».

52. *De ver. Rel.* XXXIX 72.
53. *De Tr.* X 4, 6.

(quaere unde sit certum): ce qui se présentera à toi, ce ne sera pas du tout la lumière de notre soleil, mais bien « la lumière véritable, qui illumine tout homme venant en ce monde » *(Jn 1, 9)*. […] Puis, cette norme même que tu vois *(regulam ipsam quam vides)*, conçois-la ainsi : quiconque comprend qu'il doute comprend quelque chose de vrai, et de cette chose qu'il comprend, il est certain : il est donc certain du vrai. Donc quiconque doute si la vérité est ou n'est pas a en lui-même le vrai dont il ne doute pas ; or, rien de ce qui est vrai n'est vrai, sinon par la vérité. C'est pourquoi il ne convient pas qu'il doute de la vérité, celui qui a pu, d'une manière ou d'une autre, douter[54].

Ce qui est immédiat et irrésistible, c'est l'argument fondé sur l'expérience que l'esprit fait en lui-même de sa propre activité intellectuelle (ici : le doute). La certitude de la vérité, elle, est obtenue de façon médiate, par le biais de cette évidence de soi à soi qui dès lors doit être reconnue comme *sui generis* et sans équivalent, au point de devenir source d'évidence pour une réalité pourtant supérieure, ontologiquement, à l'esprit.

Pour conclure, je dirais qu'il n'est peut-être pas nécessaire de chercher à concilier ou à hiérarchiser les deux figures sous lesquelles Augustin pense l'intériorité maximale car ce serait exiger une systématicité qu'il n'a pas su ou voulu produire[55]. Il y a chez Augustin un attachement profond à la tradition platonicienne, qui deviendra dès lors aussi augustinienne, selon laquelle « l'esprit humain n'est capable d'appréhender son objet que s'il est éclairé par une lumière dont il ne porte pas en lui la source mais qui lui vient d'un foyer transcendant (l'Idée du Bien, Dieu) »[56] ; c'est cette tradition qui trouve à s'exprimer dans la figure d'une intériorité métaphysique et non subjective. Mais il y a aussi chez lui une découverte, qui n'appartient plus à cette tradition – découverte à laquelle il ne pouvait donner sa pleine mesure étant donné précisément son attachement au platonisme : rien n'est plus intérieur à l'esprit que l'esprit lui-même, et cette intériorité n'est pas découverte comme une abstraction ou une généralité, elle est l'acte même d'un sujet, d'un *ego*. Par là, il faut bien reconnaître à Augustin la place d'un fondateur de l'alliance entre intériorité et subjectivité.

---

54. *De ver. Rel.* XXXIX 73.

55. Dans un article attentif à l'écriture augustinienne (« Saint Augustin et les philosophes au XVIIe siècle : ontologie et autobiographie », *XVIIe siècle*, 135, 1982, p. 121-132), P. Cahné analyse ainsi ce qu'il appelle « la parataxe augustinienne » (p. 127) : « Il y a dans les *Confessions* une alternance de deux discours indépendants, celui de la phénoménologie du moi et celui de la prière, de la reconnaissance de Dieu » (p. 126).

56. F. Alquié (édit.), *Descartes. Œuvres philosophiques*, Paris, Bordas, 3 vol., 1963-1973 ; t. 1, p. 78, note 1. À cette tradition platonicienne et augustinienne s'oppose le choix de Descartes « confiant à l'*humaine sagesse* le rôle de foyer lumineux » *(ibid.)*.

PHILIPPE BÜTTGEN

L'ENVERS DE L'INTÉRIORITÉ.
MARTIN LUTHER

UNE PROPOSITION POUR L'HISTOIRE DE L'INTÉRIORITÉ

L'idée d'une histoire de l'intériorité pose, sans doute plus que d'autres, une question : que reste-t-il à dire d'une illusion une fois qu'on l'a dénoncée ? Ce n'est pas l'illusion en général qui est en cause, le fait qu'il y a de l'illusion, mais bien une illusion particulière, qui par ailleurs rend le mieux la question à son actualité – l'illusion de l'intériorité. Le projet d'une histoire de l'intériorité est philosophique, mais il s'intitule histoire. Par là s'identifie l'écueil qu'il faudrait éviter : la répétition, à chacune des stations de cette histoire, ou sur chacun de ses terrains, du même constat que *l'intériorité n'existe pas vraiment*, que *l'intériorité est une illusion*, qu'*il y a un mythe de l'intériorité*.

Non qu'il y ait quelque chose à objecter au constat : c'est la répétition comme telle qui risque d'être ennuyeuse. Dans tout travail de reconstitution des doctrines ou des systèmes de pensée, nous faisons la même expérience, qui nous enseigne soit que l'intériorité est un concept qui ne rend pas vraiment compte de ce que nous trouvons dans les sources ou sur le terrain (« intériorité » chez Platon ou chez les Amérindiens), soit qu'elle en rend bien compte, mais que l'objet ainsi dégagé de la source ou du terrain est un objet non défini, inconsistant, idéologique, évanescent, un objet qui ne tient pas l'analyse, c'est-à-dire : où l'on ne trouvera pas grand-chose une fois qu'il aura été ouvert par le scalpel analytique (« intériorité » chez Augustin et, pour le dire par anticipation, Luther). Phénomène assez rare, la source rejoint ici l'analyse, et l'enquête historique, qu'elle soit doctrinale ou de terrain, confirme ce que le logicien avait trouvé dans son fauteuil. À nous, alors, de faire en sorte que la répétition qui en résulte ne soit pas un argument *pour* le logicien, et *contre* une histoire de l'intériorité qui s'en trouverait réduite à une tâche purement illustrative.

Ce défi nous oblige à distinguer entre trois histoires possibles de l'intériorité. La première est amphibologique : c'est celle qui s'étonne de ne pas trouver dans le texte platonicien l'intériorité de Maine de Biran, sans savoir ou, pire, en soupçonnant obscurément que cette intériorité ne correspond à rien. La deuxième est consistante mais anecdotique : elle admet d'emblée que nos sources n'ont rien à nous apprendre sur quelque chose, l'intériorité, qui n'existe pas, mais ajoute qu'il est toujours bon de savoir à quel point les gens ont pu se tromper sur ce point, et avec quelles inépuisables ressources d'imagination. Le fait qu'il y ait des illusions de longue durée ne rend pas ces illusions moins illusoires, mais justifie, pour les amateurs du moins, le projet d'une histoire des erreurs, *historia stultitiarum*. Une troisième version, plus fine, est celle qui part de l'idée qu'aux divers discours d'intériorité que nous trouvons sur nos terrains respectifs correspondent divers jeux de langage, historiquement et géographiquement situés. C'est là le côté de l'analytique le plus ouvert à l'enquête historique, mais il n'est pas certain qu'il permette réellement de revenir sur une conception seulement exemplifiante de l'histoire de l'intériorité : c'est la difficulté d'un certain wittgensteinisme anthropologique, dont on aurait peine à dire en quoi le travail de terrain l'a modifié sur le fond.

Aussi bien n'y a-t-il rien à céder sur ce fond-là. En matière d'intériorité, c'est toute la force de la démythification analytique : soit il y a, soit il n'y a pas d'intériorité, autrement dit : soit il y a, soit il n'y a pas d'objet tombant sous ce concept – difficile de négocier plus avant. La solution qu'on peut en retenir pour une histoire de l'intériorité est radicale et revient un peu à renverser la table de négociation. Elle énonce pourtant une évidence : *l'histoire de l'intériorité est une histoire qui se fait pour autre chose, au nom d'autre chose que l'intériorité*. Elle se donne d'emblée une perspective autre, et peut-être plus large. On le voit bien lorsqu'on invoque Foucault à l'appui de ce projet. Il était à l'instant question de jeux de langage : quand Foucault annonce une histoire des jeux de vérité qui constituent le soi en sujet[1], ce qui importe, c'est l'histoire de la vérité (ou la « politique de la vérité », comme il le dit dès 1977[2]) qui se profile à l'arrière-plan, et non l'histoire du sujet ou de la subjectivité, qui ne constitue sans doute pas une fin en soi. Il en va de même d'une histoire de l'intériorité, dont la fonction apparaîtra alors médiatrice plutôt que constituante.

Encore faudra-t-il préciser la nature d'une telle médiation. L'histoire de l'intériorité semble offrir le complément d'une histoire de la subjectivité filant droit vers une histoire de la vérité ; on dira même qu'elle assume l'essentiel de ses tâches, de fait comme de droit, dans la mesure où elle seule est à même d'explorer les formes précises que prend le repli du soi en sujet. Le pli crée un

---

1. Voir la formule désormais canonique de l'introduction à *L'Usage des plaisirs*, Paris, Gallimard, 1984, p. 12-13, sur l'« analyse des "jeux de vérité", des jeux du vrai et du faux à travers lesquels l'être se constitue historiquement comme expérience, c'est-à-dire comme pouvant et devant être pensé ». L'idée d'une « histoire de la vérité » est énoncée juste auparavant.

2. Michel Foucault, *Sécurité, Territoire, Population. Cours au Collège de France (1977-1978)*, édition établie sous la direction de François Ewald et Alessandro Fontana, par Michel Sénellart, Paris, Gallimard/Le Seuil, 2004, p. 5.

intérieur, et cet intérieur suscite ses propres effets ou procédures d'attestation, de vérification – selon l'argument bien connu : ce que je vous dis est vrai parce que je l'ai trouvé au fond de moi. Face aux difficultés initiales d'une histoire de l'intériorité, on peut donc imaginer une sortie par le haut, en redéfinissant les rapports entre histoire de l'intériorité et histoire de la subjectivité. Par là, on souligne l'importance qu'il y a à doter l'histoire de la subjectivité de médiations qui la rendent véritablement opératoire ; selon une nécessité qu'il conviendra d'interroger, ces médiations convergent dans le rapport entre intériorité et vérité ; cette tâche et ce constat ouvrent la perspective d'une enquête historique dont on présentera ici quelques directions possibles.

LUTHER ET LA VALEUR DE L'INTÉRIORITÉ

L'enquête sur Luther prend sens dans cette perspective d'une histoire de l'intériorité conçue comme histoire des *effets* de l'intériorité. *Effet* ici signifie d'abord *valeur* : Luther permet d'explorer une histoire de l'intériorité conçue comme valeur, c'est-à-dire une histoire de l'*intérieur* loué, célébré, protégé, défendu comme ce qu'il y a de plus *haut*.

Entrer de la sorte dans la métaphore spatiale, ou même l'accentuer encore (le dedans et le haut), c'est évidemment souligner ce que cette intériorité-valeur a d'étrange, même si cette étrangeté est l'une des mieux installées de l'histoire occidentale. Il suffira donc de la faire entendre à nouveau, en puisant dans une source unique. Les leçons de Hegel sur la philosophie de l'histoire et l'histoire de la philosophie dessinent l'interprétation philosophique sans doute la plus célèbre de la Réforme protestante. Leur interprétation a le plus souvent oscillé entre l'incantation fascinée de leur contenu spéculatif et une forme non moins convenue de sarcasme sur ce qu'elles sont censées trahir d'adhésion aux valeurs de l'État prussien[3]. Le plus intéressant est néanmoins peut-être ailleurs, dans la

---

3. Voir sur ce point Philippe Büttgen, « Unsichtbare Grenzen ? Noch einmal zum reformatorischen Gewissensbegriff und dessen Deutung als Signatur der Neuzeit », dans Heinrich Neuhaus (édit.), *Die Frühe Neuzeit als Epoche, Historische Zeitschrift*, Beihefte, à paraître. Dans la bibliographie récente, voir Elisabeth Weisser-Lohmann, « „Reformation" und „Friedrich II" in den geschichtsphilosophischen Vorlesungen Hegels », dans Elisabeth Weisser-Lohmann/Dietmar Köhler (édit.), *Hegels Vorlesungen über die Philosophie der Weltgeschichte*, Bonn, Bouvier (Hegel-Studien, Beiheft 38), 1998, p. 95-121, et dans le même volume l'étude de Jörg Dierken, « Hegels "protestantisches Prinzip". Religionsphilosophische Implikationen einer geschichtsphilosophischen Denkfigur », p. 123-146 ; Christophe Bouton, « L'histoire dont les événements sont des pensées. Hegel et l'histoire de la philosophie », *Revue philosophique de Louvain* 98, 2000, p. 294-317. Toujours instructif, Reinhart Maurer, « Hegels politischer Protestantismus », dans Hans-Georg Gadamer (édit.), *Stuttgarter Hegel-Tage 1970. Vorträge und Kolloquien des Internationalen Hegel-Jubiläumskongresses Hegel 1770-1970.*

mise en œuvre de ce que notre distance envers le texte hégélien n'empêchera pas de considérer comme une des premières histoires de l'intériorité.

La Réforme luthérienne est présentée par Hegel comme la continuation d'un principe actif depuis la Renaissance : le « principe de la pensée propre à chacun des hommes, de son savoir, de son activité, de son droit propres, de sa confiance en lui-même ». Ce principe, dit aussi principe de la « validité du subjectif », a atteint sa « confirmation la plus haute » dans la « confirmation religieuse » qui constitue la marque spécifique de la Réforme à l'intérieur de la Renaissance[4]. Il faut comprendre par là que « la subjectivité s'approprie à présent le contenu objectif, autrement dit la doctrine de l'Église. Dans l'Église luthérienne, la subjectivité et la certitude de l'individu est quelque chose d'aussi nécessaire que l'objectivité de la vérité »[5].

Commence alors quelque chose comme une histoire de l'intériorité, dans son récit hégélien. La « corruption de l'Église » à la fin du XVe siècle s'interprète comme une invasion incontrôlable d'extériorité, perceptible dans « la servitude de l'autorité » ou le commerce des Indulgences ; on parlera d'une « extériorité *(Äußerlichkeit)* à l'intérieur de l'Église même »[6]. L'événement Luther signifie alors une « suppression de l'extérieur » *(Entfernung des Äußerlichen)* : pendant que le reste du monde « sort, va en Inde, en Amérique pour conquérir des Empires, asseoir un pouvoir sur le monde », en Allemagne, c'est un « simple moine » qui entreprend de défendre « les droits de l'intime » *(das Bedürfnis des Innersten)*[7]. Cela se comprend à nouveau comme suit :

> Au plus intime de l'homme *(in das Innerste des Menschen)*, un lieu a été aménagé, un lieu qui seul importe, et où l'homme n'est qu'auprès de soi-même et auprès de Dieu ; il n'est auprès de Dieu qu'en tant qu'il est lui-même, et dans la conscience *(im Gewissen)* il doit être chez soi

Gesellschaft, Wissenschaft, Philosophie, Bonn, Bouvier (Hegel-Studien, Beiheft 11), 1974, p. 384-415.

4. Je retraduis en recourant aux deux éditions suivantes, qui correspondent à deux états de l'édition des leçons hégéliennes : Georg Wilhelm Friedrich Hegel, *Sämtliche Werke* [SW], édité par Hermann Glockner. Bd. 11 : *Vorlesungen über die Geschichte der Philosophie*, réimp. Stuttgart-Bad Cannstatt, Frommann, 1961, Vierter Theil : « Die germanische Welt », Dritter Abschnitt : « Die neue Zeit », p. 517-548 = *Vorlesungen. Ausgewählte Nachschriften und Manuskripte* [V]. Bd. 12 : *Vorlesungen über die Philosophie der Weltgeschichte*. Berlin 1822/1823, édité par Karl Heinz Ilting, Karl Brehmer et Hoo Nam Seelmann, Hambourg, Meiner, 1996, p. 494-507, ainsi que SW, Bd. 19 : *Vorlesungen über die Geschichte der Philosophie*, Dritter Band, réimp. Stuttgart-Bad Cannstatt, Frommann, 1965, p. 253-262 = V, Bd. 9 : *Vorlesungen über die Geschichte der Philosophie*. Teil 4 : « Philosophie des Mittelalters und der neueren Zeit », édité par Pierre Garniron, Hambourg, Meiner, 1986, p. 61-70. Ici, SW 19, p. 255 = V 9, p. 61-62.

5. SW 11, p. 523-524. Voir aussi V 12, p. 501.

6. SW, p. 519-520 = V 12, p. 496-497.

7. SW 11, p. 522.

(*zu Hause* : à la maison) auprès de soi (*bei sich*). Ce droit domestique ne saurait être troublé, personne d'autre (que moi) ne peut prétendre s'y faire valoir. Toute extériorité est bannie s'agissant de moi-même […][8].

Une telle langue n'est pas intraduisible mais pousse aux limites : tout ce paradigme du *sich, selbst, bei sich*, relève sans doute d'une forme d'idiomatique allemande, mais c'est ici une idiomatique sollicitée, exacerbée, maximisée par une exigence qui est indissociablement spéculative (la langue de Hegel comme langue de l'Esprit absolu) et confessionnelle (luthérienne). C'est même cet indiscernable de spéculatif et de confessionnel qui constitue ce qu'il y a de fascinant dans les textes hégéliens : on éprouvera les plus grandes difficultés à faire la part de ce qui reflète une croyance commune sur la Réforme et de ce qui crée, sur le moment, cette croyance. Le fait est que cette croyance déborde de très loin le texte de Hegel, qu'elle a fondé une certaine représentation des Allemands – c'est la question de Nietzsche dans la *Seconde Intempestive* : « Ne sommes-nous pas le célèbre peuple de l'intériorité ? »[9], et l'ironie en l'occurrence ne change rien –, le fait est enfin que cette représentation est inséparable d'une généalogie qui ramène à la Réforme luthérienne les valeurs de l'intériorité : le pluriel s'impose, parce que l'intériorité rassemble tout un faisceau, en signifiant aussi sérieux, simplicité, sincérité, mesure.

Face à ce phénomène qui excède de beaucoup la dimension des textes philosophiques et théologiques et de leur exégèse, une question toute simple s'impose : en est-il vraiment allé ainsi chez Luther ? Peut-on trouver chez lui de quoi fonder l'intériorité en valeur ? La réponse sera nécessairement nuancée : l'intériorité comme valeur est quelque chose qu'on identifie bien chez Luther, mais qu'on ne repère pas, c'est-à-dire : qu'on n'isole pas, qu'on ne peut assigner à rien de particulier. Il n'y a pas chez Luther d'éloge de l'intérieur, comme plus tard chez Hegel et d'autres, il n'y a pas non plus chez lui une manière de solliciter particulièrement les ressources de la langue quand il est question d'intériorité, comme dans l'*interior intimo meo* d'Augustin. En outre, vérification électronique opérée, *interioritas*, dont Goulven Madec a repéré la première occurrence au XIᵉ siècle chez Guibert de Nogent[10], n'est pas dans le

---

8. SW 19, 256-257 = V 9, 63.

9. *Unzeitgemäße Betrachtungen*, II, *Vom Nutzen und Nachteil der Historie für das Leben*, 4, dans Friedrich Nietzsche, *Werke. Kritische Gesamtausgabe*, édité par Giorgio Colli et Massimo Montinari. Bd. III 1, Berlin, Walter de Gruyter, 1972, p. 267 : « das berühmte Volk der Innerlichkeit ». Pierre Rusch traduit : « le célèbre peuple de la profondeur intérieure ? » (*Considérations inactuelles* II, *De l'utilité et des inconvénients de l'histoire pour la vie*, 4, dans Nietzsche, *Œuvres*, édition publiée sous la direction de Marc de Launay, t. I, Paris, Gallimard, Bibliothèque de la Pléiade, 2000, p. 524).

10. Goulven Madec, « Conversion, intériorité, intentionnalité », dans *Petites études augustiniennes*, Paris, Études augustiniennes, 1994, p. 151-162 : 154, note 11.

corpus luthérien. Ce qui existe chez Luther, ce sont comme partout ailleurs des adverbes (*intus*, *foris*) et des adjectifs (*interior*, *exterior*). Il paraît difficile de construire avec cela une théorie luthérienne de l'intériorité qui permettrait de vérifier si ce qui a été dit ultérieurement de l'intériorité protestante concorde avec ce qu'on a pu penser à ce sujet au temps de la Réforme.

Avançons d'un pas, toujours à partir de Hegel, chez qui, pour expliciter ce qui s'est passé chez Luther, *das Innerste*, l'intime, est rapproché de l'instance du *Gewissen* : « dans la conscience, < l'homme > doit être chez soi auprès de soi »[11]. En suivant toute une tradition d'interprétation qui repose elle-même sur une valorisation protestante de la conscience (le « premier principe de notre religion », dit Spener[12]), on peut être alors tenté de reconstituer un concept luthérien d'intériorité à partir de ce que Luther a dit de la conscience. De fait, s'il y a une spécificité dans la discussion sur l'intériorité chez Luther, elle réside sans doute dans sa manière de nouer spontanément ensemble conscience et intériorité, alors même qu'*a priori* ce lien ne va pas de soi. Sans entrer dans la discussion systématique sur les rapports entre intériorité et réflexivité, on pourra clore cette partie du propos par une série d'observations lapidaires à partir du corpus des occurrences de *conscientia* et *Gewissen* chez Luther.

Première observation : nulle part ailleurs que chez Luther, on ne constatera une aussi forte concentration du propos théologique autour de la *conscientia,* et cela dans l'ensemble des genres pratiqués par le Réformateur, prédication, exégèse biblique, controverse doctrinale. Le nombre d'occurrences données par la version électronique de la *Weimarer Ausgabe* atteint plusieurs milliers. Tel quel, le corpus se prête avant tout à l'exploitation statistique.

Deuxième observation, qui contraste : de l'examen systématique de ce corpus résulte le constat qu'*il n'y a pas de théorie luthérienne de la conscience.* Non seulement on ne trouvera chez Luther quasiment aucun usage définitionnel du mot, mais les distinctions sur lesquelles s'était édifiée, avant lui, une théorie de la conscience – par exemple la distinction entre *suneidesis* et *conscientia* chez Bonaventure et chez Thomas d'Aquin – sont expressément repoussées dès les premières années où Luther écrit, aux alentours de 1510[13].

Troisième observation, qui s'enchaîne : le refus luthérien d'ancrer la conscience dans un quelconque discours à prétention de validité théorique va de pair avec le choix pour elle d'un autre lieu qu'on pourra circonscrire ici à partir

---

11. Voir *supra*, note 8.

12. Voir Ernst Walter Zeeden, *Martin Luther und die Reformation im Urteil des deutschen Luthertums. Studien zum Selbstverständnis des lutherischen Protestantismus von Luthers Tode bis zum Beginn der Goethezeit*, Fribourg-en-Brisgau, Herder, 1950. Bd. I, p. 161.

13. Voir Michael G. Baylor, *Action and Person. Conscience in Late Scholasticism and the Young Luther*, Leyde, E. J. Brill, 1977, p. 173-208.

de quelques indices textuels. Le premier indice est qu'à tout énoncé sur la *conscientia* ou le *Gewissen* (au singulier) correspond, en proportion souvent double ou triple, le même énoncé, mais sur les *conscientiae* ou les *Gewissen* : un discours donc sur *les* consciences, au pluriel. Un deuxième indice réside dans le fait que si Luther ne dit jamais ce que la conscience est (ou ce que les consciences sont), il distingue pour elle(s) une variété d'*états* : heureuse, malheureuse, bonne, mauvaise, mais aussi joyeuse, craintive, certaine, scrupuleuse, capturée, déchirée, libérée. Un troisième indice est à chercher dans le luxe de détails avec lequel Luther peut décrire toute une variété, à nouveau, d'*opérations* menées sur la ou les conscience(s). Pour s'en tenir à quelques items latins : *confirmare, consolare, ducere, erigere, fatigare, illaqueare, irretire, ligare, liberare, pacare, praedicare* (transitif), *regere, gubernare conscientias*. De ces trois indices ressort le lieu propre du discours luthérien sur la conscience : chez Luther, il n'y a pas une *théorie* de la conscience (ni psychologique, ni même théologique), il y a une *pastorale* des consciences. Pour le dire autrement, Luther a bien une théologie de la *conscientia* ou du *Gewissen*, mais celle-ci est transcrite, immédiatement et intégralement, dans les contraintes propres au discours pastoral, qui se conçoit toujours comme second et dérivé d'une pratique de guidage des consciences.

Les conséquences sont de taille quant à l'orientation générale à donner à une histoire de l'intériorité. D'une pastorale des consciences, on ne peut attendre qu'elle dise ce qu'est la conscience, ni qu'elle explique pourquoi l'intériorité a été constituée en valeur. Elle fonctionne sur une table de valeurs déjà existante, à partir de laquelle elle élabore ses techniques propres de rection des consciences. Le discours sur l'intériorité qu'on trouvera dans une pastorale est tendu vers des effets, des résultats à obtenir : apaiser, délier les consciences, ou au contraire les inquiéter, les angoisser, selon les moments, c'est-à-dire selon l'état des consciences (il y a des consciences trop sûres, ou au contraire trop scrupuleuses : thématique ancienne, que Luther hérite de Gerson), mais aussi selon les pastorales, car il y en a de bonnes et de mauvaises, selon les techniques qu'elles emploient[14]. Travailler sur l'intériorité luthérienne, c'est travailler par exemple sur un objet comme *illaqueare conscientias*, se demander ce que peut bien signifier d'attacher ou de lier des consciences. C'est donc essentiellement travailler sur ces techniques de conscience qui forment ce qu'on propose ici d'appeler l'envers de l'intériorité, un peu comme le Foucault de l'*Histoire de la sexualité* étudie des techniques de soi chez les Grecs. L'analogie repose ici sur cette particularité du discours pastoral de ne presque rien présupposer de ce que

14. Sur ces deux points, voir l'étude de Sven Grosse, *Heilsungewißheit und* scrupulositas *im späten Mittelalter. Studien zu Johannes Gerson und den Gattungen der Frömmigkeitstheologie seiner Zeit*, Tübingen, Mohr (Beiträge zur historischen Theologie, 85), 1994.

l'intériorité ou la conscience doit être pour pouvoir être conduite à tel ou tel état : seul le résultat compte, dans un champ général d'application, celui du pouvoir pastoral, dont l'instauration en rupture avec le monde grec des techniques de soi demande encore à être examinée[15].

Il est vrai qu'à se cantonner à la pure description de techniques pastorales, l'histoire de l'intériorité deviendrait assez vite difficilement discernable de la compilation des principales têtes de chapitre d'un manuel de confesseur. Le but demeure d'échapper, par la vertu de la description, à l'allure presque obligatoirement constitutive ou architectonique des discours modernes sur l'intériorité. Entre les techniques toutefois, des liens se dessinent et des cohérences s'esquissent qui permettent de cerner la spécificité de la pastorale luthérienne. Trois domaines privilégiés d'application des techniques luthériennes d'intériorité peuvent être délimités, qu'on énumèrera seulement comme des rubriques : le lien entre intériorité et pénitence, dans une théologie qui, au-delà de la contestation des Indulgences, a commencé par une discussion très technique sur les degrés de la contrition ; la question de la certitude des consciences, en lien notamment avec la question de la doctrine ; la question enfin de la liberté intérieure, qu'on prélèvera ici en guise d'exemple.

L'HOMME INTÉRIEUR ET SA LIBERTÉ

La question de la liberté intérieure fait sens en raison d'abord de sa postérité. La thèse d'une invention protestante, luthérienne, moderne de l'intériorité s'énonce, dans sa forme complète et développée, comme thèse de l'invention moderne de *l'intériorité comme lieu de la liberté*. Pour Hegel, l'aménagement d'un « lieu au plus intime de l'homme, ce lieu qui seul importe » est rattaché à un triple principe dans lequel se concentre l'apport historique de la Réforme : « principe de la subjectivité », « principe de l'intériorité », « principe de la liberté chrétienne »[16]. Si l'on répète l'opération précédente en se demandant à quoi cette proclamation de la liberté intérieure peut bien correspondre dans le corpus luthérien, on trouvera deux choses. En premier lieu, le traité de 1521 *Sur les vœux monastiques* contient une détermination de la *libertas christiana* comme liberté de conscience, c'est-à-dire, précise Luther, liberté de juger mais non d'agir : la longue section du *De votis monasticis* qui lui est consacrée constitue l'un des seuls textes où le propos luthérien en matière de conscience prenne une

---

15. Voir Philippe Büttgen, « Théologie politique et pouvoir pastoral », *Annales. Histoire, Sciences Sociales*, 62ᵉ année, n° 5, septembre-octobre 2007, p. 1129-1154. La relation entre techniques de soi et pouvoir pastoral fait l'objet d'une rapide notation de Foucault dans *L'Usage des plaisirs, op. cit.*, p. 17.

16. Voir respectivement SW 19, p. 257 = V 9, p. 65 ; SW 11, p. 548 ; V 9, p. 63.

allure un peu définitionnelle[17]. En second lieu, on trouvera, disséminée dans les textes de Luther antérieurs au tournant de 1520-1521, une démonstration, encore, de la liberté chrétienne, mais sur le versant paulinien de l'homme intérieur, *ho esô anthropos* en *Rom.* 7, 22 et 2. *Cor.* 4, 16. C'est ce deuxième aspect qu'on privilégiera, d'abord pour éviter une prise de position dans la discussion un peu convenue sur les origines présumées protestantes de la liberté de conscience (on a tellement discuté qu'il semble désormais aussi facile de réfuter la thèse que de la soutenir), ensuite parce que l'autre discussion, sur la doctrine luthérienne de l'homme intérieur, permettra de revenir finalement à Augustin[18].

Le texte de départ est le traité *De la liberté du chrétien*, dans ses deux versions, allemande et latine, parues l'une et l'autre en 1520. Il s'agit, dans ces lignes introductives, de poser un problème :

Czum andern, Diße zwo widderstendige rede der freyheyt und dienstparkeyt zuvornehmen, sollen wir gedencken, das eyn yglich Christen mensch ist zweyerley natur, geystlicher und leyplicher. Nach der seelen wirt er eyn geystlich, new, ynnerlich mensch genennet, nach dem fleysch und blut wirt er eyn leyplich, allt und eußerlich mensch genennet. Und umb dißes unterschiediß willen werden von yhm [Dinge] gesagt yn der schrifft, die do stracks widernander seyn, wie ich itzt gesagt, von der freyheyt und dienstparkeyt.

Homo enim duplici constat natura, spirituali et corporali : iuxta spiritualem, quam dicunt, animam, vocatur spiritualis, interior, novus homo, iuxta corporalem, quam carnem dicunt, vocatur carnalis, exterior, vetus homo, de quo Apostolus 2. Cor. 4. 'Licet is qui foris est noster homo corrumpatur, tamen is qui intus est renovatur de die in diem'. Haec diversitas facit, ut in scripturis pugnantia de eodem homine dicantur, cum et ipsi duo homines in eodem homine sibi pugnent, dum caro concupiscit adversus spiritum et spiritus adversus carnem, Gal. 5.[19]

---

17. Voir *De votis monasticis Martini Lutheri iudicium* (1521), WA 8, 606, 4-617, 15 : Quid libertas christiana, avec notamment cette définition, WA 8, 606, 30-34, où la concience est posée comme pouvoir de juger plutôt que d'agir : « Est itaque libertas Christiana seu Euangelica libertas conscientiae, qua solvitur conscientia ab operibus, non ut nulla fiant, sed ut in nulla confidat. Conscientia enim non est virtus operandi, sed virtus iudicandi, quae iudicat de operibus ». L'édition des *Dr. Martin Luthers Werke. Kritische Gesamtausgabe*, Köln/ Weimar/ Wien, Böhlau, 1883-, est citée selon l'abréviation d'usage WA, suivie des numéros de tome, page et ligne.

18. Je me permets de renvoyer à Philippe Büttgen, « Liberté et intériorité. Remarques sur l'évolution de Luther, 1513-1521 », dans Jean-Marie Valentin (dir.), *Luther et la Réforme. Du Commentaire de l'Épître aux Romains à la Messe allemande*, Paris, Desjonquères, 2001, p. 435-471.

19. *Von der Freiheit eines Christenmenschen* (1520), WA 7, 21, 11-17 = *Tractatus de libertate Christiana* (1520), WA 7, 50, 5-12. Traduction Ph. Büttgen dans Martin Luther, *De la liberté du chrétien. Préfaces à la Bible*, Paris, Le Seuil, coll. Points-Seuil, rééd. 2002, p. 29 : « Pour saisir ces deux discours contradictoires sur la liberté et la servitude, nous devons nous rappeler que tout chrétien est d'une double nature, spirituelle et corporelle. Son âme lui vaut le nom d'homme spirituel, nouveau, intérieur ; la chair et le sang lui valent celui d'homme corporel, de vieil homme et d'homme extérieur. Et c'est à cause de cette différence que l'Écriture dit de lui des choses si diamétralement contraires, telles que je viens d'en dire sur la

Les propos contradictoires qui semblent tenus dans l'Écriture au sujet de la liberté de l'homme (*Gal.* 4) et de sa servitude (*Rom.* 13) s'expliquent selon Luther par la « double nature » de l'homme, l'homme spirituel, nouveau et intérieur d'un côté, l'homme corporel, le vieil homme et l'homme extérieur de l'autre. Cette polarité, qui au fil du texte tend à se concentrer sur le couple intérieur/extérieur, donne la structure de tout le traité (première partie sur l'homme intérieur, seconde partie sur l'homme extérieur) et offre à elle seule le principe d'une solution à la difficulté énoncée au début. « Um dißes unterschiediß willen », c'est en vertu de la distinction entre intérieur, spirituel, nouveau d'un côté, extérieur, charnel, ancien de l'autre qu'on peut dire que l'homme est à la fois seigneur et serf, autrement dit qu'il est libre à l'intérieur, par la foi, et esclave à l'extérieur, de son corps comme de son prochain.

Tout cela sonne extrêmement familier, pour ne pas dire banal. Cette familiarité résulte toutefois de la postérité de *La liberté du chrétien* elle-même, qui a constitué l'un des textes de Luther parmi les plus diffusés. À y regarder de près, on s'apercevra que la distinction entre homme intérieur et homme extérieur n'a jamais été utilisée d'une façon aussi éminente ou spectaculaire dans les discussions sur le libre arbitre qu'à partir de 1520 chez Luther. Il y a donc ici une inférence dont il faut faire l'histoire, l'inférence qui pose : « intérieur donc libre », ou plutôt : « il y a un homme intérieur donc l'homme est libre ». Il est possible de montrer que le traité *De la liberté du chrétien* constitue le début de cette histoire.

Énoncée comme cela, la thèse a toutes les apparences de l'apologétique et paraît reconduire l'éloge de Luther comme inventeur de l'intériorité moderne, donc libre. Pourtant la perspective se déplace considérablement si, en suivant les usages d'*homo interior* chez Luther, on se dispose à observer, non la naissance de l'intériorité, c'est-à-dire du *concept* d'intériorité, mais les ajustements d'une *formule* traditionnelle, *homo interior*, qui pour Luther est d'abord une formule biblique, un motif paulinien, et en ce sens un syntagme figé et hérité. Ce changement de perspective est motivé, en amont, par l'usage que Paul lui-même fait de l'*esô anthrôpos*, là aussi avant tout *formule* dont l'héritage platonicien (l'*entos anthrôpos* de *Rép.* 589a-b) semble avoir constitué, via Philon, un enjeu dans la controverse de l'Apôtre avec ses correspondants corinthiens[20]. L'*esô anthrôpos* paulinien est lui-même au second degré, ce qui impose d'être

---

liberté et la servitude ». Sur le traité luthérien de la liberté chrétienne, voir récemment Reinhold Rieger, *Von der Freiheit eines Christenmenschen. De libertate christiana*, Tübingen, Mohr Siebeck (Kommentar zu Schriften Luthers, 1), 2007.

20. Voir sur ce point Theo K. Heckel, *Der Innere Mensch. Die paulinische Verarbeitung eines platonischen Motivs*, Tübingen, Mohr (Wissenschaftliche Untersuchungen zum Neuen Testament, 53), 1993.

extrêmement précautionneux quand on veut y voir une étape dans l'histoire d'un concept d'intériorité.

L'évolution d'*homo interior* dans l'usage luthérien entre 1513 (année où Luther commence à commenter les Psaumes) et 1520 (année de la *Liberté du chrétien*) peut se résumer en deux observations. La première observation a trait au fait que la formule paulinienne soutient une part non négligeable de l'innovation théologique accomplie par Luther dans son activité d'exégète. Cela se voit en particulier dans le traitement qui est fait de l'*homo interior* dans sa relation à ce qu'on pourrait appeler ses doubles dans le texte paulinien, à savoir l'homme spirituel et l'homme nouveau. À plusieurs reprises, le jeune Luther (il a trente ans en 1513) lie l'antithèse de l'homme intérieur et extérieur à celle de la chair et de l'esprit, comme cela se produit dans le deuxième grand verset sur l'*esô anthrôpos* en *Rom.* 7, 22[21]. On en trouve deux exemples dans le premier commentaire sur les Psaumes : *homo dicitur interior et absconditus eo quod non vivit seculariter et carnaliter,* et plus loin : *Carni autem adherere est hominem interiorem in veterem et exteriorem nimis migrasse*[22]. C'est cependant aussi une réflexion sur ce qui est dit de l'homme intérieur chez Paul qui incite Luther, dans son commentaire à l'Épître aux Galates de 1519, à une révision en profondeur du dualisme chair/esprit. L'argument est qu'on ne comprend pas l'Apôtre aussi longtemps qu'on réduit sa conception des *desyderia carnis* (formule de *Gal.* 5, 16 commentée ici) ou la concupiscence à la seule *libido*, et l'esprit à la seule chasteté. À l'appui de ce correctif, c'est à nouveau *Rom.* 7, 22, « je prends plaisir à la loi de Dieu selon l'homme intérieur... », qui est convoqué, pour servir de tremplin à l'un des énoncés les plus tranchants de la première théologie luthérienne, celui qui pose que la chair et l'esprit ne sont pas opposables comme deux secteurs en l'homme, mais plutôt comme deux aspects, que l'homme est à la fois entièrement chair et entièrement esprit, qu'« il y a deux hommes tout entiers et

---

21. La formule de l'«homme spirituel» ne se trouve pas telle quelle dans le corpus paulinien, mais se laisse construire à partir notamment de *Rom.* 7, 14 et 7, 23. L'«homme nouveau» est en *Col.* 3, 9-10. Dans les deux cas, la mention de l'homme intérieur se trouve à immédiate proximité. La tradition exégétique n'a donc guère éprouvé de difficulté pour relier ces trois figures. Sur l'homme spirituel chez saint Augustin, voir Cornelius Mayer, « Augustins Lehre vom "*homo spiritalis*" », dans *Homo spiritalis. Festgabe für Luc Verheijen, OSA, zu seinem 70. Geburtstag,* édité par Cornelius Mayer avec la collaboration de Karl Heinz Celius, Würzburg, Augustinus-Verlag, 1987, p. 3-60 et, pour se rapprocher de Luther, Steven E. Ozment, *Homo spiritualis. A Comparative Study of the Anthropology of Johannes Tauler, Jean Gerson and Martin Luther (1509-1516) in the Context of their Theological Thought,* Leyde, E. J. Brill (Studies in Medieval and Reformation Thought, 6), 1969. Sur l'homme nouveau et l'homme intérieur chez Augustin, les textes-clés sont la *Quaestio* 51, ainsi que *De Trin.* IV 3, 6.

22. *Dictata super Psalterium* (1513-1516), Scholie Ps. 26, 5, WA 3, 150, 20-21 et Scholie Ps. 103, 3, WA 4, 174, 4-6.

un seul homme entier», *sunt duo toti homines et unus totus homo*[23]. Cette théologie du *totus homo* relaie plusieurs innovations antérieures, en particulier la célèbre thèse que l'homme est à la fois entièrement pécheur et entièrement sauvé, *simul peccator et iustus*, dans le commentaire à l'Épître aux Romains de 1515-1516[24]. L'association permanente des couples d'opposés, chez Luther comme chez Paul, inciterait à déduire de la thèse que l'homme est à la fois tout chair et tout esprit une autre qui stipulerait que l'homme est simultanément tout intérieur et tout extérieur. Luther ne le fait pas expressément, mais le détail de son argumentation exégétique permet d'établir que c'est à partir de l'*homo interior* paulinien que la théologie du *totus homo* peut embrayer. Vers 1519, c'est bien autour de l'homme intérieur que l'innovation théologique luthérienne tend à se concentrer.

La deuxième observation à faire à propos de l'évolution d'*homo interior* chez Luther est négative : malgré l'importance que revêt le motif paulinien dans l'articulation de la nouveauté théologique luthérienne, à aucun moment le Luther d'avant 1520 ne rapproche les deux antithèses liées chair/esprit et homme intérieur/homme extérieur de l'idée de liberté chrétienne. Cela ne veut pas dire que la question de la liberté chrétienne soit absente de l'horizon de pensée luthérien avant 1520[25], ni qu'il ne puisse alors être question de liberté quand sont évoqués l'homme intérieur ou l'homme spirituel, mais un regard sur toutes les occurrences de l'expression dans le corpus luthérien permet d'établir que la *Liberté du chrétien* est la première à énoncer l'inférence « intérieur donc libre », autrement dit à modaliser sous la forme « libre en tant qu'intérieur ».

D'autant plus spectaculaire apparaît le tournant qui se produit en 1520. Soudain, l'inférence « intérieur donc libre » est posée comme un préalable, que le travail exégétique ne fait plus que confirmer. C'est le cas dans la *Liberté du*

---

23. *In epistolam Pauli ad Galatas commentarius* (1519), WA 2, 585, 10-33. La conclusion est en WA 2, 586, 15-18. Sur la question du *totus homo*, voir les commentaires d'Erdmann Schott, *Fleisch und Geist nach Luthers Lehre unter besonderer Berücksichtigung des Begriffs* «totus homo» (1928), réimp. Darmstadt, Wissenschaftliche Buchgesellschaft, 1969 et Wilfried Joest, *Ontologie der Person bei Luther*, Göttingen, Vandenhoeck & Ruprecht, 1967, p. 138-231.

24. *Die Vorlesung über den Römerbrief* (1515-1516), WA 56, 272, 17 (avec l'explication qui suit, l. 18-19 : «peccator re vera, Sed Iustus ex reputatione et promissione Dei certa, quod liberet ab illo, donec perfecte sanet»). Sur ce lieu central des reconstructions dogmatiques luthériennes, voir par exemple Otto Hermann Pesch, «*Simul iustus et peccator* : Sinn und Stellenwert einer Formel Martin Luthers. Thesen und Kurzkommentare», dans Theodor Schneider und Gunther Wenz (édit.), *Gerecht und Sünder zugleich? Ökumenische Klärungen*, Fribourg-en-Brisgau, Herder, 2001, p. 146-167.

25. Voir l'étude de Thorsten Jacobi, «*Christen heissen Freie*». *Luthers Freiheitsaussagen in den Jahren 1515-1519*, Tübingen, Mohr Siebeck (Beiträge zur Historischen Theologie, 101), 1997.

chrétien, où la distinction de l'homme intérieur et de l'homme extérieur dénoue comme on l'a vu la contradiction de la liberté et de la servitude. C'est aussi le cas, six mois avant dans la même année, dans le traité *De la papauté de Rome*, où la partition de l'homme intérieur et de l'homme extérieur sert de référence pour repenser, contre les théologiens du primat pontifical, les rapports entre Église visible et Église invisible[26]. C'est enfin le cas, cette fois trois mois après la parution de la *Liberté du chrétien*, au début de 1521, d'un sermon dont on a conservé la transcription, et qui contient la formule chimiquement pure : « *Die freyheyt kumett von innen her* », « la liberté vient de l'intérieur ». Le texte développe une argumentation parallèle à celle de la deuxième partie de la *Liberté du chrétien* sur les « actes de libre amour » dont l'homme extérieur doit s'acquitter envers les autres, à partir du même exemple de la présentation de Jésus au Temple (*Luc* 2, 22-24) : Marie n'était pas tenue d'y procéder, manière de montrer, contre les contradicteurs catholiques, que la *libertas christiana* n'est pas la licence de faire ce qu'on veut, mais le motif qui pousse à faire ce à quoi l'on n'est pas obligé[27].

Dire que la liberté vient de l'intérieur constitue aujourd'hui un énoncé extrêmement banal, mais procède chez Luther d'une nouvelle radicalisation de son propos, qui fait de l'homme intérieur non seulement le terme de référence de la liberté, ou l'instance qui rend la liberté et la servitude chrétiennes non contradictoires, mais désormais le *site* même de la liberté, son point d'origine dans une topographie de la foi invisible et des œuvres extérieures. Ce qu'il importe de faire ressortir, c'est toute la série de transformations par lesquelles il a fallu passer pour que puisse être émis un énoncé si simple : transformations de Paul par Luther exégète, et transformations de Luther par Luther, la promotion protestante de l'intériorité semblant venir de ce changement de statut que la référence à *homo interior* connaît brusquement en 1520.

Comment ce changement s'est opéré, c'est ce que permettrait de montrer un travail microscopique sur l'évolution des techniques d'exégèse chez Luther, en lien avec l'*homo interior* : on constate de fait, dans l'exégèse même, une poussée de ce motif entre 1513 et 1519, et cette poussée finit par faire sortir l'homme intérieur du strict domaine de l'exégèse pour le promouvoir au rang de principe d'argumentation théologique. Mais il y a une autre chose, beaucoup plus visible, qui concerne la relation de Luther à saint Augustin, Augustin qui constitue bien

---

26. *Von dem Bapstum zu Rom* (1520), WA 6, 297, 3-9. Sur ce texte, voir Philippe Büttgen, « Liberté et intériorité », *art. cit.*, p. 448-450.

27. Voir *Predigten Luthers gesammelt von Joh. Poliander* (1519-1521), 4. Gruppe, 94, In die purificationis Marie, 2 février 1521, WA 9, 565, 23-571, 14. La formule « la liberté vient de l'intérieur » se trouve en WA 9, 567, 23-24.

sûr la seconde source de Luther après saint Paul en matière d'homme intérieur[28]. Un point qu'on passe habituellement sous silence est que l'augustinisme de Luther, dès les années 1510, est un augustinisme critique ou du moins rénovateur. Cela se vérifie particulièrement dans le traitement de l'homme intérieur, sur ses deux versants. Du côté de Luther jusqu'en 1519, les composantes les plus fortes de la théorie augustinienne de l'homme intérieur, telles qu'on peut les extraire par exemple de la *Quaestio* 51 (définition de l'homme intérieur comme âme rationnelle, orientation épistémologique forte, et nombreuses formules hiérarchiques du type : *melius quod interius*), n'apparaissent pas, voire font l'objet d'une réfutation feutrée (assimilation de l'homme intérieur à l'âme[29]). Du côté d'Augustin, le couplage ne s'opère à aucun moment entre les motifs de l'homme intérieur et de la liberté, ce qui confirme l'opération luthérienne dans son caractère d'*initiative* théorique. En comparaison, le tournant de 1520 correspond à une spectaculaire *ré-augustinisation* du propos, avec notamment, dans ce début de la *Liberté du chrétien* qui a servi de point de départ, une indexation de l'opposition homme intérieur/homme extérieur sur l'opposition âme/corps. On pourrait montrer la même chose à propos de la soudaine irruption de la thématique augustinienne de l'homme intérieur comme image de Dieu, totalement absente chez Luther auparavant[30]. Dans toutes ces opérations disparaît notamment la solution non dualiste qu'on a vue tout à l'heure dans la théologie de l'homme total, *totus homo*, suscitée par l'exégèse de l'*homo interior* de *Rom.* 7. La promotion de l'homme intérieur au rang de principe d'argumentation théologique a donc eu aussi ses effets de simplification sur Luther lui-même.

C'est de ce constat qu'on repartira pour conclure. Il s'est bien passé quelque chose chez Luther au sujet de l'intériorité. Ce qui s'est passé n'a cependant pas à être qualifié dans les termes d'une « découverte » de l'intériorité, comme s'il avait suffi de bien regarder dans l'esprit de la modernité naissante pour l'y trouver. Il y a là bien plutôt une *initiative* théorique, à partir des moyens qui étaient ceux de Luther comme moine et théologien du début du XVIe siècle,

---

28. Voir les indications *supra*, note 21.

29. Voir p. ex. *Dictata super Psalterium* (1513-1516), Scholie Ps. 26, 5, WA 3, 150, 16-20, qui prépare la critique, en 1519, de l'usage du dualisme comme instrument d'élucidation théologique (voir *supra*, note 23).

30. Les textes-clés d'Augustin sur le sujet sont fournis par Aimé Solignac, art. « Homme intérieur », dans *Dictionnaire de spiritualité*, t. VII, p. 650-674, spéc. 657. Le retour chez Luther de la thématique de la conformation à Dieu par l'homme intérieur s'opère également dans la *Liberté du chrétien* : voir notamment le §20 du traité, WA 7, 30, 17-21. La version latine est la plus claire : « Interior enim homo deo et ad imaginem dei creatus per fidem […] » (*Tractatus de libertate christiana*, WA 7, 60, 7-9).

c'est-à-dire des moyens d'exégète, de la même façon qu'il a pu par ailleurs, comme prêtre et pasteur d'âmes, faire usage des moyens qui étaient à sa disposition pour le guidage des consciences. Cette initiative est celle d'une connexion entre deux motifs pauliniens, celui de l'*homo interior* et celui de la liberté chrétienne, qui jusqu'alors n'avaient pas été croisés l'un à l'autre. Cette connexion a eu, incontestablement, une postérité, puisque c'est elle qui offre encore le plus sûr moyen de doter d'un contenu vérifiable la constante généalogie de l'intériorité moderne qu'on a pu lire ensuite à partir des Lumières et plus encore de Hegel, celle qui lie spontanément liberté de conscience et vérité du for privé en faisant de cette liaison l'affaire même de la Réforme protestante.

Il ne s'agit pourtant pas de sauver *in extremis* une légende dont la dimension d'idéologie continue de sauter aux yeux. Le traitement luthérien de l'*homo interior* fait au contraire mesurer les déplacements auxquels aboutit une histoire de l'intériorité qui accepte de se laisser guider par autre chose qu'une téléologie du sujet moderne. La conclusion énoncée ici s'obtient en effet d'une façon qui n'est plus du tout spéculative, mais artisanale, par l'observation des techniques d'interprétation auxquelles Luther recourt, qu'il invente aussi parfois quand il parle de quelque chose, l'*homo interior*, qui n'est pour lui pas du tout une notion et une création, mais, il faut le redire, une formule et une autorité. Quelque chose de nouveau ressort alors du constat de la disproportion entre les moyens exégétiques de Luther face à *homo interior* et la postérité spéculative du « lieu creusé au plus intime de l'homme, ce lieu qui seul importe » sous la plume de Hegel. La nouveauté s'observe non seulement dans l'ironie du constat, mais aussi dans le gain de connaissance qu'on retire à observer l'allure au fond remarquablement *contrariée* de l'évolution de Luther, entre 1513 et 1521, cette évolution qui rend finalement possible un énoncé comme « la liberté vient de l'intérieur », mais au prix d'un reflux très net des innovations portées par l'exégèse de l'*homo interior* paulinien à peine quelques années auparavant. Le néo-augustinisme flamboyant de Luther en 1520 a sa dimension de stratégie, voire de publicité, qui accompagne l'innovation théorique, peut-être d'ailleurs pour la rendre, sur le moment, à la fois plus vendable et plus tolérable, mais qui la rend aussi à sa part de contrainte et de contingence. C'est le constat de cette contrainte et de cette contingence, allié à l'observation de la nouveauté théorique là où elle se trouve, qui rend possible l'écriture d'une histoire de l'intériorité affranchie des facilités spiritualistes.

L'enjeu à présent serait de mettre en relation les techniques pastorales dont il a été question à propos de la conscience, ou plutôt des consciences luthériennes, avec les techniques d'exégèse décrites à propos de l'intériorité, ou plutôt –

correctif symétrique – de l'homme intérieur. Dans les deux cas, le travail est microscopique, entre érudition exégétique et histoire de l'Église, et les révolutions à décrire procèderont de bifurcations dans le texte du prédicateur ou de l'exégète. À l'orée d'un tel travail, on a voulu donner une première idée des gains qu'on peut attendre des vertus sobres de la description.

BIBLIOGRAPHIE

LIVRES

ALGRA K. A., BARNES J., MANSFELD J., SCHOFIELD M. (édit.), *The Cambridge History of Hellenistic Philosophy*, Cambridge, University Press, 1999.

ALONSO M., *Diccionario medieval español : desde las glosas emilianenses y silenses, s. X, hasta el siglo XV*, Salamanca, Universidad pontificia de Salamanca, 1986.

ANNAS J., *An Introduction to Plato's Republic*, Oxford, Clarendon Press, 1981.

—, *The Morality of Happiness*, Oxford, Oxford University Press, 1993.

AUBRY G., *Plotin. Traité 53*, Introduction, traduction, commentaire et notes par Gwenaëlle Aubry, Paris, Cerf, 2004.

—, *Dieu sans la puissance. Dunamis et energeia chez Aristote et chez Plotin*, Paris, Vrin, 2006.

AUSTIN A. L., *Cuerpo humano e ideología : las concepciones de los antiguos nahuas*. Vol. I. México, Universidad Nacional Autónoma de México, Instituto de Investigaciones Antropológicas, 2004.

BAILLY J.-Ch., *Le Champ mimétique*, Paris, Seuil, 2005.

BASCHET J., *La Civilisation féodale : de l'an mil à la colonisation de l'Amérique*, Paris, Flammarion, 2006.

BAYLOR G., *Action and Person. Conscience in Late Scholasticism and the Young Luther*, Leyde, Brill, 1977.

BEIERWALTES W., *Selbsterkenntnis und Erfahrung der Einheit : Plotins Enneade V 3*, Francfort-sur-le-Main, Vittorio Klostermann Verlag, 1991.

—, *Das wahre Selbst. Studien zu Plotins Begriff des Geistes und des Einen*, Francfort-sur-le-Main, Vittorio Klostermann Verlag, 2001.

BENVENISTE É., *Problèmes de linguistique générale*, Paris, Gallimard, 1966.

BERMON E., *Le Cogito dans la pensée de Saint Augustin*, Paris, Vrin, 2001.

—, *La Signification et l'enseignement. Texte latin, traduction française et commentaire du De magistro de saint Augustin*, Paris, Vrin, 2007.

BERNAND B. et GRUZINSKI S., *De l'idolâtrie. Une archéologie des sciences religieuses*, Paris, Seuil, 1988.

BLUMENTHAL H., *Plotinus' Psychology : His Doctrines of the Embodied Soul*, La Haye, Nijhoff, 1971.

BOBONICH C., *Plato's Utopia Recast : His Later Ethics and Politics*, New York, Oxford University Press, 2002.

BOBZIEN S., *Determinism and Freedom in Stoic Philosophy*, Oxford, Oxford University Press, 1998.

BONHÖFFER D., *Epictet und die Stoa : Untersuchungen zur stoischen Philosophie*, Stuttgart, Frommann, 1968 (1890).

BORGEAUD Ph., *Recherches sur le dieu Pan*, Rome, Institut Suisse, Droz diffuseur, 1979.

BOULNOIS O., (dir.), *Généalogies du sujet. De Saint Anselme à Malebranche*, Paris, Vrin, 2007.

BOUVERESSE J., *Le Mythe de l'intériorité. Expérience, signification et langage privé chez Wittgenstein*, Paris, Minuit, 1987 (1976).

—, *Robert Musil. L'homme probable, le hasard, la moyenne et l'escargot de l'histoire*, Paris-Tel-Aviv, Éditions de l'Éclat, 2004 (1993).

BRAUND S. M. et GILL C., (édit.), *The Passions in Roman Litterature and Thought*, Cambridge, Cambridge University Press, 1997.

BROWN P., *Le Culte des saints. Son essor et sa fonction dans la chrétienté latine*, trad. fr. par Aline Rousselle, Paris, Cerf, 1984.

BRUIT-ZAIDMAN L., Eusebeia. *Essai sur la piété en Grèce ancienne*, Paris, Éditions de la Découverte, 2001.

BRUNET Ph., *La Naissance de la littérature dans la Grèce ancienne*, Paris, LGF, 1997.

BRYANT J., *Moral Codes and Social Structure in Ancient Greece*, Albany, State University of New York Press, 1996.

BULLOCH A., GRUEN E., LONG A. et STEWART A. (édit.), *Images and Ideologies : Self-Definition in the Hellenistic World*, Berkeley, University of California Press, 1993.

BÜTTGEN Ph., *Martin Luther, De la liberté du chrétien. Préfaces à la Bible*, Paris, Le Seuil, 2002.

CARRITHERS M., COLLINS S., LUKES S. (édit.), *The Category of the Person : Anthropology, Philosophy, History*, Cambridge, Cambridge University Press, 1985.

CARY P., *Augustine's Invention of the Inner Self. The Legacy of a Christian Platonist*, Oxford, Oxford University Press, 2000.

CHOMSKY N., *La linguistique cartésienne : un chapitre de l'histoire de la pensée rationaliste*, trad. Nelcya Delanoë et Dan Sperber, Paris, Seuil, 1969.

—, *Le langage et la pensée*, trad. Louis-Jean Calvet, Paris, Payot, 1970.

COURCELLE P., *Connais-toi toi-même ; de Socrate à Saint Bernard*, Paris, Études Augustiniennes, 1974.

CRABBE J., (édit.), *From Soul to Self*, Londres, Routledge, 1999.

D'ANCONA C. et *alii*, *Plotino : La discesa dell'anima nei corpi (Enn. IV 8[6])*, *Plotiniana arabica (Pseudo-Teologia di Aristotele*, capitoli 1 e 7), Padoue, 2003.

DAVIDSON D., *Subjective, Intersubjective, Objective*, Oxford, Oxford University Press, 2001.

DE LIBERA A., *Archéologie du Sujet I, Naissance du Sujet*, Paris, Vrin, 2007.

—, *Archéologie du Sujet II, La quête de l'identité*, Paris, Vrin, 2008.

DELEUZE G., *Spinoza et le problème de l'expression*, Paris, Minuit, 1968.

—, *Spinoza, philosophie pratique*, Paris, PUF, 1970.

—, *Foucault*, Paris, Minuit, 1986.

—, *Critique et Clinique*, Paris, Minuit, 1993.

DESCOLA Ph., *Par-delà nature et culture*, Paris, Gallimard, 2005.

DESCOMBES V., *Le complément du sujet. Enquête sur le fait d'agir de soi-même*, Paris, Gallimard, 2004.

DETEL W., *Foucault and Classical Antiquity : Power, Ethics and Knowledge*, Cambridge, Cambridge University Press, 2005.

DETIENNE M., *La notion de* daïmôn *dans le Pythagorisme ancien*, Paris, Belles Lettres, 1963.

DIXSAUT M. (dir.), *La Connaissance de soi. Études sur le* Traité 49 *de Plotin*, Paris, Vrin, 2002.

DODDS E. R., *The Ancient Concept of Progress and Other Essays on Greek Literature and Belief*, Oxford, Oxford University Press, 1973.

DUPONT F., *L'Invention de la littérature. De l'ivresse grecque au banquet latin*, Paris, La Découverte, 1994.

ELLRODT R., *Genèse de la conscience moderne. Études sur le développement de la conscience de soi dans les littératures du monde occidental*, Paris, PUF, 1983.

EMILSSON E. K., *Plotinus on Intellect*, Oxford, Oxford University Press, 2007.

ENGBERG-PEDERSEN T., *The Stoic Theory of* Oikeiosis *: Moral Development and Social Interaction in Early Stoic Philosophy*, Aarhus, University Press, 1990.

ESTENSSORO J. C., *Del paganismo a la santidad. La incorporación de los indios del Perú al catolicismo 1532-1750*, Lima, Institut Français d'Études Andines (IFEA) et Pontifica Universidad Católica del Perú (PUCP), Fondo Editorial, 2003.

FOREST Ph. et GAUGAIN C., *Les Romans du je*, Nantes, Éditions Pleins feux, 2001.

FOUCAULT M., *Histoire de la folie à l'âge classique*, Paris, Gallimard, 1972.

—, *L'Usage des plaisirs, Histoire de la sexualité* 2, Paris, Gallimard, 1984.

—, *Le Souci de soi, Histoire de la sexualité* 3, Paris, Gallimard, 1984.

—, *Dits et écrits*, t. IV, Paris, Gallimard, 1994.

—, *L'Herméneutique du sujet*, Cours au Collège de France (1981-1982), édition établie sous la direction de François EWALD et Alessandro FONTANA par Frédéric GROS, Paris, Gallimard-Seuil, 2001.

—, *Sécurité, Territoire, Population*. Cours au Collège de France (1977-1978), édition établie sous la direction de François EWALD et Alessandro FONTANA, par Michel SÉNELLART, Paris, Gallimard/Le Seuil, 2004.

FRANCK A., *Dictionnaire des sciences philosophiques*, Paris, Hachette, 1875.

FRÄNKEL H., *Dichtung und Philosophie des frühen Griechentums. Eine Geschichte der griechischen Epik, Lyrik und Prosa bis zur Mitte des 5. Jhs.*, Munich, Beck, 1962.

FREUD S., *Essais de psychanalyse appliquée*, trad. Marie BONAPARTE, Paris, Gallimard, 1971.

—, *Nouvelles conférences d'introduction à la psychanalyse*, trad. R. M. ZEITLIN, Paris, Gallimard, 1989.

GALAND-HALLYN P. et LÉVY C. (dir.), *Vivre pour soi, vivre pour la cité. De l'Antiquité à la Renaissance*, Paris, PUPS, 2006.

GERNET L., *Recherches sur le développement de la pensée juridique et morale en Grèce. Étude sémantique*, Paris, Albin Michel, 2001 (1917).

GILL C. (édit.), *The Person and the Human Mind. Issues in Ancient and Modern Philosophy*, Oxford, Oxford University Press, 1990.

—, (édit.), *Virtue, Norms, and Objectivity : Issues in Ancient and Modern Ethics*, Oxford, Oxford University Press, 1995.

—, *Personality in Greek Epic, Tragedy, and Philosophy : The Self in Dialogue*, Oxford, Oxford University Press, 1996.

—, *The Structured Self in Hellenistic and Roman Thougt*, Oxford, Oxford University Press, 2006.

GODEAU F., *Les Désarrois du moi. À la recherche du temps perdu* de Marcel Proust et *Der Mahn ohne Eigenschaften* de Robert Musil, Tübingen, Max Niemeyer Verlag, 1995.

GRIFFIN M., *Seneca : A Philosopher in Politics*, Oxford, Clarendon Press, 1992 (1976).

GROETHUYSEN B., *Anthropologie philosophique*, Paris, Gallimard, 1980 (1952).

GROSSE S., *Heilsungewißheit und scrupulositas im späten Mittelalter. Studien zu Johannes Gerson und den Gattungen der Frömmigkeitstheologie seiner Zeit*, Tübingen, Mohr, 1994.

GROS F. et al., *Foucault : Le Courage de la vérité*, Paris, PUF, 2002.

HADOT P., *Plotin. Traité 38*, Introduction, traduction, commentaire et notes par Pierre Hadot, Paris, Cerf, 1988.

—, *La Citadelle intérieure. Introduction aux* Pensées *de Marc-Aurèle*, Paris, Fayard, 1992.

—, *Plotin ou la simplicité du regard*, Paris, Gallimard, Folio, 1997.

—, *Exercices spirituels et philosophie antique*, nouvelle édition revue et augmentée, Paris, Albin Michel, 2002.

—, *La philosophie comme manière de vivre. Entretiens avec Jeannie Carlier et Arnold Davidson*, Paris, Albin Michel, 2001.

HALFWASSEN J., *Geist und Selbstbewusstsein. Studien zu Plotin und Numenius*, Stuttgart, Steiner, 1994.

HAM B., *Plotin. Traité 49 (V, 3)*, Introduction, traduction, commentaire et notes par B. HAM, Paris, Cerf, 2000.

HECKEL Th. K., *Der Innere Mensch. Die paulinische Verarbeitung eines platonischen Motivs*, Tübingen, Mohr, 1993.

HENRY P., *Saint Augustine on Personality*, New York, Macmillan, 1960.

HILL T. D., *Ambitiosa Mors. Suicide and the Self in Roman Thought and Literature*, New York et Londres, Routledge, 2004.

HOBBS A., *Plato and the Hero : Courage, Manliness and the Impersonal Good*, Cambridge, Cambridge University Press, 2000.

HUBER S., *Littératures intimes. Les expressions du moi, de l'autobiographie à l'auto-fiction*, Paris, Armand Colin, 2003.

INWOOD B., *Ethics and Human Action in Early Stoicism*, Oxford, Oxford University Press, 1985.

IRIARTE M. de, *El doctor Huarte de San Juan y su Examen de ingenios*, Madrid, CSIC, 1948.

IRWIN T., *Plato's Moral Theory : The Early and the Middle Dialogues*, Oxford, Clarendon Press, 1977.

JACOBI Th., « Christen heissen Freie ». *Luthers Freiheitsaussagen in den Jahren 1515-1519*, Tübingen, Mohr Siebeck, 1997.

JAEGER W., Paideia. *La formation de l'homme grec*, tr. fr. A. et S. Devyver, Paris, Gallimard, 1964.

JOEST W., *Ontologie der Person bei Luther*, Göttingen, Vandenhoeck & Ruprecht, 1967.

JOHANSEN T. K., *Plato's Natural Philosophy : A Study of the* Timaeus-Critias, Cambridge, Cambridge University Press, 2004.

LACAN J., *Écrits*, Paris, Seuil, 1966

—, *Autres écrits*, Paris, Seuil, 2001.

—, Séminaire II, *Le moi dans la théorie de Freud et dans la technique de la psychanalyse (1954-1955)*, Paris, Seuil, 1978.

—, Séminaire XI, *Les quatre concepts fondamentaux de la psychanalyse (1964)*, Paris, Seuil, 1973.

—, Séminaire XX, *Encore*, Paris, Seuil, 1975.

LARMORE Ch., *Les Pratiques du moi*, Paris, PUF, 2004.

LEJEUNE Ph., *Je est un autre. L'autobiographie de la littérature aux médias*, Paris, Seuil, 1980.

—, *Moi aussi*, Paris, Seuil, 1986.

LOCKE J., *Essai philosophique concernant l'entendement humain*, traduit par COSTE, édité par E. NAERT, Paris, Vrin, 1994 (1972).

LONG A. A., *Stoic Studies*, Cambridge, Cambridge University Press, 1996.

—, *Epictetus – A Stoic and Socratic Guide to life*, Oxford, Clarendon Press, 2002.

—, *From Epicurus to Epictetus. Studies in Hellenistic and Roman Philosophy*, Oxford, Clarendon Press, 2006.

LONG A. A. et SEDLEY D. N., *The Hellenistic Philosophers*, 2 vol., Cambridge, Cambridge University Press, 1987, trad. fr. J. BRUNSCHWIG et P. PELLEGRIN, *Les Philosophies hellénistiques*, Paris, GF-Flammarion, 2001.

MACINTYRE A., *After Virtue : A Study in Moral Theory*, Londres, Duckworth, 1985[2].

MAISTRE J. DE, *Œuvres complètes*, Lyon, 1884, réimpr. Slatkine, Genève, 1979.

MARIN L., *L'Écriture de soi. Ignace de Loyola, Montaigne, Stendhal, Roland Barthes*, Paris, PUF, 1999.

MARZOLO C., *Plotino : Che cos'è l'essere vivente e che cos'è l'uomo ?* I 1[53], Prefazione di C. D'ANCONA, Pise, Edizioni Plus – Pisa University Press, 2006.

MATTHEWS G. B., *Thought's Ego in Augustine and Descartes*, New York, Ithaca, 1992.

MENN S., *Descartes and Augustine*, Cambridge, Cambridge University Press, 1998.

MEUNIER B. (dir.), *La Personne et le christianisme ancien*, Paris, Cerf, 2006.

MEYERSON I. (dir.), *Problèmes de la personne*, Paris-La Haye, Éditions de l'EHESS, 1973.

MITSIS P., *Epicurus' Ethical Theory : The Pleasures of Invulnerability*, Ithaca, New York, Cornell University Press, 1988.

MODRAK D., *Aristotle. The Power of Perception*, Chicago, University of Chicago Press, 1987.

MORALI C., *Qui est moi aujourd'hui ?*, Préface d'E. Lévinas, Paris, Fayard, 1984.

NAGEL T., *The View from Nowhere*, Oxford, Oxford University Press, 1986.

NOUDELMANN F., *Hors de moi*, Paris, Léo Scheer, 2006.

NUSSSBAUM M., *The Therapy of Desire. Theory and Practice in Hellenistic Ethics*, Princeton, University Press, 1994.

O'DALY G., *Plotinus' Philosophy of the Self*, Shannon, Irish University Press, 1973.

—, *Augustine's Philosophy of Mind*, Londres, Duckworth, 1987.

—, *Platonism Pagan and Christian : Studies in Plotinus and Augustine*, Londres, Ashgate, 2001.

—, *Augustine's City of God : A Reader's Guide*, Oxford, Oxford University Press, 2004.

O'DONOVAN O., *The Problem of Self-Love in St Augustine*, New Haven, Yale University Press, 1980.

OEHLER K., *Subjektivität und Selbstbewusstein in der Antike*, Würzburg, Königshausen und Neumann, 1997.

ONIANS R. B., *The Origins of European Thought*, Cambridge, 1954 ; tr. fr. par Barbara CASSIN, Armelle DEBRU, Michel NARCY, *Les origines de la pensée européenne sur le corps, l'esprit, l'âme, le monde, le temps et le destin*, Paris, Seuil, 1999.

OOSTHOUT H., *Modes of knowledge and the transcendantal : an introduction to Plotinus Ennead 5, 3 [49]*, Amsterdam/Philadelphie, 1991.

OZMENT S. E., *Homo spiritualis. A Comparative Study of the Anthropology of Johannes Tauler, Jean Gerson and Martin Luther (1509-1516) in the Context of their Theological Thought*, Leyde, Brill, 1969.

PADEL R., *In and Out of the Mind : Greek Images of the Tragic Self*, Princeton, Princeton University Press, 1992.

PADGEN A. R., *The Fall of natural man : the American Indian and the origins of comparative ethnology*, Londres, New York et Melbourne, Cambridge University Press, 1982.

PARFIT D., *Reasons and Persons*, Oxford, Oxford University Press, 1984.

PÉPIN J., *Idées grecques sur l'homme et sur Dieu*, Paris, Les Belles Lettres, 1971.

PORTILLA L., *La Pensée aztèque*, Paris, Seuil, 1985.

PRICE A. W., *Mental Conflict*, Londres et New York, Routledge, 1995.

REMES P., *Plotinus on Self. The Philosophy of the We*, Cambridge, Cambridge University Press, 2007.

REYDAMS-SCHILS, *The Roman Stoics. Self, Responsability, and Affection,* Chicago, University Press of Chicago, 2005.

RIEGER R., *Von der Freiheit eines Christenmenschen*. De libertate christiana, Tübingen, Mohr Siebeck, 2007.

RIST J. M., *Augustine : Ancient Thought Baptized*, Cambridge, Cambridge University Press, 1994.

ROMEYER DHERBEY G., *Maine de Biran ou le penseur de l'immanence radicale*, Paris, Seghers, 1974.

RORTY A. O. (édit.), *The Identities of Persons*, Berkeley, California University Press, 1976.

ROSSET C., *Loin de moi. Étude sur l'identité*, Paris, Minuit, 1999.

ROUVERET A., *Histoire et imaginaire de la peinture ancienne*, Rome, Bibliothèque des Écoles Françaises d'Athènes et de Rome, 1989.

RUTHERFORD R., *The Meditations of Marc Aurelius. A Study*, Oxford, Clarendon Press, 1989.

SANTAS G., *Goodness and Justice : Plato, Aristotle and the Moderns*, Oxford, Blackwell, 2001.

SCHOTT E., *Fleisch und Geist nach Luthers Lehre unter besonderer Berücksichtigung des Begriffs* « totus homo » (*1928*), réimp. Darmstadt, Wissenschaftliche Buchgesellschaft, 1969.

SCOTT D., *Recollection and Experience : Plato's Theory of Learning and its Successors*, Cambridge, Cambridge University Press, 1995.

SELLARS J., *The Art of Living : The Stoics on the Nature and Function of Philosophy*, Aldershot, Ashgate, 2003.

SHOEMAKER S., *Self-knowledge and Self-identity*, New York et Ithaca, 1963.

SNELL B., *Die Entdeckung des Geistes. Studien zur Entstehung des europäischen Denkens bei den Griechen*, Hambourg, Claassen und Goverts Verlag, 1946 ; trad. *The Discovery of the Mind*, Cambridge Mass., Harvard University Press, 1953.

SORABJI R., *Emotions and Peace of Mind. From Stoic Agitation to Christian temptation*, Oxford, Oxford University Press, 2000.

—, *The Philosophy of the Commentators : 200-600 AD : A source book, t. I, Psychology (With Ethics and Religion)*, Londres, Duckworth, 2004.

—, *Self : Ancient and Modern Insights about Individuality, Life and Death*, Oxford, Oxford University Press, 2006.

STEEL C., *The Changing Self : A Study of the Soul in Later Neoplatonism : Iamblichus, Damascius, and Priscianus*, Bruxelles, Paleis der Academien, 1978.

STRAWSON P. F., *Individuals : An Essay in Descriptive Metaphysics*, Londres, Methuen, 1959.

—, *Freedom and Resentment and other essays*, Londres, Methuen, 1974.

SUÁREZ ROCA J. L., *Lingüística misionera española*, Oviedo, Pentalfa Ediciones, 1992.

SURRALLÉS A., *Au cœur du sens : perception, affectivité, action chez les Candoshi*, préface de Philippe Descola, Paris, CNRS Éditions et Éditions de la Maison des sciences de l'homme, 2003.

SVENBRO J., *La Parole et le marbre. Aux origines de la poétique grecque*, Lund, Studentlitteratur, 1976.

TAYLOR Ch., *Les Sources du moi. La formation de l'identité moderne*, trad. Ch. Mélançon, Paris, Seuil, 1998.

TAYLOR G., *Camac, camay y camasca y otros ensayos sobre Huarochirí y Yauyos*, Instituto francés de estudios andinos, Centro Bartolomé de las Casas, Lima, 2000.

TIELEMAN T., *Chrysippus' On Affections. Reconstruction and Interpretation*, Leyde, Brill, 2003.

VERNANT J.-P., *Mythe et pensée chez les Grecs. Études de psychologie historique*, nouvelle édition revue et augmentée, Paris, La Découverte, 1988.

—, *L'Individu, la mort, l'amour. Soi-même et l'autre en Grèce ancienne*, Paris, Gallimard, 1989.

—, (dir.), *L'Homme grec*, Paris, Seuil, 1993.

WARREN J., *Facing Death. Epicurus and his Critics*, Oxford, Clarendon Press, 2004.

WHITMARSH T., *The Second Sophistic*, coll. « Greece and Rome. New Surveys in the Classics » 35, Oxford, 2005.

WILLIAMS B., *Problems of the Self*, Cambridge, Cambridge University Press, 1973.

—, *Shame and Necessity*, Berkeley & Los Angeles, University of California Press, 1993.

WITTGENSTEIN L., *Philosophical Investigations*, Oxford, Blackwell, 1953.

ZEEDEN E. W., *Martin Luther und die Reformation im Urteil des deutschen Luthertums. Studien zum Selbstverständnis des lutherischen Protestantismus von Luthers Tode bis zum Beginn der Goethezeit*, Fribourg-en-Brisgau, Herder, 1950.

ŽIŽEK S., *La Subjectivité à venir*, Paris, Flammarion, 2006.

ARTICLES

ALBERTI A., « Paura della morte e identità personale nell'epicureismo », dans A. ALBERTI (édit.), *Logica, mente, persona : Studi sulla filosofia antica*, Florence, Olschki, 1990, p. 151-206.

ANGELERGUES R., « La dépersonnalisation », dans I. Meyerson (dir.), *Problèmes de la personne*, Paris-La Haye, Éditions de l'EHESS, 1973, p. 437-450.

ANSCOMBE E., « The First Person », *Collected Philosophical Papers*, vol. 2, *Metaphysics and the Philosophy of Mind*, Oxford, Blackwell, 1981, p. 21-36.

ASMIS E., « Epicurean Epistemology », dans K. ALGRA, J. BARNES, J. MANSFELD, M. SCHOFIELD (édit.), *The Cambridge History of Hellenistic Philosophy*, Cambridge, Cambridge University Press, 1999, p. 260-294.

AUBRY G., « Puissance, trace et désir : l'équivocité de la *dunamis* et la réciprocité procession-conversion chez Plotin », dans Ph. Capelle (édit.), *Expérience philosophique et expérience mystique*, Paris, Cerf, 2005, p. 115-132.

—, « Conscience, pensée et connaissance de soi selon Plotin : le double héritage de l'*Alcibiade* et du *Charmide* », *Études Platoniciennes* 4, 2007, p. 163-181.

—, « Individuation, particularisation et détermination selon Plotin », *Phronesis* 53, 2008, p. 271-289.

BALIBAR É., CASSIN B., DE LIBERA A., « Sujet », dans B. CASSIN (édit.), *Vocabulaire européen des philosophies*, Paris, Seuil/Robert, 2004, p. 1233-1254.

BASCHET, J., « Âme et corps dans l'Occident médiéval : une dualité dynamique, entre pluralité et dualisme », *Archives des Sciences Sociales des Religions*, 2000, p. 5-30.

BEIERWALTES W. « Le vrai soi. Rétractations d'un élément de pensée par rapport à l'*Ennéade* V 3 et remarques sur la signification philosophique de ce traité dans son ensemble », dans M. DIXSAUT (dir.), *La Connaissance de soi. Études sur le* Traité 49 *de Plotin*, Paris, Vrin, 2002, p. 11-40.

BÉNATOUÏL T., « L'usage de soi dans le stoïcisme impérial », dans P. GALAND-HALLYN et C. LÉVY (dir.*), Vivre pour soi, vivre pour la cité*, Paris, PUPS, 2006, p. 59-73.

BERGSON H., « Le problème de la personnalité », Gifford Lectures, Edimburg, 1914, dans A. et M. ROBINET, *Henri Bergson et l'Angleterre, Les Études bergsoniennes*, vol. VII, Paris, PUF, 1966.

BIEDMA J., « El poder de la imaginación y la fecundidad del entendimiento en el *Exámen de ingenios para las ciencias* de Juan Huarte de San Juan », dans V. DUCHÉ-GAVET (édit.), *Juan Huarte au XXIe siècle*. Actes de colloque, Biarritz, Éd. Atlantica, 2003, p. 226-242.

BOUTON C., « L'histoire dont les événements sont des pensées. Hegel et l'histoire de la philosophie », *Revue philosophique de Louvain* 98, 2000, p. 294-317.

BRENNAN T., « The Old Stoic Theory of Emotions », dans J. SIHVOLA and T. ENGBERG-PEDERSEN, *The Emotions in Hellenistic Philosophy*, Dordrecht, Kluwer, 1998, p. 21-70.

BRETEAU J.-L., « La conscience de soi chez les Platoniciens de Cambridge », dans R. ELLRODT, *Genèse de la conscience moderne*, Paris, PUF, 1983, p. 105-115.

BRUNSCHWIG J., « Aristote et l'effet Perrichon », dans *La Passion de la raison. Hommage à Ferdinand Alquié*, Paris, PUF, 1983, p. 361-377.

—, « The Cradle Argument in Epicureanism and Stoicism », dans M. SCHOFIELD et G. STRIKER (édit.), *Norms of Nature : Studies in Hellenistic Ethics*, Cambridge, Cambridge University Press, 1986, p. 113-144.

—, « La déconstruction du "Connais-toi toi-même" dans l'*Alcibiade Majeur* », dans M. L. DESCLOS (dir.), *Réflexions contemporaines sur l'Antiquité classique. Recherches sur la philosophie et le langage*, 18, 1996, p. 61-84.

BURNYEAT M. F., « Aristotle on Learning to be Good », dans A. OKSENBERG RORTY (édit.), *Essays on Aristotle's Ethics*, Berkeley et Los Angeles, University of California Press, 1980, p. 69-92.

—, « Idealism and Greek Philosophy : what Descartes saw and Berkeley missed », *Philosophical Review* 91, 1982, p. 3-40.

—, « Culture and Society in Plato's *Republic* », *The Tanner Lectures on Human Values* 20, 1999, p. 215-324.

BÜTTGEN Ph., « Théologie politique et pouvoir pastoral », *Annales. Histoire, Sciences Sociales*, septembre-octobre 2007, p. 1129-1154.

—, « Liberté et intériorité. Remarques sur l'évolution de Luther, 1513-1521 », dans J. M. VALENTIN (dir.), *Luther et la Réforme. Du Commentaire de l'Épître aux Romains à la Messe allemande*, Paris, Desjonquères, 2001, p. 435-471.

—, « Unsichtbare Grenzen ? Noch einmal zum reformatorischen Gewissensbegriff und dessen Deutung als Signatur der Neuzeit », dans H. NEUHAUS (édit.), *Die Frühe Neuzeit als Epoche, Historische Zeitschrift*, Beihefte, à paraître.

BUTOR M., « L'usage des pronoms personnels dans le roman », dans I. MEYERSON (dir.), *Problèmes de la personne*, Paris-La Haye, Éditions de l'EHESS, 1973, p. 281-291.

CAHNÉ P., « Saint Augustin et les philosophes au XVIIe siècle : ontologie et autobiographie », *XVIIe siècle*, 135, 1982, p. 121-132.

CHANTRAINE P., « La langue de l'*Iliade* », dans P. MAZON, *Introduction à l'*Iliade, Paris, SBL, 1948, p. 89-123.

CHIARADONNA R., « La teoria dell'individuo in Porfirio e *l'idiôs poion* stoico », *Elenchos* 20, 2000, p. 303-331.

—, « La dottrina dell'anima non discesa in Plotino e la conoscenza degli intelligibili », dans E. CANONE (édit.), *Per una storia del concetto di mente*, t. 1, Florence, 2005, p. 27-49.

—, « Connaissance des intelligibles et degrés de la substance : Plotin et Aristote », *Études Platoniciennes* 3, 2006, p. 57-85.

—, « Ἐνέργειαι e qualità in Plotino. A proposito di *Enn.* II 6 [17] », dans W. LAPINI (édit.), *Studi in onore di Antonio Battegazzore*, sous presse.

COLLINS S., « Categories, Concepts or Predicaments ? Remarks on Mauss's Use of Philosophical Terminology », dans M. CARRITHERS, S. COLLINS et S. LUKES (édit.),

The Category of the Person : Anthropology, Philosophy, History, Cambridge, Cambridge University Press, 1985, p. 46-82.

COOPER J., « Plato's Theory of Human Motivation », *History of Philosophy Quarterly 1*, 1984, p. 3-21, repris dans *Reason and Emotion : Essays on Ancient Moral Psychology and Ethical Theory*, Princeton, Princeton University Press, 1999, p. 118-137.

D'ANCONA C., « "To Bring Back the Divine in Us to the Divine in the All". *VP* 2, 26-27 Once Again », dans Th. Kobusch et M. Erler (avec la collaboration de I. Männlein-Robert) (édit.), *Metaphysik und Religion. Zur Signatur des spätantiken Denkens*, München-Leipzig, K. G. Saur, 2002, p. 517-565.

DARBO-PESCHANSKI C., « Aitia », dans *I Greci. Storia, cultura, arte, societa : Una Storia Greca* II 2, *Definizione*, Turin, Enaudi, 1997, 1063-1084.

D'AQUINO P., « Le singulier pluriel du sexe », *Le Journal des anthropologues* 82-83, *Anthropologie des sexualités*, 2000, p. 157-177.

DETIENNE M., « Ébauche de la personne dans la Grèce archaïque », dans I. MEYERSON (dir.), *Problèmes de la personne*, Paris-La Haye, Éditions de l'EHESS, 1973, p. 46-52.

—, « La démonologie d'Empédocle », *Revue des études grecques* 72, 1959, p. 1-17.

DIERKEN J., « Hegels 'protestantisches Prinzip'. Religionsphilosophische Implikationen einer geschichtsphilosophischen Denkfigur », dans E. WEISSER-LOHMANN et D. KÖHLER (édit.), *Hegels Vorlesungen über die Philosophie der Weltgeschichte*, Bonn, Bouvier, 1998, p. 123-146.

EDWARDS C., « Self-Scrutiny and Self-Transformation in Seneca's Letters », *Greece and Rome* 44, 1997, p. 23-38.

EMILSSON E. K., « Cognition and its Object », dans L. P. GERSON (édit.), *The Cambridge Companion to Plotinus*, Cambridge, Cambridge University Press, 1996, p. 217-249.

ENGBERG-PEDERSEN T., « Discovering the Good : *oikeiôsis* and *kathèkonta* in Stoic Ethics », dans M. SCHOFIELD et G. STRIKER (édit.), *Norms of Nature. Studies of Hellenistic Ethics*, Cambridge, Cambridge University Press, 1986, p. 145-183.

—, « Stoic Philosophy and the Concept of a Person », dans C. GILL (édit.), *The Person and the Human Mind : Issues in Ancient and Modern Philosophy*, Oxford, Oxford University Press, 1990, p. 109-135.

FINE G., « Subjectivity, Ancient and Modern : The Cyrenaics, Sextus and Descartes », dans J. MILLER et B. INWOOD (édit.), *Hellenistic and Early Modern Philosophy*, Cambridge, Cambridge University Press, 2003, p. 192-231.

FORSCHNER M., « Le Portique et le concept de personne », dans G. ROMEYER DHERBEY (dir.) et J.-B. GOURINAT (édit.), *Les Stoïciens*, Paris, Vrin, p. 297-317.

FREDE M., « On the Stoic conception of the Good », dans K. IERODIAKONOU (édit.), *Topics in Stoic Philosophy*, Oxford, Oxford University Press, 1999, p. 71-94.

GILL C., « Personhood and Personality : The Four-*Personae* Theory in Cicero, *De Officiis* 1 », *Oxford Studies in Ancient Philosophy* 6, 1988, p. 169-199.

—, « Is there a concept of Person in Greek philosophy ? », dans S. EVERSON (édit.), *Companions to Ancient Thought 2 : Psychology*, Cambridge, Cambridge University Press, 1991, p. 166-193.

—, « Peace of Mind and Being Yourself : Panaetius to Plutarch », dans W. HAASE et H. TEMPORINI (édit.), *Aufstieg und Niedergang der römischen Welt* II, 36, 7, Berlin, de Gruyter, 1994, p. 4599-4640.

—, « Stoic Writers of the Imperial Era », dans C. ROWE et M. SCHOFIELD (édit.), *The Cambridge History of Greek and Roman Political Philosophy*, Cambridge, Cambridge University Press, 2000, p. 597-615.

—, « The Stoic Theory of Ethical Development : In What Sense is Nature a Norm ? », dans J. SZAIF et M. LUTZ-BACHMANN (édit.), *Was ist das für den Menschen Gute ? Menschliche Natur und Güterlehre/What is Good for a Human Being ? Human Nature and Values*, Berlin, De Gruyter, 2004, p. 101-125.

—, « In What Sense are Ancient Ethical Norms Universal ? », dans C. Gill (édit.), *Virtue, Norms, and Objectivity : Issues in Ancient and Modern Ethics*, Oxford, Oxford University Press, 2005, p. 15-40.

GROS F., « Situation du cours », dans Michel FOUCAULT, *L'Herméneutique du sujet*, Paris, Seuil/Gallimard, 2001, p. 487-526.

HADOT P., « L'image de la Trinité dans l'âme chez Victorinus et chez saint Augustin », *Studia Patristica* 6, 1962, p. 409-442.

—, « De Tertullien à Boèce. Le développement de la notion de personne dans les controverses théologiques », dans I. MEYERSON (dir.), *Problèmes de la personne*, Paris-La Haye, Éditions de l'EHESS, 1973, p. 123-135.

—, « Le mythe de Narcisse et son interprétation par Plotin », *Nouvelle Revue de Psychanalyse* 13, 1976, p. 81-108.

—, « Les niveaux de conscience dans les états mystiques selon Plotin », *Journal de Psychologie* 2-3, 1980, p. 243-266.

HARDIE W. F. R., « Concepts of consciousness in Aristotle », *Mind* 85, 1976, p. 388-411.

ILDEFONSE F., « La multiplicité intérieure chez Marc Aurèle », *Rue Descartes, Revue du Collège International de Philosophie* 43, Paris, PUF, 2004, p. 58-67.

INWOOD B., « Rules and Reasoning in Stoic Ethics », dans K. IERODIAKONOU (édit.), *Topics in Stoic Philosophy*, Oxford, Oxford University Press, 1999, p. 95-127.

—, « Seneca and Self-Assertion », dans *Reading Seneca. Stoic Philosophy at Rome*, Oxford, Oxford University Press, 2005.

INWOOD B. et DONINI P., « Stoic Ethics », dans K. ALGRA, J. BARNES, J. MANSFELD et M. SCHOFIELD, (édit.), *The Cambridge History of Hellenistic Philosophy*, Cambridge, Cambridge University Press, 1999, p. 675-738.

IRWIN T., « Socratic paradox and Stoic theory », dans S. EVERSON (édit.), *Cambridge Companions to Ancient Thought, 4 : Ethics*, Cambridge, Cambridge University Press, 1998, p. 151-192.

KAHN C. H., « Discovering the Will : from Aristotle to Augustine », dans J. DILLON et A. LONG (édit.), *The Question of 'Eclecticism' : Studies in Later Greek Philosophy*, Berkeley, California University Press, 1988, 234-259.

KENNY A., « The Self », *The Aquinas Lecture*, Marquette University, Milwaukee, Wisconsin, 1988-1989.

KÜHN W., « Comment il ne faut pas expliquer la connaissance de soi-même (*Ennéade* V 3 [49], 5. 1-17) », dans M. DIXSAUT (dir.), avec la collaboration de P.-M. MOREL et K. TORDO-ROMBAUT, *La Connaissance de soi : Études sur le traité 49 de Plotin*, Paris, Vrin, 2002, p. 229-266.

LÉVY C., « L'âme et le moi dans les *Tusculanes* », *Revue des Études latines* 80, 2003, p. 78-94.

LLOYD A. C., « *Nosce Teipsum* and *Conscientia* », *Archiv für Geschichte der Philosophie*, 46, 1964, p. 188-200.

—« On Augustine's Concept of a Person », dans R. A. MARKUS (édit.), *Augustine. A Collection of Critical Essays*, New York, Doubleday, 1972, p. 191-205.

LONG A., « Representation and the Self in Stoicism », dans S. EVERSON (édit.), *Companions to ancient thought, 2 : Psychology*, Cambridge, Cambridge University Press, 1991, p. 102-120, repris dans *Stoic Studies*, Cambridge, Cambridge University Press, 1996.

—, « Lucretius on nature and the Epicurean self », dans K. ALGRA, M. KOENEN, P. H. SCHRIVERS (édit.), *Lucretius and His Intellectual Background*, Amsterdam, KNAW, 1997, p. 125-139.

—, « The Socratic Legacy » dans K. ALGRA, J. BARNES, J. MANSFELD, M. SCHOFIELD (édit.), *The Cambridge History of Hellenistic Philosophy*, Cambridge, Cambridge University Press, 1999, p. 617-641.

LORENZ H., « Desire and Reason in Plato's *Republic* », *Oxford Studies in Ancient Philosophy* 27, Hiver 2004, p. 83-116.

MADEC G., « Conversion, intériorité, intentionnalité », dans *Petites études augustiniennes*, Paris, Études augustiniennes, 1994, p. 151-162.

MAURER R., « Hegels politischer Protestantismus », dans H.-G. GADAMER (édit.), *Stuttgarter Hegel-Tage 1970. Vorträge und Kolloquien des Internationalen Hegel-Jubiläumskongresses Hegel 1770-1970. Gesellschaft, Wissenschaft, Philosophie*, Bonn, Bouvier, 1974, p. 384-415.

MAUSS M., « Une catégorie de l'esprit humain : la notion de personne, celle de "moi" », *Sociologie et anthropologie*, Paris, PUF, 1991 (1950), p. 331-362.

MAYER C., art. « *Conscientia* », *Augustinus-Lexikon* 1, Bâle, 1994, cols. 1218-28.

—, « Augustins Lehre vom "*homo spiritalis*" », dans Homo spiritalis. *Festgabe für Luc Verheijen, OSA, zu seinem 70. Geburtstag*, édité par C. MAYER avec la collobaration de K. H. CELIUS, Würzburg, Augustinus-Verlag, 1987, p. 3-60.

MOREL P.-M., « La sensation, messagère de l'âme. Plotin, V, 3 [49], 3 », dans M. DIXSAUT (dir.), *La Connaissance de soi : Études sur le traité 49 de Plotin*, Paris, Vrin, 2002, p. 209-227.

NUSSBAUM M., « Augustine and Dante on the Ascent of Love », dans G. MATTHEWS (édit.), *The Augustinian Tradition*, Berkeley, University of California Press, 1999, p. 61-90.

O'DONOVAN O., « *Usus* and *Fruitio* in Augustine, *De Doctrina Christiana* 1 », *Journal of Theological Studies* 33, 1982, p. 361-397.

O'MEARA J. K., « Scepticisme et ineffabilité chez Plotin », dans M. DIXSAUT (dir.), *La Connaissance de soi : Études sur le traité 49 de Plotin*, Paris, Vrin, 2002, p. 91-103.

PADEL R., « Women : Model for Possession by Greek Daemons », dans A. CAMERON et A. KUHRT (édit.), *Images of Women in Antiquity*, publié simultanément par Londres et Canberra, Croom Helm et Detroit, Wayne State University Press, 1983, p. 3-19.

PADGEN A. R., *The Fall of natural man : the American Indian and the origins of comparative ethnology*, Londres, New York et Melbourne, Cambridge University Press, 1982.

PARFIT D., « Personal Identity », *Philosophical Review* 80, 1971, p. 3-27.

PESCH O. H., « *Simul iustus et peccator* : Sinn und Stellenwert einer Formel Martin Luthers. Thesen und Kurzkommentare », dans T. SCHNEIDER et G. WENZ (édit.), *Gerecht und Sünder zugleich ? Ökumenische Klärungen*, Fribourg-en-Brisgau, Herder, 2001, p. 146-167.

PRADEAU J.-F., « Le sujet ancien d'une politique moderne : à propos des exercices spirituels anciens dans *L'Histoire de la sexualité* de Michel Foucault », dans F. GROS et al., *Foucault : Le courage de la vérité*, Paris, PUF, 2002, p. 131-154.

—, « Le Sujet ancien d'une politique moderne : sur la subjectivation et l'éthique anciennes dans les *Dits et écrits* de Michel Foucault », dans P.-F. MOREAU (édit.), *Lectures de Michel Foucault III : Sur les* Dits et écrits, Lyon, ENS Éditions, 2003, p. 35-51.

PRICE A. W., « Plato and Freud », dans C. GILL (édit), *The Person and the Human Mind. Issues in Ancient and Modern Philosophy*, Oxford, Clarendon Press, 1990, p. 247-270.

REDFIELD J., « *Homo Domesticus* », dans J.-P. VERNANT (dir.), *L'Homme grec*, Paris, Seuil, 1993, p. 217-262.

REMES P., « Inwardness and Infinity of Selfhood : From Plotinus to Augustine », dans P. REMES et J. SIHVOLA (édit.), *Ancient Philosophy of the Self*, The New Synthese Historical Library, Springer, 2008.

REYDAMS-SCHILS G., « Human Bonding and *Oikeiôsis* », *Oxford Studies in Ancient Philosophy* 22, 2002, p. 221-251.

ROMEYER DHERBEY G., « La naissance de la subjectivité chez les Stoïciens », dans G. ROMEYER DHERBEY (dir.), J.-B. GOURINAT (édit.), *Les Stoïciens*, Paris, Vrin, 2005, p. 277-292.

SCHROEDER F. M., « *Synousia, synaisthaesis and synesis* : Presence and Dependence in the Plotinian Philosophy of Consciousness », *Aufstieg und Niedergang der römischen Welt* II 36, 1, 1987, p. 667-699.

SCHWYZER H. R., « Bewusst und Unbewusst bei Plotin », dans *Les Sources de Plotin*, coll. « Entretiens sur l'Antiquité classique » 5, Vandœuvre/Genève, Fondation Hardt, 1960, p. 341-390.

SCOTT D., « Plato's Critique of the Democratic Character », *Phronesis* 45, 2000, p. 19-37 ;

—, « Metaphysics and the Defence of Justice in Plato's *Republic* », *Proceedings of the Boston Area Colloquium in Ancient Philosophy* 18, 2000, p. 1-20.

SCOTTO F., « L'intermittenza dell'Io lirico nel Novecento francese : da Michaux a Jabès », *Critica del testo* V, 1, 2002, p. 141-158.

SEDLEY D., « The Stoic Criterion of Identity », *Phronesis* 27, 1982, p. 255-275.

—, « Plato and Aristotle on Likeness to God », dans T. CALVO et L. BRISSON (édit.), *Interpreting the* Timaeus and *Critias*, Proceedings *of the Fourth International Platonic Symposium*, Sankt Augustin, Academia Verlag, 1997, p. 327-339.

SMITH A., « Unconsciousness and Quasi-consciousness in Plotinus », *Phronesis* 23, 1978, p. 292-301.

SOLIGNAC A., art. « Homme intérieur », *Dictionnaire de spiritualité*, t. VII, p. 650-674. Paris, Éditions Beauchesne, 1969.

—, « Réminiscences plotiniennes et porphyriennes dans le début du *De Ordine* de saint Augustin », *Archives de philosophie* 20, 1957, p. 446-465.

SORABJI R., « Is the true Self an individual in the Platonist tradition ? », dans M.-O. GOULET-CAZÉ et *alii* (édit.), *Le Commentaire entre tradition et innovation*, Paris, Vrin, 2000, p. 293-299.

TROUILLARD J., « Plotin et le moi », dans A. JAGU et *alii* (édit.), *Horizons de la personne*, Paris, Éd. Ouvrières, 1965, p. 69-75.

TAYLOR G., « La *Plática Breve* de la *Doctrina Christiana* (1584) », *Amerindia* 25, 2000, p. 173-188.

—, « La *plática* de Fray Domingo de Santo Tomás (1560) », *Bulletin de l'Institut français d'études andines* 30, Lima, 2001, p. 427-453.

TORERO A., « Entre Roma y Lima. El Lexicon Quichua de fray Domingo de Santo Tomás [1560] » dans K. ZIMMERMANN (édit.), *La descripción de las lenguas amerindias en la época colonial*, Francfort-sur-le-Main, Vervuert et Madrid, Ed. Iberoamericana, 1997, p. 271-290.

TSOUNA V., « Socrate et la connaissance de soi : quelques interprétations », *Philosophie antique* 1, 2001, p. 37-64.

VEGETTI M., « L'io, l'anima, il soggetto », dans S. GASTALDI, F. CALABI, S. CAMPESE, F. FERRARI (édit.), *Dialoghi con gli antichi*, Sankt Augustin, Academia Verlag, 2007, p. 43-80.

VERNANT J.-P., « Aspects mythiques de la mémoire en Grèce », *Journal de psychologie normale et pathologique* 1, 1959, p. 1-29.

—, « Aspects de la personne dans la religion grecque », dans *Mythe et pensée chez les Grecs. Études de psychologie historique* II, Paris, Maspero, 1974, p. 79-94.

—, « À la table des hommes », dans J.-P. VERNANT et M. DETIENNE (dir.), *La Cuisine du sacrifice en Grèce ancienne*, Paris, Gallimard, 1979, p 37-132.

—, « L'individu dans la cité », dans *L'individu, la mort, l'amour. Soi-même et l'autre en Grèce ancienne*, Paris, Gallimard, 1989, p. 211-232.

—, « La fabrique de soi », *Entre mythe et politique*, Paris, Seuil, 1996, p. 61-72.

—, « La mort dans les yeux. Dialogue avec Pierre Kahn », dans *Entre mythe et politique*, Paris, Seuil, 1996, p. 73-93.

—, « The Ins and Outs of the Greek Mind », *Arion* 4, 1997, p. 161-167.

WARREN J., « Lucretian Palingenesis Recycled », *Classical Quarterly* 51, 2001, p. 499-508.

WARREN E.W., « Consciousness in Plotinus », *Phronesis* 9, 1964, p. 83-98.

WEISSER-LOHMANN E., « "Reformation" und "Friedrich II" in den geschichts-philosophischen Vorlesungen Hegels », dans E. WEISSER-LOHMANN et D. KÖHLER (édit.), *Hegels Vorlesungen über die Philosophie der Weltgeschichte*, Bonn, Bouvier, 1998, p. 95-121.

WILLIAMS B., « Justice as a Virtue », dans A. O. RORTY (édit.), *Essays on Aristotle's Ethics*, University of California Press, Berkeley, Los Angeles et Londres, 1980, p. 189-199 ; repris dans *Moral Luck : Philosophical Papers 1973-1980*, Cambridge, Cambridge University Press, 1998, p. 83-93.

—, « Plato against the Immoralist », dans O. HÖFFE (édit.), *Platons* Politeia, Berlin, Akademia Verlag, 1997.

—, « Plato's Construction of Intrinsic Goodness », dans M. F. BURNYEAT (édit.), *The Sense of the Past : Essays in the History of Philosophy*, Princeton, Princeton University Press, 2006 (2003), p. 118-137.

TABLES

INDEX NOMINUM

AUTEURS ANCIENS

AUTEURS MODERNES

INDEX LOCORUM

AUTEURS ANCIENS

Phédon
77d-78a : 64 ;
79c-d : 137 ; 276 ;
80e5 : 69 ;
81c8-e2 : 69 n. 37 ;
107a7-b9 : 62 n. 15 ;
108a5 : 62 ;
108c8 : 63 n. 19 ;
108d3-4 : 63 n. 19 ;
108d4 : 62 n. 17 ;
108d8 : 62 n. 17 ;
108e1 : 63 n. 19 ;
108e4 : 63 n. 19 ;
109a7 : 63 n. 19 ;
110b1 : 62 n. 17 ;
114c7 : 62 n. 16 ;
114d2-7 : 63 ;
115 c : 286 n. 29 ;
115c-d : 61 ;
115c6-d1 : 64 ;
115d3-4 : 61 ;
118a4 : 62.
Phèdre
237d-238c : 56 ;
242c : 263 ;
245c-d : 272 ;
248c-e : 273 ;
249b-c : 42 ;
250c : 42 ;
253d-e : 47.
Politique
273d6-e1 : 162 n. 31.
Protagoras
352b-c : 55.
République
I 336b : 44 n. 10 ;
I 348c-d : 39 ;
II 358b : 39 ; 44 n. 10 ;
III 387d11-e1 : 131 ;
III 401d-402 a : 47 ;
IV 427e : 39 ;
IV 435d : 38 ;
IV 435e-436 a : 44 ;
IV 436c-e : 39 n. 5 ;
IV 436a-b : 43 ;

IV 437a : 38 ;
IV 437b-c : 39 n. 5 ;
IV 437d-e : 43 ;
IV 438a *sqq* : 53 ;
IV 439b : 39 n. 5 ;
IV 439e-440a : 45 ;
IV 440c-d : 43 ; 45 ;
IV 441a-b : 44 ;
IV 441b : 44 ;
IV 441c : 48 ;
IV 442b-c : 48 ;
IV 443c-444a : 272 ;
V 469d6 : 61 ;
VI 504b4 : 39 ;
VI 505d-506a : 49 ;
VI 505e : 53 ; 54 ;
VI 509b9 : 206 ;
VIII 550b : 45 ;
VIII 558d-559b : 44 ;
VIII 561c-d : 51 ;
IX 580e - 581a : 51 ;
X 588b : 232 ;
IX 588d-590d : 44 et n. 10 ;
X 589a-b : 342 ;
X 589b : 233 ;
X 604a : 52 ;
X 611b-612a : 41 ;
X 617d6-e1 : 262 ;
X 617e5 : 262 ;
X 618e-619a : 39.
Sophiste
240a-b : 135 ;
248a10-b1 : 137 ;
248e-249a : 144 ;
248e7-249a2 : 138 ;
249b12-c5 : 137 ;
253d-e : 238 ;
259e-264b : 136 n. 6 ;
263e : 225 n. 4 ;
Théétète
151a : 263 ;
189e4-6 : 59 n. 6 ;
197d : 237.
Timée
35a-b : 272 ;

37a-c : 39 n. 5 ;
41d : 272 ;
43a - 44c : 39 n. 5 ;
69b5 *sqq.* : 69 ;
69c-d : 275 ;
69c5-6 : 70 n. 38 ;
69d6-e3 : 70 n. 39 ;
70a2-7 : 70 n. 40 ;
70d : 43 ;
89e-90d : 39 n. 5 ;
90a : 226 ;
90a1-2 : 70 et n. 41 ;
90a4 : 261 ;
90c : 226 ;
90c1 : 261 n. 21 ;
90c4-5 : 70 ;
90c5 : 261 ;
90c6 : 261 ;
90d : 261 ;
90e-92c : 274 ;
91e-92a : 39 n. 5.

Pline l'Ancien
Histoire Naturelle
XXXV 151-152 : 28 n. 13.

Plotin
Ennéades I 1 [53]
1, 1-9 : 110 ;
1, 3-5 : 110 n. 8 ;
1, 8-11 : 234 n. 39 ;
1, 9-11 : 110 ; 282-283 ;
2, 6 : 118 n. 29 ;
7, 4 : 281 ;
7, 6-9 : 110 ;
7, 7-8 : 122 ;
7, 9-14 : 123 ; 322 n. 33 ;
7, 15-16 : 282 ;
7, 16-17 : 117 ; 118 ; 282 ;
8, 1-8 : 118 n. 28 ;
8, 18 : 114 n. 18 ;
9, 7 : 110 ;
9, 12-15 : 124 ;
9, 21-22 : 123 ;
9, 23-24 : 317 n. 13 ;
10, 5-7 : 118 ;

AUTEURS MODERNES

CONTRIBUTEURS

Gwenaëlle AUBRY	Centre Jean Pépin (CNRS-UPR 76)
M. F. BURNYEAT	Robinson College-Cambridge
Philippe BÜTTGEN	Laboratoire d'Études sur les Monothéismes (CNRS-UMR 8584)
Luc BRISSON	Centre Jean Pépin (CNRS-UPR 76)
Riccardo CHIARADONNA	Université Rome III
Catherine DARBO-PESCHANSKI	Savoirs, Textes, Langage (CNRS-UMR 8163)
Christopher GILL	Université d'Exeter
Frédérique ILDEFONSE	Centre Jean Pépin (CNRS-UPR 76)
Isabelle KOCH	Université Aix Marseille I – IHPEA 3276
Wilfried KÜHN	Centre Jean Pépin (CNRS-UPR 76)
Daniel LOAYZA	Théâtre de l'Odéon
Carine MERCIER	Lycée Louis Vincent, Metz
Michel NARCY	Centre Jean Pépin (CNRS-UPR 76)
Gerard O'DALY	University College London
Alexandre SURRALLÉS	Laboratoire d'anthropologie sociale (CNRS – Collège de France)
Serge TRIBOLET	Hôpital Maison Blanche – Université Paris IV

TABLE DES MATIÈRES

SECONDE PARTIE

Imprimerie de la Manutention à Mayenne (France) – Décembre 2008 – N° 352-08
Dépôt légal : 4ᵉ trimestre 2008